高等学校应用型本科经济学

"十二五"规划教材

国际贸易

主　编　周学明

副主编　徐　辉　李玉山　韩小蕊

中国金融出版社

责任编辑：张　铁
责任校对：张志文
责任印制：陈晓川

图书在版编目（CIP）数据

国际贸易（Guoji Maoyi）/周学明主编. —北京：中国金融出版社，2013.3
高等学校应用型本科经济学"十二五"规划教材
ISBN 978 - 7 - 5049 - 6777 - 0

Ⅰ. ①国…　Ⅱ. ①周…　Ⅲ. ①国际贸易—高等学校—教材　Ⅳ. ①F74

中国版本图书馆 CIP 数据核字（2013）第 046304 号

出版
发行　**中国金融出版社**

社址　北京市丰台区益泽路 2 号
市场开发部　（010）63266347，63805472，63439533（传真）
网上书店　http://www.chinafph.com
　　　　　（010）63286832，63365686（传真）
读者服务部　（010）66070833，62568380
邮编　100071
经销　新华书店
印刷　利兴印刷有限公司
尺寸　185 毫米×260 毫米
印张　25.25
字数　562 千
版次　2013 年 3 月第 1 版
印次　2014 年 12 月第 2 次印刷
定价　48.00 元
ISBN 978 - 7 - 5049 - 6777 - 0/F. 6337
如出现印装错误本社负责调换　联系电话（010）63263947

前　　言

国际贸易是世界各国对外经济关系的核心，在各国的经济发展中起着不可替代的作用，是各国加速其经济发展的重要手段。加入世贸组织之后，中国的贸易额快速扩大，贸易额在 10 多年之间发生了巨变。据海关总署统计，十多年来我国出口总值由 2002 年的 3256 亿美元增至 2011 年的 18983.8 亿美元，增长 4.8 倍，占全球出口的比重由 2002 年的 5% 上升至 2011 年的 10.4%。出口规模在全球的排名由 2002 年的第四位上升至 2009 年的第一位，并在 2010 年、2011 年连续保持全球第一的位置。进口总值由 2002 年的 2952 亿美元增至 2011 年的 17434 亿美元，增加了 4.9 倍，年均增长约 21.7%，进口规模在全球的排名也由 2002 年的第六位稳步上升至 2009 年的第二位，此后两年继续保持全球第二的位置。2012 年中国进出口贸易总额力压美国，成为世界榜首。中国海关总署 2013 年 2 月 17 日公布的贸易总额为 38667.6 亿美元。统计对象仅限商品，比美国商务部 8 日发布的美国贸易总额 38628 亿美元高出了约 40 亿美元。在出口额方面，中国已于 2009 年超越德国成为了世界第一。

本次编写的《国际贸易》教材，不仅包含了国际贸易基本理论，而且包括国际贸易实务，是我国普通高等院校的经济贸易类专业、金融类专业、会计类专业、财政类、市场营销类的本科必修专业基础课，也是从事对外贸易人员提高业务能力水平的必修课程。为了适应国际市场竞争的需要，我们必须加快培养国际商务实用性人才，提高从业人员的水平，而人才培养的关键又取决于教材，因此，我们编写组受中国金融出版社的委托，编写了本教材。

本书依照教育部最新的本科专业培养大纲的要求，按照国际贸易惯例、《跟单信用证统一惯例》（UCP600），商务部最新制定的国际商务专业教学大纲、全国国际商务单证培训认证考试大纲和全国外贸跟单员培训认证考试大纲的要求，有针对性地制订学生的学习目标和职业操作能力的培养目标，对国际贸易理论与实务进行详细讲解，力求内容新颖，通俗易懂，强调实务的可操作性，便于学生学习，达到学以致用、活学活用的目的。

本书以国际贸易基本理论为基础，以进出口业务为主线，以国际贸易惯例为依据，详细地介绍了国际贸易理论和实务知识。本书每章开头都有教学目标、教学要求及案例导入，每章结束时有小结、思考与练习及技能实训，以及理论与技能相结合，达到了事半功倍的效果。

本书参加编写的教师为：哈尔滨金融学院周学明教授（第3章、第11章第1~5节、第12章），哈尔滨金融学院徐辉副教授（第6章、第7章、第9章），黑龙江省商务厅处长、高级经济师李玉山（第11章第6节），河北金融学院韩小蕊讲师（第4章、第5章），哈尔滨金融学院王葳讲师（第1章、第2章、第10章），哈尔滨金融学院任鑫鹏讲师（第8章、第13章）。由周学明教授任主编，负责全书的总纂，徐辉、李玉山和韩小蕊任副主编，王葳、任鑫鹏老师参编。在编写的过程中，我们得到了中国金融出版社的大力支持和指导帮助，在此表示衷心的感谢。由于编写时间仓促，编者水平有限，书中错误或不当之处在所难免，敬请广大读者批评指正。

编者
2013 年 1 月

目　　录

第 1 章

国际贸易概论

【学习目标】

通过本章的学习，理解国际贸易、国际分工和世界市场的概念；掌握国际贸易的主要分类方式及类别，掌握国际分工的种类；了解国际贸易的产生与发展，国际分工对国际贸易的影响；了解国际贸易发展的特点与新趋势，理解国际贸易的作用。

【重点与难点】

国际贸易的概念；国际分工的概念；国际贸易分类；国际分工的种类；国际贸易发展的特点及新趋势；国际分工对国际贸易的影响。

【导入案例】　日本地震推动全球供应链加速转型

日本地震摧毁了大量的日本制造工厂，而这一严重的后果正沿着全球供应链条传递到世界各地：无数将制造进行离岸外包的全球企业因为缺少关键零部件陷入了极为被动的局面，这一危机也引发了人们对现有全球供应链模式的反思。

几年前，弗里德曼的畅销书《世界是平的》描绘了一幅由"离岸"（Offshoring）外包构成的跨国制造和服务的繁荣景象，但如今，"离岸"已不再是潮流。随着日本地震和海啸导致对全球供应链造成巨大破坏，将制造进行离岸外包的企业因为缺少关键零部件，而陷入了极为被动的局面，这促使大型企业开始重新评估全球供应链的风险。

现在，全球供应链呈现出错综复杂的特征。有媒体引用亚洲开发银行研究所针对苹果 iPhone 的一项研究，来说明当下供应链的复杂特性。iPhone 是在美国设计的，但它的制造与装配，则是由分布在 6 个国家的 9 个公司共同完成的。由于整个供应链条牵一发而动全身的复杂性，日本电力中断、高速公路关闭、港口受损等灾难所带来的负面效应，也随着 iPhone 复杂的供应链条，传递到地区或市场中。

（资料来源：《新财经》，2011 - 05 - 11）

1.1　国际贸易的产生与发展

国际贸易是指不同国家（地区）之间的商品和劳务的交换活动。国际贸易是商品和劳务的国际转移。国际贸易也叫世界贸易，由进口贸易（Import Trade）和出口贸易（Export Trade）两部分组成，故有时也称为进出口贸易。

1.1.1 国际贸易的概念及特点

1.1.1.1 国际贸易的概念

1. 国际贸易（International Trade）与对外贸易（Foreign Trade）

国际贸易亦称"世界贸易"，泛指国际间的商品和劳务（或货物、知识和服务）的交换。它由各国（地区）的对外贸易构成，是世界各国对外贸易的总和。国际贸易在奴隶社会和封建社会就已发生，并随生产的发展而逐渐扩大。到资本主义社会，其规模空前扩大，具有世界性。

对外贸易亦称"国外贸易"或"进出口贸易"，是指一个国家（地区）与另一个国家（地区）之间的商品和劳务的交换。这种贸易由进口和出口两个部分组成，对输进商品或劳务的国家（地区）来说，就是进口贸易；对输出商品或劳务的国家（地区）来说，就是出口贸易。

2. 对外贸易值（Value of Foreign Trade）、国际贸易值（Value of International Trade）与对外贸易量（Quantum of Foreign Trade）

对外贸易值是以货币表示的贸易金额。一定时期内一国从国外进口的商品的全部价值，称为进口贸易总额或进口总额；一定时期内一国向国外出口的商品的全部价值，称为出口贸易总额或出口总额。两者相加为进出口贸易总额或进出口总额，是反映一个国家对外贸易规模的重要指标。一般用本国货币表示，也有用国际上习惯使用的货币表示。联合国编制和发表的世界各国对外贸易值的统计资料，是以美元表示的。

世界上所有国家的进口总额或出口总额用同一种货币换算后加在一起，即得到世界进口总额或世界出口总额。就国际贸易来看，一国的出口就是另一国的进口，如果把各国进出口值相加作为国际贸易总值就是重复计算。因此，一般是把各国出口值相加，作为国际贸易值。由于各国一般都是按离岸价格（FOB 即装运港船上交货价，只计算成本，不包括运费和保险费）计算出口额，按到岸价格（CIF 即成本、保险费加运费）计算进口额。因此世界出口总额总是略小于世界进口总额。

以货币所表示的对外贸易值经常受到价格变动的影响，因而不能准确地反映一国对外贸易的实际规模，更不能使不同时期的对外贸易值直接比较。为了反映进出口贸易的实际规模，通常以贸易指数表示，其办法是按一定期的不变价格为标准来计算各个时期的贸易值，用进出口价格指数除进出口值，得出按不变价格计算的贸易值，便剔除了价格变动因素，就是贸易量。以一定时期为基期的贸易量指数同各个时期的贸易量指数相比较，就可以比较准确地反映贸易实际规模的变动。

3. 贸易差额（Balance of Trade）

贸易差额是一国在一定时期内（如一年、半年、一季、一月）出口总值与进口总值之间的差额。当出口总值与进口总值相等时，称为"贸易平衡"；当出口总值大于进口总值时，出现贸易盈余，称"贸易顺差"或"出超"；当进口总值大于出口总值时，出现贸易赤字，称"贸易逆差"或"入超"。通常，贸易顺差以正数表示，贸易逆差以负数表示。

一国的进出口贸易收支是其国际收支中经常项目的重要组成部分，是影响一个国家国际收支的重要因素。

4. 贸易条件（Terms of Trade）

贸易条件又称交换比价或贸易比价，即出口价格与进口价格之间的比率，也就是说一个单位的出口商品可以换回多少进口商品。它是用出口价格指数与进口价格指数来计算的。计算的公式为

$$贸易条件（N）= 出口价格指数（Px）/ 进口价格指数（Pm）× 100$$

以一定时期为基期，先计算出基期的进出口价格比率并作为 100，再计算出比较期的进出口价格比率，然后与基期相比，如大于 100，说明贸易条件比基期有利；如小于 100，则表明贸易条件比基期不利，交易环境较基期恶劣。

常用的贸易条件有三种不同的形式：价格贸易条件、收入贸易条件和要素贸易条件。

5. 对外贸易与国际贸易地理方向

对外贸易地理方向又称对外贸易地区分布或国别结构，是指一定时期内各个国家或区域集团在一国对外贸易中所占有的地位，通常以其在该国进出口总额或进口总额、出口总额中所占的比重来表示。

对外贸易地理方向指明一国出口商品的去向和进口商品的来源，从而反映出一国与其他国家或区域集团之间经济贸易联系的程度。一国的对外贸易地理方向通常受经济互补性、国际分工的形式与贸易政策的影响。

国际贸易地理方向亦称国际贸易地区分布（International Trade by Region），用以表明世界各洲、各国或各个区域集团在国际贸易中所占的地位。计算各国在国际贸易中的比重，既可以计算各国的进出口额在世界进出口总额中的比重，也可以计算各国的进出口总额在国际贸易总额（世界进出口总额）中的比重。

由于对外贸易是一国与别国之间发生的商品交换，因此，把对外贸易按商品分类和按国家分类结合起来分析研究，即把商品结构和地理方向的研究结合起来，可以查明一国出口中不同类别商品的去向和进口中不同类别商品的来源，具有重要意义。

6. 对外贸易商品结构与国际贸易商品结构

对外贸易商品结构指一定时期内一国进出口贸易中各种商品的构成，即某大类或某种商品进出口贸易与整个进出口贸易额之比，通常以份额表示。一国对外贸易商品结构可以反映出该国的经济发展水平、产业结构状况、科技发展水平等。

国际贸易商品结构指一定时期内各大类商品或某种商品在整个国际贸易中的构成，即各大类商品或某种商品贸易额与整个世界出口贸易额相比，通常以比重表示。为便于分析比较，世界各国和联合国均以联合国《国际贸易商品标准分类》（SITC）公布的国际贸易和对外贸易商品结构进行分析比较。国际贸易商品结构可以反映出整个世界的经济发展水平、产业结构状况和科技发展水平。

7. 知识产权贸易

根据关贸总协定乌拉圭回合达成的《与贸易有关的知识产权协议》，知识产权包括版权、专利、商标、地理标志、工业设计、集成电路、外观设计（分布图）等，是一种受专门法律保护的重要的无形财产。

8. 服务贸易

根据关贸总协定乌拉圭回合达成的《服务贸易总协定》，服务贸易是指："从一成员境内向任何其他成员境内提供服务；在一成员境内向任何其他成员的服务消费者提供服务；一成员的服务提供者在任何其他成员境内以商业存在提供服务；一成员的服务提供者在任何其他成员境内以自然人的存在提供服务。"服务部门包括如下内容：商业服务、通信服务、建筑及有关工程服务、销售服务、教育服务、环境服务、金融服务、健康与社会服务、与旅游有关的服务娱乐、文化与体育服务、运输服务。

1.1.1.2　国际贸易的特点

国际货物贸易属商品交换范围，与国内贸易在性质上并无不同，但由于它是在不同国家或地区间进行的，所以与国内贸易相比具有以下特点：

1. 国际货物贸易要涉及不同国家或地区在政策措施、法律体系方面可能存在的差异和冲突，以及语言文化、社会习俗等方面带来的差异，所涉及的问题远比国内贸易复杂。

2. 国际货物贸易的交易数量和金额一般较大，运输距离较远，履行时间较长，因此交易双方承担的风险远比国内贸易要大。

3. 国际货物贸易容易受到交易双方所在国家的政治、经济变动、双边关系及国际局势变化等条件的影响。

4. 国际货物贸易除了交易双方外，还需涉及运输、保险、银行、商检、海关等部门的协作、配合，过程较国内贸易要复杂得多。

1.1.2　国际贸易的分类

1.1.2.1　按商品移动方向分类，可分为进口贸易、出口贸易与过境贸易

1. 进口贸易（Import Trade）

将外国所产或加工的商品（包括外国拥有的劳务）购买后输入本国市场的贸易活动。

2. 出口贸易（Export Trade）

将本国所生产或加工的商品（包括本国拥有的劳务）输往国外市场进行销售的对外贸易活动。

3. 过境贸易（Transit Trade）

甲国的商品经过丙国境内运至乙国市场销售，对丙国而言就是过境贸易。由于过境贸易对国际贸易的阻碍作用，目前世贸组织成员国之间互不从事过境贸易。

1.1.2.2　按统计口径不同分类，可分为总贸易（General Trade）与专门贸易（Special Trade）

贸易体系是贸易国家记录和编制出口货物统计的一种方法，大部分国家只根据其中一种进行记录和编制。我国当前采用的是总贸易体系。

总贸易是专门贸易的对称，是指以国境为标准划分的进出口贸易。凡进入国境的商品一律列为总进口；凡离开国境的商品一律列为总出口。在总出口中又包括本国产品的出口和未经加工的进口商品的出口，总进口额加总出口额就是一国的总贸

易额。美国、日本、英国、加拿大、澳大利亚、中国、原苏联、东欧等国采用这种划分标准。

专门贸易是总贸易的对称，是指以关境为标准划分的进出口贸易。只有从外国进入关境的商品以及从保税仓库提出进入关境的商品才列为专门进口。当外国商品进入国境后，暂时存放在保税仓库，未进入关境，不列为专门进口。从国内运出关境的本国产品以及进口后经加工又运出关境的商品，则列为专门出口。专门进口额加专门出口额称为专门贸易额。德国、意大利等国采用这种划分标准。

1.1.2.3　按结算方式不同分类，可分为现汇贸易与易货贸易

现汇贸易也称自由结汇方式贸易，是指买方用外汇（通常是可自由兑换货币）作为偿付工具的贸易方式，这是国际贸易的主要结算方式。在当今国际贸易中，能作为支付工具的货币主要有美元、英镑、日元、欧元等。

易货贸易是指在国际贸易中以货物经过计价作为清偿工具的贸易方式。它大多起因于某些国家外汇不足，无法以正常的自由结汇方式与他国进行交易。其特点是把进出口直接联系起来，双方都有进有出，互换货物，可以是一种对一种，也可以是一种对多种或多种对多种，力求换货的总金额相等，不用外汇支付。

1.1.2.4　按加工后贸易方向分类，可分为复出口与复进口

1. 复出口 (Re - export)

复出口是指外国商品进口以后未经加工制造又出口，也称再出口。复出口在很大程度上同经营转口贸易有关。

2. 复进口 (Re - import)

复进口是指本国商品输往国外，未经加工又输入国内，也称再进口。复进口多因偶然原因（如出口退货）所造成。

1.1.2.5　按国际贸易是否有第三国参与分类，可分为直接贸易、间接贸易与转口贸易

1. 直接贸易 (Direct Trade)

直接贸易是间接贸易的对称，是指商品生产国与商品消费国直接卖买商品的行为。

2. 间接贸易 (Indirect Trade)

间接贸易是直接贸易的对称，是指商品生产国与商品消费国通过第三国进行卖买商品的行为。其中，生产国是间接出口，消费国是间接进口，第三国是转口。

3. 转口贸易 (Intermediary Trade)

转口贸易是指生产国与消费国之间通过第三国所进行的贸易。即使商品直接从生产国运到消费国去，只要两者之间并未直接发生交易关系，而是由第三国转口商人分别同生产国与消费国发生的交易关系，仍然属于转口贸易范畴。

国际贸易中进出口货物的买卖，不是在生产国与消费国之间直接进行，而是通过第三国转手进行的贸易。这种贸易对中转国来说就是转口贸易。交易的货物可以由出口国运往第三国，在第三国不经过加工（改换包装、分类、挑选、整理等不作为加工论）再销往消费国；也可以不通过第三国而直接由生产国运往消费国，但生

产国与消费国之间并不发生交易关系，而是由中转国分别同生产国和消费国发生交易。

1.1.2.6 按商品形式分类，可分为有形贸易与无形贸易

1. 有形贸易（Visible Trade）

有形贸易是无形贸易的对称，指商品的进出口贸易。由于商品是可以看得见的有形实物，故商品的进出口被称为有形进出口，即有形贸易。

国际贸易中的有形商品种类繁多，为便于统计，联合国秘书处于 1950 年起草了联合国《国际贸易标准分类》（Standard International Trade Classification，SITC），作为用于国际贸易商品的统计和对比的标准分类方法。现行《国际贸易标准分类》于 1950 年 7 月 12 日由联合国经济社会理事会正式通过，目前为世界各国政府普遍采纳的商品贸易分类体系。到 2006 年为止，该标准分类经历了四次修改，最近的一次修改为第四次修订版，于 2006 年 3 月获联合国统计委员会第三十七届会议通过。该分类法将商品分为 10 大类、63 章、223 组、786 个分组和 1 924 个项目。具体如下：0——食品和活畜；1——饮料和烟草；2——粗材料，不能食用，但燃料除外；3——矿物燃料，润滑剂和相关材料；4——动物和植物油，油脂和蜡；5——化学品及有关产品；6——主要以材料分类的制成品；7——机械和运输设备；8——杂项制品；9——没有分类的其他商品。其中，0~4 类商品称为初级品，5~8 类商品称为制成品，第 9 类为没有分类的其他商品。初级产品、制成品在进出口商品中所占的比重就表示了贸易的商品结构。

2. 无形贸易（Invisible Trade）

无形贸易是有形贸易的对称，指劳务或其他非实物商品的进出口而发生的收入与支出。主要包括：（1）和商品进出口有关的一切从属费用的收支，如运输费、保险费、商品加工费、装卸费等；（2）和商品进出口无关的其他收支，如国际旅游费用、外交人员费用、侨民汇款、使用专利特许权的费用、国外投资汇回的股息和红利、公司或个人在国外服务的收支等。以上各项中的收入，称为"无形出口"；以上各项中的支出，称为"无形进口"。

有形贸易因要结关，故其金额显示在一国的海关统计上；无形贸易不经过海关办理手续，其金额不反映在海关统计上，但显示在一国国际收支表上。

1.1.2.7 按经济发展程度分类，可分为水平贸易与垂直贸易

水平贸易（Horizontal Trade），是指经济发展水平比较接近的国家之间开展的贸易活动。例如，发达国家之间展开的贸易或者发展中国家之间所展开的贸易活动。产业内贸易，也称为水平贸易或双向贸易（Two - Way Trade），是指一国同时出口和进口属于同一产业的商品。

垂直贸易（Vertical Trade），是指经济发展水平不同国家之间开展的贸易活动。发达国家与发展中国家之间进行的贸易大多属于这种类型。特定产品的生产过程分割为不同的生产阶段，散布于多个国家（地区）进行，并以跨国界的垂直贸易链相互连接。

1.1.3　国际贸易的产生、发展及作用

国际贸易是在人类社会生产力发展到一定的阶段时才产生和发展起来的，它是一个历史范畴。国际贸易的产生必须具备两个基本的条件，一是要有国家的存在，二是产生了对国际分工的需要，而国际分工只有在社会分工和私有制的基础上才可能形成。这些条件不是人类社会一产生就有的，而是随着社会生产力的不断发展和社会分工的不断扩大而逐渐形成的。

1.1.3.1　国际贸易的产生

国际贸易是在一定历史条件下产生和发展起来的。国际贸易的产生必须具备以下条件：一是有剩余的产品可以作为商品进行交换；二是商品交换要在各自为政的社会实体之间进行。因此，社会生产力的发展和社会分工的扩大，是国际贸易产生和发展的基础。在原始社会初期，人类处于自然分工状态，生产力水平很低，人们在共同劳动的基础上获取有限的生活资料，仅能维持本身生存的需要。因此，没有剩余产品，没有私有制，没有阶级和国家，也就没有国际贸易。

1.1.3.2　国际贸易的发展

国际贸易的发展是与人类历史上三次社会大分工密切相关的。

1. 早期的国际贸易

第一次社会大分工是畜牧部落从其他部落中分离出来，牲畜的驯养和繁殖使生产力得到了发展，产品开始有了少量剩余。于是在氏族公社之间、部落之间出现了剩余产品的交换。这是最早发生的交换。这种交换是极其原始的偶然的物物交换。随着生产力的继续发展，手工业从农业中分离出来，出现了人类社会第二次大分工。手工业的出现，便产生了直接以交换为目的的商品生产。商品生产和商品交换的不断扩大，产生了货币，商品交换逐渐变成了以货币为媒介的商品流通。随着商品货币关系的发展，产生了专门从事贸易的商人，于是出现了第三次社会大分工。

生产力的发展，交换关系的扩大，加速了私有制的产生，从而使原始社会日趋瓦解，这就为过渡到奴隶社会打下了基础。在奴隶社会初期，由于阶级矛盾形成了国家。国家出现后，商品交换超出国界，便产生了国际贸易。

2. 奴隶社会的国际贸易

在奴隶社会，自然经济占主导地位，奴隶社会虽然出现了手工业和商品生产，但在一国整体社会生产中显得微不足道，进入流通的商品数量很少。同时，由于社会生产力水平低下和生产技术落后，交通工具简陋，严重阻碍了人与物的交流，国际贸易局限在很小的范围内，其规模和内容都受到很大的限制。

奴隶社会的国际贸易是为了奴隶主阶级服务的。当时，奴隶主拥有财富的重要标志是其占有多少奴隶，因此奴隶社会国际贸易中的主要商品是奴隶。据记载，希腊的雅典就曾经是一个贩卖奴隶的中心。此外，粮食、酒及其他专供奴隶主阶级享用的奢侈品，如宝石、香料和各种织物等也都是当时国际贸易中的重要商品。

奴隶社会时期从事国际贸易的国家主要有腓尼基、希腊、罗马等，这些国家在地中海东部和黑海沿岸地区主要从事贩运贸易。

3. 封建社会的国际贸易

封建社会的国际贸易比奴隶社会时期有了较大的发展。随着商品生产的发展，封建地租转变为货币地租的形式，商品经济得到进一步的发展。在封建社会，封建地主阶级占统治地位，国际贸易是为封建地主阶级服务的。国际贸易的主要商品，除了奢侈品以外，还有日用手工业品和食品，如棉织品、地毯、瓷器、谷物和酒等。商品生产和流通的主要目的是为了满足剥削阶级奢侈生活的需要，贸易主要局限于各洲之内和欧亚大陆之间。

在封建社会，国际贸易的范围明显地扩大。亚洲各国之间的贸易由近海逐渐扩展到远洋。早在西汉时期，中国就开辟了从长安经中亚通往西亚和欧洲的陆路商路——丝绸之路，把中国的丝绸、茶叶等商品输往西方各国，换回良马、种子、药材和饰品等。到了唐朝，除了陆路贸易外，还开辟了通往波斯湾以及朝鲜和日本等地的海上贸易，中国的丝绸、瓷器、茶叶、铜铁器等同所到的国家进行贸易，换回各国的香料、珠宝、象牙和药材等。

封建社会的早期欧洲，国际贸易主要集中在地中海东部，君士坦丁堡是当时最大的国际贸易中心。公元 7~8 世纪，阿拉伯人通过贩运非洲的象牙、中国的丝绸、远东的香料和宝石，成为欧、亚、非三大洲的贸易中间商。11 世纪以后，随着意大利北部和波罗的海沿岸城市的兴起，国际贸易的范围逐步扩大到整个地中海以及北海、波罗的海和黑海的沿岸地区。当时，南欧的贸易中心是意大利的一些城市，如威尼斯、热那亚等，北欧的贸易中心是汉撒同盟的一些城市，如汉堡、卢卑克等。

4. 资本主义时期的国际贸易

15 世纪末期至 16 世纪初，地理大发现对西欧经济发展和全球国际贸易产生了十分深远的影响。大批欧洲冒险家前往非洲和美洲进行掠夺性贸易，运回大量金银财富，同时还使这些地区沦为本国的殖民地，加速了资本原始积累，又大大推动了国际贸易的发展。

17 世纪中期英国资产阶级革命的胜利，标志着资本主义生产方式的正式确立。18 世纪中期的产业革命又为国际贸易的空前发展提供着十分坚实而又广阔的物质基础。一方面，蒸汽机的发明使用开创了机器大工业时代，生产力迅速提高，物质产品大为丰富，从而真正的国际分工开始形成；另一方面，交通运输和通信联络的技术和工具都有突飞猛进的发展，使得世界市场真正得以建立。

在这种情况下，国际贸易有了惊人的发展，交易活动转变为全球性的国际贸易。这个时期的国际贸易，不仅贸易数量和种类有长足增长，而且贸易方式和机构职能也有创新发展。显然，国际贸易的巨大发展是资本主义生产方式发展的必然结果。

19 世纪 70 年代后，资本主义进入垄断阶段，此时的国际贸易不可避免地带有垄断的特点。主要资本主义国家的对外贸易被为数不多的垄断组织所控制，它们决定着一国对外贸易的地理方向和商品构成。垄断组织输出巨额资本，用来扩大商品输出的范围和规模。

两次世界大战时期，资本主义世界爆发了三次经济危机，战争的破坏和空前的经济危机使世界工业生产极为缓慢。在 1912—1938 年的 27 年间，世界工业生产量只增长了 83%，同时，贸易保护主义显著加强，给国际贸易的发展设置了层层的障碍。因此，两次世界大战期间，国际贸易的扩大过程几乎处于停滞状态。

在这一时期，国际贸易的地理格局发生了变化。第一次世界大战打破了各国间特别是欧洲国家与海外国家间的经济贸易联系，使欧洲在国际贸易中的比重下降，而美国的比重却有了较大的增长。亚洲、非洲和拉丁美洲经济不发达国家在国际贸易中的比重亦有所上升。

第二次世界大战后，世界经济又一次发生了巨大变化，国际贸易再次出现了飞速增长，其速度和规模都远远超过了 19 世纪工业革命以后的贸易增长。仅以国际服务贸易为例，第二次世界大战后，世界经济结构调整步伐加快，传统制造业比重相对下降，服务业地位提升，在各国 GDP 和就业中的比重不断提高。1999 年在世界 GDP 中，服务业的产值占 61%，制造业占 34%，而农业仅占 5% 左右；发达国家服务业占 GDP 的比重由 1980 年的 59% 提高到 1999 年的 65.3%，服务业就业人数占国内就业人数的比重在 55%~75%。美国第三产业产值占 GDP 的比重 1997 年为 72.6%，2003 年达到 75.9%。第三产业中信息产业的发展尤其快，1993—1997 年的 5 年间信息产业为美国直接增加 1 580 万个就业岗位，产值占美国 GDP 的 28% 以上，美国经济增长的 25% 来源于信息产业的增长。

发展中国家第三产业虽然起步较晚，但自 20 世纪六七十年代以来也有了长足的发展，占产值和就业中的比重都呈上升趋势，发展中国家服务业占 GDP 的比重也从 1980 年的 41% 提高到 1999 年的 51%，服务业就业人数占国内就业总数的 36%~65%。在国民经济日益向服务化方向发展的趋势下，国家间相互提供的服务贸易量也就大大增加了。

1.1.3.3　国际贸易的作用

国际贸易对参与贸易的国家乃至世界经济的发展具有重要作用，具体表现在以下几方面：

1. 调节各国市场的供求关系

调节各国市场的供求关系，互通有无始终是国际贸易的重要功能。世界各国由于受生产水平、科学技术和生产要素分布状况等因素的影响，生产能力和市场供求状况存在着一定程度的差异。各国国内既存在产品供不应求的状况，又存在着各种形式的产品过剩状况。而通过国际贸易不仅可以增加国内短缺产品的市场供给量，满足消费者的需求，而且还为各国国内市场的过剩产品提供了新的出路，在一定程度上缓解了市场供求的矛盾，从而调节了各国的市场供求关系。

2. 促进生产要素的充分利用

在当今世界上，劳动力、资本、土地、技术等生产要素在各个国家的分布往往是不平衡的，有的国家劳动力富余而资本短缺，有的国家资本丰裕而土地不足，有的国家土地广阔而耕作技术落后。如果没有国际贸易，这些国家国内生产规模和社会生产力的发展，都会受到其短缺的生产要素的制约，一部分生产要素将闲置或浪费，生产潜力得不到发挥。通过国际贸易，这些国家就可以采取国际劳务贸易、资本转移、土地租赁、技术贸易等方式，将国内富余的生产要素与其他国家交换国内短缺的生产要素，从而使短缺生产要素的制约得以缓解或消除，富余生产要素得以充分利用，扩大生产规模，加速经济发展。

3. 发挥比较优势，提高生产效率

各国参与国际贸易的重要基础是比较利益和比较优势，利用比较利益和比较优势进行国际分工和国际贸易，可以扩大优势商品生产，缩小劣势商品生产，并出口优势产品从国外换回本国居于劣势的商品，从而可在社会生产力不变的前提下提高生产要素的效能，提高生产效率，获得更大的经济效益。

4. 提高生产技术水平，优化国内产业结构

在当今世界，各国普遍通过国际贸易引进先进的科学技术和设备，以提高国内的生产力水平，加快经济发展；同时，通过国际贸易，使国内的产业结构逐步协调和完善，促使整个国民经济协调发展。

5. 增加财政收入，提高国民福利水平

国际贸易的发展，可为一国政府开辟财政收入的来源。政府可从对过往关境的货物征收关税、对进出口货物征收国内税、为过境货物提供各种服务等方面获得大量财政收入。在美国联邦政府成立初期，关税收入曾占联邦财政收入的90%。至今，关税和涉外税收仍然是一些国家特别是发展中国家财政收入的重要来源。国际贸易还可以提高国民的福利水平。它可以通过进口国内短缺而又是国内迫切需要的商品，或者进口比国内商品价格更低廉、质量更好、式样更新颖、特色更突出的商品，来使国内消费者获得更多的福利。此外，国际贸易的扩大，特别是劳动密集型产品出口的增长，将为国内提供更多的就业机会，间接增进国民福利。

6. 加强各国经济联系，促进经济发展

在现代，世界各国广泛开展国际贸易活动，这不仅把生产力发展水平较高的发达国家互相联系起来，而且也把生产力发展水平较低的广大发展中国家卷入国际经济生活之中。国际市场的竞争活动，也促使世界总体的生产力发展进一步加快。这不仅促进了发达国家经济的进一步发展，也促进了不发达国家和地区的经济发展。

1.2 国际分工

1.2.1 国际分工的概念和分类

1.2.1.1 国际分工的概念

国际分工指世界上各国（地区）之间的劳动分工，是国际贸易和各国（地区）经济联系的基础。它是社会生产力发展到一定阶段的产物，是社会分工超越国界的结果，是生产社会化向国际化发展的趋势。

1.2.1.2 国际分工的分类

1. 按参加国际分工的国家的发展水平差异分类

按参与国家自然资源和原材料供应、生产技术水平和工业发展情况的差异来分类，国际分工可划分为三种不同形式。

（1）垂直型国际分工。它是指经济技术发展水平相差悬殊的国家（如发达国家与发展中国家）之间的国际分工。垂直分工是相对水平分工而言的。垂直型国际分工的表现形式又分为两种：一种是指部分国家供给初级原料，而另一部分国家供给

制成品的分工形态。如发展中国家生产初级产品，发达国家生产工业制成品，这是不同国家在不同产业间的垂直分工。产品从原料到制成品，须经多次加工。经济越发达，分工越细密，产品越复杂，工业化程度越高，产品加工的次数就越多。加工又分为初步加工（粗加工）和深加工（精加工）。只经过初步加工的为初级产品，经过多次加工最后成为制成品。初级产品与制成品这两类产业的生产过程构成垂直联系，彼此互为市场。另一种是指同一产业内技术密集程度较高的产品与技术密集程度较低的产品之间的国际分工，或同一产品的生产过程中技术密集程度较高的工序与技术密集程度较低的工序之间的国际分工，这是相同产业内部因技术差距所形成的国际分工。

从历史上看，19 世纪形成的国际分工是一种典型的垂直型国际分工。当时英国等少数国家是工业国，绝大多数不发达的殖民地、半殖民地成为农业国，工业先进国家按自己的需要强迫落后的农业国进行分工，形成工业国支配农业国，农业国依附工业国的国际分工格局。

（2）水平型国际分工。它是指经济发展水平相同或接近的国家（如发达国家以及一部分新兴工业化国家）之间在工业制成品生产上的国际分工，当代发达国家的相互贸易主要是建立在水平型国际分工的基础上的。第二次世界大战后，随着科技革命的兴起，国际分工由部门间国际分工向部门内专业化国际分工方向发展。如欧洲制造的"R – 1800"载重汽车，它的发动机、控制设备、底盘和弹簧分别由瑞典、德国、美国和意大利的公司生产，最后则在英国装配完成。部门内专业化分工，把发达国家工业生产的主要部分相互紧密地联系在一起，促进了国际分工的深入发展。

水平分工可分为产业内与产业间水平分工。前者又称为"差异产品分工"，是指同一产业内不同厂商生产的产品虽有相同或相近的技术程度，但其外观设计、内在质量、规格、品种、商标、牌号或价格有所差异，从而产生的国际分工和相互交换，它反映了寡头企业的竞争和消费者偏好的多样化。随着科学技术和经济的发展，工业部门内部专业化生产程度越来越高，部门内部的分工、产品零部件的分工、各种加工工艺间的分工越来越细。这种部门内水平分工不仅存在于国内，而且广泛地存在于国与国之间。后者则是指不同产业所生产的制成品之间的国际分工和贸易。由于发达资本主义国家的工业发展有先有后，侧重的工业部门有所不同，各国技术水平和发展状况存在差别，因此，各类工业部门生产方面的国际分工日趋重要。各国以其重点工业部门的产品去换取非重点工业部门的产品。工业制成品生产之间的分工不断向纵深发展，由此形成水平型国际分工。

（3）混合型国际分工。它是指把垂直型和水平型结合起来的国际分工方式。德国是混合型的典型代表。它对第三世界是垂直型的，向发展中国家进口原料，出口工业品，而对发达国家则是水平型的。在进口中，主要是机器设备和零配件。其对外投资主要集中在西欧发达的资本主义国家。

2. 按国际分工在产业之间或产业内部分类

（1）产业间国际分工。它是指不同产业部门之间生产的国际专业化。第二次世界大战以前，国际分工基本上是产业间国际分工，表现在亚、非、拉国家专门生产矿物原料、农业原料及某些食品，欧美国家专门进行工业制成品的生产。

（2）产业内部国际分工。它是指相同生产部门内部各分部门之间的生产专业化。第二次世界大战发生、第三次科学技术革命，对当代国际分工产生了深刻的影响，使国际分工的形式和趋向发生了很大的变化，突出地表现在使国际分工的形式从过去的部门间专业化向部门内专业化方向迅速发展起来。这主要是由于科技进步使各产业部门之间的级差化不断加强，不仅产品品种规格更加多样化，而且产品的生产过程也进一步复杂化。这就需要采用各种专门的设备和工艺，以达到商品的特定技术要求和质量要求，而一般来说所需要专用设备的数量不多，但要求精度较高。同时，为了达到产品的技术和质量要求还必须进行大规模的科学实验和研究，这就需要大量的科研费用。在这种情况下，只有进行大量生产在经济上才能有利。但这些往往又与一国的有限市场和资金设备以及技术力量发生了矛盾，这就促使各国部门内部的生产专业化迅速得到发展。

产业内部国际分工主要有三种形式：

第一，同类产品不同型号规格专业化分工。在某些部门内某种规格产品的国际生产专业化，是部门内国际分工的一种表现形式。

第二，零部件专业化分工。许多国家为其他国家生产最终产品而生产的配件、部件或零件的专业化。目前，这种国际生产专业化在许多种产品的生产中广泛发展。

第三，工艺过程专业化分工。这种专业化过程不是生产成品而是专门完成某种产品的工艺，即在完成某些工序方面的专业化分工。以化学产品为例，某些工厂专门生产半制成品，然后将其运输到一些国家的化学工厂去制造各种化学制成品。

1.2.2 国际分工的产生和发展

随着科学技术的进步，生产力的高度发展，各国之间的分工向纵深发展，国际社会经济形成一个有机整体。这个有机体越是向前发展，它的各个部分、各种经济之间的联系就越是扩展，越加复杂。

国际分工的发生和发展主要取决于两个条件：一是社会经济条件，包括各国的科技和生产力发展水平、国内市场的大小、人口的多寡和社会经济结构；二是自然条件，包括资源、气候、土壤、国土面积的大小等等。这里，生产力的发展是促使国际分工发生和发展的决定性因素，科技的进步是国际分工得以发生和发展的直接原因。

1.2.2.1 国际分工的产生

从15世纪末16世纪初的地理大发现到产业革命的开始，是国际分工和世界市场的萌芽阶段。在15世纪末16世纪初的地理大发现以后，随着国际贸易从欧洲向亚洲和新大陆迅速扩充，存在于国际交换中的地域分工有了新的发展。国际分工出现于16世纪之前，当时世界上许多国家还处在奴隶社会或封建社会，生产力水平很低，商品经济不发达，自给自足的自然经济占统治地位。由于受经济不发达和交通运输条件的制约，国际分工的地理范围狭小，商品的数量、品种都是极为有限的。到16世纪中叶，西欧的封建社会开始瓦解，资本主义进入早期的工场手工业阶段，工场手工业的发展促进了社会分工和生产力的发展，这一时期无论用于国际交换的商品的种类、数量，还是参与国际交换的国家和地区都有了迅速增加。西欧国家在大力推行重商主义政策的同时，还采取超经济手段在一些殖民地建立起面向宗主国市场的早期专业化生产，形成了早期的国际分工。这不仅使西欧一些国家很快形成了统一的国内市场，而且使这种社会分工迅速扩展到国际领域。

18世纪末，主要资本主义国家先后完成产业革命，大机器工业取代了落后的手工劳动，为国际分工和国际市场的最终形成奠定了基础。但是由于远洋运输的困难，这一时期的国际交换尚未成为扩大再生产的条件，因而这种建立在手工工场基础上的国际分工还只是一种扩大了的地域分工。

1.2.2.2 国际分工的发展

真正意义上的国际分工是伴随着产业革命和机器大工业的形成而建立和发展起来的。国际分工的发展大体上可以分为三个阶段。

1. 国际分工雏形阶段

18世纪60年代，最先从英国开始的工业革命推动资本主义的技术基础向机器大工业过渡。机器的广泛使用不仅实现了能满足市场需要的大规模生产，而且使工业内部分工进一步发展，以至于分离出专门生产原材料和专门生产消费品的各种独立的工业部门。同时，随着产品产量的迅速增加和这种工业内部分工规模的不断扩大，为适应国际交换中大规模长途运输的需要，以轮船、铁路等为代表的交通工具和以电报和海底电缆为标志的通信业迅猛发展。在这些条件下，生产的民族性和地域性逐渐消失了。大规模生产所需的原材料已非本国所能满足，其产品也非本国市场所能容纳。"由于机器和蒸汽的应用，分工的规模已使大工业脱离了本国基地，完全依赖于世界市场、国际交换和国际分工。"于是，先进国家逐渐垄断了工业部门的生产，而强迫落后国家成为其原料产地和销售市场。这种分工不断地在世界范围扩展，逐步把经济发展水平不同的国家不同程度地纳入到这种国际分工之中。

2. 国际分工体系的形成阶段

从19世纪70年代开始到第二次世界大战结束，国际分工体系逐渐形成。19世纪国际分工的形成极大地促进了社会生产力的发展，但与此同时也成为先进国家控制和剥削落后国家的一种经济强制。最早进行产业革命建立起机器大工业的少数先进国家走在世界经济发展的前列，它们垄断了先进的工业部门的生产，而把落后的农业部门的生产转移到海外。先进国家工业产品低廉的价格成了征服外部市场的有力武器，它破坏了其他国家的手工业生产，并由此强迫这些国家变为工业国家的原料产地和销售市场。这样，原来在一国范围内城市与农村、工业部门与农业部门之间的分工，就逐渐演变成为世界城市与世界农村的分离与对立。资产阶级"正像它使农村从属于城市一样，它使未开化和半开化的国家从属于文明的国家，使农民的民族从属于资产阶级的民族，使东方从属于西方"。19世纪70年代以后，铁路、轮船、电报等交通和通信工具发展十分迅速，海路和陆路的交通运输成本大幅降低。在新的科技革命影响下，世界工业产量和世界贸易量成倍地增长。在从自由资本主义向垄断资本主义过渡的过程中，借贷资本输出逐渐取代了商品资本输出而占据统治地位。在这一时期，还建立了国际金本位制，形成了多边支付体系等。所有这些有利条件促进了国际分工的深化。参加国际分工的各个国家大都有一些产业部门为世界其他国家生产，同时每个国家中生活所需的许多食品和生产所需的许多原材料和工业制成品也由不同国家的生产者制造。国际分工的深化极大地促进了世界范围内社会生产力水平的提高。

第二次世界大战以后，随着发展中国家的崛起、第三次科技革命的发生以及跨国公司的发展壮大，国际分工继续深化。主要表现在，自 19 世纪以来形成的以工业部门和原材料部门分工为特征的部门间国际分工转向以各个产业部门内部分工为特征的新的国际分工。在战后科技革命的影响下，用于国际交换的产品更加多样化、产品生产工艺更加复杂化、产品技术和质量要求更加严格，需要实现更高水平上的生产专业化分工，主要是零部件生产的专业化，即实现同一产业部门内部在国际范围内的专业化分工协作。在国际分工的深化过程中，跨国公司发挥着越来越大的作用，跨国公司的对外投资和贸易加强了国际间的经济联系。跨国公司在世界范围内进行资源的优化配置，逐渐把不同国家企业的生产经营活动纳入其内部管理活动中，使垂直分工、水平分工和混合分工等分工形态并存发展。

3. 国际分工深化阶段

20 世纪 40 年代和 50 年代开始的第三次技术革命，导致了一系列新兴工业部门的诞生，如高分子合成工业、原子能工业、电子工业、宇航工业等，对国际加工的型号深化产生了广泛的影响，使国际加工的形式和趋向发生了很大的变化，使国际加工的形式从过去的部门间专业分工向部门内专业化分工方向迅速发展。主要表现在：不同型号规格的产品专业化；零配件和部件的专业化；工艺过程的专业化。任何一个专业发达、技术进步的国家也不可能生产出自己所需的全部工业产品。当今世界，少数经济发达国家成为资本（技术）密集型产业国，广大发展中国家成为劳动（土地）密集型产业国，它们各自内部以及相互之间又形成更细致的分工。这是资本主义国际分工的进一步发展阶段。

国际分工是不以人们意志为转移的客观过程。它具有双重性：进步性和落后性。一方面它打破了民族闭关自守状态，把各个国家和民族在经济上联系起来，促进了生产的国际化、专业化和世界生产力的发展；另一方面，国际垄断资本强制地使殖民地或半殖民地国家的经济依附于帝国主义国家，使这些国家沦为帝国主义国家的经济附庸。在这种国际分工的基础上形成的帝国主义宗主国与殖民地国家经济贸易关系，从来不是按平等互利的原则进行的，帝国主义国家总是通过各种形式剥削和掠夺经济落后的国家，从而对落后国家的生产力发展起了阻碍作用。近年来，发展中国家为建立国际经济新秩序的斗争及本国经济的发展，已在积极争取和改变旧的国际分工体系，建立新的平等互利的国际分工体系。

1.2.2.3 当代国际分工的深化

20 世纪 80 年代末以来，在经济全球化发展的背景下，自然资源和劳动力等传统生产要素的作用趋于减弱，而技术、信息、人才和创新机制等知识性要素的作用趋于增强，而这些要素具有高度的国际流动性。这些要素在不同产业、同一产业不同产品和同一产品不同工序间的重要性各不相同，形成了资本密集型、劳动密集型和技术密集型产业、产品和工序。当代国际分工的深化，实际上已经发展成为一个包含不同部门之间、同一部门不同产业之间、同一产业不同产品之间以及同一产品不同工序之间分工的多层次国际分工体系。其中，建立在"价值链"基础上的同一产品不同工序之间的分工是当代国际分工深化的崭新成果。

在当代国际分工中，传统分工的国家边界已经明显弱化，企业特别是跨国公司成为分工的主体。生产经营活动对企业而言是一个创造"价值"的过程，可以分解为一系列互不相同但又互相关联的活动，如研发、采购、制造、分销、服务等，形成了企业的"价值链"。由于生产经营活动的更加专业化，国际分工从最终产品的分工进一步向价值链中不同活动之间的分工发展，遍布于世界各地的各分支机构分别从事其中一项或几项活动。通过价值链的解构，跨国公司可以只控制那些具有战略意义的、创造利润多的环节，并在这些环节上保持垄断优势，而把其他不具战略意义的、创造利润不多的环节分解出去，以降低生产经营成本，增加灵活性。国际分工的实现方式也从单纯依赖外部市场的国际贸易转向外部市场与内部市场并重。在内部市场上，国际分工既可以通过股权投资方式进行，也可以通过非股权的分包方式进行，选择何种方式更多地由跨国公司的全球战略决定。"相对于某一'群组'或某一'网络'的生产活动和贸易往来而言，跨国公司现在越来越像是乐队指挥，指挥着公司内部和外部的跨国关系。"

尽管跨国公司的生产因跨越国界而具有国际性，甚至因跨越多国而具有世界性，但由于它们分散在世界不同国家的各分子公司在海外各据点所生产的产品主要是供应当地市场或返销母国，各地的生产过程之间不具有内在的关联性。国际分工只发生在最终产品之间，国际贸易成为国际分工实现的唯一途径。而在当代全球化发展的背景下，跨国公司分散在海外各地的子公司不再是独立运作或仅与母公司发生联系，而是与母公司和其他子公司保持着密切的联系。跨国公司依据不同区位建立在生产要素密集度之上的比较优势，将生产活动和其他功能性活动进行细密的专业化分工。每一个海外投资企业所服务的对象不再是分散的、独立的某个市场，而是整个跨国公司体系所占据的区域乃至全球市场。由此，跨国公司体系内的产品、技术和人员等在遍布全球的各分子公司之间的流动性更强，分工联系更为紧密，世界各国的生产经营活动通过跨国公司各分支机构的活动建立起了有机的联系，形成全球生产体系的实体部分。

1.2.3　影响国际分工形成和发展的因素

国际分工的形成与发展受以下几方面的影响。

1.2.3.1　社会生产力是国际分工形成和发展的决定性因素

国际分工形成与发展的过程充分证明，国际分工产生和发展的决定性因素是生产力，分工是以生产力的发展为前提的。科学技术之所以会成为一种在历史上起推动作用的力量，归根到底因为它是生产力。只有在机器大工业发展起来以后，社会生产力有了很大提高的情况下，才会产生进行国际分工的要求。科技进步和生产力的进一步发展，必然会对国际分工提出更高的要求。而生产力是生产方式中最活跃、最革命的因素，每一次科技革命都涌现出一些新兴的工业部门，这些工业部门不但本身是新的、巨大的生产力，而且还带动其他生产部门，推动整个社会生产迅速发展。科学技术的进步使生产更加专业化，分工更细。这大大加深了各部门、各企业之间的相互依赖性，使生产和销售都进一步社会化了。生产社会化必然导致国际化程度的加深。生产力的扩大、国内市场的相对狭小，必然促使这些国家、企业走向国际市场，寻找出路。

第二次世界大战后出现的第三次科学技术革命，使生产力的发展日益超越国家的界限，形成了生产力的国际化和生产的国际化，出现了大量的跨国公司，推动国际分工发展成为世界分工。这次科学技术革命使国际分工从部门之间扩大到产业内部，出现了各国在产品零件、部件和工艺流程上的内部分工；使国际交通、通信工具不断革新，运输费用不断下降。第二次世界大战后，一些新兴的工业化国家经济发展迅速，它们过去在国际分工中的不利地位已在逐步改善。随着生产力的发展，各种经济类型的国家都加入到国际分工行列，国际分工已把各国紧密地结合在一起，形成了世界性的分工。

1.2.3.2 人口、劳动规模和市场制约着国际分工的发展

世界各国人口对国际分工的规模起着制约作用。首先，各国人口分布的不平衡，会使贸易成为一种需要。其次，人口的质量也对国际分工的内容有重要影响。劳动规模也制约者国际分工，劳动规模越扩大，分工就越细密，一国不可能包揽一切，势必要与别国进行分工。在人口和劳动规模具备的前提下，国际分工的实现受制于国际商品市场的规模。国际分工的发展史是同国际商品交换的发展齐头并进的。

1.2.3.3 自然条件是国际分工产生和发展的基础

不同国家的地理、气候、资源、国土等条件不同，为国际分工提供了自然基础。但现实中究竟如何进行国际分工归根结底是由社会生产力水平和社会经济关系决定的。没有一定的自然条件，任何经济活动的进行都很困难，甚至不可能。因此，自然条件是一切经济活动的基础，也是国际分工产生和发展的前提。东南亚的马来西亚等国有"橡胶之国"的美称，中东地区成为世界主要的石油输出国，南美成为世界咖啡、可可的主要来源地，大多是由资源、气候等自然因素决定的。尽管科学技术的进步、生产力的迅速发展，使得自然条件在国际分工中的作用相对下降，但它始终是影响国际分工的一个重要因素。

1.2.3.4 资本流动是国际分工深入发展的重要条件

第二次世界大战后，跨国公司的兴起使资本输出规模空前巨大。资本输出是跨国公司在世界范围内进行企业内部分工的重要手段。跨国公司通过直接投资，按照规模经济和生产要素配置优化的原则，对生产的各个环节加以全面的安排，把生产过程分散到世界各地，进行世界范围的企业内部的分工。跨国公司大部分投资是投放到制造业部门，而且主要是投放到发达的资本主义国家，水平型的国际投资成为国际投资的主要形式，国际分工逐步发展成为水平型的国际分工，使世界分工沿着越来越专业化的方向发展。

1.2.3.5 上层建筑可以推进或延缓国际分工的形成和发展

1. 建立超国家的经济组织，调节相互的经济贸易政策，促进国际分工的发展。
2. 制定自由贸易政策、法令，推行自由贸易，加速国际分工的步伐。
3. 通过殖民统治，强迫殖民地建立符合国际分工的经济结构。

4. 发动商业战争，签订不平等条约，使战败国接受自由贸易政策。

5. 政治独立的发展中国家正确认识国际分工的两面性，积极参与国际分工。

1.2.4　国际分工对国际贸易的影响

1.2.4.1　国际分工促进国际贸易的发展

国际分工是国际贸易发展的基础。生产的国际专业化分工不仅提高劳动生产率，增加世界范围内的商品数量，而且增加了国际交换的必要性，从而促进国际贸易的迅速增长。

1.2.4.2　国际分工对国际贸易的商品结构的影响

国际分工的深度和广度不仅决定国际贸易发展的规模和速度，而且还决定国际贸易的结构和内容。第一次科技革命以后，形成以英国为中心的国际分工。在这个时期，由于大机器工业的发展，国际贸易商品结构中出现了许多新产品，如纺织品、船舶、钢铁和棉纱等。

第二次科技革命以后，形成了国际分工的世界体系，使国际分工进一步深化，使国际贸易的商品结构也发生了相应的变化。首先是粮食贸易大量增加。其次，农业原料和矿业材料，如棉花、橡胶、铁矿、煤炭等产品的贸易不断扩大。此外，机器、电力设备、机车及其他工业品的贸易也有所增长。第二次世界大战后发生的第三次科技革命，使国际分工进一步向深度和广度发展，国际贸易商品结构也随之出现新的特点。这主要表现在工业制成品在国际贸易中的比重不断上升，新产品大量涌现，技术贸易得到了迅速发展。

1.2.4.3　国际分工对国际贸易地理分布的影响

世界各国的对外贸易地理分布是与它们的经济发展及其在国际分工中所处的地位分不开的。第一次科技革命后，以英国为核心的国际分工，使英国在世界贸易中居于垄断地位。此后，法国、德国、美国在国际贸易中的地位也显著提高。第二次世界大战后，由于第三次科技革命，发达国家工业部门内部分工成为国际分工的主导形式，因而西方工业发达国家相互间的贸易得到了迅速发展，而它们同发展中国家间的贸易则呈下降趋势。

1.2.4.4　国际分工对国际贸易政策的影响

国际分工状况如何，是各个国家制定对外贸易政策的依据。第一次科技革命后，英国工业力量雄厚，其产品竞争能力强，同时它又需要以工业制品的出口换取原料和粮食的进口，所以，当时英国实行了自由贸易政策。而美国和西欧的一些国家工业发展水平落后于英国，它们为了保护本国的幼稚工业，便采取了保护贸易的政策。第二次科技革命后，资本主义从自由竞争阶段过渡到垄断阶段，国际分工进一步深化，国际市场竞争更加剧烈，在对外贸易政策上，便采取了资本主义超保护贸易政策。19 世纪 70 年代中期以前，以贸易自由化政策为主导倾向；19 世纪 70 年代中期以后，贸易保护主义又重新抬头。西方国家贸易政策的这种演变，是和世界国际分工深入发展分不开的，也是与各国在国际分工中所处地位的变化密切相关的。

1.3 世界市场

1.3.1 世界市场的概念与形式

1.3.1.1 世界市场的概念

市场是指从事商品交换的场所和领域，也是商品生产顺利进行的必要条件。市场的容量和社会分工、社会劳动专业化的程度有着密切的联系。随着社会分工和商品生产的发展，市场将逐步地发展起来。

世界市场是指通过国际间的买卖而使各国国内市场得以联系起来的交换领域。世界市场的逐步形成和扩大，是世界资本主义经济发展乃至世界历史发展的重要内容。世界市场的产生和形成过程，是资本主义生产力水平不断提高的过程，也是国际贸易从区域性贸易发展成为囊括整个世界范围的贸易的过程。资本主义创造了世界市场，世界市场的形成满足了资本主义发展的需要。世界市场是世界各国之间进行商品和劳务交换的领域。它包括由国际分工联系起来的各个国家商品和劳务交换的总和。

国际分工是国际贸易和世界市场形成与发展的基础。在国际分工高度发展的基础上形成了世界市场。第二次世界大战以后，随着科技革命的发展，世界政治、经济形势发生了巨大的变化，也使世界市场呈现出许多新的特征。在世界市场上，商品的价格受到国际价值、供求关系、垄断、竞争、经济周期性波动等因素的影响。

1.3.1.2 世界市场的形式

世界市场是国际间商品和劳务交换的领域，由各个贸易国家的国内市场所形成，它是同国际分工相联系的各国商品流通的总和。在世界市场的范围内，各个国家的国内市场成为世界市场的组成部分。世界市场的内容十分广泛，它既有各种不同类型的国家和地区，又有经营目的各异的买主与卖主，还有种类繁多的货物和服务以及形式多样的购销渠道。

根据不同的标准，可以把世界市场进行分类。按地区划分，世界市场可以分为东亚市场、东南亚市场、南亚市场、北美市场、南美市场、欧洲市场、非洲市场等。按货物和服务种类划分，世界市场可以分为世界商品（货物）市场和世界服务市场。世界商品市场可以分为纺织品市场，机电产品市场、石油产品市场、谷物市场等。世界服务市场可以分为通信服务市场、建筑服务市场、金融服务市场、商业服务市场等。按市场的组织形式划分，可以分为有固定组织形式的市场和没有固定组织形式的市场。有固定组织形式的市场，即在特定地点按照一定组织规章进行的交易活动。没有固定组织形式的市场，即不通过固定场所进行的商品交易。

1.3.2 世界市场的形成与发展

1.3.2.1 世界市场的成因

1. 大机器工业需要一个不断扩大的市场

大机器工业只有在经常扩大生产、不断夺取新市场的条件下才能存在。大机器工业的发展取决于市场的规模。资本家为了追求高额利润，经常要超越已有的市场范围，到国外去寻找新市场，不断夺取广泛的市场，为大工业开拓更广阔的领域。

2. 大机器工业需要日益扩大的原料供应来源

大机器工业不仅需要一个不断扩大的世界销售市场，也需要日益扩大的原料供应来源。这样，市场交换的商品种类日益增多。

3. 大机器工业中心和大的食品销售市场形成

资本主义大机器工业的发展使工业和人口不断地向城市集中，形成许多大机器工业中心和大的食品销售市场。而这些食品不但要从本国各地区运来，还往往要从世界市场上源源不断地输入。

4. 世界劳动市场发展和扩大

资本主义大工业的发展和世界人口的移动扩大了世界劳动市场，也是扩大世界商品销售市场和原料食品来源的重要因素。

5. 交通运输工具发展

大工业的发展促进了铁路、轮船、通信事业的发展，为扩大各国国内市场和世界市场，加强国内和国际间的经常性的互访联系所需要的交通运输工具，提供了物质技术基础。

1.3.2.2　世界市场形成过程

1. 世界市场的萌芽阶段（16 世纪初至 18 世纪 60 年代）

这个时期包括 16 世纪、17 世纪和 18 世纪的大部分年份。

15 世纪末叶和 16 世纪初期的地理大发现促进了西欧各国的经济发展。美洲的发现，绕过非洲的航行，给新兴的资产阶级开辟了新的活动场所。东印度和中国的市场、美洲的殖民化、对殖民地的贸易、交换的手段和一般的商品的增加，使商业、航海业和工业空前高涨，这是商业上的大革命，也是世界商品市场的产生。

地理大发现前的世界市场在地理范围上是有限的，它不包括美洲、大洋洲、部分的亚洲和非洲。当时只有地区性市场，还没有世界市场。在各个区域性市场之间，产品的价格是不统一的。即使在一个区域性市场内部，在一国的各个市镇之间价格也是不统一的。在每一个国家内部有着一系列小的地方性市场，同一种产品在不同的地方性市场上彼此的价格差别很大。统一的国内市场价格的产生是统一的民族市场形成以后的事，而统一的世界市场的价格的形成，更是世界市场确立和形成以后的事。

地理大发现奠定了世界市场产生和形成的基础，这些发现把区域性市场逐渐地扩大为世界市场。新的世界市场不仅包括欧洲原有的区域性市场，而且也把亚洲、美洲、大洋洲和非洲的许多国家和地区吸引过来，因此，流通中的商品种类增多了。同时，欧洲的贸易中心开始转移，大西洋沿岸的城市成为世界市场的中心。意大利（地中海区域市场）、汉撒同盟（北波罗的海）城市已丧失了原有的地位，大西洋的里斯本、安特卫普、塞维尔、阿姆斯特丹、伦敦成为世界市场的中心。

从 16 世纪到 18 世纪中叶，在世界市场上处于支配地位的是商业资本。商业资本在世界市场上的活动对资本的原始积累起了巨大的作用，它促进了封建主义向资本主义的转化，只是到了下一个时期，产业资本才在世界上居于支配地位。在这一

国际贸易

时期，买卖的商品大多数仍为奢侈品。然而，殖民地产品的贸易、贵金属的贸易，以及手工业产品的贸易都大为扩展了。英国的呢绒工业、里昂的丝织工业、索林根的冶金工业已经为世界市场而生产商品并且越过制造奢侈品的阶段了。这些产品市场的扩大，加速了资本积累，为产业资本的诞生创造了条件。

2. 世界市场的迅速发展时期（18 世纪 60 年代至 19 世纪 70 年代）

18 世纪 60 年代开始的产业革命，带来了两个革命性的后果：机器大工业的建立和资本主义生产方式的胜利。世界市场进入迅速发展的时期，机器大工业对世界市场的形成和发展起了决定性的作用。这一时期，产业资本已经取代了商业资本，开始在世界市场上占据统治地位。

这一阶段的 100 多年间，世界市场虽然已经有了很大的发展，但各国和地区间的贸易往来在地理上和政治上仍然受到诸多限制。国际贸易基本上是在西欧与中欧、波罗的海沿岸与俄国、北大西洋沿岸国家、远东、南亚、东南亚的区域性市场上进行，一个统一的世界市场还未完全形成。

3. 世界市场的形成（19 世纪 70 年代至 20 世纪初）

19 世纪 70 年代，发生了第二次科技革命。这次科技革命一方面促进了社会生产力的极大提高，表现在工农业生产的迅速增长和交通运输、通信联络事业的空前发展方面；另一方面推动了资本主义生产关系由自由竞争阶段过渡到垄断阶段，其结果是资本输出急剧增加。世界工农业生产的迅速增长、交通运输与通信联络工具的空前发展和资本输出的急剧扩大三者共同作用的结果，加速了世界市场和国际贸易的发展，把世界各国都纳入资本主义国际分工体系，把各国的产品都卷入世界商品流转范围，从而在世界历史上第一次形成了一个统一的无所不包的世界市场。在这一时期，垄断资本在世界市场上占据了统治地位。

在世界市场上，参与交换的国家一般可分为发达市场经济国家、发展中国家和经济转型国家。世界市场交换的对象随着市场的发展而不断丰富，从以货物为主，发展到货物和服务并重，并且出现了知识产权和生产要素的跨国界流动。世界商品市场的经营主体既包括专门从事贸易活动的流通企业、从事生产和贸易的工贸企业，也包括国家机关和部门，它们从事政府采购等业务。除了这些直接参与贸易的经营主体外，货物贸易的交换还离不开运输、保险、银行和咨询等部门的服务。

4. 深化和多极化发展阶段（第二次世界大战以后至今）

第二次世界大战后，发生了第三次科技革命。在这次科技革命的影响下，世界经济和国际经济关系发生了深刻的变化。在此基础上，世界市场规模不断扩大，国际贸易额迅猛增长，国际贸易商品结构和地理分布发生重大变化。由于垄断的日益加强、跨国公司的大量出现和地区性经济贸易集团的不断组成，世界市场出现分割化或多极化局面，与此相适应，世界市场价格也出现多样化。

1.3.3 当代世界市场的基本特征

1.3.3.1 国际贸易方式多样化

由于世界市场竞争激烈，瞬息万变，许多国家尤其是发展中国家，为了减少政治、经济上的风险和损失，努力开辟新市场，使出口市场多元化。第二次世界大战后，各国一方面采取各种国内政策和对外贸易政策来干预和影响世界市场，另一方面又通过政府间协定、一体化和国际经济组织、政府首脑定期会谈等形式对世界商品、资本、劳务市场进行协调和管理。

为了争夺市场，各国采取了各种措施参与竞争，如制定"奖出限入"的政策，通过关税和非关税壁垒限制外国商品的进口，采取各种措施鼓励出口，通过对外援助带动资本输出和商品输出。

由于短期合同供销关系变动常常受行情变化影响，而长期合同的价格、供销相对稳定，因此，许多商品以长期合同为主，如期货交易。除采用逐笔售定的方式外，还有补偿贸易、包销、代理、寄售、拍卖、招标与投标、租赁、对销贸易等国际贸易方式。

1.3.3.2　世界市场的结构更加复杂多变

第二次世界大战前，少数帝国主义国家在世界市场占统治地位，广大殖民地国家的对外贸易几乎由这些宗主国主宰。战后，这种少数资本主义国家一统天下的局面不复存在，社会主义国家、新兴工业化国家和其他发展中国家都纷纷进入世界市场，世界市场从战前的资本主义一统天下发展成世界大多数国家互相合作、相互竞争的场所。

在国际贸易中，形成了制成品贸易扩大、初级产品贸易减少的商品结构。世界市场上，工业制成品所占比重从 1953 年起超过了初级产品所占比重，它们分别约占 60% 和 40%，20 世纪 60 年代末，工业制成品的比重增至 2/3 左右。

技术贸易和劳务贸易发展迅速，在国际贸易中所占比重越来越大。以电子为基础的计算机与通信相结合的信息技术、生物工程技术、核技术、新材料技术、宇航技术等高科技发展迅速。预计在不久的将来这些高技术经济在世界经济中将占主导地位。

1.3.3.3　世界市场中的竞争更为激烈

垄断并没有消灭竞争，反而使竞争更加激烈。第二次世界大战后，世界市场由卖方市场变为买方市场。为了争夺世界市场，各国在设置关税、非关税壁垒限制外国商品进口的同时，积极采取各种奖励措施鼓励和扩大本国商品的出口。

在竞争手段上，各国在进行激烈的价格竞争的同时，更加注重非价格竞争，利用资金及技术优势，想方设法提高产品的质量和性能，增加花色品种，改进包装装潢，改进售前售后服务，放宽支持条件，采用灵活多样的贸易方式，来提高产品的质量、信誉和知名度，以增强商品的竞争能力，讲求销售战略、策略，加强市场调研等，扩大商品的销路和市场占有率。与第二次世界大战前相比，战后世界市场的竞争方式和手段已从关税壁垒为主转为非关税壁垒为主，由价格竞争转向价格竞争和非价格竞争并举。

1.3.3.4　跨国公司迅速发展

资本主义进入垄断时期以后，资本主义大企业和跨国公司不仅垄断生产，而且垄断世界销售市场和原料产地。第二次世界大战后，各国政府对国外市场的干预不断加强，使世界市场的垄断性加强。各国特别是西方发达国家政府通过与他国组建区域经贸集团控制市场；通过跨国公司进行大规模资本输出，绕过他国的贸易壁垒，从内部控制市场；通过制定奖出限入的对外贸易政策和对外援助等争夺市场。

跨国公司在世界范围内的扩张，是国际贸易发展中的一个突出现象。第二次世界大战后，跨国公司发展很快，日益成为市场竞争的主体。主要资本主义国家通过跨国公司，进行大规模资本输出，绕过他国的关税和非关税壁垒，从内部控制市场。跨国公司利用其先进的技术、雄厚的资本，通过横向和纵向垄断、限制性商业惯例、内部定价等办法进行竞争，在国际贸易中的垄断地位不断加强。跨国公司是以全世界为基础进行生产和销售，随着其内部专业化分工的扩大，跨国公司的内部贸易（跨国公司的母公司与子公司以及子公司与子公司之间的交易）不断扩大。

跨国公司是世界经济的"引擎"，是经济全球化的主要载体。20世纪90年代以来，经济全球化、信息化、网络化的迅猛发展，促使跨国公司进行一系列的战略调整与管理变革，以新的竞争规则和创造价值的方式，适应已经改变了的经营环境，保持良好的增长势头，增强国际竞争力。

1.3.3.5 区域集团化趋势加强

世界经济的区域集团化的出现，是由于现代科技的发展使世界生产力的发展水平达到绝非一国所能驾驭的程度，国际间的经济竞争和宏观上存在的分工，促使一些国家或地区在相互之间建立起一种较为稳定的经济联系，组成区域性的经济组织。在经济方面打破国界，实行不同程度的合作和调节，这种合作和调节使各国在生产、流通、分配等领域向着结成一体化的方向演变。

为了争夺市场，各种经济联合体层出不穷，如欧洲共同体、欧洲自由贸易联盟、七十七国集团、石油输出国组织、西非经济共同市场等。这些组织对内采取优惠政策，促进相互贸易的发展，对外则实行一些限制性措施。为了发展民族经济，发展中国家也积极组织经济贸易集团。

发达国家经济贸易集团内部贸易发展很快，在世界贸易中所占比重迅速增长，这些组织的贸易占全球贸易的50%左右，它们的活动对国际市场有很大的影响。

【小结】

本章分三个部分对国际贸易基础内容进行阐述，分别为国际贸易概述、国际分工与世界市场。主要介绍了国际贸易的概念、分类、产生与发展，探讨了国际贸易发展趋势与新特点，国际分工的概念、种类、产生和发展及国际分工对国际贸易的影响，世界市场的概念、分类、形成过程等。

国际贸易是指世界各国或地区之间的货物或劳务与服务的交换活动。

国际贸易按不同的标准，可有不同的分类。主要按商品形式、商品移动方向、贸易是否有第三者参加、结算方式、统计口径、经济发展水平、交易手段等分类。

国际贸易的发展在不同阶段体现出不同的特点。国际贸易发展到今天，规模不断扩大、结构趋于高级化、知识产权被置于重要地位。贸易方式随着技术手段的提高而趋于网络化，引起交易与结算方式的变换。

国际分工指世界上各国（地区）之间的劳动分工，是国际贸易和各国（地区）经济联系的基础。它是社会生产力发展到一定阶段的产物，是社会分工超越国界的结果，是生产社会化向国际化发展的趋势。

国际分工分为垂直型、水平型与混合型三种具有代表性的种类。

国际分工是国际贸易发展的基础。生产的国际专业化分工不仅提高了劳动生产率，增加了世界范围内的商品数量，而且增加了国际交换的必要性，从而促进了国际贸易的迅速增长。

世界市场是指通过国际间的买卖而使各国国内市场得以联系起来的交换领域。世界市场的逐步形成和扩大，是世界资本主义经济发展乃至世界历史发展的重要内容。世界市场的产生和形成过程，是资本主义生产力水平不断提高的过程，也是国际贸易从区域性贸易发展成为囊括整个世界范围的贸易的过程。资本主义创造了世界市场，世界市场的形成满足了资本主义发展的需要。世界市场是世界各国之间进行商品和劳务交换的领域。它包括由国际分工联系起来的各个国家商品和劳务交换的总和。

【思考题】

1. 国际贸易与国内贸易有何异同？
2. 国际贸易对贸易国内部经济会产生怎样的重要影响？
3. 成熟的世界市场的主要标志是什么？
4. 当代世界市场的基本特征有哪些？
5. 国际分工的主要形式有哪些？
6. 国际分工产生和发展的内在因素是什么？

【案例分析】　中韩之间产业内贸易发展分析

产业内贸易作为新型的国际贸易模式，自 20 世纪 70 年代以来得到经济理论界广泛而深入的研究。特别是随着全球化的推进，将产业内贸易的发展与跨国公司主导下的全球价值链垂直分工结合，认清发达国家与发展中国家之间的垂直型产业内贸易的发展和贸易利益的分配，就更显其内容的丰富和新颖。

根据 2001—2008 年世界贸易组织 *International Trade Statistics* 资料，这一时期中国自韩国进出口额都有大幅增加，其中进口额由 2001 年的 125.20 亿美元上升至 2008 年的 739.00 亿美元，增长了 490.26%，出口额由 2001 年的 233.80 亿美元上升到 2008 年的 1 121.60 亿美元，增长了 379.73%。就比重而言，虽然对韩国进出口额占中国进出口总额的比重有所上升，但整体幅度不大。数据显示，对韩贸易在中国对外贸易中所占比重并没有发生明显变化，韩国保持了中国主要贸易伙伴国的地位。而就韩国来说，中国的贸易地位则有显著提升，至 2007 年中国已成为韩国第一大贸易伙伴国。

随着中韩贸易往来的日益密切，尤其是中国经济的持续发展，中韩贸易除整体规模有所扩大外，其进出口商品结构也发生了明显改变。据 UN comtrade 数据，2008 年中韩进出口商品中，SITC 5-8 类工业制成品所占比重分别达到 89.45% 和 89.93%，比重表明工业制成品已成为中韩贸易的主要商品。由于工业制成品成为中韩贸易的主要商品，而工业制成品在贸易上又具有较强的产业内贸易倾向，因此有

23

理由认为：两国贸易决定因素正逐渐从以资源禀赋条件为基础转变为以产品多样化和产品品质差异为基础，因此两国贸易方式也正由以产业间贸易为主逐渐转变为以产业内贸易为主。

中国经济的高速发展加快了产业结构的升级和技术水平的提升，由此提高了中国工业制成品的外贸竞争力及商品品质，改变了以往单纯依靠价格低廉出口低品质商品的贸易局面，转而凭借商品在品质、包装和设计等方面的差异来获得出口优势，从而提升了水平型产业内贸易在工业制成品产业内贸易中的比重，但中国相对韩国在资本或技术密集型工业制成品生产上的技术差距却仍然存在。

整体上中韩产业内贸易仍以垂直型为主，中国在对韩贸易中的劣势地位并未改变。

（本文部分摘自：http：//www.xzbu.com/3/view – 1409800.htm）

第2章

西方国际贸易理论

【学习目标】

通过本章的学习，掌握国际贸易理论的基本内容，各个阶段的代表性理论的主张；了解各种理论产生的背景；理解对主要贸易理论的评价。

【重点与难点】

绝对优势理论和比较优势理论；要素禀赋理论；里昂惕夫之谜的内容和对该理论解释后产生的新理论；产品生命周期理论。

【导入案例】 发达国家之间的国际贸易合作

当 2006 年丰田汽车宣布将在印第安纳州投资 2.3 亿美元生产佳美轿车，为该州创造 1 000 个就业机会时，印第安纳州长米奇丹尼尔斯称丰田为"杰出的企业公民"。

由于发现在美国销售的汽车的油门有问题，担心顾客会出现危险，于 2009 年开始，丰田大规模召回了问题车辆。受此影响，丰田的股价在 2010 年 2 月的一周内，便下滑了近 20%。丰田的美国投资商认为，丰田没有快速积极地表明产品安全以及品质存在问题，使投资方受到了损失，因此向法院提起集体诉讼，并要求丰田赔偿损失。

最终，该案以丰田愿意支付 11 亿美元（约合 69 亿元人民币）给投资商以求和解。丰田提出的 11 亿美元和解金额创下了美国史上汽车行业支付的最高额民事罚款。

看到上述案例，很多人都会提出相同的问题：丰田汽车为什么要在美国设厂而不是在日本？这 1 000 个就业机会为什么要提供给美国人？在美国设厂有什么特别的魅力吗？

2.1 绝对优势论与比较优势论

西方古典的国际贸易理论产生于 18 世纪中叶，是在批判重商主义的基础上发展起来的。以亚当·斯密的绝对优势理论和大卫·李嘉图的比较优势理论为代表的西方古典国际贸易理论，从劳动生产率的角度说明了国际贸易产生的原因、结构和利益分配，在一定时期内，是世界各国开展对外贸易的主要理论依据，为促进国家之间的经济交往活动作出了重要贡献。

2.1.1 亚当·斯密的绝对优势论

2.1.1.1 历史背景

18 世纪中后期，资本主义工场手工业在西欧各国获得了空前发展，随之而来的便是产业革命。产业资产阶级为了扩大海外市场，并从国外进口廉价的工业原料，迫切需要摆脱重商主义（Mercantilism），他们反对政府对国际贸易的干预，反对金银外流的禁令。他们对货币金银本身已经不太感兴趣，而是对具体的物质财富、生产资料和消费资料更加重视。

1776 年正是英国资本主义的成长时期，英国手工制造业正在开始向大工业过渡，英国产业的发展，在很大程度上受到了残余的封建制度和流行一时的重商主义的限制政策的束缚，处在青年时期的英国资产阶级，为了清除前进道路上的障碍，正迫切要求一个自由的经济学说体系为它鸣锣开道。亚当·斯密代表工业资产阶级的要求，为了适应产业资产阶级的历史需要，以亚当·斯密为代表的经济自由主义思潮开始盛行。

《国富论》就是在这个历史时期，负有这样的阶级历史使命而问世的。此书出版以后，不但对英国资本主义的发展直接产生了重大的促进作用，而且对世界资本主义的发展也产生了重大影响，没有任何其他一部资产阶级的经济著作曾产生那么广泛的影响，有些资产阶级学者把它视为至宝。

1776 年，亚当·斯密出版了《国民财富的性质和原因的研究》（*An Inquiry into the Nature and Causes of Wealth of Nations*，简称《国富论》）一书，批评重商主义，反对政府对经济的过度干预，创立了自由主义经济理论。在国际贸易方面，他主张国际分工和自由贸易，认为每个国家应该专门生产自己具有绝对优势的产品，并用其中一部分交换其具有绝对劣势的产品，这样就会使各国的资源得到最有效率的利用，更好地促进分工和交换，使每个国家都获得最大利益，从而提出自己的国际贸易理论，即绝对成本优势理论。亚当·斯密因此成为自由贸易理论的首先倡导者和鼻祖。

绝对优势理论（Theory of Absolute Advantage），又称绝对成本说（Theory of Absolute Cost）、地域分工说（Theory of Territorial Division of Labor）。该理论将一国内部不同职业之间、不同工种之间的分工原则推演到各国之间的分工，从而形成其国际分工理论。绝对优势理论是最早的主张自由贸易的理论。

2.1.1.2 理论假设和主要观点

绝对优势理论的前提假设有以下方面：

1. 世界上只有两个国家、两种产品、一种投入要素，即"2×2×1"模型。劳动是唯一的要素投入，具有同质性，且在某一给定时间都是固定不变的，劳动力市场始终处于充分就业状态；劳动力可以在国内不同部门之间流动，但不能在国家之间流动。

2. 两国在不同产品上的生产技术不同，但是各国内所有企业都使用相同的生产技术和方法生产同种产品。两国的技术水平都保持不变。

3. 投入的边际产量是固定的，生产的规模报酬不变。

4. 所有市场都是完全竞争的。

5. 对外贸易方面，国家间实行自由贸易，没有运输成本和其他交易费用，进出口贸易值相等，即贸易是平衡的。

由以上假设可知，绝对优势理论是一个理想模型。该理论认为，国际贸易的基础在于商品生产效率的不同，即单位产品的绝对劳动时间消耗不同；商品生产效率的不同是由于各个国家所拥有的自然优势和获得性优势的不同造成的。

自然优势是指自然地理、气候条件等方面的优越性，普通人力无法控制。如一个国家在生产某种特定商品时，或许会有非常巨大的自然优势，使得其他国家无法与之竞争。各国应该按照各自的优势进行分工，然后交换各自的商品，从而使得各国的资源、劳力、资本都得到最有效的利用。相反，不注意发挥优势进行生产，只能导致国民财富的减少。譬如，波兰的平原土壤条件好，粮食生产效率高，单位粮食产品所消耗的绝对劳动时间就少，其小麦生产就具有绝对成本优势；苏格兰可以用暖房培植葡萄，然后酿出上等美酒，但是成本是国外的 30 倍，如果苏格兰禁止一切外国酒进口而自己进行生产，就十分荒唐可笑。

获得性优势是指某国掌握的特殊商品的生产技术和技能，技术熟练、技术水平高，生产效率就高，单位产品生产的绝对劳动时间消耗就少。亚当·斯密认为，国民财富的增长有两条途径，一是提高劳动生产率，二是增加劳动数量，其中前者的作用尤其大，而劳动生产率的提高则主要取决于分工。以制针为例，每个工人单独劳动时，一日绝对制不出 20 枚，甚至连一枚也制不出来，但是经过较精细的分工后，一人一日竟能制成 4 800 枚，劳动效率提高了百余倍。这表明，劳动生产率的提高正是来自分工的作用。同样，一国内部的劳动分工原则也适用于各国之间。据此，他提出结论，国际贸易应该遵循国际分工的原则，使各国都能从中获得更大的好处。

为了进一步理解绝对优势理论，我们用一个例子来说明。

假设有两个国家英国和法国，两国都生产两种产品小麦和布，但生产技术不同，劳动是唯一生产要素。在国际分工前，英、法两国各自生产小麦和布两种产品，所消耗的劳动力数量如表 2 - 1 所示。

表 2 - 1　　　　　　　　　　国际分工前

	小麦		布	
	劳动力（人）	产量（吨）	劳动力（人）	产量（匹）
法国	100	50	100	20
英国	150	50	50	20
合计	250	100	150	40

按照判断绝对优势的方法，我们判断两国各自具有绝对优势的产品。从劳动生产率来说，法国生产小麦的劳动生产率，即每人生产小麦的数量是 0.5 吨，英国生产小麦的劳动生产率，即每人生产小麦的数量是 0.33 吨，法国生产小麦的劳动生产率高于英国，所以法国在生产小麦上具有绝对优势。法国生产布的劳动生产率是 0.2 匹，英国生产布的劳动生产率是 0.4 匹，英国生产布的劳动生产率高于法国，

所以英国在布的生产上具有绝对优势（见表 2-2）。

表 2-2　　　　　　　　　　　　两国的劳动生产率

	小麦（人均产量，吨）	布（人均产量，匹）
法国	0.5	0.2
英国	0.33	0.4

从生产成本来说，法国生产小麦的生产成本，即生产 1 吨小麦所需投入的劳动力数量是 2 人，英国生产小麦的成本，即生产 1 吨小麦需要投入的劳动数量是 3 人，法国生产 1 单位小麦的成本低于英国，所以法国在小麦生产上具有绝对优势。法国生产布的成本，即生产 1 单位布所需投入的劳动数量是 5 人，英国生产布的成本，即生产 1 单位布需要投入的劳动数量是 2.5 人，英国生产 1 单位布的成本低于法国，所以英国在布的生产上具有绝对优势（见表 2-3）。

表 2-3　　　　　　　　　　　　两国的生产成本

	小麦	布
法国	2 人	5 人
英国	3 人	2.5 人

通过两种方法确定两国各自具有绝对优势的产品是一致的，所以按照绝对优势的贸易理论，法国应该专业化生产小麦，而英国应该专业化生产布。进行国际分工后，两国各自生产的商品数量如表 2-4 所示。

表 2-4　　　　　　　　　　　　国际分工后

	小麦		布	
	劳动力（人）	产量（吨）	劳动力（人）	产量（匹）
法国	200	100		
英国			200	80
合计	200	100	200	80

两国进行专业化分工后，法国专门生产小麦，英国专门生产布，法国将其所有的劳动力 200 人用于生产小麦，可生产 100 吨小麦；英国将其所有的劳动力 200 人用于生产布，可生产 80 匹布。在总劳动投入量没有变化的情况下，小麦的产量没变，但是布的产量由原来的 40 匹增加到了 80 匹。因此，从世界范围来看，虽然技术条件没变，但是由于劳动分工，两国都专业化生产其具有绝对优势的产品，世界范围内的总产量增加了。现假定国际市场上按一吨小麦换一匹布的比例进行国际贸易，则交换后两国各自可供消费的两种商品的数量如表 2-5 所示。

表 2-5　　　　　　　　　　　　进行国际贸易后

	小麦（吨）	布（匹）
法国	50	50
英国	50	30
合计	100	80

　　按照 1:1 的比例交换小麦和布后，虽然两国小麦的消费数量没变化，但是布的消费数量都增加了。这说明，两国按照绝对优势理论进行生产并进行国际贸易，对两国都有好处，两国可供消费的商品的数量都增加了。

　　亚当·斯密还论述了自由贸易带来的好处，一国从对外贸易中得到的主要利益在于输出了本国消费不了的剩余货物，即使两国贸易平衡，由于都为对方的剩余产品提供了市场，双方还是都有利益，所以对外贸易具有共同利益，而不是一方得到，一方受损。

2.1.1.3　绝对优势理论的评价

　　绝对优势理论可以看成是解释国际贸易产生原因的最早的理论。它第一次用劳动价值论说明国际贸易的利益和基础，为互惠互利的国际贸易理论的建立奠定了基础。绝对优势理论倡导自由贸易，因此，它是反对重商主义的锐利武器，加速了近代工业的发展。该理论最大的贡献在于说明国际贸易并不一定是"零和游戏"，折射出了国际交往活动中的"双赢"思想。

　　其主要理论缺陷是在确定从事国际贸易的绝对优势时，要将本国某种产品的成本与国外同样产品的成本直接进行比较，以成本的绝对高低来决定进出口。这样的比较会使那些在所有产品的生产成本上都处于劣势的国家无法参与国际贸易。另外，该理论未考虑需求因素，无法说明均衡价格如何确定，因而就无法解释国际贸易的收益分配问题。

2.1.2　大卫·李嘉图的比较优势论

2.1.2.1　历史背景

　　比较优势论自问世近 200 年来，一直为热衷发展资本主义经济和国际贸易的人们津津乐道，成为西方古典国际贸易理论中备受推崇的理论之一。

　　18 世纪末 19 世纪初，正是世界资本主义处于上升时期，欧美各国的资本主义还处于自由竞争阶段，各种社会矛盾虽然已经出现但还没有达到十分尖锐的程度。当时的英国刚刚完成工业革命，其产品行销全世界，没有任何一个国家可以在工业品上与之竞争，英国亟须各国开放市场、降低关税、实行自由贸易，以为英国商品大开销售之门、赚取高额资本利润。正当英国资产阶级希望进一步发展出口贸易之际，1815 年英国政府为了维护国内地主阶级利益制定了提高关税限制粮食进口的《谷物法》。实施《谷物法》限制了谷物进口，使得国内粮价居高不下，工人阶级为此要求提高工资。高粮价造成工业资产阶级的成本增加、利润减少，工业品竞争力下降，因此工业资产阶级强烈要求废除《谷物法》。大卫·李嘉图正是出于维护工业资产阶级利益的需要，于 1817 年发表了《政治经济学及赋税原理》一书，主张废除《谷物法》，取消粮食的进口限制，实行自由贸易。他认为，英国在生产纺织品上比生产粮食具有更大的优势，应该专门生产纺织品，进一步提升纺织品的生产数量。为此，大卫·李嘉图在书中提出了著名的比较优势论。该国际贸易理论将自由贸易置于更加坚实的理论基础之上，奠定了西方国际贸易理论的核心基石，也为工业资产阶级提供了理论武器。

2.1.2.2 基本观点和理论逻辑

比较优势理论的前提假设

（1）有1种生产要素、2种商品以及2个规模既定的国家；

（2）两国两种产品的生产函数相同，消费者偏好相同；

（3）国内劳动要素具有同质性；

（4）劳动要素可以在两个生产部门间自由流动，但不能跨国流动；

（5）贸易是自由的，并且不考虑运输成本等任何贸易费用；

（6）规模收益不变，商品与劳动市场都是完全竞争的。

这一模型也就是所谓的 2×2×1 模型（两个国家、两种产品、一种要素）。由于劳动是唯一生产要素，且规模收益不变，所以两国间生产技术差异就表现为两国劳动生产率的差异。因此，李嘉图的比较优势理论实际上是从技术差异角度来解释国际贸易发生的原因。

比较优势理论认为，国际贸易的基础是生产技术的相对差别（而非绝对差别），以及由此产生的相对成本差别。每个国家都应根据"两利相权取其重，两弊相权取其轻"的原则集中生产并出口其具有"比较优势"的产品，进口其具有"比较劣势"的产品。比较优势理论在更普遍的基础上解释了贸易产生的基础和贸易利得，大大发展了绝对优势理论。

为了更好地理解比较优势理论，我们用表2-6加以说明。

表2-6　　　　　　　比较优势分析（分工前的生产情况）

	甲国	乙国	合计
小麦（10 蒲式耳）	1（劳动小时）	6（劳动小时）	20 蒲式耳
布匹（1 码）	2（劳动小时）	4（劳动小时）	2 码

从表2-6可以看出，无论在小麦还是在布匹的生产上，乙国都处于绝对劣势。然而，乙国生产小麦的劳动生产率只有甲国的 1/6，而生产布匹的劳动生产率是甲国的 1/2，因此乙国在布匹的生产上有相对优势。另外，甲国在小麦和布匹的生产上都有绝对优势，但是，生产小麦的绝对优势要大于生产布匹的绝对优势，因此甲国在小麦的生产上有比较优势。根据比较优势理论，如果甲国专门生产小麦并出口一部分小麦来换取乙国的布匹，乙国专门生产布匹并出口一部分布匹来换取甲国的小麦，则两国都可以获益。

由表2-7可见，在劳动投入总量不变的情况下，小麦产出增加 10 蒲式耳，布匹产量增加 0.5 码，国际分工使劳动生产率提高，世界总产出增加了。假定甲国用 10 蒲式耳小麦来交换乙国的 1 码布匹，那么交换后两国两种产品的消费情况如表 2-8 所示。

表2-7　　　　　　比较优势分析（分工后、交换前的生产情况）

	甲国	乙国	合计
小麦（10 蒲式耳）	3（劳动小时）	0	30 蒲式耳
布匹（1 码）	0	10（劳动小时）	2.5 码

表 2 - 8　　　　　　　　　　　比较优势分析（交换后两国的消费情况）

	甲国	乙国
小麦（蒲式耳）	20	10
布匹（码）	1	1.5

交换后，甲国在布匹消费数量不变的情况下，可以多消费 10 蒲式耳的小麦，而乙国在小麦消费数量不变的情况下，可以多消费 0.5 码的布匹，两国都从国际分工和国际贸易中得到了好处。

2.1.2.3　比较优势理论的评价

比较成本说在历史上对推动国际贸易的发展起到了一定作用，但它把复杂的国际经济问题过分简单化了，在当今复杂的国际经济关系中，不能简单地套用这个理论。

比较优势理论继承了绝对优势理论的科学成分，如劳动价值论、专业化分工、自由贸易等，更为重要的是用比较成本概念代替了绝对成本概念，使自由贸易政策有了更加坚实的理论基础，为当时自由贸易政策取得最后胜利发挥了重大作用。

比较优势理论解决了国际贸易中的两个最基本问题：第一，指出了国际贸易的广泛基础，即任何类型的国家都有参与国际贸易的可能性。这也是比亚当·斯密的绝对优势理论进步的地方。第二，提出了国际交换的特殊原则。比较成本是一种独特的比较选择方式，不是将本国某种商品的成本与国外同样商品成本进行直接的比较，而是将不同产品成本的比率进行比较。

比较优势理论同样具有明显缺陷：第一，它只把劳动作为唯一的生产要素，忽略了资金、自然资源、技术等要素对产出的影响；第二，它只是简单地把两种商品的相对成本进行比较。从而确定比较优势，但如果商品数量增多，比较优势就难以确定；第三，比较优势理论不仅把劳动生产率的国别差异看成是外生的，而且没有能够探寻造成这种差异的原因。与绝对优势理论相比，比较优势理论同样没有考虑需求因素，无法确定国际均衡价格和贸易利益的分配问题。

2.2　要素禀赋理论

2.2.1　要素禀赋理论简介

第二次世界大战之后，国际贸易迅猛发展，国际贸易理论流派也层出不穷。理论与实践互相促进，贸易实践在理论的指导下向前发展，同时也使贸易理论推陈出新。要素禀赋理论是国际贸易理论流派中的一个重要理论，是古典国际贸易理论的另一种观点，该理论的代表人物是瑞典的两位经济学家赫克歇尔和俄林。

经济学家赫克歇尔和俄林为了解释李嘉图的比较优势理论，在 20 世纪早期，提出了资源禀赋学说，用来说明各国生产参与国际贸易交换的商品具有比较成本优势的原因。要素禀赋论的基本论点是赫克歇尔首先提出来的。1919 年，赫克歇尔在纪念经济学家戴维的文集中发表了题为《对外贸易对收入分配的影响》的著名论文，提出了要素禀赋论的基本论点，这些论点为俄林所接受。1929—1933 年，由于资本主义世界经历了历史上最严重的经济危机，贸易保护主义抬头，各国都力图加强对外倾销商品，同时提高进口关税，限制商品进口。对此，瑞典人民深感不安，因为瑞典国内市场狭小，一向对国外市场依赖很大。

俄林批判地继承了大卫·李嘉图的比较成本说，他认为，李嘉图只用劳动支出这一因素的差异来解释国际贸易是片面的，在生产活动中，除了劳动起作用外，还有资本、土地、技术等生产要素，各国产品成本的不同，必须同时考虑到各个生产要素。为此，他向英国古典经济学派提出了挑战。他在 1933 年出版的《区域贸易和国际贸易》一书中系统地提出了自己的贸易学说，标志着要素禀赋说的诞生。俄林早期师承瑞典著名经济学家赫克歇尔而深受启发，故他的要素禀赋说也被称为赫—俄模式。该模式是现代国际贸易理论的新开端，与李嘉图的比较成本说模式并列为国际贸易理论的两大基本模式。赫克歇尔—俄林的资源禀赋理论又被称为新古典贸易理论，该理论开创了一个新的国际贸易理论研究的先例，被誉为国际贸易理论的又一大柱石，赫克歇尔和俄林也因此获得诺贝尔经济学奖。为了纪念这两位经济学家，经济学界用他们人名的第一个英文字母简称 H－O 来代替此理论。

俄林在他的老师赫克歇尔提出观点的基础上，系统地论述了要素禀赋理论。俄林以要素禀赋代替大卫·李嘉图的劳动成本，用生产要素的丰缺来解释国际贸易的产生和一国的进出口贸易类型。根据资源禀赋学说，在各国生产同一种产品的技术水平相同的情况下，两国生产同一产品的价格差别来自于产品的成本差别，这种成本差别来自于生产过程中所使用的生产要素的价格差别，这种生产要素的价格差别则取决于各国各种生产要素的相对丰裕程度，即相对禀赋差异，由此产生的价格差异导致了国际贸易和国际分工。

这一理论突破了单纯从技术差异的角度解释国际贸易的原因、结构和结果的局限，而是从比较接近现实的要素禀赋角度来说明国际贸易的原因、结构和结果。

2.2.2 要素禀赋理论内容

2.2.2.1 要素禀赋理论的基本概念

要素禀赋论以生产要素、要素密集度、要素密集型产品、要素禀赋、要素丰裕程度等概念表述和说明，掌握这些概念是理解要素禀赋论的关键。

1. 生产要素和要素价格

生产要素（Factor of Production）是指生产活动必须具备的主要因素或在生产中必须投入或使用的主要手段。通常指土地、劳动和资本三要素，加上企业家的管理才能为四要素，也有人把技术知识、经济信息也当做生产要素。

要素价格（Factor Price）则是指生产要素的使用费用或要素的报酬，例如土地的租金，劳动的工资，资本的利息，管理的利润等。

2. 要素密集度和要素密集型产品

要素密集度（Factor Intensity）指产品生产中某种要素投入比例的大小，如果某要素投入比例大，称为该要素密集程度高。

根据产品生产所投入的生产要素中所占比例最大的生产要素种类不同，可把产品划分为不同种类的要素密集型产品（Factor Intensity Commodity）。例如，生产小麦投入的土地占的比例最大，便称小麦为土地密集型产品；生产纺织品劳动所占的比例最大，则称之为劳动密集型产品；生产电子计算机资本所占的比例最大，于是称之为资本密集型产品，依此类推。在只有两种商品（X 和 Y）、两种要素（劳动和资本）的情况下，如果 Y 商品生产中使用的资本和劳动的比例大于 X 商品生产中的资本和劳动的比例，则称 Y 商品为资本密集型产品，而称 X 为劳动密集型产品。

3. 要素禀赋和要素丰裕

要素禀赋（Factor Endowment）是指一国拥有各种生产要素的数量。

要素丰裕（Factor Abundance）则是指在一国的生产要素禀赋中某要素供给所占比例大于别国同种要素的供给比例而相对价格低于别国同种要素的相对价格。

衡量要素的丰裕程度有两种方法：一是以生产要素供给总量衡量，若一国某要素的供给比例大于别国的同种要素供给比例，则该国相对于别国而言，该要素丰裕；另一方法是以要素相对价格衡量，若一国某要素的相对价格——某要素的价格和别的要素价格的比率低于别国同种要素相对价格，则该国该要素相对于别国丰裕。以总量法衡量的要素丰裕只考虑要素的供给，而以价格法衡量的要素丰裕考虑了要素的供给和需求两方面，因而较为科学。

2.2.2.2　要素禀赋理论的假设条件

1. 两国资源禀赋不同，但相同要素具有同质性。A 国为资本丰富的国家，B 国为劳动丰富的国家。

2. 假定两国的技术水平相同，两国的相同部门的生产函数相同。

3. X 为资本密集型产品、Y 为劳动密集型产品。

4. 假定在各国内部，生产诸要素是能够自由转移的，但在各国间生产要素是不能自由转移的。这是指在一国内部，劳动和资本能够自由地从某些低收入地区、行业流向高收入地区、行业，直至各地区、各行业的同种要素报酬相同，这种流动才会停止。而在国际间，却缺乏这种流动性。所以，在没有贸易时，国际间的要素报酬差异始终存在。

5. 两国的消费者偏好相同，规模收益不变，市场完全竞争，生产要素供给不变，不考虑运输成本、交易成本或其他贸易限制。

简单来讲，A、B 两国除了要素禀赋不同，其他一切条件相同。

2.2.2.3　要素禀赋理论的内容

广义的要素禀赋理论指出，当国际贸易使参加贸易的国家在商品的市场价格、生产商品的生产要素的价格相等的情况下，以及在生产要素价格均等、两国生产同一产品的技术水平相等（或生产同一产品的技术密集度相同）的情况下，国际贸易取决于各国生产要素的禀赋，各国的生产结构表现为，每个国家专门生产密集使用本国具有相对禀赋优势的生产要素的商品。要素禀赋论假定，生产要素在各部门转移时，增加生产的某种产品的机会成本保持不变。

理解要素禀赋理论，首先要明白这里所说的要素是指生产要素。经典的生产要素包括三项，即土地、资本和劳动力，也就是说，企业首先要有一块地，然后要有钱，同时需要有人去做。要素禀赋则主要指每一个国家在参与国际贸易过程中，国家凭借其所拥有的要素，参与国际分工。其次，禀赋是指拥有生产要素的多寡。生产因素的丰裕和稀缺是相对的，要素丰裕意味着这种要素供应量大，价格比较便宜，密集使用这种要素才能做到产品成本低廉，才能在国际贸易中获利；要素稀缺意味着此要素供应量少，价格比较高，需要进口。

2.2.2.4 要素禀赋理论的发展

1. 要素价格均等化理论

要素价格均等化定理是俄林研究国际贸易对要素价格的影响而得出的著名结论。俄林认为，在开放经济中，国际间因生产要素自然禀赋不同而引起的生产要素价格差异将通过两条途径而逐步缩小，即要素价格将趋于均等。第一条途径是生产要素的国际移动，它导致要素价格的直接均等化；第二条途径是商品的国际移动，它导致要素价格的间接均等化。

国际贸易最终会使所有生产要素在所有地区都趋于相等。同时，俄林认为生产要素价格完全相同几乎是不可能的，这只是一种趋势。

2. 赫克歇尔—俄林—萨缪尔森的国际贸易论

20世纪40年代，保罗·萨缪尔森（Paul A. Samuelson）用数学方式演绎了H－O模型，指出国际贸易对各国收入差距的影响，将必然使不同国家间生产要素相对价格和绝对价格均等化。这也称为生产要素价格均等化定理或H－O－S定理（赫克歇尔—俄林—萨缪尔森模型）。这一定理潜在地认为，在没有要素跨国流动的条件下，仅通过商品的自由贸易也能实现世界范围内生产和资源的有效配置。

赫克歇尔、俄林、萨缪尔森的要素禀赋论和要素价格均等化学说是在比较利益论的基础上的一大进步。大卫·李嘉图及穆勒和马歇尔都假设两国交换是物物交换，国际贸易起因于劳动生产率的差异，而赫克歇尔、俄林是用等量产品不同货币价格（成本）比较两国不同的商品价格比例，两国的交换是货币交换，两国的劳动生产率是相同的，用生产要素禀赋的差异寻求解释国际贸易产生的原因和国际贸易商品结构以及国际贸易对要素价格的影响，他们研究所得出的结论有一定实用价值。例如，关于国家间商品相对价格的差异是国际贸易的直接原因；一国某种生产要素丰富，要素价格低廉，出口该要素密集型产品具有比较优势；某种生产要素稀缺，要素价格昂贵，进口这种要素密集型产品对本国有利，出口这种要素密集型产品则没有比较利益，这些观点或结论既有理论意义，也有政策意义。

但是，赫克歇尔、俄林、萨缪尔森的理论有明显的局限性。要素禀赋论和要素价格均等化学说所依据的一系列假设条件都是静态的，忽略了国际国内经济因素的动态变化，使该理论难免存在缺陷。就技术而言，现实是技术不断进步，而进步能使老产品的成本降低，也能产生新产品，因而会改变一国的比较利益格局，使比较优势产品升级换代，扩大贸易的基础。再拿生产要素来说，远非同质，新旧机器总归有别，熟练工人与非熟练工人也不能相提并论。再看同种要素在不同国家的价格，全然不是要素价格均等化学说所指出的那样会随着商品价格均等而渐趋均等，发达国家与发展中国家工人工资的悬殊、利率的差距，足以说明现实世界中要素价格无法均等。

2.2.2.5　要素禀赋理论评价

该理论与古典贸易理论最大的区别是，亚当·斯密认为国与国之间开展贸易，是两国生产产品的劳动生产率水平不同；而赫克歇尔和俄林认为，国与国之间发生贸易，更重要的是各国所拥有的生产要素的多寡不同，生产要素的多寡决定了其价格差别，导致了密集使用此要素生产出来的产品的价格差别。

2.3　里昂惕夫之谜及其解释

2.3.1　里昂惕夫简介

华西里·里昂惕夫（1906—1999）Wassily W. Leontief，俄裔美国经济学家，投入产出经济学的创始人。1906 年生于俄国圣彼得堡（后改名列宁格勒），1921 年进列宁格勒大学学习哲学社会学和经济学，1925 年获列宁格勒大学文学硕士学位，同年留学德国，1928 年获柏林大学哲学博士学位。

著有《美国经济的结构，1919—1929》（1941 年）、《美国经济结构研究：投入产出分析中理论和经验的探索》（1953 年）、《投入产出经济学》（1966 年）、《经济学论文集：理论与推理》（1966 年）、《经济学论文集：理论、事实与政策》（1966 年）、《世界经济未来》（1977 年）等。里昂惕夫最主要的贡献是创立了有名的投入—产出分析法，由于这一贡献，他受到了全世界学术界的尊敬。1973 年，瑞典皇家科学院向他颁发了诺贝尔经济学奖，以表彰他在经济学领域作出的巨大成就。1974 年，联合国委托里昂惕夫建立全球性投入—产出模型，以研究本世纪最后的 20 多年中世界经济可能发生的变化与国际社会能够采取的方案。

【知识链接】　投入产出法

投入产出法是一种研究经济问题的方法，里昂惕夫在 20 世纪 30 年代初期开始进行投入产出法的研究工作。1936 年他发表了《美国经济体系中投入产出的数量关系》一文，文中阐述了有关第一张美国 1919 年投入产出表的编制工作，投入产出理论和相应的模型，以及资料来源和计算方法。1941 年，里昂惕夫出版了投入产出分析的第一本专著《美国经济的结构，1919—1929》。第二次世界大战期间，由于战争的需要，各国政府加强了对经济的干预和控制，需要一个相当科学和精确的计算工具。投入产出法逐渐引起美国政府和经济学界的重视。美国劳工部为了研究美国战后的生产和就业问题，聘任里昂惕夫指导编制 1939 年的美国投入产出表。历时 5 年，于 1944 年完成后，美国劳工部立即用该表来预测美国 1945 年 12 月的就业情况，并对 1950 年美国充分就业情况下各经济部门的产出做了预计。后来美国的经济发展情况证实了预测的准确性。于是在 1949 年，美国空军和美国劳工部协作，组织了一个有 70 多人参加的编制组，花费了 150 万美元经费，到 1952 年秋，编制出了 1947 年的包含 200 个部门的美国投入产出表。此后，美国政府定期编制全国投入产出表，作为国民经济核算和决定经济政策的依据。

投入产出分析的特点和优点是能够用来研究实际经济问题。它是从数量上系统地研究一个复杂经济实体的各不同部门之间相互关系的方法。这个经济实体可以大到一个国家，甚至整个世界，小到一个省、市或企业部门的经济。

进行经济预测，是投入产出法最广泛的应用。研究某项经济政策的实施将对社会经济产生什么影响，也是投入产出分析的重要应用。投入产出分析还可用于一些专门的社会问题研究，如环境污染问题、人口问题、世界经济结构问题等。

2.3.2 里昂惕夫之谜

第二次世界大战后，在第三次科技革命的推动下，世界经济迅速发展，国际分工和国际贸易都发生了巨大变化，传统的国际分工和国际贸易理论更显得脱离实际。在这种形势下，一些西方经济学家力图用新的学说来解释国际分工和国际贸易中存在的某些问题，这个转折点就是里昂惕夫反论（Leontief Paradox），也叫里昂惕夫之谜。

根据传统的要素禀赋理论，大多数学者认为，美国是资本相对丰富、劳动相对稀缺的国家，战后美国出口的应是资本密集型产品，进口的应是劳动密集型产品。里昂惕夫开始时对此也深信不疑，他曾利用美国 1947 年投入产出表的资料，于1951 年用投入—产出模型对美国 40 年代和 50 年代的对外贸易情况进行分析，对美国对外贸易结构进行考察，他的本意是想对要素禀赋说进行验证，看一下美国的贸易结构是否符合传统理论。然而，计算的结果却与理论恰恰相反，美国出口产品中的资本含量比进口产品少 30%。这一发现说明，美国参加国际分工是建立在劳动密集型专业分工基础之上的，即美国进口的是资本密集型产品，出口的是劳动密集型产品。这一结论与赫—俄模型刚好相反，引起了经济学界和国际贸易界的巨大争议。后来，里昂惕夫用 1951 年的贸易数据又计算了一次，结论仍然相同。由于赫—俄模型已经被西方经济学界广泛接受，因此里昂惕夫的结论被称为"里昂惕夫之谜"或"里昂惕夫反论"。

表 2—9　美国 1947 年每百万美元出口产品和进口替代品的资本和劳动需求

	出口	进口替代品	进口/出口
资本	2 550.780 美元	3 091.339 美元	
劳动（年人工）	182	170	
资本/年人工	14.010 美元	18.180 美元	1.30

资料来源：转引自多米尼克·索尔韦托瑞：《国际经济学》，第 101 页，清华大学出版社，1998。

里昂惕夫之谜其实反映了理论和现实的矛盾。在 20 世纪 20 年代以前，生产中投入的要素是土地、劳动力和机器设备等物质要素，其他要素的作用不是太明显。俄林的要素禀赋说对当时的国际贸易形势能作出很好的解释。然而经过几十年的发展，新的技术发明不断出现，新的要素不断投入使用，国际贸易环境也发生了新的变化，这些都对原有的经济理论提出了挑战。里昂惕夫的发现正是对这种需求的反映。在他的观点提出之后，相当多的经济学家的后续工作极大地丰富了国际贸易理论。

2.3.3 对里昂惕夫之谜的不同解释

要素禀赋理论作为一种纯粹的理论模型，是在对经济贸易现实进行高度抽象的基础上侧重研究各国间生产要素自然禀赋状况的差异对国际贸易的影响。但第二次世界大战后，由于技术进步和劳动力素质优化以及各国间的技术水平和劳动力素质的差距越拉越开，各国间生产要素的差异对国际贸易的影响日益明显甚至超过量的差异的影响与作用。里昂惕夫未及时注意到这些变化，且以纷繁复杂的经济贸易现实直接验证高度抽象的理论模型，得到谜一样的验证结果是必然的。

1. 劳动效率说

里昂惕夫本人的解释。各国的生产要素禀赋不仅有数量上的不同，而且也存在着质量上的差异。"谜"之所以产生，可能是由于美国工人的效率比其他国家高，大约是其他国家的 3 倍。其原因主要是美国企业的管理水平较高，工人所受的教育和培训较好，以及人们进取精神较强的结果。

在赫克歇尔—俄林的模型中，生产要素被简单地分为劳动、资本或土地，而并没有将这些要素再进一步细分。事实上，同一要素之间会有很大的不同。就劳动而言，劳动技能的高低在各国之间也像在个人之间那样有很大区别。

一般说来，熟练工人需要更多的教育和培训，大量科技人员的产生也需要大量的科研与开发经费的投入，在这些劳动力投入的背后，实际上是大量的资本投入。

研究表明，美国出口行业的工人平均工资比进口竞争行业工人的平均工资要高15%，可见，美国出口行业的劳动生产率和包含的人力资本要高于进口竞争行业。因此，简单地用美国的资本和劳动人数或劳动时间来计算美国进口产品的资本劳动比率可能没有反映出熟练工人和非熟练工人之间的区别，以及美国人力资本与其他国家人力资本方面的区别。当使用每一工人的人力资本而不是简单地用劳动力人数或时间来重新计算里昂惕夫算出的结果时，美国出口商品的资本（包括人力资本）密集度的确比进口竞争产业产品的要高。科技人员和熟练工人的技能相对来说是美国最充裕的要素之一。

2. 要素密集度逆转理论

赫克歇尔—俄林模型对要素密集型的基本假定是，如果按生产要素价格的某一比率，某一商品的资本密集度比另一商品高，那么，在所有的生产要素价格比率下，这一商品的资本密集度都比另一商品高。换言之，如果在中国的相对工资下，玩具是一种劳动密集型商品，那么，在美国的相对工资下，玩具也是一种劳动密集型商品，尽管美国的相对工资会比中国的高。但是，事实上情况可能不是这样。

假定在美国由于资本充裕而劳动相对稀缺，资本便宜和劳动力昂贵，美国可能在玩具生产中使用更多的资本而非劳动。这样的话，玩具在美国变成了资本密集型商品，而在世界其余国家，由于资本较贵和劳动力比较便宜，玩具仍然是劳动密集型商品。这就是生产要素密集性逆转（Factor - intensity Reversal）的一种情况。

在这种情况下，其结果可能是：美国出口商品 A，在别的国家是资本密集型产品，但在美国是劳动密集型的。同时，美国进口商品 B，在外国是劳动密集型产品而在美国是资本密集型的。

3. 存在关税及贸易壁垒说

美国的关税政策正是产生里昂惕夫之谜的一个重要因素，里昂惕夫之谜的产生也有可能是美国贸易保护的结果。在赫克歇尔—俄林的模型中，贸易被假定为自由的，而在现实中几乎所有的国家（包括美国在内）都或多或少实行一定程度上的贸易保护，尤其在第二次世界大战后初期。对于美国来说，保护程度较高的是劳动密集型商品。关税实际上就是对进口征税，它可以减少进口，刺激国内进口替代品的生产。Travis 在 1964 年以及 1972 年的研究中发现，美国受贸易保护最严密的产业就是劳动密集型产业，这就影响了美国的贸易模式，降低了美国进口替代品的劳动密集程度。Baldwin（1971）认为 Travis 的研究是里昂惕夫之谜的重要解释，即美国关税改变了美国的贸易模式。但是，即使考虑关税因素，美国进口替代品的资本/劳动比只不过下降5%，并不足以解释里昂惕夫之谜。

另外，别的国家也可能对它们的缺乏竞争力的资本密集型商品进行较高的贸易保护，从而使得美国资本密集型商品的出口受到了一定程度上的影响。因此，有人认为，如果是自由贸易，美国就会进口比现在更多的劳动密集型商品，或出口更多的资本密集型产品，里昂惕夫之谜就有可能消失。

4. 人力资本说

人力资本说（Human Capital Theory）是肯林与劳伦斯提出的，用以解释美国贸易结构符合赫克歇尔—俄林定理的观点。现代西方经济学家认为劳动技能是社会投资于教育和培训的结果，技术熟练的劳动者可以像有形资本重复地取得收益那样不断地取得收入，因而把劳动技能称做人力资本。将劳动技能资本化的方法是，将技术熟练的劳动者与非技术熟练的劳动者之间的收入差距以利息率加以折算。按此法计算出来的人力资本与有形资本相加，构成一国的资本总额。由于美国研究与开发风气盛行，教育与职业训练制度完善，因此美国比他国拥有更多的技术熟练的劳动者或人力资本。实证分析显示，美国的出口品较进口替代品包含更多的劳动技能在内，即美国出口品包含有大量的劳动技能投入，进口替代品包含的主要是非技术劳动，因而美国的出口品实际上是较进口替代品为资本密集的商品，符合赫克歇尔—俄林定理的假说。

5. 技术差距理论

技术差距理论产生于 1961 年，代表人物为美国学者 M. V. 波斯纳（Michael V. Posner）。他在《国际贸易与技术变化》一文中提出了国际贸易的技术差距模型。技术差距理论（Technological Gap Theory），又称技术差距模型（Technological Gap Model），是把技术作为独立于劳动和资本的第三种生产要素，探讨技术差距或技术变动对国际贸易影响的理论。由于技术变动包含了时间因素，技术差距理论被看成是对 H - O 理论的动态扩展。该理论认为，技术实际上是一种生产要素，并且实际的科技水准一直在提高，但是各个国家的发展水准不一样，这种技术上的差距可以使技术领先的国家具有技术上的比较优势，从而出口技术密集型产品。随着技术被进口国模仿，这种比较优势消失，由此引起的贸易也就结束了。

技术差距论认为，工业化国家之间的工业品贸易，有很大一部分实际上是以技术差距的存在为基础进行的。技术成果本身同时又是耗费巨大的现实资源投入（包括人力、物力和财力）的产物，而且技术创新投资从本质意义上看是一种高风险投资，所以，在国际间进行技术转让的过程中，技术成果作为一种特殊的商品，也体现着使用价值与价值的统一。其使用价值表现为该项技术成果创造利润的能力，其价值表现为研究完成该项技术成果的过程中全部投入和所承担风险的价值总和，以及该项技术创利能力的价值表现。因此，技术成果的价格既要包括研制过程中的全部现实投入和风险投资及其回报，又要包括该项技术成果转让后在剩余的使用年限内继续为其所有者创造利润能力的一定比例。所以，以"专利转让费"或"生产特许权转让费"的形式出现的技术成果的转让价格一般相当昂贵，这就从需求的方面制约着技术成果的迅速转让。

6. 新要素贸易理论

针对里昂惕夫之谜，西方的一些经济学家提出了许多解释，但另一些学者针对战后国际贸易的新情况、新特点，又提出不少比较新颖的理论，直接修正和发展了H－O学说。该理论综合了技术差距理论、人力资源理论、人力技能理论，认为在考虑国际贸易中的商品时，不但要考虑传统的资本、劳动、自然资源要素，还要考虑技术、信息等要素来确定商品的比较优势。

国际贸易新要素理论认为，应赋予生产要素以新的含义，扩展生产要素的范围，生产要素不仅仅是生产要素禀赋理论所说的劳动、资本和土地，技术、人力资本、研究与开发、信息以及管理等等都是生产要素，这些无形的"软件"要素越来越成为形成贸易的基础，决定着一国比较优势格局。

（1）人力技能说。该学说是从里昂惕夫的劳动熟练说发展来的。这种理论认为，赫－俄学说关于劳动同一性的假设不符合实际情况，因为一国的人力资源是由教育水平、劳动熟练程度、职业、生活方式各不相同的人们所组成，同本国的经济发展状况关系密切，所以各国的人力结构并不一样，不可能提供同质的劳动。所谓人力技能是指人的劳动技术熟练程度，是通过储蓄和投资形成的，实际上也可以看成是人力投资。人们通过对劳动力进行投资（如教育、职业培训、保健等），可以提高劳动力的素质和技能，使劳动生产率得到提升，从而对一国参加国际分工的比较优势产生作用与影响。

劳动的技术熟练程度有不同的等级，熟练劳动和专门技术不应该同非熟练劳动相提并论，它们是一种"人力技能"，以它们为主的产品称为"技能密集型"产品。按照这样的分类方式，美国、瑞典等资本主义国家拥有相对丰富的人力技能，即熟练劳动占劳动总量的比例达到50%以上，而像印度等较贫穷的国家非熟练劳动占多数。进一步的实证研究表明，前一类国家趋向于出口技能密集型产品，而后一类国家出口非熟练劳动密集型产品。可见人力技能也可单独成为一种生产要素。该学说认为，新时代，一个国家应该重视人力投资以提高人力技能，才可能产生新的比较优势。

（2）研究与发展学说。该理论强调的是研究与发展作为一种新的生产要素对于国际贸易比较利益的重要作用。研究与发展要素是指经济发展过程中用于研究和开发各种新项目、新技术、新产品的投资。在实际衡量中多用开发经费占销售额的比重来计算。从第二次世界大战后发达国家的情况来看，这些国家高度重视研究与开发的投入，使得该要素迅速成为经济发展的主要决定力量。例如，分析美国 19 个产业以及出口的有关资料表明，其中 5 个高技术水平产业的相关指标在 19 个产业中的占比如下：其研究开发费用占 89.4%，科学家和工程师占 85.3%，费用占销售总额的 39.1%，出口量占到 72.1%。

研究与发展投资的多少，可以改变一个国家在国际分工中的比较优势，而丰裕的资金、丰富的自然资源、高质量的人才是从事研究开发的条件，市场对新产品的需求是研究开发产业化的基础，研究与发展密集度高的产品就是知识密集型或技术密集型的产品，其变化可以产生新的比较利益。该学说强调了科技在国际贸易优势形成中的作用，符合国际贸易发展的趋势。

（3）技术进展论。这种理论认为技术是过去对研究与开发进行投资的结果，也可以作为一个独立的生产要素。技术进展同人力技能、研究与发展等要素一样，也决定着一国生产要素禀赋状况及其在国际贸易中的比较利益。由于该理论是在上述理论的基础上发展起来的，所以，强调技术进展对国际贸易比较优势的决定作用，实际上也是强调研究与发展要素的作用。

在此基础上，后来又有人进一步提出了技术差距论，认为各国由于技术投资和技术革新的进展不一致，因而存在着一定的技术差距，这样就使得技术资源相对丰裕或技术领先的国家，具有较强开发新产品和新工艺的能力，从而有可能暂时享有生产和出口某类高技术产品的比较优势。该理论补充了要素禀赋论，并根据创新活动的连续性使要素禀赋论动态化。

（4）信息贸易理论。信息是能够创造价值并进行交换的一种无形资源，是现代生产要素的组成部分。信息本身同时又是可以交换的商品，是一种软件要素，而且是一种无限的资源，占据信息意味着比较优势的改变，可以促进一国贸易格局的变化。目前该理论并不很完善，但它却代表着重要的发展方向。

2.4 当代国际贸易理论

传统国际贸易理论的两个层次和核心是比较利益理论和要素禀赋学说。按照比较利益理论，各国应致力于生产比较优势的产品，在国际交换中换取其相对劣势的产品，以提高世界福利；按照要素禀赋学说，各国应出口那些使用本国非密集要素的产品。因此根据传统理论，由于发达国家与发展中国家的要素禀赋和劳动生产率的差异很大，两者之间的产业间贸易应该占据世界贸易的主导地位。而事实上，第二次世界大战以后，国际贸易出现了许多新的现象：发达国家之间的贸易额超过了发展中国家与发达国家之间的贸易额；制成品内部的贸易比重上升，初级产品的贸易下降；发达国家之间制成品的产业内贸易比重上升；跨国公司内部贸易额越来越大。这些现象都与传统贸易理论相悖。

这些现象的出现向传统的国际贸易理论提出了挑战，占世界贸易额相当大比重的贸易并不是因为比较成本的差异或者资源禀赋的差异而发生的。以上现象在古典和新古典的传统国际贸易理论框架内难以得到解释，这迫使经济学家寻求新的贸易理论来解释这些现象，以克鲁格曼、雷蒙德·弗农等为代表的大批经济学家提出了各种新的学说。这些学说与传统国际贸易理论既有区别又有联系，我们把这些学说称为当代国际贸易理论。

2.4.1　偏好相似理论

2.4.1.1　偏好相似理论产生的背景

第二次世界大战后，传统的赫克歇尔—俄林资源禀赋学说在理论和实践两方面都遭到日益严重的挑战。面对这一形势，林德试图通过限制资源禀赋理论的适用范围，在更重要的制成品贸易模式（即不同国家间贸易的商品流向）的决定上，用偏好相似理论代替资源禀赋理论，以维护比较优势原则的权威地位。林德独辟蹊径，着眼于需求，提出人均国民收入水平相似的国家间，贸易程度最为密集。这一理论对战后发达国家间的贸易模式作了较为有力的说明。

第二次世界大战后，世界政治格局有了新的组合，世界经济获得迅猛的发展，国际贸易模式相应地有了很大变化，发达国家之间的贸易比重日益增长，在这一背景下，资源禀赋理论的缺陷逐渐明显，来自理论与实践方面的挑战日益难以应付。林德把这一挑战归纳为以下三方面：

第一，资源禀赋理论不为经验检验所证明。

第二，资源禀赋理论无法解释区内贸易模式。

第三，存在着要素密集程度颠倒的情况，也使资源禀赋理论失效。

2.4.1.2　偏好相似理论的内容

需求相似理论又称偏好相似理论，是瑞典经济学家林德（S. B. Linder）于 1961 年在其论文《论贸易和转变》中提出的。该理论从需求方面探讨了国际贸易的成因，他认为，要素禀赋学说只适用于解释初级产品贸易，工业品双向贸易的发生是由相互重叠的需求决定的，国际间需求偏好相似是引起国际贸易的一个重要原因。

需求相似理论的基本观点有：产品出口的可能性决定于它的国内需求；两国的贸易流向、流量取决于两国需求偏好相似的程度，需求结构越相似则贸易量越大；一国需求偏好取决于该国的平均收入水平，平均收入水平是影响需求结构的最主要因素。平均收入水平越高，对消费需求的质和量的要求都会提高；平均收入水平越高，开展贸易的可能性就越大，贸易机会就越多。因此，两国之间需求偏好越相似，需求重样的部分就越大，两国间贸易范围可能越大。需求偏好决定于收入水平，两国收入水平越接近，需求偏好就越相似。但如果人均收入水平相差较大，需求偏好相异，两国贸易则会存在障碍。

具体说来，需求偏好相似论的主要观点如下：

1. 国际贸易是国内贸易的延伸

产品出口的可能性决定于它的国内需求，只有在国内已经存在大规模需求的产品，才会成为具有最大相对优势的产品。在长期地致力于满足国内需求的过程中，企业规模日益扩大，成本降低，产品就会具备国际竞争力。因此，各国应当出口那些拥有巨大国内市场的制成品，即大多数人需要的商品，一国在满足这样一个市场需求的过程中，可以从具有相似偏好和收入水平的国家获得出口该类商品所必需的经验和效率，具有相似偏好和收入水平的国家之间的贸易量是最大的。

首先，从发明的角度看，一种产品的发明一般总是发明家的洞察力和解决自己环境中尖锐问题的愿望相结合的成果，因而，新产品、新技术的发明和应用，最初动因往往是国内的需求，这已为厄谢尔所著《机械发明史》（1954）一书所证实。

其次，从生产的角度看，从事某种特定商品生产的决定一般是由显而易见的需求导出，在一个不确定的世界中，厂商只能追求有把握的获利机会，根据厂商自身易感受到的需求作出决策是企业行为的基础。

最后，从比较优势获得的角度看，新产品适应市场并臻于完善的过程包含生产者和消费者之间大量的信息反馈。

2. 影响一国需求结构的决定性因素是平均收入水平

影响一国需求结构的因素很多，传统偏好、商品价格、气候条件等对需求结构都有影响，但是林德认为，决定性因素是人均收入水平，它同消费品和资本品的需求有直接的联系。他指出"平均收入水平相似的国家有相似的需求结构"，亦即平均收入相似可视为偏好相似的标志。从消费品需求看，一方面，在人均收入较高的国家，高品质耐用品较多地进入家庭，在人均收入较低的国家，消费品的平均品质显著下降；另一方面，由于收入分配不均，富国的低收入层与穷国的高收入层会有类似的需求，因此，无论是从国家还是从家庭的角度看，收入水平与消费结构都有一个很强的相关关系。从资本品的需求看，在多数情况下，人均收入由现有资本品存量决定，而已有资本数量又决定了对新的资本品的需求，资本丰裕即人均收入较高的国家相对需要更多高级装备和设施，相应地，人均收入较低的国家相对需要更多不那么高级的装备和设施。应该指出的是，林德在这里还提到，人均收入较低的国家对高质量资本品也有一些需求，正如人均收入较高的国家对低品质资本品有一些需求一样。

3. 贸易规模决定于两国需求相似的程度

两个国家的需求结构越相似，两国之间的贸易量越大。如果两国的偏好和需求特别相似，两国的需求结构重叠部分就大，两国之间的贸易量也就越大。如果两国需求结构完全一样，一国所有可供进出口的物品也就是另一国可供进出口的物品。因此，两个国家需求相似的程度决定了相互之间开展贸易的可能性和规模大小。

2.4.2 产品生命周期理论

2.4.2.1 产品生命周期理论产生的背景

产品生命周期（Product Life Cycle，PLC），是产品的市场寿命，即一种新产品从开始进入市场到被市场淘汰的整个过程。就产品而言，也就是要经历一个开发、引进、成长、成熟、衰退的阶段。

产品生命周期理论是美国哈佛大学教授雷蒙德·弗农（Raymond Vernon）1966年在其《产品周期中的国际投资与国际贸易》一文中首次提出的，经威尔斯、赫希哲等人不断完善。

弗农把产品生命周期分为三个阶段，即新产品阶段、成熟产品阶段和标准化产品阶段。弗农认为，在新产品阶段，创新国利用其拥有的垄断技术优势，开发新产品，由于产品尚未完全成型，技术上未加完善，加之竞争者少，市场竞争不激烈，替代产品少，产品附加值高，国内市场就能满足其获取高额利润的要求等，产品极少出口到其他国家，绝大部分产品都在国内销售。成熟产品阶段，由于创新国技术垄断和市场寡占地位的打破，竞争者增加，市场竞争激烈，替代产品增多，产品的附加值不断走低，企业越来越重视产品成本的下降，较低的成本开始处于越来越有利的地位，且创新国和一般发达国家市场开始出现饱和，为降低成本，提高经济效益，抑制国内外竞争者，企业纷纷到发展中国家投资建厂，逐步放弃国内生产。标准化产品阶段，产品的生产技术、生产规模及产品本身已经完全成熟，这时对生产者技能的要求不高，原来新产品企业的垄断技术优势已经消失，成本、价格因素已经成为决定性的因素，这时发展中国家已经具备明显的成本因素优势，创新国和一般发达国家为进一步降低生产成本，开始大量地在发展中国家投资建厂，再将产品远销至本国和第三国市场。

2.4.2.2　产品生命周期理论的内容

产品生命周期理论是作为国际贸易理论分支之一的直接投资理论而存在的，它反映了国际企业从最发达国家到一般发达国家，再到发展中国家的直接投资过程。

产品生命周期理论认为，由于技术创新和扩散，制成品和生物一样具有生命周期。产品生命周期包括五个阶段：

1. 新生期。这一阶段技术起关键作用。创新国由于技术优势生产出创新的产品，主要供应本国市场。

2. 成长期。国外也开始有了对新产品的需求，刺激创新国向国外出口产品，创新国由于技术优势暂时垄断了国内和国际市场。

3. 成熟期。这一阶段资本起关键作用。由于产品生产过程中的技术已基本定型，产品日益标准化，进入大规模生产阶段，所以某些资本丰富的外国企业开始模仿生产。

4. 销售下降期。这一阶段廉价劳动力起关键作用。由于产品已高度标准化，国外具有廉价劳动力优势的生产者可以大批量生产，达到规模经济效应，降低产品生产成本，从而使创新国渐渐失去竞争的优势，出口不断下降。

5. 让与期。模仿国生产持续扩大，不仅"侵占"了创新国原来的海外地盘，而且"反攻"到创新国本土，创新国国内停止生产，转而向国外直接投资。技术扩散、生产标准化和海外更低的成本优势最终使这种产品的生命周期走到了尽头，一个产业就这样从创新国转移到模仿国。而此时，创新国又把注意力投向更新产品的研究与开发，以掀起一轮新的产品生命周期循环，在不断更新产品的过程中获取高额垄断利润。

2.4.2.3　产品生命周期理论的意义

由弗农提出的该理论，运用市场学的产品生命周期概念，解释产品生命周期不同阶段贸易流向的变化，揭示产品从国内生产到出口、从出口转向投资（FDI）的过程、动因和条件，在产品生命周期的投入期、成长期、成熟期和衰退期，国家间比较利益的变化。在投入期，美国等产品创新国拥有垄断优势，新产品在满足国内消费的同时，出口到收入水平相近的国家；在成长期，外国开始仿制，产品创新国出口竞争力逐步下降；在成熟期，外国厂商开始出口该产品，并在第三国市场逐步取代创新国，经由直接投资创新国进行生产线外移；在衰退期，产品创新国由出口国转变为进口国，同时发展中国家开始逐步具备该产品的生产能力。产品生命周期理论是一种动态经济理论，能够在一定程度上揭示不同发展水平国家间的梯度分工格局。

生命周期曲线（见图2-1）的特点说明：在产品开发期间该产品销售额为零，公司投资不断增加；在引进期，销售缓慢，初期通常利润偏低或为负数；在成长期销售快速增长，利润也显著增加；在成熟期利润在达到顶点后逐渐走下坡路；在衰退期产品销售量显著衰退，利润也大幅度滑落。这个周期在不同的技术水平的国家里，发生的时间和过程是不一样的，期间存在一个较大的差距和时差，正是这一时差，表现为不同国家在技术上的差距，反映了同一产品在不同国家市场上的竞争地位的差异，从而决定了国际贸易和国际投资的变化。

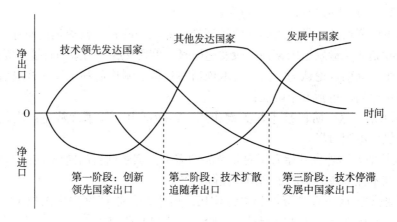

图2-1 产品的生命周期

按照产品生命周期理论的描述，任何一种产品始终处于动态的演进过程，在不同的阶段里和不同的情况下会有自己相异的特点。这意味着，一国的对外贸易活动必须依据各类产品的生命周期加以决策和运作，才能获得应有的经济效率和贸易利益。

1. 从产品的要素密集程度来看

对外贸易会随产品在生命周期中的逐渐演进而有规则地变化。在新产品时期，产品的设计和生产要改进和完善，需要科学家、工程师和熟练工人的大量投入。此时的产品自然属于技能或技术密集型。在产品即将或已经进入迅速增长时期，产品创新已经采用大规模生产的方式加以实现，即进入了正常的批量生产阶段。相应地，要素投入也转向主要依靠资本投入和使用半熟练劳动，于是产品的性质就改变为资本密集型。等到产品步入成熟时期，其特点表现为在技术不变条件下的长期生产，劳动技能相对变得更不重要，产品的资本密集程度因而较前更高。

2. 从产品的需求状况来看

整个生命周期发生着比较有序的变化。在新产品时期，生产者数目很少，产品数量十分有限且缺乏相近的替代品，满足的主要是高消费水平的需要，因此，产品的价格相当或比较昂贵，只能拥有狭窄的需求面。到了产品增长时期，其销售市场不断扩大，参与竞争的生产者大量增加，生产成本也趋于下降，唯有降低产品价格才能扩大产品销路，比较便宜的价格又刺激了该产品的需求。进入产品成熟期之后，该产品已经标准化，各国的技术差距拉平，大规模生产也已普遍化，导致厂商之间不得不展开激烈的价格竞争。显然，这又推动着产品需求的增长。

3. 从不同类型国家的相对优势来看

对外贸易国家在产品生命周期的各个阶段也有不同的表现。第一种类型是以美国为代表的主要发达国家。主要发达国家工业先进，技术力量雄厚，资本和自然资源相对丰裕，国内市场广阔。因此，这些国家研制新产品的优势相当显著，生产成长产品也可获取更多利益。第二类是较小的发达国家。它们同样有着丰富的人力资源和科技力量，国土虽小但工业发达。它们的国内市场狭小，过分依赖国际市场，这就使得其生产优势在产品成长时期就逐渐减少，到了产品成熟阶段更是基本丧失。因此，此类国家主要适合于研究开发或仿制新产品。第三类是后进的发展中国家。它们拥有相对丰富的不熟练劳动，与技能和科研力量相比，资本要素还稍显丰裕。这决定了发展中国家可以在生产成熟产品方面取得比较优势。况且，成熟产品的国际市场比较健全和广阔，出口也比较容易。可见，不同国家应该只生产那些在生命周期中本国处于具有比较优势阶段的产品。

该理论通过对产品生命运动过程的描述和研究，以及同生产要素禀赋理论相结合，揭示了一国贸易产品的密集型性质、需求状况和比较优势都是一个动态的发展演变过程。

2.4.3　产业内贸易理论

从产品内容上看，可以把国际贸易分成两种基本类型：一种是国家进口和出口的产品属于不同的产业部门，比如出口初级产品，进口制成品，这种国际贸易称为产业间贸易（Inter – industry Trade）；另外一种被称为产业内贸易（Intra – industry Trade），也就是一国同时出口和进口同类型的制成品，即同一产业内的产品之间的贸易。因此，这种贸易通常也被称为双向贸易（Two – way Trade）或重叠贸易（Over – lap Trade）。

2.4.3.1　产业内贸易理论产生的背景

产业内贸易理论是当代最新国际贸易理论之一，它突破了传统国际贸易理论的一些不切实际的假定（如完全竞争的市场结构、规模收益不变等），从规模经济、产品差异性、国际投资等方面考察贸易形成机制，从而解决了传统贸易理论所不能解释的贸易现象：产业内贸易日益占据国际贸易的主要地位。

产业内贸易理论的发展历程大约可以分为三个阶段：第一阶段是经验分析阶段。主要包括 1960 年佛得恩（P. J. Verdoom）对"荷比卢经济同盟"集团内贸易格局的研究、巴拉萨（B. Balassa）对欧共体成员制成品贸易情况的分析、小岛清（K. Kojima）对发达国家间横向制成品贸易的关注。第二阶段是理论研究阶段。里程碑是格鲁贝尔（H. G. Grubel）和劳埃德（P. J. Loyd）于 1975 年编写的《产业内贸易：差别化产品国际贸易的理论与度量》，这是最早的关于产业内贸易理论的专著。在这本书中作者修正了 H－O 模型中的某些前提条件，把贸易中有关的费用引入模型，解释了部分产业内贸易现象。第三阶段是发展阶段。主要理论模型有：20 世纪 70 年代末，迪克西特（A. K. Dixlt）、斯蒂格利茨（J. E. Stiglitz）、克鲁格曼（P. Krugman）等创立的新张伯伦模型，把张伯伦的垄断竞争理论运用到产业内贸易领域；20 世纪 80 年代初，布兰德（J. Brander）和克鲁格曼为解释标准化产品的产业内贸易现象建立的差别模型。

20 世纪 70 年代格鲁贝尔和劳埃德等人开创了产业内贸易理论研究，到 20 世纪 80 年代初美国经济学家克鲁格曼进一步推动了这一理论的发展。该理论不同于侧重论述产业间贸易的传统贸易理论，它侧重研究贸易双方在同一产业中既出口又进口同类异质产品的产业内贸易。在不完全竞争产业中，规模经济和产品差异是产业内贸易形成的决定因素。即使各国具有同等技术水平和资源条件，规模经济利益的存在仍能使大规模生产的国家在产品成本方面拥有竞争优势，而且这种优势将随着生产的扩展而滚雪球般地增大，因而有可能达到专业化生产，向同类产品生产规模较少的国家出口。同时，各国产品在质量、性能、品种、规格上的种种差异有可能满足不同层次、不同偏好的消费者需要，从而引发差异产品的产业内贸易。

2.4.3.2　产业内贸易理论的假设前提与内容

产业内贸易理论的假设前提是：理论分析基本是从静态出发的；分析不以完全竞争（垄断竞争）市场，而以非完全竞争市场为前提（过去的贸易理论的前提大多为完全竞争市场）；经济中具有规模收益；在分析中要考虑需求不相同与相同的情况。从这些假设前提可以看出，产业内贸易理论的出发点与其他贸易理论是相当不同的。

产业内贸易理论认为，贸易不一定是比较优势的结果，可能是规模经济或收益递增的结果，在不完全的竞争市场上，国家之间即使不存在资源禀赋、技术水平的差异或者差异很小，也完全可以因为需求偏好或者规模经济以及产品差异而追求生产的专业化和从事国际贸易。同时，也为国家进行干预提供了借口，在不完全竞争的市场上，政府支持可以使本国的垄断厂商获得规模经济效益和获得垄断利润。对于产业内贸易现象的研究导致了后来发达国家普遍采用战略性贸易政策，强调贸易保护。

首先，产业内贸易的发展与一国贸易自由化时的经济调整成本有很大关系。克鲁格曼的模型证明，相对于产业间的贸易来说，产业内贸易所带来的调整比较温和，没有太大的痛苦。不过，在研究垂直型产业内贸易的 F—K 模型中，垂直型的产品差异来源于要素密集度的不同，由国际贸易引起的动态垂直型专业化会有比较大的再分配效果。如果只考虑水平型产业内贸易，劳动者在一个进口竞争型企业中失业后，可以在同部门的出口企业中找到工作，这时调整成本比较小。当考虑垂直型产业内贸易时会发现，质量高的产品往往由人力资本高的劳动者来制造，质量低的产品往往由人力资本低的劳动者制造。如果本国在产业内贸易中出口的是质量低的产品，就有利于本国人力资本含量低的劳动者就业，高质量产品的企业是进口竞争型的，难免要裁员，人力资本高的劳动者重新找工作的时候，要么必须接受更低的工资，要么就没有工作机会。

其次，产业内贸易既显示了一国产业在国际市场上的竞争优势，也与经济发展有显著的相关关系。理论和现实都表明，发达国家的水平型产业内贸易往往与高技术、高附加值的产品联系在一起，一国如果以出口此类产品为主，无疑是处于国际市场中的优势地位。由于经济发展水平与产业内贸易的多少和类型都密切相关，促进制造业等部门产业内贸易发展往往就成了一国促进经济发展的政策。

2.4.3.3　产业内贸易理论的评价

产业内贸易理论是对传统贸易理论的批判，其假定更符合实际。如果产业内贸易的利益能够长期存在，说明自由竞争的市场是不存在的，因为其他厂商自由进入这一具有利益的行业将受到限制，因而不属于完全竞争的市场，而是属于不完全竞争的市场。另外，该理论不仅从供给方面进行了论述，也从需求方面分析和论证了部分国际贸易现象产生的原因以及贸易格局的变化，说明了需求因素和供给因素一样是制约国际贸易的重要因素，这实际上是将李嘉图理论中贸易利益等于国家利益的隐含假设转化为供给者与需求者均可受益的假设。这一理论还认为，规模经济是当代经济重要的内容，它是各国都在追求的利益，而且将规模经济的利益作为产业内贸易利益的来源。这样的分析较为符合实际。此外，这一理论还论证了国际贸易的心理收益，即不同需求偏好的满足，同时又提出了产业间贸易与产业内贸易的概念，揭示了产业的国际分工和产业间国际分工的问题。

同其他理论一样，产业内贸易理论也有不足之处，它只能说明现实中的部分贸易现象。其不合理的地方有如下几点：

1. 虽然在政策建议上，该理论赞同动态化，但它使用的仍然是静态分析的方法，这一点与传统贸易理论是一样的。它虽然看到了需求差别和需求的多样化对国际贸易的静态影响，但是，它没有能够看到需求偏好以及产品差别是随着经济发展、收入增长、价格变动而不断发生变化的。

2. 似乎只能解释现实中的部分贸易现象而不能解释全部的贸易现象。这是贸易理论的通病。

3. 对产业内贸易发生的原因还应该从其他的角度予以说明。产业内贸易理论强调规模经济利益和产品差别以及需求偏好的多样化对于国际贸易的影响无疑是正确的，但是，有些产品的生产和销售不存在规模收益递增的规律，对于这些产业的国际贸易问题，产业内贸易理论显然无法解释。

【小结】

本章介绍了国际贸易理论中的古典理论和当代理论。其中，古典贸易理论包括绝对优势理论和比较优势理论，要素禀赋理论以及里昂惕夫之谜和对其进行的解释；当代贸易理论包括了偏好相似理论、产品生命周期理论和产业内贸易理论。

【思考题】

1. 绝对优势理论和比较优势理论的主要内容有哪些？它们的区别表现在哪里？
2. 利用要素禀赋理论分析发达国家和发展中国家出口产品的特点。

3. 简述产品生命周期理论的内容。

4. 简述里昂惕夫之谜的产生原因及该理论的内容。

【案例分析】   要素积累与比较优势

在第二次世界大战后几十年间，日本、韩国等东亚的一些国家或地区的国际贸易商品结构发生了明显变化，主要出口产品由初级产品到劳动密集型产品，再到资本密集型产品。事实上，战后日本、韩国等东亚的一些国家或地区经济出现腾飞，一个重要的原因就在于这些国家或地区较好地发挥了比较优势，顺利地实现了产业的优化升级以及经济的快速增长。

第二次世界大战后，日本、韩国等东亚的一些国家或地区在经济增长前，在产品上具有比较优势，故在开始阶段可以参与出口、进口初级产品。战后，日本、韩国等东亚的一些国家或地区较好地发挥了比较优势，并成功地抓住世界产业结构转移的有利时机，经济增长偏向机电、电子等技术含量比较高的部分，使得这些部门的相对供给能力不断提高，最终这些部门由原来的比较劣势地位转变为比较优势地位。于是，日本、韩国等东亚的一些国家或地区改为出口、进口机电、电子等技术含量比较高的产品。

可见，如果时间足够长的话，要素积累或经济增长可能会改变一国的比较优势形态，即以前具有比较优势的产品，现在由于经济增长可能变为处于比较劣势；反之，以前处于比较劣势的产品，现在也可能变为具有比较优势。

第3章
国际贸易政策

【学习目标】

本章主要介绍国际贸易政策构成与类型，自由贸易政策、保护贸易政策的主要内容和理论基础，国际贸易政策的新趋势等。通过学习要求了解对外贸易政策的制定目的与构成，国际贸易政策的演变及内在推动力。理解超贸易保护政策和新贸易保护政策产生的深层背景。掌握对外贸易政策的类型、英国自由贸易政策的内容、李斯特保护贸易政策的内容，战略贸易政策的主张。

【重点与难点】

对外贸易政策的类型、英国自由贸易政策的内容、李斯特保护贸易政策的内容，战略贸易政策的主张。

【导入案例】　　法国战胜日本的"普瓦提埃之战"

日本录像机大量冲击法国市场：1981 年头 10 个月，进入法国的录像机每月清关 64 000 台。为了阻拦录像机进口。1982 年 10 月，法国政府下令所有进口录像机必须经过普瓦提埃海关办理清关手续。普瓦提埃是距离法国北部港口几百英里外的一个偏僻的内陆小镇，原来只有 4 个海关人员，后来增加到 8 人。日本录像机到达法国北部港口后，还要转用卡车运到普瓦提埃，并要办理繁杂的海关手续：所有的文件应为法文，每一个集装箱必须开箱检查，每台录像机的原产地和序号要经过校对。这一措施出台后，每月清关的进口录像机不足 1 000 台，日本被迫实行对法国录像机出口的"自愿"出口限制。

分析：当日本录像机以每月清关 64 000 台冲击法国市场时，法国政府并没有明确表态不准进口日本录像机，而是巧妙地改变清关的海关，这就增大了日本录像机的运输成本。由于普瓦提埃海关人手很少，再加上要办理繁杂的海关手续，每月通过的清关量只有 1 000 台，就延长录像机的滞留时间和放慢了进入市场的速度，必然增大日本录像机的费用，使之无利可图，日本从经济利益考虑自然会"自动"进行出口限制了。

国际贸易政策是有关国际贸易理论的具体运用和国际贸易利益实现的重要问题，它不仅是各国政府关心的重要问题，也是国际贸易学研究的主要领域之一。国际贸易政策是世界各国和各地区之间进行货物和服务交换时所采取的政策总和。而对外贸易政策则是从单个国家的角度，来研究一国在一定时期内对进口贸易和出口贸易所实行的政策。对外贸易政策是国际贸易政策的重要组成部分，也是研究国际贸易政策的逻辑起点。因此，对国际贸易政策的研究，实质上主要就是对各国对外贸易政策演变的历史考察和规律研究。

3.1 国际贸易政策概述

国际贸易政策（International Trade Policy）是指世界各国和地区对外进行商品、服务和技术交换活动时所采取的政策。从单个国家或地区的角度出发，有关国际贸易的政策就是对外贸易政策。

3.1.1 对外贸易政策的概念

对外贸易政策（Foreign Trade Policy）是各国和地区内部经济政策和对外政策的重要组成部分，是为各国和地区的经济基础和对外政策服务的总的指导方针。对外贸易由出口与进口两个部分组成。对运进商品和劳务的国家（地区）来说，就是进口；对运出商品或劳务的国家（地区）来说，就是出口。海岛国家，如英国、日本等，也常用"海外贸易"表示对外贸易。从国际范围来看这种货物和服务的交换活动就称为国际贸易或世界贸易。

1. 对外贸易政策的实质

一国的对外贸易政策，是一国政府为实现一定的政策目标在一定时期内对本国进出口贸易所实行的政策，它是为国家最高利益服务的，是统治阶级意志的集中反映。一个国家的对外贸易政策是这个国家的经济政策和对外政策的重要组成部分，它随着世界政治、经济形势的变化，国际政治、经济关系的发展而改变，同时它也反映各国经济发展的不同水平，反映各国在世界市场上的力量和地位，另外它也受一国内部不同利益集团的影响。

2. 对外贸易政策的目的

一般说来，各国制定对外贸易政策的目的在于：

（1）保护本国的市场。通过关税和各种非关税壁垒措施来限制外国商品和服务的进口，使本国商品和服务免受外国的竞争。

（2）扩大本国的出口市场。通过各种鼓励出口措施来促进本国出口商增加出口和外国进口商踊跃进口，使本国的出口市场不断扩大。

（3）促进本国产业结构的改善。一个国家应当充分利用本国或本地区的经济资源，以贸易政策的形式明确向哪些国家出口何种产品，又应当从何处进口何种产品以增进本国福利，促进本国发展。

（4）积累资本或资金。通过关税、国内税和其他税费措施，使国家获得财政收入。还可通过宏观调控政策促使出口商获得良好的外贸环境，从而增加盈利。

（5）维护和发展本国的对外经济政治关系。一切从维护国家利益和民族利益出发，通过运用灵活的、务实的对外政策达到维护国家独立、主权和领土完整，为本国经济的恢复与发展创造良好的外部环境，有助于本国、本地区和世界和平与稳定，能在国际社会中立足并享有较高威望的目的。

3. 对外贸易政策的构成

各国和地区的对外贸易政策通常由如下三个部分构成：

（1）对外贸易总政策。其中包括对外贸易战略、出口总政策和进口总政策。它是从整个国民经济和长远目标出发，在一个较长的时期内实行的政策。

（2）进出口商品和服务等政策。进出口商品政策是各国在本国对外贸易总政策的基础上，根据国内经济结构、市场状况等分别制定的限制和鼓励商品、服务进出口的具体措施。其基本原则是对不同的进出口商品实行不同的待遇。主要体现在关税的税率、计税价格和课税手续等方面的差异。例如，对某类进口商品，有时采用较高税率和数量限制手段来阻挡其进口，有时则对其实施较宽松的做法，允许较多的进口。

（3）国别或地区贸易政策。国别政策是各国根据对外贸易总政策，依据对外政治经济关系的需要而制定的国别和地区政策。它在不违反国际规范的前提下，对不同国家采取不同的外贸策略和措施。对不同国家规定差别关税率和差别优惠待遇是各国国别政策的基本做法。

实际上，上述三部分内容是相互交织在一起的，后两者离不开对外贸易总政策的指导，而对外贸易总政策也不是抽象存在的，它必须通过具体的进出口商品政策和国别对外贸易政策来体现。

从具体内容来看，一般而言，对外贸易政策主要包括一国的关税制度和政策、非关税壁垒的种类和做法、鼓励出口的体制和手段、管制出口的政策和手段，以及一国参与国际经济一体化的战略和政策等。这些范围内的有关体制、政策和基本做法都反映着上述三方面的含义，构成了国际贸易政策的基本内容。

3.1.2 对外贸易政策的类型、制定和执行

自对外贸易产生以来，出现了各种不同类型的对外贸易政策。从其本身的性质和作用来看，对外贸易政策有两种基本类型，即自由贸易政策和保护贸易政策。但在不同的历史时期和不同的国家，其自由程度与保护程度有所不同。

1. 对外贸易政策的类型

（1）自由贸易政策（Free Trade Policy）。自由贸易政策是指国家对进出口贸易活动一般不进行干预，减免关税和其他贸易壁垒，让商品和服务等自由进出口，在国内外市场上自由竞争。

18 世纪后半期英国在产业革命的基础上带头实行自由贸易，旨在从海外获得廉价的粮食和原料并推销其工业制成品。进入帝国主义时期后，西方各国纷纷放弃自由贸易政策而改行保护贸易政策（超保护）。第二次世界大战后，《联合国宪章》规定了自由贸易原则，《关税与贸易总协定》也积极推行自由贸易，要求降低关税和消除非关税壁垒。随着资本主义世界经济的迅速恢复和发展，尤其是美国经济实力的大大加强，从 20 世纪 50 年代到 70 年代初，在整个世界范围内出现了贸易自由化。

（2）保护贸易政策（Protective Trade Policy）。保护贸易政策是指国家采取各种措施干预对外贸易，通过高关税和非关税壁垒来限制外国商品和服务的进口，以保

护本国市场免受国际市场的竞争，同时对本国出口商品给予优惠或补贴，鼓励扩大出口，以提高本国商品和服务在国外市场上的竞争能力。其最基本的特征是"限入奖出"。

20世纪70年代中期，由于西方经济的不景气，特别是美国经济贸易地位的下降，贸易保护主义又开始抬头并一直盛行，并在此基础上形成了管理贸易（Managed Trade），即"有组织的自由贸易"等新贸易政策。

2. 对外贸易政策的制定

因为各国贸易政策的制定主要面临的问题，仍是需选择以自由贸易政策为主，还是以保护贸易政策为主，因此，关于这两类政策的比较和选择问题的研究就十分必要。自由贸易政策和保护贸易政策各有利弊，如何取舍关键取决于本国的经济发展需要，以及国际经济环境的要求。

（1）两种主要贸易政策的比较。从经济发展的内在规律来说，自由贸易政策可以减少甚至消除人为干预对经济的扭曲，注重价格机制对经济的自发调节，因而从理论上说更利于资源在世界范围内的有效配置，形成互相有利的国际分工，扩大世界各国的国民真实收入，有助于参加贸易各国和世界整体福利的增加，总体上来说更符合经济发展的内在规律。同时对一国来说，在自由贸易条件下，可以自由进口廉价商品，从而减少国民开支，提高利润率，促进本国的资本积累。从经济效率上的比较来看，自由贸易与保护贸易相比也具有突出优势，实行自由贸易可以反对垄断，加强竞争，提高经济效率。因而从全球经济角度来说，条件允许的时候，各国应积极推行自由贸易政策，以促进世界经济的更快增长。

当然，自由贸易并不是完美无缺的。自由贸易论者的严密理论抽象很多时候并不能满足现实社会的多方向的需要。如从各国的局部利益来说，由于各国经济发展的不平衡，自由贸易给各国带来的得失有较大差距，发达国家获益较多，而发展中国家在国际分工中处于不利地位。可见，自由贸易的实行并不是无代价、无条件的。从经济史上看，作为自由贸易对立面的保护贸易的产生就是为了解决自由贸易所不能解决的有关经济发展的现实问题。所以，保护贸易政策虽然长远来看不利于本国和世界的贸易和经济发展，但基于一些特殊原因，在特定国家和特定时间有实行的必要。

（2）外贸易政策影响因素。对外贸易政策属于上层建筑，是为经济基础服务的。它反映了经济发展与当权阶级的利益与要求。追求本国、本民族经济利益和政治利益的最大化，是一国或地区制定对外贸易政策的基本出发点。一般来说，一个国家或地区在制定对外贸易政策时，主要考虑下列因素：

①本国的经济发展水平和商品竞争能力。一般来说，本国产品在世界市场上具有强大的竞争力，以实行自由贸易政策为宜；一国产品在国际市场上的竞争力处于居中地位，以实行互惠贸易政策较为有利；一国产品在国际市场上的竞争力薄弱，则以实行保护贸易政策为上策。例如，第二次世界大战后美国以其产品在国际市场所具有的强劲竞争力，采取自由贸易政策，从中获得了较多的贸易利益。

②本国的经济结构和产业结构（比较优势）。各国的经济结构之间存在着巨大差异，产业结构、产品结构、市场结构、消费结构等方面都有所不同，既有劣势，

又有优势。进行对外贸易，就要从中获得比较利益，因而对外贸易政策的制定首先依赖于本国的经济结构与比较优势，使本国优势得以充分发挥。

③本国的经济状况。对外贸易在规模、结构等方面受制于本国国内市场的供求关系。一方面，本国能产出的出口量受国内供给和需求所制约。若国内供给不足，靠挤国内消费出口终究是有限的。另一方面，进口贸易也存在其内在限度，与国民经济的增长密切相关。没有一定进口规模保证，经济增长将受阻碍，进口规模超过国内经济所需水平，也会造成生产要素资源的浪费或设备闲置。因而，一国对外贸易政策的制定要充分考虑国内市场的供求状况。

④本国生态平衡。在发展对外贸易的同时，许多国家尤其是发展中国家，已经面临着自然资源日益枯竭、环境条件不断恶化，并面临着发达国家转嫁环境污染的压力。一些国家为了扩大出口，解决资源短缺的困难，过度地开采矿产资源、砍伐森林、捕捞水产品、猎捕珍奇动物，导致本国资源急剧枯竭和生态环境恶化。因此，生态平衡问题已越来越为人们所重视，各国在制定对外贸易政策时无不考虑到本国生态平衡。

⑤本国就业与失业状态。国际分工的加深和国际贸易的发展，有利于增加世界的总产量，从而扩大生产规模。然而，在就业不足的条件下，国际贸易能使失业在国家之间转移。一般而言，当一国出口增加时，就业会增加；而进口增加时，就业便会减少。因此，各国对外贸易政策的制定应着眼于本国的就业与失业的状况，尽可能保证本国劳动力的充分就业。

⑥本国的国际收支、贸易差额状况。任何国家都有出现国际收支失调的可能性。各国政府往往制定各种政策，通过调整国际收支平衡表中的贸易项目，改善本国国际收支状况，或对国内经济实行总体控制，以求国际收支的基本平衡。一般来说，当代各国都把重点放在鼓励出口方面，同时也对进口实施必要的限制。

⑦本国各种利益集团力量的对比。一国在制定对外贸易政策时，往往要考虑某种利益集团的要求。由于实行不同的对外贸易政策对不同的利益集团会产生不同的利益影响，这就不可避免地造成各种利益集团在外贸政策上的冲突。

一般说来，那些同进口商品竞争的行业和与之有生产联系的各种力量是贸易保护主义的推崇者；相反，以出口商品生产部门为中心参与许多国际经济活动的各种经济力量，则是自由贸易的倡导者。这两股力量都力图影响对外贸易政策的制定和实行，以维护和扩大自己的利益。它们之间力量对比的消长，直接给对外贸易政策的变动以重大影响。例如，我们研究美国关税政策的历史就会发现，代表南方农场主利益的民主党执政，就倾向于低关税政策；代表北方制造商利益的共和党执政，就倾向于高关税政策。

⑧政府领导人的经济贸易思想。虽然一国较长时期内对外贸易政策的总方针和基本原则是由最高立法机关制定的，但政府机构特别是政府领导人又往往被授予一些制定政策的权力。例如，美国国会往往授予美国总统在一定范围内制定某些对外贸易法令、进行对外贸易谈判、签订贸易协定、增减关税、确定数量限额等权力。政府领导人在制定政策时，或多或少地要受他对整个世界经济和贸易的看法的影响。例如，1980 年初，联邦德国总理维利·勃兰特看到北方与南方国家间相互依赖关系

日益加深，积极支持南北对话，他领导的"国际发展问题独立委员会"向联合国提出了著名的《争取世界生存——发展中国家和发达国家经济关系研究》报告。他指出，如果发展中国家的经济困难得不到妥善解决，那么，国际贸易的发展、世界市场的扩大、国际投资的增长、发展中国家债务的偿还、国际金融市场的稳定、原料和能源供应的保证都要受到影响，而这对发达国家摆脱经济危机是至关重要的。因此，他主张推进南北对话，扩大南北经济往来，改变不合理的国际分工，建立公正、合理的国际经济新秩序。

需要指出，一方面，一国实行自由贸易政策，并不意味着完全的自由。发达资本主义国家在标榜自由贸易的同时，总是或明或暗地对某些产业实行保护。事实上，自由贸易口号历来是作为一种进攻的武器，即要求别国能够实行自由贸易，而且只有在双方都同意开放市场之后，自由贸易政策才会付诸实施。另一方面，一国实行保护贸易政策也并不是完全封闭，不与别国开展贸易，而是对某些商品的保护程度高一些，对有些商品的保护程度则低一些甚至很开放，在保护国内生产者的同时，也要维持同世界市场的某种联系。更有一些国家实际上实行保护贸易，而口头上却宣称自由贸易。所以说，绝对的自由贸易政策和完全的保护贸易政策是不存在的。无论是保护贸易政策，还是自由贸易政策，都是相对而言的。

3. 对外贸易政策的执行

各国或地区的对外贸易政策主要通过海关和国家或地区设立的其他机构（如对外贸易部、对外贸易促进委员会等）来执行。对外贸易政策的一般执行方式如下：

（1）通过海关对进出口贸易进行管理。海关是国家行政机关，是设置在对外开放口岸的进出口监管机关。海关一般设置在陆地边境和沿海口岸。由于近代航空运输和铁路运输的发展，对外贸易的货物、进出境人员的行李物品等，可以从国外直达内地，因而在开展国际航空、国际联运、国际邮包邮件交换业务，以及其他有关外贸业务的地方也要设置海关机构。海关的主要职能是：对进出关境的货物和物品及运输工具，进行实际的监督管理，计征关税和代征法定的其他税费；查禁走私，一切进出国境的货物和物品运输工具，除国家法律有特别规定的，都要在进出关境时向海关申报，接受海关检查后放行。

（2）国家广泛设立各种机构，负责促进出口和管理进口。在西方国家，对外贸易政策是按照分权制衡的原则来管理和实施的。具体来说，就是通过国家立法机构制定或修改对外贸易政策，而由有关的行政机构来监督和管理对外贸易。各国管理对外贸易的机构有的是综合式的，有的是归口管理，其他部门配合。如美国根据联邦宪法规定，美国对外贸易的国家调节职权属于国会，联邦政府则根据国会立法制定和执行外贸政策。其实，美国在制定和执行对外贸易政策方面的职权很大程度上分散于政府很多部门，出口管理工作的职能由商务部、国防部、能源部等分别执行，进口管理的权限属于联邦政府商务部国际贸易委员会。英国对外贸易管理机构集中在贸易部；法国管理对外贸易的机构有总统领导的国际委员会以及外贸部、经济部共同领导的对外经济关系司等；德国政府中主管对外经济贸易的是联邦经济部，其次还有外交部、财政部、食品和农林部；日本通产省是日本政府制定外贸政策和管理外贸的主要部门。我国的对外经济贸易由商务部统一归口管理。

（3）国家政府出面协调国际贸易机构与组织的关系。国家政府出面参与协调各种国际经济贸易的国际机构与组织，进行国际经济贸易等方面的协调工作。这些机构和组织主要包括：

①与联合国有关和下属的一些国际组织，如世界贸易组织、国际货币基金组织、世界银行、联合国粮农组织等。

②种类繁多的双边的或多边的经济贸易集团，如欧盟、北美自由贸易区、亚太经合组织等。

③政府间建立类似于卡特尔的国际组织来管理共同的对外贸易行为，如石油输出国组织（OPEC）。

④对某些种类的商品进出口所采取的管理和约束的国际间商品协定，如《多种纤维协定》（MFA）等。

3.1.3　国际贸易政策的演变

保护贸易政策在不同的历史时期具有不同的特点：

在资本主义生产方式准备时期（16 ~18 世纪），为了促进资本的原始积累，西欧各国实行重商主义的强制性的贸易保护政策，通过限制货币（贵金属）出口和扩大贸易顺差的办法扩大货币积累。此政策以英国实行得最为彻底。

在资本主义自由竞争时期（19 世纪初至 19 世纪 60 年代），资本主义生产方式占了统治地位，世界经济进入了商品资本国际化阶段，这一时期对外贸易政策的基调是自由贸易。英国是带头实行自由贸易的国家。但是由于各国的经济发展水平不同，一些经济发展起步较晚的国家，如美国和德国，采取了保护贸易政策。

在资本主义垄断时期的前期（19 世纪 60 年代到第二次世界大战前），垄断加强，资本输出占据统治地位。1929—1933 年资本主义经济大危机，使市场问题急剧恶化，发达国家为保护国内高度发展的或正出现衰退的垄断工业，巩固和加强对国内外市场的垄断，并在此基础上向国外市场进行进攻性扩张，保护大垄断资产阶级利益，在普遍采取关税和贸易条约的同时，还广泛采用各种非关税措施和奖出限入措施为特征的超保护贸易政策。

第二次世界大战后，随着生产国际化和资本国际化，出现了世界范围的贸易自由化。走上政治独立的广大发展中国家则实行了贸易保护主义。新生的社会主义国家如中国，为了发展经济，实行了国家统制下的贸易保护主义政策。

第二次世界大战后至 20 世纪 70 年代初，由于资本主义世界经济的恢复和迅速发展，第三次科技革命对生产国际化的促进和国际分工的进一步深化，贸易自由化成为主流。尤其是 1947 年关贸总协定的签署，对发达资本主义国家推行以贸易自由化倾向为特征的对外贸易政策起了重要作用。

20 世纪 70 年代至 20 世纪 90 年代，三次较为严重的经济衰退使第二次世界大战后开始的贸易自由化趋于停顿，国际市场竞争的空前激烈导致以非关税壁垒设置为特征的新贸易保护主义产生，并在上述背景下出现了管理贸易政策。管理贸易政策的主要内容是：国家对内制定各种对外经济贸易法规和条例，加强对本国进出口贸易有秩序发展的管理；对外通过协商，签订各种对外经济贸易协定，以协调和发展缔约国之间的经济贸易关系。

20世70年代以来，对国际贸易产生重要影响的是具有保护主义性质的战略性贸易政策。所谓"战略性贸易政策"是指一国政府在不完全竞争和规模经济条件下，可以凭借生产补贴、出口补贴或保护国内市场等政策手段，扶持本国战略性工业的成长，增强其在国际市场上的竞争能力，从而谋取规模经济之类的额外收益，并借机劫掠他人的市场份额和工业利润，即在不完全竞争环境下，实施这一贸易政策的国家不但无损于其经济福利，反而有可能提高自身的福利水平。显然，这有悖于自由贸易学说的经典结论。

纯粹的自由贸易政策在现实中并不存在，标榜自由贸易的许多发达国家，总是会或多或少、或明或暗地对本国的某些产业进行保护。而在贸易自由化不断发展的当今世界里，保护贸易政策措施的使用亦受到多方面的限制，实际上各国贸易政策总表现为自由贸易政策和保护贸易政策某种程度的融合。这样，各国贸易政策的制定，仍面临解决在自由贸易政策和保护贸易政策如何选择、如何搭配这一主要问题。

3.2 自由贸易政策

3.2.1 自由贸易的产生

进入17世纪后，在西欧，资本主义有了迅速发展，特别是英国，资本主义经济的增长尤为显著。产业资本在社会经济中不断扩大自己的阵地，但旧的封建生产关系仍然束缚着生产力的发展。为了扫除资本主义前进道路上的障碍，1648年，英国爆发了资产阶级革命；1789年，法国也爆发了资产阶级革命。这些历史性的变革，必然要反映到经济思想上，这就是重商主义的衰落和自由贸易理论的兴起。

3.2.2 英国的自由贸易政策

18世纪60年代在英国开始的产业革命使英国的工业迅速发展，1820年英国的工业生产在全球生产中的比重为50%，"世界工厂"的地位确立并得到巩固。一方面，其产品具有强大的国际竞争力，具有增加出口的绝对优势；另一方面，大量的出口需要原料和粮食进口的增加，因此新兴的工业资产阶级迫切需要政府抛弃重商主义政策主张，放松对贸易的管制，实行自由贸易政策。经过长期的斗争，古典经济理论取代重商主义的经济思想，英国在19世纪前期建立了一种开放性的自由贸易政策体系。这些政策包括：

1. 废除谷物法

1838年，英国棉纺织业资本家组成"反谷物法同盟"（Anti – corn Law League），然后又成立全国性的反谷物法同盟，展开了声势浩大的反谷物法运动。经过斗争，终于使国会于1846年废除谷物法的议案，并于1849年生效，规定谷物进口每夸特只征税1先令，并取消了原先的进口限价制度。

2. 逐步降低关税税率，减少纳税的商品项目和简化税法

经过几百年重商主义的实践，到 19 世纪初，英国有关关税的法令达 1 000 项以上。从 1821 年起英国开始简化税法、降低关税的改革，到 1842 年，原料的进口关税最高只有 5%，工业品的进口关税不超过 20%，进口纳税的商品项目也从 1841 年的 1 163 种减至 1882 年的 20 种，禁止出口的法令也被完全废除。

3. 取消特权公司，允许一切行业和个人从事对外贸易

1813 年和 1814 年，东印度公司对印度和中国贸易的垄断权分别被废止，从此对印度和中国的贸易开放给所有的英国人。

4. 废除航海法

航海法是英国限制外国航运业竞争和垄断殖民地航运事业的政策。从 1824 年逐步废除，到 1849 年和 1854 年，英国的沿海贸易和殖民地全部开放给其他国家。至此，重商主义时代制定的航海法被全部废除。

5. 改变殖民地贸易政策

在 18 世纪，英国对殖民地的航运享有特权，殖民地的货物输入英国享受特惠关税和待遇。在大机器工业建立以后，英国不怕任何国家的竞争，所以对殖民地的贸易逐步采取自由放任的态度。1849 年航海法废止后，殖民地可以对任何国家输出商品，也可以从任何国家输入商品。通过关税法的改革，废止了对殖民地商品的特惠关税。同时允许殖民地与外国签订贸易协定，殖民地可以与任何外国建立直接的贸易关系，英国不再加以干涉。

6. 与外国签订自由贸易条约

1860 年，英法两国签订了英法商务条约，即《科伯登—谢瓦里埃条约》（Colder – Chevalier Treaty），这是以自由贸易精神签订的第一项贸易条约。该条约规定英国对法国工业品的进口全部免税，对法国的葡萄酒和烧酒的进口降低税收，并承诺不禁止煤炭的出口；法国对从英国进口的煤、钢铁、机器、棉麻织物等减税，同时还列有无条件的最惠国待遇条款。此后英法两国相继与其他国家签订了此类贸易条约。英国和法国这两个重要国家走上了自由贸易的道路，为欧洲开辟了一个经济自由主义的时代。尤其是在英国的带动下，19 世纪中叶，许多国家降低了关税，荷兰、比利时相继实行了自由贸易政策，形成了国际贸易史上的第一次自由贸易趋势。这是历史上第一个也是唯一一次较为彻底的自由贸易时代。

3.2.3 第二次世界大战后的贸易自由化

第二次世界大战后，世界政治经济力量发生了很大变化。美国的经济实力空前提高，强大的经济实力和日益膨胀的经济对外扩张的需要，使其一直致力于在全球范围内推进贸易自由化。在其积极倡导下，1947 年缔结了以旨在推动贸易自由化的《关税与贸易总协定》（GATT）。GATT 的成立大大促进了战后的贸易自由化进程。加之日本和西欧战后经济的恢复和重建的需要，发展中国家自主的经济建设，以及国际分工的深化发展，跨国公司的迅速新起，推动了生产国际化、资本国际化在世界范围内的大发展，因而在战后至 20 世纪 70 年代初，出现了全球范围内的贸易自由化浪潮。

1. 第二次世界大战后贸易自由化的主要表现

（1）大幅度降低关税税率。GATT 的成员方通过多边贸易谈判，大幅度地降低了关税税率。通过 8 轮的多边谈判，发达国家和发展中国家缔约方进口平均税率已分别降到 4% 和 13% 左右。经济集团内部逐步取消关税。如欧共体（现为欧盟）实行关税同盟，对内取消关税，对外减让关税。通过协商，一些经济集团给予周边国家和发展中国家优惠关税。如欧盟对非洲、加勒比和太平洋地区发展中国家通过《洛美协定》给予特别优惠关税待遇。经过发展中国家的努力，1968 年 2 月第二届联合国贸发会议上通过了普遍优惠制决议，要求发达国家对来自发展中国家的制成品、半制成品给予普遍地、非歧视地单方面的关税优惠。以上措施使世界平均关税税率大大降低。

（2）降低或撤销非关税壁垒。第二次世界大战后，发达资本主义国家对许多商品进口实行严格的进口限额、进口许可证和外汇管理等措施，以限制商品进口。随着经济的恢复和发展，这些国家在不同程度上放宽了进口数量限制，扩大了进口自由化，增加了自由进口的商品，放宽或取消了外汇管制，实行货币自由兑换，促进了贸易自由化的发展。

2. 第二次世界大战后贸易自由化的主要特点

（1）贸易自由化主要在多边、区域或双边的贸易协议框架内进行。国家间通过签订多边、区域和双边的贸易协议，约定彼此间削减关税，抑制非关税壁垒的使用，取消国际贸易中的障碍与歧视，促进贸易自由化的发展以扩大世界商品的生产和交换。尤其是关贸总协定的建立及其所组织的历次多边贸易谈判，对于降低缔约方之间的贸易壁垒，从而推动世界范围内的贸易自由化的发展发挥了巨大作用。此外，区域性的关税同盟、自由贸易区、共同市场和双边合作的发展，均以促进商品和生产要素的国际间自由流动为宗旨，也大大促进了这一时期贸易自由化在世界范围内的大发展。这与资本主义自由贸易时期少数国家为了工业资产阶级对外扩张的利益和要求自主地降低关税壁垒有着极大的不同。

（2）贸易自由化在国家资本主义日益增强的条件下发展起来。这一时期的贸易自由化主要反映的是垄断资本的利益，而历史上的自由贸易则代表的是资本主义上升时期的工业资产阶级的利益与要求。

（3）贸易自由化是有选择的。处于贸易自由化进程中的国家在选择产品范围、领域中具有一定的自主性，在削减关税壁垒的同时通过诸多的保障条款的使用，仍在很大程度上保留免除其履行贸易自由化的义务和使用保护贸易政策的权利，因而这一时期的自由贸易政策在一定程度上仍和保护贸易政策相结合。在具体实行中出现了这样的趋势：工业制成品的贸易自由化程度超过农产品的贸易自由化程度；机器设备等资本品的贸易自由化程度超过工业消费品的贸易自由化程度；区域集团内的贸易自由化程度超过集团外部贸易自由化的程度；发达国家之间的贸易自由化程度超过发展中国家之间的贸易自由化程度。因此，这种有选择的贸易自由化的发展是不平衡的，而且是不稳定的，在贸易自由化的进行过程中，当本国的经济利益受到损害时，贸易保护主义就重新抬头。

（4）贸易自由化促进了世界经济的高速发展。这个时期是资本主义经济史中一个发展的"黄金时期"。贸易自由化带来的市场扩大和低廉的原料、食品、中间产品以及制成品的进口，为许多国家的经济发展创造了良好的物质条件，世界经济整体上都得到快速发展，尤其是日本、西欧和新兴工业化国家和地区出现了第二次世界大战后经济发展的奇迹。

3.2.4　自由贸易政策的理论基础

1. 自由贸易理论的形成

自由贸易理论起始于法国的重农主义（Physiocracy），完成于古典政治经济学，后来又不断丰富。

在古典政治经济学前，法国的重农主义与英国学者休谟（D. Hume）已提出自由贸易的主张。重农主义提倡商业的自由竞争，反对重商主义的贸易差额论，并反对课征高额关税。休谟主张自由贸易，并提出"物价与现金流出入机能"的理论，驳斥重商主义的贸易差额论。

2. 自由贸易理论的要点

（1）自由贸易政策可以形成互相有利的国际分工。在自由贸易下，各国可以按照自然条件（亚当·斯密）、比较利益（大卫·李嘉图）和要素禀赋（俄林）状况，专门生产其最有利和有利较大或不利较小的产品，促成各国的专业化。这种国际分工可以带来下列利益：分工与专业化可以增进各国各专业的特殊生产技能；使生产要素（土地、劳动、资本）得到最优化的配置；可以节省社会劳动时间；可以促进发明。故分工范围愈广、市场越大、生产要素配置越合理，获取的利益越多。

（2）扩大国民真实收入。此论点由国际分工理论推演而来。自由贸易理论认为，在自由贸易环境下，每个国家都根据自己的条件发展最善于生产的部门，劳动和资本就会得到正确的分配和运用，再通过贸易以较少的花费换回较多的商品，就能增加国民财富。

（3）在自由贸易条件下，可进口廉价商品，减少国民开支。

（4）自由贸易可以反对垄断，加强竞争，提高经济效率。独占或垄断对国民经济不利，其原因有：独占或垄断会抬高物价，使保护的企业不求改进，生产效率降低，造成落后，削弱竞争能力。

（5）自由贸易有利于提高利润率，促进资本积累。李嘉图认为，随着社会的发展，工人的名义工资会不断上涨，从而引起利润率的降低；要避免这种情况，并维持资本积累和工业扩张的可能性，唯一的办法就是自由贸易。

自由贸易政策促进了英国经济和对外贸易的迅速发展，使英国经济跃居世界首位。1870 年，英国在世界民办工业生产中所占的比重为32%，其煤、铁产量和棉花消费量都各占世界总量的一半左右。英国在世界贸易总额中比重上升到近1/4，几乎相当于法、德、美各国的总和。它拥有的商船吨位占世界第一位，约为荷、美、法、德、俄各国商船吨位的总和。伦敦成了国际金融中心，世界各国的公债和公司证券送到这里来推销。

自由贸易理论为自由贸易政策制造了舆论，成为自由贸易政策论证的有力武器。英国制造业者及其代言人经济学家今后的任务，便是使其他一切国家依自由贸易来

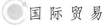

建立以英国为最大的工业中心，而其余一切国家为依存于这个中心的农业地域。

3.3 保护贸易政策

3.3.1 保护贸易政策的产生

在英国实行自由贸易的同时，以美国和德国为代表的一些后进的资本主义国家，为了保护本国的新兴民族工业，抵御英国经济势力的入侵，一直采取保护贸易政策。其主要办法是提高进口商品的关税。美国从 19 世纪初期就不断提高关税，1816 年关税税率为 7.5%～30%，1824 年平均关税税率提高到 40%，1828 年再提高到 70%，它使美国工业得以避免外国的竞争而顺利发展。法国的贸易政策在 18 世纪末 19 世纪中期则经历了由保护贸易向自由贸易转变的过程。法国由于工业革命比英国晚了半个世纪，在工业上一直落后于英国。为了保护本国的工业免受英国商品的竞争，法国一直采取贸易保护政策。18 世纪末，法国曾宣布禁止英国商品输入的法令。1815 年，战争结束后，为抵御英国工业品的进入，法国不断调高关税，如 1822 年的税率高达 120%。在高额关税的保护下，19 世纪前半期，法国工业取得了迅速发展。随着工商业的逐渐发达，从 19 世纪中期开始，法国开始逐步降低关税。1860 年法英正式签订的《科伯登—谢瓦里埃条约》使法国放弃了高关税政策，成为法国从保护贸易转向自由贸易的分界碑。

德国在 1871 年国家统一后，为了使新兴的工业能避免外国工业品的竞争，得到充分发展，便不断实施保护贸易措施。1879 年改革关税，对钢铁、纺织品、化学品、谷物等征收不断提高的进口关税，并实行阶梯式进口关税税率，而且与法国、奥地利、俄国等国进行关税竞争。1898 年，又通过修正关税法，成为欧洲高度保护贸易的国家之一。

3.3.2 保护贸易政策的演变

1. 重商主义的保护贸易政策

重商主义的对外贸易政策是资本主义生产方式准备时期，西欧国家所普遍实行的一种保护贸易政策。它产生于 15 世纪，16、17 世纪达到鼎盛时期，18 世纪后走向衰落。重商主义是资本原始积累时期，代表商业资本利益的经济思想和政策体系，其追求的目的就是在国内积累货币财富。

（1）重商主义主要观点

①财富即金银货币，只有金银才是唯一的财富。

②除金银的开采外，只有对外贸易才能增加一国所拥有的金银量，对外贸易是财富的真正源泉。

③在对外贸易中必须贯彻少买多卖的原则，因此国家应当干预经济生活，大力发展出口贸易，限制外国商品的进口。以保证有更多的金银流回本国。

（2）早期重商主义的对外贸易政策。重商主义可以分为两个时期，其中早期重商主义（又称重金主义），以货币差额论为其理论基础。主张禁止金银的出口，由国家垄断全部货币交易；在对外贸易上奉行绝对的少买多卖原则，主张限制进口，鼓励出口，以增加货币的流入。本国出口商每次对外交易后所得货币中，必须包括一部分外国金银，以运回本国。来本国贸易的外国商人必须把携带的外国货币换成本国货币，并把在本国销售所得货币全部用来购买本国货物。在实践中，结果反而窒息了对外贸易。

（3）晚期重商主义对外贸易的政策。晚期重商主义在理论上由货币差额论发展为贸易差额论，反映了当时新兴的商业资产阶级的利益。认为要增加国内的金银，必须发展对外贸易，使贸易出超。限制进口的措施，禁止若干外国商品，特别是奢侈品进口，对外国商品征收高额进口税。对本国商品的出口给予补贴，对本国商品的出口实施出口退税，降低或免除出口关税，允许从国外进口原料，加工后再出口。实行独占性的殖民地贸易政策，颁布促进出口的谷物法、职工法、行会法、航海法等。采取各种办法鼓励商品出口。实行关税保护制度，以保持对外贸易的顺差。

（4）二者的区别。早期重商主义主张每一笔交易都要保持顺差，严格禁止金银外流；而晚期重商主义则主张国家应保证全国总的贸易顺差，不反对对个别国家的贸易有逆差，也不绝对禁止金银外流。

重商主义的政策加速了当时欧洲各国的货币资本的积累，促进了资本主义工场手工业生产的发展，在一定的历史时期内起到了进步作用，但它在理论上只局限于流通领域，而没有进入到生产领域，在政策上主张国家干预经济和对外贸易，因此，到自由资本主义时期它就成了资本主义经济进一步发展的障碍，从而为自由贸易政策所代替。

2. 汉密尔顿的保护贸易政策

《国富论》出版的同一年，英属北美殖民地大陆会议发表了著名的《独立宣言》，宣布解除与英国国王的隶属关系，建立独立的国家——美利坚合众国。汉密尔顿（Alexander Hamilton）是美国的开国元勋之一，政治家和金融家，美国第一任财政部长。

美国虽然取得了战争的最后胜利，在政治上取得了独立，但经济却遭受了严重破坏。加之战后英国的经济封锁，使其经济上仍属殖民地经济形态，国内产业结构仍然以农业为主，工业方面仅限于农副产品加工和手工业的制造，处于十分落后的水平。当时摆在美国面前有两条路：一条是实行保护关税政策，独立自主地发展本国工业；另一条是实行自由贸易政策，继续向英国、法国、荷兰等国出售小麦、棉花、烟草、木材等农林产品，用以交换这些国家的工业品，满足国内市场的工业品需求。前者是北方工业资产阶级的要求，后者是南部种植园主的愿望。

在这样的背景下，汉密尔顿代表工业资产阶级的愿望和要求，于 1791 年 12 月向国会提交了《关于制造业的报告》，明确提出实行保护关税政策的主张。他在报告中系统阐述了保护和发展制造业的必要性和重要性，提出一个国家如果没有工业的发展，就很难保持其独立地位。美国工业起步晚，基础薄弱，技术落后，生产成本高，根本无法同英、法等国的廉价商品进行自由竞争，因此，美国应实行保护关税制度，以使新建立起来的工业得以生存、发展和壮大。在汉密尔顿看来，征收关税的目的不是为了获得财政收入，而是保护本国的工业，因为处在成长发展过程中的产业或企业难以与其他国家已经成熟的产业相竞争。与旨在增加金银货币财富、追求贸易顺差，因而主张采取保护贸易政策的重商主义不同，汉密尔顿的保护贸易思想和政策主张，反映的是经济不发达国家独立自主地发展民族工业的要求和愿望，它是落后国家进行经济自卫并通过经济发展与先进国家进行经济抗衡的保护贸易学说。汉密尔顿保护关税学说的提出标志着保护贸易学说基本形成。

汉密尔顿的保护关税论是从美国经济发展的实际情况出发所得出的结论，反映了美国建国初期急需发展本国的工业、走工业化道路、追赶欧洲工业先进国的强烈要求。这一观点的提出，为落后国家进行经济自卫和与先进国家相抗衡提供了理论依据，同时也标志着从重商主义分离出来的西方国际贸易理论两大流派已基本形成。

3. 李斯特的保护幼稚工业的理论

保护贸易的理论，就其影响而言，李斯特的保护幼稚工业的理论最具代表性。

李斯特（List，1789—1846）是德国历史学派的先驱者，早年在德国提倡自由主义。自1825年出使美国以后，受到汉密尔顿的影响，并亲眼见到美国实施保护贸易政策的成效，转而提倡贸易保护主义。他在1841年出版的《政治经济学的国民体系》一书中，系统地提出了保护幼稚工业的学说。

（1）对古典自由贸易理论提出批评。他指出"比较成本说"不利于德国生产力的发展。李斯特认为，向外国购买廉价的商品，表面上看起来是要合算一些，但是这样做的结果，德国的工业就不可能得到发展，而会长期处于落后和从属于外国的地位。如果德国采取保护关税政策，一开始会使工业品的价格提高，但经过一段时期，德国工业得到充分发展，生产力将会提高，商品生产费用将会下降，商品价格甚至会低于外国进口的商品价格。

他批评古典自由贸易学说忽视了各国历史和经济上的特点。古典自由贸易理论认为，在自由贸易下，各国可以按地域条件、按比较成本形成和谐的国际分工。李斯特认为，这种学说是一种世界主义经济学，它抹杀了各国的经济发展与历史特点，错误地以"将来才能实现"的世界联盟作为研究的出发点。

李斯特根据国民经济发展程度，把国民经济的发展分为五个阶段，即"原始未开化时期、畜牧时期、农业时期、农工业时期、农工商业时期"。各国经济发展阶段不同，应采取的贸易政策也应不同。处于农业阶段的国家应实行自由贸易政策，以利于农产品的自由输出，并自由输入外国的工业产品，以促进本国农业的发展，并培育工业化的基础。处于农工业阶段的国家，由于本国已有工业发展，但并未发展到能与外国产品相竞争的地步，故必须实施保护关税制度，使它不受外国产品的打击。而处于农工商业阶段的国家，由于国内工业产品已具备国际竞争能力，国外产品的竞争威胁已不存在，故应实行自由贸易政策，以享受自由贸易的最大利益，刺激国内产业进一步发展。

李斯特认为英国已达到最后阶段（农工商业时期），法国在第四阶段与第五阶段之间，德国与美国均在第四阶段，葡萄牙与西班牙则在第三阶段。因此，李斯特根据其经济发展阶段说，主张当时德国应实行保护工业政策，促进德国工业化，以对抗英国工业产品的竞争。

（2）李斯特的保护幼稚工业的主张。李斯特主张国家干预对外贸易。为保护幼稚工业，他提出："对某些工业品可以实行禁止输入，或规定的税率事实上等于全部或至少部分地禁止输入。"同时，对"凡是在专门技术与机器制造方面还没有获得高度发展的国家，对于一切复杂机器的输入应当允许免税，或只征收轻微的进口税。"

（3）保护的对象与时间。李斯特保护贸易政策的目的是促进生产力的发展。经过比较，李斯特认为应用动力与大规模机器的制造工业的生产力远远大于农业。他认为着重农业的国家，人民精神委靡，一切习惯与方法偏于守旧，缺乏文化福利与自由；而着重工商业的国家则不然，其人民充满增进身心与才能的精神。工业发展以后，农业自然跟着发展。

他提出的保护对象的条件是：①农业不需保护。只有那些刚从农业阶段跃进的国家，距离工业成熟期尚远，才适宜保护。②一国工业虽然幼稚，但在没有强有力的竞争者时，也不需要保护。③只有刚刚开始发展且有强有力的外国竞争者的幼稚工业才需要保护。李斯特提出的保护时间以 30 年为最高期限。在此期限内，被保护的工业还扶植不起来时，不再予以保护，任其自行垮台。

（4）保护幼稚工业的主要手段。采取禁止输入与征收高关税办法来保护幼稚工业，以免税或征收轻微进口税方式鼓励复杂机器进口。

（5）对李斯特保护幼稚工业理论的评价。

①李斯特保护贸易学说在德国工业资本主义的发展过程中曾起过积极的作用。它促进了德国资本主义的发展，有利于资产阶级反对封建主义势力斗争。

②李斯特的保护贸易理论是积极的，其保护的对象以将来有前途的幼稚工业为限，对国际分工和自由贸易的利益也予以承认。换言之，他主张以保护贸易为过渡时期，而以自由贸易为最后目的。其保护也是有限度的，不是无限度的。李斯特的理论对经济不发达国家是有重大参考价值的。

③李斯特的保护贸易理论存在的缺陷。他对生产力这个概念的理解是十分错误的，对影响生产力发展的各种因素的分析也很混乱。他以经济部门作为划分经济发展阶段的基础是错误的，歪曲了社会经济发展的真实过程。

从总体上说，自由竞争的资本主义时期，是资本主义经济增长较快的历史时期。西方国家的对外贸易政策是以自由贸易为主要特征，即使实行保护贸易政策的国家，也将保护贸易措施的实施看做是对自由贸易的一种过渡。

3.3.3　超保护贸易政策

19 世纪末 20 世纪初，国际经济制度发生了很大变化，自由竞争资本主义被垄断资本主义所代替，而且各主要国家普遍完成了产业革命，工业得到迅速发展，世界市场的竞争日趋激烈。尤其是 1929—1933 年间的世界性经济危机，使市场的争夺进一步尖锐化。于是，各主要资本主义国家为了垄断国内市场和争夺国外市场，纷纷转而实行侵略性的贸易保护政策，又被称为超保护贸易政策。其政策依据主要是凯恩斯主义的经济思想。

1. 超保护贸易政策的含义

超保护贸易政策（Policy of Super – protection），又称侵略性保护贸易政策。它是西方发达国家为维护国内市场的垄断价格和夺取国外市场，采取的一种侵略性对外贸易政策，是传统的关税减让谈判中的减税方法。通常对选择出口的产品，先由该项产品的主要供应国提出关税减让要求，与进口国在双边基础上进行讨价还价的谈判，达成双边协议。

2. 超保护贸易政策的主要内容

（1）对进出口贸易实行许可证制。进口许可证制度是一国海关规定某些商品的进口必须申领许可证，没有许可证海关不予进口的制度。这是世界各国进口贸易行政管理的一种重要手段，也是国际贸易中一项应用较为广泛的非关税措施。

进口许可证制度作为一种行政手段，具有简便易行、收效快、比关税保护手段更有力等特点，因而成为各国监督和管理进口贸易的有效手段。发展中国家为了保护本国工业、贸易发展和财政需要，比较多地采用这种制度，而发达国家在农产品和纺织品等国际竞争处于劣势的领域也经常采用进口许可证制度来加以保护。这种做法不仅会妨碍贸易的公平竞争、影响国际贸易流量，又容易导致对出口国实行歧视性待遇。

（2）外汇管制。外汇管制是一国政府为平衡国际收支和维持本国货币汇率而对外汇收支实行的限制性措施，是一国政府通过法令对国际结算和外汇买卖进行限制的一种限制进口的国际贸易政策。外汇管制分为数量管制和成本管制。前者是指国家外汇管理机构对外汇买卖的数量直接进行限制和分配，通过控制外汇总量达到限制进口的目的。后者通过国家外汇管理机构对外汇买卖实行复汇率制，利用外汇买卖成本的差异，调节进口商品结构。

（3）进出口商品规定进口限额。进口限额是对进口商品设置的一种数量限制，通常由输入国单方或通过与输出国事先磋商后宣布，限定某类或某些品种的商品在规定期限内允许进口的最高数量或金额。进口限额同保护性关税性质不同，但作用相似。进口限额比保护性关税实施更为简便，限制进口的效果也更易确定。在国内市场对某种商品进口需求增长从而引起国内价格相对于国际市场价格剧涨时，高关税有时不能完全制止进口增加，而限额能够做到。

（4）征收高额关税或禁止进口。

（5）对出口商品予以补贴或关税减免。出口补贴，又称出口津贴，是一国政府为了降低出口商品的价格，增加其在国际市场的竞争力，在出口某商品时给予出口商的现金补贴或财政上的优惠待遇。政府对出口商品可以提供补贴的方法很多，但不外乎两种基本形式：直接补贴和间接补贴。

3. 超保护贸易政策与垄断前资本主义时期的保护贸易政策的区别

（1）其保护的对象不仅是国内的幼稚工业，而且包括高度发展的垄断工业。

（2）其目的不仅是保护国内市场和培养自由竞争的能力，而且要占领国外市场，巩固和加强对国内外市场的垄断。

（3）其性质不是防御性的，而是进攻性的。

（4）其手段不仅是提高关税，还包括种类繁多的非关税壁垒。

（5）不仅限制外国商品进入本国市场，以维持商品的垄断高价来保持高额利润，同时，还将部分垄断高额利润作为补贴，以倾销价格向国外进行倾销，占领国外市场，将生产扩大到最大限度。

总之，这种保护贸易政策已成为争夺世界市场的手段，成为进攻而不是防卫的武器。可见，进攻性和侵略性是超保护贸易政策的突出特征。

3.3.4 新贸易保护政策

一国贸易政策的制定总是会随着国内外经济环境的变化，国内出现的新的经济问题而不断调整变化。20 世纪 70 年代国际经济环境发生了很大变化。第一，1973—1974 年和 1979—1982 年发生了两次由石油危机演变成的世界性经济危机，发达国家的经济普遍陷入了滞胀和衰退，就业压力增大，使它们对于世界市场的争夺更为激烈，市场矛盾更为突出。因此，国内的许多产业垄断资产阶级和劳工团体，纷纷要求政府采取保护贸易政策措施来保护国内市场，减缓失业压力。第二，主要工业国的发展很不平衡，美国的经济地位相对下降，贸易逆差迅速上升，其主要工业产品如钢铁、汽车、电器等不仅受到日本、西欧等国的激烈竞争，甚至面临一些新兴工业国以及其他出口国的竞争威胁。在这种情况下，美国一方面迫使拥有贸易顺差的国家开放市场，另一方面加强对进口的控制。因此，美国成为新贸易保护政策的重要策源地。美国率先采取贸易保护措施，引起其他各国纷纷效仿，致使新贸易保护主义得以蔓延和扩张。

新贸易保护政策即使与 20 世纪 30 年代的超贸易保护政策相比，也有很多不同，具有明显特征，主要包括：

1. 被保护的商品范围不断扩大

保护对象从传统商品、农产品转向高级工业品和服务部门。在服务贸易方面，很多发达国家在签证、申请投资、收入汇回等方面作出限制，以培育自己的竞争优势。在工业品方面，从纺织品、鞋、陶瓷、胶合板等"敏感商品"直到钢铁、彩电、汽车、计算机、数控机床等皆被列入保护范围。1977—1979 年，美国、法国、意大利和英国限制彩电进口。1981—1982 年美国迫使日本作出向美国出口 168 万辆小汽车的"自愿出口限制"。

2. 贸易保护措施多样化

继续进行关税减让的谈判，按照有效保护税率设置阶梯关税，加强征收"反倾销税"、"反补贴税"的活动。从 1980 年到 1985 年，发达国家的反倾销案多达 283 起，涉及 44 个国家和地区。非关税壁垒的作用大大增加。非关税壁垒措施从 20 世纪 70 年代末的 800 多种增加到 80 年代初的 1 000 多种，到 80 年代末增加到 2 500 多种。违背关贸总协定的基本原则，在"有秩序的销售安排"（Orderly Marketing Arrangement，OMA）和"有组织的自由贸易"（Organized Free Trade）下，绕过关贸总协定的基本原则，搞"灰色区域措施"（Grey Area Measures）。

3. 奖出限入的重点由限制进口转向鼓励出口

在奖出限入中，限入是相对消极的做法，而且限入并不能很好地达到促进生产的目的，同时又容易招致别国的报复。而出口的增加对经济的带动作用强，因此，许多发达国家把奖出限入的重点转向鼓励出口，采取的措施包括经济、法律、组织等诸多方面。比较常用的包括对出口实行出口补贴、出口退税、出口信贷及出口信贷保险，实行商品倾销和外汇倾销，设立出口加工区，设立各种鼓励出口的机构和评奖机制，政府出面签订保护本国出口的贸易条约等。

4. 受保护的程度不断提高

从 1980 年到 1983 年，在整个制成品的进口中受限制商品的比重有较大的提高。美国从 6% 提高到 13%，欧共体从 10% 提高到 15%。在整个发达国家制成品消费中，受限商品从 1980 年到 20% 提高到 1983 年的 30%。

5. 贸易上的歧视性有所加强

由于各国经济发展的不平衡，国际间贸易摩擦加剧，各国纷纷绕过 GATT 的无歧视原则，采取国内立法、双边或多边贸易协定的方式，对别国进行贸易制裁和报复。如美国根据国内《1974 年贸易法》和《1988 年综合贸易法》，对别国频繁使用 301 条款、超级 301 条款和特殊 301 条款进行单方面的贸易制裁，使国际贸易中的歧视现象有所加强。

3.4 战略贸易政策

20 世纪 70 年代中期后，世界产业结构和贸易格局发生了重大变化。一些发展中国家在世界贸易中的地位迅速提高，并在纺织、家用电器、钢铁等原来发达国家垄断的行业呈现出比较优势。传统的产业间贸易逐步被发达国家之间的产业内贸易所取代。世界产业结构和贸易格局的变化，使得各国之间在工业品市场上的竞争越来越剧烈。日本经济的迅速腾飞促使各国经济学家们研究政府政策对于贸易、经济发展的促进作用。1985 年，赫尔普曼和克鲁格曼（Helpman and Krugman）的集大成之作《市场结构和对外贸易》出版，标志着新贸易理论的形成。

3.4.1 战略性贸易政策概念

战略性贸易政策（Strategic Trade Policy）以不完全竞争和规模经济理论为前提，以产业组织中的市场结构理论和企业竞争理论为分析框架，突破了以比较优势为基础的自由贸易学说，强调了政府适度干预贸易对于本国企业和产业发展的作用。

该理论是寡头垄断条件下的国际贸易理论。它在支持最积极的贸易政策和保护主义方面走得很远。战略性贸易政策的提出者认为，由于现代国际贸易中存在着不完全竞争和规模经济，许多行业是由少数垄断寡头控制市场供应和价格政策，因而整个国际市场的竞争就演变成为少数企业之间围绕着市场份额进行的博弈。在寡头垄断的市场结构下，政府采取战略性贸易政策，通过关税及其他贸易政策工具对市场进行干预，以提高本国企业在国际市场上的占有率，而企业因此所得的利润将大大超过政府所支付的补贴部分。这种情况大多发生在规模经济优势比较明显的行业当中。战略性贸易政策理论可分为"利润转移论"和"外部经济论"。这方面的主要贡献者是美国的经济学家克鲁格曼和赫尔普曼。

3.4.2 战略性贸易政策理论基础

战略性贸易政策理论基础是建立在规模经济和外部经济的基础上的。贸易的基础不再主要是资源禀赋、技术等方面的差异，规模经济已经成为国际贸易的重要基础。在国际市场上，自由竞争的理想状态并不存在，企业垄断和政府干预使得市场竞争不完全。如果一国政府重视通过鼓励出口或限制进口发展本国的主导产业，从而带来产业关联效应和技术外溢效应，这也许比贸易本身的效益要重要得多。

1. 规模经济

规模经济分为内在规模经济和外在规模经济。内在规模经济是指随企业规模扩大，其生产成本不断下降的过程。内在规模经济又可称为"厂商水平上的规模经济"，它给单个企业带来竞争优势。这种规模经济在资本技术密集型行业中最为明显，如飞机、汽车等行业。在这些行业中，厂商要想取得竞争优势，必须达到行业所允许的最小有限规模，获取规模经济优势，否则其生产成本过高，会被淘汰。这些行业内的厂商有不同程度的垄断性，行业不再是完全竞争的。同时，由于内在规模经济的存在，垄断厂商必然按高于边际成本的水平定价，获得超额垄断利润。这就为政府通过关税、出口补贴等手段抽取垄断利润提供了依据，也就是"利润转移理论"的出发点。外部规模经济指单个厂商从本产业的壮大中获得收益。它对厂商来说是外在的，但对于产业却是内在的，故又称为"产业水平上的规模经济"。这种规模经济取决于产业的规模，产业规模越大，单个厂商发展所需的条件越容易满足，从而获得的收益越多。外部规模经济在那些研发投入巨大的行业非常显著。然而这些产业投资的风险较大，且由于"外溢效应"厂商不能独享其投资带来的收益，因而不愿投资，产业难以发展壮大。而高科技产业往往又在国家的发展中有战略作用，因此政府就有必要给予适当的扶植。这就引出了战略性贸易政策的另一分支"外部经济论"。

2. 不完全竞争的市场结构

迄今为止，西方经济学中还没形成关于不完全竞争市场的一般性结论。克鲁格曼和赫尔普曼在《市场结构和对外贸易》一书中，把不完全竞争市场分为伯特兰（Bertrand）市场、库尔诺（Cournot）寡头市场和垄断竞争市场结构。每个厂商都在它对另一厂商选择的价格预测既定的情况下作出自己的价格选择。为获得利润最大化，每一厂商都会把价格定的低于对方，厂商进行价格博弈，直到价格等于边际成本为止。在寡头市场中，每个厂商预测对方的产量，在假定对方产量不变的基础上确定使自己利润最大化的产量，厂商进行产量博弈。

3.4.3 战略性贸易政策主张

利润转移论是战略性贸易政策的主体内容，指的是在寡头竞争的国际市场上，存在着因产品价格高于边际成本而形成的租金或超额垄断利润。利润转移论包括战略性出口政策、进口政策和以进口保护促进出口的政策。战略性进口政策的核心内容，是用关税抽取外国寡头厂商的垄断利润。以进口保护促进出口的政策，则主要是指通过国内市场保护使本国厂商获得规模优势，进而扩大在国内外市场的份额。

1. 利润转移论

（1）出口补贴论。以出口补贴促进出口模型最早由布兰德和斯潘塞提出，即以出口补贴支持本国寡头厂商扩大国际市场份额。在与国外寡头厂商进行双头竞争的国际市场上，政府通过对国内厂商提供出口补贴，可使其降低边际成本，提高在国际市场的销售份额和利润，同时减少国外厂商的市场份额和利润；由此带来的本国厂商的利润增加可以超过政府的补贴支出，从而使本国的国民净福利上升。

（2）战略进口政策。战略进口政策又可称为"关税抽取租金论"，最早也是由布兰德和斯潘塞提出。在不完全竞争市场上，国外垄断厂商的定价高于边际成本，存在着经济租金（即超额垄断利润），进口国等于向国外厂商支付了租金，因此进口国政府可以运用关税抽取国外厂商的超额垄断利润。政府征收进口关税时，国外垄断厂商要么降低垄断价格，要么减少出口量。若国外垄断厂商选择降低价格，则其垄断利润减少，且由自己承担损失；若国外垄断厂商选择减少出口量，则相当于让出了部分市场，国内厂商就会进入该产业，达到扶植该产业的目的。

（3）以进口保护促进出口论。以进口保护促进出口模型由克鲁格曼提出。他假定，寡头垄断市场，产品相互替代，但不完全替代；国内外市场分割，两企业相互向对方市场渗透，并在第三国市场上竞争。在此基础上克鲁格曼指出，如果本国政府对外国垄断厂商进入本国市场设置阻碍，本国厂商在本国市场上获得特权地位，将销售更多的产品，产量增加；由于规模经济的存在，成本下降，进而市场进一步扩大。相反，国外厂商则销售减少，产量缩减，成本上升，市场缩小，这一过程将持续到一个新的多元市场均衡为止。随着本国厂商成本下降和国外厂商成本上升，一旦本国厂商在竞争中处于优势，便可达到促进出口的目的。

2. 外部经济理论

该理论认为，某些产业由于外部规模经济效应，厂商不能独享投资带来的收益，且投资的风险很大，打击了私人投资的积极性，私人投资明显不足，这在新兴高科技产业最为明显。然而这些行业又往往具有战略性，其创造的知识、技术、产品对国家的发展和社会的进步有不可低估的作用。因而政府要选择适当的高科技产业加以扶植，降低其投资的风险，吸引私人资本投入该行业，推动战略性产业的成长。另外，经济外溢效应不仅存在于本产业内，产业间也存在外溢效应，表现为一个产业对另一产业的支撑效应。政府对处于产业链下游的基础产业也应该给予扶植。

3.4.4 战略性贸易政策评价

1. 战略性贸易政策优点

战略性贸易政策扩充了国际贸易理论比较优势的范围，不同于传统的国际贸易理论。战略性贸易政策理论论证了对于规模经济效应很强的产业来说，对本国市场的保护可以使本国厂商在国内市场的地位相对稳定，使国内厂商获得一种相对于外国厂商的规模优势，由此降低生产的边际成本，同时使外国厂商在保护市场上的销售量下降而边际成本上升。国内外厂商边际成本的反向变化，将导致它们分别调整保护国以外市场的销量，本国厂商的产量将进一步扩张，外国厂商的产量将进一步减少，从而再次对两国厂商的边际成本产生相反的影响。这种从产量到边际成本的不断循环和调整过程，将使进口保护成为促进出口的重要机制。

同时，它也修正了贸易理论的内涵，从现实世界中最普遍存在的不完全竞争市场出发，试图设计出适宜于产业内贸易的干预政策，以改善受到扭曲的竞争环境，使市场运行处于"次优"境地，对现实具有一定的指导意义。这个理论对贸易政策的政治经济学和相关产业政策产生了长久的影响，尤其是对美国 20 世纪 90 年代的贸易政策，同时也影响了欧盟条约的有关内容（第 130、131 条款中产业政策的内容）。从方法论上看，它更是广泛借鉴和运用了产业组织理论与博弈论的分析方法和研究成果。

2. 战略性贸易政策缺陷

战略性贸易政策的实现依赖于一系列严格的限制条件，往往成为贸易保护主义者加以曲解和滥用的口实，可能会恶化全球贸易环境，理论中也缺乏有力的政策干预效应的统计分析、定量分析和实证研究。

不完全竞争的市场和规模经济的存在只是实施战略性贸易政策的必要条件，而不是充分条件。其他约束条件如下：

（1）不存在其他国的报复行为，否则将陷入报复的"囚徒困境"。战略性贸易政策有一定的"零和博弈"色彩，如果世界各国都实施这种"以邻为壑"的保护政策，将导致世界贸易的萎缩。

（2）完备的信息。战略性贸易政策的实施需要确定面临的市场结构（垄断还是寡占）、选择扶植的对象、确定扶植的力度、估计实施后厂商的反应，所有这些都需要掌握完备的信息才能做到。信息的不完备是实施战略性贸易政策的一大障碍。

（3）产业条件。实施战略性贸易政策的产业应具一定的特征：产业存在相当高的进入壁垒（至少在一段时间内）；该产业要有限地使用瓶颈资源；与出口相关的产业应该比国外产业更集中或至少一样集中，能形成集群效应。

（4）隐含条件——完善、成熟的市场经济体制。这一条是针对发展中国家来说的。战略性贸易政策理论产生于西方发达国家，在那里完善的市场经济体制是现成的。而绝大多数发展中国家的市场经济体制还不完善，这就影响战略性贸易政策在发展中国家的实施效果，甚至会产生副作用。

【小结】

国际贸易政策是指世界各国和地区对外进行商品、服务和技术交换活动时所采取的政策。从单个国家或地区的角度出发，有关国际贸易的政策就是对外贸易政策。

自由贸易政策是指国家对进出口贸易活动一般不进行干预，减免关税和其他贸易壁垒，让商品和服务等自由进出口，在国内外市场上自由竞争。

保护贸易政策是指国家采取各种措施干预对外贸易，通过高关税和非关税壁垒来限制外国商品和服务的进口，以保护本国市场免受国际市场的竞争。

超保护贸易政策又称侵略性保护贸易政策，即西方发达国家为维护国内市场的垄断价格和夺取国外市场，采取的一种侵略性对外贸易政策，是传统的关税减让谈判中的减税方法。

战略性贸易政策是寡头垄断条件下的国际贸易理论。战略性贸易政策的提出者认为，由于现代国际贸易中存在着不完全竞争和规模经济，许多行业是由少数垄断寡头控制市场供应和价格政策，因而整个国际市场的竞争就演变成为少数企业之间围绕着市场份额进行的博弈。

【思考题】

1. 试评论战略性贸易政策对当代国际贸易的意义。
2. 中国的贸易发展应采用哪种贸易政策？
3. 论述国际贸易政策的演变过程。
4. 论述李斯特保护贸易政策的主张。

【案例分析】 美国著名的"301 条款"

目前很多国家，尤其是发达国家都把知识产权提升为国家建设和发展的基本国策。在这种形势下，美国公布了其 2006 年度特别 301 条款审查报告，并首次公布了对中国的"分省特别审查"，这引起了国际社会的普遍关注，也引起了我国政府的高度重视。

1974 年，针对"美国在服务贸易、知识产权方面的优势未能在全球范围内得到有效的保护，致使财富流失"的现状，美国政府修改了国内贸易法，提出了著名的301 条款。其主要内容是授权美国政府对特定的外国的不公平贸易行为作出反应。当美国的任何利害关系人申诉外国的做法损害了美国在贸易协定下的利益或有其他不公正、不合理或者歧视性行为给美国的企业造成负担或障碍时，美国贸易代表可以依据 301 条款发起调查，可以决定实施撤回贸易减让或者优惠条件等制裁措施，迫使该国改变其不公正或不公平的做法。301 条款将美国从积极的自由贸易政策带入了贸易保护主义。

（资料来源：《知识产权报》，2007 – 12 – 25）

第 4 章
国际贸易措施

【学习目标】

通过本章的学习，掌握关税的概念、分类；了解关税征收的依据与方法；掌握非关税壁垒的概念、特点和分类；理解非关税措施与关税措施这两种方法对进出口贸易的不同影响；掌握新贸易壁垒、鼓励出口和反倾销等各种具体措施的含义和使用；理解各种其他国际贸易措施和非关税壁垒措施之间的区别。

【重点与难点】

重点：征收关税的经济效应；各种非关税措施的含义和使用。

难点：针对各种贸易摩擦问题能为政府、外贸企业提供建议；能够结合实际解释当前各国主要推行的非关税壁垒贸易措施；能够结合实际案例解释其他国际贸易措施的使用情况；能够为企业面临这些贸易措施带来的贸易摩擦提供建议。

【导入案例】

2010 年 11 月，海尔洗衣机对《家用洗衣机 ErP 法规草案》的三条修改意见提案被欧盟采纳，成为取得该草案修改意见"话语权"的唯一中国企业。

欧盟 ErP 指令原为 EuP 指令（2009 年欧盟委将其升级为 ErP 指令），是继WEEE、ROHS 指令之后，欧盟另一项主要针对能耗的技术壁垒指令，即"能耗产品生态设计要求指令"。该指令聚焦于产品对资源能量的消耗和对环境的影响，侧重对耗能产品从整个生命周期进行规范。通常情况下，EuP 指令会对洗衣机产品出口造成影响，它要求产品从设计开始，一直到生命周期结束都必须遵循绿色环保的要求，这就使得很多不达标企业被淘汰出局。

欧盟的这种家电法案的制定或修改，一般只有世界顶尖级的检测检验机构或技术水准达到世界一流的企业才能参与进来。此次，欧盟能够采纳海尔洗衣机的修改提案，是对海尔洗衣机技术研发实力的认可。同时，自 2006 年海尔洗衣机全球总工吕佩师，成为亚洲首位 IEC 国际电工委员会专家组专家起，海尔洗衣机就开始与欧美的专家共同参与制定全球洗衣机行业的通用国际标准。2010 年 2 月份的 IEC60456 国际洗衣机标准中，就充分融入了海尔洗衣机的智慧。

作为取得该草案修改意见"话语权"的唯一中国企业，海尔洗衣机提出的修改意见都被采纳，也代表了中国应对技术性贸易壁垒方面能力的进步。伴随着在技术领域的不断突破，海尔洗衣机在拥有全球洗衣机行业绝对话语权的同时，也带动了整个中国制造国际地位的提升。

（摘自：《海尔洗衣机提案获欧盟认可》）

（资料来源：《中国电子报》，2010 – 11 – 20）

4.1 关税措施

4.1.1 关税概述

4.1.1.1 关税的概念

关税（Tariff），是指一国政府对进出该国关境的商品所征收的税收。关税是由设在关境上的国家行政管理机构——海关征收的。这样，一国或地区（世界上的一些单独关税区）由关境组成了一个地区范围，称为关税区域。

通常情况下，一国的海关在其本国国境内实施统一的贸易法令与关税法令，此时，国境与关境是一致的。但在有些情况下，这种关税区域不一定绝对等于一国的政治领土：如果关税区域大于一国（或地区）的政治领土，就是组成了关税同盟。几个国家结成关税同盟后，实施统一的关税法令和统一的对外税则，成员国只对来自和运往非成员国的货物进出共同关境时征收关税，因此，它们组成了大于成员国各自关境的共同关境，使一个国家的关境向外进行了延伸。相反的一种情况是，如果在本国境内设立了自由港、自由贸易区和出口加工区等经济特区，就会使该国的关税区域小于其政治领土，因为自由港、自由贸易区和出口加工区等经济特区就进出口关税而言，是处在关境之外的。

4.1.1.2 关税的特点

1. 关税是一种间接税

进出口商垫付税款作为成本打入货价，关税负担最后便转嫁给买方或消费者承担。

2. 关税具有强制性、无偿性和预定性的特点

关税是国家财政收入的一个重要组成部分。它与其他税收一样，具有强制性、无偿性和预定性。强制性是指关税的缴纳不是自愿的，而是按照法律无条件地履行纳税义务，否则就违反了国家法律。无偿性是指关税的取得国家不需要付出任何代价，不必把税款返还给纳税人。预定性是指关税通常都是事先设计好的，一般不会随意更改和减免。

3. 关税有税收主体和税收客体

关税的纳税人是进出口商人，关税的税收客体是进出口货物。关税的征收主体是海关，这一点与我国其他税收一般是由税务机关征收不同，海关代表国家负责征收管理。

4. 关税的课征范围是以关境为界而不是以国境为界

关税的课税对象是"进出关境的货物和物品"，这里所指的是关境，而不是国境。

4.1.1.3 关税的作用

1. 提供乃至增加财政收入

关税是国家税收的一种，提供财政收入是关税的基本职能之一。在早期，关税

收入曾占一些国家财政收入的很大比例。例如，1805 年美国联邦政府的财政收入 90%～95% 来自关税，1900 年仍占 41% 强。在当今，随着各国不断削减关税，大多数国家关税占财政收入的比重已经大大下降，如美国在 1995 年关税收入占财政收入比重约为 2%，但在少数国家仍然是财政收入的重要来源。

2. 保护本国产业和扩大就业

关税的一个重要职能是能够抵御外来竞争和保护国内产业，主要体现在四个方面：一是一国处于经济发展低级阶段时，有必要排斥外来竞争，通过征收关税提高进口品在进口国的价格，减少进口需求量，使得需求转向国内供给，从而促进国内产业发展。二是有一些幼稚工业需要通过关税或政府干预予以暂时或短期的保护，使之免受来自外国发展成熟的竞争对手的竞争。当这些工业成长起来并能够承受外来竞争时，可撤出保护。三是征收关税能为本国产业结构调整赢得时间。征收关税将增加进口成本，阻碍进口的激增，从而使本国产业有充裕的时间来进行调整。四是关税可以扩大和保护就业。由于征收关税减少了进口，把需求从外国商品转移到国内商品，从而刺激国内生产和就业。

3. 改善贸易条件并增加贸易利益

关税是限制进口的主要手段之一。征收关税使进口品国内价格提高，如果进口需求量大且弹性大的话，将可能压低进口价格，使进口国贸易条件得到改善，从而换回更多进口品，享受的消费也就越多，其经济状况也就越好。对于征收关税的国家来说，这是一种贸易利益的增加。不过，通过征收关税限制进口达到的贸易平衡是消极的平衡，是依靠人为贸易障碍来实现的，是一种潜在的不平衡。如果由此引起别国的关税报复，既会抵消该国关税改善国际收支的作用，又将使贸易进一步减少，造成世界贸易福利的净损失。

4. 调整经济关系

关税是调节收入分配的工具之一，通过影响消费水平和消费结构表现出来。由于关税可以提高商品价格，从而限制消费水平，在一个较长时期，国内价格可能因进口竞争行业受到鼓励而下降，但在国内生产还不能迅速补缺的短期内，国内价格可能因进口关税而上涨，消费者因此增加的支出转化为财政收入和本国企业收入，有助于积累率和投资率的提高。在消费结构方面，通常是对不同种类商品制定不同的关税税率来进行调节，如对奢侈品征收高关税，而对必须进口的商品征较低关税。这种措施实际上是把部分国民收入通过进口产品关税负担的形式进行再分配，相当于把进口奢侈品消费者的收入部分转移到低收入者手中。

关税也是处理国内经济关系时照顾和维护特别利益集团的工具。因为关税对社会某些人有利，因此总有偏爱关税保护的利益集团。通常支持关税保护的是进口竞争行业的生产者和工人，关税使他们的市场、工作和收益更有保障；反对关税的是最终消费者和出口厂商，关税使他们的消费支出或出口成本增加。关税还涉及国家之间的经济关系和利益分配。在自主关税情形下，各国关税在结构和水平方面存在着差异，特别是大国的关税结构和关税水平将影响到贸易国之间的贸易流量和结构，因为大国的进口需求变化影响甚至决定着世界市场价格，可能发生关税转嫁，从而导致贸易利益在贸易国之间重新分配。此外，关税是协调各国经济关系的焦点之一，

国际贸易

在关贸总协定和世界贸易组织主持的多边贸易谈判中，关税削减一直是一个主要议题，目的也就在于平衡各国间的利益。

5. 实现国家多重目标

各种经济政策常常具有多方面的作用，征收关税可能是出于国家多重目标的需要。一是保护保护国家安全，一国通过关税保护以发展起自己涉及国计民生的行业和产品，防止在战时因缺乏生活必需品而带来的灾难；二是对付别国对本国实行不公平或歧视性贸易待遇，如征收反倾销税就是要抵消外国恶意降价作用的一种措施。同样道理，征收关税也可以成为一国实施有区别的国别政策（即歧视性贸易政策）的重要工具，复式税则就是因此而产生的。

4.1.1.4 关税的经济效应

关税的征收，引起进口商品的国际市场价格和国内市场价格的变动，然后通过价格的变动，进而影响到出口国和进口国在生产、贸易和消费方面的调整，产生了其他的经济效应。

1. 小国征收进口关税

假设小国为世界市场价格的接受者，征收进口关税不改变世界市场价格。如图 4-1 所示，D_d 和 S_d 分别代表进口国对某种商品的国内需求曲线和供给曲线。在封闭经济条件下，国内均衡价格为 P_E，均衡产量为 Q_0。开展国际贸易后，该国处于进口国的地位，国内开始进口这种外国产品。在自由贸易（即不征收关税）情况下，由于进口国的小国效应，该国产品的国内价格等于国际市场价格，即 P_w 价格水平。此时国内由于生产成本限制，生产和供应就由原来的 Q_0 减少到 Q_1。而由于价格降低，进口国消费者对该商品需求量则由 Q_0 上升到 Q_4。Q_4 和 Q_1 的差，即进口国本国需求和本国供给量的差 Q_1Q_4 由进口来满足。进口国为保护国内生产，征收了进口关税，从而引起了该进口国此商品价格的上升到 P_t。P_tP_w 可以看做是从量税。由于价格上升，国内总需求减少到了 Q_3。

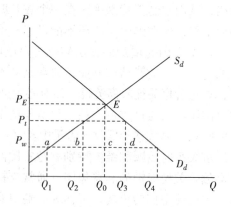

图 4-1 小国征收关税的经济效应

消费效应：价格上升，消费减少，消费者的利益受到了损害，消费者为征收关税付出了代价，这可用消费者剩余来测量。由于该国征收关税导致该国国内价格线上移，因此，消费者剩余发生了变化，即消费者剩余减少了。消费者剩余减少的量可用图 4 - 1 中 $a + b + c + d$ 的面积表示。$a + b + c + d$ 的面积即为该国征收关税对消费者造成的净损失。

生产效应：征收关税后，国内市场与国际市场相对隔离，维持了国内市场该商品的较高价格，使国内生产者可以扩大生产、增加销售量和提高价格而获益。征收关税对生产者的影响则仍结合图 4 - 1 予以分析：未征收关税时，国内生产量为 Q_1。征收关税后，国内市场价格由 P_w 上升到 P_t，国内企业就会将产量由 Q_1 扩大到 Q_2 水平。生产者剩余表示生产者获得的利润，生产者剩余就是价格线、供应线和纵坐标所围成的面积。由于该国征收关税导致该国国内价格线上移，因此，生产者剩余发生了变化即生产者剩余增加了。生产者剩余的增加量为图 4 - 1 中 a 的面积。a 的面积即为该国征收关税后使生产者产生的净收益。

财政效应：在图 4 - 1 中，c 部分就是政府的关税收入，c 是征收关税后进口的数量与单位产品征收的关税的乘积。可见，除了生产者之外，政府也是征收关税的受益者。

以上的经济效应分析已经看出，征收关税不利于消费者，而有利于进口竞争品的生产者和政府。但国际贸易是在国与国之间进行的，贸易政策也由国家制定并执行，因此，征收关税对于经济的净影响则是一国总体经济利益所在。在图 4 - 1 中，消费者剩余损失的 $a + b + c + d$ 的价值量，没有消失而是转移给国内其他利益集团：a 转移给了生产者，c 转移给了政府。而 b 和 d 则没有发生转移，而是消失了。b 称为生产效率的净损失，它是在征收关税之后，由于价格的提高，国内生产要素需求相应提高而使要素价格提高，从而引起国内进口替代品生产的边际机会成本提高而造成的损失。d 称为消费净损失，它是在征收关税后，本国消费者因为减少了比现实价格较低的进口产品的消费所遭受的损失。消费净损失和生产效率的净损失之和，即 $b + d$ 部分，构成了关税的社会成本，或叫社会的无谓损失，或叫保护成本，又叫关税的净效应或叫关税的福利损失效应。

2. 大国征收进口关税

大国对进口商品征收关税，使该进口商品的国内价格上升，而国内该进口商品价格的上升，使国内生产扩大，消费减少，总体效果则是进口需求下降。该大国进口的下降又使得该商品的国际市场供应量增加，直接导致该商品的世界市场价格下降。这样，该大国国内价格上升幅度会小于关税的幅度，但国内和国际市场上的价格差额仍正好等于关税。

在图 4 - 2 中，P_F 表示自由贸易时的价格，P_T 是本国征收关税后的国内价格，P_W 是外国在本国征收关税后的价格，它既是外国的出口价格，又是该产品的世界市场价格，还是本国的进口价格。P_T 和 P_W 的差价正好等于关税的幅度。

在本国征收关税后，由于该产品价格上涨，本国该商品的供应由 Q_1 增加到 Q_2，本国需求从 Q_4 下降到 Q_3。于是，进口量由 Q_1Q_4 减少到 Q_2Q_3。大国征收关税的经济福利效应为：消费者剩余为 $-(f + g + h + i)$，生产者剩余为 $+f$，本国政府的关税收入为 $+(h + j)$。从进口国总体来讲，生产者剩余的 f 和政府关税收入的 h 是由本国的消费者剩余的损失转移过来的。因此，其总福利变动为 $j - (g + i)$。如果 $j > (g + i)$，进口国因征税而净福利水平增加，增加的幅度为 $j - (g + i)$；如果 $j < (g +$

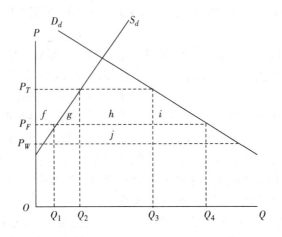

图 4 - 2　大国征收关税的经济效应

i），进口国的福利会因征收关税而受损，损失的幅度为（$g+i$）$-j$。

在 j、g 和 i 这三部分中，g 仍称为生产者效率的净损失或称为生产扭曲造成的损失，i 仍被称为消费净损失或称为消费扭曲造成的损失，j 通常叫做贸易条件利得。贸易条件是反映一国的出口商品所能换回的进口商品数量多少的指标，从动态变化上分析，在其他条件不变的情况下，如果本国出口商品换回的进口商品增加了，则认为本国的贸易条件改善了，反之，则认为贸易条件恶化了。该大国征收关税后，国内进口量下降的结果直接导致国际需求的下降，该商品的世界市场价格下跌，如果该国出口商品价格保持不变，则进口价格的下跌意味着本国贸易条件的改善。因此，j 是由于大国征收关税使得外国商品不得不降低出口价格所造成的，通常把它看做是外国出口商承担了本国部分的进口关税。

4.1.2　关税的种类

按照不同的标准，关税有多种分类方法。

1. 按征收对象分类的关税，可以分成正税和特别关税

（1）正税。关税的正税包括进口税、出口税和过境税三种。

进口税是海关对进口货物和物品所征收的关税。进口税有正税与附加税之分。正税即按税则法定税率征收的关税；此外征收的即为附加税。

出口税是海关对出口货物和物品所征收的关税。目前，世界上大多数国家都不征收出口税。

过境税是对外国经过本国国境运往另一国的货物所征收的关税。目前，世界上大多数国家都不征收过境税，我国也不征收过境税。

（2）特别关税。特别关税是因某种特定的目的而对进口的货物和物品征收的关税。常见的特别关税有：反倾销税和反补贴税。

反倾销税是针对实行商品倾销的进口商品而征收的一种进口附加税。

反补贴税是对于直接或间接接受奖金或补贴的进口货物和物品所征收的一种进口附加税。

2. 按货物国别来源而区别对待的原则，可以分成最惠国关税、协定关税、特惠关税和普通关税

（1）最惠国关税适用原产于与本国共同适用最惠国待遇条款的世贸组织成员国或地区的进口货物，或原产于与本国签订有相互给予最惠国待遇条款的双边贸易协定的国家或地区的进口货物。

（2）协定关税适用原产于本国参加的含有关税优惠条款的区域性贸易协定的有关缔约方的进口货物。

（3）特惠关税适用原产于与本国签订有特殊优惠关税协定的国家或地区的进口货物。

（4）普通关税适用原产于上述国家或地区以外的国家或地区的进口货物。

4.1.3　关税征收的依据与方法

4.1.3.1　关税征收依据——海关税则

关税税则，又叫海关税则，是一国对进出口商品计征关税的规章和对进出口的应税商品和免税商品加以系统分类的一览表。它是海关征税的依据，是一国关税政策的具体体现。从内容上来看，海关税则一般包括两部分：其一为海关征收关税的规章、条例和说明；其二为关税税率表。关税税率表又主要由税则号、商品名称、关税税率等栏目组成。

根据关税税率栏目的多少，海关税则可分为单式税则和复式税则两种。

单式税则又叫做一栏税则。在这种税则中，每个税目只有一种税率，该税率使用于来自于任何国家的商品，不存在差别待遇。资本主义国家在自由竞争时期曾经实行过单式税则，但资本主义发展到垄断时期后，各国纷纷放弃单式税则，演变为复式税则。

复式税则又被称为多栏税则。在这种税则下，每一税目都有两个或两个以上（三个或四个）不等的税率。主要目的是对来自不同国家的同一商品区别对待，适用不同的税率，结果同一种商品由于其来源国不同而被征收不同的关税，造成了国别歧视。同一税目有两种税率叫做二栏税则。依次类推，有三栏税则和四栏税则。目前，世界上绝大多数国家实行的是复式税则。

根据海关税则中税率制定中的国家权限不同，海关税则可分为自主税则和协定税则两种。自主税则是由本国政府自主制定，并有权加以变更的海关税则。它又被称为国定税则。协定税则是通过本国与其他国家谈判制定，受条约或协定约束的海关税则。自主税则和协定税则中形成的关税税率分别称为自主税率和协定税率。

4.1.3.2　关税征收标准

按征收关税的标准，可以分成从价税、从量税、复合税、滑准税。

从价税是以货物的价格或者价值为征税标准，以应征税额占货物价格或者价值的百分比为税率，价格越高，税额越高。货物进口时，以此税率和海关审定的实际进口货物完税价格相乘计算应征税额。从价税的特点是，相对进口商品价格的高低，其税额也相应高低。优点是税负公平明确、易于实施；但是，从价税也存在着一些不足，如不同品种、规格、质量的同一货物价格有很大差异，海关估价有一定的难

度，因此计征关税的手续也较繁杂。目前，我国海关计征关税标准主要是从价税。

从量税以货物的数量、重量、体积、容量等计量单位为计税标准，以每计量单位货物的应征税额为税率。从量税的特点是，每一种货物的单位应税额固定，不受该货物价格的影响。计税时以货物的计量单位乘以每单位应纳税金额即可得出该货物的关税税额。从量税的优点是计算简便，通关手续快捷，并能起到抑制低廉商品或故意低瞒价格货物的进口。但是，由于应税额固定，物价涨落时，税额不能相应变化，因此，在物价上涨时，关税的调控作用相对减弱。

复合税又称混合税，即订立从价、从量两种税率，随着完税价格和进口数量而变化，征收时两种税率合并计征。它是对某种进口货物混合使用从价税和从量税的一种关税计征标准。混合使用从价税和从量税的方法有多种，如对某种货物同时征收一定数额的从价税和从量税，或对低于某一价格进口的货物只按从价税计征关税，高于这一价格，则混合使用从价税和从量税，等等。复合税既可发挥从量税抑制低价进口货物的特点，又可发挥从价税税负合理、稳定的特点。

滑准税是根据货物的不同价格适用不同税率的一类特殊的从价关税。它是一种关税税率随进口货物价格由高至低而由低至高设置计征关税的方法。通俗地讲，就是进口货物的价格越高，其进口关税税率越低；进口商品的价格越低，其进口关税税率越高。滑准税的特点是可保持实行滑准税商品的国内市场价格的相对稳定，而不受国际市场价格波动的影响。

4.2　非关税措施

随着世界贸易自由化的深入发展，世界各国之间的经济贸易竞争日趋激烈。在这种形势下，贸易保护主义又再次兴起，特别是一些发达国家为维护自身经济政治利益，以各种"合理"、"合法"的名义，在世贸组织的框架下，以例外性的免除条款为基础，形成了以非关税壁垒为特点的新的贸易保护主义，其突出表现是非关税壁垒成为发达国家实施贸易保护政策的主要工具。

4.2.1　非关税壁垒的概念

非关税壁垒是指除关税以外各种限制进口的措施。它和关税措施一起成为保护一国国内市场的重要工具。但与关税措施相比，非关税壁垒具有更大的限制效果，因为非关税壁垒具有以下特点：

1. 非关税壁垒更具有灵活性和针对性

关税税率的制定必须通过各种合法程序，所以具有相对的稳定性。而非关税壁垒措施的制定通常采取行政程序就可以确定，比较便捷，能随时针对某国的某种商品采取相应的措施，较快较好地限制进口。

2. 非关税壁垒限制进口的有效性更强

关税壁垒是通过征收高额关税，提高进口商品的成本和价格，削弱其竞争能力，从而间接地达到限制进口的目的。但现在在贸易自由化的大背景下，在世贸组织的推动下，关税税率逐渐降低，于是关税就难以起到限制商品进口的作用。而非关税壁垒措施,不管是数量限制还是其他措施,更能有效地起到限制进口的作用。

3. 非关税壁垒更具有隐蔽性和歧视性

关税率确定以后,要依法执行。任何国家的出口商都可以了解,但一些非关税壁垒措施往往并不公开,而且经常变化,使外国出口商难以对付和适应,因此其对贸易的影响和对进口的限制作用就更大。

4.2.2 非关税壁垒的种类

4.2.2.1 进口配额制

进口配额制又称为进口限额,是在一定时期内(通常是一年)一国政府对某种商品的进口数量或金额所规定的限额,在规定的限额以内商品可以进口,超过限额就不准进口,或征收较高的关税或罚款。进口配额制是发达国家限制进口数量和金额的重要手段之一。进口配额有绝对配额和关税配额两种。

1. 绝对配额。绝对配额是指在一定时期内,一国政府对某种商品的进口数量或金额规定一个最高数额,超到这个数额后,便不准进口。这种方式在实施中有以下两种形式:

(1)全球配额。即世界范围的绝对配额,对来自任何国家或地区的商品一律适用,按进口商品的申请先后给予一定的额度,至总配额发放完为止,超过总配额就不准进口。全球配额并不限定进口的国别或地区,所以配额公布后,进口商往往相互争夺配额。邻近的国家或地区依其优越地理因素,在竞争中居于有利地位。为了减少这种情况所带来的不足,一些国家采用了国别配额。

(2)国别配额。即在总配额内按国别和地区分配给固定的配额,超过规定的配额便不准进口。为了区分来自不同国家或地区的商品,在进口商品时进口商必须提交原产地证明书。实行国别配额可使进口国根据它与有关国家或地区的政治经济关系分配给予不同的配额。

2. 关税配额。关税配额是指一国政府在一定时期内对商品进口的绝对数额不加限制,但是规定进口的限额,在规定的关税配额以内的进口商品,给予低税、减税或免税待遇,对超过配额的进口商品征收高关税、附加税或罚款。这种方式在实施中也有以下两种形式:

(1)优惠性关税配额。即对关税配额内进口的商品给予较大幅度的关税减让,甚至免税;超过配额的进口商品征收原来的最惠国税。欧盟在普惠制实施中所采用的关税配额就属此类。

(2)非优惠性关税配额。即对关税配额内进口的商品征收原来正常的进口税,一般按最惠国税率征收;对超过关税配额的部分征收较高的进口附加税或罚款。例如,1974 年 12 月,澳大利亚曾规定对除男衬衫、睡衣以外的各种服装,凡是超过配额的部分加征 175% 的进口附加税。

4.2.2.2 "自动"出口配额制

"自动"出口配额制是出口的国家或地区在进口国的要求或压力下,"自动"规定某一时期内(一般为 3~5 年)某些商品对该国的出口限制,在限定的配额内自行控制出口,超过配额即禁止出口。它是在第二次世界大战后出现的非关税壁垒措施，实际上是进口配额制的变种，同样起到了限制商品进口的作用。它的重要特点就是虽然名义上是"自动"和"自愿"，但实质带有明显的强制性。进口国家往往以商品大量进口使其有关工业部门受到严重损害，造成所谓"市场混乱"为理由，要求有关国家的出口实行"有秩序的增长"，自动限制商品出口，否则就单方面强制限制进口。"自动"出口限制往往是出口国在面临进口国采取报复贸易措施的威胁时被迫作出的一种选择。

"自动"出口配额制与绝对配额制在形式上略有不同。绝对配额制是由进口国直接控制进口配额来限制商品的进口，而"自动"出口配额制则是由出口国直接控制这些配额对指定进口国家的出口。但就进口国来说，"自动"出口配额制和绝对配额制一样，都起到了限制进口的作用。

"自动"出口配额制一般有两种：一种是出口国在进口国的压力下单方面决定向其出口某种商品的数量或金额。另一种是出口国与进口国通过谈判签订的"自限协定"或"有秩序销售安排"，规定"自动"出口的限额。

"自动"出口配额制一般有两种形式：

1. 非协定的"自动"出口配额。它是指不受国际协定的约束，而是出口国迫于进口国的压力，自行单方面规定出口配额，限制商品出口。这种配额有的是由政府有关机构规定配额，并予以公布，出口商必须向有关机构申请配额，领取出口授权书或出口许可证才能出口；有的是由本国大的出口厂商或协会"自动"控制出口。

2. 协定的"自动"出口配额。它是指进出口双方通过谈判签订"自限协定"或"有秩序的销售协定"。在协定中规定有效期内的某些商品的出口配额，出口国应根据此配额实行出口许可证或出口配额签证制，自行限制这些商品的出口，进口国则根据海关统计进行检查，"自动"出口配额大多数属于这一种。目前最大的"自动"出口配额制是《多种纤维协议》。

4.2.2.3 进口许可制

进口许可证制是指政府对进口货物实施的一种审批制度，即规定某些商品进口必须领取许可证，没有许可证，一律不准进口。进口许可证的好处是：政府可以控制每一笔进口，让不让进，进多少，从哪国进，完全由政府掌控。

从进口许可证与进口配额的关系来看，进口许可证可分为两种：

1. 有定额的进口许可证。即国家预先规定有关商品的进口配额，在限额内，根据进口商的申请，对每一笔进口货物发给进口商一定数量或金额的进口许可证。如原西德对纺织品实行进口配额制，每年分 3 期公布配额数量，配额公布后，进口商可提出申请，获得进口许可证后即可进口。进口配额一旦用完，当局不再发给进口许可证。

2. 无定额的进口许可证。即进口许可证不与进口配额相结合，国家有关政府机构预先不公布进口配额，有关商品的进口许可证只在个别考虑的基础上颁发。因为它是个别考虑的，没有公开的标准，因而给正常贸易带来更大的困难，起更大的限制进口的作用。

从进口商品许可程度上看，又可分为以下两种：

1. 公开进口许可证，也称一般进口许可证。即允许商品"自由进口"，随时申请，随时许可，对进口国或地区不加以限制。

2. 特种进口许可证。即进口商必须向进口国政府有关当局提出申请，经有关当局逐笔审查批准后才能进口。这种进口许可证，多数都指定商品进口的国别或地区。

4.2.2.4　外汇管制

外汇管制是指一国政府通过政策法令对国际结算、外汇汇率和外汇买卖等外汇业务进行管制，以实现国际收支平衡和本国货币汇率稳定的一种制度。外汇管制的做法可分为行政管制和成本管制两种。

行政管制，即由政府指定机构控制一切外汇交易，本国货币出入境也要受到严格限制。出口商必须把他们出口得到的外汇收入按官定汇价卖给外汇管制机关，进口商也必须在外汇管制机关按官定汇价申请购买外汇。这样，国家和有关政府机构就可以通过外汇的集中使用和控制供应进口商的外汇数量的办法来控制商品进口量、种类和原产地，以达到限制进口的目的。

成本管制，即通过制定多种汇率，增加用汇成本和减少换汇成本，从而控制外汇支出，鼓励外汇收入。在多种汇率的情况下，对必需品进口运用较低汇率，对非必需品进口适用较高汇率，以提高其进口成本，达到限制进口作用。

所以，对非关税壁垒措施的外汇管制又可以这样下定义，即国家通过对外汇买卖等外汇业务进行管制，以控制外汇供应和外汇汇率的办法来控制进口商的进口商品数量和原产地。

从外汇管制的利益或政策目标看，较短期的目标是：（1）限制进口商品的数量、种类和来源地，改善国际收支；（2）防止资金外逃；（3）稳定汇价，以提高社会公众对本国货币的信心。较长期的目标是：（1）把外汇资金控制并集中在政府手中，由政府决定对外贸易；（2）把本国经济同外国经济隔离开来，使本国经济免受外部经济的波动性影响；（3）保护民族工业，保护国内消费市场，尤其是要素市场，即谋求封闭经济条件下的内部均衡。

外汇管制在达到政策目标的同时，也对一国的贸易和经济产生不利的影响。具体表现在，从短期看：（1）进口商购买的商品不一定是具有比较优势的最廉价商品，因为他们无法自由地选择市场、商品；（2）引起进口商品在国内价格的上涨，因为进口受到外汇供给的严格限制，进口商品供给难以满足国内需求；（3）进口商获得垄断利润，包括商品溢价和外汇溢价。从长期看：（1）由于实行外汇管制，外汇的使用受到严格限制，对外国投资者的吸引力大大减弱，阻碍了外国资金的流入；（2）在外汇管制条件下，外汇汇率往往被高估，提高本国商品在国际市场的价格，降低其国际竞争力，而严格的外汇供给也阻碍了进口的发展，因而阻碍贸易发展；（3）对外贸易是国际分工的结果，阻塞了对外贸易也就是阻塞了国际分工，无法享受由于国际分工发展带来的动态利益，所以无法获得对外贸易的动态利益。

4.2.2.5　歧视性的政府采购政策

一些国家的政府往往通过制定法令，规定政府机构在进行采购时要优先购买本国产品，从而导致对外国产品的歧视和限制，称为歧视性的政府采购政策。歧视性政府采购政策是指国家通过法令和政策明文规定政府机构在采购商品时必须优先购买本国货。这种政策实际上是歧视外国产品，从而起到了限制进口的作用。目前，一些国家歧视性政府采购政策限定的货物主要有军火、办公设备、电子计算机和汽车等。

美国从 1933 年开始实行这种政策，尤其是在 1954 年和 1962 年两次修改了《购买美国货物法案》后就更为典型。该法案规定，凡是美国联邦政府采购的货物，都应该是美国制造的，或是用美国原料制造的。凡商品的成分有 50% 以上是国外生产的就称外国货。以后又做了修改，规定只有在美国自己生产数量不够或国内价格过高，或不买外国货有损美国利益的情况下，才可以购买外国货。该法案直到关贸总协定的"东京回合"，美国签订了政府采购协议后才废除。英国、日本等国家也有类似的制度。

4.2.2.6　歧视性的国内税

歧视性的国内税指通过对外国商品征收较高国内税来限制外国商品的进口。国内税是指一国政府对本国境内生产、销售、使用或消费的商品所征收的各种捐税，如周转税、零售税、消费税、营业税，等等。任何国家对进口商品不仅要征收关税，还要征收各种国内税。

通过征收歧视性的国内税时，对国内外产品实行不同的征税方法和税率，来增加进口商品的纳税负担，从而进口商品只能以较高价格出售，削弱其与国内产品竞争的能力，从而达到限制进口的目的。例如，美国、日本和瑞士对进口酒精饮料的消费税都大于本国制品。

国内税的制定和执行完全属于一国政府，有时甚至是地方政府的权限，通常不受贸易条约与协定的约束，因此，把国内税用做贸易限制的壁垒，会比关税更灵活和更隐蔽。

4.2.2.7　最低进口限价

由一国政府规定某种商品的最低进口价格，凡进口商品的价格低于最低限价时，就征收进口附加税甚至禁止进口。最低限价是一国政府规定某种进口商品的最低价格，凡低于这个标准的，就加征进口附加税或禁止进口。进口最低限价的极端措施是对某些商品完全禁止进口。例如，1985 年智利对绸坯布进口规定了每千克 52 美元的最低限价，低于这个限价，将征收进口附加税。这样，一国便可有效地抵制低价商品进口或以此削弱进口商品的竞争能力，保护国内市场。

美国曾实行过一种最低限价措施叫启动价格制。这种措施主要是为了抵制西欧和日本的低价钢材和钢材制品的进口。这种价格的限制标准，是以当时世界上效率最高的钢材生产者的生产成本为基点计算来的最低价格为最低限价，如进口的该类商口价格低于这个价格（启动价格），则要求出口商必须调高价格，否则将征收反倾销税。

4.2.2.8　进口押金制

进口押金制，又称进口存款制，是指一些国家规定进口商在进口时，必须预先按进口金额的一定比率和规定的时间，在指定的银行无息存放一笔现金的制度。这种制度无疑增加了进口商的资金负担，影响了资金的正常周转，同时，由于是无息存款，利息的损失等于征收了附加税，所以，进口押金制能够起到限制进口的作用。

例如，意大利政府从 1974 年 5 月 7 日到 1975 年 3 月 24 日，曾对 400 多种进口商品实行进口押金制度。它规定，凡项下商品进口，无论来自哪一个国家，进口商必须先向中央银行交纳相当于进口货值半数的现款押金，无息冻结 6 个月。据估计，这项措施相当于征收 5% 以上的进口附加税。又如，巴西政府曾经规定，进口商必须先交纳与合同金额相等的为期 360 天的存款才能进口。

4.2.2.9　专断的海关估价

海关估价是指海关按照国家有关规定，对申报进口的商品价格进行审核，以确定或估定其完税价格。专断的海关估价是指有些国家不采取通常的海关估价办法，而专断地提高某些进口商品海关估价，以增加进口商品的关税负担，阻碍商品的进口。用专断的海关估价来限制商品的进口，以美国最为突出。

长期以来，美国海关是按照进口商品的外国价格（进口货在出口国国内销售市场的批发价）或出口价格（进口货在来源国市场供出口用的售价）两者之中较高的一种进行征税。这实际上提高了交纳关税的税额。

为防止外国商品与美国同类产品竞争，美国海关当局对煤焦油产品、胶底鞋类、蛤肉罐头、毛手套等商品，依"美国售价制"这种特殊估价标准进行征税。这四种商品都是国内售价很高的商品，按照这种标准征税，使这些商品的进口税率大幅度地提高，有效地限制了外国货的进口。"美国售价制"引起了其他国家的强烈反对，直到"东京回合"签订了《海关估价守则》后，美国才不得不废除这种制度。

乌拉圭回合达成了《海关估价协议》，该协议修改了《海关估价守则》。此协议包括四个部分，共 31 条，规定了主要以商品的成交价格为海关完税价格的新估价制度。其目的在于为签字国的海关提供一个公正、统一、中性的货物估价制度，不使海关估价成为国际贸易发展的障碍。这个协议规定了下列 6 种不同的依次采用的新估价法：

1. 进口商品的成交价格

根据协议的第 1 条规定，成交价格（Transaction Value）是指"商品销售出口运往进口国的实际已付或应付的价格"，即进口商在正常情况下申报并在发票中所载明的价格。如果海关不能按上述规定的成交价格确定商品海关估价，那就采用第二种办法。

2. 相同商品成交价格

相同商品的成交价格（Transaction Value of Identical Goods）又称为同类商品的成交价格，是指与应估商品同时或几乎同时出口到同一进口国销售的相同商品的成交价格。所谓相同商品，根据协议第 15 条第 2 款，其定义为："它们在所有方面都相同，包括相同的性质、质量和信誉。如表面上具有微小差别的其他货物，不妨碍被认为符合相同货物的定义。"当发现两个以上相同商品的成交价格时，应采用其中最低者来确定应估商品的关税价格。如果按以上两种估价办法都不能确定，可采用以下的第三种估价办法。

3. 类似商品的成交价格

类似商品的成交价格（Transaction Value of Similar Goods）是指与应估商品同时或几乎同时出口到同一进口国销售的类似商品的成交价格。所谓类似商品就是尽量与应估商品比较，各方面不完全相同，但有相似的特征，使用同样的材料制造，具备同样的效用，在商业上可以互换的货物。在确定某一货物是否为类似货物时，应考虑的因素包括该货物的品质、信誉和现有的商标，等等。

4. 倒扣法

倒扣法是以进口商品，或同类或类似进口商品在国内的销售价格为基础减去有关的税费后所得的价格。其倒扣的项目包括代销佣金、销售的利润和一般费用，进口国内的运费、保险金、进口关税和国内税等。倒扣法主要适用于寄售、代销性质的进口商品。

5. 计算价格法

计算价格（Computed Value）又称估算价格，是以制造该种进口商品的原材料、部件、生产费用、运输和保险费用等成本费以及销售进口商品所发生的利润和一般费用为基础进行估算的完税价格。这种方法必须以进口商能否提供有关资料和单据，并保存所有必要的账册等为条件，否则海关就不能采用这种办法确定其完税价格。这种估价方法一般适用于买卖双方有业务联系关系的进口商品。根据协议规定，第4种和第5种办法可以根据进口商品要求进行调换使用。

6. 合理办法

如果上述各种办法都不能确定商品的海关估价，便使用第6种办法，这种办法未作具体规定。海关在确定应税商品的完税价格时，只要不违背本协议的估价原理和总协定第7条的规定，并根据进口商品的现有资料，任何视为合理的估价办法都可行，因此，这种办法称为合理法（Reasonable Means）。

4.2.2.10 贸易技术壁垒

贸易技术壁垒指的是进口国家有意识地利用复杂苛刻的产品技术标准、卫生检疫规定、商品包装和标签规定等来限制商品的进口。即指一国以维护生产、消费安全以及人民健康为理由，制定一些苛刻繁杂的规定，使外国产品难以适应，从而起到限制外国商品进口的作用。

1. 技术标准。技术标准主要适用于工业制成品。发达国家普遍规定了严格、繁杂的技术标准，不符合标准的商品不得进口。例如，原西德禁止在国内使用车门从前往后开的汽车，而这恰好是意大利菲亚特500型汽车的式样；法国严禁含有红霉素的糖果进口，从而把英国糖果拒之门外；美国则对进口的儿童玩具规定了严格的安全标准；等等。技术标准对于发展中国家的限制作用更大，因为发展中国家与发达国家在技术上还存在很大的差距，因此在很大程度上会对发展中国家的出口起到限制作用。

2. 卫生检疫标准。卫生检疫标准主要适用于农副产品及其制品。各国在卫生检疫方面的规定越来越严，对要求卫生检疫的商品也越来越多。如美国规定其他国家或地区输往美国的食品、饮料、药品及化妆品，必须符合美国《联邦食品、药品及化妆品法》的规定。其条文还规定，进口货物通过海关时，均须经食品药物管理署检验，如发现与规定不符，海关将予以扣留，有权进行销毁，或按规定日期装运再出口。日本、加拿大、英国等要求花生黄曲霉素含量不超过百万分之二十，花生酱不超过百万分之十，超过者不准进口；日本对茶叶农药残留量规定不超过百万分之零点二至零点五。

3. 商品包装和标签的规定。商品包装和标签的规定适用范围很广，许多国家对在本国市场销售的商品订立了种种包装和标签的条例。这些规定内容繁杂、手续麻烦，出口商为了符合这些规定，不得不按规定重新包装和改换标签，费时费工，增加商品的成本，削弱了商品的竞争力。以法国为例，法国 1975 年 12 月 31 日宣布，所有标签、说明书、广告传单、使用手册、保修单和其他产品的信息资料，都要强制性地使用法语或经批准的法语替代语。

4.2.2.11　进出口的国家垄断

进出口的国家垄断，也称国营贸易，是指对外贸易中的某些商品的进出口由国家直接经营，或者把这些商品的经营权给予某些垄断组织。经营这些受国家专控或垄断的商品的企业，称为国营贸易企业。各国国家垄断的进出口商品主要有四大类：烟酒、农产品、武器、石油。

4.2.2.12　绿色壁垒

随着全球生态环境问题的日益严重，环境与贸易的冲突也越来越激烈，人们对于生态问题也日益关注，从而贸易保护主义在从传统的关税壁垒逐渐转向非关税壁垒的过程中，绿色壁垒作为一种新型的非关税壁垒也产生了，并成为发达国家以保护环境为名、行限制发展中国家进出口贸易之实的一种手段。

绿色壁垒是绿色贸易壁垒的简称，也叫环境壁垒，指在国际贸易中一些国家以保护生态资源、环境和人类健康为借口，通过设置一系列苛刻的高于国际公认或绝大多数国家不能接受的环保法规和标准，对外国商品进口采取的准入限制或禁止措施。绿色壁垒具有合理性、虚假性、不平衡性、隐蔽性和时效性等特点。例如，美国因为含铅（Pb）量超过了本国规定而拒绝进口委内瑞拉的汽油；欧盟因为加拿大猎人使用的捕猎器捕获了大量的野生动物而禁止进口加拿大的皮革制品；20 世纪 90 年代开始，中国冰箱出口也因为欧洲国家严禁进口含氟利昂冰箱而严重受挫。这些都是由于绿色壁垒而产生的一系列事件。

绿色壁垒的基本表现形式有：

1. 环境关税制度。它是指进口国以环境保护为名，对一些影响生态环境的产品除征收正常关税外，再加征额外的进口关税。这实际上是一种基于环境的进口附加税，其目的是通过提高进口品的成本来提高进口品价格，从而降低进口商品的市场竞争力。其最终目的是限制进口。这是绿色壁垒的初期表现形式。

2. 环境配额制度。这项制度根据出口国产品的环保实际来确定其在本国市场的销售配额。这种做法与世贸组织关于废除数量限制的原则直接违背。

3. 环境许可证制度。环境许可证制度要求在取得许可证的基础上才能允许进出口，即出口国在出口某种商品之前要获得进口国的"预先通知同意"。

4. 环境补贴制度。当企业无力投资于昂贵的新环保技术、设备或无力开发清洁技术产品时，政府需要采用环境补贴的措施来帮助筹资控制污染。

5. 环境贸易制裁。环境贸易制裁是对一国或地区的产品或生产过程不符合规定而采取的极为严厉的措施，轻者禁止进口，重者则实施报复。如 1994 年美国因台湾地区环保不力对台湾进行制裁，使台湾蒙受了超过 1 000 万美元的经济损失。

6. 环境成本内在化制度。一些发达国家制定环境成本内在化制度，对来自于那些环境标准较为宽松国家的产品以"生态倾销"为名而实行保护主义措施。

7. 环保技术标准和产品绿色标准。一些发达国家通过立法手段,依靠科技优势,制定一系列严格、详细的强制性环保技术标准和产品绿色技术标准,来限制国外商品进口。这些标准对发展中国家来说,是很难达到的,所以必然会把发展中国家的产品排斥在国际市场之外。

8. 环境检验检疫制度。发达国家设计了一系列的安全卫生指标,尤其对农药残留、放射性残留、重金属含量以及集装箱的检疫要求非常苛刻。这项制度成为发达国家控制从发展中国家进口商品的重要工具。

9. 环境包装和标签制度。为了防止包装材料及标签对环境和社会造成的负面影响和危害,一些国家对产品包装和标签作出严格规定。这是一种常见的环境技术壁垒,利用它能够有效阻止国外产品进入本国市场。

10. 环境标志和认证制度。环境标志制度又称绿色标志制度或生态标志制度,是指由政府部门或公共、私人团体依据一定环境标准向有关厂商颁发的,证明其产品符合环境标准的一种特定标志。标志获得者可把标志印在或贴在产品或其包装上,向消费者表明该产品生产、使用、消费和回收的全过程都符合环境标准,对环境的危害比其他类似的产品要小,或者对环境没有不良影响。它和一般的商品标志不同,代表了对产品环境质量的全面评估。

4.2.3 非关税壁垒对国际贸易及进出口国的影响

非关税壁垒是在贸易保护主义和贸易自由化并行的今天,关税壁垒的贸易保护作用逐渐削弱的情况下发展起来的。由于具有隐蔽性、歧视性、针对性和更能直接有效地限制进口等特点,它对于世界贸易、出口国、进口国的影响更大。

4.2.3.1 非关税壁垒对国际贸易的影响

1. 非关税壁垒影响国际贸易增长

非关税壁垒的加强必然导致进口的减少,从另一个层面说是其他国家出口的减少。在世界范围内的贸易总额的减少必然导致国际贸易增长速度的减缓,因此我们可以得出结论:在其他条件不变的情况下,世界性的非关税壁垒加强的程度与国际贸易增长的速度成反比关系。当非关税壁垒趋向加强,国际贸易的增长将趋向下降;反之,当非关税壁垒趋向缓和或逐渐拆除时,国际贸易的增长速度将趋于加快。所以说,非关税壁垒对国际贸易发展起着重大的阻碍作用。第二次世界大战后的50年代到60年代初,在关税大幅度下降的同时,发达资本主义国家还大幅度地放宽和取消了进口数量限制等非关税措施,在一定程度上促进了国际贸易的发展。从1950年到1973年间,世界贸易量年平均增长率达到7.2%。但从70年代中期以后,非关税壁垒进一步加强,形形色色的非关税壁垒措施层出不穷,严重地阻碍着国际贸易的发展。1973—1989年,世界贸易量年平均增长率仅为4.5%,1980—1985年降为3%左右。

2. 非关税壁垒影响商品结构和地理方向

由于非关税壁垒的针对性和歧视性的特点,其在实施过程中往往对于不同国家、不同商品采取不同的政策,所以在一定程度上影响国际贸易商品结构和地理方向的变化。一般来看，第二次世界大战后，特别是 20 世纪 70 年代中期以来，农产品贸易受到非关税壁垒影响的程度超过工业制成品，劳动密集型产品贸易受到非关税壁垒影响的程度超过技术密集型产品；同时，发展中国家或地区和社会主义国家对外贸易受到发达资本主义国家非关税壁垒影响的程度超过发达资本主义国家本身。这些都在一定程度上影响着国际贸易商品结构与地理方向的变化，阻碍和损害着发展中国家和社会主义国家对外贸易的发展。与此同时，发达资本主义国家之间以及不同的经济集团之间也通过加强非关税壁垒，相互限制彼此的某些商品进口，从而加剧了它们之间的贸易摩擦和冲突。

4.2.3.2　非关税壁垒对进口国的影响

非关税壁垒和关税壁垒一样，都能起到限制进口、引起进口商品价格上涨以及保护本国的市场和生产的作用。在保护关税的情况下，国内外价格仍维持着较为密切的关系，进口数量将随着国内外价格的涨落而有所不同。但是如果进口国采取直接的进口数量限制措施，情况就不同了。如实行进口数量限制，固定了进口数量，超过绝对进口配额的该种商品不准进口。当国外该种商品价格下降时，对进口国这种商品的进口数量的增长无影响；在限制进口引起进口国国内价格上涨时，也不增加进口，以减缓价格的上涨，因而两国之间的价格差距将会扩大。

一般说来，在一定的条件下，进口数量限制对价格的影响还可由于下列的情况不同而有所不同：外国商品的供给受进口限制的数量越大，进口国的国内市场价格上涨的幅度越大；进口国的国内需求量越大，而外国商品进口受到限制的程度也越大时，其国内市场价格上涨的幅度将越大；进口国国内需求价格弹性越大，其国内市场价格上涨幅度越小；进口国国内供应弹性越大，其国内市场价格上涨幅度也越小。

进口数量限制等措施导致价格的上涨，成为进口国同类产品生产的重要的"价格保护伞"，在一定条件下起到保护和促进本国有关产品的生产和发展的作用。但是，非关税壁垒的加强使进口国的人民付出了巨大的代价。由于国内价格上涨，进口国的消费者必须以更高价格购买所需的商品，而有关厂商却从中获得高额利润。同时，随着国内市场价格上涨，其出口商品成本与价格也将相应提高，削弱了出口商品的竞争能力。为了扩大出口，许多国家采取了出口补贴等措施鼓励出口，但是增加了国家预算支出，加重了广大人民的税收负担。

4.2.3.3　非关税壁垒对出口国的影响

进口国加强非关税壁垒，尤其是实行直接的进口数量限制，将使出口国的商品出口数量和价格受到严重的影响，造成出口商品增长率下降或出口数量的减少和出口价格下跌。

各出口国的经济结构和出口商品结构不同，其出口商品受到非关税壁垒措施的影响也可能不同。同时，各种出口商品的供给弹性的不同，其价格所受的影响也将不同。出口商品的供给弹性较大，这些商品的价格受到进口国的非关税壁垒所引起的价格下跌将较小；反之，出口商品的供给弹性较小，其所引起的价格下跌将较大。一般说来，发展中国家出口的商品供给价格弹性较小，因此，发展中国家或地区蒙受非关税壁垒限制的损失超过了发达国家。

发达国家还利用非关税壁垒对各出口国家实行差别和歧视待遇，因而各出口国所受的影响也有所不同。例如，以绝对进口配额为例，由于进口配额的实施方式不同，各输出国所受到的影响也将不同。如果进口国对某种商品实行全球性进口配额，则进口国的邻近出口国家的出口就处于较为有利的地位，可能增加该种商品出口，而距离进口国较远的国家的出口就处于较为不利的地位，可能减少该种商品出口。如果进口国对某种商品实行国别进口配额，其采用的配额分配方法不同，各出口国的商品出口所受到的影响也将不同。如配额采用均等分配法，则实施配额以前该商品出口较多的国家将可能减少出口，而过去出口较少的国家将可能增加出口；如配额参照出口国过去的出口实绩按比例分配，则各出口国所分到的新额度也将不同；如配额按双边协议分配，各出口国出口将由于协议配额的不同而各有差异。

在非关税壁垒加强的情况下，发达资本主义国家之间一方面采取各种措施鼓励商品出口；另一方面采取报复性和歧视性的措施限制对方商品进口，从而进一步加剧了它们之间的贸易摩擦和冲突。

4.3　管理出口措施

4.3.1　鼓励出口措施

许多国家的国际贸易政策通常表现为两个层面：一方面利用各种关税和非关税措施限制与调节外国商品进口；另一方面采取各种鼓励出口的措施，扩大商品的出口。限制进口的措施我们在前面已经做了介绍，这一部分要说明鼓励出口的措施。鼓励出口的措施是指出口国家的政府通过各种经济、政治和组织等方面的措施，促进本国商品的出口，开拓和扩大国外市场。各国鼓励出口的做法很多，其中主要有以下几种：

4.3.1.1　出口信贷

1. 出口信贷的概念

出口信贷是指一个国家为了鼓励商品出口，银行对本国出口厂商或国外进口厂商提供贷款，以增强本国商品的竞争能力。它是一国的出口厂商利用本国银行的贷款扩大商品出口，特别是金额较大、期限较长的商品，如成套设备、船舶等出口的一种重要手段。

2. 出口信贷的种类

出口信贷按时间长短划分可分为以下几种：

（1）短期信贷。通常指180天以内的信贷，有的国家规定信贷期限为一年。短期信贷主要适用于原料、消费品及小型机器设备的出口。

（2）中期信贷。通常指为期1~5年的信贷。中型机器设备多利用中期信贷。

（3）长期信贷。通常是5~10年，甚至更长时期的信贷。大型成套设备与船舶等需长期信贷。

出口信贷按借贷关系划分可分为以下两种：

（1）卖方信贷。它是出口方银行向本国出口厂商（卖方）提供的贷款。这种贷款协议由出口厂商与银行之间签订。卖方信贷通常用于机器设备、船舶等的出口。由于这些商品出口所需的资金较大、时间较长，进口厂商一般都要求采用延期付款的办法。出口厂商为了加速资金周转，往往需要取得银行的贷款。出口厂商付给银行的利息、费用有的包括在货价内，有的在货价外另加，转嫁给进口厂商负担。因此，卖方信贷是银行直接资助本国出口厂商向外国进口厂商提供延期付款，以促进商品出口的一种方式。

在采用卖方信贷的条件下，通常在签订买卖合同后，进口厂商先支付货款的5%～15%的定金，作为履约的一种保证金，在分批交货、验收和保证期满时，再分期支付10%～15%的货款，其余的货款在全部交货后若干年内分期摊还，并付给延期付款期间的利息。出口厂商把所得的款项与利息按贷款协议的规定偿还给本国的供款银行。所以，卖方信贷实际上是出口厂商从供款银行取得贷款后，再向进口厂商提供延期付款的一种商业信用。

（2）买方信贷。它是出口方银行直接向外国的进口厂商（买方）或进口方的银行提供的贷款。其附带条件就是贷款必须用于购买债权国的商品，因而起到促进商品出口的作用，这就是所谓约束性贷款（Tied Loan）。

在采用买方信贷的条件下，当出口方供款银行直接贷款给外国进口商时，进口厂商先用本身的资金，以即期付款方式向出口厂商交纳买卖合同金额15%～20%的定金，其余货款以即期付款的方式将银行提供的贷款付给出口厂商，然后按贷款协议所规定的条件，向供款银行还本付息；当出口方供款银行贷款给进口方银行时，进口方银行也以即期付款的方式代进口厂商支付应付的货款，并按贷款协议规定的条件向供款银行归还贷款和利息等。至于进口厂商与本国银行的债务关系，则按双方商定的办法在国内结算清偿。买方信贷不仅使出口厂商可以较快地得到货款和减少风险，而且使进口厂商对货价以外的费用比较清楚，便于他与出口厂商进行讨价还价。因此，这种方式在目前较为流行。

3. 出口信贷的主要特点

（1）出口信贷必须与出口项目相联系，即贷款必须全部或大部分用于购买提供贷款国家的出口商品。

（2）出口信贷利率低于国际金融市场贷款的利率，其利差由出口国政府给予补贴。

（3）出口信贷的贷款金额，通常只占买卖合同金额的85%左右，其余10%～15%由进口厂商先支付现汇。

（4）出口信贷的发放与出口信贷担保相结合，以避免或减少信贷风险。

为了做好出口信贷，发达资本主义国家一般都设立专门银行，办理此项业务。例如，美国的"进出口银行"、日本的"输出入银行"和法国的"对外贸易银行"等，除对成套设备、大型交通工具等商品的出口提供国家出口信贷外，还向本国私人商业银行提供低利率贷款或给予贷款补贴，以资助它们的出口信贷业务。

4.3.1.2　出口信贷国家担保制

出口信贷国家担保制是指国家为了扩大出口，对于本国出口厂商或商业银行向外国进口厂商或银行提供的信贷，由国家设立的专门机构出面担保，当外国债务人拒绝付款时，这个国家机构即按照承保的数额给予补偿。

1. 担保的项目与金额

通常商业保险公司不承保的出口风险的项目，都可向担保机构进行投保。一般可分为两类：

（1）政治风险。进口国发生政变、革命、暴乱、战争以及政府实行禁运、冻结资金或限制对外支付等政治原因所造成的损失，可给予补偿。这种风险的承保金额一般为合同金额的85%～95%。

（2）经济风险。进口厂商或借款银行因破产倒闭无力偿付、货币贬值或通货膨胀等经济原因所造成的损失，可给予补偿。担保金额一般为合同金额的70%～80%。为了扩大出口，有时对于某些出口项目的承保金额达到100%。

2. 担保对象

担保对象主要分以下两种：

（1）对出口厂商的担保。出口厂商输出商品时提供的短期信贷或中长期信贷可向国家担保机构申请担保。有些国家的担保机构本身不向出口厂商提供出口信贷，但可以为出口厂商取得出口信贷提供有利条件。例如，有的国家采用保险金额的抵押方式，允许出口厂商将所获得的承保权利以"授权书"方式转移给供款银行而取得出口信贷。这种方式使银行提供的贷款得到安全保障，一旦债务人不能按期还本付息，银行即可从担保机构得到补偿。

（2）对银行的直接担保。通常银行所提供的出口信贷均可申请担保，这种担保是担保机构直接对供款银行承担的一种责任。有些国家为了鼓励出口信贷业务的开展和提供贷款安全保障，往往给银行更为优厚的待遇。这种办法有利于银行扩大出口信贷业务，从而促进商品输出。

3. 担保期限与费用

根据出口信贷期限，担保期限通常可分为短期与中长期。短期信贷担保为6个月左右，承保范围往往包括出口厂商所有海外的短期信贷交易。为了简化手续，有的国家对短期信贷采用综合担保的方式，出口厂商只要一年办理一次投保，就可承保在这期间对海外的一切短期信贷交易，一旦外国债务人拒付时，即可得到补偿。至于中长期信贷担保，由于金额大，时间长，因而采用逐笔审批的特殊担保方式。中长期担保时间通常为2～15年。承保时间可从出口合同成立日起到最后一笔款项付清为止，也可以从货物装运出口直到最后一次付款为止。

这些担保机构的主要目的在于担保出口厂商与供款银行在海外的风险，以扩大商品出口，因此所收的费用一般不高，以减轻出口厂商和银行的负担。通常保险费率根据出口担保的项目、金额大小、期限长短和输往的国别或地区而有所不同。此外，各国保险费率也不一样。

4.3.1.3 出口补贴

出口补贴又称出口津贴，是一国政府为了降低出口商品的价格，加强其在国外市场上的竞争能力，在出口某种商品时给予出口厂商的现金补贴或财政上的优惠待遇。

1. 出口补贴的方式

（1）直接补贴。直接补贴是指出口某种商品时，直接付给出口厂商的现金补贴。第二次世界大战后，美国和一些西欧国家对某些农产品的出口就采取这种补贴。这些国家农产品的国内价格一般比国际市场价格为高，按国际市场价格出口时就出现亏损，这种差价或亏损部分由该国政府给予补贴。出口补贴的幅度和时间的长短，往往随着国内市场与世界市场之间的差价的变化而变化。有时为了鼓励某种商品出口，补贴金额甚至大大超过实际差价。

（2）间接补贴。间接补贴是指政府对某些出口商品给予财政上的优惠，如政府退还或减免出口商品的直接税、超额退还间接税、提供比在国内销售货物更优惠的运费等。

2. 禁止使用出口补贴的情况

长期以来，各国对出口补贴问题争论不休，为此，乌拉圭回合谈判中达成的《补贴与反补贴协议》将补贴分为禁止使用补贴、可申诉的补贴和不可申诉补贴，并规定除农产品外任何出口产品的下列补贴，均属于禁止使用的出口补贴：政府根据出口对某一公司或生产企业提供直接补贴；外汇留成制度或任何包含有奖励出口的类似做法；政府对出口货物的国内运输和运费提供了比国内货物更为优惠的条件；政府为出口产品生产所需的产品和劳务提供优惠的条件；政府为出口企业的产品，全部或部分免除、退还或延迟缴纳直接税或社会福利税；政府对出口产品或出口经营，在征收直接税的基础上，对出口企业给予的特别减让超过对国内消费的产品所给予的减让；对出口产品生产和销售的间接税的免除和退还，超过用于国内消费的同类产品的生产和销售的间接税；对于被结合到出口产品上的货物的先期积累间接税给予免除、退还或延迟支付，仍属于出口补贴之列；超额退还已结合到出口产品上的进口产品的进口税；政府或由政府控制的机构所提供的出口信贷担保或保险的费率水平极低，导致该机构不能弥补其长期经营费用或造成亏本；各国政府或政府控制的机构以低于国际资本市场利率提供出口信贷，或政府代为支付信贷费用；为公共利益的目的而开支的项目，构成了总协定第 16 条意义上的出口补贴。

4.3.1.4　商品倾销

商品倾销是指资本主义国家的大企业在控制国内市场的条件下，以低于国内市场的价格，甚至低于商品生产成本的价格，在国外市场抛售商品，打击竞争者以占领市场。商品倾销通常由私人大企业进行，但是随着国家垄断资本主义的发展，一些国家设立专门机构直接对外进行商品倾销。例如，美国政府设立商品信贷公司，以高价在国内收购农产品，而按照比国内价格低一半的价格在国外倾销农产品。

按照倾销的具体目的和时间的不同，商品倾销可分为以下几种：

1. 偶然性倾销

这种倾销通常是因为销售旺季已过，或因公司改营其他业务，在国内市场上不能售出"剩余货物"，而以倾销方式在国外市场抛售。这种倾销对进口国的同类生产虽然会造成不利的影响，但由于时间短暂，进口国家通常较少采用反倾销措施。

2. 间歇性或掠夺性倾销

这种倾销的方法，是以低于国内价格甚至低于成本的价格，在某一国外市场上倾销商品，在打垮了或摧毁了所有或大部分竞争对手，垄断了这个市场之后，再提高价格。这种倾销的目的是占领、垄断和掠夺国外市场，获取高额利润。具体说来，有的是为了打垮竞争对手，以扩大和垄断其产品的销路；有的是为阻碍当地同类产品或类似产品的生产和发展，以继续在当地市场维持其垄断地位；有的是为了在国外建立和垄断新产品的销售市场；等等。这种倾销严重地损害了进口国家的利益，因而许多国家都采取反倾销税等措施进行抵制。

3. 长期性倾销

这种倾销是长期以低于国内的价格，在国外市场出售商品。这种倾销具有长期性，其出口价格至少应高于边际成本，否则货物出口将长期亏损。因此，倾销者往往采用"规模经济"，扩大生产以降低成本。有的出口厂商还可通过获取本国政府的出口补贴来进行这种倾销。

资本主义国家的大企业倾销商品可能会使利润暂时减少甚至亏本。它们一般采用以下办法取得补偿：（1）在贸易壁垒的保护下，用维持国内市场上的垄断高价或压低工人的工资等办法，榨取高额利润，以补偿出口亏损；（2）国家提供出口补贴以补偿该企业倾销时的亏损；（3）大企业在国外市场进行倾销，打垮了国外竞争者，占领了国外市场后，再抬高价格，攫取高额利润，弥补过去的损失。

长期以来，发达资本主义国家的大企业利用商品倾销，争夺国外市场，这就加剧了它们之间在世界市场上的矛盾。

4.3.1.5 外汇倾销

1. 外汇倾销的含义

外汇倾销是出口企业利用本国货币对外贬值的机会，争夺国外市场的特殊手段。当一国货币贬值后，出口商品以外国货币表示的价格降低，提高了该商品的竞争能力，从而扩大了出口。不仅如此，在货币贬值后，货币贬值的国家进口商品的价格却上涨了，从而削弱了进口商品的竞争力。因此，货币贬值起到了促进出口和限制进口的双重作用。

2. 外汇倾销的条件

外汇倾销不能无限制和无条件地进行，只有具备以下两个条件才能起到扩大出口的作用。

（1）货币贬值的程度大于国内物价上涨的程度。货币贬值必然引起一国国内物价上涨的趋势。当国内物价上涨程度赶上或超过货币贬值的程度，对外贬值与对内贬值差距也随之消失，外汇倾销的条件也不存在了。但是，国内价格与出口价格的上涨总要有一个过程，并不是本国货币一贬值，国内物价立即相应上涨，在一定时期内它总是落后于货币对外贬值的程度，因此垄断组织就可以获得外汇倾销的利益。

（2）其他国家不同时实行同等程度的货币贬值和采取其他报复性措施。如果其他国家也实行同幅度的贬值，那么两国货币贬值幅度就相互抵消，汇价仍处于贬值前的水平，而得不到货币对外贬值的利益。如果外国采取提高关税等其他限制进口的报复性措施，也会起到抵消的作用。

4.3.1.6 促进出口的行政组织措施

为了扩大出口，许多国家在行政组织方面采取了各种措施。

1. 设立专门组织

例如，为了研究与制定出口战略，扩大出口，美国在 1960 年成立了扩大出口全国委员会，其任务就是向美国总统和商务部长提供有关改进鼓励出口的各项措施的建议和资料。1978 年又成立了出口委员会和跨部门的出口扩张委员会，附属于总统国际政策委员会。为了进一步加强外贸机构的职能，集中统一领导，1979 年 5 月成立了总统贸易委员会，负责领导美国对外贸易工作。此外，还成立了一个贸易政策委员会，专门定期讨论、制定对外贸易政策与措施。欧洲国家和日本为了扩大出口都成立了类似组织。

2. 建立商业情报网

为加强商业情报的服务工作，许多国家都设立了官方的商业情报机构，在海外设立商业情报网，负责向出口厂商提供所需的情报。例如，英国设立出口情报服务处，装备有计算机情报收集与传递系统。情报由英国 220 个驻外商务机构提供，由计算机进行分析，分成近 5 000 种商品和 200 个地区或国家的市场情况资料，供有关出口厂商使用，以促进商品出口。

3. 组织贸易中心和贸易展览会

贸易中心是永久性的设施。在贸易中心内提供陈列展览场所、办公地点和咨询服务等。贸易展览会是流动性的展出，许多国家都十分重视这项工作。有些国家一年组织 15～20 次国外展出，费用由政府补贴。例如，意大利对外贸易协会对它发起的展出支付 80% 的费用，对参加其他国际贸易展览会的公司也给予其费用 30%～35% 的补贴。

4. 组织贸易代表团出访和接待来访

许多国家为了发展对外贸易，经常组织贸易代表团出访，其出国的费用大部分由政府承担。例如，加拿大政府组织的代表团出访，政府支付大部分费用。许多国家设立专门机构接待来访团体，例如英国海外贸易委员会设有接待处，专门接待官方代表团和协助公司、社会团体接待来访工商界，从事贸易活动。

5. 组织出口商的评奖活动

第二次世界大战后，许多国家开始日益盛行对出口商给予精神奖励的做法。对扩大出口成绩卓著的厂商，国家授予奖章、奖状，并通过授奖活动推广它们扩大出口的经验。例如，美国设立了总统"优良"勋章和"优良"星字勋章，得奖厂商可以把奖章样式印在它们公司的文件、包装和广告上。日本政府把每年 6 月 28 日定为贸易纪念日，每年在贸易纪念日，由通商产业大臣向出口贸易成绩卓著的厂商和出口商社颁发奖状。

4.3.2　经济特区措施

4.3.2.1　经济特区的概念与目的

经济特区是一个国家或地区在其关境以外所划出的一定范围内，建筑或扩建码头、仓库、厂房等基础设施和实行免除关税等优惠待遇，吸引外国企业从事贸易与出口加工工业等业务活动的区域。经济特区的目的是促进对外贸易发展，鼓励转口贸易和出口加工贸易，繁荣本地区和邻近地区的经济，增加财政收入和外汇收入。

4.3.2.2　经济特区的形式

1. 自由港或自由贸易区

自由港有的称为自由口岸。自由贸易区有的称为对外贸易区、自由区、工商业自由贸易区等。无论自由港或自由贸易区都是划在关境以外，对进出口商品全部或大部分免征关税，并且准许在港内或区内开展商品自由储存、展览、拆散、改装、重新包装、整理、加工和制造等业务活动，以利于本地区经济和对外贸易的发展，增加财政收入和外汇收入。

一般说来，自由港或自由贸易区可以分为两种类型：一种是把港口或设区所在的城市都划为自由港或自由贸易区，如香港整个是自由港。另一种是把港口或设区的所在城市的一部分划为自由港或自由贸易区，例如汉堡自由贸易区。

2. 保税区

有些国家如日本、荷兰等，没有设立自由港或自由贸易区，但实行保税区制度。保税区是海关所设置的或经海关批准注册的、受海关监督的特定地区和仓库，外国商品存入保税区内，可以暂时不缴纳进口税；如再出口，不缴纳出口税；如要运进所在国的国内市场，则需办理报关手续，缴纳进口税。

运入区内的外国商品可进行储存、改装、分类、混合、展览、加工和制造等。此外，有的保税区还允许在区内经营金融、保险、房地产、展销和旅游业务。

因此，许多国家对保税区的规定与自由港、自由贸易区的规定基本相同，起到了类似自由港或自由贸易区的作用。

3. 出口加工区

出口加工区是发展中国家或地区在其港口或邻近港口、国际机场的地方，划出一定的范围，新建和扩建码头、车站、道路、仓库和厂房等基础设施以及提供免税等优惠待遇，鼓励外国企业在区内投资设厂，生产以出口为主的制成品的加工区域。

出口加工区脱胎于自由港或自由贸易区，采用了自由港或自由贸易区的一些做法，但它又与自由港或自由贸易区有所不同。一般说来，自由港或自由贸易区，以发展转口贸易、取得商业方面的收益为主，是面向商业的；而出口加工区，以发展出口加工工业、取得工业方面的收益为主，是面向工业的。

出口加工区分为以下两种类型：

综合性出口加工区。在区内可以经营多种出口加工工业。如菲律宾的巴丹出口加工区所经营的项目包括服装、鞋类、电子或电器产品、食品生产、光学仪器和塑料产品等。

专业性出口加工区。在区内只准经营某种特定的出口加工产品。例如印度在孟买的圣克鲁斯飞机场附近建立的电子工业出口加工区，以发展电子工业的生产和增加这类产品的出口。在区内经营电子工业生产的企业可享有免征关税和国内税等优惠待遇，但全部产品必须出口。目前世界各地的出口加工区大部分是综合性出口加工区。

4. 自由边境区

自由边境区过去也称为自由贸易区，这种设置仅见于拉丁美洲少数国家，一般设在本国的一个省或几个省的边境地区。对于在区内使用的生产设备、原材料和消费品可以免税或减税进口。如从区内转运到本国其他地区出售，则须照章纳税。外国货物可在区内进行储存、展览、混合、包装、加工和制造等业务活动，其目的在于利用外国投资开发边区的经济。

5. 过境区

沿海国家为了便利内陆邻国的进出口货运，开辟某些海港、河港或国境城市作为货物过境区。过境区规定，对于过境货物，简化海关手续，免征关税或只征小额的过境费用。过境货物一般可在过境区内作短期储存，重新包装，但不得加工。

4.3.3　出口管制措施

出口管制，也称为出口控制，是指出口国政府通过各种经济的和行政的办法和措施，对本国出口贸易实行管制的行为的总称。与前面所介绍的各种政策不同的是，前面的各种政策的出发点都是鼓励出口和限制进口，并且政策的倾向越来越偏重于鼓励出口，但是出口管制政策是出于一定的政治、军事和经济的目的，对某些产品，特别是战略物资和高技术产品的出口实行管制，以限制或禁止这类商品的出口。出口管制是一国对外贸易政策的重要组成部分，许多发达国家往往借助出口管制实现贸易歧视。

【小结】

本章在国际贸易政策的基础上，阐述了影响国际贸易的措施，包括关税措施、非关税措施和管理出口措施。关税措施作为最古老的国际贸易措施，在国际贸易中发挥着重要的作用，并对一国经济和全球经济产生影响。非关税措施是相对于传统关税而言，形式多样。非关税措施有合理成分，然而其又起到贸易保护的效果，这些负面的东西给国际贸易带来不必要的障碍。管理出口的措施主要包括鼓励出口措施、经济特区措施和出口管制措施。

【思考题】

1. 简述关税的概念和分类。
2. 试述非关税壁垒的概念和特点。
3. 列出非关税壁垒的表现形式，包括其概念、特点和作用等。
4. 论述非关税壁垒分别对国际贸易、出口国和进口国的影响。
5. 各国如何利用金融措施促进出口？
6. 对于技术性贸易壁垒和绿色壁垒，我们如何应对？

【案例分析】

1. 韩国农产品贸易壁垒的现状

经济全球化和贸易自由化日趋活跃的时候，韩国也在探索与外国开展自由贸易的道路。韩国在推进贸易自由化过程中作出了很多努力，但是韩国为保护其国内产业，特别是农业，仍设置了各种各样的贸易壁垒。

　　韩国经济从20世纪60年代初开始起飞，经过70年代、80年代的迅猛发展，创造了令世人惊叹的"汉江奇迹"，从一个农业国家变为新兴的工业化国家。20世纪70到90年代，以贸易为主导的工业化发展将韩国从一个经济贫困国转变为世界第12大经济强国。但随着经济的发展，农业在国民经济中的地位下降了。农业增加值占国内生产总值的比例由1960年的40%降至2000年的4%；农业劳动力比例低，1970—2000年，农业就业人口从占全国劳动力总数的50%降至8.5%；2000年农业经济增长率仅1.1%，与8.8%的国民经济总体增长极不协调。农民收入主要依赖于农产品生产，2000年农产品收入占农民总收入的65%。水稻在农产品生产中占主导地位，农产品收入的52%来自于水稻生产。

　　与其他商品贸易量在全球排名靠前相比，韩国的农产品出口很少，与其他经济领域形成了鲜明对比，并且很多农产品要依靠进口。农产品进口在满足韩国国内食品、饲料和原材料供给中发挥着重要作用。虽然大米、园艺作物和畜产品等几种农产品通过政府的大量干预，实现了大米的自给，但由于人口密度增加，生活水平提高，韩国的土地和牧场面积已不足以满足人民粮食和家畜饲料的需求，加之国内大米等产物居高不下的价格，多年来，更多的韩国农产品生产主要靠政府的补贴和贸易保护政策来维持，而世贸组织协议允许的政府对农民的直接支付很低，2000年仅为农民收入总额的2.6%。

　　作为关贸总协定和世界贸易组织的原始成员国，韩国三十多年来却一直通过设置贸易壁垒、避免市场开放等措施来为以稻米产业为主导的本国农业发展提供保护。在韩国农民及代表农民利益的国会议员眼中，如果韩国开放农产品市场，特别是大米市场将会引起数百万韩国农民的生计难以为继，必将造成极其严重的后果。因此，韩国长久以来借反对自由贸易协定之名，谋政府提供对农业的保护性政策之实。韩国政府获准对大米、玉米等67种（2001年减至60种）农产品实行关税配额管理，亦称市场准入限制（MMA）管理，对其中的部分产品征收很高的配额外关税，其税率一般在200%以上。这使优质的日本大米很难进入韩国大米市场主流，消费者却要为国产大米支付高于国外优质大米的价格。

　2. 贸易壁垒的打破

　　据韩国产业资源部最近测算，随着日本、美国、印度等主要贸易伙伴与有关国家签订的自由贸易协定生效，韩国在100种主要出口商品每年将丧失2亿至6亿美元不等的市场份额。由此可见，如果韩国拒不开放农产品市场，其结果必然是得小利而失大利。因此，在全球贸易自由化潮流的驱动下，韩国不得不走市场开放之路。倚重出口的韩国从自由贸易得到的实惠远大于保护农产品市场之利。在自由贸易大势面前，韩国政府权衡利弊，农产品贸易壁垒开始逐步被打破。

　　韩国在最近的十年里在尽最大努力保护本国农产品生产、抵御进口带来的竞争的同时，从1994年开始，政府投入500多亿美元，进行了为期五年的全面农业政策调整。同以前以大米为核心的政策相比，新政策更具前瞻性，焦点从水稻生产转移到其他领域，包括经济作物生产、销售手段和农村基础设施建设等，韩国承诺根据1995年乌拉圭协议进行政策调整。总体上讲，该协议带来了市场准入方面的改善（降低关税、增加配额、取消进口禁令），限制了出口补贴和产生扭曲贸易的国内支持，并增加了对假借进出口卫生检疫措施构筑贸易壁垒现象的追索权，并且向世贸组织通报不实行农业出口补贴。

这说明，韩国政府的农业保护政策已经由关税壁垒和严格限制进口的非关税壁垒等硬性法规转变为在考虑政策框架时越来越多地倾向于"农业的多功能性"这个概念。按照这个观点，实行农产品进口会取代国内农产品生产，而农业的其他功能，如环境功能和文化功能则不会产生这种影响。水稻问题仍是农业政策中的焦点问题。市场开放使得政府指导下的自由市场大米价格被压得很低，农民通过种植高产水稻获得额外收益的积极性受到影响。于是政府便投入大量资金以提高水稻种植业和加工业的生产效益，并为外部投资商收购农场或投资于水稻种植铺平了道路。另外，随着最大农场规模方面的限制的基本取消，必然会带来规模经济效应，即生产规模的扩大带来的生产成本的下降。如果价格维持在现有水平，大型农场将来的获利前景是有保证的。由此可见，韩国的农业发展已经走上了一条通过对国内资源禀赋的合理分配寻求内生发展的道路。

启示

1. 韩国农业结构的调整是在分析韩国农业发展的市场环境的基础上展开的。韩国人多地少，追求所有农产品的自给是不现实的。当认识到农产品市场的对外开放是大势所趋，便积极主动地调整农业生产结构，逐步打破贸易壁垒。这是十分正确的。

2. 在对国内农业市场环境分析的前提下，认清自己的优势所在，坚决淘汰市场前景暗淡的产品，积极发展市场前景广阔的产品。结构调整必然是一个有退有进的过程，这不是一个被动的优胜劣汰过程，而是一个积极的主动选择过程。韩国在这方面做得比较成功。战略性调整中必须根据各种农产品的收入需求弹性找出市场前景广阔的产品，并根据自身的技术、资源、规模、区位、营销等优势确定适合本地区发展的优势产品。

3. 韩国的成功经验对推进我国农业和农村经济结构的战略性调整具有重要意义。20 世纪 90 年代以来，我国农业的综合生产能力有了很大的提高。我国加世贸组织，国内农产品市场也将逐步对外开放，国内农业也将面临国外质优价廉的农产品的冲击。在这种背景下，对我国农业和农村经济结构进行战略性调整是非常必要的。韩国的经验，对于我国的政策调整有很好的参考价值。

（资料来源：龚晓莺：《国际贸易理论与政策》，经济管理出版社，2008）

第5章

跨国公司与国际贸易

【学习目标】

通过本章的学习，了解跨国公司的形成与发展，掌握跨国公司的经营方式与特征，理解跨国公司对国际贸易的影响。

【重点与难点】

跨国公司的经营方式与特征；跨国公司对国际贸易的影响。

【导入案例】　韩国的多国公司

韩国作为一个现代工业化国家，其发展得益于那些从事多角化经营的企业集团。例如2012年10月至12月，三星公司营业利润将达8.8万亿韩元（约合83亿美元），高出8.7万亿韩元的市场人士预期中值；同期公司营业收入将达56万亿韩元（约合528亿美元），同比增长约18%。据市场人士分析称，2013年三星手机的销量可能会使苹果公司望尘莫及。三星公司2012年智能手机的销量大约在2.15亿部。

过去韩国的跨国公司是利用低劳动成本向工业化国家出口一系列商品，但近些年来，韩国的土地和劳动力成本都已快速地上升了，在全球经济中，作为跨国公司竞争优势的重要源泉已经失效。尽管韩国常常把自己与日本相比较，但与日本企业不同，几家跨国公司在产品质量和产品设计上相对较差，它们无法把它们的出口产品定位于高档市场并以高价来弥补较高的成本。所以，为了维持它们的竞争地位，韩国的跨国公司通过向海外扩张，把工厂建造在直接劳工成本相对较低、雇员生产率较高的国家，以解决国内成本上升的问题。

韩国跨国公司对外投资的另一个原因是为了获取外国企业所具有的质量、设计、技术诀窍或市场，而这一切又是韩国企业集团所缺少的。例如，早在1995年，三星集团用了3.78亿美元收购了美国最大的个人电脑制造商之一——AST 40%的股份。同样，韩国的第二大企业集团现代集团的一家子公司——现代电子工业公司，用1.65亿美元收购了美国电脑光盘制造商Maxtor以及用3.4亿美元收购了AT&T公司的半导体分部。

韩国跨国公司对外扩张投资的第三个理由是为了安抚某些外国政府，它们担心韩国的出口产品进入它们国家的那种上升态势。这种情形在西欧更为明显，那里向欧洲委员会提交的法律诉讼接二连三，状告韩国企业在欧洲市场上倾销产品，试图攫取市场份额并将欧洲企业挤垮。韩国企业则尽可能设法通过在欧洲建立生产厂以避开这种指控。例如，欧洲挖土设备制造商控告韩国三星和现代集团，导致这两个企业集团在欧洲直接投资设厂来制造该设备。在这些因素的推动下，韩国跨国公司的对外直接投资加速发展。

（资料来源：百度文库）

试分析什么是跨国公司？为什么跨国公司对外扩张投资？

5.1　跨国公司的形成与发展

跨国公司，又称多国公司、国际公司、超国家公司和宇宙公司等，是指由两个或两个以上国家的经济实体所组成，并从事生产、销售和其他经营活动的国际性大型企业。

跨国公司的历史可以至少追溯到 19 世纪 60 年代，当时西欧和美国的一些大企业开始在海外设立生产性分支机构，从事制造业跨国经营活动，已初具跨国公司的雏形。第二次世界大战后，特别是 20 世纪 50 年代后，随着西方发达国家垄断资本的大规模对外扩张和生产的进一步国际化，对外直接投资迅猛增加，跨国公司得到了迅速发展。

5.1.1　跨国公司的形成

19 世纪 60 年代，资本主义从自由竞争逐渐向垄断阶段过渡，大量"剩余资本"直接成为国际资本流动的动力和源泉，西方国家的一些大企业开始向海外投资，资本输出成为这一阶段的重要特征。这时的资本输出主要是英、法、德、美等资本主义强国向海外进行以证券投资为主的间接对外投资，至于对外直接投资，其数额和比重都很小，并且主要是投资到殖民地和附属国的资源开发项目以及农业种植园等，只有极少数企业在海外从事制造业生产性投资。从制造业来看，直接投资的流向主要是比较发达的国家和地区。例如，1914 年英国制造业对外直接投资中近 90% 是投向发达国家，其中对美国的投资占 70% 之多。从投资主体来看，制造业投资以美国为主体，但美国当时还是接受外国投资的主要债务国，其全部对外投资的比重排在英、法、德之后。

美国的第一家跨国公司是胜家缝纫机公司，它于 1867 年首先在英国的格拉斯哥建立了一家缝纫机装配厂，其产品供应欧洲和其他地区，1880 年又在伦敦和汉堡设立负责欧、亚、非业务的销售机构。在欧洲，德国的拜耳化学公司于 1865 年在美国纽约州的奥尔班尼开设了一家苯胺制造厂，瑞典的诺贝尔公司于 1866 年在德国汉堡设立了生产炸药的分厂。上述三家公司在海外设立生产性分支机构，从事跨国经营活动，已初具跨国公司的雏形，因此它们通常被看做是早期跨国公司的代表。后来，欧美不少大企业通过对外直接投资，在海外设厂从事跨国经营，如美国的国际收割机公司、国际收银机公司、西方联合电机公司以及英国的尤尼来弗公司和瑞士的雀巢公司等都先后到海外投资设厂，它们成为现代意义的跨国公司的先驱。

5.1.2　跨国公司的发展

5.1.2.1　两次世界大战期间跨国公司的发展

两次世界大战期间，发达国家对外直接投资增长缓慢，处于停滞状态。这主要是由于以下几方面原因：第一，战争造成的损失和巨额战后重建费用使欧洲大陆由债权国变为债务国，难以筹措资金进行对外直接投资；第二，1929—1933年爆发的经济危机使资本主义世界受到重创，生产力遭到严重破坏，而且主要发达国家纷纷实行贸易保护政策，对外资进行限制与歧视；第三，世界性经济危机后国际货币秩序混乱，资本主义各国从自身利益出发，纷纷组成货币集团，实行外汇管制，限制国际资金自由流通，直接影响了对外直接投资。因此，两次世界大战期间，对外直接投资发展缓慢，虽有所增加，但主要集中在资源开发性行业，且具有明显的地域局限性。这一阶段，美国企业对外直接投资增加快于世界整体水平，在世界直接投资总额中仅次于英国居第二位，一些大型企业向欧洲和世界其他地区积极扩张，建立起遍布世界各地的生产与销售网络，跨国公司在海外的分支机构也从第一次世界大战前的100多家增加到第二次世界大战爆发前的700多家。

5.1.2.2 第二次世界大战后跨国公司的迅速发展

第二次世界大战以后，尤其是20世纪50年代以来，全球范围内直接投资迅猛增长，跨国公司得到空前发展。这一时期跨国公司的发展可以分为三个阶段：

第一阶段，战后初期至20世纪60年代末。

这一阶段的显著特征是，跨国公司对外直接投资在战后初期逐渐恢复，而后得到迅速发展，美国跨国公司在其中居主导地位。

第二次世界大战使西欧国家经济受到重创，对外直接投资锐减。而美国在第二次世界大战期间利用各种有利条件加速进行对外直接投资，战争结束时已成为世界最大对外直接投资国。战后初期，美国垄断资本利用其他国家被战争削弱的机会，凭借在战争期间大大膨胀起来的政治、经济和军事实力攫取了世界经济霸主地位。从战后初期到20世纪60年代末，美国通过实施"马歇尔计划"，参与欧洲和国际经济重建，这为美国跨国公司大规模对外直接投资创造了极好的条件。在战后20余年间，美国的对外直接投资迅速增长，跨国公司也获得空前发展。1945年，主要资本主义国家对外直接投资总额为200亿美元，其中美国占42%；到1967年，对外直接投资总额达1 050亿美元，其中美国占50.5%。因此，这一时期美国公司几乎成为跨国公司的同义词。

第二阶段，自20世纪70年代初开始至80年代末。

这一阶段的特征是，国际直接投资规模继续扩大，西欧和日本的经济实力增强，跨国公司迅速崛起，美国跨国公司的地位相对受到削弱，国际直接投资格局逐步由美国占绝对优势向多极化方向发展。

西欧和日本经济在第二次世界大战后得到迅速恢复与发展，在50年代初工业生产就几乎接近战前水平，它们的对外直接投资也很快发展起来，跨国公司迅速增加。70年代，西欧和日本的跨国公司积极对外扩张，在全球范围内与美国公司展开了激烈的竞争，对外直接投资年增长率均为20%左右，远远高于同期美国11.1%的年均增长率。西欧跨国公司同美国公司相比，不仅数量增加，而且规模扩大，经济实力和竞争能力迅速增强，在资本、技术、管理和研发方面的差距日趋缩小，日本跨国公司的力量也在不断加强。因此，尽管美国公司在70年代对外直接投资增长较前期迅速，仍处于领先地位，但其相对优势已大大下降。从70年代开始，随着石油大幅度涨价和某些原材料价格上涨，发展中国家经济实力大大加强，在经济发展的同时，一些发展中国家开始对外直接投资，从事跨国经营。80 年代后，亚洲四小龙以及巴西、墨西哥等新兴工业化国家和地区涌现了一批有相当规模与实力的跨国公司，使国际直接投资呈现出多元化、多极化的新格局。当然，与发达国家相比，发展中国家对外直接投资的资金规模与地域分布还相当有限。

第三阶段，自 20 世纪 90 年代初期至今。

这一阶段的特征是，对外直接投资持续大幅度增长，跨国公司数目空前增加，在经济全球化时代获得长足发展。

进入 90 年代以来，随着世界经济全球化趋势的不断增强和国际分工的日益深化，对外直接投资迅猛增长，远远超过同期世界贸易增长率，尤其是 90 年代中期以来增长势头更为迅猛，1996—2000 年平均增幅超过 40%。尽管全球外国直接投资扩大，但其分布却很不平衡，世界排名前 30 位的东道国占世界外国直接投资总流入流量的 95% 和存量的 90%，排名前 30 位的母国占世界外国直接投资总流出流量和存量的 99%，其中主要是工业化国家和地区。国际直接投资的迅速发展扩大了国际生产在世界经济中的作用，跨国公司得到空前发展，成为经济全球化的主力。2010年，全球跨国公司创造的增加值约为 16 万亿美元，约占全球 GDP 的 1/4。

表 5 – 1　　　　　　　　　全球前 15 名跨国公司

排名	公司名称	营业收入（百万美元）	利润（百万美元）	国家
1	荷兰皇家壳牌石油公司	484 489.0	30 918.0	荷兰
2	埃克森美孚	452 926.0	41 060.0	美国
3	沃尔玛	446 950.0	15 699.0	美国
4	英国石油公司	386 463.0	25 700.0	英国
5	中国石油化工集团公司	375 214.0	9 452.9	中国
6	中国石油天然气集团公司	352 338.0	16 317.0	中国
7	国家电网公司	259 141.8	5 678.1	中国
8	雪佛龙	245 621.0	26 895.0	美国
9	康菲石油公司	237 272.0	12 436.0	美国
10	丰田汽车公司	235 364.0	3 591.3	日本
11	道达尔公司	231 579.8	17 069.2	法国
12	大众公司	221 550.5	21 425.5	德国
13	日本邮政控股公司	211 018.9	5 938.8	日本
14	嘉能可国际	186 152.0	4 048.0	瑞士
15	俄罗斯天然气工业股份公司	157 830.5	44 459.6	俄罗斯

5.2　跨国公司的经营方式与特征

5.2.1　跨国公司的经营方式

跨国公司的经营方式有股权经营、跨国并购和非股权经营三种方式。

5.2.1.1　跨国公司股权经营方式

跨国公司股权经营有四种方式：独资经营方式、多数股经营方式、少数股经营方式和对等股经营方式。

1. 独资经营方式

这是跨国公司在东道国境内单独投资建立拥有全部股权的子公司，独立经营，自负盈亏的一种跨国经营方式。独资经营方式可以使母公司对子公司实行高度自主的控制，保留专有技术和管理技能方面的秘密，减少母公司与子公司之间的矛盾和分歧。

2. 合资经营方式

这是跨国公司与国外企业共同投资、共同经营、共担风险、共负盈亏的经营方式。其基本特征是：投资者至少来自两个或更多国家或地区；企业具有东道国法人地位；按股权份额分享利润，分担亏损；建立管理组织机构。

合资经营方式对于跨国公司来讲，有很多好处，如更容易进入东道国，能够享受东道国的某些优惠和待遇，同时也能利用合伙者的公共关系，投入资金较少，具有稳定的销售市场。但同时跨国公司采用合资经营方式也容易出现问题，如与当地企业的冲突问题、专有信息泄露问题、合资企业的控制问题等。

东道国采用合资经营方式可以弥补其资金的不足，节省资金和外汇的支出，使外方关心投资项目，引进国外先进技术，学习和掌握先进管理方法、技能和经验，利用外方国际销售渠道，扩大劳动就业的机会，从而促进东道国的经济发展。

5.2.1.2　跨国公司跨国并购

1. 并购的概念和类型

并购是收购与兼并的简称，是指一个企业将另一个正在运行中的企业纳入自己企业之中或实现对其控制的行为。跨国并购是指外国投资者通过一定的法律程序取得东道国某企业的全部或部分所有权的投资行为。

按跨国并购双方的行业关系，跨国并购可以分为横向跨国并购、纵向跨国并购和混合跨国并购。横向跨国并购是指两个以上国家生产或销售相同或相似产品的企业之间的并购。其目的是扩大世界市场的份额，增加企业的国际竞争力，直至获得世界垄断地位，以攫取高额垄断利润。在横向跨国并购中，由于并购双方有相同的行业背景和经历，所以比较容易实现并购整合。横向跨国并购是跨国并购中经常采用的形式。纵向跨国并购是指两个以上国家生产同一或相似产品但又处于不同生产阶段的企业之间的并购。其目的通常是为了稳定和扩大原材料的供应来源或产品的销售渠道，从而减少竞争对手的原材料供应或产品的销售。并购双方一般是原材料供应者或产品购买者，所以对彼此的生产状况比较熟悉，并购后容易整合。混合跨国并购是指两个以上国家处于不同行业的企业之间的并购。其目的是为了实现全球发展战略和多元化经营战略，减少单一行业经营的风险，增强企业在世界市场上的整体竞争实力。

从并购企业和目标企业是否接触来看，跨国并购可分为直接并购和间接并购。直接并购指并购企业根据自己的战略规划直接向目标企业提出所有权要求，或者目标企业因经营不善以及遇到难以克服的困难而向并购企业主动提出转让所有权，并经双方磋商达成协议，完成所有权的转移。间接并购是指并购企业在没有向目标企业发出并购请求的情况下，通过在证券市场收购目标企业的股票取得对目标企业的控制权。与直接并购相比，间接并购受法律规定的制约较大，成功的概率也相对小一些。

2. 当前跨国并购的特点

（1）从地域来看，主要出现在美欧之间。世界跨国并购活动以英国、法国、美国、德国、瑞士、荷兰和加拿大这七个国家为主，特别是排在前四位的国家。

（2）从行业结构来看，集中在服务业和科技密集型产业。美国吸收的外国直接投资主要集中在金融保险等领域；欧盟吸收的外国直接投资业主要在公共服务、媒体、金融等领域；日本跨国公司在英国的投资 50% 以上集中在金融保险部门；而发展中国家所具有的劳动力优势促使跨国公司加速向这些地区的制造业转移生产投资。

（3）从并购方式看，换股成为主要方式。从 20 世纪 90 年代起，股票互换作为并购的主要交易方式。换股方式对于并购方企业来说，既可以解决企业筹资难的问题，又可以避免由于债务过多、利息负担过重而对企业财务状况造成的不良影响。对于被并购企业来说，换股交易可以避免现金交易造成的纳税问题，又可以分享新企业继续成长的好处，还可以享受股市走强带来的股价上涨的收益。因而，换股并购成为 90 年代企业并购的潮流。

（4）从并购规模来看，企业的并购规模日益增大，并购金额连创新高，诞生了许多超大型跨国公司。比如 1998 年德国的戴姆勒—奔驰公司和美国的克莱斯勒公司合并，成立戴姆勒—克莱斯勒汽车公司，新公司的市场资本额在世界汽车业中名列第二。又如 1999 年 1 月 15 日，英国沃达丰移动电话公司宣布与美国空中火炬公司合并成立沃达丰空中火炬公司，新公司成为世界最大的移动电话公司。

5.2.1.3　跨国公司非股权经营方式

非股权经营方式是 20 世纪 70 年代以来被广泛采用的一种新的国际市场进入方式，这种投资方式正成为当代国际资本流动的一个主要形式。

非股权经营的常见形式

（1）合作经营。两个或两个以上国家的企业基于合同进行合作，共同从事某项产品的研究、制造或销售，或者某个项目的经营，合作者之间依合同的约定投入资金、技术或设备以及劳务，并依合同的约定分享权益和分担风险。合作经营分为有实体的合作经营和无实体的合作经营。

（2）技术授权。许可交易是技术许可企业通过签订合同的方式，向技术受许可企业提供所必需的专利、商标或专有技术的使用权以及产品的制造权和销售权。受许可企业应向技术许可企业支付使用费，并承担保守秘密等项义务。相对来说，技术许可方一般不需要进行大量投资或参与管理，主要是帮助技术受许可方掌握技术，协助组织初始生产，帮助选购合适的设备、原材料，协助指导安装调试、工艺流程设计等。

（3）合同安排，又称非股权安排。跨国公司未在东道国企业中参与股份，而是通过与东道国签订有关技术、管理、销售、工程承包等方面的合约，取得对该东道国企业的某种管理控制权，其内容包括许可证合同、管理合约、交钥匙工程承包合同、销售协议、产品分成合同、经济合作等。

（4）技术咨询。跨国公司向东道国企业提供技术人员，为东道国企业提供所需的技术服务，并按合同规定，收取劳务费用。该合同既可以作为许可证合同或管理协议的一部分，也可以作为一个单独合同。与管理合同相区别，技术援助或技术咨询合同中的技术人员并未拥有对东道国企业的管理权，相反，跨国公司提供的技术人员必须在东道国企业的管理下进行工作。

5.2.2 跨国公司的经营特征

5.2.2.1 跨国公司具有全球战略目标和高度集中统一的经营管理

跨国公司作为在国内外拥有较多分支机构、从事全球性生产经营活动的公司，与国内企业相比较，是有其一些区别的。这些区别表现在：

1. 跨国公司的战略目标是以国际市场为导向的，目的是实现全球利润最大化，而国内企业是以国内市场为导向的。

2. 跨国公司是通过控股的方式对国外的企业实行控制，而国内企业对其较少的涉外经济活动大多是以契约的方式来实行控制。

3. 国内企业的涉外活动不涉及在国外建立经济实体问题，国内外经济活动的关系是松散的，有较大偶然性，其涉外经济活动往往在交易完成后就立即终止，不再参与以后的再生产过程；而跨国公司则在世界范围内的各个领域，全面进行资本、商品、人才、技术、管理和信息等交易活动，并且这种"一揽子"活动必须符合公司总体战略目标而处于母公司控制之下，其子公司也像外国企业一样参加当地的再生产过程。所以，跨国公司对其分支机构必然实行高度集中的统一管理。

5.2.2.2 跨国公司从事多种经营

跨国公司从事多种经营主要基于增强企业经济潜力、防止"过剩"资本形成、提高生产要素和副产品的利用率、分散风险、稳定企业的经济收益、充分利用生产余力、延长产品生命周期、增加利润、节省共同费用、增强企业机动性等因素的考虑。跨国公司从事综合多种经营的形式有：

1. 横向型水平型多种经营。此类公司主要从事单一产品的生产经营，母公司和子公司很少有专业化分工，但公司内部转移生产技术、销售技能和商标专利等无形资产的数额较大。

2. 垂直型多种经营。此类公司按其经营内容又可分为两种。一种是母公司和子公司生产和经营不同行业的但却相互有关的产品。它们是跨行业的公司，主要涉及原材料、初级产品的生产和加工行业，如开采种植→提炼→加工制造→销售等行业。另一种是母公司和子公司生产和经营同一行业不同加工程度或工艺阶段的产品，主要涉及汽车、电子等专业化分工水平较高的行业。如美国的美孚石油公司就是前一种垂直型的跨国公司，它在全球范围内从事石油和天然气的勘探、开采，以管道、油槽和车船运输石油和天然气，经营大型炼油厂，从原油中精炼出最终产品，批发和零售几百种石油衍生产品。而法国的珀若一雪铁龙汽车公司则是后一种垂直型的跨国公司，公司内部实行专业化分工，它在国外的84个子公司和销售机构分别从事铸模、铸造、发动机、齿轮、减速器、机械加工、组装和销售等各工序的业务，实现了垂直型的生产经营一体化。

3. 混合型多种经营。此类公司经营多种产品，母公司和子公司生产不同的产品，经营不同的业务，而且它们之间互不衔接，没有必然联系。如日本的三菱重工业公司即是如此。它原是一家造船公司，后改为混合多种经营，经营范围包括汽车、建筑机械、发电系统产品、造船和钢构件、化学工业、一般机械、飞机制造业等。

5.2.2.3 以开发新技术推动跨国公司的发展

第二次世界大战后以来，全世界的新技术、新生产工艺、新产品，基本上都掌握在跨国公司手中，这是跨国公司能够几十年不衰反而不断发展壮大的根本原因之一。通常跨国公司都投入大量人力物力开发新技术、新产品。例如，20 世纪 80 年代中后期，美国电话电报公司研究与开发中心平均每年的研究经费高达 19 亿美元，并聘用了 1.5 万名科研人员，其中 2 100 人有博士学位，4 人曾先后获得 4 项诺贝尔物理奖。又如，著名的 3M 公司每年营业额的 7% 用在研制新产品上，每年 30% 的销售收入来自 4 年前尚未上市的新产品。跨国公司不仅注重开发新技术，而且非常善于通过对外转让技术获得高额利润及实行对分机构、子机构的控制。

5.2.2.4 竞争是跨国公司争夺和垄断国外市场的主要手段

由于世界范围内尤其是发达国家生活水平的提高、耐用消费品支出占总支出比重的增大，及世界范围内的持续通货膨胀造成物价持续上涨，产品生命周期普遍缩短等因素影响，价格竞争已很难为跨国公司争取到较多的顾客，取而代之的是非价格竞争。事实证明，非价格竞争是当代跨国公司垄断和争夺市场的主要手段。非价格竞争是指通过提高产品质量和性能，增加花色品种，改进商品包装装潢及规格，改善售前售后服务，提供优惠的支付条件，更新商标牌号，加强广告宣传和保证及时交货等手段，来提高产品的素质、信誉和知名度，以增强商品的竞争能力，扩大商品的销路。

5.2.2.5 跨国公司经营方式多样化

和一般的国内企业或一般的涉外公司相比较，跨国公司的全球性生产经营方式明显较多，包括进出口、许可证、技术转让、合作经营、管理合同和在海外建立子公司等。其中，尤以在海外建立子公司为主要形式开展和扩大其全球性业务。

5.3 跨国公司对国际贸易的影响

自 20 世纪 90 年代以来，世界贸易、投资、金融自由化和信息网络化进程加快，跨国公司也有了飞速的发展。同时，随着经济全球化日益发展，跨国公司规模在不断扩大，竞争力不断提高，其地位和影响越来越大。跨国公司的海外投资在世界经济中发挥着比国际贸易更大的作用。事实上，跨国公司已成为当代国际经济、科学技术和国际贸易中最活跃最有影响力的力量。而这种力量随着跨国公司投资总体呈上升趋势还会增强。

5.3.1 跨国公司对发达国家对外贸易的影响

跨国公司的发展对第二次世界大战后发达国家的对外贸易起了极大的推动作用。

这些作用表现在，使发达国家的产品能够通过对外直接投资的方式在东道国生产并销售，从而绕过了贸易壁垒，提高了其产品的竞争力；从原材料、能量的角度看，减少了发达国家对发展中国家的依赖；也使得发达国家的产品较顺利地进入和利用东道国的对外贸易渠道并易于获得商业情报信息。

5.3.2 跨国公司对发展中国家对外贸易的影响

首先，跨国公司对外直接投资补充了发展中国家进口资金的短缺。

其次，跨国公司的资本流入，加速了发展中国家对外贸易商品结构的变化。第二次世界大战后，发展中国家引进外国公司资本、技术和管理经验，大力发展出口加工工业，使某些工业部门实现了技术跳跃，促进了对外贸易商品结构的改变和国民经济的发展。

最后，跨国公司的资本流入，促进了发展中国家工业化模式和与其相适应的贸易模式的形成和发展。第二次世界大战后，发展中国家利用外资，尤其是跨国公司的投资，实施工业化模式和与其相适应的贸易模式，大体上可分为初级产品出口工业化、进口替代工业化和工业制成品出口替代工业化三个阶段。进口替代工业化是指一国采取关税、进口数量限制和外汇管制等严格的限制进口措施，限制某些重要的工业品进口，扶植和保护本国有关工业部门发展的政策。实行这项政策的目的在于用国内生产的工业品代替进口产品，以减少本国对国外市场的依赖，促进民族工业的发展。出口替代工业化是指一国采取各种措施促进面向出口工业的发展，用工业制成品和半制成品的出口代替传统的初级产品出口，促进出口产品的多样化和发展，以增加外汇收入，并带动工业体系的建立和经济的持续增长。

5.3.3 跨国公司控制了许多重要的制成品和原料贸易

目前，跨国公司控制了许多重要的制成品和原料的贸易。跨国公司40%以上的销售总额和49%的国外销售集中在化学工业、机器制造、电子工业和运输设备四个部门。

5.3.4 跨国公司控制了国际技术贸易

在世界科技开发和技术贸易领域，跨国公司，特别是来自美国、日本、德国、英国等发达国家的跨国公司，发挥着举足轻重的作用。目前，跨国公司掌握了世界上80%左右的专利权，基本上垄断了国际技术贸易；在发达国家，大约有90%的生产技术和75%的技术贸易被这些国家最大的500家跨国公司所控制。许多专家学者认为，跨国公司是当代新技术的主要源泉，技术贸易的主要组织者和推动者。

西方跨国公司操纵技术转让，主要采取以下三种方式：

1. 由母公司向国外子公司进行技术转让。在这种转移方式下，关键技术仍控制在母公司手里，只是将部分技术转移给国外的子公司。这样，既可以保持母公司对技术的垄断权，又可以通过向子公司出售技术和工艺获得收益，增加利润。

2. 通过技术许可贸易向外转让技术。国际贸易中技术许可贸易主要由三部分内容组成：一是技术专利使用权的转移；二是技术诀窍的转移；三是商标使用权的买卖。跨国公司通过技术许可贸易，有助于打入直接投资无法进入的市场和部门。

3. 向合资经营企业转让技术。跨国公司也向其国外合营企业提供技术转让，这样既可获得技术使用费收入，还可从合营企业的盈利中获得分成，甚至可获得东道国的一些优待。有时，跨国公司与东道国组成的合资企业本身就是以技术折价入股的。

【小结】

跨国公司是伴随国际资本移动而产生的，当前已经成为国际贸易的重要参与者，在国际资源配置中发挥着重要作用。本章主要介绍了跨国公司的基本含义、特征、形成与发展、经营方式，并深入阐述了跨国公司对国际贸易的影响。

【思考题】

1. 简述跨国公司的含义与特征。
2. 跨国公司的经营方式有哪些？
3. 跨国公司的发展对国际贸易会产生怎样的影响？

【案例分析】

一提到跨国公司，我们会很自然地将其与这些词连起来——实力雄厚、技术先进、产品和服务高质量，等等，因此对它的信任度极高。而且，中国的消费者还把这种高信任度甚至是崇拜给予了跨国公司在华的企业。然而近几年来，随着在中国的一些外商投资企业弱化其社会责任的事件不断被披露，跨国公司在中国消费者心目中的形象大打折扣。能在母国提供高质量产品和服务、较好履行社会责任的跨国公司，为何一进入中国市场就"变脸"了呢？这是我们要思考和解决的问题。

进行商业贿赂

十几年来，跨国公司在中国的行贿事件呈上升趋势。统计数字显示，中国在最近十年里至少调查了约 50 万起腐败案件，其中 64% 与国际贸易和外企有关。外企行贿这股暗流，破坏了市场公平竞争原则和正常的交易秩序，扭曲了资源配置，助长了社会商业风气的恶化。其实，追求高额利润才是跨国公司行贿的内在动机，而中国社会商业环境存在缺陷只是其行贿的外在条件。

非法避税

近几年来，外商投资企业的非法避税每年给中国造成的税收损失在 300 亿元人民币以上。非法避税得不到及时、有效制裁，原因是多方面的。一是目前我国反避税方面的经验不足、技术手段落后、相关人才匮乏，总之能力有限，因此对外商投资企业逃税的打击力度不够。二是地方政府有着巨大的招商引资冲动，把招商引资规模作为考核干部的重要指标。地方政府在千方百计地扩大利用外资规模的过程中，对外商投资企业给予各种各样的关照，迁就外商投资企业的要求和行为，对于外商投资企业非法避税熟视无睹，唯恐对此进行打击会影响外商的投资热情。三是我国自上而下地（无论中央政府还是地方政府）设置了对外商投资企业的各种优惠政

国际贸易

策，如税收优惠政策。特别需要指出的是，地方政府互相攀比对外商投资企业的优惠待遇，甚至超越权限给予外商投资企业"超国民待遇"。在这样的背景下，地方政府很可能对外商投资企业非法避税行为给予袒护，造成它们非法避税泛滥。

涉嫌垄断

从近几年国家统计局发布的《中国统计年鉴》和中国商务部编制的《中国外资统计》的数据看，外商投资企业的工业产值占行业总产值的比重已从 1990 年的 2.28% 上升到 2005 年的 36% 左右，外商投资企业的总体市场地位在不断上升。在轻工、化工、医药、机械、电子等行业，外商投资企业所生产的产品已占据国内1/3以上的市场份额。

劳工标准偏低

一些著名跨国公司在华的企业工资高、福利待遇好，注重个人能力，重视员工培训，发展机会多，为很多大学毕业生所向往。但是，也有一些外商投资企业为了降低人力成本，没有严格履行中国的有关规定，任意降低劳工标准，逃废企业本该对员工承担的责任。

产品安全不达标

在产品短缺年代，外商投资企业产品替代进口产品，不仅节约了大量外汇，而且大大缓解了中国的市场供给短缺。在消费者眼中，外商投资企业的产品质量可靠、性能稳定。因此，外商投资企业产品的市场竞争力也更强，市场占有率不断上升。但是，外商投资企业的产品并非全部尽善尽美，存在质量、安全隐患问题的产品屡屡出现在中国市场上。

向中国转移污染

有些跨国公司将污染严重、耗费资源多的企业或生产环节转移到我国，恶化了环境和生态系统，加重了我国的环境压力，不利于我国的可持续发展。根据第三次全国工业普查资料，全部三资工业企业和生产单位中，外商投资于 PIIS（在生产过程中若不进行治理就会直接和间接产生大量污染物的产业）的企业共有 16 998 家，工业总产值 4 153 亿元，从业人数 295.5 万人，分别占全部工业企业相应指标的 0.23%、5.05% 和 2.01%，占三资企业相应指标的 30% 左右。其中，投资于严重的污染密集产业的企业有 7 487 家，工业总产值 1 984 亿元，从业人员 118.6 万人，分别占全国工业企业相应指标的 0.10%、2.41% 和 0.81%，占三资企业相应指标 13% 左右，占 PIIS 相应指标 40% 以上。这表明外商投资企业已对中国环境造成了负面影响。

试分析：

1. 跨国公司在中国有哪两张脸？具体表现在哪些方面？
2. 中国政府及企业如何应对那张阴暗的脸？

第6章
国际无形贸易

【学习目标】

通过本章的学习，需了解国际服务贸易的概念、特征和服务贸易的产生与发展，了解《国际服务贸易总协定》的相关内容，掌握国际服务贸易包含的内容、分类、国际服务贸易统计等；了解技术、技术转让、技术引进以及国际技术贸易的基本概念，熟悉并掌握国际技术贸易的常用方式，了解国际技术贸易合同条款以及国内外有关国际技术贸易的相关规定。

【重点与难点】

服务、国际服务贸易的概念、分类和国际服务贸易的统计；国际服务贸易总协定的原则、特征和相应条款；国际技术贸易概念、常用方式和技术贸易合同条款。

【导入案例】

20 世纪 60 年代以来，全球产业结构调整步伐加快，有力地推动了全球服务业的发展，服务业在世界经济中的地位持续攀升。1990 年，全球服务业占全球 GDP 的比重突破 60%，标志着全球服务型经济格局的形成。到 2004 年，这一比重进一步上升至 68%。其中，发达国家从 65% 上升至 72%，美国更是高达 77%；发展中国家也从 45% 上升到了 52%。伴随着服务型经济的发展，全球经济竞争的重点正从货物贸易转向服务贸易。从 1980 年到 2005 年，世界服务贸易出口额从 3 650 亿美元扩大到 24 147 亿美元，25 年间增长了 5.7 倍，占世界贸易出口总额的比重从 1/7 上升到近 1/5。20 世纪 70 年代，世界服务贸易出口与货物贸易出口均保持快速增长且大体持平，年均增长 17.8%。进入 80 年代，世界服务贸易出口平均增速开始高于货物贸易，80 年代后期年均增长 10% 以上。

90 年代中期乌拉圭回合《服务贸易总协定》（GATS）于 1994 年的最终签署，成为世界服务贸易全球化发展的标志。跨入 21 世纪后，世界服务贸易出口进入稳定增长期，增幅逐渐回升，2004 年首次突破 2 万亿美元，到 2006 年高达 2.71 万亿美元。在国际服务贸易构成中，运输和旅游服务贸易所占的比重相对下降，通信、保险、广告、技术、租赁、管理等服务贸易所占的比重不断提高，尤其是高技术产品中的附加值不断增加，其商品也越来越趋向于服务密集型产品。

（资料来源：中国服务贸易指南网，www. tradeservice. mofcom. gov. cn，2008 - 04）

6.1 国际无形贸易概述

6.1.1 国际无形贸易的概念

随着经济全球化与国际分工的发展，服务业成为全球第一大产业，服务业发展水平成为衡量一个国家或地区生产社会化程度和市场经济发展水平的重要标志。与服务业快速发展相适应，国际无形贸易，尤其是国际服务贸易发展十分活跃，正日益成为影响各国经济发展的重要力量。以服务业与服务贸易为主要内容的服务经济的迅速崛起，成为 20 世纪中叶以后世界经济发展的显著特征。

我们都知道有形贸易（Visible Trade）是指国际贸易中的货物贸易，即通常意义上的商品购销活动。因为货物或商品具有看得见、摸得着的物质属性，故称有形贸易。与有形贸易相对，无形贸易（Invisible Trade）是指不同国家或地区之间进行的以无形商品为交易对象的贸易活动。

由于有形贸易一般可等同于国际货物贸易，所以，理解上并不会产生什么歧义。然而，无形贸易则不能简单地等同于某一类贸易活动。从前习惯把无形贸易等同于服务贸易，这是一个误解。严格说来，国际无形贸易比国际服务贸易范围更广，除了包括国际服务贸易中的所有项目外，还包括国际直接投资收支以及捐赠、侨汇、赔款等无偿转移。在整个国际无形贸易中，直接投资项目目前所占的比例最大。有专家指出，国际直接投资中有 60% 的收支归于国际服务贸易。从统计口径上看，国际服务贸易与国际无形贸易是存在差异的，不可完全等同看待。

由此可见，服务贸易是无形贸易的最重要组成部分。目前，一般来说国际上将国际无形贸易分为国际服务贸易和国际技术贸易两大类。国际服务贸易是一种跨越国境的服务行为，是服务在国际间的输出和输入，实际上是国际间服务的提供与接受；国际技术贸易是国际技术转让的主要形式之一，在实践中形成多种形式。

国际贸易是从有形贸易开始发展的，当时也并没有有形与无形之说，因为贸易往来几乎都是商品的购销及货款的收支活动。随着国际间经济关系的扩大，先是围绕商品购销的各种服务，如运输、保险、金融、通信等大为增加，后来又有旅游服务、专利及技术转让、资本移动及劳务贸易等关系的扩大。基于这些非有形商品交换活动的大为增长，一国在这些方面的支出为无形进口，在这些方面的收入则为无形出口，在这些方面的一切活动便是无形贸易。

从无形商品和有形商品的区别中我们可以看出有形贸易和无形贸易的主要区别有以下几点：

1. 商品的进出口经过海关手续，从而表现在海关的贸易统计上，这是国际收支中的重要项目；无形贸易则不经过海关手续，通常不显示在海关的贸易统计上，但它也是国家收支的组成部分。

2. 无形商品是一种具有特殊使用价值的活劳动，在交易中不是有形物与货币的交换，而是所提供的活劳动与货币的交换。

3. 在交易中无形贸易的价值与使用价值分离，不同时发生转移。

4. 无形商品的消费是在生产中同时发生的，而有形商品的消费和生产往往是分离的。

6.1.2　服务

国际无形贸易和国际服务贸易的快速发展是世界各国（地区）服务业、服务经济迅猛发展的必然结果。因此，要理解国际无形贸易和国际服务贸易的内涵及其发展，首先应该从服务、服务业等基本概念入手。

服务是提供者通过直接接触或间接接触的方式为服务接受者提供有益的工作或帮助的行为，这是对服务所作的最一般的定义。服务的生产和消费作为人类经济活动的一部分，在人类有商品交换之日就已存在并缓慢发展，随着服务业的发展在社会经济中逐渐占据重要的位置，对于服务的认识和研究也不断地深入。

20 世纪三四十年代，英国经济学家柯林·克拉克提出了"剩余定义"，他认为服务是除第一产业和第二产业以外的一切活动。服务成为第二产业外延的函数。

20 世纪 80 年代中叶，加拿大经济学家里德尔对服务下了一个比较严密的定义：在服务为服务接受者带来一种变化时，它是提供时间、地点和形态效用的经济活动。服务是靠生产者对接受者有所动作而产生的，接受者接受一部分劳动，生产者与接受者在互相作用中产生服务。

马克思主义经济理论中同样包含有对服务及服务业的探讨。马克思认为"服务"这个词，一般说来，不过是指这种劳动所提供的特殊使用价值，就像其他一切商品也提供自己特殊的使用价值一样；但是这种劳动的特殊使用价值在这里取得了"服务"这个特殊名称，是因为劳动不是作为物，而是作为活动提供服务的。

关贸总协定秘书处曾使用分类法来确定服务的基本含义：一是以商品形式存在的服务，如电影、书籍、计算机、数据传送装置等服务；二是对商品实物具有补充功能的服务，如运输、仓储、会计、广告等服务；三是对商品实物具有替代功能的服务，如特许经营、租赁和维修等服务；四是与其他商品不发生联系的服务，如通信、数据处理、旅游、旅馆和饭店等服务。

按照 ISO9000 国际标准，"服务"就是为满足顾客的需要，供方和顾客之间接触的活动以及供方内部活动所产生的结果。它包括以下几方面的含义：第一，服务是产品的一种，也是活动或过程的结果；第二，服务是服务者与被服务者双方接触活动及服务者内部活动（或过程）的结果；第三，服务必须以顾客为核心而展开；第四，服务一般说来是无形产品，有时也会形成一些有形产品。

相对于有形产品而言，服务是"可被区分界定，主要为不可感知，却可使欲望获得满足的活动，而这种活动并不需要与其他产品和服务的出售联系在一起。生产服务时可能会或不会需要利用实物，而且即使需要借助某些实物协助生产服务，这些实物的所有权也不涉及转移的问题"。服务是以无形的方式，在顾客和服务资源，有形资源商品或服务系统之间发生的，可以解决顾客问题的一种或一系列行为。

综合上述观点，可以将服务的定义表述为：服务是对其他经济组织的个人、商品或劳务增加的价值，是非实物形态的特殊形式的劳动产品，并主要以活动形式表现的使用价值或效用。

从服务的定义来看，它的本质就是满足他人的需要，以服务对象作为中心和出发点。与实物产品不同，服务产品具有以下几种特征：

1. 无形性或不可感知性。服务的特质及组成服务的元素，许多情况下都是无形无质的，让人不能触摸或凭视觉感到它的存在。服务消费者在购买服务之前，往往不能感知服务，在购买之后也只能觉察到服务的结果而不是服务本身。尽管人们可以体会到它的存在、它的效用，但它却不占空间，无形态可言。随着科学技术的进步，在服务无形化的基础上产生了"物化服务"。物化服务（Embodied Service）即无形服务的有形化。

2. 服务过程与消费的不可分割性。实物产品的生产和消费往往是可以分割的，即生产在先，消费在后。而服务的生产与消费往往是同时发生的，通常无法将服务进行再生产和套利活动，所以服务的生产和出口过程一定程度上讲也就是服务的进口和消费过程。在物化服务的情况下，服务的生产和消费可以不同时发生。

3. 不可储存性。服务需满足一种特定时间内的需要，而由于上述服务提供的无分割性，我们不可能把服务储存起来等待消费（有两种例外：时间上存储的例外——保险；空间上存储的例外——物化服务）。服务的不可存储性使得加速服务产品的生产和扩大服务的规模出现困难。

4. 服务的异质性。服务的异质性是指同种类型的服务提供者在不同的时空条件下所提供的服务不同，使服务消费者的效用或满足程度不同。因为服务的构成成分及其质量水平经常变化，难以统一认定。另外，服务提供者的技术水平和服务态度往往因人、因时、因地而异，服务随之发生差异。服务消费者对服务可能提出特殊要求，服务随之发生差异。服务质量的差异或者弹性，既为服务行业创造优质服务开辟了广阔空间，也给劣质服务留下了活动的余地

5. 服务的所有权不可转让性。这是指服务的生产和消费过程中不涉及所有权的转移。服务在交易完后消失，消费者所拥有的对服务消费的权利并未因服务交易的结束而产生像商品交换那样获得实有的东西，服务具有易逝性。这一特征是导致服务风险的根源，由于缺乏所有权的转移，消费者在购买服务时并未获得对某种服务的所有权，因此感受到购买服务的风险性，可能造成消费心理障碍。

6.1.3　服务业

随着技术进步和产业结构的演进，服务产业迅速增长，在国民经济中的地位不断提高，成为国民经济的支柱产业之一。从全球来看，服务业在全球经济中已具有举足轻重的地位。在发达国家，服务业的增加值占 GDP 的比重一般在 60%~80%，服务业中存在大量新兴产业，对经济增长产生较高的贡献率。服务业通过其各种服务功能，有机连接社会生产、分配和消费诸环节，加速人流、物流、信息流和资金流运转，对推进工业化和现代化进程具有重要的作用。

6.1.3.1　服务业含义

一般认为，服务业是指专门从事生产服务产品的行业和部门的总称。服务业不但作为中间产业强化农业和工业的结合，而且为工农业和自身提供生产资料和消费

资料。服务业的发展一方面围绕着实物产品的生产、流通和消费提供服务，另一方面则为提高人们的综合素质服务。

1. 服务业是一个多层次的概念

服务业是一个大的产业系统，其门类十分复杂，其中的许多行业在产业性质、功能、生产技术给予经济发展的关系等方面都存在很大差异。

2. 服务也是一个相对的概念

首先，服务的形成和发展在时间上有相对性，在不同国家和地区，服务业的形成和发展的时间是不同的，与各自的社会生产力和社会文化发展程度有直接关系。其次，在服务业形成和发展的不同阶段，它所包含的范围在质和量上都有很大的区别。

3. 服务业是既抽象又具体的概念

服务业相对于农业、工业来说，其概念显得抽象；另外，服务业所生产的服务产品能满足人的需要，因而是具体的社会产品，同样具有使用价值和价值二重属性。

6.1.3.2　服务业是经济现代化的重要标志

服务业的迅速发展是当前经济发展的主要特点之一。服务业水平高低是国家经济发展水平高低的重要标志，经济越发达的国家，服务业也越发达。世界经济活动总量中，服务业已经超过了农业和工业之和，取代了物质生产部门而成为最强大、最广泛的经济部门，发展服务贸易的过程，实际上是服务业外向化的过程。

1. 服务业是市场经济的基础产业

在市场经济中，服务业具有广泛的服务特性。当物质生产达到一定水平的时候，服务业的发展关系到经济以至整个国家的正常运转。市场经济是靠需求和供给的结合来实现的，它的核心是交换，不但包括物质产品的交换，还包括资金、技术、资源、信息的交换，这都需要服务业为各种交换的正常进行提供完善的服务。

2. 服务业是一个国家科技现代化的标志

发达国家在金融、教育、科学技术、贸易、旅游等方面都有较强的实力，一些西方国家就是凭借这些来称霸或控制世界的。人们在进行综合国力的国际比较时，给服务业确定了相当的权数。一个国家综合国力的强大不但依靠发达的物质生产，还要依靠强大的服务业，发达国家之间的经济差距往往与服务业的发展水平有关。

3. 服务业是社会进步的象征

服务业是反映一个国家或地区生产社会化程度的重要方面，从社会分工发展变化来看，服务业取代农业和工业成为国民经济的第一大产业是生产力发展以及社会进步的集中体现。

6.1.3.3　服务业的分类

由于不同服务业在产业性质、功能、生产技术以及与经济发展关系等方面都存在着较大差异，为了明确不同服务业的经济性质、揭示服务业内部结构的变化以及与整体经济增长的关系，客观上要求对服务业进行分类。

1. 以时间序列为基础的分类

传统服务业是指为人们日常生活提供各种服务的行业，如餐饮业、旅店业、商业等。而现代服务业是指在工业比较发达的阶段产生的，主要是依托于信息技术和现代管理理念发展起来的服务业，是信息技术与服务产业结合的产物。现代服务业具体包括两类：一类是直接由信息化及其他科学技术的发展而产生的新兴服务业形态，如计算机和软件服务、移动通信服务、信息咨询服务、健康产业、生态产业、教育培训、会议展览、国际商务、现代物流等；另一类是通过应用信息技术，从传统服务业改造和衍生而来的服务业形态，如银行、证券、信托、保险、租赁等现代金融业，建筑、装饰、物业等房地产业，会计、审计、评估、法律服务等中介服务业等。

从广义上来看，现代服务也是一种现代化、信息化意义上的服务业，是指在一国或地区的产业结构中基于新型服务业成长壮大和传统服务业改造升级而形成的新型服务业体系，体现为整个服务业在国民经济和就业人口中的重要地位以及服务业的高度信息化水平等方面，具有高人力资本含量、高技术含量、高附加值的"三高"特色，发展上呈现新技术、新业态、新方式的"三新"态势，具有资源消耗少、环境污染少的优点，是地区综合竞争力和现代化水平的重要标志。此外，现代服务业也是一个动态的概念，随着经济社会的不断发展，还会拓展新的领域，增加新的内容，此时为现代服务业，彼时则为传统服务业。

2. 以功能为基础的分类

按照服务业在生产、流通、消费等社会在生产环节所起的作用不同，一个经济体系所提供的服务可以分为三类：（1）消费者服务，即消费者在市场上购买的服务；（2）生产者服务，即生产者在市场上购买的被企业用做商品与其他服务的进一步生产的中间服务，典型的生产者服务又称为企业服务；（3）分配服务，即消费者和生产者为获得商品或供应商品而购买的服务。

消费者服务包括个人和家庭生活的各个方面，从产业分类的角度看，消费者服务内容复杂。消费者服务通常包括家庭服务、旅馆和餐饮、修理服务、洗衣服务、理发与美容、娱乐和休闲以及其他个人服务。消费者服务主要来源于最终需求，其在服务业的功能分类方法中居于中心地位，因为商品和服务的消费是所有经济活动的起点和终点，也是经济福利的根本反映。

生产者服务业是围绕企业生产进行的，其特征是被企业用做商品与其他服务的生产的投入，既包括经营管理、计算机应用、会计、广告等与企业生产经营联系较为密切、往往由企业自身提供的服务，也包括金融业、保险业、房地产业、法律和咨询业等一些相对独立的产业服务。在现代经济中，生产者服务尤其是知识技术密集型服务推动着生产向规模经济和更高效率发展。因此，生产者服务在服务业中被认为是最具经济增长动力的。

分配服务也是一种连带性或追加性的服务。这类服务的提供和需求都是由对商品的直接需求而派生出来的，主要包括仓储运输业、批发业、零售业等。

3. 服务业的统计分类

服务业的范围取决于三大产业的划分，历史上对服务业的统计多等同于第三产业的数据。目前，对三大产业还没有完全统一的划分标准。国际上较有影响的统计分类方法有两种，一是联合国有关组织在1968年提出的标准产业分类法，二是世界贸易组织在1995年提出的对服务业的分类方法。我国主要是2003年国家统计局在

《三次产业划分规定》中提出的统计分类方法。

（1）联合国标准产业分类法。1968 年联合国《国际标准产业分类》按照服务功能将服务也分为 4 大类 14 小类；1990 年的第 3 版以功能为主，同时考虑了技术上的一致性，将服务业划分为商业、酒店旅游业、交通仓储业、通信业、金融中介、房地产租赁和经营活动、教育、医疗及相关社会服务、其他社区服务、家庭雇用服务等。

（2）世界贸易组织分类法。随着服务业发展和《服务贸易总协定》的不断完善，对服务业的统计逐渐摆脱了对第三产业数据的依赖。如果从部门的角度看，世界贸易组织在 1995 年列出的服务行业多达 150 个，这些服务行业划分为 12 个部门，每个部门下有行业，每个行业下还有子行业。

（3）我国服务业的统计分类。与国外一样，我国迄今为止没有专门的服务业统计分类体系，只用第三产业分类和统计数据。2003 年国家统计局在《三次产业划分规定》中明确提出："第三产业是指除了第一、第二产业以外的其他行业。第三产业包括交通运输、仓储和邮政业，信息传输、计算机服务和软件业，批发和零售业，住宿和餐饮业，金融业，房地产业，租赁和商务服务业，科学研究、技术服务和地质勘查业，水利、环境和公共设施管理业，居民服务和其他服务业，教育、卫生、社会保障和社会福利业，文化、体育和娱乐业，公共管理和社会组织、国际组织。"

6.2　国际服务贸易

6.2.1　国际服务贸易的概念

国际货物贸易（又称国际商品贸易）、国际服务贸易和国际技术贸易是当今国际贸易的三大形式。国际商品贸易是国际贸易最早的形式，也曾经是最主要的形式，然而随着经济全球化的广泛深入和各国服务业的发展，服务贸易已经成为国际贸易中越来越重要的贸易方式。世界贸易组织已将服务贸易纳入到多边贸易体系中，充分说明了服务部门在经济发展和经济增长、贸易和投资中的重要作用。

传统的、狭义的国际贸易，只是指国家之间商品进口和出口。一国从他国购进商品用于国内的生产和消费的全部贸易活动称为进口，而一国向他国输出本国商品的全部贸易活动称为出口。在现代，广义的国际贸易除了包括实物商品的国际交换外，还包括服务和技术的国际交换，即在国际运输、保险、金融、旅游、技术等方面相互提供的服务。

传统上人们将贸易看做一种物品转移活动。虽然服务业作为一个传统的产业部门已经有数千年的发展史，但是"服务贸易"这一概念的提出相对于古老的货物贸易而言，则是一件并不遥远的事情。而且长期以来服务业被认为只是经济发展的结果，服务部门不能带动经济增长。目前这个思想已经发生重大改变，人们愈来愈认为在经济发展过程中服务部门的产出是关键性的投入性要素之一。

由于人们现在认识到服务部门对经济增长的重要性，也由于各国政府对这个部门的明显干预，所以这个问题引起了世界各国的广泛重视。在 1986 年 9 月发起的乌拉圭回合多边贸易谈判之前，服务贸易只是在发达国家的有限范围内展开，还谈不上作为国际贸易的普遍问题引起人们的高度关注。直至世界贸易组织成立后，服务贸易问题真正引起了全球各国的普遍重视。

6.2.1.1　国际服务贸易的一般定义

服务贸易是指服务（服务产品）作为商品进行交易，以满足消费者需求的经济行为，包括服务输出和服务输入。服务输出即是向国外其他地方出售服务；而服务输入则是向国外其他地方购入服务。狭义的国际服务贸易是无形的，是指发生在国家之间的符合于严格服务定义的直接服务输出与输入活动；而广义的国际服务贸易既包括有形的劳动力的输出输入，也包括无形的提供者与使用者在没有实体接触的情况下的交易活动，如卫星传送与传播、专利技术贸易等。各国的服务进出口活动，便构成国际服务贸易。其贸易额为服务总出口额或总进口额。通常人们所指的服务贸易都是广义的国际服务贸易。

6.2.1.2　国际服务贸易的其他定义

联合国贸易与发展会议是从过境这一视角来定义国际服务贸易的：货物的加工、装配、维修以及货币、人员、信息等生产要素为非本国居民提供服务并取得收入的活动，是一国与他国进行服务交换的行为。

美加自由贸易协定中定义，国际服务贸易是指由代表其他缔约方的一个人，在其境内或进入某一缔约方提供所指定的一项服务。

世界贸易组织服务贸易协定（GATS）将服务贸易的概念定义为：跨越国界进行服务交易的商业活动，即服务提供者从一国境内向他国境内，通过商业或自然人的商业存在向消费者提供服务并取得外汇报酬的一种交易行为。服务领域是除了政府以履行政府职能为目的所提供的服务外的任何服务。也就是说，所有以营利为目的的商业服务活动都属于 GATS 的范围。

按照 GATS 对服务贸易的定义，服务贸易有四种方式，即跨境供应、境外消费、商业存在和自然人的移动或存在。

跨境供应（Cross - border Supply of Services），是指从一成员国境内向另一成员国提供服务（服务本身跨越国境，例如货物运输、电报、电话、传真、网上服务等通过电子邮件提供服务）。

境外消费（Consumption Abroad），也称消费者移动，是指一成员国居民在另一成员国境内享受服务（例如消费者在国外旅游、教育、手术、就医所受的待遇）。

商业存在（Commercial Presence），是指一成员国的服务者在任何其他成员国境内通过建立、经营和扩大商业实体来提供服务（例如于其他世贸组织会员国之内建立分支机构、代理机构）。

自然人的移动或存在（Movement, Presence of Natural Persons），是指一成员国的服务者进入并暂时留在另一成员国境内以提供服务。自然人移动是国际服务贸易的重要组成部分之一，指缔约方的自然人（服务提供者）过境移动，在其他缔约方境内提供服务而形成的贸易。它涉及自然人实质性的具有明确商业目的的跨境移动。自然人将其中的部分收入汇回境内，用于境内消费，这部分服务贸易属于自然人移动。

6.2.1.3　服务贸易概念的产生和发展

"服务贸易"作为经济学领域的一个新课题，国内外经济学界也经历了一个长期探索过程。1972 年，经济合作与发展组织（OECD）首次把"服务贸易"作为一个独立的经济学概念在文献中正式提出。1974 年，《美国贸易法》于第 301 条款中再次提出"世界服务贸易"的概念。1989 年，美国、加拿大两国签署的《美加自由贸易协定》〔在此基础上，1992 年，美国、加拿大和墨西哥正式签署了《北美自由贸易协定》（North America Free Trade Agreement）〕，成为世界上第一个在国家间贸易协议上正式定义服务贸易的法律文件。其定义的服务贸易是：由或代表其他缔约方的一个人，在其境内或进入一缔约方提供所指定的一项服务。

随着服务业在全球的崛起，1986 年 9 月开始的关贸总协定乌拉圭回合谈判，首次将服务贸易列入谈判议题，从而引发了全球服务贸易研究大热潮。此次谈判的重要结果是在 1994 年 4 月 15 日产生了《服务贸易总协定》（General Agreements on Trade in Services，GATS）。

6.2.1.4　国际服务贸易与国际服务交流

国际上服务人员的流动大致可分为三类：一类是政府间为了政治、经济、文化交流的需要，互派各种免费服务。实际上这些免费服务并非免费，而是对等的"不收费"的"收费"，如教育培训、合作医疗、联合研究等，由于不发生商业性收益，故不构成服务贸易。第二类是指一国（地区）的服务人员到另一国（地区）谋取工作，为境外雇主所雇佣，获得工资报酬并只在当地消费（没有汇回母国），由于未发生支付的过境流动，也不构成服务贸易。第三类是指一国（地区）的法人或自然人对外提供服务并获得服务收入，有收支的过境流动，从而构成服务贸易。总结起来，前两种称为国际服务交流，后一种称为国际服务贸易，当然后者并不构成国际服务贸易的全部。

6.2.2　国际服务贸易的分类

服务贸易指一国居民与他国居民所做的服务交易，也就是通过提供服务来从事进出口贸易活动。由于服务贸易亦可能通过单纯以服务供给者提供服务的方式，或是与商品结合的方式以提供服务，因而服务贸易的交易形态相对较商品交易更为复杂。

目前，国际服务贸易尚未形成一个统一的标准。为了便于研究和统计，许多国际经济组织和经济学家从不同的角度对国际服务贸易做了划分，以下是最具有代表性的几种分类方法。

6.2.2.1　商业分类

6.2.2.1.1　以移动为标准

R. M. 斯特恩在 1987 年所著的《国际贸易》一书中，将国际服务贸易按服务是否在提供者与使用者之间移动分为以下四类：

1. 分离式服务。它是指服务提供者与使用者在国与国之间不需要移动而实现的服务。运输服务是分离式服务的典型例子。如民用航空运输服务，一家航空公司可以为另一国家的居民提供服务，但并不需要将这家航空公司搬到国外去，也不必要求顾客到这家航空公司所在国去接受服务。

2. 需要者所在地服务。它是指服务的提供者转移后产生的服务，一般要求服务的提供者与服务使用者在地理上毗邻、接近。银行、金融、保险服务是这类服务的典型代表。例如，一外国银行要想开办中国的小额银行业务，它必须在中国开设分支机构，这就要求国与国之间存在资本和劳动力的移动，也是一种投资形式。

3. 提供者所在地服务。它是指服务的提供者在本国国内为外籍居民和法人提供的服务，一般要求服务消费者跨国界接受服务。国际旅游、教育、医疗属于这一类服务贸易。例如，外国游客到中国的北京、上海等游览接受中国旅行服务，或者中国游客到法国的巴黎、英国的伦敦接受当地的旅行服务；此时，服务提供者并不跨越国界向服务消费者出口服务，对服务提供者而言，也不存在生产要素的移动。

4. 流动的服务。它是指服务的消费者和生产者相互移动所接受和提供的服务，服务的提供者进行对外直接投资，并利用分支机构向第三国的居民或企业提供服务。如设在意大利的一家法国旅游公司在意大利为德国游客提供服务。流动式服务要求服务的消费者和提供者存在不同程度的资本和劳动力等生产要素的移动。

这种分类方法以"移动"作为划分国际服务贸易类型的核心，其本质涉及资本和劳动力等生产要素在不同国家间的移动问题。由于这种生产要素的跨国界移动往往涉及各国国内立法或地区性法律的限制，并涉及在需求者所在国的开业权问题，因此，研究这类问题用这种分类方法比较合适。不过这种服务分类存在着难以准确、彻底地将服务贸易进行划分的缺陷，如上述在各国间相互开业提供的旅游服务就很难加以划分。

6.2.2.1.2 以生产过程为标准

生产过程可分为产前、产中和产后三个阶段，因此，根据服务与生产过程之间的内在联系，将服务贸易分为生产前服务、生产中服务和生产后服务。

1. 生产前服务

生产前服务主要涉及市场调研和可行性研究等。这类服务在生产过程开始前完成，对生产规模及制造过程均有重要影响。

2. 生产中服务

生产中服务主要指在产品生产或制造过程中为生产过程的顺利进行提供的服务，如企业内部质量管理、软件开发、人力资源管理、生产过程之间的各种服务等。

3. 生产后服务

这种服务是联结生产者与消费者之间的服务，如广告、营销服务、包装与运输服务等。通过这种服务，企业与市场进行接触，便于研究产品是否适销、设计是否需要改进、包装是否满足消费者需求等。

这种以"生产"为核心划分的国际服务贸易，其本质涉及应用高新技术提高生产力的问题，并为产品的生产者进行生产前和生产后的服务协调提供重要依据。

6.2.2.1.3 以行业为标准

鉴于国民经济各部门的特点，一些经济学家以服务行业各部门的活动为中心，将服务贸易分为七大类：

1. 银行和金融服务

银行和金融服务是服务贸易中较重要的部门，其范围包括：（1）零售银行业服务，如储蓄、贷款、银行咨询服务等。（2）企业金融服务，如金融管理、财务、会计、审计、追加资本与投资管理等。（3）与保险有关的金融服务。（4）银行间服务，如货币市场交易、清算和结算业务等。（5）国际金融服务，如外汇贸易等。

第二次世界大战后，尤其是 20 世纪 80 年代以来，随着金融服务的国际化，金融服务贸易发生了重大的变化。证券市场进一步发展，银行系统外部增加金融中介，国际金融市场的管制逐渐放松，金融机构扩大业务范围，权力越来越大，在金融活动中广泛应用信息技术，外汇管制也逐步放宽，所有这一切都大大推动了金融业的服务贸易。

2. 保险服务

保险服务的职能是为保险单持有者提供特定时期内对特定风险的防范及其相关的服务，如风险分析、损害预测咨询和投资程序。保险服务贸易既包括非确定的保险者，也包括常设保险公司的国际交换。目前，保险服务贸易主要体现在常设保险公司的业务。

3. 国际旅游和旅行服务

旅游服务贸易为国内外的旅行者提供旅游服务，国际旅游服务贸易主要指为国外旅行者提供旅游服务。旅游贸易包括个人的旅游活动，也包括旅游企业的活动。其范围涉及旅行社和各种旅游设施及客运、餐饮供应、住宿等，它与建筑工程承包、保险和数据处理等服务有直接联系，与国际空运的联系极其密切，在国际服务贸易中的比重较大。

4. 空运和港口运输服务

空运和港口运输服务是一种古老的服务贸易项目，一般的货物由班轮、集装箱货轮、定程或定期租轮运输，特殊的商品通过航空、邮购、陆上运输。港口服务与空运服务密不可分，它包括港口货物装卸及搬运服务。

5. 建筑和工程服务

这类服务包括基础设施、工程项目建设、维修和运营过程的服务。其中还涉及包括农业工程和矿业工程的基础设施和仪器仪表的生产和服务、专业咨询服务和与劳动力移动有关的服务。这类服务贸易一般要受到各国国内开业权的限制，并与经济波动、政策和各国产业政策、投资规划等引起的波动有密切关系。政府部门是这类服务的主要雇主，这类服务一般涉及政府的基础设施与公共部门投资项目。

6. 专业（职业）服务

这类服务主要包括律师、医生、会计师、艺术家等自由职业的从业人员提供的服务，以及在工程、咨询和广告业中的专业技术服务。国际专业（职业）服务贸易的层次性较强，在不同层次交易水平不同。目前主要有以下层次：（1）由个人承担的专业服务；（2）由国际专业服务企业承担的专业服务；（3）作为国际多边集团经营的一部分专业服务；（4）发达国家雇用发展中国家的企业承包工程项目的专业服务。

专业服务形式多种多样，可以通过直接的面对面的服务提供者与消费者的交换进行，也可通过间接的销售渠道，如电信渠道进行交换，或通过某些机构、联盟或在海外的常驻代表把这种服务提供给消费者。专业服务的发展较迅速。

7. 信息、计算机与通信服务

这类服务涉及三种主要方式：

（1）信息服务。这一服务如数据搜集服务、建立数据库和数据接口服务，并通过数据接口在电信网络中进行数据信息的传输等。

（2）计算机服务。这一服务如数据处理服务，服务提供者使用自己的计算机设备满足用户的数据处理要求，并向服务消费者提供通用软件包和专用软件等。

（3）电信服务。这一服务包括基础电信服务，如电报、电话、电传等，以及综合业务数据网提供的智能化的电信服务等。电信服务的质量和水平受电信基础设施的影响。发达国家这类服务占有绝对优势。

上述分类方法以"行业"为核心，其本质涉及输出业务的范围和供求双方业务的深度和广度。各国生产要素在海外活动的收益和范围体现在各国出口的各种服务之中，所以，提供的服务范围越广泛，服务分工越细，供应方的收益也越大。从这种角度分析，采用这类分类方法是比较合适的。这与关税与贸易总协定乌拉圭回合服务贸易谈判小组的划分有类似之处。

6.2.2.1.4　以服务对象为标准

按服务对象是生产者还是消费者，可分为生产者服务和消费者服务。

生产者服务在其理论内涵上，是指市场化的非最终消费服务，亦即作为其他产品或服务生产的中间投入的服务。在我国，生产者服务又被称为"面向生产的服务"或"生产性服务"。在外延上，生产者服务是指相关的具体生产性服务产业与贸易。

消费者服务在其理论内涵上，是指市场化的最终消费服务，亦即作为最终产品或服务生产的最终消费的服务。对于以服务最终消费反映的消费者服务来说，在外延上，消费者服务是指相关的具体消费性服务产业与贸易。在我国，消费者服务又被称为"面向消费者的服务"。

生产性服务业是指直接或间接为生产过程提供中间服务的服务性产业，它涉及信息收集、处理、交换的相互传递、管理等活动，其服务对象主要是商务组织和管理机构，其范围主要包括仓储、物流、中介、广告和市场研究、信息咨询、法律、会展、税务、审计、房地产业、科学研究与综合技术服务、劳动力培训、工程和产品维修及售后服务等。

消费性服务业是指直接或间接为消费者提供最终服务的服务性产业，如商贸服务业、旅游业、餐饮业、市政公用事业、社区服务业、房地产等都属于消费性服务业。

6.2.2.1.5　以要素密集度为标准

根据商品贸易中所密集使用某种生产要素的特点，有的经济学家按照服务贸易中对资本、技术、劳动力投入要求的密集程度，将服务贸易分为：

1. 资本密集型服务。这类服务包括空运、通信、工程建设服务等。

2. 技术与知识密集型服务。这类服务包括银行、金融、法律、会计、审计、信息服务等。

3. 劳动密集型服务。这类服务包括旅游、建筑、维修、消费服务等。

这种分类以生产要素密集程度为核心，涉及产品或服务竞争中的生产要素，尤其是当代高科技的发展和应用问题。发达国家资本雄厚，科技水平高，研究与开发能力强，它们主要从事资本密集型和技术、知识密集型服务贸易，如金融、银行、保险、信息、工程建设、技术咨询等。这类服务附加值高，产出大。相反，发展中国家资本短缺，技术开发能力差，技术水平低，一般只能从事劳动密集型服务贸易，如旅游、种植业、建筑业及劳务输出等。这类服务附加值低、产出小。

因此，这种服务贸易分类方法从生产要素的充分合理使用以及各国以生产要素为中心的竞争力分析，是有一定价值的。不过，现代科技的发展与资本要素的结合更加密切，在商品和服务中对要素的密集程度的分类并不是十分严格，也很难准确无误地加以区别，更不可能制定一个划分标准。

6.2.2.1.6　以商品为标准

关税与贸易总协定乌拉圭回合服务贸易谈判期间，1988 年 6 月谈判小组曾经提出依据服务在商品中的属性进行服务贸易分类，据此服务贸易分为：

1. 以商品形式存在的服务。这类服务以商品或实物形式体现，例如电影、电视、音响、书籍、计算机及专用数据处理与传输装置等。

2. 对商品实物具有补充作用的服务。这类服务对商品价值的实现具有补充、辅助功能，例如商品储运、财务管理、广告宣传等。

3. 对商品实物形态具有替代功能的服务。这类服务伴随有形商品的移动，但又不是一般的商品贸易，不像商品贸易实现了商品所有权的转移，只是向服务消费者提供服务。例如技术贸易中的特许经营、设备和金融租赁及设备的维修等。

4. 具有商品属性却与其他商品无关联的服务。这类服务具有商品属性，其销售并不需要其他商品补充才能实现，例如通信、数据处理、旅游、旅馆和饭店服务等。这种分类将服务与商品联系起来加以分析，事实上，从理论上承认服务与商品一样，既存在使用价值，也存在价值，与商品一样能为社会生产力的进步作出贡献。服务的特殊性就在于它有不同于商品的无形性，但是，这种无形性也可以在一定形式下以商品形式体现。

6.2.2.1.7　以是否伴随有形商品贸易为标准

以是否伴随有形商品贸易为标准可分为：

1. 国际追加服务

国际追加服务指服务是伴随商品实体出口而进行的贸易。对消费者而言，商品实体本身是其购买和消费的核心效用，服务则是提供或满足了某种追加的效用。在科技革命对世界经济的影响不断加深和渗透的情况下，这种追加服务对消费者消费行为特别是所需核心效用的选择具有深远影响。

在追加服务中，相对较为重要的是国际交通、运输和国际邮电通信。它们对于各国社会分工、改善工业布局与产业结构调整、克服静态比较劣势、促进经济发展是一个重要因素。特别是不断采用现今的科学技术，促使交通运输和邮电通信发生了巨大的变化，缩短了经济活动的时空距离，消除了许多障碍，对全球经济的增长

国际贸易

日益发挥着重要作用，也成为国际服务贸易的重要内容。

2. 国际核心服务

国际核心服务指与有形商品的生产和贸易无关，作为消费者单独购买的、能为消费者提供核心效用的一种服务。国际核心服务根据消费者与服务提供者距离远近可分为：

（1）面对面型服务。它是指服务供给者与消费者双方实际接触才能实现的服务。实际接触方式可以是供给者流向消费者，可以是消费者流向供给者，或是供给者与消费者之间的双向流动。

（2）远距离服务。它不需要服务供给者与消费者实际接触，一般需要通过一定的载体方可实现跨国界服务。例如，通过通信卫星作为载体传递的国际视听服务，其中包括国际新闻报导、国际文体活动和传真业务等。

6.2.2.2 世界贸易组织的分类

跨越国界所进行的服务贸易，若依照世界贸易组织（World Trade Organization，WTO）服务部门分类（W/120）方法，可分为12大部门（见表6-1），这12项服务业又可细分为156项子服务行业。世界贸易组织的分类具有权威性，因而被广泛推广。

表6-1 世界贸易组织的服务部门分类

部门	涵盖的分部门
1. 商业性服务	专业性（包括咨询）服务；计算机及相关服务；研究与开发服务；不动产服务；设备租赁服务
2. 通信服务	邮政服务；快件服务；电信服务；视听服务
3. 建筑服务	建筑物的一般工作；民用工程的一般建筑工作；安装与装配工作；建筑物的完善与装饰工作等
4. 销售服务	代理机构的服务；批发贸易服务；零售服务；特约代理服务
5. 教育服务	初等教育服务；中等教育服务；高等教育服务；成人教育服务；其他教育服务
6. 环境服务	污水处理服务；废物处理服务；卫生及其相关服务；其他环境服务
7. 金融服务	银行及其他金融服务；保险及有关服务等
8. 健康及社会服务	医院服务；其他人类健康服务；社会服务；其他健康与社会服务
9. 旅游及相关服务	宾馆与饭店；旅行社及旅游经纪人服务社；导游服务等
10. 文化、娱乐及体育服务	娱乐服务；新闻机构服务；图书馆、档案馆、博物馆及其他文化服务；体育及其他娱乐服务
11. 交通运输服务	海运服务；内河服务；空运服务；空间服务；铁路运输服务；公路运输服务；管道运输，包括燃料运输和其他物资运输服务；所有运输方式的辅助性服务，包括货物处理服务、存贮与仓库服务、货运代理服务及其他辅助性服务
12. 其他未包括的服务	

以上部门大致可以归纳为20个领域：（1）国际运输，包括卫星发射服务；（2）跨国银行和国际性融资机构的服务及其他金融服务；（3）国际保险与再保险；（4）国际信息处理和传递；（5）国际咨询服务；（6）海外工程承包和劳务输入；

（7）国际电讯服务；（8）跨国广告和设计；（9）国际租赁；（10）售后维修、保养和技术指导等服务；（11）国际视听服务；（12）国际间会计师、律师和法律服务；（13）文教卫生和国际交往服务；（14）国际旅游；（15）跨国商业批发和零售服务；（16）专门技术和技能的跨国培训；（17）长期和临时性国际展览与国际会议及会务服务；（18）国际仓储和包装服务；（19）跨国房地产建筑销售和物业管理服务；（20）其他官方或民间提供的服务，如新闻、广告、广播、影视等。

6.2.2.3　国际货币基金组织的分类

国际货币基金组织按照国际收支统计将服务贸易分为以下四类。

6.2.2.3.1　民间服务

民间服务（或称商业性服务），指1977年国际货币基金组织编制的《国际收支手册》中的货运，其他运输、客运、港口服务等，旅游，其他民间服务等。进一步分类如下：（1）货运——运费、货物保险费及其他费用；（2）客运——旅客运费及有关费用；（3）港口服务——船公司及其雇员在港口的商品和服务的花费及租用费；（4）旅游——在境外停留不到一年的旅游者对商品和服务的花费（不包括运费）；（5）劳务收入——本国居民的工资和薪水；（6）所有权收益——版权和许可证收益；（7）其他民间服务——通信、广告、非货物保险、经纪人、管理、租赁、出版、维修、商业、职业和技术服务。

一般我们把劳务收入、所有权收益、其他民间服务统称其他民间服务和收益。

6.2.2.3.2　投资收益

投资收益，指国与国之间因资本的借贷或投资等所产生的利息、股息、利润的汇出或汇回所产生的收入与支出。

6.2.2.3.3　其他政府服务和收益

其他政府服务和收益，指不列入上述各项的涉及政府的服务和收益。

6.2.2.3.4　不偿还的转移

不偿还的转移，指单方面的（或片面的）、无对等的收支，即意味着资金在国际间移动后，并不产生归还或偿还的问题，因而又称单方面转移。一般指单方面的汇款、年金、赠与等。根据单方面转移的不同接受对象，又分为私人转移与政府转移两大类。政府转移主要指政府间的无偿经济技术或军事援助、战争赔款、外债的自愿减免、政府对国际机构缴纳的行政费用以及赠与等收入与支出。

综上所述，无论国际服务贸易的定义与分类从何种角度出发，国际服务贸易都存在着人员、资本、信息以不同形式的跨国界移动，或在一定形式下存在于商品跨国界移动中。

6.2.3　国际服务贸易的特点

国际服务贸易作为非实物劳动成果的交易，与实物产品贸易进行对比，通常表现出以下特点。

6.2.3.1　服务商品的不可感知性或贸易标的无形性

这是服务贸易的最主要特征。由于服务要素所提供的服务产品很多都是无形的，即服务产品在被购买之前不可能去品尝、感觉、触摸、观看、听见或嗅到，所以大部分服务产品属于不可感知性产品。消费者对它们的价值量很难评估，因为即使在消费或享用之后，顾客也无法根据消费经验感受到这种产品所带来的效用，只能是通过服务者提供的介绍和承诺，并期望该服务确实给自己带来好处。另外，由于服务是无形的，是生产与消费同时完成的过程，没有一个有形的、独立的存在形式，海关人员无法在关境口岸发现服务的进口与出口，服务贸易也就无法正常地被纳入海关统计中，因此，不能利用关税或配额保护本国的服务业。

6.2.3.2 国际服务贸易的生产和消费过程具有同步性

实物产品贸易从其生产、流通，最后到消费的过程，一般要经过一系列的中间环节。比如，卖方要将货物交给承运商，承运商要委托船务（海洋运输）公司进行托运，最后由承运商交给买方，这中间存在着一系列复杂的过程（如保险、装运、适用的价格术语及索赔等问题）。而服务贸易与之不同，它具有不可分离的特征，即服务的生产过程与消费过程同时进行（如医生给患者看病）。服务发生交易时间，也就是消费者消费服务的时刻，这两个过程同时存在，不可分割。同时，顾客在消费服务产品的时候，必须或者只有加入到服务的生产过程中，才能最终消费到服务，而且这种服务特征随着科学技术的发展，经济全球化进程的加快，越来越显示出国际化的趋势。这种不可分离性是服务贸易的另外一个主要特征。

6.2.3.3 贸易主体地位的多重性

服务的卖方就是服务产品的生产者，并以消费过程中的物质要素为载体提供相对应的服务。服务的买方则往往就是服务的消费者，并作为服务生产者的劳动对象直接参与服务产品的分享过程。

6.2.3.4 服务贸易市场的高度垄断性

国际服务贸易在发达国家和发展中国家表现出较为严重的不平衡性，原因在于服务市场所提供的服务产品受各个国家的历史特点、区域位置及文化背景等多种因素的影响。比如，医疗工程、网络服务、航空运输及教育等直接关系到国家的主权、安全和伦理道德等敏感领域，也许就会受到外界（制度）或自身（内省）的限制。因此，国际服务贸易市场的垄断性较强，表现为少数发达国家对国际服务贸易的垄断优势与发展中国家的相对劣势。另外，对国际服务贸易的各种壁垒也比商品贸易多达两千多种，从而严重阻碍了国际服务商品的正常交易。

6.2.3.5 贸易保护方式具有隐蔽性

由于服务贸易标的物的特点，各国无法通过统一国际标准或关税进行限制，更多地采用国内的政策、法令进行限制，如市场准入制度，对于贸易出口国或进口国进行限制或者是非国民待遇等非关税壁垒形式。

6.2.3.6 国际服务贸易的约束条例相对灵活

GATS 条款中规定的义务分为一般性义务和具体承诺义务。一般性义务适用于GATS 缔约方所有服务部门，不论缔约方这些部门是否对外开放，对其都有约束力，包括最惠国待遇、透明度和发展中国家更多参与。具体承诺义务是指必须经过双边或多边谈判达成协议之后才承担的义务，包括市场准和国民待遇，且只适用于缔约方承诺开放的服务部门，不适用于不开放的服务部门。对于市场准入来说，GATS规定可以采取循序渐进，逐步自由化的办法；允许缔约方初步进行承诺，并提交初步承诺书，然后再进行减让谈判，最后达到自由化。对于国民待遇来说，GATS 规定允许根据缔约方自身的经济发展水平选择承担国民待遇义务。总之，GATS 对于服务贸易的约束是具有一定弹性的。

6.2.3.7 服务产品的营销管理具有更大的难度和复杂性

无论从国家宏观方面，还是微观方面，国际服务产品的营销管理与实物产品的营销管理比较都具有较大的难度与复杂性。从宏观层面上讲，国家对服务进出口的管理，不仅仅是对服务产品载体的管理，还必须涉及服务的提供者与消费者的管理，包括劳动力服务要素的衣、食、住、行等各项活动的管理，具有复杂性。另外，国家对服务形式采取的管理方式主要通过法的形式加以约束，但是立法具有明显的滞后性，很难紧跟形势发展的需要。从微观层面上讲，由于服务本身的特性，企业在进行服务产品营销管理过程中经常会受到不确定性因素的干扰，控制难度较大。如前所述，由于服务产品质量水平的不确定性，服务产品不可能做到"三包"。再比如，商品贸易可以通过供需关系的协调，使其达到供需平衡，从而使消费者与生产者达到均衡；而服务贸易就不可能通过时间的转换来完成或解决供需矛盾，实现供需平衡。

随着科学技术的发展，全球经济一体化、自由化趋势的到来，国际服务贸易将会呈现出更多的特点，既会给服务产品的生产者、消费者带来机遇，同时也带来挑战。

6.2.4 国际服务贸易的统计

国际服务贸易统计是随着服务贸易的产生发展而建立的。但由于服务贸易自身所具有的不同于货物贸易的特点以及各国服务贸易发展水平和统计状况的不同，长期以来一直缺乏统一的服务贸易概念和统计标准。这使得国际服务统计问题始终困扰着理论研究专家和世界贸易组织各国谈判代表。目前在有关领域，一是缺乏统一的服务贸易统计体系，二是对已有的统计数据缺乏系统的收集和整理，使许多研究成果的科学性受到了一定的质疑，也影响了各国政府与企业的正确决策。

按照 GATS 对服务贸易的定义，服务贸易有四种方式，即跨境供应、境外消费、商业存在和自然人流动。一般来说，方式 1、方式 2、方式 4 的贸易额通过国际收支平衡表（BOP）统计反映出来，而方式 3 通过外国附属机构服务贸易（Foreign Affiliates Trade in Services，FATS）统计反映出来（见表 6 - 2）。目前仅有少数国家（美国等 OECD 国家）能够实现 FATS 统计。

表 6 - 2　　　　　　　　　　　　四种方式所包含的统计数据

方式	统计范围
方式 1：跨境供应	BPM5：运输（大部分），通信服务，保险服务，金融服务，特需使用费和许可费组成部分：计算机和信息服务，其他商业服务，个人、文化及娱乐服务
方式 2：境外消费	BPM5：旅行（不包括旅行者购买的货物），在外国港口修理船只（货物）、部分运输（在外国港口对船只进行支持和辅助服务）
方式 3：商业存在	FATS：FATS ICFA 各类别 BPM5：部分建筑服务

方式	统计范围
方式4：自然人移动	BPM5：部分计算机和信息服务，其他商业服务，个人、文化及娱乐服务，建筑服务 FATS（补充信息）：外派到国外附属机构的就业 BPM5（补充信息）：与劳务有关的流量 其他来源：移民、就业的统计

资料来源：UN et al.（2002）. Manual on Statistics of International Trade in Services：24.

统计学家从国民收入、国际收支平衡为出发点，将服务出口定义为将服务出售给其他国家的居民；服务进口则是本国居民从其他国家购买服务。"居民"是指按所在国法律，基于居住期、居所，总机构或管理机构所在地等负有纳税义务的自然人、法人和其他在税收上视同法人的团体。各国按照自己的法律对"居民"有不同的定义。从统计的意义看，"居民"通常被定义为在某国生活 3 个月以上的人，也有的国家认为至少生活五年以上的人才成为居民。"贸易"是销售具有价值的东西给居住在另一国家的人，"服务"是任何不直接生产制成品的经济活动。

另外，"服务"可定义为一系列产业、职业、行政机关的产出，包括空运业、银行业、保险业、旅馆业、餐饮业、理发业、教育、建筑设计与工程设计、研究、娱乐业、按摩院、旅游业与旅游代理、计算机软件业、信息业、通信业、医疗与护理、印刷、广告、租赁、汽车出租服务等。因此，"国际服务贸易"定义为这些行业部门的产出品向其他国家居民的销售。

6.2.4.1　BPM5 所作的服务贸易统计

国际服务贸易发展迅速，形式多样、门类繁多，使得国际上对服务贸易统计的技术性问题相对滞后。世贸组织秘书处认为，现存唯一的全球性服务贸易信息来源是国际货币基金组织的国际收支平衡表的数据。该数据来自各国中央银行和国内统计机构对国际货币基金组织呈交的报告。该组织从 1993 年开始启用了《国际收支平衡表手册》第 5 版（Balance of Payments Manual，BPM5）分类统计体系对服务贸易进行专门统计。

BPM5 所作的服务贸易分类是目前国际上比较通行的服务贸易统计分类，但不是关于服务业的分类。各国目前的服务贸易统计体系主要就是根据 BPM5 所作的分类设立的，因此它也是唯一可以提供各国间比较研究数据的分类。已列入国际通行统计范围的服务贸易部门包括以下 11 个组成部分：（1）运输服务；（2）旅游服务；（3）通信服务；（4）建筑服务；（5）保险服务；（6）金融服务；（7）计算机和信息服务；（8）特许权使用和许可费用；（9）其他商业服务；（10）个人、文化和娱乐服务；（11）别处未包括的政府服务。但该体系与各国现有统计项目完全吻合的情况很少，这预示着近期内全球性的服务贸易统计信息还会有很多缺陷。这一统计上的缺陷尤其会影响分销服务和金融服务项目。

世界各国虽然对服务贸易有各自的统计方式，但由于经济发展水平不同，服务门类划分等差异，统计方式也千差万别。国际收支统计申报具有自身独有的数据资源优势，为今后进行服务贸易相关分析奠定了坚实的基础。

6.2.4.2　外国附属机构服务贸易统计（FATS）

在《国际服务贸易统计手册》中，外国附属机构的国内销售额包含在国际服务贸易之中。但是由于外国附属机构是东道国中的居民实体，因此外国附属机构在东道国的销售额未被记录在国际收支账户中，这些销售额只与居民和非居民之间的交易有关。设计 FATS 的目的就是要获得这样的信息，以便对全球化的方方面面作出评估。

FATS 统计既包括对从事服务贸易企业的统计也包括对从事货物贸易企业的统计。FATS 统计反映了外国附属机构在东道国发生的全部商品和服务交易情况，包括与投资母国之间的交易，与所有东道国其他居民之间的交易，以及与其他第三国之间的交易，核心是其中的非跨境商品和服务交易。

对任何一国来说，直接投资都是双向的，既有外国在本国的直接投资，也有本国在外国的直接投资。这种投资的双向流动反映在统计上，就形成了 FATS 的内向统计和外向统计。就报告国而言，记录外国附属机构在本国的交易情况的统计，称为内向 FATS 统计；记录本国在国外投资形成的附属机构在投资东道国的交易情况的统计，称为外向 FATS 统计

中国目前在涉及双边国际服务贸易统计（ITRS）和 FATS 的服务贸易统计上仍然滞后。从我国的国际收支平衡表的项目设置看，一些项目国务院其他部委也进行统计，如货物贸易有海关统计，外商直接投资有商务部统计，旅游外汇收入有旅游局统计。但是，还有一些项目统计是国际收支统计申报所独有的，特别是在服务贸易统计方面。服务贸易分为运输、旅游、通信服务、建筑服务等具体项目。到目前为止，除旅游收入外，其他各个方面对外收支的完整统计，只有在国际收支统计申报的数据中才能找到。由于我国的服务业整体还不发达，尽管服务贸易收支长期处于逆差状态，但未对国际收支整体形势产生大的影响，因此，服务贸易各具体项目的对外收支状况尚未引起人们的广泛关注。

我国正在积极建立国际服务贸易统计制度，并力图使之具有统计标准国际化、统计范围全面化和统计方法综合化的特点；统计数据来源以国际收支间接申报制度为基础，范围包括运输、保险、旅游、金融服务、通信和邮电、建筑安装和劳务承包、计算机和信息服务、专有权使用费和特许费、咨询、教育、医疗保健、广告宣传、电影音像、其他商业服务 13 个大类，涵盖了服务贸易所有行业，从而能够比较全面地反映我国国际服务贸易发展状况。

6.2.5　国际服务贸易的发展趋势

6.2.5.1　国际服务贸易的产生与发展

国际服务贸易是伴随着资本主义生产方式的出现而产生的，并且随着资本主义商品经济的不断发展而发展。最初的国际贸易只限于货物贸易，服务贸易只是作为货物贸易的延伸，如航运业就是较早出现的服务贸易行业，而航运业是在资本主义生产方式准备时期随着新大陆的发现而兴起的。此后，以大规模的奴隶贩运为特点的殖民扩张并伴随着欧洲向北美大规模的移民，形成了国际间劳动力要素移动的第

一个高潮，出现了带有殖民色彩的国际劳务贸易。在资本主义自由竞争时期，除航运业等传统服务行业外，铁路运输、金融、保险、通信等服务行业也随着货物贸易的迅速发展而有了长足的进步。第二次世界大战以后，特别是20世纪60年代以来，国际服务贸易迅速发展。尤其到了90年代，国际服务贸易迅猛增长，不仅表现在市场规模的扩大，同时也表现在国际服务贸易市场的透明度、自由度、开放度不断增加，市场规则日趋完善。

6.2.5.2　国际服务贸易的发展趋势

服务贸易作为世界贸易的组成部分，发展尤为迅速。进入20世纪90年代后，服务贸易由原来作为货物贸易的补充一跃成为独立的重要贸易方式，并成为各国贸易竞争的新领域。目前，发达国家在世界服务贸易中占绝对优势，尤其是在金融、电信、设计咨询、软件开发等知识密集型领域更是胜出一筹。未来世界服务贸易将会如火如荼地发展。

1. 国际服务贸易自由化与贸易壁垒并存

国际服务贸易自由化进程不断加快，领域也日益扩展。为顺应近年来经济全球化的潮流，世界贸易组织在成立后的几年中继续努力推动有关服务贸易自由化的进程。经过乌拉圭回合的艰苦谈判和各方的反复磋商，1994年终于达成并签订了《服务贸易总协定》，第一次为服务贸易的自由化提供了体制上的安排与保障。今天，服务贸易自由化的趋势遍及各个传统服务部门和新兴服务行业，从商业、贸易、旅游、运输、工程承包和劳务输出，到信息、金融、保险、法律、咨询、经纪、通信等各种专业服务，都成为各国谈判和扩大市场准入的对象。

与此同时，随着服务贸易的迅速发展，该领域的竞争加剧，保护主义盛行。为了保护本国的服务业，各国纷纷采取诸如入境限制、技术标准、外汇管制等非关税壁垒措施。一些敏感性领域，如金融、保险、通信以及航空运输等，往往关系到服务贸易输入国的主权和安全，各国尤其对其进口进行限制。

2. 跨国公司成为国际服务贸易的主体

和货物领域一样，跨国公司在资金、技术和信息上的巨大优势以及在全球范围内配置资源的经营规模，使其在服务贸易领域占据主导地位。由于新兴服务业的知识化和信息化特征，服务业跨国公司比制造业跨国公司的资本密集度更高，技术优势更强，也更易形成世界市场的垄断局面。目前，与跨国公司经营有关的只是产权交易额和国际性经营服务（包括教育、人才培训、金融、保险服务、通信服务、计算机数据加工处理、信息服务等）的出口额已占世界出口额的一半左右，跨国公司垄断了国际技术创新的70%~80%和国际技术贸易的90%。在未来的服务贸易中，跨国公司的主体地位将进一步加强。

3. 世界贸易格局逐渐变化，区域内服务贸易日益活跃

由于世贸组织的推动作用和各国经济相互依赖的加强，未来区域内服务贸易的自由化将与多边贸易体系下的服务贸易自由化并行发展。当今蓬勃兴起的自由贸易区就是如此。

4. 以知识经济为特征的新的服务贸易方式和新产品方兴未艾

以科学技术为基础的知识经济正深刻地改变着世界，信息和通信技术在知识经

济的发展过程中处于中心地位。以知识经济为核心的新的服务贸易方式和贸易产品方兴未艾，将成为未来贸易的重要内容，不仅如此，现代农业和制造业也呈现了"业务服务化"趋势。

当代信息技术的发展使电子商务成为新的贸易方式。这种方式不受地域和时间的限制，并且可以全天候地进行，节省了大量贸易成本。电子商务不仅能加快信息的反馈速度，降低成本，提高服务贸易运作效率，而且在激烈的市场竞争中还可以提供更有利于企业的服务贸易机会和条件。信息技术和信息化手段已成为世界服务和货物贸易分工发展的加速器、提高贸易效益的裂变器。进入 21 世纪，通过无纸贸易达成的交易额已达到数千亿美元。以知识经济为特征，包括信息、金融、技术和专业等在内的知识性服务业和服务贸易将逐渐成为贸易的主要内容。在未来贸易中的比重将会越来越大。知识经济的发展使服务贸易的发展如虎添翼，在全球贸易中的地位愈来愈重要。

5. 在贸易和投资的自由化趋势下，服务业成为全球对外直接投资最主要的行业

市场竞争日趋激烈，经济全球化迅速发展，并体现为贸易、投资和金融的自由化。这同时也是世贸组织的宗旨和努力方向。在未来若干年内，世贸组织在监督实施乌拉圭回合协议的基础上将继续进行有关服务贸易领域的后续谈判，还将对投资、竞争、环境、政府采购、贸易促进及劳工标准等新议题进行谈判，并制定出相应的规则。

6. 全球服务外包发展趋势日益明显，并展示出交易规模扩大、业务范围拓宽、离岸方式强化的特点

全球服务外包具有以下特点：

（1）一方面，外包的金额越来越大。2007 年，国际服务外包额总值已达 1.2 万亿美元。另一方面，外包的职位越来越多。目前白领工作流向较低劳动力成本国家的数量急剧增加。波士顿一家咨询公司估计，在过去 3 年里，美国约有 40 多万个白领服务业工作岗位被转移到海外。

（2）信息技术及网络技术的发展使服务外包所需的技术知识水平提高，全球知识型服务外包兴起。许多公司不仅将数据输入、文件管理等低端服务转移，而且还将风险管理、金融分析、研发等技术含量高、附加值大的业务外包出去。

（3）参与的国家、企业等群体增多。目前服务外包不仅局限于发达国家和一些大公司，许多发展中国家和一些中小企业甚至个人，为了降低成本也将部分业务外包出去，外包的客户范围不断延伸。与此同时，外包的承接国家也越来越多，一些发展中国家纷纷参与到承接国际服务外包的行列中来，如印度、中国、俄罗斯、韩国、菲律宾、泰国、越南、柬埔寨、马来西亚、委内瑞拉、孟加拉国等。

（4）由于一些发展中国家教育水平较高，而工资水平较低，越来越多的外包以离岸的方式进行。如通用公司（GE）提出公司外包业务的 70% 采用离岸模式。著名管理咨询公司麦肯锡预测，今后 5 年内，美国白领工作的离岸外包将增长 30%。

6.2.5.3　国际服务贸易对各国经济发展起到了推动作用

1. 通过国际服务贸易，各国可以充分发挥国际分工的作用，利用国际资源发展经济。国际分工促进国际服务贸易发展，国际服务贸易的发展反过来又促进国际垂

国际贸易

直分工和水平分工的深化和扩大。通过按比较成本的法则进行国际服务贸易，各国的服务优势能够互补，扬长避短，两优取其更优，两劣取其次劣，使各国的资源在世界范围内得到有效的配置，节约社会劳动，取得国际分工的利益。

2. 世界服务贸易成为国民经济发展的重要调节手段。服务贸易发展至今，已经不是传统意义上的服务交换，它已经成为国际生产要素如资本和劳动力流动的渠道，并且具有信息、技术、金融再分配功能，它可以吸收、反馈信息，是技术转让的重要渠道。正因为如此，它对国民经济起着调节器的作用。从一个国家的角度看，要取得经济的发展，一方面要利用国内一切条件，另一方面要积极参与世界经济流通，利用国际的一切有利因素，通过国际范围的服务交换，调节国内供需不足或过剩，满足人民的提高物质生活水平的需要，改进国内扩大再生产时国民经济各方面的比例关系。

3. 通过国际服务贸易，各国可以实现本国生产商品和服务的价值和增值，扩大积累和增加外汇收入。同时国家对进出口贸易征收关税和其他各种有关费用，也是财政收入的一个重要来源。利用补偿、租赁、信贷等贸易形式也是筹集资金的一种可行途径。

4. 通过国际服务贸易，各国可以利用国际技术转移、扩散的好处，吸引先进技术，提高劳动生产率，同时，由于生产部门和非生产部门都参与国际竞争，产生提高技术、改进管理的紧迫感。

5. 通过国际服务贸易可以促进国内产业结构和经济结构的完善和升级，可以扩大市场范围和生产规模，获得经济规模效益。

6.2.6 国际服务贸易总协定

6.2.6.1 《服务贸易总协定》的产生

《服务贸易总协定》的产生是经济全球化和贸易自由化的必然结果。第二次世界大战后，第三次科技革命成果的技术应用极大地推动了生产力的发展。发达国家的产业结构不断优化，第三产业在整个国民经济中的比重日益提高，在国际贸易中处于领导地位，客观上要求排除服务贸易市场准入的障碍，制定适用于服务贸易的基本原则和主要规则，并逐步进行服务贸易自由化的市场准入的谈判。

1962年，经济合作与发展组织制定了《经常项目下的非贸易自由化守则》与《资本转移自由化守则》，开始讨论服务贸易自由化问题。随后，经济合作与发展组织开始系统研究服务贸易自由化的有关问题。

在1978年经济合作与发展组织的贸易委员会上，应美国要求进行了消除服务贸易壁垒的谈判。1979年开始建筑工程咨询、银行、保险和海运的谈判。谈判于1984年结束，明确了货物贸易最惠国待遇、国民待遇、透明度、市场准入原则，投资和设立等概念同服务贸易的关系。

1987年，经济合作与发展组织公布了《服务贸易概念框架的提要》，强调适用于货物贸易的关贸总协定的一般原则和规则也同样适用于服务贸易。

1986年9月开始的"乌拉圭回合"部长会议首次就服务贸易进行谈判，直至1993年12月5日达成《服务贸易总协定》。1994年4月15日117个国家和地区的

130

代表在摩洛哥正式签署了这个协定，该协定于 1995 年 1 月生效，国际服务贸易规范体系正式建立。

6.2.6.2 《服务贸易总协定》的基本内容

整个《服务贸易总协定》由三大部分组成：协定条款；部门协定，即附录；各国市场准入承诺清单（见表 6 – 3）。

表 6 – 3 《服务贸易总协定》的主要组成部分

第一部分	服务贸易总协定条款（共 29 条具体条款）
第二部分	附件（共 8 个） 包括：豁免附件；根据本协议自然人移动提供服务的附件；空运服务的附件；金融服务附件一；金融服务附件二；海运服务谈判附件；电信服务的附件；基础电信谈判附件
第三部分	各国提交的具体承诺表（共 94 个）

其他有关文件有：关于体制安排和某些解决争端程序的部长决定；关于第十四条（六）款，关于基础电信、金融服务和专业服务的谈判；关于人员移动和海运服务的承诺谅解书。

6.2.6.3 《服务贸易总协定》的部门协议

由于各国服务贸易的差异性，《服务贸易总协定》还对个服务部门做了专门的追加规定。

1. 关于提供服务的自然人的移动协议

根据《关于自然人移动谈判的部长会议决定》的安排，1995 年各方就自然人跨国移动在提高开放承诺方面达成协议。该协议适用于各缔约方提供服务的自然人以及受雇于服务提供者的自然人，但不适用于寻找工作的自然人。它与公民权、居留和受雇等措施无关，就是说自然人的移动必须跟随提供服务，它有别于移民权。

2. 关于航空运输服务协议

《关于航空运输服务协议》规定了飞机的修理和保养服务、航空运输服务的推销、计算机储存系统服务的范围，同时，航空运输服务可以不遵守《服务贸易总协定》关于最惠国待遇的条款，而继续根据《国际民航协议》的对等原则，相互给予着陆权。

3. 关于金融（含保险）服务协议

《金融服务承诺的谅解》有两个附件：第一个附件允许各缔约方政府根据谨慎的原则采取保护国内金融服务的措施，附件还对银行和保险的服务范围作出了规定；第二附件允许各参加方在《服务贸易总协定》生效 4 个月后的 60 天内列出其最惠国待遇的例外清单，并可改进、修改或撤销其减让表中的有关金融服务的承诺。

4. 关于电信服务协议

《关于电信服务协议》定义了电信服务的含义，承认这个部门的双重作用，它一方面是一个独特的经济部门，另一方面又是一种提供其他经济活动的基本方式。协议要求缔约方政府非歧视地给予外国服务提供者进入公共电信网的机会。

5. 关于海运服务协议

《关于海运服务谈判的决议》规定了海运服务的内涵，各方表示同意在《服务贸易总协定》生效后，再就海运服务部门进行谈判。在此之前，各参加方可以随意撤销其在该部门的承诺，无须给予补偿。

6. 减让表

各国在谈判初期作出了市场准入保证及国民待遇的约束，包括追加的约束。谈判结果记载在各国的减让表上，作为服务贸易协定的附录。1994 年 4 月马拉喀什会议签署协议时，100 多个国家提交了服务贸易减让表。

此外，乌拉圭回合及以后的谈判还达成了一些多边的国际服务贸易部门协议，如全球金融服务贸易协议、基础电信协议、关于海运业的国际服务协议、国际银行监管的巴塞尔协议、关于知识产权的国际协议、关于国际租赁的国际协议等。

6.2.6.4 《服务贸易总协定》的基本原则

1. 最惠国待遇原则

这是多边贸易体制的基础，也是多边服务贸易的基础。该条款规定："关于本协定涵盖的任何措施，每一成员给予任何其他成员的服务和服务提供者的待遇，应立即和无条件地不低于它给予其他成员相同服务和服务提供者的待遇"。最惠国待遇原则上是无条件的，但关于最惠国待遇豁免的附件规定了例外处理，如 GATS 规定该待遇不适用于有关税收、投资保护和司法或管理协助的国际协议，也暂时不适用于《服务贸易总协定》附件中没有列入，而由其他国际协议管辖的具体部门。

2. 透明度原则

该条款规定："除紧急情况外，每一成员应迅速公布有关或影响本协定运用的所有普遍适用的措施，最迟应在此类措施生效之时。一成员为签署方的有关或影响服务贸易的国际协定也应予以公布。"此条还规定应至少一年一度地对本国新法规或现存法规的修改作出说明介绍，并要求各成员建立一个或多个咨询点，以便尽快地回答其他成员的询问；任何成员都可以向他方通知另一成员所采取的影响《服务贸易总协定》执行的任何措施，绝对信息可以不透露。

3. 市场准入原则

这是协定中的关键条款。该条款规定在服务提供方式的市场准入方面，"每一成员对任何其他成员的服务和服务提供者给予的待遇，不得低于其在具体承诺减让表中同意和列明的条款、限制和条件。"条款还明文规定："在作出市场准入承诺的部门，除非在其减让表中另有列明，否则一成员不得在其一地区或在其全部领土内维持或采取按如下定义的措施：（1）无论是以数量配额、垄断和专营服务提供者的形式，还是以经济需求测试要求的形式，限制服务提供者的数量；（2）以数量配额或经济需求测试要求的形式限制服务交易或资产总值；（3）以配额或经济需求测试要求的形式，限制服务业务总数或以指定数量单位表示的服务产出总量；（4）以数量配额或经济需求测试要求的形式，限制特定服务部门或服务提供者可雇用的、提供具体服务所必需且直接有关的自然人总数；（5）限制或要求服务提供者通过特定类型法律实体或合营企业提供服务的措施；以及（6）以限制外国股权最高百分比或限制单个或总统外国投资总额的方式限制外国资本的参与。"各成员应将与上述限制有关的各项措施列入承诺单，否则不能予以实施。条款中所列限制以外的任何其他限制，只要不是歧视性的，均不在协定所管辖范围之内。

4. 国民待遇原则

这也是协定中的主要条款之一。该条款规定："对于列入减让表的部门，在遵守其中所列任何条件和资格的前提下，每一成员在影响服务提供的所有措施方面给予任何其他成员的服务和服务提供者的待遇，不得低于其给予本国同类服务和服务提供者的待遇。"

5. 发展中国家的更多参与

该条款规定各成员应"通过谈判达成有关以下内容的具体承诺，以便利发展中国家成员更多地参与世界贸易：（a）增强其国内服务能力、效率和竞争力，特别是通过在商业基础上获得技术；（b）改善其进入分销渠道和利用信息网络的机会；以及（c）在对其有出口利益的部门和服务提供方式实现市场准入自由化"。该条款包括三方面含义：

（1）有关成员应作出一些具体承诺以促进发展中国家国内服务能力、效率和竞争力的增强；增加产品市场准入方面的自由度。

（2）发达国家成员和在可能的限度内的其他成员，应在《服务贸易总协定》生效之日起 2 年内设立联络点，以便利发展中国家成员的服务提供者获取有关服务供给的商业和技术方面的信息。

（3）发达国家给予特别优先，鉴于最不发达国家的特殊经济状况及其发展、贸易和财政需要，对于它们在接受谈判达成的具体承诺方面存在的严重困难应予特殊考虑。

这一条款对发展中国家具有积极意义。发展中国家可利用这一条原则要求发达国家更多地开放市场，特别是发展中国家占优势的劳动密集型产业，同时发展中国家可以合法地使用一些增强其服务能力的措施，如要求外国的服务提供者转让技术、协助管理等。

6.2.6.5　《服务贸易总协定》的特征

《服务贸易总协定》是关贸总协定第八次谈判"乌拉圭回合"多边贸易谈判的新成果。GATS 将世界范围内的服务贸易置于一个多边的协议之内，对国际服务贸易和世界经济的发展产生了深远的影响。现阶段，还只是基本的、初级的贸易自由化框架，并具有自身的特色：

1. 一般性义务和具体承诺义务相结合

《服务贸易总协定》规定了一般性义务和具体承诺义务两种形式的义务。一般性义务适用于各种服务部门，而不论成员方是否开放这些部门，包括最惠国待遇、透明度、发展中国家更多参与等条款；具体承诺义务是必须经过双边或多边谈判达成协议之后才承担的义务，这些义务只适用于承诺开放的服务部门而不适用于不承诺开放的部门，包括市场准入和国民待遇。但一般性义务要通过具体承诺的部门才能体现出来，而承诺开放的部门和开放的程度要由各缔约方经过谈判和磋商决定，这就使得《服务贸易总协定》的约束力相对较弱，促进服务贸易自由化的力度也相对较小。

2. 分部门、分交易方式进行谈判和承诺

由于各国家、各部门的发展极不平衡，《服务贸易总协定》在结构上采用了分部门谈判的方法，以部门为单位进行谈判，逐步开放市场。这样使各国在开放市场的过程中可以先在那些分歧较小的部门中实现自由化，而将那些分歧较大的部门留待进一步谈判。

在承诺开放部门的细目表中，各成员国还可以选择特定形式的服务贸易进行自由化，也就是说，一个国家在其承诺开放的服务部门中，可以选择跨境交付、境外消费、商业存在和自然人移动这四种方式提供的服务全部开放，也可以选择只开放其中各一种或几种，而对以其他方式提供的服务拒绝开放或附加某种条件。这样，各国就能选择对本国最为有利的服务贸易方式进行自由化，在谈判中能有更大的回旋空间，从而推动多边谈判的进展。

3. 正面列举开放部门和交易方式的减让细目表

各成员国承诺开放的服务业部门和服务贸易方式是以细目表的方式正面列举的，也就是说，只有那些在减让表上承诺自由化的服务业部门和服务贸易方式是向国外的服务和服务提供者开放的，而除此之外的所有服务部门都是不开放的。这使得那些相对较容易开放的部门和交易方式首先实现自由化，而在此之后的服务贸易自由化进程将越来越难。许多国家对以商业存在形式提供的服务和服务提供者给予了最为宽松的政策，因为这种形式在最大程度上提供了当地化成分和国内附加值。

6.3 国际技术贸易

6.3.1 技术及其转让与引进

6.3.1.1 技术的含义、种类及特点

1. 技术的含义

联合国知识产权组织对技术（Technology）的定义如下："技术是指制造一种产品的系统知识，所采用的一种工艺，或提供的一项服务，不论这种知识是否反映在一项发明、一项外观设计、一项实用新型或者一种植物新品种，或者反映在技术情报或技能中，或者反映在专家为设计、安装、开办或维修一个工厂，或为管理一个工商企业或其活动而提供的服务或协助等方面。"由此可以看出，技术指的是：（1）产品的制造方法，采用的工艺或提供的服务或技能；（2）技术情报，又称为信息技术；（3）设计、安装、开办、维修或管理工厂或工商企业的专门知识或服务等。

2. 技术的种类

技术常见的存在形式是在书面上，也存在于人的头脑中。技术可按以下方式分类：

（1）按技术的功能划分。可分为：①产品技术。指技术被用于改变一项产品的特性，既可能是一个全新产品的发明，也可能是局部产品设计上的改进。②生产技术。指技术被用于产品的制造过程。③管理技术。指整个研究、开发、生产、销售

和服务活动的组织。

（2）按技术的表现形态划分。可分为：①硬件技术。这种技术反映在产品中，具体体现为机器、设备或仪器，作为软件技术的实施手段。②软件技术。以书面形式记述，存在于各种载体之中，体现为计算机程序、设计图纸、工艺和方法等。

（3）按技术的产权特征划分。可分为：①知识产权技术。指受专利法、版权法保护的具有法定专有权的专利技术、计算机软件技术等。②专有技术。指通常不受知识产权法保护，仅依靠其秘密性维持其专有权，但受到合同法、刑法或反不正当竞争法等法律的间接保护。③普通技术。指处于专利技术和专有技术之间的技术，包括超过时效的专利和专有技术之间的技术，包括超过时效的专利和已公开的技术。

（4）按技术的发展阶段划分。可分为：①尖端技术或高技术。指在一定时期处于科学技术研究的前沿，代表该时期科学技术发展水平和发展方向的技术。②先进技术。指在一定时期内，国民经济生产部门尤其是新兴工业部门应用的技术。③传统技术或标准化技术。指在一定时期内，传统工业部门所广泛采用的垄断程度不高的技术。

3. 技术的特点

（1）技术是无形的知识。技术相对于物质产品而言，是一种无形的、非物质性的知识，与物质产品有着本质的不同。技术只有当与一定的物质条件结合，才能转化为生产力。但是，从技术贸易的范畴来看，不应把技术同实现技术的手段相混淆。

（2）技术是整套的系统知识。技术是人们在长期生产实践中不断积累起来的一整套系统化知识，包括从构思到具体生产实施乃至销售的各个阶段的全部知识，如原理、结构、设计、生产、操作、安装、维修、服务、管理、销售等各个环节的知识、经验、方法和技艺。

（3）技术具有商品的属性。技术是人类智慧的产物，既可以供发明技术的所有者使用，也可以通过传授、转让、出售，供其他人使用，并获得相应的报酬。因此，技术既有使用价值，又有交换价值。

6.3.1.2　技术转让与技术引进

《联合国国际技术转让行动守则（草案）》明确指出："技术转让（Technology Transfer）是指转让关于制造一项产品、应用一项工艺或提供一项服务的系统知识，但不包括只涉及货物出售或只涉及货物出租的交易。"一般来说，物品转让是所有权的转让，一般只是技术使用权的转让。

技术转让是技术转移的一种特殊形式。技术转让是其中有特定双方的，以援助、赠送或出售为方式的一类技术转移形式；而技术转移（Shift of Technology）则是指技术地理位置的变化，既可以是技术在一个国家内不同地区的移动，也可以是技术在世界范围内不同国家间的移动。

技术转让的类型，按其是否跨越国界可分为国内技术转让和国际技术转让；按其有偿性可分为商业性技术转让和非商业性技术转让；按其方向可分为横向技术转让（企业之间的技术转让）和纵向技术转让（大公司向其子公司或科研机构）转让。

技术引进（Technology Introduction）是指一个国家或企业引入国外的技术知

识和经验，以及所必需附带的设备、仪器和器材，用以发展本国经济和推动科技进步的做法。

技术引进是一种跨国行为，它与设备进口有着原则区别。人们常将技术广义化，把技术分为软件技术和硬件技术。软件技术就是前面提到的技术知识、经验和技艺，属纯技术；硬件技术是指机器设备之类的物化技术。只从国外购入机器设备而没有购入软件技术，一般称之为设备进口。若从国外购入软件技术或与此同时又附带购进一些设备，这种行为才能称为技术引进。技术引进的目的是为提高引进国或企业的制造能力、技术水平和管理水平。要达到此目的，只有通过将引进的软件技术自我消化吸收才能实现。

6.3.2 国际技术贸易及其特点

6.3.2.1 国际技术贸易的含义

国际技术贸易（International Technology Trade）是指不同国家的法人或自然人之间，通过贸易方式，按照一定商业条件，向对方出售或从对方购买软件技术使用权的一种国际贸易行为。它由技术出口和技术引进这两方面组成。简言之，国际技术贸易是一种国际间的以纯技术的使用权为主要交易标的的商业行为。

一般来说，纳入技术贸易的技术大致可以分为三类：（1）工业产权技术，主要包括发明专利、实用新型专利、外观设计专利和商标权等内容。（2）非工业产权技术，主要指专有技术或技术诀窍，包括设计方案、设计图纸、技术说明书、技术示范和具体指导等内容。（3）与上述两类技术有关的专门服务，包括咨询、信息和管理服务等内容。

6.3.2.2 国际技术贸易的特点

国际技术贸易与国际商品贸易有着明显的区别，国际技术贸易与国际商品贸易均为有关国家间的法人或自然人，通过商业途径进行的交易活动，是国际贸易的两个重要组成部分，在实际交易中有时是结合进行的。但是，两者又有很大的区别，主要有以下几个方面：

1. 交易的标的不同。技术贸易的标的是无形的知识，不像商品贸易的标的具有固定的形状和可用一定的标准和描述表示其质量，它可以不经过再生产而多次出售或转让；商品贸易中的标的是有形的物质，既可以看得见、摸得着，又可以检验其质量的优劣或好坏，且标的一经售出，卖方再无权继续支配和使用。

2. 交易双方当事人关系不同。技术贸易的当事人一般都是同行，因为只有双方是同行，技术受方才会对用转让的技术制造和销售产品感兴趣，同时也才有能力使用这项技术。而商品贸易的买卖双方则不一定是同行。在一般的货物买卖中，交货付款完毕后，买卖双方关系结束，所以时间较短。而技术贸易是一种长期的合作关系，因为技术无法凭简单买卖关系实现，要通过技术的传递、传授和引进方的消化掌握，才能完成一项交易。

3. 研制技术和生产商品的目的不同。技术贸易供方即技术发明者，开发技术的目的一般不是为了转让，通常他们本身就是这项技术的开发者和使用者，即技术在绝大多数情况下是技术供方在自己的生产活动中开发出来和使用的，只有在某些特定情况下才转让给别人；而商品贸易的卖方一般是专为制造、销售某产品的厂家或其代理商，他们始终是以销售商品为目的才制造商品的。

4. 所有权的转移不同。技术贸易在一定条件下，供方将技术贸易标的的使用权转让给受方使用，而不是转让技术的所有权，因此技术贸易是所有权与使用权相分离的贸易；而在货物贸易中，商品从卖方手中转移到买方手中，商品的所有权和使用权完全由卖方转移到买方，买方有权处理这一商品。

5. 贸易条件不同。一般商品贸易的交易条件相对简单，主要涉及商品价格、品质、数量、买卖双方权利义务等；而技术贸易的交易条件较复杂，谈判条款多，涉及内容广，所需时间长，风险也大。

6. 运用的法律不同。技术贸易除了适用国外货物购买法和合同法外，还受到工业产权法、专利权法、商标法等法律的制约；而商品贸易合同主要适用国内外的买卖法和合同法。

7. 进出口限制不同。一般商品贸易往往是奖出限入；而技术贸易则是控制出口，一些发达国家对高精尖技术的出口实行严格的管制，以保持其技术优势。

6.3.2.3　国际技术贸易的作用

1. 对技术引进方（国）的作用

（1）通过技术贸易引进他国的现有技术，可以赢得时间，节省研究经费，在短时期内赶上或超过经济技术较发达国家。

（2）能及时引进新技术，形成生产能力，生产出新产品，打入国际市场，赚取外汇。

（3）通过国际技术贸易，引进先进或适用技术以及经济管理经验，有利于本国产业结构的调整，促进产品更新换代，充分发挥自己的优势，减少对外依赖。

2. 对技术许可方（国）的作用

（1）通过国际技术贸易，转让已掌握或发明的技术，可以获得利润，补偿研制这项技术的投资。

（2）当某项更新的技术研制成功时，通过国际技术贸易转让即将过时的技术，既可以保持该领域技术的领先地位，同时又可充分利用旧技术取得更多的收入。

（3）在商品出售遇到他国关税壁垒和非关税壁垒时，通过国际技术贸易以技术出口替代商品出口，可以突破障碍，进入他国市场。

6.3.3　国际技术贸易的方式

国际技术贸易采用的方式主要有许可贸易、技术服务与咨询、特许经营、合作生产，以及含有知识产权和专有技术许可的设备买卖等。

6.3.3.1　许可贸易

6.3.3.1.1　许可贸易的含义和特点

许可贸易（Licensing）有时称为许可证贸易，是指商标所有人或专有技术所有人作为许可方（Licensor）向被许可方（Licensee）授予某项权利，允许其按许可方拥有的技术实施、制造、销售该技术项下的产品，并由被许可方支付一定的报酬。许可贸易的特点就是许可方允许被许可方使用其技术，而不转让其技术的所有权。

这是国际技术贸易中最基本的一种方式。因此，许可贸易实际上是一种许可方用授权的形式向被许可方转让技术使用权同时也让渡一定市场的贸易行为。

6.3.3.1.2 许可贸易的形式

根据其授权范围和程度大小，许可贸易可分为如下五种形式：

1. 独占许可（Exclusive License）。这是指在合同规定的期限和地域内，被许可方对转让的技术享有独占的使用权，即许可方自己和任何第三方都不得使用该项技术和销售该技术项下的产品。所以这种许可的技术使用费是最高的。

2. 排他许可（Sole License）。这是指在合同规定的期限和地域内，被许可方和许可方自己都可使用该许可项下的技术和销售该技术项下的产品，但许可方不得再将该项技术转让给第三方。排他许可是仅排除第三方而不排除许可方。

3. 普通许可（Simple License）。这是指在合同规定的期限和地域内，除允许被许可方使用该转让的技术和许可方仍保留对该项技术的使用权之外，许可方还有权再向第三方转让该项技术。普通许可是许可方授予被许可方权限最小的一种授权，其技术使用费也是最低的。

4. 可转让许可（Sub-license）。这是指被许可方经许可方允许，在合同规定的地域内，将其被许可所获得的技术使用权全部或部分地转售给第三方。通常只有独占许可或排他许可的被许可方才获得这种可转让许可的授权。

5. 互换许可（Cross-license）。这是指交易双方或各方以其所拥有的知识产权或专有技术，按各方都同意的条件互惠交换技术的使用权，供对方使用。这种许可多适用于原发明的专利权人与派生发明的专利权人之间。

6.3.3.1.3 国际技术贸易中的基本内容

国际技术贸易的基本内容是知识产权。知识产权就是法律规定人们对于自己智力劳动成果所享有的权利。知识产权包括两类，一是工业产权，如专利权、商标权；二是著作权，如计算机软件等。此外，还包括专有技术、商业秘密等。所以国际技术贸易的内容包括专利权、商标权、专有技术权、计算机软件和商业秘密的使用权许可。

1. 专利

（1）专利的定义。世界知识产权组织给专利下的定义是：专利（Patent）是"由政府机构或代表几个国家的地区机构根据申请而发给的一种文件，文件中说明一项发明并给予它一种法律上的地位，即此项得到专利的发明通常只能在专利持有人的授权下，才能予以利用，如制造、使用、出售、进口，对专利保护的时间限制，一般为15年至20年"。在这里，"专利"有三层意思，一是指专利证书这种专利文件；二是指专利机关给发明本身授予的特定法律地位，技术发明获得了这种法律地位就成了专利发明或专利技术；三是指专利权。

专利权，即获得法律地位的发明的发明人所获得的使用专利发明的独占权利，它包括专有所有权、实施权（包括制造权和使用权）、许可权、转让权、标记权、放弃权和请求保护权。简言之，专利权就是专利持有人对专利发明的支配权。在我国，专利权以申请在先原则授予，并受到专门法律《专利法》的保护。

（2）专利权的特点。专利权的特点体现在以下几个方面：

①专利权是一种法定的权利。发明人通过申请，专利机关经过审查批准，使他的发明获得了法律地位而成为专利发明，而他自己同时也因此获得了专利权。

②专利权是一种区域性的所有权。专利发明内容在世界范围内公开，但专利权只在个别国家内有效，发明创造在哪个国家提出专利申请，就由哪个国家的专利机构授予专利权，有效区域以外的任何人均可利用。

③专利权是一种排他性的权利。国家专利机关对相同内容的技术发明只授予一个专利权，其他任何作出相同发明的人均被排除在外，而且，只有专利权人才能利用这项专利发明，他人未经专利权人的许可，不能使用该专利发明。

④专利权是一种有时间性的权利。各国专利法都明确规定了专利权受保护的期限，有效期一般为发明专利保护期为 20 年，实用新型、外观设计专利为 10 年，超过这个时间，专利权即失去效力。

（3）专利的类型。根据专利技术的创造性程度的高低和其他特点，一般把专利分为三种类型：

①发明专利（Invention Patent）。发明专利是以发明为保护对象的专利。发明可分为两类，一类是产品发明，即制造的各种新产品，如设备、机器、合金等；另一类是方法发明，即使一种物质在质量上发生变化成为一种新物质的发明，为制造某种产品的机械方法、化学方法、生物方法等。

②实用新型专利（Utility Model Patent）。实用新型是对物品的形状、构造或者其组合所提出的改进和革新。实用新型与发明专利的不同之处在于，它是一种仅适于产品的、创造性水平较低能够直接应用的发明。在实践中，实用新型专利为数众多，所以包括中国在内的世界上少数国家把它从发明中划分出来，单独加以保护。实用新型专利条件低，审批程序简单，收费也少，有利于鼓励众多的小发明者。

③外观设计专利（Industrial Design Patent）。外观设计是指对工业产品的外形、图案、色彩或其组合所作出的富有美感并适于工业上应用的新设计。它与实用新型不同。外观设计对产品形状的设计主要是追求美感，而实用新型对产品形状的设计主要是为了增加产品的使用价值，使其有新功能。工业品外观设计与纯美术作品不同，造型、图案和色彩只有体现在有独立用途的制成品上，才是专利中的外观设计。

（4）取得专利权的条件。我国和大多数国家专利法规定，一项发明要取得专利权，必须具备三个条件：

①新颖性。新颖性是指所申请的专利在此以前从未公开发表、公开始用，也未曾以其他方式为公众所知，即大家闻所未闻、见所未见的首创发明。

不同的国家对新颖性的要求标准不同，但基本上有三种情况：一是世界新颖性标准，是指一项发明在世界范围内都是首创的，在任何一个国家都未公开；二是本国新颖性标准，其发明在申请国内未曾公开；三是相对世界新颖性标准。

②创造性。创造性又称先进性，是指一项发明比现有技术先进。

③实用性。实用性是指一项发明必须能够实际应用于产业部门，并能取得显著的效果。根据各国专利法的规定，实用性应具备三个特征：可实施性、再现性、有益性。

2. 商标

（1）商标的定义和种类。商标（Trade Mark）是商品生产者或经营者在其生产和销售的商品上，或者服务业者为了宣传其服务的质量所使用的、用以区分同类产品或服务的不同来源的特定标记。商标是反映产品质量、信誉的标志，属产品重要的有形特征之一。

常见的商标的种类如下：

①按商标的构成划分，可分为文字商标、图形商标和组合商标

文字商标是指用特定的文字构成的商标，如"555"、"全聚德"、"TOYO – TA"。

图形商标是指由图形构成的商标。图形商标形象鲜明易于识别，但不易上口，无法称叫。

组合商标是指由文字与图形组合而成的商标。组合商标集合了文字商标和图形商标的长处，既形象鲜明，又方便上口，使用较广泛。

②按商标的使用者划分，可分为制造商标、商业商标和服务商标

制造商标是指生产者在其生产制造的产品上所使用的商标，又称生产商标，用以表明产品的生产者和产品的质量，同时扩大生产企业的影响，提高企业知名度。

商业商标是指销售者或销售商品而使用的商标，亦称销售商标，常在制造商生产薄弱，或销售商实力雄厚，享有盛誉时使用，也可与制造商合伙使用，如外贸公司自己出口包装的"龙牌"茶叶，日本三越百货公司的"三越"牌商标。

服务商标是指服务行业对其所提供的服务所使用的一种标记，以区别不同企业所提供的服务，如"CAAC"是中国民航，"COSCO"是中国远洋运输总公司等。

③按商标的用途划分，可分为营业商标、商品商标、等级商标

营业商标是指以生产或经营企业的名称、标志作为商标，如"同仁堂"药店、"盛锡福"帽店。

商品商标是指用于商品上的商标，其目的是将同类商品区别开来，便于消费者选购。

等级商标是指同一企业、同一类产品因不同规格、质量而使用的系列商标，目的在于与相同产品的不同规格、质量、品种相区别。

④按商标的性质划分，可分为未注册商标、注册商标、驰名商标

未注册商标是指所有未经法律规定程序获得专用权的商标。

注册商标是指商标所有人向国家主管部门申请商标登记注册，按照法律程序，经核准注册的商标为注册商标。

驰名商标是指享有极高商业信誉的商标，其知名度高，覆盖面广，消费者群体大，如奔驰（汽车）、可口可乐、麦当劳等。

（2）商标的作用。商标有多种作用，除其原始作用外，在当今市场经济条件下，其商业和财产价值更被越来越多的人所重视。商标的主要作用包括：

①对生产经营者来说，商标的作用在于，利用商标注册的方式取得法律保护，避免他人假冒，保持产品的质量特征；有商标的产品便于企业接受订货，分类管理，尤其有助于市场追踪调查；商标为企业带来了吸引消费者的机会，因为商标总是受

到质量和销售措施的支撑，同时商标也是广告宣传的基础。

②对消费者而言，商标的作用在于，商标代表着产品的质量性能，便于选择购买；商标可以提高购物效率，若商品没有商标，顾客选择物品就会十分困难；商标能吸引消费者对新产品的注意。

（3）商标权

①商标权的概念和特点。商标权是指商标所有人对其依法申请并经商标主管机关核准注册的商标所享有的专用权利。商标权具有专用性、地域性和时间性。商标权是一种无形的财产权，一般把它与专利权、实用新型权和工业品外观设计权等并列，受工业产权法保护。商标权是一种排他性权利，商标注册人获得商标权后，其他人未经商标权人的许可，不得在同种类商品上使用与该注册商标相同或近似的商标，否则就构成侵犯商标权。因此，商标权是重要的工业产权之一，受有关法律的保护。

②商标权的内容。商标权人依法享有的权利主要包括独占使用权、禁止权、转让权、许可使用权。

③商标权的取得。必须由商标使用人提出书面申请，并缴纳申请费用，经主管部门批准登记注册，授予商标权。各国对商标权的确立，大致有三种原则：第一种是先使用原则，即商标的最先使用人有权取得商标权。第二种是先注册原则，即商标的最先注册人有权取得商标专用权。第三种是无异议注册原则，即商标专用权原则上授予先注册人，但先使用人可以在规定期限内提出异议，如异议成立，已经授予先注册人的商标专用权即被撤销，而授予先使用人；如果超过规定期限无人提出异议，则商标专用权仍属于先注册人。目前大多数国家采用先注册原则，我国《商标法》也采用这一原则。

④商标权的转让。在国际技术贸易中，商标作为贸易对象有两种：一是商标使用权许可，是指商标权人与他人签订许可合同，允许该人在指定的商品上及规定的地域内使用其注册商标。二是商标权转让，是指商标权人放弃其拥有的权利，将商标权转让给他人。具体做法包括单纯转让，即只转让商标专用权；商标连同企业或与商标有关的那一部分业务一起转让。

3. 专有技术

专有技术（Know-how）是指在实践中已经使用过的、不享有专门法律保护的、具有秘密性质的技术知识和经验。专有技术可以是产品的构思，也可以是方法的构思。它具有非物质性、经济上的实用性、商业上的秘密性，它既具有相对稳定性但又富于变化，并且是可以传授的。专有技术也是一种无形的知识财产，它除需用保密手段得到保护以外，也需要法律的保护。在实际中，专有技术是援引合同法、防止侵权行为法、反不正当竞争法和刑法取得保护的。但专有技术受法律保护的力度远比专利技术受到专利法保护的力度小。

（1）专有技术的特点

①知识性。专有技术是一种不受专利法保护的技术知识，是人类智力劳动的产物，具有非物质属性。

②实用性。实用性又称经济性，是可应用于生产实践并能够产生经济利益的技

术知识。

③保密性。专有技术必须是没有公开的、保密的技术。

④可转让性。专有技术必须能以言传身教或以图纸、配方、资料等形式传授给他人；专业人员通过传授，应用同一技术能产生同样的效果。

（2）专有技术与专利的区别。专有技术与专利都含有技术知识的成分，都是人类智力活动的成果，但两者在法律上有一定区别。

①专利是一种工业产权，受到国家专利法的保护；而专有技术则是没有取得专利权的技术知识，主要受民法、刑法、不公平竞争法以及有关工商秘密立法的保护。专有技术是事实上的占有，而不是法定的占有。

②专利是公开的，而专有技术则是保密的。发明人在申请专利时，需在其专利申请书中公开发明内容，并由专利主管部门在官方的专利公告上发表，公之于众；而专有技术则靠保密来加以保护，一旦丧失秘密就不受法律保护。

③专利有一定的法律保护期限，而专有技术则没有期限，只要专有技术所有人能够保密，就可以专有。

4. 计算机软件

（1）计算机软件（Computer Software）是指计算机程序及其文档

计算机程序是指为了得到某种结果而可以由计算机等具有信息处理能力的装置执行的代码化指令序列，或者可被自动转换成代码化指令序列的符号化指令序列或符号化语句序列。计算机程序包括源程序和目标程序。

文档是指用自然语言或者形式化语言所编写的文字资料和图表，用来描述程序的内容、组成、设计、功能规格、开发情况、测试结果及使用方法，如程序设计说明书、流程图、用户手册等。文档属于文字作品，并且计算机程序也是可以用数字、文字或符号表现的，并固定在纸、磁带、磁盘或存储器中。

涉及计算机软件的国际技术贸易是指软件使用许可，即在软件著作权保护期内，根据有关法规，与被许可方签订书面合同，允许被许可方在合同规定的方式、条件、范围和时间内行使软件著作权人转让的软件使用权。

软件使用许可与软件使用权转让不同，后者是指软件著作权人和使用许可权的享有者，可以把使用权和使用许可权转让给他人。转让之后，著作权人和使用许可权的享有者即不再享有软件的使用权。软件使用权转让这种贸易形式属于买卖的范畴。

（2）计算机软件的侵权与法律责任

①计算机软件的侵权。依据我国《计算机软件保护条例》第二十三条的规定，下列行为属侵权行为：未经软件著作权人许可，发表或者登记其软件的；将他人的软件作为自己的软件发表或者登记的；未经合作者许可，将与他人合作开发的软件作为自己单独完成的软件发表或者登记的；在他人软件上署名或者更改他人软件上的署名的；未经软件著作权人许可，修改、翻译其软件的；其他侵犯软件著作权的行为。

②法律责任。根据《计算机软件保护条例》的规定，侵犯软件版权的行为，视其侵权程度，可能承担的法律责任包括民事责任、行政责任和刑事责任三种。需承

担的民事责任有停止侵害、消除影响、赔礼道歉、赔偿损失等。行政处罚有没收违法所得，没收、销毁侵权复制品，可以并处罚款；情节严重的，著作权行政管理部门并可以没收主要用于制作侵权复制品的材料、工具、设备等。触犯刑律的，依照《刑法》关于侵犯著作权罪、销售侵权复制品罪的规定，依法追究刑事责任等。

5. 商业秘密

（1）商业秘密（Trade Secret）是指不为公众所知悉、能为权利人带来经济利益、具有实用性并经权利人采取保密措施的技术信息和经营信息。商业秘密包括技术信息和经营信息，前者主要是指公式、配方、工艺、产品制造等用于生产领域的信息和技术诀窍等；后者包括组织机构和公司的计划策略、财务状况、人事安排、经营谋略等方面的信息。

商业秘密属于人类智力劳动成果，具有财产价值和商业价值。它具有秘密性（Secrecy）、新颖性（Novelty）、实用性（Utility）和可复性（Duplication）。其中，秘密性是构成商业秘密的重要条件之一，也是其财产价值和商业价值的保证，否则其财产价值和商业价值将不复存在。但秘密性并不是绝对的，一般情况下，商业秘密可在一定范围内向企业的雇员披露，以便雇员据以实施。

（2）侵犯商业秘密的行为及对商业秘密的法律保护。侵犯商业秘密的行为形式多样，可概括为泄露商业秘密行为、非法获取商业秘密行为和非法使用商业秘密行为。目前对商业秘密的法律保护还不完善，很多国家还未制定专门法律。但多数国家认为，商业秘密是一种有价值的财产权利，应该给予有效的保护。目前的法律保护有反不正当竞争法保护、民法保护、刑法保护、合同法保护。

6.3.3.2　特许经营

特许经营（Franchising）是近二三十年以来迅速发展起来的一种新型商业技术转让方式，它是指由一家已经取得成功经验的企业，将其商标、商号名称、服务标志、专利、专有技术以及经营管理的方式或经验等全盘地转让给另一家企业使用，由后一企业（受许人）向该企业（特许人）支付一定金额的特许费的技术贸易行为。

特许经营的受许人与特许人经营的行业、生产和出售的产品、提供的服务、使用的商号名称和商标（或服务标志）都完全相同，甚至商店的门面装潢、用具、职工的工作服、产品的制作方法、提供服务的方式也都完全一样。例如，肯德基和麦当劳在世界各地几乎都有连锁店，它们所提供的服务同美国一样，所生产和销售的汉堡包的味道也完全一样。

特许经营类似许可，但它的特许人和一般的许可方相比要更多地涉及受许人的业务活动，从而使其符合特许方的要求，因为全盘转让，特别是商号、商标（服务标志）的转让关系到特许方的声誉。

特许经营的受许人与特许人之间是一种买卖关系。各个特许经营企业并不是由一个企业经营的，受许人的企业不是特许人企业的分支机构或子公司，也不是各个独立企业的自由联合。它们都是独立经营、自负盈亏的企业。特许人并不保证受许人的企业一定能盈利，对其盈亏也不负责任。

特许经营合同是一种长期合同，它可以适用于商业和服务业，也可以适用于工业。特许经营是发达国家的厂商进入发展中国家的一种非常有用的形式。由于风险小，发展中国家的厂商也乐于接受。

6.3.3.3　技术服务和咨询

6.3.3.3.1　技术服务和咨询的含义

技术服务和咨询（Technical Service and Consulting）是指独立的专家或专家小组或咨询机构作为服务方应委托方的要求，就某一个具体的技术课题向委托方提供高知识性服务，并由委托方支付一定数额的技术服务费的活动。

技术服务和咨询的范围和内容相当广泛，包括产品开发、成果推广、技术改造、工程建设、科技管理等方面，大到大型工程项目的工程设计、可行性研究，小到对某个设备的改进和产品质量的控制等。企业利用"外脑"或外部智囊机构，帮助解决企业发展中的重要技术问题，可弥补自身技术力量的不足，减少失误，加速发展自己。

6.3.3.3.2　技术服务和咨询的特点

技术服务与咨询是以知识为社会服务，作为技术贸易的方式之一，其特点主要表现在：

1. 技术服务和咨询所运用的知识是现有的、成熟的知识，甚至是咨询公司以自己的经验协助需求方解决技术课题。

2. 技术服务和咨询所提供的是对技术课题的咨询结论、评估意见、设计建议，而不负责所提出结论、意见、建议的实施。方案的实施要由需求方自己来决定。

3. 技术服务和咨询是高知识性而非纯理论知识性的服务。

4. 技术服务和咨询的价值在于它的科学性和可靠性，排除外界利害关系的干扰，凭借高度的专业知识和职业标准进行工作，从而获得正确、客观的咨询结论。

6.3.3.4　国际合作生产

国际合作生产是指合作双方或多方各自承担某种产品的某些部件，共同生产该种产品的合作方式。国际合作生产可以是长期的合作，也可以是短期的甚至是一次性的合作，对双方来说使用较灵活。

1. 国际合作生产的特点

合作生产可以是双方，也可以是多方。它的特点是：

（1）合作当事人之间的关系，既不是单纯的设备或部件的买卖关系，也不是单纯的技术转让关系，而是兼而有之的技贸结合、生产合作的关系。合作双方（或多方）为共同完成合同所规定的产品各自承担义务，并共同对用户负责。

（2）合作生产方式项下的技术转让，是在生产合作过程中由技术供应方转让给技术引进方的，也可能是通过共同研究、共同设计、相互交流技术而达到相互转让技术的目的。

2. 国际合作生产的主要方式

合作双方各自生产某种产品的不同零部件，然后由一方或双方组装成品；或由一方提供全部零部件或主要部件，由另一方组装商品；或由一方提供设备和技术，由另一方制造零部件，然后交由对方组装成产品；或按双方约定各自生产对方所需的零部件，相互交换，然后各自组装成产品等等，总之合作形式是多种多样的，往往还包括销售合作。

3. 国际合作生产的作用

对技术转让方的作用有：合作生产可利用技术引进方的廉价劳动力；可以降低成本，提高产品竞争力，扩大产品销售；可以冲破贸易保护政策的关税壁垒，并减少运费和进口税。

对技术引进方的作用有：合作生产可引进新技术，提高本国的设备制造能力并发挥原有设备的生产潜力；通过生产合作，可迅速提高技术水平，并增加劳动就业机会；由于合作生产往往与产品销售联结在一起，可扩大产品出口，增加国家外汇收入。

4. 签订国际合作生产合同时应注意的问题

（1）应根据实际情况签订合同。根据实际情况，国际合作生产可以签订一个合同，也可以签订两个合同。

（2）对于合作生产的项目必须全面、明确、具体地加以规定。如关于机器设备的说明，须包括规格、质量、数量等。

（3）应明确规定价格和支付方式。对于各项实物、技术资料、劳务都要明确价格或作价的方法；支付方式由双方商定，并在合同中具体写明。

（4）应订立好保密条款。在保密条款中要明确规定保密的对象、范围、期限以及失密的责任，等等。

6.3.3.5　工程承包

工程承包是指工程承包人向工程发包人（业主）承诺负责按规定的条件包干完成一项工程任务。承包人按合同规定按时、按质、按量完成工程，并承担全部责任。工程承包的内容范围很广，包括勘察和工程设计、设备器材、厂房、建筑和技术使用许可等项目，有时还包括生产、管理、产品销售、培训技术人员等服务项目。而发包人则提供施工的必要条件，按时验收工程，并按买卖关系支付承包价款。

工程承包的特点：（1）内容比较复杂，范围广泛，往往带有技术转让；（2）承包人和发包人之间往往不只是一种技术转让或设备交易的关系，而是一种较长期的合作关系，甚至在项目完成后一个较长的时间内，承包人仍然继续为项目提供技术或服务；（3）工程承包合同的签订往往是通过国际竞争性投标方式，尤其是世界银行贷款的项目，在大多数情况下都鼓励借款国通过国际竞争性投标签订合同，以获得成本最低的商品、技术和劳务。

6.3.3.6　BOT 投资方式

BOT 是英文 build – operate – transfer 的缩写，即建设—经营—转让，是由外国投资者与东道国政府签订特许协议，承建某个项目并在该项目竣工后经营一定时期，期满后将该项目无偿转让给东道国政府。BOT 方式的期限一般为 15～20 年。这是一种集投资、建设、经营于一体的投资方式，包含了大量的技术转让内容。BOT 方式具有融资、建设、经营和转让的功能。

BOT 方式的特点：（1）BOT 方式一方为东道国政府，另一方是外国私营部门；（2）BOT 方式具有引进技术和利用外资相结合的特点；（3）BOT 方式的建设方按照自己的经营管理模式对 BOT 项目进行经营管理；（4）BOT 方式期满后，建设方把项目移交给东道国政府；（5）BOT 合同期长，牵涉多方关系，如项目投资者、项目公司、股东、政府、借贷者、用户、保险公司等；（6）BOT 方式一般采用国际招标方式选择外国建设方。

6.3.3.7　与其他贸易方式及投资相结合

技术转让除了上述主要方式外，国际上还常常通过补偿贸易、加工贸易、租赁贸易等多种贸易方式以及通过合资经营、合作经营等投资方式来进行。上述的贸易方式和投资方式有一个共同的特点，即一方除了供应设备、材料等以外，一般都伴随技术转让。前一种情况是商品贸易和技术贸易相结合。当一国向他国技术拥有方购买或租赁先进的机器设备时，其目的不仅在于引进这些仪器设备的生产能力，更主要的是引进其中的先进技术。后一种情况是国际投资活动和技术贸易相结合。发达国家的海外投资，通常做法是把先进的技术折成股份参与合资企业。不少发展中国家，如印度，作出严格的规定，任何外国前去投资者都必须要以转让先进技术为必要条件。越来越多的发展中国家通过上述种种办法吸引外国的技术。

6.3.4　国际技术贸易合同

国际技术贸易合同是不同国家的双方当事人就实现技术转让这一目的而缔结的规定双方权利义务关系的法律文件。技术贸易合同与一般贸易合同相比有共同之处，也具有一些自己的特点：一是合同主体的宽泛性，政府机关、企业、事业单位、社会团体、科研机构、高等院校，以及公民个人都有权签订技术合同。二是合同内容的复杂性，技术商品的无形性导致技术成果作为商品进行交换的过程比较复杂，操作难度较大，因而技术合同涉及面广，经济责任和社会责任比较重大，执行周期比较长。因此，为了保证技术交易的顺利进行，技术交易双方必须重视技术合同，非常认真地研究、起草和签订技术合同，作为日后指导和约束双方交易行为的基本依据。

国际技术贸易合同的形式往往是与国际技术贸易的方式相对应的，如许可合同、技术服务和咨询合同、合作生产合同、设备买卖合同等。其中许可合同是最基本、最典型、最普遍的一种形式。技术服务和咨询合同也比较典型和广为采用。因此，这里仅介绍这两种合同形式。

6.3.4.1　许可合同

许可合同（Licensing Contract）是指许可贸易的技术供方为允许（许可）技术的受方有偿使用其知识产权或专有技术而与对方签订的一种授权协议，并明确双方权利和义务的法律文件。根据授权程度的不同，它有独占许可合同、排他许可合同、普通许可合同、可转让许可合同、交叉许可合同等类型。根据其合同标的的不同，又有专利许可合同、商标许可合同和专有技术许可合同等类型。

各类许可合同的条款及其内容有相同的部分，但由于类型不同，也有各自特殊的部分。下面以专有技术转让合同为例，介绍其基本条款和内容。专有技术合同并非是专有技术所有权的出让，而是授予类似于专利实施的权利（使用权、制造权和销售权），真正出让所有权的，在实践中是极少见的。专有技术转让合同的基本条款的内容如下：

6.3.4.1.1　合同的前言（Preface of the Contract）

1. 合同名称和编号

合同名称应确切反映引进技术、进口设备的内容及合作方式。合同名称要言简意明，不能笼统命名为"合同"、"软件合同"、"技术与设备合同"等。合同应有特定编号，反映出许可方的国别、被许可方的名称和部门及签约年份等。

2. 签约时间和地点

应明确写清合同正式签字时间，不能与草签时间混淆。合同签字地点与适用法律的选择密切相关，当合同没有规定适用法律时，签字地是确定适用法律的重要因素之一。为避免适用外国法律，签字地原则上应在中国。

3. 当事人法定名称和地址

双方通信联系信息必须在合同中注明，该信息也是双方发生争议时确定法院管辖权和适用法律的依据之一。

4. 叙述性条款

叙述性条款，常用"鉴于……"语句陈述，用以说明当事人双方的背景、立约意愿和目的，其中要特别讲明许可方对技术拥有的合法性及被许可方接受技术的经验和能力。

5. 权利与意愿

应明确阐述供方拥有本合同中规定的工业产权或专有技术，有权并愿意向受方提供该项技术，受方愿从供方获得该项技术。

6. 定义条款

为使合同内容清楚、言简意赅，合同中反复使用、容易混淆或关键性的名词、术语均应在合同正文中作出具体而明确的定义，以便双方统一认识，避免引起前后用语矛盾。下列名词、术语一般应作出定义：合同工厂、专有技术、专利、商标、合同产品、技术资料、考核产品、技术指导、技术培训、净销售额等。

6.3.4.1.2　转让技术的内容和范围（Scope and Content of the Contract）

这是整个合同的核心部分，是确认双方权利和义务的基础。应包括以下内容：

1. 供方提供的技术的具体内容

这些内容包括：提供什么技术；生产什么产品；提供技术的使用范围和性质；受方的权利、义务等。

对供方提供专利技术和商标使用权，应注意以下三个方面：（1）专利技术。供方在中国专利局取得专利权，或已在外国取得专利并向中国专利局提出专利申请的，则可作为专利技术，但供方应出具专利证明文件；在外国取得专利权的技术，应作为普通技术。（2）商标。受方在合同产品上使用的商标一般有三种情况，即供方商标、联合商标、受方商标下（标注"根据××国××公司技术许可制造"等字样）。在使用商标方式上，供受双方应视具体情况协商确定。（3）供方提供技术的使用范围和性质。供方允许受方使用其技术的性质是独占使用权、排他性使用权或一般使用权等直接影响合同的价格和引进项目的效益。技术的使用范围和性质应根据实际情况合理商定。

2. 供方提供的技术资料

应明确陈述供方提供资料的范围和内容，如有关设计计算资料、工艺资料、质量检验标准、投料试车的技术资料、合同产品和设备的技术标准、图纸及使用和维修资料、设备安装技术资料、环保技术标准等。

3. 供方提供的设备

明确陈述设备名称、制造厂商名称、型号、规格、数量、技术性能指标等。如包括原材料、元器件、零配件，也须陈述清楚。

4. 合同产品的外销权

这是供受双方限制与反限制的焦点之一。对供方提出的合同产品出口地区的不合理限制，应按我国有关法规规定予以拒绝。在供受双方就销售地域达不成妥协意见时，可以争取利用供方的销售渠道，但应注意合同产品价格的合理性。

以上各项内容，用语必须明确、具体。如附件有详尽的规定，正文文字可以简略，但不能根本没有提及或过于简略。

6.3.4.1.3 价格条款（Price）

供受双方确定了合同内容和范围后，合同的价格条款就成为谈判最重要的内容之一。合同价格应公平合理。技术的价格通常由技术本身的价值，即技术产品的市场及供方对技术的垄断程度等诸多因素决定，而不仅仅取决于开发该项技术的成本。技术的价格应按利润分享的原则确定，一般不应超过合同产品净利润的一定比例（20％以下）；设备的价格应依照国际市场价或参照有关价格资料合理确定。

合同应列明分项价格。分项价格一般包括设备费（也可以包括主机以外的附件、仪器类、工装具等）、试车材料费、备品备件费，专有技术使用费、专利技术使用费、商标使用费、技术服务费、技术培训费、技术资料费等。详细的价格构成应列附件。

合同中的技术费可以采取不同的计算与支付方式：（1）一次总付，即一次列明全部技术费用，并根据技术资料交付、产品考核进度等分期支付。一次总付计价方式，未与受方产品的销售相联系，因而有一定的风险。（2）入门费加提成。入门费为供方用做提供技术的初始费用。受方应力争降低入门费、增加提成比例。入门费应为固定价格。入门费一般不得一笔付清，应与技术资料交付、产品考核等进度相对应。（3）提成支付。一般采用提成基数乘以提成率的计算方式。提成基数多按合同产品净销售价计算。净销售价是指市场销售价扣除包装费、保险费、仓储费、运输费、商业折扣、设备安装以及各种税收等费用，或为合同产品的生产成本加企业利润。

6.3.4.1.4 技术改进和发展的交换（Exchange of Technical Improvements and Developments）

在合同期限内，供受双方都有可能对原转让的技术作出某种新的改进或发展，双方均应承担不断交换这种改进和发展了的技术的义务。对这种改进或发展了的技术的交换办法应在合同中加以明确规定。

6.3.4.1.5 保证条款（Warranty）

双方在订立合同时应明确供方对其提供的技术、设备等作出相应履约保证的条款。当供方达不到其保证时，合同应有供方赔偿受方经济损失的规定。

1. 供方应对其提供的技术的实用性、可靠性作出保证。对某些技术用于生产安全指标要求较高的设备或产品时，此条款尤为重要。

2. 供方应保证向受方提供的合同项下的技术文件、图纸、技术标准等技术资料是完整的、全套的、正确的、清晰的，保证是供方生产合同产品所实际使用或经双方修改确认后的全部资料，并能满足受方生产合同产品的要求。如供方提供的技术资料不符合上述规定，供方应在××天内免费尽快将所缺的、不符合要求的技术资料补齐、更换。

3. 供方保证向受方提供的合同项下的设备、材料等均符合合同规定的各项具体标准。在合同设备开箱检验、安装试车、投料试运行及考核验收期间，如供方提供的设备、材料与合同规定不符，安装试车技术资料有错误或供方人员指导上的失误而造成合同设备的损坏，供方应在××天以内对短缺或损坏的设备或有关零部件无偿更换。更换后的设备或零部件应满足合同规定的标准。由此发生的一切费用应由供方负责。

在保证期内，由于供方责任，需更换、修理有缺陷的合同设备，从而使合同设备停机，则保证期应根据实际停机时间作相应延长，而新更换或修复的设备，其质量保证期为重新考核验收后的××月。

6.3.4.1.6　侵权和保密（Tort and Secret）

由于专有技术和秘密情报是技术出让方进行市场竞争的法宝，所以，要求技术受让方承担保密责任也是合乎情理的。

1. 供方应保证按合同规定向受方提供的专利、商标、专有技术为供方合法所有或有权转让或许可。为实施这项保证，合同应对一旦发生侵权指控，供受双方的责任作出规定。

2. 受方根据合同进行生产、销售合同产品，如果发生第三方指控侵权，受方应及时通知供方；供方应立即应诉，并承担由此引起的法律和经济上的全部责任。如第三方指控成立，受方有权要求供方采取措施并与第三方协商善后事宜；或由供方与第三方达成受方继续使用技术、生产、销售合同产品的协议；或由供方向受方提供相应水平的其他技术，以确保受方维持正常的生产经营活动。受方有权要求供方赔偿受方因解决争议造成的直接经济损失或终止合同。

3. 在合同有效期内，双方对合同技术、合同产品获得新的改进和发展，并按合同规定相互提供给对方时，在合同期满后，对其中仍需保密的部分，可按双方商定的期限，继续相互承担保密义务。保密期限从提供改进的技术之日起算。受方使用供方改进的技术，其保密期限不应长于合同原规定的保密期限。

6.3.4.1.7　其他条款（Other Terms）

除上述条款外，许可合同中还有索赔、不可抗力、税费、法律适用和争议解决、合同期限、合同附件等条款和内容。

6.3.4.2　技术服务和咨询合同

一般来说，技术服务和咨询合同主要包括以下几个方面的内容。

6.3.4.2.1　合同的标的（Object of the Contract）

主要订明合同项目名称、服务内容和最终要解决的问题或要达到的技术要求。

1. 技术服务合同的标的是为解决特定技术问题，提高经济效益和社会效益的专业服务项目，应载明服务项目的内容、工作成果和实施效果。技术服务包括设计技术服务，工艺编制服务，测试分析服务，计算机技术应用服务，新型和复杂生产线调试服务，科技信息服务，农业技术服务，标准技术服务，重大和复杂事故分析处理技术服务，为重大和复杂技术成果实施作鉴定、评价等技术服务，就特定技术项目进行的分析、论证、评价、预测和调查等项服务，等等。

2. 技术咨询合同的标的是对特定技术项目进行分析、论证、评价、预测和调查等决策服务项目，应载明咨询项目的内容、咨询报告和意见的要求。技术咨询合同的标的，特指运用科学知识和技术手段对特定技术项目提供咨询服务。作为技术咨询合同标的的技术项目分为宏观科技决策项目、科技管理和重大技术工程项目、专题技术项目、专业咨询项目等。技术交易的双方应当区分项目类别，确定咨询内容，明确咨询方式，规定成果的提交方式。

6.3.4.2.2　技术服务与技术培训（Technology Service and Train）

1. 技术服务

技术服务应规定以下内容：（1）供方应派遣有经验的、技术熟练的、称职的、健康的技术人员到受方进行技术服务。（2）服务范围。（3）技术服务费。（4）受方应采取措施保障供方所派技术人员的人身安全。

2. 技术培训

技术培训应包括以下主要内容：（1）培训内容及目标，接受培训的人员条件、数量、期限。（2）培训场所。供方应保证接受受方人员到正在使用合同技术、制造产品的供方企业或有关企业进行培训，全面传授合同规定的技术与管理方面的知识，并为此拟定行之有效的培训计划。（3）实习操作。（4）安全措施。（5）技术培训费。应与价格、支付条款相呼应。

6.3.4.2.3　验收和处理（Acceptance and Treatment）

若属咨询性服务，则在咨询报告期限结束以后一定时间内，服务方要提供咨询报告，双方举行答辩会，由服务方解答委托方提出的问题或质疑。若发现报告中有数据差错或其他问题，应规定纠正的期限，并确定验收报告的最终期限。

6.3.4.2.4　税费（Taxes）

1. 合同中必须订有税费条款，明确划分中国境内境外的各种税费由哪一方负担，以防止偷税漏税或在执行合同中双方对税费问题发生争执。

合同应规定，根据中华人民共和国现行税法，中国政府向供方和供方人员课征的有关执行本合同的一切税费，由供方和供方人员负担。

根据《中华人民共和国个人所得税法》，供方人员在中国境内进行技术服务等工作，其来源于中国的收入应依法纳税。此外，合同还应规定，在中国境外发生的有关执行本合同的一切税费，由供方支付。

2. 国际双重征税是指一个纳税人的同一笔所得，由两个以上的国家同时征收同一种或类似税种的税。国际双重征税主要是由税收管辖权的重叠引起的。国际双重征税不仅加重了纳税人的负担，而且影响了国际技术贸易的发展。

国际双重征税主要通过两种方式解决：一是通过国内立法，对同一笔所得，收入来源国可先行征收，而后居住国考虑到纳税人已在来源国纳税这一事实，采取免税、抵免或扣除三种措施，减轻纳税人的负担；二是通过居住国与来源国签订条约或协议的方式，对来源国的征税权的行使，规定一定的限制。我国已与日本、美国、法国、英国、比利时等30多个国家签订了避免双重征税协定。

3. 在合同中拟定税费条款时应注意的问题：

（1）在合同中规定税费条款，明确规定何方负担国内外税收。

（2）在合同中不得规定违反我国税法的条款，特别是"包税条款"。

（3）对外商在我国境内的所得给予减免税优惠，必须履行法定手续。引进企业不得自行决定给予税收减免。

（4）应了解对方国家的税法规定，包括两国间税收协定的规定。

6.3.4.2.5　风险责任条款（Risk and Liability）

载明合同的风险责任由谁负担，约定由双方分担的，载明各方负担的份额或者比例。任何技术交易都有一定的风险，不同的交易内容，风险程度也不同。一般来讲，技术开发风险大于技术转让，而技术服务和技术咨询业务的风险较小。在合同中可以约定由委托方、研究开发方或合作方的任何一方承担，也可以约定由几方共同承担。合同中没有事先约定的，一旦发生风险，其损失由当事人合理分担，分担办法协商解决或按合同争议处理。

6.3.4.2.6　其他条款（Other Terms）

其他如技术服务和咨询的计价和支付，违约及其处理，关于工程设计、产品开发等技术服务合同的保证和担保等都要在合同中订明。

合同中还应明确未尽事宜或修改条款的协商方式和条件，合同签订地点、时间及合同有效期限，当事各方单位名称、法定代表人、通信地址、联系人、电话、邮政编码、开户银行及账号等。

6.3.4.3　国际技术贸易合同的履行

国际技术贸易合同经当事人双方授权代表签字后，并经各自国家主管当局审查批准，即开始正式生效，也进入了履行合同阶段。国际技术贸易合同涉及面广，延续的时间长，大量工作需要在履行过程中逐步地实施。

国际技术贸易是一个长期的业务过程，在这个过程中，当事人双方须通力合作，才能完成技术的传授，才能完成一笔技术转让的交易。技术贸易合同的履行不是在供方所在地，而是在受方所在地来实施，因此，受方在履行合同中的责任是很重要的。

国际技术贸易合同的履行不仅仅是技术受方一个企业或单位的责任，往往必须开展横向的联合和协作，利用其他企业或科研单位的技术力量，进行引进技术的本国化，才能最终实现合同规定的目标。

技术引进在我国对外技术贸易中占有重要地位，引进技术要十分注意对引进技术的消化、吸收、运用和创新，逐步做到标准化。就引进技术的企业而言，搞好引进技术的消化、吸收和创新，应注意做好配套工作，包括人才配套，设备配套，零件、部件配套，原材料配套，管理配套，体制改革配套等。

6.3.4.4　国际技术贸易中的限制性商业惯例及其对策

6.3.4.4.1　限制性商业惯例

限制性商业惯例是指个人、企业或经济组织，利用其垄断技术和对市场的支配优势，限制其他个人、企业或组织进入市场和自由竞争以及条件不对等的歧视性做法。限制性条款的实质是以保护行使专利、商标合法独占权为借口，以最大限度地获取高额利润为目的，不合理地利用自己在谈判中的优越地位，向其潜在的竞争对手提出的一种单向的权利限制。

6.3.4.4.2　我国在技术引进中对限制性商业惯例的对策

1. 据理力争，尽量迫使供方放弃或放松限制性条款

我们承认技术供方的合理要求，但不能接受它们不合理甚至是歧视性的要求。要充分利用那些有利于引进方的有关联合国决议、有关国际决议以及供方国家的有关法律作为理论依据，在谈判中争取主动，通过摆事实、讲道理，对供方提出的不合理要求进行批驳，据理力争，迫使供方放弃或放松限制性条款。

2. 具体分析，区别对待

对供方提出的限制性条款，我们决不能全盘接受，但也不能一概拒绝。全盘接受，会损害我国的根本利益；一概拒绝，就无法获得我国所需要的技术。因此，对于有些限制性条款，应该进行具体分析，区别对待，定出恰当的对策。

一般来说，限制性条款按其性质可归为两类：一类是直接有损于受让方国家的主权和经济利益的。对于这类限制性条款，受让方国家的法律往往有强制性的规定，禁止任何企业接受，这类条款又称为强制性条款或刚性条款。另一类是受方国家的法律没有强制性的规定，对受让方有利有弊。如果弊大于利，就不应接受；反之则同意接受。这类条款又称为非强制性条款或弹性条款。

1985 年 5 月 24 日国务院颁布的《中华人民共和国技术引进合同管理条例》第九条中列举了 9 条不合理的限制性条款：

（1）要求受方接受同技术引进无关的附带条件，包括购买不需要的技术、技术服务、原材料、设备或产品；

（2）限制受方自由选择从不同来源购买原材料、零部件或设备；

（3）限制受方发展和改进所引进的技术；

（4）限制受方从其他来源获得类似技术或与之竞争的同类技术；

（5）双方交换改进技术的条件不对等；

（6）限制受方利用引进的技术生产产品的数量、品种或销售价格；

（7）不合理地限制受方的销售渠道或出口市场；

（8）禁止受方在合同期满后，继续使用引进的技术；

（9）要求受方为不使用的或失效的专利支付报酬或承担义务。

上述限制性条款，有强制性的也有非强制性的。根据《中华人民共和国技术引进合同管理条例》第九条的规定："供方不得强迫受方接受不合理的限制性要求。"对个别条款，如果受方经分析和比较认为接受后，对受方利大弊小，经国家有关机构的特殊批准后方可写入合同。

【小结】

马克思认为："服务"这个词，一般说来，不过是指这种劳动所提供的特殊使用价值，就像其他一切商品也提供自己特殊的使用价值一样；但是这种劳动的特殊使用价值在这里取得了"服务"这个特殊名称，是因为劳动不是作为物，而是作为活动提供服务的。

一般认为，服务业是指专门从事生产服务产品的行业和部门的总称。服务业不但作为中间产业强化农业和工业的结合，而且为工农业和自身提供生产资料和消费资料。服务业的发展一方面围绕着实物产品的生产、流通和消费提供服务；另一方面则为提高人们的综合素质服务。

国际货物贸易（又称国际商品贸易）、国际服务贸易和国际技术贸易是当今国际贸易的三大形式。随着经济全球化的广泛深入和各国服务业的发展，服务贸易已经成为国际贸易中越来越重要的贸易方式。世界贸易组织已将服务贸易纳入到多边贸易体系中，充分说明了服务部门在经济发展和经济增长、贸易和投资中的重要作用。

服务贸易是指服务（服务产品）作为商品进行交易，以满足消费者需求的经济行为，包括服务输出和服务输入。狭义的国际服务贸易是无形的，是指发生在国家之间的符合于严格服务定义的直接服务输出与输入活动。而广义的国际服务贸易既包括有形的劳动力的输出输入，也包括无形的提供者与使用者在没有实体接触的情况下的交易活动，如卫星传送与传播、专利技术贸易等。各国的服务进出口活动，便构成国际服务贸易。其贸易额为服务总出口额或总进口额。通常人们所指的服务贸易都是广义的国际服务贸易。

世界贸易组织《服务贸易总协定》（GATS）将服务贸易的概念定义为：跨越国界进行服务交易的商业活动，即服务提供者从一国境内向他国境内，通过商业或自然人的商业存在向消费者提供服务并取得外汇报酬的一种交易行为。服务领域是除了政府以履行政府职能为目的所提供的服务外的任何服务。也就是说，所有以营利为目的的商业服务活动都属于 GATS 的范围。按照 GATS 对服务贸易的定义，服务贸易有四种方式，即跨境供应、境外消费、商业存在和自然人流动。

《服务贸易总协定》是关贸总协定第八次谈判"乌拉圭回合"多边贸易谈判的新成果。GATS 将世界范围内的服务贸易置于一个多边的协议之内，对国际服务贸易和世界经济的发展产生了深远的影响。

国际技术贸易是一种国际上的以纯技术的使用权为主要交易标的的商业行为。国际技术贸易采用的方式主要有许可贸易、技术服务与咨询、特许经营、合作生产，以及含有知识产权和专有技术许可的设备买卖等。

国际技术贸易合同是不同国家的双方当事人就实现技术转让这一目的而缔结的规定双方权利义务关系的法律文件。

【思考题】

1. 什么是国际无形贸易？

2. 什么是国际服务贸易？国际服务贸易包括哪些内容？

3. 谈谈服务产品和服务贸易的特征。

4. 国际服务贸易与国际货物贸易有什么联系和区别？

5. 国际技术贸易的概念是什么？它与国际商品贸易有何区别？

6. 国际技术贸易方式主要包括哪几种？

7. 许可贸易的主要形式包括哪几种？各自的特点是什么？

8. 什么是专利？专利权有哪些特点？

9. 何谓专有技术？专有技术与专利有何区别？

10. 许可贸易的含义是什么？它是指哪些范围的贸易，有哪些类型？

11. 许可合同主要包括哪些条款，各条款主要内容是什么？

【案例分析】

北京吉普汽车有限公司成立于 1984 年 1 月 15 日，是北京汽车制造厂与戴姆勒—克莱斯勒公司的合资企业，是中国汽车行业开业最早的中外合资企业。自成立以来，北京吉普汽车有限公司一直十分重视对国外汽车行业先进技术的引进和消化吸收。（1）1985 年，公司从美国引进投产的切诺基吉普汽车，国产化率达到 80% 以上。公司通过动态技术引进，使该车型与克莱斯勒公司保持同期生产及年度型改进，其品种已形成不同档次不同用途的系列。（2）利用引进技术，先后完成对 BJ2020 轻型越野汽车的 L、N、S、T 等四轮技术改进，使这一产品在性能方面不断得到提高，目前已有多品种供用户选择。（3）2002 年 6 月，北京吉普公司与三菱签署了一份技术引进协议。根据这份协议，北京吉普公司获准生产三菱帕杰罗速跑。这份协议包括这一产品的全套生产技术以及 27 项专利的使用权。（4）2002 年 11 月 5 日，北京吉普公司和日本三菱汽车公司在北京又签署了三菱 Outlander 技术许可协议，三菱 Outlander 越野车于 2004 年第一季度在北京吉普公司投产。

（资料来源：冷柏军：《国际贸易实务》，592 页，对外经济贸易大学出版社，2012）

试分析：北京吉普汽车有限公司技术引进对于提高本企业技术水平起到什么作用，技术引进对中国汽车行业的发展具有什么意义？

第7章
世界贸易组织

【学习目标】

通过本章的学习，了解世贸组织及其前身关税与贸易总协定之间的关系和乌拉圭回合谈判；了解中国复关的历程及影响；掌握世贸组织的宗旨和职能、世贸组织的规则框架、世贸组织的基本原则、世贸组织的组织机构和运行机制、"多哈回合"谈判等。

【重点与难点】

重点掌握世贸组织的相关内容和"多哈回合"谈判；掌握世界贸易组织贸易争端解决机制的基本内容及相关的程序。

【导入案例】　　继往开来　扩大开放
——写在入世十周年之际　商务部部长陈德铭

2001年12月11日，在经历15年漫长谈判历程之后，我国正式成为世界贸易组织（以下简称世贸组织）成员，这是我国改革开放和现代化建设进程中的一个重要里程碑。今年是我国加入世贸组织10周年。站在新的历史起点上，全面回顾历史、认真总结经验，对推进新形势下的对外开放、促进经济发展方式转变意义重大。

一、加入世贸组织十年来，我国抢抓机遇、趋利避害，经济社会发展取得显著成就。

加入世贸组织以来，在党中央、国务院正确领导下，我国各地区、各部门、各行业积极化压力为动力，化挑战为机遇，认真履行承诺，充分享受权利，在更大范围和更深程度上参与国际分工与合作，推动经济社会全面发展，取得了举世瞩目的成就。

营造开放市场环境，推动国民经济保持又好又快发展。加入世贸组织后，我国全面享受了世贸组织成员各项基本权利，获得了稳定、透明、可预见、非歧视的多边贸易机制保障。我们紧紧抓住这些有利条件，依托自身比较优势，大力发展对外贸易和促进双向投资。十年来出口规模增长4.9倍，进口增长4.7倍；吸收外资稳居发展中国家首位，对外投资2002年到2010年年均增速接近50%。开放型经济的迅猛发展，有效促进了国民经济持续快速增长。

加大结构调整力度，产业竞争力明显增强。十年来，我国制造业进出口总额增长近5倍，汽车、船舶、铁路机车等技术含量和附加值较高的自主知识产权产品成为新的出口增长主体。在农业领域，我国积极实施一系列强农惠农措施，农业区域布局和农产品进出口结构进一步优化。主要服务行业发展迅速，已成为全球第三大服务进口国、第四大服务出口国。

积极引进竞争与合作，微观主体活力不断激发。加入世贸组织后，随着市场准入程度的扩大，国内市场主体更趋向多元化发展。我们积极推进国有企业改革、改组和改造，大力发展非公有制经济，着力提高吸收外资的规模与质量。企业在激烈国际竞争中积极迎接挑战，内在活力得到激发。进入全球《财富》500强的中国企业，从2001年的12家增加到2010年的54家。

以开放促发展促改革，市场经济体制进一步完善。十年来，我国全面履行加入世贸组织承诺，大幅降低关税税率、削减非关税措施，关税总水平由2001年的15.3%降至目前的9.8%，开放了100个服务贸易部门。我们积极借鉴世贸组织所倡导的统一实施、透明度和公平贸易等基本原则，大规模开展法律法规清理修改工作，加快建立和完善稳定可预见的贸易制度，深入推进政府信息公开和行政审批制度改革，商业环境更加开放，市场意识和法治精神深入人心。

多双边经贸合作深入推进，国际地位显著提升。十年来，我国以积极、务实的态度参与多哈回合谈判，并顺应区域经济合作发展潮流，与多个国家或地区签署了自由贸易协议。截至2010年底，我国已成为日本、韩国、东盟、澳大利亚、南非等国家和地区的第一大贸易伙伴，欧盟的第二大贸易伙伴和美国的第三大贸易伙伴。高度重视南南合作，向发展中成员提供力所能及的经济和技术援助。积极参与国际多边机制建设和改革进程，日益发挥出建设性作用。

与台港澳地区经贸交流持续发展，"两岸四地"经济关系更加紧密。两岸双方先后加入世贸组织以后，"两岸四地"均成为世贸组织成员，为深化彼此经贸合作往来提供了更加有利的条件。近年来，内地与香港、澳门分别签署并实施《关于建立更紧密经贸关系的安排》，大大拓展了双向投资与经贸合作的发展空间。两岸签署《海峡两岸经济合作框架协议》，标志着构建两岸关系和平发展框架率先在经济领域取得重大进展，对于增进两岸人民福祉、促进两岸关系和平发展，具有重要意义和深远影响。

二、十年发展实践的经验与启示。

十年来的实践充分证明，党中央、国务院关于加入世贸组织的决策是完全正确的，取得的成就有目共睹，经验弥足珍贵。具体来说，我们有以下几点体会：

一是坚持遵守承诺与运用规则保护发展自己相结合。十年来，我们从学习、熟悉规则到掌握、运用规则，逐渐成长为世贸组织的成熟成员。在多哈回合谈判中逐步进入核心谈判圈，代表性和话语权得到明显提升。积极利用世贸组织法律框架提供的贸易救济措施和争端解决机制，维护产业的正当权益。完善符合世贸规则的产业政策体系，拓展产业的发展空间。事实证明，遵守规则和履行承诺不仅没有束缚我们加快发展的步伐，相反从体制机制上构建了制度平台，保障了发展权益，促进了经济结构的调整与优化。

二是坚持扩大开放与把握开放的节奏和力度相结合。我们坚持积极主动开放的原则，既注重在竞争中加强借鉴与合作，又同时对一些敏感产业和领域设置了过渡期和/或例外条款，为国内产业提供了适度的缓冲空间。事实证明，加入世贸组织使我国顺应了经济发展客观规律，把握住了经济全球化带来的难得机遇，我们抵御经济风险的能力不仅没有降低，反而随着综合实力的提升得到了加强。

三是坚持参与多边贸易体制与开展区域经济合作相结合。我们始终把维护和促进多边贸易体制作为参与全球经济竞争与合作的基石，同时务实推动区域、次区域经济合作和自贸区建设，实现了多边、区域、双边齐头并进、互动发展。事实证明，顺应世界潮流，坚持多边与区域并举的"两条腿走路"策略，使得我们在多哈回合一波三折、区域合作深入发展背景下争取了主动，既坚持了贸易自由化总体方向，又通过灵活安排促进了区域经济融合，拓展了互利合作的广度、深度和维度。

四是坚持寻求自身发展与承担国际责任相结合。十年来，我国在抓住机遇加快自身发展的同时，还致力于扩大与各方利益的汇合点，量力而行开展对外援助，在应对国际金融危机等全球性问题中发挥建设性作用，承担与我权利和义务相匹配的国际责任。事实证明，实施互利共赢的开放战略，并非我国国际地位提升后应对"大国责任论"的被动之举，实属深层次上全面参与国际经济、金融和贸易体系并逐步拓展我国利益的内在要求。

三、对新形势下继续通过开放促进经济发展方式转变和结构调整的几点思考。

与十年前加入世贸组织时相比，当前我国经济发展的内外环境正面临一系列新变化。从国际看，经济全球化深入发展的大趋势没有改变，但贸易投资保护主义和逆全球化因素有所增多；世界经济进入低速增长期，各国经济发展模式面临调整；国际产业分工合作更加深化，气候变化、能源资源和粮食安全等全球性问题日益突出；发达经济体和以新兴经济体为代表的发展中国家实力对比消长，国际政治经济格局中的利益博弈更加凸显。从国内看，我国逐步迈进中等收入国家行列，经济社会发展呈现新的阶段性特征；传统的劳动力等比较优势正在削弱，社会就业总量压力和结构性矛盾并存；土地、淡水和能矿等资源的供需矛盾更加突出，经济增长的资源环境约束强化；经济总量庞大但创新能力不足，加快结构调整和转型升级十分迫切。

面对这些新变化、新挑战，在借鉴改革开放特别是加入世贸组织十年来宝贵经验的基础上，如何更好地以开放促发展、促改革、促创新，这点值得我们深入思考。

第一，充分认识开放的必要性和紧迫性，增强进一步开放的主动性。纵观百年来世界各国发展实践和大国崛起历程，一个共同特征是善于利用国际市场和资源，加快自身发展。开放是经济全球化条件下各国实现发展繁荣的必由之路，体现了世界经济发展的内在逻辑和普遍规律。我国改革开放三十多年来的发展实践，是对这一结论的很好诠释。与十年前相比，当前我国对外开放的基础更加坚实、条件更加成熟。应坚定对外开放的信心，依托我们已经具备的发展基础和比较优势，推动形成新一轮对外开放的思想共识；在统筹分析各方面利弊得失的基础上，加快形成对外开放的新思维、新举措，牢牢抓住并把握好宝贵的战略机遇期。

第二，尊重经济发展的客观规律，妥善把握和处理好几个关系。一是开放与创新的关系。创新根据模式的不同，可分为原始创新、集成创新和引进消化吸收再创新，三者是相互联系的有机组成部分。其中原始创新为科技创新提供动力源泉，后两者则强调利用别人的原始创新成果，使自己的创新能力借势成长，这本身就蕴含了开放的内涵。从国际范围看，通过引进国外先进技术，结合自身条件消化吸收再创新，是后进国家赶超发达国家的一条必由之路。因此，开放和创新如同保持经济增长活力的两个车轮，相辅相成。开放促进创新，创新离不开开放。

二是开放与安全的关系。在经济全球化背景下，各国经济相互融合、相互依存加深。一方面，开放型经济由于与外部环境联系比较紧密，受外部影响可能性相对较大。同时，开放经济自身调整以及"你中有我、我中有你"带来的相互制衡作用也大大增强，使得抵御外部风险的回旋余地和抗击能力也更强。因此，不应将"经济开放度"、"外贸依存度"与"外部依赖度"、"经济风险度"等概念简单等同起来。应不断增强我们驾驭开放型经济的宏观调控能力，加快完善开放条件下维护国家经济安全的体制机制，在把握机遇发展自己的同时，将开放风险降到最低。

三是开放与结构调整的关系。当前，我国正处在推进经济发展方式转变和结构调整的关键时期，面临加快调整内外需结构等一系列深层次难题。如何破解这些难题，需要我们清醒认识和客观评估自身的要素禀赋、经济发展阶段和国内外市场竞争条件。总体来看，今后一个时期，我们将以占世界19%的人口总量，以只有全球平均水平40%的人均耕地面积、全球平均水平约1/4的人均水资源等禀赋条件，全面实现工业化、城市化，这注定是一个离不开全球要素集聚、交换和整合的开放过程。只有主动有效地统筹两个市场、两种资源，才能积极参与全球经济大循环，培育我国参与国际经济合作和竞争的新优势，不断增强国民经济的可持续发展能力。因此，开放本身就是科学发展的题中之义。

第三，顺应新形势新要求，加快研究提出新时期对外开放的总体思路和战略。站在新的起点上，我们应进一步扩大市场准入、优化关税结构，促进进出口更加均衡协调发展；稳妥推进金融、医疗、教育、旅游、养老等服务业领域对外开放，在竞争中激发活力，推动产业升级；继续优化对外开放区域布局，协同推动沿海、内陆、沿边开放，实现不同区域错位发展、特色发展和互动发展；提高利用外资质量和水平，加快实施"走出去"战略，培育参与国际合作与竞争的新优势；加快完善对外开放的机制保障，建立开放型经济的外部风险及安全防范机制；努力在多边贸易体制中发挥建设性作用，继续实施自由贸易区战略，积极参与全球治理体系改革，维护我国的根本利益和长远利益。

（资料来源：《求是》，2011 - 12 - 04）

世界贸易组织（World Trade Organization，WTO）前身是关税与贸易总协定（1947年10月30日在日内瓦签订，并于1948年1月1日开始临时适用），它是全球性的，独立于联合国的永久性国际组织。根据关税与贸易总协定（General Agreement on Tariffs and Trade，GATT）"乌拉圭回合"谈判达成的《建立世界贸易组织马拉喀什协定》（简称《建立世界贸易组织协定》），1995年1月1日起世界贸易组织正式开始运转。截至2012年10月26日，世界贸易组织共有158个成员。世界贸易组织是多边贸易体制的法律基础和组织基础，是众多贸易协定的管理者，是各成员贸易立法的监督者，是就贸易进行谈判和解决争端的场所，是当代最重要的国际经济组织之一，其成员间的贸易额占世界贸易额的绝大多数，被称为"经济联合国"。

7.1　关税与贸易总协定

7.1.1　1947 年关贸总协定产生的背景与过程

20 世纪 30 年代，发生了世界性的经济危机，各国经济贸易普遍衰退，各主要资本主义工业国工业生产急剧下降，生产停顿及大批企业破产，失业人数高达 3 500 万人。较之工业生产而言，全球贸易的萎缩更为惊人，全世界国际贸易量下降 70%；资本输出从 1905 年的 10 亿美元降为 1930 年 10 万美元；货币方面，黄金大量外流，客户纷纷向银行提取存款，整个银行信贷体系濒于崩溃。第二次世界大战后期，美国及其他国家的国际政治学家及经济学家认为，30 年代的那种以邻为壑的政策带来了各国经济和政治上的损失，两次大战间隙期间的贸易保护主义不仅导致了经济灾难，也带来了国际性战争。国家间必须进行国际经济合作和政策协调，建立一个开放的贸易体系。在第二次世界大战后期，各国政府便开始起草和平时期的国际贸易和国际货币支付的自由化计划。尤其在美国，其国务卿霍尔认为，自由贸易将会带来经济繁荣和国际和平。他关于建立一个更为开放的国际贸易体系的理论被引用到美国国务院的政策中。美国国务院的备忘录中说："战后国际贸易的健康发展，对于维护美国和其他地区充分和有效的就业，对于保护私人企业，对于成功地建立起一个防止将来战争爆发的国际安全体系都极为重要。"1941 年，美英两国在《大西洋宪章》中写道："希望达成各国在经济方面的充分合作……致力于促进所有国家，不论大小、战胜或战败，在同等条件下，都享受进行贸易或获取用以发展经济繁荣所需原料的途径。"

1944 年 7 月，美国、英国等 44 个国家在美国新罕布什尔州的布雷顿森林召开会议，讨论国际货币金融体系问题，建立了以稳定国际金融、间接促进世界贸易发展为目标的国际货币基金组织和国际复兴开发银行（又称世界银行）。当时设想设立一个处理国际贸易与关税问题的专门组织，以铲除贸易限制和关税壁垒，促进贸易自由化。1945 年 11 月，美国提出了一个计划，主张缔结一个制约和减少国际贸易限制的多边公约，以补充布雷顿森林会议决议。该方案被称为"扩大世界贸易与就业方案"或称"国际贸易与就业会议考虑方案"。该方案将确定国际贸易所有方面的各项规则，包括关税、优惠、数量限制、补贴、国营贸易企业、国际商品协定等。该方案提出，还将成立国际贸易组织（International Trade Organization），作为贸易领域中与国际货币基金组织、国际复兴开发银行相对应的组织。值得指出的是，在该方案的"一般商业政策"一章中，美国在与其他国家双边贸易协定的基础上，提出了建立新的国际贸易体系的一系列基本原则：削减关税、消除贸易壁垒，取消数量限制和外汇管制等措施；解散导致贸易歧视待遇的经济贸易集团；特别强调要在最惠国待遇和国民待遇的基础上建立多边贸易体系。1946 年 2 月，美国正式拟定《国际贸易组织宪章》草案，并提请联合国经济与社会理事会第一次会议通过决议。联合国将《国际贸易组织宪章》草案印发各国，正式组织召开国际贸易与就业会议。会议于 1946 年 10 月在英国伦敦召开，邀请了包括当时中国政府在内的 19 个国家，共同组建一个筹备委员会。筹委会于 1946 年 10 月至 11 月和 1947 年 1 月至 2 月分别在伦敦和纽约两次讨论和审议了《国际贸易组织宪章》草案。纽约会议除对伦敦会议所草拟的宪章草案作了内容及文字上的修改、补充了若干条款外，同时还由与会国选派专家起草并通过了一项关税与贸易协定纲要，该协定纲要即关税与贸易总协定的雏形。协定纲要采纳了《国际贸易组织宪章》中能够保证贸易谈判和关税减让的条款，使这些条款在关贸总协定条款中具体化。

1947 年 4 月至 10 月，筹委会的主要会议在日内瓦召开。日内瓦会议内容主要分为三部分：第一部分拟定完成《国际贸易组织宪章》的起草工作。会议对先前内容并未做实质性修改，仅就国际贸易组织大会表决权、执行理事会组织及成员国与非成员国关系等问题分别拟定 3 种不同方案以备选用。第二部分主要涉及在互惠基础上进行的多边关税减让协议谈判。第三部分集中讨论起草与关税义务相关的一般义务的条款。绝大部分工作用于第二、第三部分。1947 年 4 月至 10 月，23 个国家在双边谈判基础上，签订了 100 多项双边关税减让协议，并把这些协议与联合国经社理事会第二次筹备会通过的有关商业政策的部分加以合并。为区别于上述的双边协议，将合并修改后的协议取名为"关税与贸易总协定"。1947 年 10 月 30 日，筹委会在日内瓦结束，23 个缔约国签订了《关税与贸易总协定》。鉴于《国际贸易组织宪章》草案生效之日尚不可知，会议期间，美国提议将《关税与贸易总协定》以临时适用议定书形式，联合英国、法国、比利时、荷兰、卢森堡、澳大利亚、加拿大 7 国于 1947 年 11 月 15 日前签署《关贸总协定临时适用议定书》，从而使关贸总协定提前在上述 8 个国家领土范围内实施。

与此同时，国际贸易组织的建立却面临困境。1947 年 11 月，在哈瓦那召开的世界贸易和就业会议上通过了《国际贸易组织宪章》即（《哈瓦那宪章》）。但由于各国针对美国提出的草案提出了大量的修正案，以致宪章中的一些规定与美国国内立法产生矛盾，不符合美国的利益；加之美国国会当时正在就总统是否有权签署宪章进行辩论。尽管杜鲁门政府先后 3 次将宪章提交美国国会，但由于国会不打算批准，3 次均无结果。于是，美国政府便放弃了这一努力。1950 年 12 月 6 日，美国议会发言人在新闻发布会上宣布："经有关部门建议并经总统同意，由于《国际贸易组织宪章》将不再提交国会批准，政府将请求国会考虑使美国能更有效地参加关贸总协定的立法。"由于美国是当时的经济强国，其他国家也持观望态度，宪章没有得到必要数量的国家批准，国际贸易组织的建立从此夭折。这样，关贸总协定就实际上替代了国际贸易组织而临时生效。这一临时生效长达近 50 年。

7.1.2 关贸总协定的发展历程

自 1948 年 1 月 1 日关贸总协定临时实施至 1995 年 1 月 1 日世界贸易组织成立，在 47 年的历程中，关贸总协定主持了八轮多边贸易谈判，使其缔约方之间的关税与非关税水平大幅度下降。

1. 第一轮多边贸易谈判

关贸总协定第一轮多边贸易谈判于 1947 年 4 月至 10 月在瑞士日内瓦举行。根据国际贸易组织筹委会伦敦会议所制定的关税减让谈判原则，进行削减关税谈判。

关税减让的原则是坚持互惠、互利并在缔约方之间平等、非歧视的基础上加以实施。谈判规则规定，谈判参加方只考虑对另一参加方提出减让要求的主要产品部分予以关税减让。关贸总协定的 23 个创始缔约方参加了谈判，并正式创立了关贸总协定。

第一轮谈判共达成双减让协议 123 项，涉及应税商品：45 000 项，影响近 100 亿美元的世界贸易额，使占应税进口值约 54% 商品的平均关税降低 35%。

2. 第二轮多边贸易谈判

关贸总协定第二轮谈判于 1949 年 4 月 29 个国家参加了谈判。在此谈判期间，瑞典、丹麦、芬兰、意大利、希腊、海地、尼加拉瓜、多米尼加、乌拉圭、利比亚等 10 国就其加入关贸总协定问题进行谈判。谈判结果达成了 147 项双边协议，增加关税减让 5 000 多项，使占应税进口值 5.6% 的商品平均降低关税 35%。

3. 第三轮多边贸易谈判

关贸总协定第三轮多边贸易谈判于 1950 年 9 月至 1951 年 4 月在英国托奎举行，共 32 个国家参加，而且后来又有 4 个国家加入关贸总协定。黎巴嫩、叙利亚及利比里亚不再是关贸总协定成员，中国台湾当局非法地以中国的名义退出了关贸总协定。

4. 第四轮多边贸易谈判

关贸总协定第四轮多边贸易谈判于 1956 年 1 月至 5 月在瑞士日内瓦举行，日本加入了关贸总协定。由于美国国会对美国政府的授权有限，谈判受到严重影响。参加谈判国只有 33 个，达成的关税减让只涉及 25 亿美元的贸易额，共达成 3 000 多项商品的关税减让，使应税进口值 16% 的商品平均降低关税 15%。

5. 第五轮"狄龙回合"谈判

关贸总协定第五轮多边贸易谈判于 1960 年 9 月至 1962 年 7 月在日内瓦举行，共 39 个国家参加。因为根据 1958 年美国贸易协定法，建议发动本轮谈判的是美国副国务卿道格拉斯·狄龙，故命名力"狄龙回合"。谈判结果达成了 4 400 多项商品的关税减让，涉及 49 亿美元贸易额，使占应税进口值 20% 的商品平均降低关税税率 20%。

6. 第六轮"肯尼迪回合"谈判

关贸总协定第六轮多边贸易谈判于 1964 年 5 月至 1967 年 6 月在日内瓦举行，共 46 个国家参加，而实际缔约方在该轮谈判结束时达到 74 个。由于是当时美国总统肯尼迪根据 1962 年美国贸易扩大法提议举行的，故称"肯尼迪回合"。这轮谈判确定了削减关税采取一刀切的办法，在经合组织成员间工业品一律平均削减 35% 的关税，涉及贸易额 400 多亿美元，对出口产品较集中、单一的国家，如加拿大、澳大利亚、新西兰等作出了特殊安排。对 17 个发展中国家根据特殊的、非互惠的优惠待遇原则，要求发达国家对其给予优惠关税待遇。41 个最不发达国家缔结可以按最惠国待遇原则享受其他国家削减关税的利益，但其本身不对其他国家降低关税。

这一轮谈判，关贸总协定缔约方的组成发生了较大变化，发展中国家和最不发达国家缔约方占了大多数。有鉴于此，关贸总协定正式将给予发展中国家的优惠待遇纳入其具体条款中，列在《关贸总协定》的第四部分，并命名为"贸易与发展"，旨在通过给予发展中国家一定的贸易优惠待遇而促进其贸易和经济发展。

"肯尼迪回合"第一次涉及非关税措施的谈判。尽管谈判主要涉及美国的海关估价制度及各国的反倾销法。在海关估价制度方面，美国承诺废除以美国国内市场最高价格作为标准征收关税的制度。在反倾销措施方面，在吸收各国反倾销立法的经验和教训的基础上，各国最终达成《反倾销守则》，并于 1968 年 7 月 1 日生效。美国、英国、日本等 21 个国家签署了该守则，为《关贸总协定》第 6 条反倾销规定的实施提供了坚实的基础。

7. 第七轮"东京回合"谈判

"东京回合"谈判是 1973 年 9 月在日本首都东京举行的部长会议上发动的，1979 年 11 月谈判结束。数以千计的工业品和农产品的关税得以削减，削减的结果在 8 年内实施，使世界 9 个主要工业国家市场上工业制成品的加权平均关税降到 6% 左右，完税额下降了 34%，并达成了一系列具体的协议，包括使给予发展中国家的和发展中国家之间的优惠关税和非关税措施待遇法化，以及一系列关于非关税措施或具体产品的守则。守则涉及：①补贴与反补贴；②技术性贸易壁垒（产品标准）；③政府采购；④海关估价；⑤进口许可证程序；⑥修订反倾销守则。另外，还达成牛肉协议、奶制品协议、民用航空器协议等。

鉴于发展中国家反对关贸总协定规则适用范围的扩展，修改关贸总协定条款所需的 2/3 多数票没达到，东京回合达成的上述协议只能以"守则"式的方式实施。达成共识的国家可以进行合作，而不需要所有关贸总协定缔结方参加，即有选择地参加这些守则，守则只对参加的缔约方有约束力，没有参加守则的缔约方则不受其制约。

8. 第八轮"乌拉圭回合"谈判

1986 年 9 月在乌拉圭的埃斯特角城举行了关贸总协定部长级会议，决定进行一场旨在全面改革多边贸易体制的新一轮谈判，又称"乌拉圭回合"谈判。经过 7 年多艰苦的谈判，于 1994 年 4 月 15 日在摩洛哥的马拉喀什结束。参加乌拉圭回合谈判的国家和地区从最初的 103 个，增加到 1993 年底的 117 个和 1995 年初的 128 个。

7.1.3 关贸总协定对世界经济贸易发展的影响

关贸总协定自实施以来，其内容和活动涉及的领域不断扩大，缔约方不断增多，对国际贸易的影响日益加强，主要表现在以下方面。

1. 促进了国际贸易的发展和规模的不断扩大

在关贸总协定主持下，经过八轮贸易谈判，各缔约方的关税均有了较大幅度的降低。发达国家加权平均关税从 1947 年的 35% 下降至 4% 左右，发展中国家的平均税率则降至 12% 左右。在第七和第八轮谈判中，就一些非关税措施的逐步取消达成协议。这对于促进贸易自由化和国际贸易的发展起到了积极作用。国际贸易规模从 1950 年的 607 亿美元增加至 1995 年的 43 700 亿美元，世界贸易的增长速度超过世界生产的增长速度。

2. 形成了一套国际贸易政策体系，成为国际贸易的基本规则

关贸总协定的基本原则及其谈判达成的一系列协议，形成了一套国际贸易政策与措施的规章制度和法律准则，这些都成为各缔约方处理彼此间权利与义务的基本

依据，并具有一定的约束力。关贸总协定要求其缔约方在制定或修改其对外贸易政策措施、处理缔约方间经贸关系时，均需遵循这些基本原则和相关协议。因此，关贸总协定成为各缔约方进行贸易的基本规则。

3. 缓和了缔约方之间的贸易摩擦和矛盾

关贸总协定及其一系列协议是各缔约方之间谈判相互妥协的产物，协议执行产生的贸易纠纷通过协商、调解、仲裁方式解决，这对缓和或平息各缔约方间的贸易摩擦起到了一定的积极作用。

4. 对维护发展中国家利益起到了积极作用

关贸总协定条款最初是按发达资本主义国家的意愿拟定的，但是，随着发展中国家的壮大和纷纷加入关贸总协定，也增加了有利于发展中国家的条款。所以，关贸总协定为发达国家和发展中国家提供了贸易政策对话的场所，并为发展中国家维护自身利益和促进其对外贸易发展起到了一定的作用。

7.2　乌拉圭多边贸易谈判

7.2.1　乌拉圭回合谈判的成果

1986 年 9 月发动的乌拉圭回合谈判历时 7 年多，于 1994 年 4 月 15 日在摩洛哥的马拉喀什结束。在乌拉圭回合部长宣言中，明确了谈判的主要目标：（1）在货物贸易方面，促进国际贸易的进一步自由化和规模的扩大，加强关贸总协定的作用，改善多边贸易体制，增强关贸总协定对不断变化的国际经济环境的适应能力，鼓励合作，以加强国际经济政策决策的一致性。（2）在服务贸易方面，明确了服务贸易规则新框架的目标。

谈判的结果使发达国家和发展中国家平均降税 1/3，发达国家工业制成品平均关税水平降为 3.6% 左右；农产品和纺织品重新回到关贸总协定贸易自由化的轨道；创立了世贸组织并将关贸总协定的基本原则延伸至服务贸易和知识产权，达成了《服务贸易总协定》和《与贸易有关的知识产权协定》（以下简称《知识产权协定》）；修订和完善了东京回合的许多守则并将其作为货物贸易协议的一部分。谈判结果采取"一揽子"方式加以接受，协定、协议对世贸组织成员均适用。

7.2.2　世贸组织：乌拉圭回合的意外成果

在 1986 年 9 月乌拉圭回合发动时，15 项谈判议题中没有关于建立世贸组织的问题，只是设立了一个关于修改和完善关贸总协定体制职能的谈判小组。但是由于乌拉圭谈判不仅包括了传统的货物贸易问题，而且还涉及知识产权保护和服务贸易以及环境等新议题，关贸总协定如何有效地贯彻执行乌拉圭回合形成的各项协议就自然而然地提到了多边贸易谈判的议事日程上。无论从组织结构还是从协调职能来看，关贸总协定面对庞杂纷繁的乌拉圭回合多边谈判协议均显示出其"先天"不足性，有必要在其基础上创立一个正式的国际贸易组织来协调、监督和执行新一轮多边贸易谈判的成果。1990 年初，时任欧洲联盟轮值主席国的意大利首先提出建立多边贸易组织（MTO）倡议，同年 7 月，欧洲联盟把这一倡议以 12 个缔约方的名义向乌拉圭回合体制职能谈判小组正式提出来，随后得到了加拿大、美国的支持。由于主要西方贸易大国的动议和支持，1990 年 12 月，乌拉圭回合布鲁塞尔部长会议正式作出决定，责成体制职能小组负责"多边贸易组织协议"的谈判起草工作。体制职能小组经过 1 年的紧张谈判，于 1991 年 12 月形成一份"关于建立多边贸易组织协议"的草案，并成为同年底"邓克尔最后案文（草案）"的一个整体部分。后经过两年的修改、完善和充实，最终于 1993 年 11 月乌拉圭回合结束（1993 年 12 月 15 日）前，形成了"建立多边贸易组织协定"，并根据美国的动议，把"多边贸易组织"改名为"世界贸易组织"。《建立世界贸易组织协定》于 1994 年 4 月 15 日在马拉喀什部长会议上获得通过，与其他附件协议和部长宣言与决定共同构成了乌拉圭回合多边贸易谈判的一揽子成果，并采取单一整体义务和无保留例外接受的形式，被 104 个参加政府代表所签署。

世贸组织取代关贸总协定，主要是由于关贸总协定在组织机构和运行机制上已不适应世界经济的发展和现状。

第一，从严格的法律意义上讲，关贸总协定并不是一个真正意义上的国际组织。我们从《关贸总协定》第 29 条"本协定与《哈瓦那宪章》的关系"中可知：一旦《哈瓦那宪章》生效，关贸总协定就作为国际贸易组织的一个部分而存在，其历史使命也就终结。然而，《哈瓦那宪章》的夭折，使关贸总协定处于没有国际组织可以依托的境地。于是，在 1955 年召开的缔约方全体大会对关贸总协定的条文作过一次重要修改，并决定成立一个名为"贸易合作组织"的国际组织来取代关贸总协定，后因美国国会的反对而被迫搁浅。直到乌拉圭回合后期为成立"多边贸易组织"制定了一个章程草案，最后，又正式议定了《建立世贸组织的协定》作为乌拉圭回合一揽子协议的统领文件，为世贸组织的建立确立了重要的法律基础。

第二，关贸总协定既不是一个正式生效的国际条约或协定，其条款中也没有为缔约方全体设立秘书处的规定。任何国际组织，尤其是政府间组织都有设立它的国际条约或公约作为法律基础。这些国际条约中，有些是专门为设立该国际组织而订立的。如设立联合国有《联合国宪章》，设立国际货币基金组织也有《国际货币基金协定》作为设立的条约依据。《关贸总协定》原有的 35 个条款中，没有专门章节或条款作为设立组织的规定。另外，在关贸总协定运行初期，是借用联合国经济与社会理事会为筹备成立"国际贸易组织"的"临时委员会"的秘书班子处理日常事务的。1955 年，缔约方在全体会议上决定把"国际贸易组织"的"临时委员会"的秘书班子改组为关贸总协定的秘书处。

《哈瓦那宪章》规定总干事是国际贸易组织的最高行政官员，关贸总协定则不同，《关贸总协定》原来的条文规定应把某些事情通知关贸总协定法律文件保管人——联合国秘书长。这些职能于 1957 年由执行秘书担任。1965 年 3 月 23 日，缔约方全体才决定设立总干事这一头衔。并由总干事兼任执行秘书的职务。从 1965 年以后，缔约方全体通过的许多决定与程序规则都提到总干事，并授予他在某些情况下进行活动的权力，在事实上成为管理秘书处和关贸总协定日常事务的最高行政官员。尽管如此，由于关贸总协定在法律上仍不是一个国际组织，其秘书处的法律地位仍未确定，从法律上讲，这个秘书处仍是联合国下属的"临时委员会"的秘书处。秘书处工作人员的外交特权、豁免权及所用公务护照均是联合国的，而关贸总协定始终又不是联合国的专门机构，它在法律及组织形式上，始终不同于联合国贸发会议、联合国粮农组织等联合国下设的专门机构。

《哈瓦那宪章》未能生效，则关贸总协定原定的组织依托就完全不存在了。为了关贸总协定的运行并促进其目标的实现，在 1959 年的缔约方全体大会上，通过对第 25 条"缔约方联合行动"相关条文的解释，务实地作出了设立"代表理事会"的决定，并赋予其在缔约方全体大会休会期间，代行缔约方全体的职责，使其获得较为广泛的权力，这在事实上促进了关贸总协定向国际组织方向演变。

第三，关贸总协定管辖的范围仅限于货物贸易，并且纺织品服装、农产品长期偏离贸易自由化的轨道，不能适应迅速变化的世界经济贸易的要求。服务贸易、国际投资、知识产权保护及区域经济一体化等的发展客观上要求关贸总协定制度必须要创新，把这些议题纳入关贸总协定。

第四，关贸总协定在争端解决机制及决策程序方面也存在一定局限性。一方面，关贸总协定争端解决程序费时太多，有些案子拖了一年半，甚至更长。从案子提交到代表理事会，再到代表理事会采纳专家小组意见，历时较长，不利于争端解决。另一方面，也是最重要的，各缔约方对争端解决专家组的授权范围及代表理事会通过专家小组报告时要"协商一致"才能作出决策。在涉及某一具体的贸易争端时，争端当事方中的任何一方极有可能为维护自身利益，而拒绝接受专家小组的报告或对专家小组的职权范围提出异议，从而时常导致争端很难客观、公正地解决，严重地影响了关贸总协定的权威。

1994 年 4 月 15 日，各国主管外经贸事务的部长及官员聚会摩洛哥的马拉喀什，正式签署乌拉圭回合协议，并通过了《马拉喀什宣言》。根据《马拉喀什宣言》第二项规定："各国部长宣告世贸组织的成立，将为全球经济合作开创新纪元，它广泛反映了各方期望以更加公平开放的多边贸易体制来为其人民谋福利的愿望。部长们表示，他们决心抵制各种保护主义压力。他们认为，乌拉圭回合贸易自由化和加强了的贸易规则，将会带来一个更加逐步开放的世界贸易环境。"

7.2.3 世贸组织与关贸总协定的区别

1. 世贸组织是具有国际法人资格的永久性组织

世贸组织是根据《维也纳条约法公约》正式成立的国际组织，具有独立的国际法人资格，是一个常设性、永久性存在的国际组织；而关贸总协定则仅是"临时适用"的协定，不是一个正式的国际组织。

2. 世贸组织管辖范围广泛

关贸总协定产生于货物贸易占国际贸易绝大部分的 20 世纪 40 年代末，加之建立国际贸易组织的《哈瓦那宪章》未能生效，关贸总协定仅管辖货物贸易，并且在实施中，农产品贸易和纺织品贸易又先后脱离其管辖，所以，关贸总协定管辖的仅是部分货物贸易。相反，世贸组织则不仅管辖货物贸易的各个方面，例如《1994 年关贸总协定》对《1947 年关贸总协定》作了补充和完善，农业和纺织品实现了回归；另外，《服务贸易总协定》及其部门协议管辖服务业的国际交换，《与贸易有关的知识产权协定》对各成员与贸易有关的知识产权的保护提出了基本要求，《与贸易有关的投资措施协议》第一次将与货物贸易有关的投资措施纳入多边贸易体制的管辖范围。世贸组织还努力通过加强贸易与环境保护的政策对话，强化各成员对经济发展中的环境保护和资源的合理利用。因此，世贸组织将货物、服务、知识产权融为一体，置于其管辖范围之内。

3. 世贸组织成员承担义务的统一性

世贸组织成员不分大小，对世贸组织所管辖的多边协议一律必须遵守，以"一揽子"方式接受世贸组织的协定、协议，不能选择性地参加某一个或某几个协议，不能对世贸组织所管辖的协定、协议提出保留。但是，关贸总协定的许多协议，则是以"守则式"的方式加以实施的，缔约方可以接受，也可以不接受。

4. 世贸组织争端解决机制以法律形式确立了权威性

与关贸总协定相比，世贸组织的争端解决机制在法律形式上更具权威性。由于一国参加世贸组织是由其国内的立法部门批准的，所以世贸组织的协定、协议与其国内法应处于平等的地位。世贸组织成员需遵守世贸组织各协定、协议的规定，执行其争端解决机构作出的裁决。并且，争端解决仲裁机构作出决策是按"除非世贸组织成员完全协商一致反对通过裁决报告"，否则视为"协商一致"通过裁决，这就增强了争端解决机构解决争端的效力。加之对争端解决程序规定了明确的时间表，使其效率大大提高，权威性得以确立。在这方面，与过去关贸总协定争端解决机制中的"协商一致"的含义完全不同，在关贸总协定体制下，只要有一个缔约方（最可能的就是"被申诉人"）提出反对通过争端解决机构的裁决报告，就认为没有"协商一致"，则关贸总协定不能作出裁决。这自然大大削弱了关贸总协定争端解决机制的权威性和有效性，因此，有人戏称"关贸总协定争端解决机制是一只没有牙齿的老虎"。

5. 世贸组织成员更具广泛性

世贸组织成立以来，成员不断增加，截至 2012 年 10 月 26 日在瑞士日内瓦召开的总理事会会议上正式批准老挝成为其第 158 个成员国。据此，世贸组织正式成员已经达到 158 个。

2012 年 12 月 10 日世界贸易组织在瑞士日内瓦召开的总理事会非正式会议上通过塔吉克斯坦加入世界贸易组织的一揽子文件，批准塔吉克斯坦的成员资格。根据世贸组织规则，塔吉克斯坦立法机构应于 2013 年 6 月 7 日前批准相关协议，这一国内程序完成 30 天后塔吉克斯坦将正式成为世贸组织的第 159 位成员。

7.3　世界贸易组织概述

7.3.1　世界贸易组织的宗旨和职能

《建立世界贸易组织协定》是世贸组织成立和运行的法律基础，并对世贸组织的基本职能和运行机制作出了明确的规定。

1. 世贸组织的宗旨

《建立世界贸易组织协定》序言规定了世贸组织的宗旨：

（1）提高生活水平，保证充分就业，保证实际收入和有效需求的大幅度稳定增长。

（2）扩大货物、服务的生产和贸易。

（3）依照可持续发展的目标，各成员应促进对世界资源的最优利用，保护和维护环境，并以符合不同经济发展水平下各自成员需要的方式，加强采取各种相应的措施。

（4）积极努力地保证发展中国家，尤其是最不发达国家，在国际贸易增长中获得与其经济发展水平相应的份额和利益。

为此，世贸组织期望各成员应通过达成互惠互利的安排，大幅度削减关税和其他贸易壁垒，在国际经贸竞争中，消除歧视性待遇，坚持非歧视贸易原则，对发展中国家给予特殊和差别待遇，扩大市场准入程度及提高贸易政策透明度，以及实施通知与审议等原则。

2. 世贸组织的职能

《建立世界贸易组织协定》第3条规定了世贸组织的职能，包括：

（1）组织实施世贸组织负责管辖的各项贸易协定、协议，积极采取各种措施努力实现各项协定、协议的目标，并对所辖的不属于"一揽子"协议项下的诸边贸易协议（政府采购协议、民用航空器贸易协议等）的执行管理和运作提供组织保障。

（2）为成员提供处理各协定、协议有关事务的谈判场所，并为世贸组织贸易谈判提供场所，准备和框架草案。

（3）解决各成员间发生的贸易争端，负责管理世贸组织争端解决机制。

（4）对各成员的贸易政策、法规进行定期评议。

（5）协调与国际货币基金组织和世界银行等国际经济组织的关系，以保障全球经济决策的凝聚力和一致性。

7.3.2 世贸组织的法律框架

根据《建立世界贸易组织协定》第2条的规定，世贸组织应当为其所有成员制定一套普遍适用的贸易规则，这些规则将涉及国际货物贸易、服务贸易有关的知识产权和国际投资领域。此外，世贸组织还将建立有效的争端解决机制，解决成员之间在执行上述规则过程中发生的争议。

根据上述规定，各成员在乌拉圭回合谈判中达成的多边贸易协议以附件形式成为《建立世界贸易组织协定》的组成部分，受世贸组织所管辖，这些协议也构成了世贸组织的规则框架，具体包括以下内容。

7.3.2.1 附件一

附件一包括三个部分，即货物贸易规则、服务贸易规则和与贸易有关的知识产权规则。

7.3.2.1.1 多边货物贸易规则

多边货物贸易规则是在《1947年关贸总协定》及八轮多边贸易谈判基础上建立

的，是《建立世界贸易组织协定》中最成熟的部分，也是包含内容最多、最全面的部分。具体包括以下协议：

1. 《1994年关贸总协定》。它是《1947年关贸总协定》的继承和发展，它包括3个部分：《1947年关贸总协定》；《1947年关贸总协定》下生效的法律文件的各项条款；乌拉圭回合就《1947年关贸总协定》若干条款达成的谅解。

2. 《农业协议》。在关贸总协定的运作过程中，农产品贸易一直是一个复杂的问题，虽然每次谈判都涉及这一问题，但在前7轮谈判中始终未就农产品贸易达成一项协议，关贸总协定确定的若干货物贸易规则也始终不适用于农产品贸易。乌拉圭回合谈判中，经过多方努力，最终就农产品贸易问题达成一致，各成员就农产品的市场准入、国内支持措施、出口补贴等主要方面作出承诺，极大地推动了农产品贸易自由化的进程。

3. 《纺织品与服装协议》。纺织品与服装贸易是另一个一直游离于关贸总协定之外的国际货物贸易领域。在乌拉圭回合谈判前，国际纺织品、服装贸易主要受《多种纤维协定》的约束，各国主要通过签订双边协议，以纺织品配额形式约束进出口行为，这种非关税措施的实施严重阻碍了纺织品与服装贸易的发展。乌拉圭回合谈判中，发展中国家作为纺织品、服装的主要出口国，强烈要求将纺织品、服装贸易纳入多边自由贸易体制之下。经过艰苦的谈判，最终达成了《纺织品与服装协议》，作为乌拉圭回合一揽子协议的一部分，纳入世贸组织统一管辖之下。

4. 《关于履行1994年关贸总协定第7条的协议》，即《海关估价协议》。一直以来，海关估价方法都是各国管理对外贸易活动的重要措施，但实践中存在的对海关估价方法的畸形使用，使海关估价成为阻碍国际贸易发展的一项壁垒。关贸总协定体制下的《海关估价协议》最早产生于1979年东京回合谈判，在乌拉圭回合谈判中进一步得到补充和修改。

5. 《装运前检验协议》。该协议是乌拉圭回合谈判达成的新协议。20世纪80年代以来，发展中国家为了保障国际贸易中的利益不受损失，雇用私人公司对从发达国家进口的货物在装船前进行检验。发达国家出口商认为这是一种不公正的做法，有碍国际货物贸易的发展。为此，乌拉圭回合谈判中，就装运前检验行为制定了统一的纪律，使这一行为受到有关法律、法规的约束。

6. 《进口许可程序协议》。进口许可证的使用是各国管理对外贸易的另一项主要措施，对于保护某些特定行业具有一定意义，但其滥用则会成为阻碍国际贸易发展的障碍。为了统一规范各成员的进口许可制度，减少其对国际贸易的负面影响，1979年东京回合达成了《进口许可程序协议》，该协议在乌拉圭回合谈判中得到进一步的改进和完善。由于该协议也是作为一揽子协议的一部分，其适用的成员范围得到了扩大。

7. 《原产地规则协议》。在国际贸易中，各国通过制定和实施原产地规则，一方面方便进出口贸易和消费者选购商品；另一方面，对原产于不同国家和地区的商品给予不同的待遇，也易产生不公正的贸易歧视做法。为了规范各国采取原产地措施的行为，乌拉圭回合谈判中达成了《原产地规则协议》。

8. 《关于履行1994年关税与贸易总协定第6条的协议》，即《反倾销协议》。

20 世纪 70 年代以来，特别是进入 80 年代后，随着关税的不断降低和某些非关税措施的减少，世界各国越来越多地采取反倾销措施对他国以低价倾销方式进口商品予以处罚，以保护国内相关产业。反倾销措施同其他管制进出口的措施一样，也具有双重作用。一方面，它可以制止低价进口的倾销行为，保护成员国内相关产业的发展；另一方面，对它的过度使用又会阻碍国际贸易自由化的进程。因而，在东京回合谈判中，各缔约方就反倾销问题达成一项协议。在乌拉圭回合谈判中根据国际贸易发展的新形势、新问题，又对该协议进行了修改、补充，形成现行有效的、所有成员均应遵守的《反倾销协议》。

9. 《补贴与反补贴措施协议》。世界各国政府往往通过对国内某些产品的生产和出口提供补贴，以达到扶持某些产业部门、发展本国经济的目的。一般来说，补贴会对国际贸易发展产生扭曲和限制作用。因而，东京回合谈判中各方达成了《补贴与反补贴措施协议》，规范各缔约方采取补贴措施的行为。但由于只有 20 多个缔约方接受该协议，其适用范围大受影响，实际作用不大。乌拉圭回合谈判中，该协议经补充、修改后，作为一揽子协议的一部分对所有世贸组织成员生效，扩大了它的适用范围，对贸易产生了促进作用。

10. 《技术性贸易壁垒协议》。技术性贸易壁垒是指各国通过技术法规、技术标准、产品认证、环保要求等对进口产品予以限制，这一措施的滥用也将导致对国际贸易的阻碍。东京回合谈判中，各缔约方就此问题已达成协议，乌拉圭回合在原有协议基础上经过修改和补充，形成了新的《技术性贸易壁垒协议》。

11. 《实施动植物卫生检疫措施协议》。从产义上讲，动植物卫生检疫应属于贸易技术壁垒的一种。从适用对象上说，它主要适用于农畜产品的进出口。由于农产品贸易在国际贸易中的敏感性和重要性，动植物卫生检疫措施成为各国保护本国农业、畜牧业发展的一项重要措施。为了防止这一措施的滥用，乌拉圭回合谈判就此问题达成协议，对所有成员广泛适用。

12. 《保障措施协议》。关贸总协定由其产生时起，就包含了许多的"例外"，这些"例外"可以使某些缔约方不承担关贸总协定规定的某些义务，保障条款就是这许多"例外"之一。为了规范各国采取保障措施的行为，使其发挥应有的作用，防止对它的过度使用，谈判各方最终达成了《保障措施协议》。

13. 《与贸易有关的投资措施协议》。这是乌拉圭回合谈判达成的新协议，是第一次将与贸易有关的投资措施纳入关贸总协定多边贸易体制中。该协议通过确定与贸易有关的投资领域的国民待遇原则、取消数量限制原则、透明度原则等规范投资东道国采取的投资措施。

7.3.2.1.2　服务贸易规则

服务贸易规则体现在一个协议中，即《服务贸易总协定》。服务贸易领域在乌拉圭回合中第一次被纳入世贸组织体系之中，这与近年来服务贸易的迅速发展不无关系。进入 20 世纪 90 年代以来，国际服务贸易额每年达 8 100 多亿美元，约占世界贸易总额的 20%。由于以往关贸总协定调整的范围仅限于国际货物贸易，因而服务贸易领域内所制定的各种政策、措施不受关贸总协定确定的贸易自由化原则约束，这些政策、措施不同程度地影响了外国服务业的进入，限制了国际服务贸易的自由流动。在服务贸易较发达的国家的极力倡导下，乌拉圭回合就服务贸易问题达成了一项协议，即《服务贸易总协定》，将这一重要贸易领域纳入世贸组织的多边规则管辖之下。

7.3.2.1.3　与贸易有关的知识产权规则

与贸易有关的知识产权规则体现在《与贸易有关的知识产权协定》中。国际知识产权保护本不属关贸总协定管辖范围，国际社会为保护知识产权已订立了多项国际协议。但随着科技的发展，知识产权保护对贸易的影响越来越大，关贸总协定的各缔约方特别是科技领先的发达国家要求就知识产权保护达成协议，将与贸易有关的知识产权问题也纳入多边贸易体制之中。在它们的努力下，乌拉圭回合谈判最终达成了《与贸易有关的知识产权协定》。该协议作为一揽子协议文件之一适用于世贸组织所有成员。

7.3.2.2　附件二

《建立世界贸易组织协定》附件二是《关于争端解决规则与程序的谅解》。《1947 年关贸总协定》只在第 22 条和第 23 条规定了有关贸易争端解决的程序，由于它们只是一些原则性规定，作为解决争端的程序规则显然不具操作性。关贸总协定在其运行的 47 年间，虽形成了一套有关争端解决的实际做法，但并未达成一项专门的协议。乌拉圭回合通过的《关于争端解决规则与程序的谅解》，第一次就争端解决问题制定了专门的规定。世贸组织建立后，其解决国际贸易争端的能力与以往相比得到了加强，通过严格遵守争端解决规则，提高了争端解决的效率，增强了有关裁决的强制力。

7.3.2.3　附件三

《建立世界贸易组织协定》附件三是《贸易政策审议机制》。对各国贸易政策的审议是世贸组织的三大职能之一。通过对各成员贸易政策的审议，一方面提高了各成员贸易政策的透明度；另一方面通过审议纠正各成员贸易政策中与世贸组织规则不相符的内容，保证了有关规则的贯彻执行。

7.3.2.4　附件四

《建立世界贸易组织协定》附件四包括 4 个诸边贸易协议：《民用航空器贸易协议》、《政府采购协议》、《国际奶制品协议》和《国际牛肉协议》。所谓诸边贸易协议，是指并不包括在一揽子协议中，并不自动地对全体成员生效的协议，它们只对明确表示接受协议的成员有效。由于这些协议适用范围有限，并且其中有些协议现在已经失效（《国际奶制品协议》和《国际牛肉协议》已于 1997 年底终止），本书将不再详细解释其具体内容。

7.3.3　世贸组织的基本原则

世贸组织的基本原刚是指贯穿于其各个协定和协议中，具有普遍意义的规则和精神。这些原则在关贸总协定时期逐步形成，并为世贸组织所继承。有以下原则。

7.3.3.1　非歧视原则

非歧视原则是世贸组织的基石，是各国间平等地进行贸易的重要保证，也是避免贸易歧视、贸易摩擦的重要基础。非歧视原则包括最惠国待遇原则和国民待遇原则。

最惠国待遇的基本含义是：缔约一方现在或将来给予任何第三国的在贸易上的特权、优惠和豁免，也同样给予缔约对方。《1947 年关贸总协定》首次使最惠国待遇建立在多边协议的基础上。在世贸组织中，最惠国待遇扩及到新的协议中。与此同时，世贸组织也保留和扩大了最惠国待遇的例外。

国民待遇是指缔约方保证另一缔约方的公民、企业和船舶在本国国境内享受与本国公民、企业、船舶所享受的国民待遇。实施国民待遇必须对等，不得损害对方国家的主权，并且只限制在一定的范围之内。《1947 年关贸总协定》所规定的国民待遇适用范围较窄，只适用于货物贸易及由此而产生的其他经济行为，而未涉及外国直接投资。世贸组织则把国民待遇拓宽到货物贸易中的原产地规则、技术法规和动植物卫生检疫、与贸易有关的投资措施、服务贸易总协定和与贸易有关的知识产权协定中。

7.3.3.2　互惠原则

世贸组织管理的协议是以权利与义务的综合平衡为原则的，这种平衡是通过互惠互利的开放市场的承诺而获得的。互惠互利是多边贸易谈判，也是建立世贸组织共同的行为规范和准则过程中的基本要求。尽管在关贸总协定及世贸组织的协定、协议中没有十分明确地规定互惠贸易原则，但在实践中，只有平等互惠互利的减让安排才可能在成员间达成协议。世贸组织的互惠原则主要通过以下几种形式体现：第一，通过举行多边贸易谈判进行关税或非关税措施的削减，对等地向其他成员开放本国市场，以获得本国产品或服务进入其他成员市场的机会。第二，当一国或地区申请加入世贸组织时，由于新成员可以享有所有老成员过去已达成的开放市场的优惠待遇，老成员就会一致地要求新成员必须按照世贸组织现行协定、协议的规定缴纳"入门费"——开放申请方商品或服务市场。第三，互惠贸易是多边贸易谈判及一成员贸易自由化过程中与其他成员实现经贸合作的主要工具。任何一个成员在世贸组织体系内不可能在所有领域都是最大的获益者，也不可能在所有领域都是最大的受害者。

7.3.3.3　逐步实现贸易自由化

世贸组织一系列协定或协议都要求成员分阶段逐步实行贸易自由化，以此扩大市场准入水平，促进市场的合理竞争和适度保护。主要表现在以下方面。

1. 《1994 年关贸总协定》要求各成员逐步开放货物贸易市场

《1994 年关贸总协定》第 2 条"减让表"和第 11 条"一般取消数量限制"要求其成员降低关税和取消对进口的数量限制，以允许外国商品进入本国市场与本国产品进行竞争。这些逐步开放的承诺具有约束性，并通过非歧视贸易原则加以实施，而且一成员要承诺不能随意把关税重新提高到超过约束的水平，除非得到世贸组织的允许。

其他货物贸易协议也要求各成员逐步开放市场。如《农业协议》要求各成员将现行的对农产品贸易的数量限制（如配额、许可证等）进行关税化，并承诺不再使用非关税措施管理农产品贸易和逐渐降低关税水平，从而使农产品贸易更多地由国内外市场的供求关系决定价格，不至于造成农产品价格的过度扭曲。《纺织品与服装协议》要求发达国家成员分阶段用 10 年时间取消对纺织品、服装的进口配额限制，用关税保护国内纺织、服装业，以避免国内纺织品、服装贸易市场的过度保护，让投资者有较为透明、稳定的市场环境，而不是由政府过多的干预造成的不确定性来决定其投资行为。《进口许可程序协议》要求各成员尽量不要使用许可证管理贸易。如果授权允许使用，则尽量使用可以扩大而不是缩小该领域贸易的方式来管理。《海关估价协议》要求对进口商品征收关税时要公平合理、客观地确定商品的价值，不能武断或歧视性地确定商品的价值或分类。

2.《服务贸易总协定》要求各成员逐步开放服务市场

《服务贸易总协定》要求各成员在非歧视原则基础上，通过分阶段谈判，逐步开放本国服务市场，以促进服务及服务提供者间的竞争，减少服务贸易及投资的扭曲。这些分阶段逐步开放市场的承诺涉及商业服务、金融、电信、分销、旅游、教育运输、医疗与保健、建筑、环境、娱乐等服务领域，亦即我国所指的第三产业。这无疑对促进国际服务贸易发展起到积极作用。

3. 有利于扩大市场准入的其他基本原则

各成员还可利用争端解决机制解决在开放市场方面的纠纷和摩擦，积极保护自己；同时贸易体制的透明度也有利于扩大市场准入。

7.3.3.4 促进公平竞争与贸易

世贸组织认为各国发展对外贸易不应该采取不公正的贸易手段进行竞争，尤其是不能以倾销和补贴的方式销售本国的商品。《1994 年关贸总协定》第 6 条和第 16 条规定，某一缔约方以倾销或补贴方式出口本国的产品而给进口国国内工业造成了实质性的损害，或有实质性损害的威胁时，受损害的进口国可以征收反倾销税和反补贴税来对本国工业进行保护。倾销是指以低于正常价格或不合理的低廉价格向外出口本国商品；补贴是指进口商品在生产、制造、加工、买卖、输出过程中所接受的直接或间接的奖金或补贴，不管这种奖金和补贴是来自政府还是同业协会，均应征收反补贴税。尽管如此，受损害的进口国在征收反倾销、反补贴税时也应该遵循一定的程序进行，征收反倾销税和反补贴税的条件必须是有倾销或补贴的事实存在，并且倾销或补贴造成了进口国国内工业的实质性损害或实质性损害威胁，才能征收不超过倾销差额或补贴数额的反倾销税或反补贴税。同时，世贸组织也反对各国为了达到贸易保护主义的目的滥用反倾销和反补贴措施。

除了上述第 6 条、第 16 条外，对货物贸易中可能产生扭曲竞争行为、造成市场竞争"过度"的状况，一成员政府，在世贸组织授权下，为维护公平竞争，维持国际收支平衡，或出于公共健康、国家安全等目的可采取措施，以维护市场竞争秩序。如《农业协议》目的在于给农业贸易提供更高的公平程度；知识产权方面的协议，将改善智力成果和发明的竞争条件；《服务贸易总协定》将进一步规范国际服务贸易的竞争环境，促进服务贸易的健康发展。

7.3.3.5 鼓励发展和经济改革

多边贸易体制高度重视发展问题，也认识到发展中国家，尤其是最不发达国家履行义务的灵活性和特殊需要，世贸组织沿袭了关贸总协定关于发展中国家和最不发达国家优惠待遇的相关协议和条款，并在世贸组织的相关协定、协议或条款中加以完善。世贸组织成员 80% 以上是发展中国家和转型经济国家，其中 60 多个发展中国家自主实行贸易自由化改革，对多边贸易体制的稳定和发展起到了积极作用，也促进了本国经济的发展。

7.3.3.6　透明度原则

透明度原则是世贸组织的重要原则，它体现在世贸组织的主要协定、协议中。根据该原则，世贸组织成员须公布有效实施的、现行的贸易政策法规为：（1）海关法规；（2）进出口管理的有关法规和行政规章制度；（3）有关进出口商品征收的国内税、法规和规章；（4）进出口商品检验、检疫的有关法规和规章；（5）有关进出口货物及其支付方面的外汇管理和对外汇管理的一般法规和规章；（6）利用外资的立法及规章制度；（7）有关知识产权保护的法规和规章；（8）有关出口加工区、自由贸易区、边境贸易区、经济特区的法规和规章；（9）有关服务贸易的法规和规章；（10）有关仲裁的制度规定；（11）成员方政府及其机构所签订的有关影响贸易政策的现行双边或多边协定、协议；（12）其他有关影响贸易行为的国内立法或行政规章。

以上这些规则的公布应该是迅速的，但如果公开后会妨碍法令执行、违反公共利益，或损害某一企业的利益，则可以不要求公开。透明度原则规定各成员应公正、合理、统一地实施上述的有关法规、条例、判决和决定。统一性要求在成员领土范围内管理贸易的有关法规不应有差别待遇，即中央政府统一颁布有关政策法规，地方政府颁布的有关上述事项的法规不应与中央政府有任何抵触。但是，中央政府授权的特别行政区地方政府除外。公正性和合理性要求成员对法规的实施实现非歧视原则。透明度原则还规定，鉴于对海关行政行为进行检查和纠正的必要，要求各成员应保留或尽快建立司法的或仲裁的或行政的机构和程序。这类法庭或程序独立于负责行政实施的机构之外。除进口商在所规定允许的上诉期内可向上级法庭或机构申诉外，其裁决一律由这些机构加以执行。

7.3.4　世贸组织的组织机构

根据《建立世界贸易组织协定》第 4 条的规定，世贸组织设立了以下几个机构。

1. 部长会议

部长会议由所有成员的代表组成，至少每两年召开一次会议。部长会议是世贸组织的最高决策机构，它负责履行世贸组织的各项职能，并为此采取必要的行动。部长会议有权对有关多边贸易协议的事项作出决定。目前，世贸组织已召开 6 次部长会议，分别是 1996 年在新加坡、1998 年在日内瓦、1999 年在西雅图、2001 年在多哈、2003 年在坎昆、2005 年在中国香港。

2. 总理事会

总理事会是世贸组织的常设决策机构，在部长会议休会期间执行部长会议的各项职能。总理事会也由所有成员代表组成，在它认为适当的时候召开会议。它的主要职能包括：（1）在适当时候召开会议，履行争端解决机构的职责；（2）在适当时候召开会议，履行贸易政策审议机构的职责；（3）下设三个专门理事会，即货物贸易理事会、服务贸易理事会和与贸易有关的知识产权理事会，并指导其工作。其中，货物贸易理事会应监督多边货物贸易协议的执行情况，服务贸易理事会应监督《服务贸易总协定》的执行情况，与贸易有关的知识产权理事会应监督《与贸易有关的知识产权协议》的执行情况。这些理事会的成员应从全体成员代表中产生。这些理事会在必要时可召开会议，可根据需要设立自己的辅助机构，并制定各自的程序规则。

3. 向总理事会报告的专门委员会

根据《建立世贸组织协定》的规定，部长会议下设三个专门委员会，它们均对总理事会负责：贸易与发展委员会，负责与发展中国家特别是最不发达国家有关的事务；国际收支限制委员会，负责在一成员根据《1994 年关贸总协定》第 12 条和第 18 条为解决其收支平衡困难而采取贸易限制措施时，协调该成员与其他成员之间的关系；预算、财务与行政管理委员会，负责世贸组织财政和预算方面的事务。此外，总理事会在认为适当的时候还可以另设具有此类特定职能的委员会，如 1996 年2 月，总理事会曾设立了区域贸易协议委员会，负责审查区域贸易协议，并考察这类协议对于多边贸易体制的影响。上述各委员会的成员从所有成员的代表中产生。

4. 秘书处

秘书处是世贸组织的日常办事机构，由总干事领导。总干事的人选由部长会议任命，其权力、职责、服务条件和任期也由部长会议决定。秘书处的其他工作人员由总干事任命，并根据部长会议的规定确定他们的职责和服务条件。总干事及秘书处工作人员的职责具有完全的国际性，即其工作不代表任何国家的利益，只代表世贸组织的利益，服从部长会议和总理事会的安排，他们不能接受任何政府及其他组织的指示。各成员应当尊重总干事及秘书处工作人员职责的国际性，不应对他们履行职责施加任何影响。

7.3.5 世贸组织的加入和退出机制

1. 世贸组织的加入

世贸组织的成员分为原始成员和加入成员。

根据《建立世界贸易组织协定》第 11 条的规定，成为世贸组织原始成员应符合以下条件：（1）在世贸组织成立时已是《1947 年关贸总协定》的缔约方；（2）在规定的期限内（世贸组织成立后两年内）完成接受世贸组织有关协议的程序；（3）按各多边货物贸易协议规定作出减让承诺表，并附于《1994 年关贸总协定》之后；（4）按《服务贸易决协定》规定，作出具体的市场准入承诺表，并附于协定之后。按照上述条件规定，到 1996 年 12 月 31 日的截止日期，共产生了 128 个创始成员。

加入世贸组织应首先向世贸组织提出加入申请。根据《建立世界贸易组织协定》第 12 条的规定，申请加入世贸组织的主体包括两种：一是主权国家；二是单独关税区，即在对外商务及世贸组织规则规定的其他事项的处理方面拥有完全自主权的地区。申请加入的步骤有二：一是与世贸组织达成加入议定书；二是必须在部长会议上由 2/3 成员表决通过。其中，第一个步骤的完成是比较复杂的，如我国的加入申请（从 1986 年申请"复关"直至 1995 年改为申请"入世"）至 2001 年正式

加入已 16 个年头。在实际操作中,这一步骤可分为以下几个阶段:

(1) 提出申请。申请加入世贸组织的国家或单独关税区,应首先向世贸组织提出正式申请。在提出申请的同时,应递交有关其对外贸易政策的备忘录。

(2) 贸易制度的审议。世贸组织接受加入的申请后,将成立专门的工作组对其贸易政策进行审议。在审议中,如对其备忘录内容有疑问,申请者应进行解释。在审议期间,如申请者的对外贸易政策发生了重大变化,应作出补充说明。

(3) 双边谈判。世贸组织各成员可提出要求与申请者进行双边谈判,双方就履行世贸组织的各项协议作出承诺,达成双边协议。根据世贸组织的非歧视原则,申请者在这些协议中所作承诺将同时适用于其他成员。

(4) 订立"加入议定书"。在完成双边谈判以及贸易政策的审议后,工作组将进行最终加入议定书的制作阶段。

(5) 工作组将工作报告、加入议定书和减让表等文件提交部长会议或总理事会审议。

2. 世贸组织的退出

根据《建立世界贸易组织协定》第 15 条的规定,任何成员可自愿退出世贸组织。对其退出没有实体条件的约束,但应符合程序条件,即成员的退出在世贸组织总干事收到退出的书面通知之日起 6 个月期满时方能生效。截至目前,世贸组织的成员还没有退出的先例。

7.3.6 世贸组织的决策和贸易政策审议机制

1. 世界贸易组织决策机制

根据《建立世界贸易组织协定》第 9 条的规定,世贸组织的决策有两种形式:一是协商一致;一是投票表决。协商一致是指出席会议的成员对拟通过的决议不正式表示反对,就视为同意。其中,保持沉默、弃权或进行一般的评论等都不能构成反对意见。协商一致是世贸组织主要的决策方式。这种方式最大限度地保证了世贸组织的规则和决策能够得到成员的认同。当协商一致不能作出决定时,该议题应由所有成员投票表决。除另有规定外,部长会议和总理事会的决定应以多数票的表决通过。在投票表决时,每一成员具有一票表决权,其中欧盟的表决权数与其成员国中已经是世贸组织的成员的数目相同。有关的投票规则如下:

部长会议和总理事会在下述情况下,应由成员 3/4 的多数通过:

(1) 部长会议、总理事会对世贸组织管辖的协定、协议的解释。

(2) 部长会议决定免除某一成员根据世贸组织规则规定应履行的义务。具体规定是:①涉及《建立世界贸易组织协定》的免除义务,应提请部长会议作出决定。部长会议应首先遵循协商一致原则通过免除义务的决定。但如果在 90 天内不能达成一致,则必须经过成员 3/4 多数同意才可通过。②涉及《建立世贸组织协定》附件(1)、附件(2)和附件(3)中各项多边贸易协议及其附录的免除义务,应分别提请货物贸易理事会、服务贸易理事会和与贸易有关的知识产权理事会作出决定。上述理事会在 90 天内向部长会议提出报告,由部长会议按协商一致原则通过。如不能达成一致,则经 3/4 成员同意通过。

对于规则的修改，根据《建立世界贸易组织协定》第 10 条的规定，应遵循以下的程序和决策方式：

（1）任何成员均可主动向部长会议提出修改《建立世界贸易组织协定》或其附件一所列多边贸易协议条款的建议。此外，总理事会下设的 3 个专门理事会也可向部长会议提出修改附件一中由它们监督其运行的多边贸易协议条款的建议。

（2）部长会议在接受上述建议后 90 天内决定是否将该修改建议提请成员接受。这一决定应协商一致通过。如果未达成一致，部长会议应根据成员 2/3 多数意见决定是否将修改建议案提请成员接受。

（3）对下述条款的修改，必须经全体成员接受方能生效：（1）《建立世界贸易组织协定》有关规则的制定和修改的规定（第 9 条、第 10 条）；（2）《1994 年关贸总协定》第 1 条（最惠国待遇）和第 2 条（关税减让）；（3）《服务贸易总协定》第 2 条第 1 款（最惠国待遇）；（4）《与贸易有关的知识产权协议》第 4 条（最惠国待遇）。

（4）对《建立世界贸易组织协定》及其附件（1）和附件（3）多边贸易协议各条款的修改，如果其性质属于改变成员的权利义务的，应在 2/3 成员接受后对已接受的成员生效，对其他成员则在其表示接受时生效；如果上述修改属于不改变成员的权利义务的，则在 2/3 成员接受后对所有成员生效。

（5）对《服务贸易总协定》第一、二、三部分及各自附录的修改，应在 2/3 成员接受后对已接受修改的成员生效，对其他成员则在其表示接受修改时生效；对《服务贸易总协定》第四、五、六部分及其各自附录的修改，在 2/3 成员接受后对所有成员生效。

（6）接受上述修改的成员应在部长会议规定的接受期间内将接受文书交由总干事保存。

（7）任何成员可主动向部长会议提出修改《关于争端解决的规则与程序的谅解》和《贸易政策审议机制》的条款。对其修改应由部长会议全体一致通过后作出。

（8）对于仅适用于部分成员的诸边贸易协议，应其全体成员的请求，可经全体一致同意，将该协议从《建立世界贸易组织协定》附件（4）中删除；也可应某一新的诸边协议全体成员请求，将该协议增列于附件（4）中。

2. 贸易政策审议机制

世界贸易组织的《贸易政策审议机制》创立于乌拉圭回合，是在 1979 年东京回合达成的《关于通知、协商、争端解决和监督谅解书》的基础上形成的。《贸易政策审议机制》共 7 条，作为《建立世界贸易组织协定》的附件（3），内容包括审议的目标、透明度、审议程序、提交审议的报告等。

（1）目标

《贸易政策审议机制》第 1 条规定，贸易政策审议机制的目标是：通过定期的、集体的审议和监督，增强各成员贸易政策与措施的透明度，检查成员贸易政策与做法对多边贸易体制的影响，促进各成员更好地遵守多边贸易协议及其接受的诸边贸易协议所确定的规则与纪律，更好地履行其所作出的各项承诺。但它并不能强制成员履行具体义务，也不能作为争端解决程序的一部分，仅为解决贸易争端提供基础。

（2）透明度

《贸易政策审议机制》第 2 条规定，鼓励各成员在贸易政策的公布上实现更高的透明度。但它同时也承认各成员贸易政策对其经济、贸易发展的内在价值，贸易政策的公布应受成员国内法律制度、政治体制的约束，因而实现更高的透明度应建立在成员自愿的基础上。

（3）审议程序

根据《贸易政策审议机制》第 3 条的规定，审议程序包括以下内容：

①成立贸易审议组，负责执行贸易政策的审议。

②所有成员都应接受定期的审议，但根据其在世界贸易中所占比重的不同，接受审议的周期也不一样。具体审议周期的规定是：在世界贸易中所占份额居前 4 位的成员——欧盟、美国、日本和加拿大每 2 年接受一次审议；在世界贸易中所占份额为第 5~16 位的成员每 4 年接受一次审议；其他成员每 6 年审议一次；对于最不发达国家审议周期可以再适当延长一些。上述周期规定也有例外：当某一成员的贸易政策与做法发生了对其他成员可能造成重大影响的变更时，受其影响的成员可请求贸易审议组提前审议该成员的贸易政策与做法。

③贸易审议组应根据以下文件进行审议工作：a. 由受审议的成员提供的完整的报告；b. 由秘书处根据收集的资料起草的报告。秘书处应尽量提供机会让有关成员自己阐明其贸易政策与做法。

④由成员和秘书处提供的报告以及审议组的所有会议记录应在审议结束后迅速予以公布。

（4）报告

根据《贸易政策审议机制》第 4 条的规定，各成员应定期向贸易审议组提供报告。报告应按贸易审议组规定的统一格式描述有关成员的贸易政策与做法。在两次审议之间的时期，成员的贸易政策如发生重大变动，应向审议组提供简要报告，并应根据统一的格式提供最新年度的统计数据。由于发展中国家、最不发达国家在编纂报告时可能存在困难，秘书处应根据请求，向它们提供力所能及的技术帮助。

（5）贸易审议机制的评议

根据《贸易政策审议机制》第 6 条的规定，贸易审议组应在《建立世界贸易组织协定》生效后 5 年内对于贸易政策审议机制的运行进行一次评议。其评议结果应提交给部长会议。在此之后，贸易审议组可以自行决定或根据部长会议的要求，对贸易政策审议机制的运作进行评议。

7.3.7　世界贸易组织的争端解决机制

7.3.7.1　世贸组织争端解决机制的一般原则

世贸组织争端解决机制的一般原则，是该机制据以建立的基本原则，是指导该机制运作的一般性规定。对这些原则进行深入了解，可以把握世贸组织争端解决机制的主要精神。

1. 继续遵循《1947 年关贸总协定》处理争端的各项原则

《建立世界贸易组织协定》第 16 条第 1 款就体现了世贸组织争端解决机制的一般原则。《关于争端解决规则与程序的谅解》第 3 条也明确了世贸组织争端解决的原则是对关贸总协定处理争端原则的继续和发展，在《1947 年关贸总协定》第 22 条和第 23 条基础上形成和建立的争端解决实践和惯例，包括一些规则和程序，继续具有重大指导和参考作用。特别是专家组断案具有先例先行性和一定的约束力。此外，《关于争端解决规则与程序的谅解》第 24 条还进一步规定了对最不发达国家成员运用的特别规则和程序，要求各成员对特殊情况给予"特别考虑"，保持应有的节制，并要求总干事或争端解决机构主席给予协助。

2. 禁止成员单方面采取行动的原则

要求各成员承诺，不对已发现的各种违反贸易规则行为采取单方面的行动，而应诉诸多边争端解决制度，并遵守其规则和裁决。这意味着像美国一样动辄使用单方面报复的行为是违背世贸组织规定的。

3. 确保迅速、积极、公正、平等地解决争端的原则

世贸组织争端解决机制的目的是确保对贸易争端的积极解决。一项可为争端各方相互接受且符合适用协定的解决办法显然是优先谋求的目标。迅速解决一成员认为另一成员采取的措施正在对其依照各适用协定直接或间接享受的任何利益造成损害的问题，是世贸组织有效运行和维护成员权利与义务适当平衡的必要条件。世贸组织争端解决机制对争端解决的规则和程序做了一系列改进，特别在各程序环节规定了严格的时间限制，旨在提高争端解决效率。为保证争端解决的公正性和公平性，世贸组织争端解决机制对争端解决程序的参加人员还作出了要求，具体体现在《建立世界贸易组织协定》、《关于争端解决规则与程序的谅解》、《世界贸易组织常设上诉机构上诉审查工作程序规则》（1996 年 2 月 15 日通过）、《关于争端解决规则及程序的谅解行为守则》（1996 年 12 月争端解决机构会议通过）。

4. 维护世贸组织有效运行和维护成员权利与义务适当平衡的原则

世贸组织的争端解决制度是向多边贸易体系提供安全性和可预见性的一种核心要素，是确保世贸组织有效运作所必不可少的。其作用是维护成员在各项协定下的权利和义务，并根据国际公法解释的习惯规则澄清此等协定的各项既存规定。争端解决机构作出的建议和裁定，应旨在按照《关于争端解决规则与程序的谅解》和有关协定下的权利和义务就所涉事项取得满意的解决，不得增加或减少有关协定的权利和义务，而应维护成员的权利和义务之间的适当平衡。所有的解决方法，包括仲裁裁决，所应遵循的原则应与有关协定相符，不应使任何成员依这些协定而取得的利益受到损害或丧失，亦不应阻碍这些协定目标的实现。

5. 谨慎、善意地使用世贸组织争端解决机制的原则

与《1947 年关贸总协定》所秉持的宗旨一样，《关于争端解决规则与程序的谅解》要求成员在诉诸争端解决程序时持谨慎与善意的态度，即要求"各成员在投诉前应对这些程序下的行动是否有效作出判断"，"调节和使用争端解决程序不应旨在作为或视为诉讼行为，而且一项争端发生，所有成员应善意参与这些程序，以谋求解决该争端。投诉和对截然不同事项的反诉不应有任何联系。"作出这些要求是为

了防止成员特别是发达国家恶意滥用争端解决程序，破坏成员之间权利与义务的脆弱平衡。由于引进国际贸易争端的因素不仅仅是经济性的，而且还有政治性的，因而在考虑政治及其他现实的同时，有效地实施法律权利和义务，更有助于国际贸易领域争端解决机制的逐渐演进。

6. 对发展中国家给予特别考虑的原则

《关于争端解决规则与程序的谅解》在涉及发展中国家的争端方面又做了一些改进，如要求专家组报告明确说明已对发展中国家成员在争端解决程序中提出的各适用协定中有关给予发展中国家成员差别待遇和更优惠待遇的规定进行了考虑。另外，在审查一项针对发展中国家成员的投诉时，专家组应给予发展中国家充分时间来准备和陈述其答辩。《关于争端解决规则与程序的谅解》第 24 条还规定了处理与最不发达成员有关的争端的一般原则是应考虑它们的特殊情况，无论该成员是投诉方还是被诉方，在争端解决程序的所有阶段，应对最不发达成员的特殊情况予以特别考虑，保持应有的节制。

为进一步鼓励发展中成员更大程度地坚持和维护多边贸易规则，《关于争端解决规则与程序的谅解》把 1966 年《关于第 23 条程序的决定》扩大到该谅解可以运用的全部领域和法律文件。因此，1966 年《关于第 23 条程序的决定》规定的特别程序仍然适用于发展中国家作为投诉方的争端解决。

以上原则绝大多数是对《1947 年关贸总协定》争端解决机制的原则的重述，但强调了禁止争端解决机构的造法功能，以及成员有权向世贸组织请求作出权威解释，并明确规定以国际公法解释的习惯规则来进行。这一规定的深刻含义在于强调以争端解决规则为基础，标志着关贸总协定的实用主义向世贸组织的法律主义的一个进步。

7.3.7.2　世界贸易组织争端解决的基本程序

世界贸易组织争端解决的基本程序包括以下几个环节：磋商、专家组审理、上诉机构审理、裁决的执行及监督。斡旋、调解和调停可以作为辅助手段，在基本程序进行中运用。

1. 磋商

磋商是世界贸易组织争端解决程序的首要强制性阶段。一成员方向另一成员方提出磋商要求后，被要求方应在接到请求后的 10 天内作出答复，如同意举行磋商，则磋商应在接到请求后 30 天内开始。如果被要求方在接到请求后 10 天内没有作出反应，或在 30 天内或相互同意的其他时间内未进行磋商，则要求进行磋商的成员方可以直接向争端解决机构（Dispute Settlement Body, DSB）要求成立一个专家组。如果在接到磋商请求之日后 60 天内磋商未能解决争端，投诉一方可以请求设立专家组。在紧急情况下（如涉及易变质货物），各成员方应在接到请求之日后 10 天的时间内进行磋商。如果在接到请求之日后 20 天内磋商未能解决该争端，则投诉方可以请求成立一个专家组。此后的相关程序应最大限度地有利于争端的迅速解决。

2. 专家组审理争端

在磋商未果的情况下，或是在斡旋、调解或调停未能解决争端的情况下，投诉方可以向 DSB 提出成立专家组的请求。专家组最终应在该请求被首次列入 DSB 议程后的会议上予以设立。专家组通常由 3 人组成，除非争端当事方在自设立专家组之日起 15 天内同意设立 5 人专家组。专家组的成员可以是政府官员或独立人士，这些成员均以个人身份工作，不代表任何政府或任何组织。各成员方不得对他们做指示或施加影响。考虑到发展中国家的特别利益，当发展中国家为争端的当事一方时，相应的专家组应至少包括一名发展中国家成员方的成员。

专家组一旦设立，一般应在 6 个月内（紧急情况下 3 个月内）完成全部工作，并提交最终报告。如果专家组认为它不能如期提交报告，则应书面通知 DSB 其延误的原因及提交报告的预期时间。从专家组设立到向各成员方提交报告不得超过 9 个月。应投诉方请求，专家组的工作可以暂停 12 个月，但不得超过 12 个月。如超过 12 个月，专家组的授权应予终止。一般情况下，专家组会首先听取争端各方陈述并收受争端各方的答辩意见。然后，专家组将报告初稿的叙述部分（事实和理由）散发给争端各方。在专家组规定的时间内，争端各方应提交书面的意见。待收到各方的书面意见后，专家组应在调查、取证的基础上完成一份临时报告，并向争端各方散发。在听取争端各方的意见和评议的基础上，根据进一步的调查和取证完成最终报告。

为了使各成员有足够的时间审议专家组的争端解决的最终报告，只有在报告散发给各成员方 20 天后，才应由 DSB 审议通过。对专家组报告提出反对意见的在审议报告会议前 10 天予以散发。争端各方有权参加审议。在报告散发给各成员方 60 天内，除非争端一方正式通知 DSB 其上诉决定，或是 DSB 经磋商一致决定不通过该报告，否则该报告应在 DSB 会议上予以通过。

3. 上诉机构审理

由于"反向协商一致"原则使得专家组报告的审议、通过比较容易，这样就有必要实行上诉机构审理以避免专家组报告可能导致的消极因素和不公正结果。

上诉机构仅审理专家组报告所涉及的法律问题和专家组所做的法律解释。上诉机构可以维持、修改或推翻专家组的结论。

上诉机构的审议自争端一方提起上诉之日起到上诉机构散发其报告之日止，不得超过 60 天。如遇紧急情况，上诉机构应尽可能缩短这一期限。上诉机构如认为不能如期提出报告，则应书面通知 DSB 其延误的原因及提交报告的预期时间，但不得超过 90 天。

对于上诉机构提交的报告，除非 DSB 在向各成员方散发上诉机构报告后 30 天内磋商一致决定不予通过，否则，该报告应予以通过并应得到争端当事方无条件接受。专家组报告或上诉机构报告一经通过，其建议和裁决即对争端当事各方有约束力，当事各方应予执行。

4. DSB 裁决的执行及其监督

在专家组或上诉机构报告通过之日后 30 天内举行的 DSB 会议上，有关成员方应通知 DSB 其履行 DSB 建议或裁决的意愿。如不能立即执行建议或裁决，该成员方应在合理时间内履行。"合理时间"的长短既可以由当事方协商确定，也可由当事方聘请仲裁员确定。

DSB 的建议或裁决，在合理期限到期后，申诉方可以要求与被诉方谈判。所谓补偿并非指一般意义上的补偿，而是指被诉方在贸易机会、市场方面给申诉方相当于其所受损失的减让。补偿只是一种临时手段，即只在能立即撤销引起争端的措施时运用，或作为撤销该项措施前的一项临时办法，如给予补偿，应与有关协议相一致。

如在合理期限到期后 20 天内未能达成双方能够接受的补偿方案，申诉方可以要求 DSB 授权报复，即中止对被诉方承担的减让或其他义务。在违法被撤销、被诉方对申诉方所受的利益损害提供了解决办法，且争端当事各方都满意该解决办法的情况下，报复措施应被终止。

在 DSB 通过有关建议和裁决后，任何成员都可随时向 DSB 提出有关执行的问题。除非 DSB 另有规定，建议或裁决的执行问题应在前述的合理期限确定之日起 6个月后，列入 DSB 会议的议程，直到该问题解决。在 DSB 每一次会议召开前至少10 天，有关成员应向 DSB 提交一份关于执行建议或裁决进展的情况报告。

7.3.8　世界贸易组织的作用

世界贸易组织的建立与运行对 20 世纪 90 年代中后期以至 21 世纪的世界经济贸易产生重要影响。

第一，推动贸易自由化。

在世界贸易组织的主持下，1997 年相继完成了旷日持久的三个谈判，达成了《基础电信协议》、《信息技术协议》和《金融服务贸易协议》。其中《基础电信协议》旨在创造一个包括电话、传真、计算机互联网络和卫星通信在内的语音和数据通信的开放性世界市场，参加谈判的 68 个国家和地区的代表承诺在未来几年内逐步开放本国的电信市场。达成《信息技术协议》的 41 个代表方承诺，从 1997 年 7 月1 日开始，分四个阶段在 2001 年 1 月 1 日前取消包括计算机软件硬件、通信设备、半导体及其生产设备和科学仪器等在内的 200 种信息技术产品的关税。约 70 个国家和地区的代表达成的《金融服务贸易协议》同意 1999 年对外开放银行、保险、证券和金融信息市场，允许外国在国内建立金融服务公司并按竞争原则运行，外国公司享受同国内公司同等的进入市场的权利，取消跨边界服务限制，允许外国资本在投资项目中的比例超过 50%。

第二，促进资源在世界范围内合理配置，提高各国收入水平。

贸易自由化将促进世界各国发挥比较优势，在世界范围内组织生产，从而降低生产成本，扩大资源和生产要素的利用率，提高各国收入水平。根据世界贸易组织的估算，乌拉圭回合的各种协定与协议的实施，将使世界贸易的收入增加 5 100 亿美元。

第三，较为客观公正地解决了成员间的贸易争端，缓和了成员之间的贸易摩擦。

世界贸易组织的争端解决机制，可以迅速有效地解决成员方之间的贸易争端，维护各成员自身经贸利益，为各成员遵守与执行世界贸易组织各协定和协议提供保障。世贸组织各成员在共同遵守的规则基础上，按世贸组织的规则本身，而不是按某一成员国内贸易立法或政策措施来裁决国家间的贸易争端。未经世贸组织授权不允许某一成员单方面采取行动。一旦世界组织作出裁决，则争端双方必须执行裁决结果。

7.4 世界贸易组织多边贸易谈判

7.4.1 多哈回合谈判

2001 年 11 月在卡塔尔首都多哈举行的世贸组织第四届部长会议开始新一轮多边贸易谈判。会议上取得了两个重要成果，一是接纳中国加入世贸组织，二是发动了世贸组织框架下的第一次多边贸易谈判，即多哈回合，因其特别关注发展问题，也称"多哈发展议程"。

7.4.1.1 多哈回合的发动

1. 西雅图会议

世贸组织第三次部长级会议于 1999 年 11 月 30 日在美国西雅图举行。会议原计划发起新一轮全球多边贸易谈判，即"千年回合"谈判。发达国家成员希望，"千年回合"谈判应考虑把国际标准运用在各成员的经济体制上，将环境、劳工标准、投资、竞争和反贿赂政策、电子商务等议题，从国际范围向国内范围延伸，并以世界标准来确定规则。发展中国家成员则主张应集中讨论各成员履行现行的《多边贸易协定》实施不平衡的问题，反对增加新的议题，拒绝接受发达国家成员提出的新议题，世贸组织成员为此围绕着会议计划通过的部长级会议宣言的内容展开了激烈的争论。争论主要集中在三个方面：一是关于现有协议的实施问题；二是既定议程问题；三是加入新议题的问题。西雅图会议终因发达国家成员之间以及发达国家成员与发展中国家成员之间在一系列问题上分歧太大而告失败。

2. 多哈部长级会议

为准备多哈会议，世贸组织总理事会举行了多次正式和非正式会议，期望能在此次会议上解决西雅图会议上所未能解决的问题。经过多方努力，2001 年 11 月，世贸组织第四届部长级会议在卡塔尔首都多哈举行，并发表《部长宣言》，发动了新一轮多边贸易谈判，命名"多哈发展议程"，简称"多哈回合"。经过艰难的谈判，明确确定了该轮谈判的 8 个谈判领域，即农业、非农产品市场准入、服务、知识产权、规则、争端解决以及贸易与环境和发展问题。《部长宣言》决定在总理事会指导和监督下设立贸易谈判委员会（TNC），组织和协调各领域谈判。TNC 下设 8 个谈判机构，分别进行上述领域的谈判。《部长宣言》规定全部谈判应从 2002 年开始，到 2005 年 1 月结束。

"多哈发展回合"的主要目标是：抑制全球经济减缓下出现的贸易保护主义，加大贸易在促进经济发展和解除贫困方面的作用，处理最不发达国家出现的边缘化问题，理顺与区域贸易协定之间的关系，把多边贸易体制的目标与可持续发展有机地结合起来，改善世贸组织的外部形象，实现《马拉喀什建立世界贸易组织协定》中的原则和目标。

3. 发动多哈回合的原因

世贸组织成员决定启动新一轮谈判主要原因：第一，世贸组织成立以来，世界经济和国际贸易有了进一步的发展，提出了许多新的问题，需要通过谈判予以解决。世贸组织的工作重点正从边境措施转向国内市场壁垒，从货物贸易扩展至服务和智力贸易，从货物市场准入扩展至投资市场准入，从政策法规壁垒转向转基因等科技壁垒。在这种情况下，世贸组织成员要求制定新的规则来管理这些问题。发达国家成员则想借助世贸组织来巩固其在这些领域中的优势地位。

第二，世界经济发展缓慢，贸易保护主义增强，需要举行新的多边贸易谈判，加强贸易自由化的共识，进一步推动贸易自由化，增强抑制贸易保护主义的能力。

第三，世贸组织的成立虽然对世界经济贸易的发展起了积极的作用，但也暴露出了多边贸易体制中的许多问题。要求世贸组织改革的呼声日益高涨。广大发展中国家成员在世贸组织规则的制定中常常处于边缘状态。它们的改革呼声最为强烈。

第四，随着经济全球化的发展，经济全球化的一些消极影响进一步暴露出来，公众在揭示这些问题的时候，也把矛头指向包括世贸组织在内的国际经济组织。反全球化运动的蓬勃发展是促使世贸组织成员发动新一轮多边谈判、以解决多边贸易体制中存在问题的一个不可忽视的原因。发动新一轮回合谈判是改善世贸组织形象的最好途径。

第五，纠正世贸组织原有协定和协议实施上的失衡。由于经济发展不平衡和竞争力强弱不同，世贸组织成员在实施原有的贸易协定与协议中出现了不平衡，要求通过多边贸易体制解决贸易公平和平衡发展的呼声日高。美国和欧洲指责日本把自己的商品销往世界各地，却不愿意购买别国商品。欧洲和日本则谴责美国动辄动用"301 条款"对别国进行制裁。同时，发展中国家也认为美国等发达国家履行义务力度不够。乌拉圭回合虽然对许多问题达成了协议，但即使达成协议的问题，执行中仍然出现偏差。在这种情况下，世贸组织多数成员要求在新议题的谈判启动之前，首先要对乌拉圭回合有关协议的执行情况进行一次总体的检查，采取弥补措施使乌拉圭回合有关协议真正得到执行。

第六，从世界贸易大局出发，在着眼共同利益的基础上，世贸组织成员，无论是发达国家成员还是发展中国家成员，都应相互作出让步，相互妥协，才能发起新的多边贸易谈判，从而解决贸易与经济发展中遇到的问题，并争取发达国家成员和发展中国家成员"共赢"的局面。

7.4.1.2　多哈回合的主要议题

根据《多哈部长宣言》，与会的 142 个成员一致同意自 2002 年 1 月 31 日起启动新的多边贸易谈判，并在 2005 年 1 月 1 日前结束所有谈判。其主体工作计划主要包括以下议题：

1. 与执行相关的问题。达成了《关于乌拉圭回合协议执行问题的决定》。决议中充分考虑到发展中国家在实施世贸组织协议中遇到的问题和困难。

2. 农业。呼吁成员限制采用冒险性措施以促进农业的发展和提高食品安全。在日内瓦世贸组织总部开始的协调农业贸易的谈判将包括在新的贸易谈判中。新的谈判目标是：大幅度提高农产品市场准入机会，逐步降低并最终取消农业出口；大幅度削减造成贸易扭曲的国内支持措施。发展中国家可以采取特殊措施和区别对待。

3. 服务业。与农业贸易谈判相似，于 2000 年开始的扩大服务贸易政策协调的谈判将成为多哈谈判的一部分，主要涉及银行业、保险业、电信业和旅游业。成员在 2003 年 3 月底作出首次建议。

4. 非农产品的市场准入。这是发达国家新的多边贸易谈判的一个主要目标。该领域的主要目的是进一步降低并最终取消关税，进一步降低或最终取消从不发达国家出口到发达国家的半制成品的关税。

5. 世贸组织规则。这一领域涉及争议较多的反倾销和反补贴措施。美国是反倾销措施的最大受益者，尤其是在保护其处于困境的钢铁工业免受国外廉价产品的冲击方面。日本和其他经济发展迅速的国家，如巴西，强烈要求修改反倾销协议。新谈判的另一目标是关于渔业补贴的世贸组织规则。美国、澳大利亚、发展中国家以及一些环保政策的积极拥护者，都强烈要求欧盟和日本取消其渔业补贴，以免过度捕鱼造成渔产品产量过剩，并造成市场价格扭曲。

6. 争端解决机制。自 1995 年以来，有一些案件充分暴露了目前争端解决体系的漏洞和弱点。因此，必须改革目前的争端解决程序和条款，并在 2003 年 5 月前拿出方案。

7. 贸易与环境问题。各成员同意就现行世贸组织条款与多边环境协议中有关贸易与环境问题条款的关系举行谈判，并削减或消除环境产品和服务的关税与非关税壁垒。

8. 政府采购。在目前的世贸组织工作小组中进行谈判，目标是提高政府采购的透明度。

9. 贸易便利化。该领域的主要目标是澄清和改善影响海关程序和海关文件的世贸组织规则。下一届部长级会议将对具体的新规则进行谈判。

10. 贸易与投资。这是欧盟和日本想在新的谈判中充分讨论的问题之一，以制定相关规则保护在世贸组织成员中投资的外国投资者。但这一提议遭到部分发展中国家的强烈反对。《多哈部长宣言》决定由现行的世贸组织委员会继续研究这一问题，并在两年内作出决议是否在这一领域启动充分谈判。

11. 贸易与竞争政策。欧盟是这一议题的主要发动者。欧盟提议制定调整国内竞争政策的规则，以约束地方卡特尔对货物和服务贸易的限制。但这一提议遭到发展中国家的强烈反对。对这一问题的处理方式与投资相同。

12. 与贸易有关的知识产权问题。各成员同意在重视与贸易有关的知识产权协议的情况下支持公众健康。既要让发展中国家能得到有用的药品，也要照顾到新药的研究与开发。会议为此通过了一个单独的宣言——《知识产权与公共健康宣言》。宣言中承认了各国在实施协议时的自由度以应付公共卫生问题，并进一步明确了"与贸易有关的知识产权理事会"的职责。这一宣言是为了满足一些国家，尤其是印度的要求。

13. 贸易与债务、金融。探讨发展中国家和最不发达国家外部债务解决问题，并向第五次部长会议报告进展情况。

14. 贸易和技术转让。发展中国家和最不发达国家强烈要求在这一领域进行谈判。为此还设立了独立的工作组，并在下一届部长级会议上作出报告。

15. 电子商务。同意电子商务工作组继续工作，并向第五次部长级会议报告情况。

16. 技术合作与能力建设。世贸组织技术援助要特别关注发展中国家和最不发达国家以及转型经济国家。

17. 小成员经济。不使其成为下属成员，研究其融入世界经济一体化中。

18. 最不发达国家。对它们免关税，免配额，更快吸收它们加入世贸组织。

19. 特殊和差别待遇。特殊与差别待遇是世贸组织协议不可分的一部分，注意到了一部分国家提出的关于特殊和差别待遇框架协议的建议。

7.4.1.3　多哈回合的进展

尽管多哈回合被寄予很高的期望，但其进展却并不顺利。2003 年 9 月，在墨西哥坎昆召开的世贸组织第五次部长会议原计划对"多哈回合"谈判进行中期评估，并推动谈判进入下一个阶段，但由于谈判各方特别是发达国家与发展中国家之间在农产品补贴等问题上的尖锐矛盾，谈判不欢而散。

坎昆会议失败后，在世贸组织秘书处、美国及欧盟的推动下，谈判在 2004 年 3 月重新激活。在各方努力下，2004 年 8 月 1 日，世贸组织达成"总理事会关于多哈议程工作计划的决议"（"七月套案"）。其主要成就体现在农业、非农产品市场准入、发展问题以及贸易便利化方面，具体包括：第一次同意在截止日期之前取消所有形式的农业出口补贴，并同意实质性削减扭曲贸易的农业国内支持措施；在棉花贸易方面达成重要突破，为西非和发展中国家的棉农提供了机遇；同意启动谈判建立新的规则以便利贸易和海关程序；签署了雄心勃勃的指导纲领以开放制成品贸易，并为改善对发展中国家具有较大利益方面的规则制定了明确的议事日程。

这些成果确保了多哈回合的继续发展。"七月套案"最主要的突破是在农业谈判领域，成员承诺取消所有形式的出口补贴并实质性削减扭曲贸易的国内支持措施。对于发展中国家来说，这可以认为是一次胜利，有利于其改善在多边贸易体系中的境况。"七月套案"的象征意义要大于实际意义，它一方面说明世贸组织多边贸易体制尚能有效运作，各主要成员仍然重视这一平台；另一方面，这并不能掩盖"七月套案"仅是框架性协议的事实，"七月套案"之后的多哈回合已经大打折扣。"七月套案"削减了三个议题，仅在农业、非农产品市场准入、贸易便利化三个议题有所进展和收获，其他议题没有取得实质性进展。

2005 年 12 月 13 日，世贸组织在中国香港召开第六次部长级会议，本次会议重点是推进世贸多哈回合谈判，使之能够在 2006 年底最后期限前结束。但是由于各方利益的冲突和矛盾，2006 年 7 月 27 日，多哈回合谈判全面中止。

2007 年 1 月，谈判在多种不确定因素下再次恢复，但依旧无果而终。这不禁让人们担心本次多哈回合谈判能否走出困境。甚至有分析人士认为，如果 2008 年底前无法达成协议，多哈回合谈判将面临被长期搁置的风险。

2008 年 7 月 21 日，世贸组织部长级会议在日内瓦举行，来自 35 个主要世贸组织成员的贸易和农业部长在日内瓦聚会，试图在一周时间内就多哈回合谈判农业和非农产品市场准入问题取得突破。但几天来，谈判难以取得进展，原定一周的会期被迫延长。旨在寻求多哈回合谈判关键性突破的世界贸易组织小型部长会议在经过 9 天的讨价还价后，7 月 29 日还是以失败告终。

世贸组织第七届部长级会议，此次会议于 2009 年 11 月 30 日在瑞士日内瓦拉开序幕，这是继 2005 年香港会议之后世贸组织所有 153 个成员的最高贸易官员 4 年来首次聚首。历时 8 年的多哈回合谈判依然没有打破僵局，全球贸易因为经济危机出现了第二次世界大战以来最严重的萎缩；鉴于多哈回合谈判毫无起色，在避谈多哈回合的同时，这次的世贸组织部长级会议将重点放在了审视自身，会议的主题被选定为"世贸组织、多边贸易体系和当前全球经济形势"。

7.4.2 中国与世界贸易组织

7.4.2.1 中国和关税与贸易总协定的历史渊源

中国是 1947 年关税与贸易总协定的 23 个缔约方之一。1949 年 10 月 1 日，中华人民共和国成立后未能取得联合国席位，所以关税与贸易总协定的席位仍由台湾当局占据。1950 年台湾当局退出关贸总协定，此后又于 20 世纪 60 年代成为关贸总协定的观察员。1971 年 10 月联合国大会在其 2758 号决议中，承认中华人民共和国的代表是中国唯一合法代表。关税与贸易总协定基于在基本政治问题上，一般遵循联合国决议这一原则，驱逐了台湾的观察员。由于历史原因，中国在关税与贸易总协定中的缔约方地位长期未能恢复。

7.4.2.2 中国"复关"与"入世"的谈判

从改革开放、发展社会主义生产力、建立社会主义市场经济体制的需要出发，1986 年中国提出恢复关税与贸易总协定缔约国地位的申请，并开始了"复关"谈判，一直持续到 1995 年底。1995 年 1 月 1 日世界贸易组织正式成立，取代关税与贸易总协定。从 1996 年开始，中国"复关"谈判变成加入世界贸易组织（简称"入世"）的谈判。

中国从"复关"到"入世"的谈判可以分为三个阶段：

第一阶段（1986 年 7 月至 1992 年 10 月），提出申请，审议中国对外贸易制度阶段。

中国于 1986 年 7 月 10 日照会关税与贸易总协定总干事，要求恢复我国的关税与贸易总协定缔约国地位。关税与贸易总协定理事会于 1986 年审议了中国的这一申请。经各方长时间的磋商，于 1987 年 3 月 4 日设立了关于恢复"中国缔约方地位工作组"，邀请所有缔约方就中国外贸体制提出质询。中国于 1987 年 2 月 13 日递交了《中国外贸制度备忘录》，缔约各方利用将近一年的时间对备忘录提出了大量的问题，中国对缔约方提出的各种问题做了详尽的解答和说明。1992 年 10 月中国缔约方地位工作组第 11 次会议决定，结束对中国贸易制度的审议，谈判进入第二阶段即市场准入谈判阶段。中国向各缔约国发出进行谈判的邀请。

第二阶段（1992 年 10 月至 2001 年 9 月），"复关"／"入世"议定书内容的谈判，即双边市场准入谈判。

从 1992 年底起，中国开始与关税与贸易总协定缔约方进行市场准入的谈判。但由于主要西方国家对中国市场准入谈判的要价过高，使中国"复关"谈判陷入困境，中国未能在 1994 年底前，即世贸组织诞生之前实现"复关"。1996 年，中国从"复关"谈判变成"入世"谈判。中方根据要求，与世界贸易组织的 37 个成员继续进行双边谈判。1999 年 11 月 15 日，中美就中国加入世界贸易组织达成了双边协议，使中国加入世界贸易组织的进程取得了关键性的突破。2001 年中欧谈判达成双边协议。2001 年 9 月 13 日，中国与最后一个谈判对手墨西哥达成了协议，完成了"入世"的双边谈判。

第三阶段（2001 年 9 月至 2001 年 11 月），中国"入世"法律文件的起草，审议和批准。

在双边谈判后期，多边谈判开始，主要内容是中国"入世"法律文件的起草问题。2001 年 9 月 17 日，中国加入世界贸易组织工作组第 18 次会议通过了中国加入世界贸易组织法律文件，中国加入世界贸易组织多边谈判结束。此后，中国加入世界贸易组织工作组按照程序把加入议定书和工作报告书交给世界贸易组织总理事会。2001 年 11 月 10 日，世界贸易组织第四届部长级会议一致通过中国加入世界贸易组织的决议。中华人民共和国人民代表大会常务委员会批准了这些报告和议定书，并由中国政府代表将批准书交给世界贸易组织总干事。2001 年 12 月 11 日，中国正式成为世界贸易组织第 143 个成员。

7.4.2.3　中国加入世界贸易组织的权利和义务

1. 中国加入世界贸易组织的权利

根据中国加入世界贸易组织的法律文件，中国加入世界贸易组织的权利主要有：

（1）能使我国的产品和服务及知识产权在成员中享受非歧视待遇，即多边的、无条件的、稳定的最惠国待遇以及国民待遇。

（2）享受发展中国家成员的大多数优惠或过渡期安排。

（3）享受其他世贸组织成员开放或扩大货物、服务市场准入的利益。

（4）利用世贸组织争端解决机制，公平、客观、合理地解决与其他国家经贸纠纷，营造良好的经贸发展环境。

（5）全面参加多边贸易体制的活动，获得国际经贸规则的决策权。

（6）享受世贸组织成员利用各项规则，采取例外、保证措施等促进本国经贸发展的权利。

（7）享受获取各国贸易的信息资料的权利。

2. 中国加入世界贸易组织的义务

根据中国加入世界贸易组织的法律文件，中国加入世界贸易组织的义务主要有：

（1）在货物、服务、知识产权等方面，根据世贸组织规定，给予其他成员最惠国待遇和国民待遇。

（2）按世贸组织相关协议规定，扩大货物、服务的市场准入程度，即降低关税和规范非关税措施，逐步扩大服务贸易市场开放。

（3）依《知识产权协定》规定进一步规范知识产权保护。

（4）按争端解决机制与其他成员公正地解决贸易摩擦，不搞单边报复。

（5）确保贸易政策、法规的透明度。

（6）规范货物贸易中对外资的投资措施。

（7）接受过渡期审议。

（8）按在世界出口中所占比例缴纳会费。

7.4.2.4　中国加入世界贸易组织的机遇与挑战

1. 中国加入世界贸易组织后的机遇

（1）加入世界贸易组织有利于我国深入进行经济体制的改革

世界贸易组织的所有基本原则及协定、协议都是以市场经济为基础的。世界贸易组织要求各成员按照市场经济的规则来发展经济，要求各成员政府的贸易政策行为不能扭曲市场竞争，努力减少对国际贸易的限制，大幅度地降低关税、非关税及其他阻碍贸易进行的壁垒，在更大范围内让市场配置各国资源，最优运用世界资源，保护生态平衡和维护环境。这与中国经济体制改革，建立社会主义市场经济体制的目标相一致。中国"入世"后，客观上要求按市场经济的一般规律，调整和完善社会主义市场经济的行为规范和法律体系，消除生产方式中不适应生产力发展的体制和机制障碍，建立和完善全国统一，公平竞争，规范有序的市场体系。这将加快中国经济体制改革的步伐。

（2）加入世界贸易组织有助于中国的进一步对外开放

加入世贸组织后中国市场准入的范围扩大了，中国服务业的开放程度提高了，中国对外开放进入新阶段。这将使中国能在更大的范围、更广阔的领域、更高的层次参与国际经济技术合作，把国内市场与国际市场更为紧密地结合起来，实现资源优化配置，促进中国经济的发展。

加入世贸组织后，中国可以获得所有成员的非歧视待遇，可以充分谋求发展中国家成员的优惠待遇，可以享受其他成员贸易和投资自由化带来的便利，可以通过世界贸易组织特设的贸易争端解决机制，比较公平地解决贸易争端，维护中国的贸易利益。这将进一步促使中国拓展国际市场，加强与各国的经济贸易合作。

（3）加入世界贸易组织有助于维护中国在国际经济贸易舞台上的合法权益

加入世贸组织后，我国可以全面参与世界贸易组织各个回合中各个议题的谈判，并直接参与国际多边贸易新规则的制定，这将有利于维护我国在世界贸易中的地位和合法权益，增强我国在国际经贸方面的发言权和主动权，并分享多边贸易体制发展带来的更多机会和利益。

（4）加入世界贸易组织有助于海峡两岸经贸关系的进一步发展

中国加入世贸组织后，台湾作为单独关税区也成为世界贸易组织成员。两岸加入世界贸易组织后，都应遵循世界贸易组织非歧视原则扩大市场开放，这将有利于促进海峡两岸实现"三通"，促进两岸经贸关系的进一步发展与祖国和平统一大业的实现。

2. 中国加入世界贸易组织带来的挑战

加入世贸组织在给中国经济带来利益的同时，也将带来严峻挑战。挑战主要表现为：

（1）对中国经济体制提出挑战

加入世贸组织，就要遵守世贸组织的规则。这不仅涉及我国的对外贸易体制，而且涉及我国经济体制的方方面面。其核心问题是中国的经济体制如何与以市场经济为主的全球多边贸易体制相协调。中国的经济体制改革还有一系列深层次的问题需要解决。例如，政府如何转变职能，如何完善市场体系，如何推进社会保障制度的建立，等等。只有这些问题真正解决了，社会主义市场经济体制才能进一步完善。

（2）对我国的某些产业带来冲击

加入世贸组织后，我国逐步消除或减少了以往的保护措施，一些产业不可避免地受到竞争力更强的外国进口产品的冲击。根据我国产业的竞争实力以及关税减让的幅度和非关税取消的情况，对我国各产业的冲击是不同的。劳动密集型的工业部门，包括纺织、服装和普通日用消费品工业，具有一定的比较优势，在国际市场上已形成一定的出口竞争力，对这些工业部门的冲击较小。资本和技术密集的产业，包括机电工业、电子工业、汽车工业、化学工业、钢铁工业、有色金属工业等竞争力较弱，其中一些产品尚未形成竞争力，因此，这些工业将受到不同程度的冲击。刚开始起步的新型产业和高技术产业面临更大的冲击。而服务业的开放，将使我国银行、保险、通信、商业、律师、咨询等行业面临着来自发达国家强有力的竞争。

（3）增加了保持国内市场稳定的难度

中国加入世贸组织后，对外开放将进一步扩大，与各国经济贸易的联系日益密切。由于其他国家尤其是主要贸易伙伴的经济状况如通货膨胀、金融危机等将通过国际经济传递机制影响到我国，我国要保持国内市场价格的稳定和抑制通货膨胀的难度将会加大，对国内经济进行宏观调控的难度也会增加。

加入世贸组织对我国既有机遇，又有挑战。能否抓住机遇并迎接挑战，关键是制定一个科学的战略和采用切实可行的对策。从宏观层次上，应加快我国经济体制的改革和有利于加强产业和企业国际竞争力的制度环境，并完善法律，充分利用世贸组织所允许的法律手段来保护国内产业。从微观层次上，企业应通过制度创新、产品创新、服务创新，增强国际竞争能力。

【小结】

自 1948 年 1 月 1 日关贸总协定临时实施至 1995 年 1 月 1 日世界贸易组织成立，在 47 年的历程中，关贸总协定主持了八轮多边贸易谈判，使其缔约方之间的关税与非关税水平大幅度下降。关贸总协定自实施以来，其内容和活动涉及的领域不断扩大，缔约方不断增多，对国际贸易的影响日益加强。

1986 年 9 月发动的乌拉圭回合谈判历时 7 年多，于 1994 年 4 月 15 日在摩洛哥的马拉喀什结束。谈判的结果使发达国家和发展中国家平均降税 1/3，发达国家工业制成品平均关税水平降为 3.6% 左右；农产品和纺织品重新回到关贸总协定贸易自由化的轨道；创立了世贸组织并将关贸总协定的基本原则延伸至服务贸易和知识产权，达成了《服务贸易总协定》和《与贸易有关的知识产权协定》；修订和完善了东京回合的许多守则并将其作为货物贸易协议的一部分。谈判结果采取"一揽子"方式加以接受，协定、协议对世贸组织成员均适用。

世界贸易组织是全球性的，独立于联合国的永久性国际组织。1995 年 1 月 1 日起世界贸易组织正式开始运转。截至 2012 年 10 月 26 日，世界贸易组织共有 158 个成员。世界贸易组织是多边贸易体制的法律基础和组织基础，是众多贸易协定的管理者，是各成员贸易立法的监督者，是就贸易进行谈判和解决争端的场所，是当代最重要的国际经济组织之一，其成员间的贸易额占世界贸易额的绝大多数，被称为

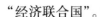

"经济联合国"。

世界贸易组织运行以来，在调解和处理国际贸易争端方面发挥了重要的作用。世贸组织成立后，受理了将近 300 起的贸易争端，有近 2/3 的争端得到解决，缓和了贸易摩擦，维护了成员合法的利益。

2001 年 11 月在卡塔尔首都多哈举行的世贸组织第四届部长会议开始新一轮多边贸易谈判。会议取得了两个重要成果，一是接纳中国加入世贸组织，二是发动了世贸组织框架下的第一次多边贸易谈判，即多哈回合，因其特别关注发展问题，也称"多哈发展议程"。

中国加入世贸组织后，对外开放将进一步扩大，与各国经济贸易的联系日益密切。由于其他国家尤其是主要贸易伙伴的经济状况如通货膨胀、金融危机等将通过国际经济传递机制影响到我国，我国要保持国内市场价格的稳定和抑制通货膨胀的难度将会加大，对国内经济进行宏观调控的难度也会增加。

加入世贸组织对我国既有机遇，又有挑战。能否抓住机遇并迎接挑战，关键是制定一个科学的战略和采用切实可行的对策。从宏观层次上，应加快我国经济体制的改革和有利于加强产业和企业国际竞争力的制度环境，并完善法律，充分利用世贸组织所允许的法律手段来保护国内产业。从微观层次上，企业应通过制度创新、产品创新、服务创新，增强国际竞争能力。

【思考题】

1. 简述关贸总协定产生的历史背景及其动机。
2. 关贸总协定一共主持了多少轮多边贸易谈判？每次的主要议题是什么？
3. 世贸组织与关贸总协定的区别是什么？
4. 简述世贸组织的宗旨和基本原则。
5. 贸易政策审议机制如何运行？
6. "多哈回合"谈判发动的背景是什么？主要讨论哪些议题？
7. 试述"入世"后中国经济的发展所面临的机遇与挑战。

【案例分析】

1995 年美日汽车贸易谈判破裂，5 月 16 日，美国贸易代表坎特宣布对日贸易制裁清单：对丰田、日产、本田、马自达、三菱五大汽车公司生产的 13 种售价 3 万美元以上的豪华轿车征收 100% 的惩罚性关税，6 月 18 日前如日本仍不同意向美国开放汽车和汽车配件产品市场，上述制裁自行生效。5 月 17 日，日本将申诉信递交世贸组织。在世贸组织争端解决机制的调节之下，6 月 28 日美日达成协议，即美国以数值指标约束日本，将日本汽车及汽车零配件市场打开一个缺口，而日本实行的"自愿采购计划"只是国内五大汽车公司以私营部门的身份作出的，不是合同，只是意向。

（资料来源：盛洪昌：《国际贸易》，中国人民大学出版社，2008）

试分析：

1. 上述案例体现了世贸组织的哪一基本原则，其具体内容是什么？
2. 日本企业应采取什么措施来应对？

第8章
国际贸易的条件

【学习目标】

本章学习的主要目的是了解国际货物买卖中的商品本身及其交易条件的有关规定，以及在交易过程中如何通过合理的方式预防和解决可能出现的争端。在国际贸易中，首先需要明确的是商品的名称、品质、数量与包装等条件，因此需要准确把握商品的名称、品质、数量和包装条款的表述及应用，同时对于上述交易条件中引起的争议如何来判定和解决便显得尤为重要了，因此需要掌握在贸易合同中的商品检验、违约和索赔、仲裁、不可抗力方面的条款的制定和操作。通过本章的学习，能够准确掌握在签订贸易合同时如何对上述的条款加以明确，以及预防贸易争端的产生和在争端产生后依据合同条款进行处理。

【重点与难点】

商品命名的方法；商品品质的含义及表示方法；常用的度量衡制度，溢短装条款及有关惯例；商品包装的种类，定牌、无牌与中性包装；理解什么是不可抗力，以及不可抗力发生后的处理流程；理解什么是仲裁，特点以及仲裁在处理争议中的程序。

【导入案例】

大连某出口公司向日本出口大米一批，在洽谈时，谈妥 2 000 公吨，每公吨 U5 ＄280 CIF 大阪口岸。但合同上只是笼统地写了 2 000 吨，我方当事人认为合同上的吨就是指公吨而言，并按公吨发货，日商却以我方违反合同为由向我方提出索赔。请问外商要求是否合理，应如何处理此项纠纷？

分析：这是一起外商利用合同对计量单位的规定不严格而要求多付货物的纠纷事件。由于双方在洽谈时采用的单位是公吨，同时，作为计量单位的吨又有公吨、长吨和短吨等不同的解释，因此，这种要求是不合理的。这一纠纷可以采取以下办法解决：收集证据证明原有洽谈时所确定的是公吨，并与日方协商解决此事；如果协商未果，可以向仲裁机构提请仲裁。

8.1 商品的名称和品质

商品名称（Name of Commodity），或称"品名"，是指能使某种商品区别于其他商品的一种称呼或概念。商品名称在一定程度上体现了商品的自然属性、用途以及主要的性能等特征。一般来说，加工程度低的商品，其名称一般较多地反映该商品所具有的自然属性，加工程度越高，商品的名称也越多地体现出该商品的性能特征。

8.1.1　约定品名的重要意义

国际贸易与国内的零售贸易不同，看货成交、立即交货的交易极少，绝大多数的交易，从签订合同到交货往往需要间隔相当长的一段时间，而且在很多情况下，买卖双方在洽谈交易和签订合同的过程中并没有看到具体的商品，只是凭借对拟买卖的商品进行必要的描述来确定交易。因此，在国际贸易中明确商品名称是非常重要的。

从法律的角度看，在合同中规定标的物的条款，是买卖双方的一项基本权利和义务，是货物交收的基本依据之一。如果卖方交付的货物不符合合同规定的品名或说明，买方有权提出损害赔偿要求，直至拒收货物或撤销合同。

从商贸的角度看，列明成交商品的具体名称是交易赖以进行的物质基础和前提，买卖双方在此前提下进行价格磋商并决定包装方式、运输方式和投保险别等。

从实务的角度看，品名条款是商业统计、外贸统计的依据，也是报关、报检、托运、投保、索赔、仲裁等实务中收费的依据。

8.1.2　商品名称的命名方法

商品名称的命名方法有许多，概括起来，主要有以下几种：

（1）以其主要用途命名。这种命名在于突出其用途，便于消费者按其需要购买，如织布机、旅游鞋、杀虫剂、自行车等。

（2）以其所用的主要原材料命名。这种方法能通过突出所使用的主要原材料反映出商品的质量，如棉布、涤纶纱、羊毛衫、不锈钢锅、玻璃杯等。

（3）以其主要成分命名。这种命名可使消费者了解商品的有效内涵，有利于提高商品的身价，一般适用于以大众所熟知的名贵原材料制造的商品，如西洋参蜂皇浆、鹿茸酒等。

（4）以商品的外观造型命名。这种命名有利于消费者从字义上了解该商品的特征，如绿豆、喇叭裤、高跟鞋、圆桌等。

（5）以其褒义词命名。这种命名方法能突出商品的使用效能和特性，有利于促进消费者的购买欲望，如巧手洗衣粉、青春宝、太阳神口服液等。

（6）以人物名字命名。即以著名的历史人物或传说中的人物命名，其目的在于引起消费者的注意和兴趣，如孔府家酒、东坡肉等。

（7）以制作工艺命名。这种命名方法目的在于提高商品的威望，增强消费者对该商品的信任，如二锅头烧酒、精制油、手工水饺等。

8.1.3　商品名称条款的基本内容

商品名称条款的规定取决于成交商品的品种和特点。就一般商品来说，只要列明商品名称即可。但有的商品，往往具有不同的品种、等级和型号，因此，为了明确起见，还应把有关具体的品种、等级或型号的概括性描述包括进去，作进一步的限定。此外，有的甚至把商品的品质与规格也包括进去，这实际是把商品名称条款与品质条款合并在一起。

合同中的商品名称条款举例如下：

（1）商品名称：东北大豆

Name of commodity：Northeast Soybean

（2）商品名称：中国桐油

Name of commodity：Chinese Tong Oil

8.1.4　规定商品名称条款的注意事项

国际货物买卖合同中的商品名称条款虽然简单，但仍要予以足够重视，否则容易引起麻烦和纠纷。在订立商品名称条款时，应注意下列事项：

1. 条款的内容必须明确具体

合同中的商品名称条款必须做到内容明确、具体，文字表达应能确切反映商品的特点，避免空泛、笼统，以免给履行合同造成不应有的困难。

2. 条款的内容必须实事求是

商品名称条款的内容必须做到实事求是，切实反映商品的实际情况，品名条款中规定的商品名称，必须是卖方确定能够供应给买方的商品。凡做不到或不必要的描述词句，都不应列入，以利合同的履行。

3. 尽量使用国际上通行的名称

有些商品有时有学名、商品名、俗称等，在合同中要正确使用。为了避免误解，应尽可能使用国际上通用的名称。若使用地方性的名称，交易双方应事先就含义取得共识；对于某些新商品的定名及其译名，应力求准确、易懂，并符合国际上的习惯命名（称呼）。我国于1992年1月1日起采用《商品名称及编码协调制度》（*The Harmonized Commodity Description and Coding System*，HS），目前各国的海关统计、普惠制待遇等都按HS进行，所以我国在采用商品名称时，应与HS规定的品名相适应。

4. 考虑有利于降低关税或节省运费

某些商品具有不同的名称，在确定合同的商品名称时，应从有助于避开贸易壁垒、降低关税、节省运费的角度出发，选用对进出口贸易有利的名称。如有的商品名称上冠以贵重原料（如"人参××丸"、"参茸××"等），在运输时，要付出较高运费，从而增加商品的成本。这种商品运抵进口国后，往往还要被课以较高的进口关税，因此，在确定合同中的品名时应选用对交易双方有利的名称。

8.1.5　商品品质

商品品质是商品的外观形态和内在质量的综合。商品的外观形态是通过人们的感觉器官可以直接获得的商品的外形特征，如商品的大小、长短、结构、造型、款式、色泽、光彩、宽窄、轻重、软硬、光滑、粗糙等。商品的内在质量则是指商品的物理性能、化学成分、生物特征、技术指标等，一般需要借助各种仪器、设备分析测试后才能获得，如纺织品的断裂强度、伸长率、回潮率、缩水率、防雨防火性能、色牢度，化工商品的熔点、沸点、凝固点，机械类产品的精密度、光洁度、强度，肉禽类商品的各种菌类含量等。这两方面在国际市场中都是十分重要的，许多国际贸易的纠纷往往是这些问题所导致的，因此品质条款的制定就显得尤为重要了。

8.1.6　对进出口商品品质的基本要求

在国际贸易中，商品品质的优劣不仅关系到买卖双方交接货物，影响着商品售价的高低、销售数量和市场份额的增减、买卖双方经济利益的实现程度，而且还关系到商品信誉、企业信誉、国家形象和消费者的利益。近几十年来，随着各国消费者的消费水平和消费结构的变化，消费者对商品质量的要求越来越高，国际市场上日趋激烈的商品竞争已逐渐从价格竞争转向商品品质的竞争。因此，提高商品品质，根据消费者现实和潜在的需要改进、完善商品品质，保证商品品质的稳定性，已成为各国生产厂商、销售商增强自身竞争力的重要手段。此外，由于各国贸易摩擦的不断加剧，许多国家也把提高商品品质作为奖出限入的贸易保护手段。以下分别简述进口和出口业务中对商品品质的基本要求。

1. 对进口商品品质的要求

在进口贸易中，必须严格把好商品品质关。在洽购商品时，应充分了解国外卖家所提供的商品品质的等级，分析该商品与我国同类商品的品质差异，不进口品质低劣的商品。选购进口商品时，还应考虑我国的国情和国内现实的消费水平，不应盲目追求高规格、高档次、高品质而造成不必要的损失。在订立合同时，还应注意对商品品质要求的严密性，避免因疏忽而造成损失。在货物到达时，应严格进行商品品质检验，杜绝不符合合同品质条款规定的商品进入国门。根据我国法律的规定，尤其要防止进口危害国家安全或者社会公共利益的商品，破坏生态环境的商品，以及危害人民生命和健康的商品。

2. 对出口商品品质的要求

对于出口商品，应根据"以质取胜"的基本原则，重视科技开发，加强新产品的研制，提高出口商品的技术含量，努力做到按国际标准组织生产。同时，也要加强对出口商品的检验工作，严格把好出口商品的品质关。为此，必须做好以下几方面的工作：

（1）提高出口商品的品质。不断提高商品品质，凡品质不过关的商品，绝不出口。

（2）扩大有市场需求商品的出口，提高售后服务水平。根据不同的目标市场、不同时期的消费者需求，把握不同层次的消费需求的特点及其变化方向，发展我国传统优势商品的品牌优势，提高这些商品的质量，同时开发具有自主知识产权的商品，使我国的出口商品在国际市场上具有较强的适应力和竞争力。

（3）建立企业质量管理体系（QMS）和环境管理体系（EMS）。为了促进各国商品质量的提高，完善企业管理，保护消费者利益，国际标准化组织（ISO）在推出 ISO9000、ISO9001、ISO9002、ISO9003 和 ISO9004－1 "质量管理和质量保证"系列标准的基础上，又推出了另一个一体化管理标准 ISO14000 和 ISO14001 "环境管理"系列标准。

（4）出口商品品质应符合进口国的有关法律规定和要求。许多国家政府对进口商品品质制定了严格的品质、卫生、安全管理办法，不符合规定的商品一律不准进口。了解和熟悉各国对进口商品的品质规定，使我国的出口商品品质适应并符合这些规定，有利于我国商品出口。

8.1.7 商品品质的表示方法

在国际货物买卖中，商品种类纷繁复杂，由于商品的特点、制造加工情况及市场习惯等各不相同，规定商品质量的方法也多种多样。归纳起来，主要分为两大类：用文字说明表示和用实物表示。

1. 用实物表示商品品质的方法

在国际贸易中，有些商品由于其本身的特点，难以用文字说明表示其品质，或者出于市场习惯而以实物表示商品品质，主要包括看货买卖（Sales by Actual Quality）和凭样品买卖（Sales by Sample）两种。

（1）看货买卖。看货买卖又称看货成交，即买方先验货物而后达成交易，卖方须按对方验看的商品交货，只要卖方所交付的商品已为买方所检验，买方就不能对品质提出异议。在国际贸易中，这种交易方式多用于寄售、拍卖、展卖等业务中。例如，某些特殊商品如珠宝、首饰、字画、特定工艺制品等，无法用文字概括其品质，也没有品质完全相同的样品可以作为交易的品质依据，往往按货物的实际状况达成交易。

（2）凭样品买卖。这是指买卖双方在商谈时，由卖方或由买方提供少量代表商品品质的实物作为样品，要求对方确认，样品一经确认便成为买卖双方交货的品质依据。这种表示商品品质的方法，在国际贸易中称为"凭样品买卖"。

实物样品通常是从一批商品中抽取出来或者是由生产部门设计、加工出来的。当样品由卖方提供时，称为"凭卖方样品买卖"（Sale by Seller's Sample）；当样品由买方提供时，称为"凭买方样品买卖"（Sale by Buyer's Sample）。一般说来，国际货物买卖中的样品由卖方提供，但凭买方样品达成交易的也不少见。

卖方所提供的能充分代表日后整批交货品质的少量实物，可称之为代表性样品（Representative Sample）。代表性样品也就是原样（Original Sample），或称准样品（Type Sample）。在向买方送交代表性样品时，应留存一份或数份同样的样品，即复样（Duplicate Sample），或称留样（Keep Sample），以备将来交货或处理商品品质问题时核对使用。卖方应在原样和留存的复样上编制相同的号码，注明样品提交买方的具体日期，以便供日后联系、洽谈交易时参考。留存的复样应妥善保管，对于某些容易受环境影响而改变质量的样品，还应采取适当措施，诸如密封、防潮、防虫害、防污染等，贮藏保存好，以保证样品质量的稳定。

"凭买方样品买卖"，在我国也称为"来样成交"或"来样制作"。由于买方熟悉目标市场的需求状况，买方提供的样品往往更能直接地反映出当地消费者的需求，在我国出口中有时也采用，但在确认按买方提交的样品成交之前，卖方必须充分考虑按来样制作特定产品所需的原材料供应、加工技术、设备和生产安排的可行性，以确保日后得以正确履约。在实际业务中，如卖方认为按买方来样供货没有切实把握，可根据买方来样仿制或从现有货物中选择品质相近的样品提交买方。这种样品称"对等样品"（Counter Sample）或称"回样"（Return Sample）。如买方同意凭对等样品洽谈交易，就等于把"凭买方样品买卖"转变成了"凭卖方样品买卖"。

为了避免买卖双方在履约过程中产生品质争议，必要时还可使用封样（Sealed Sample），即由第三方或由公证机关（如商品检验机构）在一批货物中抽取同样品质的样品若干份，每份样品采用铅丸、钢卡、封条、封识章、不干胶印纸以及火漆等各种方式加封识别，由第三方或公证机关留存一份备案，其余供当事人使用。有时，封样也可由出样人自封或买卖双方一同加封。

样品无论是由买方提供的，还是由卖方提供的，一旦双方凭以成交便成为履行合同时交接货物的质量依据，卖方承担交付的货物质量与样品完全一致的责任，否则，买方有权提出索赔甚至拒收货物，这是凭样品买卖的基本特点。因此，在凭样品买卖时，如果由于所买卖商品的特性或生产加工技术的原因，卖方难以保证交货质量与样品完全相同，则应在磋商订约时与买方约定交货质量与样品相似或大致相同，并在合同中作出明确规定。例如：

品质与卖方于……（日期）提供的样品相似。

Quality be similar to sample submitted by the seller on … (date).

所交货物须与卖方第××号样品大致相等。

The goods to be delivered shall be about equal to sellers sample No××.

在采用上述规定时，买卖双方究竟允许交货质量与样品有多大差异，应事先有一致的认识，否则，在交货时可能由于不同看法而引起争议。

2. 用文字说明表示商品的品质

在国际货物买卖中，大多数商品采用文字说明来规定其品质。用文字说明表示商品品质的方法称为"凭文字说明买卖"（Sale by Description）。具体有以下几种方式：

（1）凭规格买卖（Sale by Specifications）。商品的规格是指用以反映商品质量的主要指标，如成分、含量、纯度、容量、性能、大小、长短、粗细等。商品不同，表示商品品质的指标亦不同；商品用途不同，要求的品质指标也有所不同。用商品的规格来确定商品品质的方法称为"凭规格买卖"，这种方法简单方便、准确具体，在国际贸易中使用最为广泛。例如：黄豆　水分最高15%，杂质最高2%。

（2）凭等级买卖（Sale by Grade）。商品的等级指同一类商品，按其质地的差异，或尺寸、形状、重量、成分、构造、效能等的不同，用文字、数字或符号所作的分类，如特级（Special Grade），一级（First Grade），二级（Second Grade）等。例如：

鲜鸡蛋　　蛋壳呈浅棕色、清洁，品质新鲜，大小均匀。
　　　　　特级　每枚蛋净重60～65克
　　　　　超级　每枚蛋净重55～60克
　　　　　大级　每枚蛋净重50～55克
　　　　　一级　每枚蛋净重45～50克
　　　　　二级　每枚蛋净重40～45克
　　　　　三级　每枚蛋净重35～40克

同一类商品不同等级的产生是长期生产与贸易实践的结果，等级不同的商品规格不同。买卖双方对交易商品等级理解一致时，在合同中明确等级即可，无须再列明规格。但对于双方不熟悉的等级内容，则最好明确每一等级的具体规格。

（3）凭标准买卖（Sale by Standard）。标准是指商品规格的标准化。商品的标准一般由标准化组织、政府机关、行业团体、商品交易所等规定并公布。在国际贸易中经常使用的是国际标准和国外先进标准。国际标准是指国际标准化组织（ISO）的标准、国际电工委员会（IEC）制定的标准以及其他国际组织制定的某些标准。国外先进标准是指发达国家的国家标准，如英国为 BS，美国为 ANSI，法国为 NF，德国为 DIN，日本为 JIS、JAS 等。这些国际标准和国外先进标准均在国际贸易中被广泛采用。我国有国家标准、行业标准、地方标准和企业标准。国家制定的标准，有的具有品质管制的性质，不符合标准的商品不准进口或出口；有的则没有约束性，只供贸易双方选择使用，买卖双方可另行约定品质的具体要求。标准需要经常修改，所以标准一般有不同年份的版本，而版本不同，品质标准内容也不尽相同。因此在合同中援引标准时，应注明采用标准的版本名称及其年份。在实际业务中，买方常要求卖方交货品质符合其指定标准，并经其确认。

在国际贸易中，买卖一些质量容易变化的农副产品，以及品质构成条件复杂的工业制成品时，往往采用"良好平均品质"（Fair Average Quality，F. A. Q.）来表示其品质，即指由同业公会或检验机构从一定时期或季节、某地装船的各批货物中分别抽取少量实物加以混合，并由该机构封存保管，以此实物所显示的平均品质水平作为该季节同类商品品质的比较标准。这种表示品质的方法非常笼统，实际并不代表固定、具体的品质规格。在我国，某些农副产品的交易中也有使用 F. A. Q. 表示品质的，习惯上我们称其为"大路货"，其交货品质一般以我国产区当年生产该项农副产品的平均品质为依据而确定。采用这种方法，除在合同中注明 F. A. Q. 字样和年份外，一般还订明该商品的主要规格指标。例如：

花生　　良好平均品质（F. A. Q. 2011）

　　　　水分　　不超过13%

　　　　破碎率　不超过6%

　　　　杂质　　最高2%

　　　　含油量　最低44%

国际间在买卖木材和冷冻鱼虾等水产品时，可采用"上好可销品质"（Good Merchantable Quality，G. M. Q.）。所谓上好可销就是卖方要保证其交付的货物品质良好，适合商销。如果卖方所交货物无该类货物通常的使用目的，无市场交易可能，则由卖方承担责任。显然，这种标准更笼统，操作中易引起纠纷，因此极少使用。

（4）凭品牌或商标买卖（Sale by Brand or Trade Mark）。商品的品牌（Brand）是指厂商或销售商所生产或销售商品的牌号，又称"牌名"；商标（Trade Mark）则是牌号的图案化，是特定商品的标志。使用品牌与商标的主要目的是使之区别于其他同类商品，以利销售。在国际贸易中，在市场上行销已久，质量稳定，信誉良好的产品，其品牌或商标也往往为买方或消费者所熟悉喜爱。生产厂商或销售商凭品牌或商标来表示商品品质，与买方达成交易，这种方法称为"凭品牌或商标买卖"。

例如：梅林牌午餐肉和苹果牌手机。

采用商标或品牌规定商品品质时，主要有以下两种规定办法：一种是在合同中既订明商品的商标或品牌，同时又列明该商品的具体品质要求，此种规定办法要求卖方所交付的货物必须具有合同中所指明的商标或品牌，而且货物的品质还要与合同中的具体规定一致；另一种是买卖双方在合同中仅订明商品的商标或品牌，而未列明品质要求，在此种情况下，卖方所交货物必须符合该商标或品牌的商品通常所具有的品质，否则即构成违约。

应当指出的是，品牌、商标属于工业产权，各国均制定了有关的法律加以保护。在凭品牌或商标买卖时，生产厂商或销售商应注意有关国家的法律规定，在销往国办理登记注册手续，以维护商标专用权。

（5）凭产地名称买卖（Sale by Origin）。国际上有些地区的产品，尤其是传统农副产品，具有独特的加工工艺，在国际市场上享有盛誉。对于这类商品的销售，可以采用产地名称或地理标志来表示其独特的品质。如以国家为标志的"法国香水"（France Perfume）、"德国啤酒"（German Beer），以某个国家的某一地区为标志的"中国东北大米"（China Northeast Rice）；以某个国家某一地区的某一地方为标志的"四川涪陵榨菜"（Sichuan Preserved Vegetable）等。这些货物冠以产地名称与品牌和商标一样，可起到明确货物质量的作用，卖方凭产地名称销售货物就必须交付具有国内外消费者所周知的特定质量商品，否则买方可进行拒收和索赔。另外，凭产地名称涉及了地理标志，地理标志在世贸组织乌拉圭回合最终协议文件中已被正式列入知识产权保护范畴，因此要注意防止侵权现象和注意产地名称的保护。

（6）凭说明书和图样买卖（Sale by Description and Illustration）。在国际货物买卖中，有些机器、电器、仪表、大型设备、交通工具等技术密集型产品，由于其结构复杂，制作工艺不同，无法用样品或简单的几项指标来反映其品质全貌。对于这类商品，买卖双方除了要规定其名称、商标牌号、型号等，通常还必须采用说明书来介绍该产品的构造、原材料、产品形状、性能、使用方法等，有时还附以图样、图片、设计图纸、性能分析表等来完整说明其具有的品质特征。例如，在合同中规定"品质和技术数据必须与卖方所提供的产品说明书严格相符"。

目前，不少厂商为了推销自己的产品，定期或不定期地向顾客分送整本的商品目录或单张的产品介绍，用图片和文字介绍其产品造型、外观设计、内部构造、性能、使用方法、注意事项以及价格和售后服务等情况，供顾客选购，这种办法又称凭商品目录买卖。国际上有不少定型的机电品都是用这种办法进行交易的。

以上表示商品品质的各种方怯，可以单独运用，也可几种方式结合运用，相互并不排斥，在实务中应尽量不要同时用几种方法来表示商品某一方面的品质，否则对卖方的约束将变大。例如，有些商品既用文字说明又用样品表示品质，则一旦成交，卖方必须承担交货品质既符合文字说明又符合样品的责任。

需要说明的是，在用文字说明表示品质时，为了使买方进一步了解商品的实际品质，增加感性认识，也可提供一些"参考样品"。这与"凭样买卖"是有区别的，因为这种参考样品是作为卖方宣传之用，仅供对方决定购买时参考，不作为交货时的品质依据。为了防止可能发生的纠纷，一般应标明"仅供参考"（for Reference

Only）字样。同时，在对外寄送参考样品时，也必须慎重对待，力求做到日后交货的品质既符合文字说明，又与参考样品相接近。总之，卖方应根据商品的特点、市场习惯和实际需要，适当地选用适合于有关商品的表示品质的方法，以利于销售，并维护其自身利益。

8.1.8 合同中的品质条款

表示商品品质的方法不同，合同中商品品质条款的内容也各不相同。在凭样品买卖时，合同中除了要列明商品的名称外，还应订明凭以达成交易的样品的编号，必要时还要列出寄送的日期。在凭文字说明买卖时，应针对不同交易的具体情况在买卖合同中明确规定商品的名称、规格、等级、标准、品牌、商标或产地名称等内容。在以说明书和图样表示商品质量时，还应在合同中列明说明书、图样的名称、份数等内容。例如：

文件柜　水曲柳和桦木三夹板面

　　　　黄铜拉手

　　　　两个抽屉

　　　　规格 16" W×l7" D×28" H

国际货物买卖合同中的品质条款是买卖双方交接货物时的品质依据。卖方所交货物的品质如果与合同规定不符，卖方要承担违约责任，买方则有权对因此而遭受的损失向卖方提出索赔或解除合同。为了防止品质纠纷，合同中的品质条款应尽量明确具体，避免笼统含糊。在规定品质指标时尽量不用诸如"大约"、"左右"、"合理误差"等含义不清的用语。但是，某些商品由于生产过程中存在自然损耗，以及受生产工艺、商品本身特点等诸多方面原因的影响，难以保证交货品质与合同的规定完全一致，对于这些商品，如果条款规定过死或把品质指标订得绝对化，必然会给卖方的交货带来困难。为此，订立合同时可在品质条款中规定一些灵活条款，卖方所交商品品质只要在规定的灵活范围内，即可以认为交货品质与合同相符，买方无权拒收。常见的规定办法有以下两种：

1. 品质的机动幅度条款

品质机动幅度是指特定品质指标在一定幅度内可以机动。品质机动幅度主要适用于初级产品，以及某些工业制成品的品质指标。具体方法有规定范围、极限和上下差异三种。

（1）规定范围，指对某项商品的主要品质指标规定（允许）有一定范围的机动。例如：色织条格布 宽度43/44 英寸

（2）规定极限，指对某些商品的品质规格规定上下极限，如最大、最高、最多、最小、最低、最少。例如：

鱼粉　蛋白质55%以上

　　　脂肪　最高9%

　　　水分　最高11%

　　　盐分　最高4%

　　　砂分　最高4%

（3）规定上下差异，即在规定某一具体品质指标的同时，规定必要的上下变化幅度。有时为了包装的需要，也可订立一些机动条款（灵活办法）。例如：羽绒服含绒量 260g ± 10g。

2. 品质公差

品质公差是指允许交付货物的特定品质指标在公认的范围内有一定的差异。在工业品生产过程中，产品的品质指标产生一定的误差有时是难以避免的，如手表走时每天误差若干秒，某一圆形物体的直径误差若干毫米。这种误差若为某一国际同行业所公认，即成为"品质公差"。交货品质在此范围内即可认为与合同相符。

对于国际同行业公认的品质公差，可以不在合同中明确规定。但如果国际同行业对特定指标并无公认的品质公差，或者买卖双方对品质公差理解不一致，或者由于生产原因，需要扩大公差范围时，也可在合同中具体规定品质公差的内容，即买卖双方共同认可的误差。卖方交货品质在品质机动幅度或品质公差允许的范围内，均按合同单价计价，不再按品质高低另作调整。但有些商品，也可按交货时的品质状况调整价格，这时就需要在合同中规定品质增减价格条款。例如，我国出口芝麻时，常在合同中规定：

中国芝麻　水分（最高）8％；杂质（最高）2％；含油量（湿态、乙醚浸出物）以 52％ 为基础。如实际装运货物的含油量高或低 1％，价格相应增减 1％，不足整数部分，按比例计算。

8.2　商品的数量

在国际货物买卖中，商品的数量不仅是国际货物买卖合同中的主要交易条件之一，而且是构成有效合同的必备条件。合同中的数量条款是双方交接货物的数量依据，《联合国国际货物销售合同公约》规定，按约定的数量交付货物是卖方的一项基本义务，如卖方交货数量大于约定数量，买方可以拒收多交的部分，也可以收取多交部分中的一部分或全部，但应按合同价格付款。如卖方交货数量少于约定数量，卖方应在规定的交货期届满前补交，但不得使买方遭受不合理的不便或承担不合理的开支，即使如此，买方也有保留要求损害赔偿的权利。同时，商品的数量多少有时还会影响到价格以及其他的交易条件，一般情况下，在国际贸易中商品的交易数量越大，单位商品的价格往往越低，因此，正确把握成交数量，对于买卖双方顺利达成交易，以及合同的履行，都具有十分重要的意义。

8.2.1　国际贸易中常用的度量衡制度

商品的数量是以一定度量衡表示的商品重量、个数、长度、面积、体积、容积的量。在国际货物买卖中，各国使用的度量衡制度不相同，并且有时同一计量单位表示的实际数量有时会有很大不同。例如，重量单位吨，有公吨、长吨、短吨之分，分别等于 1 000 千克、1 016 千克、907 千克。目前，国际贸易中通常使用的度量衡制度有四种：

（1）公制（或米制）（Metric System）；

（2）美制（U. S. System）；

（3）英制（British System）；

（4）国际单位制（International System of Units，SI）。

国际标准计量组织大会在 1960 年通过的、在公制基础上发展起来的国际单位制，已为越来越多的国家所采用，我国采用的是以国际单位制为基础的法定计量单位。《中华人民共和国计量法》第三条中明确规定："国家采用国际单位制。国际单位制计量单位和国家选定的其他计量单位为国家法定计量单位。"在外贸业务中，出口商品，除合同规定需采用公制、英制或美制计量单位者外，也应使用法定计量单位。一般不进口非法定计量单位的仪器设备。如有特殊需要，须经有关标准计量管理机构批准，才能使用非法定计量单位。

需要注意的是，有些国家对某些商品还规定有自己习惯使用的或法定的计量单位。以棉花为例，许多国家都习惯于以包（bale）为计量单位，但每包的含量各国解释不一：美国棉花规定每包净重为 480 磅；巴西棉花每包净重为 396.8 磅；埃及棉花每包为 730 磅。又如糖类商品，有些国家习惯采用袋装，古巴每袋糖重规定为 133 公斤，巴西每袋糖重规定为 60 公斤等。由此可见，了解各不同度量衡制度下各计量单位的含量及其计算方法是十分重要的。

8.2.2　计量单位

在国际贸易中，确定买卖商品的数量时，必须明确采用何种计量单位，根据商品的性质应选择不同计量单位来表示商品的数量。国际贸易中常见的计量单位可概括如下几种：

1. 重量单位

适用商品为一般天然产品，以及部分工业制成品，如羊毛、棉花、谷物、矿产品、油类、沙盐、药品等。常用计量单位：千克（kilogram 或 kg）、吨（ton 或 t）、公吨（metric ton 或 m/t）、公担（quintal 或 q）、公分（gram 或 gm）、磅（pound 或 lb）、盎司（ounce 或 oz）、长吨（long ton 或 l/t）、短吨（short ton 或 s/t）。

2. 容积单位

适用商品为谷物类以及部分流体、气体物品，如小麦、玉米、煤油、汽油、酒精、啤酒、液化气等。常用计量单位：升（litre 或 l）、加仑（gallon 或 gal）、蒲式耳（bushel 或 bu）等。

3. 个数单位

适用商品为一般日用工业制品，以及杂货类商品，如文具、纸张、玩具、成衣、车辆、拖拉机、活牲畜等。常用计量单位：只（piece 或 pc），件（package 或 pkg），双（pair），台、套、架（set），打（dozen 或 doz），罗（gross 或 gr），大罗（great gross 或 g. gr），令（ream 或 rm），卷（roll 或 coil），头（head）。有些商品也可按箱（case），包（bade），桶（barrel 或 drum），袋（bag）等计量。

4. 长度单位

适用商品为纺织品匹头、绳索、电线电缆等。常用单位：码（yard 或 yd）、米（metre 或 m）、英尺（foot 或 ft）、厘米（centi metre 或 cm）等。

5. 面积单位

适用商品为皮制商品、塑料制品等，如塑料篷布、塑料地膜、皮革、铁丝网等。常用单位：平方码（square yard 或 yd^2）、平方米（square metre 或 m^2）、平方英尺（square foot 或 ft^2）、平方英寸（square inch）等。

6. 体积单位

适用商品为化学气体、木材等。常用单位：立方码（cubic 或 yard，yd^3）、立方米（cubic metre 或 m^3）、立方英尺（cubic foot 或 ft^3）、立方英寸（cubic inch）等。

8.2.3　重量的计算方法

在国际货物买卖中，很多商品采用按重量（的方法）计量。按重量计量时，计算重量的方法主要有以下几种：

1. 按毛重计

毛重是指商品本身的重量加皮重，即商品连同包装的重量。有些单位价值不高的商品（例如用麻袋包装的大米、大豆等农产品）可采用按毛重计量，即以毛重作为计算价格和交付货物的计量基础。这种计重方法在国际贸易中被称为"以毛作净"（Gross for Net）。

由于这种计重方法直接关系到价格的计算，因此，在销售上述种类的商品时，不仅在规定数量时需明确"以毛作净"，在规定价格时，也应加注此条款，例如，"每公吨 300 美元，以毛作净"（US $ 300 per metric ton, gross for net）。

2. 按净重计

净重指商品本身的重量，即毛重扣除皮重（包装）的重量。在国际货物买卖中，按重量计量的商品大都采用以净重计量。有包装的商品如按净重算，应将包装重量扣除。

在国际贸易中去除皮重的方法有四种：

（1）按实际皮重。将整批商品的包装逐一过秤，算出每一件包装的重量和总重量。

（2）按平均皮重。从全部商品中抽取几件，秤其包装的重量，除以抽取的件数，得出平均数，再以平均每件的皮重乘以总件数，算出全部包装重量。

（3）按习惯皮重。某些商品的包装比较规格化，并已经形成一定的标准，即可按公认的标准单件包装重量乘以商品的总件数，得出全部包装重量。

（4）按约定皮重。买卖双方以事先约定的单件包装重量，乘以商品的总件数，求得该批商品的总皮重。

去除皮重的方法，依交易商品的特点，以及商业习惯的不同，由买卖双方事先商定在买卖合同中作出具体规定。

3. 其他计算重量的方法

（1）按公量计重。在计算货物重量时，使用科学方法，抽去商品中所含水分，再加标准水分重量，求得的重量称为公量。这种计重办法较为复杂、麻烦，主要使用于少数经济价值较高而水分含量极不稳定的商品，如羊毛、生丝、棉花等。

$$公量 = 商品净重 \times \frac{1 + 公定回潮率}{1 + 实际回潮率}$$

（2）按理论重量计重。理论重量适用于有固定规格和固定体积的商品。规格一致、体积相同的商品，每件重量也大致相等，根据件数即可算出其总重量，如马口铁、钢板等。

（3）法定重量和净净重。纯商品的重量加上直接接触商品的包装材料，如内包装等的重量，即为法定重量。法定重量是海关依法征收从量税时，作为征税基础的计量方法。而扣除这部分内包装的重量及其他包含杂物（如水分、尘芥）的重量，则为净净重，净净重的计量方法主要也为海关征税时使用。

在国际货物买卖合同中，如果货物是按重量计量和计价，而未明确规定采用何种方法计算重量和价格时，根据惯例，应按净重计量和计价。

8.2.4　合同中的数量条款

合同中的数量条款，主要包括成交商品的具体数量和计量单位，按重量成交的商品，还需订明计算重量的方法，如"中国大米 1 000 公吨，麻袋装，以毛作净"。为了避免买卖双方交易后的争议，合同中的数量条款应当完整明确，对计量单位的实际含义双方应理解一致，采用对方习惯使用的计量单位时，要注意换算的准确性，以保证实际交货数量与合同数量一致。

1. 正确掌握成交数量

对出口商品的成交数量的掌握，一般要考虑下列因素：

（1）国外市场的供求情况。当出口商确定向某市场出口商品时，应了解目标市场的需求量和各地对该市场的供给量。有效利用市场供求规律，按国外市场实际需要合理确定成交量，避免大量商品拥挤在同一市场上，造成目标市场该商品供过于求，影响出口企业的经济效益。对于供求平衡或供过于求的市场也应保持一定的销售数量，以稳定客户，保持市场销售渠道畅通，以便在价格有利时，能迅速扩大出口量。

（2）国内货源供应情况。确定出口商品的成交数量时，还应考虑该项商品的国内生产能力。在有生产能力和货源充沛的情况下，可以适当扩大成交量；反之，如货源紧张，则不宜盲目成交，以免给出口企业履约带来困难。

（3）国际市场的价格动态。国际市场价格受诸多因素的影响，某一因素的变化会影响到商品的价格。因此，当价格看跌时，如有货源，应争取多成交，快抛售；价格看涨时，不宜急于大量成交，应争取在有利的时机抛售。

（4）国外客户的资信状况和经营能力。出口商品的成交数量应与国外客户的资信状况和能力相适应，对资信不了解的客户和资信欠佳的客户，不宜轻易签订成交数量较大的合同，以尽可能地避免由于进口商资信不好给出口企业带来的损失。

对进口商品数量的掌握，一般要考虑下列因素：

（1）国内的实际需要。在洽购进口商品时，应根据国内生产建设和市场的实际需要来确定成交量，避免盲目进口。

（2）国内支付能力。确定进口商品数量，应与国内支付能力相适应，当外汇充裕而国内又有需要时，可以适当扩大进口商品数量；反之，如外汇短缺，而非急需品，则应控制进口成交数量，以免浪费外汇。

（3）市场行情变化。在洽购进口商品时，还应根据国际市场行情变化确定成交数量。当市场行情发生对自己有利的变化时，应尽力争取扩大成交数量；反之，则应适当控制成交数量。

除了以上方面，还需要注意，合同中的数量条款与包装条款之间有内在联系，两者必须协调一致，否则会给卖方履约带来困难。例如，合同规定"数量1 000千克，纸箱包装，每箱净重30千克"。如按上述条款执行，卖方将处于困难地位。此外，在进出口合同中，一般不宜采用"大约"（About）、"近似"（Circa）、"左右"（Approximate）等带有伸缩性的字眼来约定成交数量，因为不同国家、不同行业对这类词语的理解不一样，容易引起争议。对于某些难以准确约定数量的商品交易，可在合同中规定数量的机动幅度条款。

2. 数量的机动幅度

在国际货物买卖中，有些商品是可以加以精确计量的，如金银、药品、生丝等。但在实际业务中，有许多商品受其本身特性、生产、运输或包装条件以及计量工具的限制，在交货时不易精确计算。如散装谷物、油类、水果、粮食、矿砂、钢材以及一般的工业制成品等，交货数量往往难以完全符合合同约定的某一具体数量。为了便于合同的顺利履行，减少争议，买卖双方通常都要在合同中规定数量的机动幅度条款，允许卖方交货数量可以在一定范围内灵活掌握。

数量机动幅度是指对买卖双方约定的某一具体数量可以多交或少交一定比例的幅度。常见的数量机动幅度方法是规定溢短装条款（More or Less Clause），是指在规定具体数量的同时，再在合同中规定允许多装或少装的一定百分比，卖方交货数量只要在允许增减的范围内即为符合合同有关交货数量的规定。例如，合同规定"1 000公吨，卖方可溢装或短装5%"，按此规定，卖方实际交货数量如果为950MT，或1 050MT，买方不得提出异议。

溢短装条款也可称为增减条款（Plus or Minus Clause），在使用时，可简单地在增减幅度前加上"±"符号。合同中规定有溢短装条款时，具体伸缩量大都明确由卖方决定，但有时特别是在由买方派船装运时，也可规定由买方决定。在采用租船运输时，为了充分利用船舱容积，便于船长根据具体情况，如轮船的运载能力等，考虑装运数量，也可授权船方掌握并决定装运增减量。在此情况下，买卖合同应明确由承运人决定伸缩幅度。

此外，在少数场合，也有使用约数条款来表示实际交货数量可有一定幅度的伸缩，即在某一具体数字前加"约"或类似含义的文字，例如，约10 000吨。由于"约"的含义在国际贸易中有不同解释，有的解释为2.5%，有的解释为5%，有的解释为10%，容易引起纠纷，在我国的对外贸易中一般不使用，如果买卖双方一定要使用约数条款时，双方应事先在合同中明确允许增加或减少的百分比，或在"一般交易条件"协议中加以规定，按《跟单信用证统一规则》（UCP600）的规定，"约"通常解释为交货数量不超过10%的增减幅度。在数量机动幅度范围内，多装或少装货物，一般都按合同价格结算货款，多交多收，少交少收。

8.3　商品的包装

商品包装是商品生产的继续，是商品生产的最后一道程序，凡需要包装的商品，只有进行包装后，才算完成生产过程，才能进入流通领域和消费领域，才能实现使用价值和价值。商品的包装是为了保护商品在流通过程中品质完好和数量完整所使用的包装材料或包装容器。

8.3.1　包装的概念和功能

包装是货物的盛载物、保护物和宣传物，是货物运动过程中的有机组成部分。它能保护货物品质完好无损，美化宣传商品，达到促销目的。需要注意的是，这里的包装具有双重含义：一是盛载物；二是买卖合同的一项交易条件，卖方交货未按合同规定包装，则构成违约。另外，包装不良，船方将在大副收据上有所批注，从而产生不清洁提单，也影响安全收汇。

国际贸易中的货物，除无须包装、可直接装入运输工具中的散装货物和在形态上自成件数、不必包装或者只需略加捆扎即可成件的裸装货物以外，其他绝大多数商品都需要包装。商品包装是实现商品的使用价值和附加价值的必要手段之一。适当的商品包装，对保护、保存商品，美化、宣传商品以及方便商品的存储、运输、销售等有着重要的意义，其功能主要体现在以下三个方面：

（1）保护功能。保护功能是商品包装最基本的功能。为了使出口商品的品质和数量在运输、储存、销往国外市场的过程中不受损、不变质、不散失，应根据商品的形态、特征、运输环境、销售环境等因素，合理地选择包装材料，设计包装结构，并注意商品对包装在耐压性、耐摩擦性、耐腐蚀性、防锈蚀、防潮、防偷盗、防虫害、防霉、防受热或受冷、防水等方面的特殊要求。

（2）方便性功能。商品包装应能方便生产，方便装填，方便储运和装卸，方便陈列与销售，方便开启，方便使用，方便回收、处理或重复使用。

（3）信息传递功能。通过包装设计及其包装上的各种标志、文字、色彩等，不同的包装不仅可以传递运输货物的信息，而且可以传递有关商品的牌号、性质、成分、容量、使用方法、生产单位等信息，起到一定的广告作用，便于消费者识别，从而达到扩大销售的目的。

8.3.2　商品包装的种类

商品包装的分类方法很多。通常人们习惯根据包装在流通过程中所起的作用不同，将商品包装分为运输包装和销售包装两大类。

1. 运输包装的种类

运输包装（Transport Packing）又称大包装、外包装。它是将货物装入特定容器，或以特定方式成件或成箱的包装。运输包装的方式和造型多种多样，用料和质地各不相同，包装程度也有差异，这就导致运输包装具有下列多样：

（1）按包装方式，可分为单件运输包装和集合运输包装。前者，是指货物在运输过程中作为一个计件单位的包装；后者，是指将若干单件运输包装组合成一件大包装，以便更有效地保护商品，提高装卸效率和节省运输费用，在国际贸易中，常见的集合运输包装有集装包和集装袋。

（2）按包装形状不同，可分为箱袋、桶和捆等不同形状的包装。箱（Case）：不能紧压的货物通常装入箱内。按不同材料，箱子有木箱、板条箱、纸箱、瓦楞纸箱、漏孔箱等。桶（Drum）：液体、半液体以及粉状、粒状货物，可用桶装。桶有木桶、铁桶、塑料桶等。袋（Bag）：粉状、颗粒状和块状的农产品及化学原料，常用袋装。袋有麻袋、布袋、纸袋、塑料袋等。包（Bale）：羽毛、羊毛、棉花、生丝、布匹等可以紧压的商品可以先经机压打包，压缩体积后，再以棉布、麻布包裹，外加箍铁和塑料带，捆包成件。

（3）按包装材料不同，可分为纸制包装、金属包装、术制包装、塑料包装、麻制品包装、竹或草制品包装、玻璃制品包装和陶瓷包装等。

（4）按包装质地来分，有软性包装、半硬性包装和硬性包装。究竟采用其中哪种，须视商品特性而定。

（5）按包装程度不同，可分为全部包装和局部包装。

除单件包装外，运输包装还有将一定数量的单件包装组合成一件大的包装或装入一个大的包装容器内的集合运输包装，如托盘、集装袋等。

2. 运输包装的标志

运输包装的标志是为了方便货物交接，防止错发、错运、错提货物，方便货物的识别、运输、仓储以及方便海关等有关部门依法对货物进行查验等，而在商品的外包装上标明或刷写的标志。按其作用的不同，运输包装标志可分为运输标志（Shipping Mark）、指示性标志（Indicative Mark）、警告性标志（Warning Mark）、重量体积标志和产地标志等。

（1）运输标志。运输标志，即"唛头"，是国际货物买卖合同、货运单据中有关货物标志事项的基本内容。它一般由一个简单的几何图形以及字母、数字及简单的文字等组成，通常刷印在运输包装的明显部位，目的是为了使货物运输途中的有关人员辨认货物，核对单证。按国际标准化组织的建议，运输标志应包括四项内容：

①字首或简称。一般用收货人或买方的名称字首或简称。

②参照号码。如买卖合同号码、订单、发票或运单号码、信用证号码等。

③目的地。货物运送的最终目的地或目的港的名称。如需要转运还要将装运地表明，如 London Via Hongkong，则 London 为卸货港，Hongkong 为转运港。

④件数号码。本批每件货物的顺序号和该批货物的总件数。例如，C/NOS1 - 200，是指纸箱包装（Carton），相同包装共 200 箱，此件为顺序件号中的第一件。例如：

P&G

205LC1123

NEW YORK

CTN/NOS 1 – 478

国际贸易主要采用的是凭单付款的方式，而主要出口单据如发票、提单、保险单等单据上，都需要有运输标志，因此运输标志是国际贸易运输中非常重要的。需要指出的是，为了便于刻唛、刷唛，节省时间和费用，便于在制单及其信息传递过程中使用电信手段，国际标准化组织推荐的标准运输标志不使用几何图形或其他图形。

（2）指示性标志。指示性标志是根据商品的特性，对一些容易破碎、残损、变质的商品，在搬运装卸操作和存放保管条件方面所提出的要求和注意事项，用图形或文字表示的标志。例如，"怕湿"、"向上"、"小心轻放"和"请勿用钩"等。

为了统一各国运输包装指示标志的图形与文字，国际标准化组织、国际航空运输协会和国际铁路货运会议分别制定了包装储运指示性标志，并建议各会员国予以采纳。我国制定有运输包装指示性标志的国家标准，所用图形与国际上通用的图形基本一致。图8-1列举的是一些常用的指示性标志。

图8-1　常用的指示性标志图

（3）警告性标志。警告性标志又称危险品标志（Dangerous Cargo Mark），是指在装有爆炸品、易燃物品、腐蚀物品、氧化剂和放射物质等危险货物的运输包装上用图形或文字表示各种危险品的标志。其作用是警告有关装卸、运输和保管人员按货物特性采取相应的措施，以保障人身和物资的安全。

为保证国际危险货物运输的安全，联合国、国际海事组织、国际铁路合作组织和国际民航组织分别制定了国际海上、铁路、航空危险货物运输规则。在我国出口危险品的外包装上，应分别依照上述规则，刷印必要的危险品标志。图8-2列举了《国际海上危险货物运输规则》所规定的一些危险品标志。

（4）重量体积标志。重量体积标志是指在运输包装上标明包装的体积和毛重，以方便储运过程中安排装卸作业和舱位。例如：

GROSS WEIGHT 　　　54 kg
NET WEIGHT 　　　　52 kg
MEASUREMENT 　　　42cm × 28cm × 18 cm

（5）产地标志。商品产地是海关统计和征税的重要依据，由产地证说明。一般在商品的内外包装上均注明产地，作为商品说明的一个重要内容。例如，我国出口商品包装上均注明"MADE IN CHINA"。

图 8-2　《国际海上危险货物运输规则》所规定的一些危险品标志图

8.3.3　销售包装

销售包装（Selling Packing），又称小包装、内包装或直接包装，是在商品制造出来以后以适当的材料或容器所进行的初次包装。销售包装除了保护商品的品质外，还能美化商品，宣传推广，便于陈列展销，吸引顾客和方便消费者识别、选购、携带和使用，从而能起到促进销售，提高商品价值的作用。有的商品如照相胶卷、罐头食品只有进行了销售包装后，生产才真正完成。

1. 销售包装的种类

根据商品的特征和形状，销售包装可采用不同的包装材料和不同的造型结构与式样。常见的销售包装有以下几种。

便于陈列展览类：

（1）堆叠式包装。它是指包装的顶部和底部都没有吻合部分，使商品在上下堆叠过程中可互相吻合，其特点是堆叠稳定性强，大量堆叠可以节省货位，常用于听装的食品罐头或瓶装、盒装的商品。

（2）挂式包装。它是指可以悬挂在货架上展销的包装，其独特的结构如吊钩、吊带、挂孔、网兜等，可充分利用货架的空间陈列商品。

（3）展开式包装。它是指具有特殊图形结构的摇盖盒。当盒盖打开时，盒面图案与盒内商品相衬托，具有良好的展销效果。

便于识别商品类：

（4）透明包装和"开窗"包装。前者是指容器全部或部分透明材料制成的包装，后者是在容器上开有"窗口"的包装。

（5）习惯包装。它是指采用某些商品销售包装造型，使消费见到包装即可基本上辨别出商品的种类。这种包装多用于传统出口商品。

便于使用类：

（6）携带式包装。这种包装造型适于消费者携带或有供携带用的提手等装置，方便消费者购买，如有提手的纸盒、塑料拎包等。

（7）易开包装。这种包装容器上有严密的封口结构，使用者不需另备工具即可轻易开启。易开包装又可分为易开罐、易开瓶和易开盒等。

（8）喷雾包装。这种包装本身是液体喷雾器，使用时按动按钮，液体即可自动喷出，适用于日用消费的液体商品，例如香水、空气清新剂、清洁剂等。

（9）复用包装。这种包装除了用做商品的包装外，还可以给消费提供其他的使用价值，如有的可以做日常用品。

（10）配套包装。这是指把经常同时使用的不同种类或不同规格大小的商品搭配成套，合成一体的包装，方便消费者组合使用，如工具配套袋、成套茶具的包装盒等。

（11）礼品包装。它是指专门作为送礼用的销售包装。礼品包装的造型应该美观大方，有较高的艺术性，有的还使用彩带、花结、吊牌等。它的装潢除了给消费者留下深刻印象外，还必须有保护商品的良好性能。使用礼品包装的范围极广，如糖果、化妆品、工艺品、滋补品和玩具等。

2. 销售包装的装潢和说明

商品销售包装上的装潢和说明，是美化商品、宣传商品、吸引消费者，使消费者了解商品特性和妥善使用商品的必要手段。装潢、图案和说明通常直接印刷在商品包装上，也有采用在商品上粘贴、加标签、挂吊牌等方式。

销售包装的装潢，通常包括图案与色彩。装潢应美观大方，富于艺术吸引力，并突出商品的特性，同时，还应适应进口国或销售地区的民族习惯和爱好，以利于扩大出口。文字说明通常包括商品名称、商标品牌、数量规格、成分构成与使用说明等内容。这些文字说明应与销售包装的装潢画面紧密结合、和谐统一，以达到树立产品及企业形象、提高宣传和促销的目的。使用的文字说明或粘贴、悬挂的商品标签、吊牌等，还应注意不违反有关国家的标签管理条例的规定。例如，有的国家明文规定所有进口商品的文字说明必须使用本国文字。

3. 物品条码标志

物品条码（Product Code）是一种产品代码，它是由一组粗细间隔不等的平行线条及其相应的数字组成的标记，如图8-3所示。

图8-3 条码

这些线条和间隙空间表示一定的信息，通过光电扫描阅读装置输入相应的计算

210

机网络系统，即可判断出该商品的生产国别或地区、生产厂家、品种规格和售价等一系列有关该产品的信息。例如，国际上使用最广的 EAN 码由 12 位数字的产品代码和 1 位校验码组成，前 3 位为国别码，中间 4 位数字为厂商号，后 5 位数字为产品代码。

国际上通用的条码种类（很多），主要有以下两种：一种是美国统一代码委员会编制的 UPC 条码（Universal Product Code），另一种是由欧洲 12 国成立的欧洲物品编码协会，后改名为国际物品编码协会，编制的 EAN 条码（European Article Number）。目前使用 EAN 物品标志系统的国家（地区）众多，EAN 系统已成为国际公认的物品编码标志系统。为了适应我国对外经济技术交流不断扩大的要求，国务院于 1988 年批准成立了中国物品编码中心，该中心于 1991 年 4 月代表中国加入国际物品编码协会，并成为正式会员，统一组织、协调、管理我国的条码工作。目前，国际物品编码协会分配给我国的国别号为"690"、"691"、"692"和"693"。

8.3.4　定牌、无牌和中性包装

定牌、无牌和中性包装，是国际贸易中的通常做法。我国在出口业务中，一些出口企业有时也可应客户的要求，采用这些做法。

定牌包装是指买方要求卖方在出口商品和/或包装上使用买方指定的商标或牌名的做法。我国同意采用定牌包装，是为了利用买主（包括生产厂商、跨国公司、大型连锁超市和专卖店）的经营能力和它们的企业商誉或名牌声誉，以提高商品售价和扩大销售数量。但应警惕有的外商利用向我国订购定牌商品来排挤使用我方商标的货物销售，从而影响我国产品在国际市场树立品牌。

无牌是指买方要求卖方在出口商品和/或包装上免除任何商标或牌名的做法。它主要用于一些进一步加工的半成品，如供印染用的棉坯布，或供加工成服装用的呢绒、布匹和绸缎等。其目的主要是避免浪费，降低成本。国外有的大百货公司、超级市场向我国订购低值易耗的日用消费品时，也有要求采用无牌包装方式的。其原因是，无牌商品无须广告宣传，可节省广告费用，降低销售成本，从而可达到薄利多销的目的。除非另有约定，采用定牌和无牌时，在我国的出口商品和/或包装上均须标明"中国制造"和生产厂商字样，这也是国际惯例。

中性包装是指在商品上和内外包装上不注明生产国别的包装。中性包装有定牌中性和无牌中性之分。

定牌中性包装是指卖方按照合同规定，在商品和包装上使用买方指定的商标和牌号，但不注明原产地和制造厂商。

无牌中性包装是指在出口商品和包装上既不注明原产地和制造厂商，也无任何商标和牌号。

这类商品一般需要经买方重新包装整理后再销往最终的销售市场。

中性包装是国际贸易中的习惯做法和特定要求，其作用是有助于避开进口国家或地区的配额限制、关税壁垒和非关税壁垒等方面的一些歧视性、限制性乃至敌对性的贸易政策和贸易保护措施，从而扩大出口。尤其是对那些暂无直接外交关系、正在交战之中或正处于对方经济制裁中的国家或地区，中性包装成为各自向对方出

口商品的一种必要手段。通常的做法是，采用中性包装将商品先出口到第三国，经过重新包装和整理后，再出口到对方国家。

8.3.5 合同中的包装条款

包装条款是国际货物买卖合同中的主要条款之一，也是国际货物买卖合同的重要内容。按照合同约定的包装要求提交货物，是卖方的主要义务。有些国家的法律将包装视作货物说明的一部分。《联合国国际货物销售合同公约》第 35 条（1）款规定："卖方须按照合同规定的方式装箱或包装。"如果卖方不按照合同规定的方式装箱或包装，即构成违约。为了明确国际货物买卖合同中当事人的责任，通常应在买卖合同中对商品的包装要求作出明确具体的规定。

1. 包装条款基本内容

合同中包装条款的内容一般包括包装材料、包装方式、包装规格、包装费用和每件包装中所含物品的数量或重量。例如：

铁桶装每桶净重 185～190 千克

木桶装每桶净重 50 千克

单层新麻袋每袋约 50 千克

牛皮纸装内衬聚乙烯袋，每袋净重 25 千克

每台装 1 个出口纸箱，810 纸箱装 1 只 40 英尺集装箱

2. 订立包装条款的注意事项

（1）包装条款应明确具体。在合同中一般不宜采用"适合海运包装"（Sea - worthy Packing）、"习惯包装"（Customary Packing）之类的术语，因为此类术语缺乏统一的解释，容易引起争议。有时为了更加明确，在规定包装材料和方式时，可订明每件的重量或数量。

（2）关于运输标志（唛头）应写清楚是由卖方提供还是由买方自行设计。按贸易习惯，唛头一般由卖方决定，习惯称"卖方唛头"（Seller's Mark），并无须在合同中作具体规定。如买方要求，也可在合同中作出具体规定，习惯称"买方唛头"（Buyer's Mark）。但如买方要求由其指定唛头，则应在合同中明确规定唛头的具体式样和内容，或规定买方提交唛头式样和内容的时限，并订明若到时尚未收到买方有关唛头的通知，则卖方可自行决定，以免延误卖方交货。如在合同中作规定："唛头由买方提供，买方提供的唛头必须在装运前×天交到卖方，否则，卖方可以刷制自行设计的唛头。"

（3）选择包装方式时应考虑商品的特性和使用的运输方式，尽量有利于降低包装成本和节省运输费用。

（4）明确包装由谁供应和包装费用由哪方负担。包装费用一般包括在货价之中，不另计算。但若买方对包装有特殊要求，除非事先明确包装费用包括在货价内，否则超出的包装费用原则上应由买方负担，并应在合同中具体规定负担的费用和支付办法。如商定全部或部分包装材料由买方负责提供，合同中应同时规定包装材料最迟到达卖方的时限和逾期到达的责任，该项时限应与合同的交货期限相适应。另外，即使由买方承担包装费用，如果卖方包装技术达不到，也不宜轻易接受，以免引起

纠纷。

（5）考虑进口国对包装的有关法令规定和风俗习惯。各国政府对包装有时会有一些特殊的要求，如在包装材料方面，有的国家不允许使用玻璃和陶瓷制作包装材料，有的国家（如美国、日本、加拿大、新西兰）禁止用稻草、报纸做包装衬垫。同时，包装还应顾及各国的风俗习惯，如非洲国家不欢迎狗，而东南亚国家大都喜欢大象，日本忌以莲花为包装图案等。

8.4　商品检验

8.4.1　商品检验的含义和作用

商品检验工作是确定卖方交付的货物是否符合合同和法律要求的必不可少的环节。因此，在货物买卖合同中，应注意定好检验条款，明确检验时间和地点、检验机构、检验方法和标准，作为进行检验工作的依据。

1. 商品检验的含义

商品检验（Commodity Inspection）简称商检，是指在国际贸易中，由国家设立的检验机构，或由政府注册的、独立的、是第三者身份的鉴定机构，对进出口商品的质量、规格、数量、重量、包装等方面的检验，同时还包括根据一国法律或政府法令的规定进行的卫生、安全、检疫、环境保护和劳动保护等条件的检验，以及对装运条件和装运技术等进行的鉴定和监督管理工作。

2. 商品检验的作用

商品检验是国际贸易中非常重要的一个环节。在国际贸易中，由于买卖双方分别处于不同的国家（或地区），相隔遥远，进出口的货物要经过远距离的运输、多次的装卸，而且一般不能当面验看货物或交接货物，所以常常在交货的时候发生品质、数（重）量、包装、安全性能、卫生指标、残损情况和货物装运技术条件等方面的争议。另外在运输过程中，由于自然因素或非自然因素，货物的品质、数（重）量、包装、安全性能、卫生指标、残损情况和货物装运技术条件等也会发生变化，同样会引起交货双方的争议。

为了保护交易双方的利益，避免发生争议，或发生争议后便于交易双方划分责任，解决争议，由一个权威的、有资格的、交易双方认可的第三方来进行公正的评判是非常必要的。商品检验机构正是以第三方的身份出现，公正地对货物的品质、数（重）量、包装、安全性能、卫生指标、残损情况和货物装运技术条件等方面进行检验和鉴定，并出具检验证书，以此作为交易双方交接货物、支付货款、进行索赔、理赔和解决争议的依据。此外，商品检验还关系到出口国能否保持良好的信誉，使本国出口贸易持续发展；关系到进口国的社会福利；关系到交易双方的经济利益等。可以看出，商品检验对于国际贸易的顺利进行是非常重要的，也是非常必要的。

《中华人民共和国进出口商品检验法》规定：凡列入《商检机构实施检验的进出口商品种类表》的进出口商品和其他法律、行政法规规定的须经商品检验机构检验的进出口商品，必须经过商品检验机构或国家商品检验部门、商品检验机构指定的检验部门检验。凡列入《商检机构实施检验的进出口商品种类表》的进出口商品，除非经国家商品检验部门审查批准免于检验的，进口商品未经检验或经检验不合格的，不准销售、使用；出口商品未经检验合格，不准出口。除《中华人民共和国进出口商品检验法》外，其他国家的法律以及有关的国际公约（如《联合国国际货物销售合同公约》）也就商品检验作出了规定。

8.4.2　商品检验的时间和地点

在国际贸易合同中规定货物检验的时间与地点时，要考虑买卖合同所使用的贸易术语的有关规定和货物的性质等问题。一般说来，检验时间和地点应当与交货时间和地点相一致。如工厂交货、目的港船上交货等实际交货合同，它们的检验时间和地点随着交货时间而定，检验地点即在交货地点。但是对于 FOB、CFR 和 CIF 合同，检验时间和地点则有不同规定。《联合国国际货物销售合同公约》规定，凡涉及运输合同，"可推迟货物到达目的地进行"。由此可见，在按装运港交货贸易术语成交的情况下，有必要明确规定检验时间和地点。另外，有些货物因其特殊性质不适宜在装运港检验，否则其性质会受损或无法测定，这样就只能在货物运输的目的地或者用户所在地进行检验。

国际上一般承认买方在接受货物之前有权检验货物，但对买方在何时何地检验货物，各国法律并无统一规定。

由于买方和卖方所在国都有商品检验机构，都可提供检验证书，那么确定商品检验时间和地点，实际上就是确定买卖双方由谁行使对货物的检验权，也就是以哪一方提供的检验证书为准的问题。在国际货物买卖合同中，关于检验的时间与地点的规定方法，通常有下列几种做法。

1. 在出口国检验

在出口国检验属于货物在装运前的检验，可以分为在出口国产地检验和在装运港或装运地检验。

（1）在出口国产地检验，即在货物离开生产地点（如工厂、农场和矿山等）之前，由卖方或其委托的检验机构人员对货物的品质、数（重）量和包装等进行检验，并出具检验证书。卖方只承担货物离开产地之前的各种责任，对于日后货物在运输过程中出现的问题，由买方承担责任。此种做法一般在大型机械设备的交易中使用。

（2）装运港或装运地检验，习惯上称为离岸品质和离岸重量，即货物在装运港或装运地装运前，由双方约定的商品检验机构对货物的品质、数（重）量和包装等进行检验，出具检验证书。当货物运抵目的港或目的地后，即使买方再对货物进行复验，并发现了问题，也无权再表示拒收或提出异议和索赔。

采用以上两种方法规定检验时间和检验地点时，即使买方在货物到达目的港或目的地后，经检验发现货物的品质、数（重）量或包装等方面不符合合同规定，也不能就此向卖方提出异议，除非买方能证明这种不符是由于卖方违约或是由于货物存在内在缺陷造成的。可见，这类方法否定了买方对货物的复检权利，对买方极为不利，在实务中较少使用。

2. 在进口国检验

在进口国检验是货物在目的港或目的地卸货后进行检验，可以分为在目的港或目的地检验、在买方营业处所或最终用户所在地检验。

（1）在目的港或目的地检验，习惯上称为到岸品质和到岸重量，即货物在到达目的港或目的地卸货后的一定时间内，由买卖双方约定的目的港或目的地的商品检验机构对货物的品质、数（重）量和包装等进行检验，并出具检验证书。按此种做法检验，如检验证书证明货物与合同规定不符，则属于卖方责任，卖方应予负责。

（2）在买方营业处所或最终用户所在地检验，即由买卖双方约定的在买方营业处所或最终用户所在地的商品检验机构对货物的品质、数（重）量和包装等进行检验，并出具检验证书。这类方法主要是针对那些密封包装、精密复杂的商品，不宜在使用前拆包检验，或是那些需要安装调试后，才能进行检验的成套设备和机电仪表产品。按此种方法检验，如检验证书证明货物与合同规定不符，则属于卖方责任，买方可以凭检验证书向卖方索赔。

采用以上两种方法规定检验时间与检验地点，卖方必须保证货物到达目的港或目的地时，货物的品质、数（重）量和包装等与合同规定相符。如果由于卖方责任致使货到目的港或目的地时出现品质、数（重）量或包装等方面与合同不符的情况，买方可以凭双方约定的商品检验机构出具的检验证书向卖方索赔。此种方法对买方有利，对卖方不利。

3. 在出口国检验，在进口国复验

此种方法是卖方在货物装运时，委托本国的商品检验机构对货物的品质、数（重）量和包装等进行检验，并出具检验证书，作为向当地银行议付货款的单据之一，但不是最终的依据。当货物运抵目的港或目的地时，再由当地的商品检验机构对货物的品质、数（重）量和包装等进行复验，如发现货物的品质、数（重）量或包装等方面不符合合同的规定，买方可以凭对货物进行复验的检验机构出具的检验证书，向卖方提出异议或索赔。

这种方法一方面肯定了卖方的检验证书是有效的交接货物和结算凭证，同时又确认买方在收到货物后有复验的权利，对交易双方来讲是比较公平合理的，在国际贸易中被广泛采用。我国进出口业务中也多用此方法来约定商品检验地点和检验时间。

4. 在装运港或装运地检验重量，在目的港或目的地检验品质

在装运港或装运地检验重量，在目的港或目的地检验品质，习惯上称为离岸重量和到岸品质。此种方法一般在大宗交易中使用，为调和交易双方在检验时间和检验地点上的矛盾，规定以装运港或装运地商品检验机构验货后出具的重量检验证书为卖方交货重量的最后依据，而以目的港或目的地的商品检验机构验货后出具的品质检验证书为卖方交货品质的最后依据。如果货物到达目的港或目的地后，经检验发现由于卖方责任致使货物品质与合同规定不符，则买方可以凭检验证书向卖方索赔。但如果是货物重量出现不符，则买主不得向卖方提出异议。

除上述检验时间与地点的规定方法外，近些年来，一些发展中国家由于本国检验机构的缺乏和管理不善，造成大量外汇损失，这些国家为维护本国利益而采用了

《全面进口监督计划》（*Comprehensive Import Supervision Scheme*，CISS）。该计划是指由发展中国家的政府有关部门如中央银行、财政部、商业部和外贸部等联合颁布法令，指定一家或几家跨国公证检验机构对该国的进口货物实行强制性检验，并签发"清洁报告书"（Clean Report of Findings，CRF）作为出口国银行议付和进口国通关入境的有效凭证。检验不合格或未经检验 则签发不可议付报告书（Non‑negotiable Report of Findings，NNRF），货物此时即使已抵达目的港，也必须退回出口国。这项计划的实施，使这些国家的进口货物均在出口国实施船 前检验。在1984年以前，只有瑞士通用鉴定公司与有关国家的政府签订协定，明确由该公司承担协定对方全部进口货物在出口国进行船前检验的责任。之后，又有其他一些国际公证行参与此项工作。《全面进口监督计划》是一项新的制度。在我国，凡出口部门向实行该制度的国家出口商品时，必须及时向当地商检机构或其指定的商检公司办理委托检验出证手续，否则银行不予结汇，在进口国也不能通关入境。

8.4.3　商品检验机构

1. 国际上的主要商品检验机构

商品检验机构作为公正的第三方对货物进行检验，并出具检验证书，已经成为国际贸易中的一个重要环节，各个国家或地区都设立了自己的商品检验机构。根据它们的性质，可以分为官方商品检验机构、半官方商品检验机构和非官方商品检验机构三种。

（1）官方商品检验机构。此类商检机构是由政府出资设立的，依据国家有关法律、法规对进出口货物进行强制性检验、检疫的机构。世界上比较著名的官方商品检验机构有美国食品药物管理局（FDA）、美国粮谷检验署（FGES）、法国国家实验室检测中心和日本通商产业检验所等。

（2）半官方商品检验机构。此类商检机构是由政府授权，代表政府进行货物检验的机构。从性质上看，半官方商品检验机构属于民间机构。例如，美国保险人实验室（UL）就属于此种情况。各国出口到美国的与防盗信号、化学危险品以及与电器、供暖、防水等有关的产品都要在通过其检验，贴上"UL"标志后，才能在美国市场上销售。

（3）非官方商品检验机构。此类商检机构是由各商会、协会或私人设立的商品检验机构。这类机构中有些是历史悠久，在全球具有较高的权威性，如瑞士日内瓦通用鉴定公司（SGS）、香港天祥公正化验行、日本海事鉴定协会（NKKK）、新日本鉴定协会（SK）和英国劳合氏公证行（Lloyd's Surveyor）等。

在选择适合的检验机构时，要依据各国的规章制度，以及商品性质和交易条件而定，同 时还要考虑检验时间和地点。在出口国工厂或装运港（地）检验时，一般由出口国的检验机构检验；在目的港（地）或买方营业处所检验时，一般由进口国的检验机构检验。在双方约定的情况下，也可由买方派人到供货工厂或出口地检验，或由双方派人实施联合检验。

2. 我国的商品检验机构

新中国成立后，我国成立了中华人民共和国进出口商品检验局，并在各省、自治区、直辖市及进出口口岸、进出口商品集散地设立了分支机构，对一般的进出口商品进行检验。改革开放以后，为适应我国对外贸易迅速发展的需要，1980 年我国又成立了中国进出口商品检验总公司（China Import and Export Commodity Inspection Corporation，CCIC），并在各省、自治区、直辖市开办了分公司，以非官方身份独立开展进出口商品的检验、鉴定业务，签发相应的证书，并对进出口双方当事人提供咨询服务，为促进我国对外贸易的发展作出了贡献。

1998 年 7 月，原国家商检局、原卫生部卫生检疫局、原农业部动植物检验局共同组建了中华人民共和国国家出入境检验检疫局（State Administration of Exit and Entry Inspection and Quarantine of the People's Republic of China，CIQ），简称"国家出入境检验检疫局"或"中国出入境检验检疫局"，对我国出入境商品检验进行统一管理。2001 年 4 月，国务院将原国家质量技术监督局和原国家出入境检验检疫局合并，成立了国家质量监督检验检疫总局（AQSIQ），它是我国现时主管商品检验检疫工作的最高行政执法机关。其设在各地的质量监督验检疫机构管理其所辖地区内的出入境检验检疫工作。

我国《进出口商品检验法》规定：国务院设立进出口商品检验部门，主管全国进出口商品检验工作。国家商检部门设在各地的进出口商品检验机构管理所辖地区的进出口商品检验工作。

根据《进出口商品检验法》的规定，我国商检部门的主要工作任务有三项。

（1）实施法定检验

法定检验是指国家商检部门及其指定的检验机构，依据法律、法规对重要的进出口商品和检验项目实施强制性检验。法定检验的商品范围如下：

第一，《商检机构实施检验的进出口商品种类表》（简称《种类表》）规定的商品。

《种类表》由国家进出口商品检验局根据对外经济贸易发展的需要和进出口商品的实际情况制定，不定期地加以调整并在实施前 60 天公布。最新修订的《种类表》采用了目前国际上正在推广应用的《商品分类和编码协调制》（简称 HS 编码）。

第二，《中华人民共和国食品卫生法》和《中华人民共和国进出境动植物检疫法》规定的商品。

第三，对出口危险货物包装器的性能鉴定和使用鉴定。根据国际危险货物运输规则，如《国际海运危规》、《国际铁路危规》、《国际空运危规》和《苏伊士危规》，对危险货物的分类、包装、警戒标志、运输工具和装卸设备的安全、舱位货位的选择和安全配载等实施的严格检查。生产、出口危险货物包装容器的企业，必须向商检机构申请包装容器的性能鉴定；而生产出口危险货物的企业，则必须向商检机构申请包装容器的使用鉴定。使用未经检验合格的包装容器的危险货物，不准出口。

第四，对装运出口易腐烂变质食品、冷冻品的船舱、集装箱等运输工具实施适载检验。进出口这类货物的承运人和装箱单位，在装运前必须向商检机构申请检验，经检验符合装运技术条件要求，发给合格证书后方准装运。

第五，对外贸易合同规定由商检机构实施检验的进出口商品。

第六，凡其他法律、行政法规规定的须经商检机构实施检验的进出口商品或检验项目。

（2）监督管理

监督管理是指商检机构通过行政管理手段对有关部门（包括进出口商品收货人、发货人、生产、经营、仓储、运输、指定检验机构、认可检验机构）及认可检验人员的检验工作（包括组织机构、检验制度、检验标准和方法及检测手段等）进行监督检查，并对其检验的进出口商品实施抽查。

（3）鉴定业务

鉴定业务是指商检机构和其指定的检验机构及国家商检部门批准的其他检验机构，根据对外贸易关系人的申请、外国检验机构的委托或国内外有关单位的委托，开展进出口商品鉴定业务及签发鉴定证书。与法定检验相比，进出口商品鉴定的性质是委托鉴定，不具有强制性。鉴定业务的范围主要包括检验和鉴定各种进出口商品的品质、重量、数量、包装及标记、海损、商品残损、集装箱检验、装运技术条件、货载衡量、产地证明、价值证明等。

8.4.4 商品检验的内容

对于不同的货物、不同的状况，商品检验的内容是不同的。常见的商品检验有品质检验、数（重）量检验、包装检验、卫生检验和残损检验等。

1. 品质检验

品质检验是针对货物的外观、化学成分和物理性能等方面所进行的检验。其中主要有仪器检验和感官检验两种方法。仪器检验是利用相关的仪器或机械设备，对商品的化学成分、物理性能等方面进行全面的分析和检验；感官检验则是通过人的眼、耳、鼻、口、手等对商品进行感官上的分析和检验。品质检验的目的是查看货物是否符合商品品质的要求以及合同对商品品质的要求。

2. 数（重）量检验

数（重）量检验是指使用合同规定的计量单位和计量方法对货物的数（重）量进行检验，以确定其是否符合合同所规定的数（重）量。在实际业务中，由于人为因素或其他非人为客观因素，对货物的数（重）量的测定允许有一定的误差，但要求误差应在合理的范围内。

3. 包装检验

包装检验是对货物包装的牢固性和完整性进行检验，检验其是否适应货物本身的特性，是否适合货物在运输过程中的装卸及搬运，是否符合合同及其他有关规定。另外，在进行包装检验时，还应对包装标志的各项内容进行核对，看其是否与合同的规定相符。

4. 卫生检验

卫生检验是检验进出口货物是否包含影响人类生命健康的各种物质，尤其是对于肉、蛋、奶和水果等食用商品，必须进行卫生检验、检疫，不符合本国法律、法规的货物，一律不准进口和出口。

5. 残损检验

残损检验是对货物的残损部分进行检验和鉴定，掌握货物残损的具体原因及其对货物价值的影响，并出具检验证书，作为受害方索赔的依据。货物的残损主要指货物的残破、短缺、生锈、发霉、虫蛀、油浸、变质、受潮、水渍和腐烂等情况。进口货物残损检验的依据主要包括发票、装箱单、保险单、提单、商务记录及外轮理货报单等有效单证或资料的相关记录。

以上是几种常见的商品检验，除此之外，进出口货物检验还包括船舱检验、监视装载、签封样品、签发产地证书和价值证书等检验内容。

8.4.5 商品检验证书

1. 商品检验证书的作用

商品检验证书是商品检验机构对商品进行检验和鉴定后，所出具的证明性文件，是国际货物买卖中的重要单据之一。此外，在交易中如果买卖双方约定由生产单位或使用单位出具检验证明，则该证明也可起到检验证书的作用。总结起来，商品检验证书可以起到以下几方面的作用：

（1）商品检验证书可以证明卖方所交货物的品质、数（重）量、包装、化学成分和物理性能等方面是否符合合同的规定。进行检验的商品检验机构是由交易双方在签订合同时协商确定的，一旦商品检验机构按交易双方在合同中约定的检验内容、检验方法对卖方所交货物进行检验，并出具检验证书，检验结果对交易双方都有法律效力。如果检验证书证明卖方所交货物符合合同要求，则买方必须接受货物，不能拒收。

（2）商品检验证书是卖方向银行进行议付货款的重要单据之一。在实际业务中，交易双方在签订支付条款时，都要规定卖方向银行议付货款时所必须出具的各种单证，而商品检验证书就是其中一项重要的单证。如果卖方在交货后，不能按时提供符合合同规定的商品检验证书，议付银行有权拒收单据和拒付货款。

（3）商品检验证书是海关通关验收货物的有效证件。商品检验机构出具的检验证书，是各国进出口商品通关的必要证件，没有获得检验证书或检验不合格的商品一律不得通关。

（4）商品检验证书是买方对货物的品质、数（重）量、包装、化学成分和物理性能等方面提出异议，拒收货物，进行索赔或仲裁、诉讼的依据。在实际业务中，当买方发现货物的某一方面不符合合同规定时，可以凭商品检验机构出具的检验证书向卖方提出异议、拒收货物、进行索赔。另外，商品检验证书也是交易双方进行仲裁、诉讼的重要证据。

（5）商品检验证书是计收运输费用的依据。商品检验机构出具的重量检验证书可以作为承运人向托运人收取货物运输费用的有效依据。另外，这类商品检验证书还可以作为港口计算装卸量、仓储费的有效依据。

2. 商品检验证书的种类

在实际业务中，由于交易的商品不同，所需提供的商品检验证书的种类也不相同，商品检验证书的种类由商品检验的内容所决定。常见的商品检验证书有以下几种：

（1）品质检验证书（Inspection Certificate of Quality）。它是运用合同规定的各种检验方法，对报检商品的质量、规格和等级进行检验后出具的书面证明文件。

（2）重量检验证书（Inspection Certificate of Weight）。它是利用合同规定的计重方法对商品的重量予以鉴定后出具的书面证明文件。

（3）数量检验证书（Inspection Certificate of Quantity）。这是证明商品实际数量的书面证明文件。

（4）卫生证明书（Inspection Certificate of Health）。它是对出口的食用动物产品，如罐头食品、蛋制品、乳制品和冷冻食品等商品实施卫生检验后出具的，证明货物已经检验和检疫合格，可供食用的书面文件。

（5）兽医检验证书（Veterinary Inspection Certificate）。它是对动物商品进行检验，表明其未受任何传染病感染的书面证明。例如，皮、毛、绒及冻畜肉等货物的出口都必须进行此项检验。

（6）消毒检验证书（Disinfection Inspection Certificate）。它是证明某些出口的动物产品已经消毒处理，符合安全、卫生要求的书面文件。在猪鬃、马尾、皮张、羽绒和羽毛等商品的贸易中，经常会要求这种检验证书。

（7）熏蒸检验证书（Inspection Certificate of Fumigation）。它是证明谷物、油籽、豆类和皮张等出口商品及包装用木材与植物性填充物等，已经过熏蒸杀虫，达到出口要求的书面报告，其中还要记录熏蒸使用的药物种类和熏蒸时间。

（8）产地检验证书（Inspection Certificate of Origin）。它是对出口产品的原产地的书面证明，包括一般的产地检验证书、普惠制产地证书和野生动物产地证书等几种。

（9）价值检验证书（Inspection Certificate of Value）。它是证明出口商品的价格真实、可靠的书面证明，可作为进口国进行外汇管理和对进口商品征收关税的依据。

（10）残损检验证书（Inspection Certificate on Damaged Cargo）。它是证明进口商品的残损情况、判断残损原因和估定残损价值的书面文件，供有关当事人对外索赔使用。

（11）验舱证书（Inspection Certificate on Cabin Examination Cargo）。有时要对准备装货的船舱的现状和设备条件进行检验，如冷藏舱室检验、油轮密固检验、干货舱清洁法检验和油舱清洁法检验等，合格的签发证书。

（12）货载衡量单（Measurement and Weight Sheet Cargo）。商品检验局有时根据承运人或托运人的申请，对进出口船运货物的尺码吨位和重量吨位进行衡量，并签发此种证书。

8.4.6　合同中的商品检验条款

国际货物买卖合同中的商品检验条款同其他条款一样是十分重要的，商品检验条款订立得如何将直接或间接地关系到交易的成败、交易双方的经济利益得失和能否保持良好的信誉等。合同中商品检验条款一般主要包括检验方式、检验地点和时间、检验内容、检验标准与方法、检验机构及检验费用等内容。随着各国（或地区）对货物检验的要求越来越严，可以进行商品检验的机构越来越多，仔细斟酌商品检验条款内容，慎重选择商品检验机构，认真履行检验义务和责任成为进出口贸易中重要的内容。例如，如何确定检验地点和时间在理论上有多种选择，如在产地（例如工厂、农场、矿山等）检验、在装运港或装运地检验、在目的港或目的地检验、在出口国检验和进口国复验等，应根据买卖双方的利益、贸易术语、货物的特性、检测手段、行业规则以及进出口国的法律、法规等综合因素加以协商确定。对于检验的内容以及检验标准，在合同中的说明要科学、合理、清楚，并结合实际的检验技术。检验标准是判断进出口货物的某些指标是否合格的依据。需要注意的是，出口商品检验标准与进口商品检验标准确定的原则是不同的。另外，在实际业务中合同规定的各种检验标准，应符合进出口国家有关法律的规定。检验机构的选择正确与否，也将直接关系到交易双方的利益。交易双方应共同协商，选择国际上权威的检验机构，同时检验机构所在地应尽可能靠近交易双方所在地，以便联系，缩短检验出证的时间。在合同中还应明确检验费用应由谁承担的问题。一般情况下，出口前商检费用由出口方自己承担，而到岸后的检验费用一般由进口方承担。但在出口时，如果买方提出额外的商检要求，出口商就得考虑费用该由谁来承担的问题了，同时还要考虑额外的工作占用的时间和对整个出口流程的影响。另外，品质、数量、重量和包装等内容，往往是商检的主要项目，因此在合同签订时要注意这些条款的衔接和吻合，防止出现矛盾的地方。

国际货物买卖合同中的检验条款繁简不一，但主要的内容相差不大，我国出口合同中关于检验常有以下内容：

"双方同意以装运港中国出入境检验检疫局签发的品质和数量（重量）检验证书作为信用证项下议付单据的一部分。买方有权对货物的品质、数量进行复验。复验费用由买方承担。如发现品质或数（重）量与实际不符，买方有权向卖方进行索赔，索赔期限为货到目的港××天内。"

8.5　索赔

8.5.1　双方约定争议与索赔条款的意义

在国际货物贸易中，情况复杂多变。在履约过程中，如市场情况发生变化或某一环节出了问题，就可能导致合同一方当事人违约或毁约，而给另一方当事人造成损害。受损害的守约方，为了维护自身的权益，势必向违约方提出争议，并要求赔偿损失。违约方对守约方提出的索赔，应当适当处理，即为理赔。由此可见，索赔与理赔是一个问题的两个方面。索赔事件产生的原因是多方面的，一般地说，容易发生与交货期、交货品质、数量与包装等有关的问题，故买方向卖方提出索赔的情况较多。当然，买方不按期接运货物或无理拒收货物与拒付货款的情况也时有发生。因此，也有卖方向买方索赔的情况。索赔的发生，一般不外乎以下几种情况：

1. 对卖方的索赔

由于卖方违约而造成买方的损失，买方可以向卖方索赔。例如，卖方未及时备

221

好或装运合同所要求的货物等。

2. 对买方的索赔

对买方的索赔较少发生。但是在买方违约的情况下，尤其卖方已根据合同备货而买方拒不开证，该货的专业性又强，以及买方采用不正当手段将货物转口至卖方限制的其他地区等，则会构成卖方对买方的索赔。

3. 对船公司的索赔

即运输索赔，包括船公司推迟发船、运输途中出现货损、私自改线绕航推迟船到目的港时间、短卸等。

4. 对保险公司的索赔

凡发生在投保范围内的损失，都可向保险公司索赔。

8.5.2 索赔条款的主要内容

在国际货物买卖合同中，索赔条款的规定方法有两种方式：一种是异议和索赔条款（Discrepancy and Claim Clause）；另一种是罚金条款（Penalty Clause）。在一般的商品买卖合同中，多数是只订立异议和索赔条款，只有在买卖大宗商品和机械设备的合同中，在订立了异议和索赔条款之后，还要再订立罚金条款。

1. 异议和索赔条款

该条款主要是针对卖方交货的品质、数量等方面的违约行为而订立，其内容包括索赔权、索赔依据、索赔期限、赔偿损失的办法和赔偿金额等。

（1）索赔权。就是要在合同中明确规定，交易的一方如违反合同中的有关条款，另一方有权提出索赔。

（2）索赔依据。主要是规定合同当事人在提出索赔时必须提供的证据和出具证据的机构。索赔依据包括法律依据和事实依据两方面。法律依据是指当事人在提出索赔时，必须依据与买卖合同有关的国家法律规定来确定违约行为。事实依据是指当事人在提出索赔时，必须提供对方违约的事实真相、充分的书面证明，以证实违约的真实性，例如检验机构出具的检验证书。

（3）索赔期限。在争议与索赔条款中，一般都规定守约方向违约方索赔的时限，如超过约定时限索赔，违约方可不予受理。在约定索赔时限时，对该时限的起算时间，也应一并作出具体规定，常见的起算方法有下列几种：货到目的地后××天起算；货到目的地卸离运输工具后××天起算；货到买方营业处所或用户所在地后××天起算；货到检验后××天起算。

此外，凡有质量保证期的商品，合同中应加订质量保证期限，若在质量保证期内出现质量问题，买方有权凭相关证明向卖方提出索赔。

（4）索赔方法。①要求一方履行合同义务。如卖方不交货、买方不开证、无理拒收货物、收货后拒付货款等，则可采取这种方式。

②要求卖方交付替代货物。如果卖方所交货物与合同要求不符，致使买方无法接受，即卖方的该行为已构成根本性违约，买方可要求卖方交付替代货物，即另外交付一批符合合同要求的货物，以替代不符合的货物，原不符的货物则可运回或降价售出。

③要求卖方对不符合同的货物进行修补或补足合同数量。在大批量交货或数量较难确定的合同中，买方可允许卖方补足不够的数量。而在大型设备的交易中，可能出现部分非关键部件的遗失或损坏，买方也可要求卖方派员对设备进行修补工作，使货物符合要求。

④要求减价。当卖方所交货物勉强为买方接受时，可对该货物的瑕疵或其他损坏情形要求适当的减价。减价应按实际交付货物在交货时的价值与当时符合合同的价值两者之间的比例计算。如果卖方已对货物不符合同的情况作出补救，则买方不得再要求减低价金。

⑤赔款。通常对保险公司或船公司的索赔，均以赔款方式处理。如系卖方责任，而损失不大时，也可以赔款方式解决，以求简便。赔款多少根据损失的大小决定。

⑥退货还款。当卖方所交货物不符合同构成根本性违约时，买方可以拒受货物，将货物运还卖方，同时要求卖方退还所收货款。此种方式较为少见，因为往返运输耗时且耗费运输费用。

（5）索赔金额。由于索赔金额事先难以预计，故订约时一般不作具体规定，待出现违约事件后，再由有关方面根据实际情况酌情确定。关于违约赔偿金额的确定，根据《联合国国际货物销售合同公约》的有关规定，主要有三种方法：

①一方当事人违约，赔偿额应与另一方受到的包括利润在内的损失额相等。

②如宣告合同无效，在一段合理时间内，买方已以合理方式购买替代货物，或者卖方已以合理方式已把货物转卖，则要求赔偿方可以取得合同价格和替代货物交易价格之间的差额。

③如宣告合同无效，货物又有时价，同时受到损失的一方如果没有根据第二项规定进行购买或转卖，则应赔偿合同价格与宣告合同无效时的时价之间的差额，如在收到货物之后，宣告合同无效，则应适用收到货物时的时价。

最后，必须强调，异议和索赔条款，不仅是约束卖方履行合同义务的条款，也是约束买方履行合同义务的条款。在该条款中可以列明，当买方不履行合同规定时，卖方有权按照买方违约的情节，终止执行全部或部分合同，或者延期装运，或者停止交付在途货物。

2. 罚金条款

罚金条款在买卖合同中不能独立订立，必须在订立了异议和索赔条款之后，而且只是在大宗商品和机械设备的交易中，才订立罚金条款。该条款主要适用于卖方延期交货，或者买方延期接货、迟期开立信用证等行为，其主要内容是规定罚金金额与罚金的起算日期。

（1）罚金条款，又称违约金条款（Liquidated Damage Clause）

"罚金"就其性质而言，就是"违约金"。它针对一方发生了合同中列明的违约行为时，应向对方支付载明于合同中的一定金额的约定罚金，以补偿对方的损失。在买卖合同中，双方应协商议定一个罚金的百分比或罚金金额，同时规定罚款的最高百分比或最高的罚款金额。罚金百分比的大小或罚金金额的多少，视违约时间的长短而定。例如，合同规定："除本合同第×条所列举的不可抗力原因外，如卖方不能按期交货，每延误7天，买方应收取0.5%的罚金，不足7天则按7天计算。如卖方不能按合同规定的装运期交货，延期10周时，买方有权撤销合同，并要求卖方支付上述延期交货罚金。但是，延期交货的罚金不得超过延期交货那部分货物总金额的5%。"应该注意，违约方支付罚金之后，并不能因此解除继续履行合同的义务。

（2）罚金的起算日期

罚金的起算日期，一般有两种规定方法：一种是以合同规定的交货期，或者信用证开证期限终止后立即起算；另一种是规定一个优惠期（Grace Period），即在合同规定的交货期或开证期限终止以后，再宽限一定期限，在这段期限内，免于罚款，等到优惠期届满后才开始计算罚金。

8.5.3 约定索赔条款的注意事项

为了合理地约定索赔条款，需要注意下列事项：

1. 应按公平合理原则约定索赔证据

在国际货物买卖合同的索赔条款中，通常都规定由双方约定的某商检机构出具检验证明，作为双方交接货物、结算货款和办理索赔的依据。可见选择公正、权威的检验机构出具对双方都有约束力的证明文件，关系到合同当事人的切身利益。我国某公司的一项购买设备的进口合同中约定："货到后，中国商检局初步检验，若买方索赔，卖方有权指派国外商检机构检验员证实有关索赔，检验员的检验结果为最终的，对双方具有约束力。"这项规定，显然违反公平合理的原则。后因到货质量很差，设备始终无法正常运转，但买方却无法通过索赔途径挽回损失。

2. 索赔期的长短应合理

索赔期的长短，同买卖双方有利害关系。若索赔期规定过长，势必使违约方承担责任的期限也随之延长，从而加重了其负担；如索赔期规定太短，有可能使守约方无法行使索赔权而蒙受更大的损失。因此，交易双方约定索赔期时，必须根据不同种类商品的特点，并结合运输、检验条件和检验所需的时间等因素，酌情作出合理的安排。对于一些性能比较复杂和有质量保证期的机、电、仪等设备的交易，由于在合同中需要加订质量保证期，故其索赔期可适当放长一些。此外，在不影响守约方行使其索赔权的前提下，索赔期可适当缩短一点。

3. 应注意索赔条款与检验条款之间的联系

争议与索赔条款同商品检验条款有着密切的联系。例如，买方索赔的期限同买方对货物进行复验的有效期就互相关联，故约定索赔期限时，必须考虑检验条件和期限的长短等因素。为了使这两项条款的约定互相衔接和更加合理，以免出现彼此脱节或互相矛盾的情况，在有些买卖合同中，有时便将这两项条款结合起来订立，并称为"检验与索赔条款"（Inspection & Claim Clause）。

8.6 不可抗力和仲裁

8.6.1 不可抗力的含义和认定

不可抗力（Force Majeure）又称人力不可抗拒。它是指国际货物贸易中，货物买卖合同签订以后，不是由于订约者任何一方当事人的过失或疏忽，而是由于发生当事人所不能预见和预防、又无法避免和克服的意外事故，以致不能履行或不能如期履行合同，遭受意外事故的一方可以免除履行责任或延迟履行合同。

不可抗力事故通常包括两种情况：一是自然现象引起的，如水灾、地震、风暴、大雪、旱灾、火灾、暴风雨等；二是社会因素引起的，如战争、罢工、政府禁令、封锁禁运等。对于前者，国际上的解释比较统一；而对于后者，各国的解释分歧较大。因此，在实际业务中，接受不可抗力条款时，对不可抗力事故的认定必须慎重，并严格掌握，避免盲目接受。

不可抗力条款属于免责条款。在国际贸易中，对于不可抗力，各国的法律、法规和国际公约的解释并不统一，但其基本原则大体相同。并非所有能够阻碍合同履行的意外事故都可以构成不可抗力事故。一般来说，构成不可抗力事故需要具备以下三个条件：该事故必须发生在合同签订以后；该事故不是合同当事人的过失、疏忽或故意行为造成的；该事故是当事人无法预见、无法预防的。

8.6.2　约定不可抗力条款的意义

国际上对不可抗力的含义及其称呼并不统一。在英美法中，有"合同落空"之说；在大陆法中，有"情势变迁"或"契约失效"之说；按《联合国国际货物销售合同公约》的解释是，合同签订后，发生了合同当事人订约时无法预见和事后不能控制的障碍，以致不能履行合同义务。尽管上述称呼和解释不一，但其基本精神和处理原则大体相同，即合同签订后，发生了当事人无法预见、无法预防和无法控制的意外事件，致使合同不能履行，可以免除当事人的责任。鉴于国际上对不可抗力事件及其引起的法律后果并无统一规定，为防止合同当事人对不可抗力事件的性质、范围做随意解释，或提出不合理的要求，或无理拒绝对方的合理要求，故有必要在买卖合同中订立不可抗力条款，明确约定不可抗力事件的性质、范围、处理原则和办法，以免引起不必要的争议，并有利于合同的履行。由此可见，在买卖合同中约定不可抗力条款，有着重要的法律和实践意义。

8.6.3　合同中不可抗力条款的主要内容

不可抗力条款的约定繁简不一，也并无统一的格式和规定，但归纳起来，一般包括下列内容。

1. 不可抗力事件的范围

买卖双方在磋商交易和签订合同时，应对构成不可抗力事故的范围达成一致意见，并在合同中作出明确规定，因为这一问题与双方当事人的利益有密切关系。我国进出口合同中规定不可抗力事故的范围有以下三种方法：

（1）概括式规定。即不可抗力条款不具体订明哪些属于不可抗力事故，而只是以笼统的语言作出概括的规定。例如，"如由于不可抗力的原因使卖方不能如期交货，卖方不负责任……"概括式规定虽然包括的面广，但范围含糊不清，在解释上容易产生纠纷。

（2）列举式规定。即不可抗力条款明确列出经双方认可的不可抗力事故。凡合

国际贸易

同中没有明确规定的，均不能作为不可抗力事故对待。例如，"由于战争、洪水、火灾、地震、雪灾、暴风雨的原因致使买卖双方不能履行或不能如期履行各自的义务时，不负责任……"列举式规定明确、肯定，在理解和解释上不容易产生分歧，但是，由于在条款中难于将所有不可抗力事故一一列举，一旦出现未列举的其他事故，就丧失了援引不可抗力条款达到免责的权利。

（3）综合式规定。即将上述列举式与概括式规定结合起来。先将双方当事人已取得共识的各种不可抗力事故列举出来，其后再加上"其他不可抗力事故等"概括式语句。例如，"如因战争、地震、水灾、火灾、雪灾、暴风雨或其他不可抗力事故，致使任何一方不能履行合同时，不负责任……"综合式规定方法弥补了前两种规定方法的不足，做到了既明确、具体，又有一定的灵活性，因此在实际业务中采用较为普通。

2. 不可抗力事件的通知与证明

不可抗力事件发生后如影响合同履行，发生事件的一方当事人应按约定的通知期限和通知方式，将事件情况如实通知对方，对方在接到通知后应及时答复，如有异议也应及时提出。此外，发生事件的一方当事人还应按约定办法出具证明文件，作为发生不可抗力事件的证据。在国外，这种证明文件一般由当地的商会或法定公证机构出具。在我国，可由中国国际贸易促进委员会出具。

3. 不可抗力事件的处理原则与办法

发生不可抗力事件后，应按约定的处理原则和办法及时进行处理。不可抗力的后果有两种：一是解除合同；二是延期履行合同。究竟如何处理，应视事故的原因、性质、规模及其对履行合同所产生的实际影响程度，由双方当事人酌情依约处理。鉴于在实践中往往会出现一旦发生不可抗力事件一方就提出解除合同的问题，且合同是否延期执行或解除直接关系到交易双方的经济利益，故在不可抗力条款中，应就不可抗力所引起的法律后果作出明确规定，以利于执行。例如，我国进出口合同一般都规定，因不可抗力事件的影响而不能履行合同时，可根据实际所受影响的时间延迟履行合同的期限；如因不可抗力事件延迟履行合同达若干天（如 60 天或 90 天），双方应就履行合同的有关问题进行协商。按照这样的规定，当发生不可抗力事件时，可先推迟履行合同的期限；只有当不可抗力事件持续下去超过合同规定的期限以后，才能通过双方协商，最后决定是否解除合同。

8.6.4 仲裁的定义

在国际货物贸易中，情况错综复杂，市场变化多端，交易双方签订合同后常常由于种种原因，合同没有履行，因而引起交易双方当事人之间的争议。交易双方一般都习惯于采用仲裁（Arbitration）的方式来解决合同争议。

仲裁又称公断，是指买卖双方在争议发生之前或发生之后，签订书面协议，自愿将争议提交双方所同意的第三者予以裁决，以解决争议的一种方式。仲裁方式解决争议，比起其他方式来说，具有自主、灵活、迅速等多方面的优点，所以这一方式在国际贸易中被普遍采用。进出口商人要将他们之间存在的争议通过仲裁来解决，必须有仲裁协议在先，表明接受所指定的仲裁机构的审理和裁决。

8.6.5　仲裁的形式

从世界范围内来看，机构仲裁和临时仲裁是仲裁的两种基本形式，两者相辅相成，在纠纷的解决中各自发挥着作用。

1. 临时仲裁

临时仲裁是相对机构仲裁而言的仲裁制度。当事人自己依协议组建仲裁庭或即使常设仲裁机构介入，仲裁机构也不进行程序上的管理，而是由当事人依协议约定临时程序或参考某一特定的仲裁规则或授权仲裁庭自选程序，这种形式的仲裁即为临时仲裁，又称特别仲裁或随意仲裁。临时仲裁是仲裁的初始形态，在当今世界各国都普遍设置常设仲裁机构的情况下，反而发展得更为迅速，在国际仲裁制度中占有十分重要的地位。当今世界各国普遍承认临时仲裁方式，并在有关国际仲裁公约中作出明确规定。临时仲裁具有以下几个特点：（1）跨国性和统一性，不同国家的商人均采用相同的办法、运用相同的游戏规则来处理纠纷；（2）程序简单，不拘泥于形式；（3）强调案件的处理结果应该公平合理；（4）裁决结束后，这些成员就解散。由于它便利、公正的特点，在社会中得到了广泛的认同。当然，临时仲裁也存在一定的缺陷：临时仲裁的主要程序事项取决于当事人的意愿，对仲裁员的素质要求较高，而且仲裁裁决相对不易于被他国承认、执行。

2. 机构仲裁

机构仲裁亦称制度性仲裁、常设仲裁，由一个常设的仲裁机构进行仲裁，即向一个由双方当事人约定的常设仲裁机构提出申请，并按照这个仲裁机构的仲裁规则或者双方选定的仲裁规则所进行的仲裁，仲裁裁决除了由仲裁员签字外，还要加盖仲裁机构的印章。所谓的常设仲裁机构是指根据一国的法律或者有关规定设立的，有固定名称、地址、仲裁员设置和仲裁规则的仲裁机构。常设仲裁机构能为仲裁工作提供必要的服务和便利，有利于仲裁工作的顺利进行。因此，近年来，国际商务仲裁很多也采用了机构仲裁。双方当事人如约定采用仲裁方式解决争议的，应该明确在哪个仲裁机构进行仲裁。

8.6.6　仲裁协议

仲裁协议是指双方当事人自愿把他们之间已经发生或将来可能发生的争议，提交仲裁机构或仲裁员，依照法律和仲裁规则解决的协议，是仲裁机构受理案件最直接的依据。

仲裁协议必须以书面的形式。仲裁协议一旦合法成立，在其有效期间内，任何一方不得任意变更或撤销，也不得将争议向法院起诉，必须自觉履行仲裁协议中规定的权利和义务。

1. 仲裁协议的类型

根据仲裁协议达成的时间不同，仲裁协议有三种类型：第一种是双方当事人在争议发生前订立的，表示愿意将他们之间将来可能发生的争议提交仲裁解决的协议，这种协议一般就订在合同中，作为合同的一个条款，称作仲裁条款；第二种是双方当事人在争议发生后订立的，表示愿意将他们之间已经发生的争议提交仲裁解决的协议；第三种是当事人在争议发生前或争议发生后通过"援引"的方式达成的协议，即当事人不直接拟定仲裁协议的内容，而是同意将他们之间的争议按照某个公约、条约或标准合同中的仲裁条款所规定的方式进行仲裁。

2. 仲裁协议的作用

（1）表明当事人双方愿意将他们之间的争议交由仲裁庭来裁决，仲裁裁决对双方都具有约束力，双方都愿意服从裁决结果。

（2）表明仲裁庭取得了对争议案件的管辖权。任何仲裁机构都无权受理没有仲裁协议的案件。

（3）排除了法院对争议案件的管辖权。世界上除极少数国家外，各国的法律一般都规定法院不受理争议双方订有仲裁协议的争议案件。即使一方当事人违反仲裁协议向法院起诉，另一方也可依据仲裁协议排除法院的管辖权，一方当事人如果对仲裁裁决不服，向法院起诉或上诉，法院一般也不受理。当事人在订立合同时，如果希望用仲裁方式解决争议，应该在合同中订立仲裁条款。一旦发生争议，任何一方都有权将争议提交仲裁庭解决，同时也排除了另一方通过诉讼解决的途径。

3. 仲裁协议的内容

根据《中华人民共和国仲裁法》的规定，一份有效的仲裁协议"应当具有下列内容：（一）请求仲裁的意思表示；（二）仲裁事项；（三）选定的仲裁委员会"。

（1）请求仲裁的意思表示。请求仲裁的意思表示是仲裁协议的首要内容，因为当事人以仲裁方式解决纠纷的意愿正是通过仲裁协议中请求仲裁的意思表示体现出来的。

（2）仲裁事项。仲裁庭只能在仲裁协议确定的仲裁事项的范围内进行仲裁，超出这一范围进行仲裁，所作出的仲裁裁决，经一方当事人申请，法院可以不予执行或者撤销。仲裁协议中订立的仲裁事项，必须符合两个条件：一是争议事项具有可仲裁性，即属于仲裁立法允许采用仲裁方式解决的争议事项，才能提交仲裁，否则会导致仲裁协议的无效；二是仲裁事项的明确性，由于仲裁事项是仲裁庭要审理和裁决的事项，因此，仲裁事项必须明确。

（3）选定的仲裁委员会。仲裁委员会是受理仲裁案件的机构。由于仲裁没有法定管辖的规定，因此，仲裁委员会是由当事人自主选定的。如果当事人在仲裁协议中不选定仲裁委员会，仲裁就无法进行。仲裁委员会的选定，原则上应当是明确、具体的，即双方当事人在仲裁协议中要选定某一仲裁委员会进行仲裁。

8.6.7 仲裁条款的基本内容

国际货物买卖合同中的仲裁条款，通常包括仲裁地点、仲裁机构、仲裁规则、仲裁裁决的效力和仲裁费的负担。现分别介绍和说明如下。

1. 仲裁地点

交易双方磋商仲裁条款时，都极为关心仲裁地点的确定，这是因为仲裁地点与仲裁所适用的法律密切相关。按各有关国家的法律规定，凡属程序方面的问题，除非仲裁条款（或协议）另有规定，一般都适用审判地法律，即在哪个国家仲裁，就往往适用哪个国家的仲裁法规。至于确定合同当事人权利、义务的实体法，如在合同中具体约定，一般则由仲裁庭按仲裁地点所在国的法律冲突规则予以确定。鉴于仲裁地点是买卖双方共同关心的一个十分重要的问题，故在仲裁条款中必须作出明确具体的规定。在我国进出口合同中，关于仲裁地点通常有三种规定办法：一是约定在中国仲裁；二是约定在被申请人所在国仲裁；三是约定在双方同意的第三国仲裁。

2. 仲裁机构

在国际上，有些国际组织和许多国家或地区都分别成立了常设仲裁机构。除设在巴黎的国际商会仲裁院外，还有英国伦敦仲裁院、瑞典斯德哥尔摩商会仲裁院、瑞士苏黎世商会仲裁院、美国仲裁协会、日本国际商事仲裁协会等。我国常设的涉外仲裁机构主要是中国国际经济贸易仲裁委员会和中国海事仲裁委员会。根据业务发展的需要，中国国际经济贸易仲裁委员会在上海和深圳分别设有分会。此外，我国有些省市和地区，近年来还按实际需要设立了若干地区性的仲裁机构。鉴于国际上的仲裁机构很多，甚至在一个国家或地区就有多个仲裁机构，合同当事人究竟选用哪个仲裁机构，应在合同仲裁条款中具体列明。

3. 仲裁规则

各国仲裁机构一般都制定了自己的仲裁规则，按照国际仲裁的通常做法，原则上都采用仲裁所在地的仲裁规则，但值得注意的是，在法律上也允许根据双方当事人的约定，采用仲裁地点以外的其他国家（或地区）仲裁机构所制定的仲裁规则进行仲裁。在中国仲裁时，双方当事人通常都约定使用《中国国际经济贸易仲裁委员会仲裁规则》。根据该仲裁规则的规定，凡当事人同意将争议提交中国国际经济贸易仲裁委员会仲裁的，均视为同意按照该仲裁规则进行仲裁。在此需要指出，如果当事人约定用其他仲裁规则，或约定对本规则有关内容进行变更的，从其约定。但其约定无法实施或与仲裁强制性法律规定相抵触者除外。

4. 仲裁裁决的效力

仲裁庭依法作出的裁决，通常都是终局性的，对争议双方当事人均具有法律效力，任何一方都必须依照执行，并不得向法院起诉要求变更裁决。即使当事人向法院起诉，法院一般也只是审查程序，而不审查实体，即只审查仲裁裁决在法律手续上是否完备、有无违反程序上的问题，而不审查裁决本身是否正确。若法院查出仲裁程序上确有问题，则可宣布仲裁裁决无效。

由于仲裁是建立在双方当事人自愿基础上的，因此，仲裁庭作出的裁决，如仲裁程序上没有问题，双方当事人应当承认和执行。若败诉方不执行裁决，胜诉方有权向有关法院起诉，请求法院强制执行，以维护自身的合法权益。若仲裁裁决的承认与执行涉及一个国家的仲裁机构所作出的裁决要由另一个国家的当事人去执行的问题，在此情况下，若国外当事人拒不执行仲裁裁决，则可依据国际间的双边协议或多边国际公约的规定来解决。

为了明确仲裁裁决的效力，以利于执行裁决，在订立合同中的仲裁条款时，应明确规定"仲裁裁决是终局性的，对双方当事人均有约束力"的条文。

5. 仲裁费的负担

仲裁费由谁负担，通常都在仲裁条款中予以约定，以明确责任。根据双方当事人的意愿，有的约定由败诉方承担，也有的约定由仲裁庭裁决确定。

8.6.8　仲裁的程序

仲裁程序是进行仲裁的程序和做法，主要包括仲裁申请、仲裁庭的组成、仲裁审理及作出裁决等。一般各仲裁机构的仲裁规则对仲裁程序都有明确的规定。下面以《中国国际经济贸易仲裁委员会仲裁规则》的有关规定为依据来简单介绍仲裁的主要程序。

1. 仲裁申请

申请仲裁时，申请人应当向仲裁委员会秘书局或分会秘书处提交仲裁申请书、书面仲裁协议、案件事实所依据的证据材料，并根据仲裁费用表预缴仲裁费。

2. 仲裁庭的组成

根据我国的仲裁法和仲裁规则规定，仲裁庭的组成人员应当为一人或三人。一人组成的仲裁庭为独任仲裁庭，适用于如下两种情况：（1）双方当事人约定仲裁庭的组成人员应当为一人；（2）根据案件的性质或当事人的约定，案件适用简易仲裁程序，在简易仲裁程序中，仲裁庭的组成人员人数当然为一人。除了上述两种情况外，仲裁庭的组成人员人数均应为三人。在大多数情况下，中国仲裁机构的仲裁庭由三名仲裁员而非一名仲裁员组成。

3. 仲裁审理

各国仲裁机构对仲裁的审理过程基本相似，包括开庭、调解、收集证据调查事实和审理等。在我国仲裁庭组成后，会与仲裁委员会秘书处协商开庭审理的日期，秘书处将开庭时间及开庭事项书面通知双方当事人。

4. 收集审订证据

申请人和被申请人均应当对其申请、答辩和反请求所依据的事实提出证据。仲裁庭认为必要时，也可以自行调查事实和收集证据。仲裁庭自行调查事实和收集证据时，认为有必要通知各方当事人到场的，应及时通知各方当事人到场，经通知而一方或各方当事人均不到场的，仲裁庭自行调查事实和收集证据的行动不受影响。

5. 保全措施

为了保证仲裁程序的顺利进行，保证案件能得到公正合理的裁决以及裁决的有效执行，当事人有权申请财产保全措施和证据保全措施。当事人要求采取保全措施的，应提出书面保全申请，由当事人住所地或其财产所在地及证据所在地中级人民法院作出裁定。

6. 裁决

适用普通程序的涉外案件，仲裁庭应当在组庭之日起6个月内作出裁决书；适用简易程序的涉外和国内案件，仲裁庭应当在组庭之日起3个月内作出裁决书。

裁决的种类包括中间裁决、部分裁决及最终裁决。中间裁决是指如果仲裁庭认为有必要或者当事人请求经仲裁庭同意，仲裁庭可以在作出最终裁决之前，就案件的任何程序问题作出暂时性裁决；部分裁决是指如果仲裁庭认为有必要或者当事人请求经仲裁庭同意,仲裁庭可以在作出最终裁决之前,就案件已经审理清楚的某一个或某几个事实问题作出终局性裁决,部分裁决构成最终裁决的一部分;最终裁决指仲裁庭就全部的争议事项作出的终局性裁决。

8.6.9　我国的涉外仲裁

在我国,有两个涉外仲裁机构,都隶属于民间机构中国国际商会,一个是中国国际经济贸易仲裁委员会,它是处理国际经济贸易方面争议案件的常设仲裁机构,在深圳和上海设有分会。仲裁委员会与其分会是同一个仲裁机构,使用统一的仲裁规则和仲裁员名册。另一个是处理海事争议案件的仲裁机构——中国海事仲裁委员会。

从 1994 年 6 月 1 日起,我国国际经贸仲裁开始使用修订后的仲裁规则。按新的《中国国际经济贸易仲裁委员会仲裁规则》规定,中国国际经济贸易仲裁委员会受理案件的范围,从主体上看,既受理外国法人及/或自然人同中国法人及/或自然人之间的仲裁案件,也受理外国法人及/或自然人相互之间的仲裁案件,以及中国法人及/或自然人相互之间的仲裁案件。中国国际经济贸易仲裁委员会在当今世界主要的国际商事仲裁机构中名列前茅,许多外国公司也愿意将它们之间的商务纠纷选择在中国仲裁。

由于我国现在已加入 1958 年《纽约公约》,当事人可依照公约规定直接到其他有关缔约国申请承认和执行我国涉外仲裁机构作出的裁决。中国涉外仲裁机构作出的发生法律效力的仲裁裁决,当事人请求执行的,如果被执行人或者其财产不在中国领域内,应当由当事人直接向有管辖权的外国法院申请承认和执行。对于符合条件的外国仲裁裁决,当事人可依照 1958 年《纽约公约》规定,直接向我国有管辖权的人民法院申请承认和执行。对于在非缔约国领土内作出的仲裁裁决,需要我国法院承认和执行的,只能按互惠原则办理。我国有管辖权的人民法院接到一方当事人的申请后,应对申请承认和执行的仲裁裁决进行审查,如果认为不违反我国缔结或参加的国际条约的有关规定或《民事诉讼法》的有关规定,应当裁决其具有效力,并依照《民事诉讼法》规定的程序执行,否则,裁定驳回申请,拒绝承认及执行。

8.6.10　解决合同争议的其他途径

除了仲裁外,还有其他三种途径:

1. 协商

争议双方本着公平合理的原则,通过友好协商,达成和解,这是解决合同争议的好办法。但是,遇到与合同当事人有较大利害关系的争议时,争议双方往往各持己见,难以达成共识,故此种解决争议的办法有一定的局限性。

2. 调解

若争议双方通过友好协商不能达成和解,则可在争议双方自愿的基础上,由第三者出面从中调解。调解应在确定事实、分清是非和责任的基础上,尊重合同规定,依照法律,参照国际惯例,根据客观公正和公平合理的原则进行,以促使当事人互谅互让，达成和解。实践表明，这也是解决争议的一种好办法。多年来，我国仲裁机构首创的"调解与仲裁相结合"的做法，体现出奠基于我国优秀文化传统之上的中国仲裁制度的特点，这种做法已收到了良好的效果。其具体做法是：结合仲裁的优势和调解的长处，在仲裁程序开始之前或之后，仲裁庭可以在当事人自愿的基础上，对受理的争议进行调解，如调解失败，仲裁庭仍按照仲裁规则的规定继续进行仲裁，直到作出终局裁决。

3. 诉讼

争议双方经过友好协商与调解，都未达成和解，而他们又不愿采取仲裁方式，则可通过诉讼途径解决争端。诉讼具有下列特点：

（1）诉讼带有强制性，只要一方当事人向有管辖权的法院起诉，另一方就必须应诉，争议双方都无权选择法官。

（2）诉讼程序复杂，处理问题比仲裁慢。

（3）诉讼处理争议，双方当事人关系比较紧张，有伤和气，不利于以后贸易关系的继续发展。

（4）诉讼费用较高。

【小结】

本章介绍了商品的名称、品质、数量和包装的基本概念和作用，并着重说明了在国际贸易合同中商品的名称、品质、数量和包装条款的基本内容及规定方法，以及订立这些条款时所应注意的问题，同时对国际贸易中的商品的检验的含义和作用、检验机构以及检验证书进行了详细的介绍，由于商品检验是国际货物买卖中不可缺少的一个重要的环节，故商品检验条款是合同的重要一环；为了预防和减少贸易纠纷以及依约处理合同争议，买卖双方应在买卖合同中约定索赔条款、不可抗力的免责条款，以及仲裁条款，通过以上条款，使合同能够得到很好的履行，进而维护双方的合法利益，促进国际贸易的发展。

【思考题】

1. 关于进出口商品检验的地点和时间通常有哪几项规定的方法？

2. 商检证书的作用有哪些？

3. 为什么仲裁是解决进出口中争议的重要方式？国际货物买卖合同中仲裁条款包括哪些主要内容？

4. 什么是"代表性样品"、"原样"、"复样"、"封样"、"对等样品"？它们各自的作用如何？

5. 为什么要在合同中规定溢短装条款？通常情况下如何规定？

6. 包装在国际货物买卖中的作用是什么？我国对出口包装的要求如何？

7. 什么是中性包装？它和定牌有什么区别？

8. 在进出口合同中怎样确定索赔和罚金条款？

9. 什么是不可抗力？不可抗力的法律后果有哪几种情况？

【案例分析】

1. 某公司出口生丝，合同为 100 公吨，溢短装 5%，约定标准回潮率为 11%。现有生丝 104 公吨，回潮率为 9%，试问：（1）这批生丝公量为多少？（2）是否符合溢短装条款规定的重量？如不符合，应取出多少回潮率为 9% 的生丝？

2. 中国某公司从国外进口某农产品，合同数量为 100 万公吨，允许溢短装 5%，而外商装船时共装运了 120 万公吨，对多装的 15 万公吨，我方应如何处理？

3. 一德国商人向我某企业出口成套设备，合同中订有不可抗力条款。在临近装运期时，德国商人来电称：由于海湾战争，石油涨价，成套设备的成本增 28%，如能接受提价 28% 将按期履行合同，如不同意提价，则援引不可抗力条款解除合同。对德商的意见，我方应如何处理？

4. 甲方与乙方签订了出口某种货物的买卖合同一份，合同中的仲裁条款规定"凡因执行本合同所发生的一切争议，双方同意提交仲裁，仲裁在被诉人所在国进行。仲裁裁决是终局的，对双方均有约束力。"在履行合同的过程中，乙方提出甲方所交的货物品质与合同规定不一致，于是双方将争议提交甲国仲裁。经过仲裁庭调查审理，认为乙方的举证不实，裁决乙方败诉，事后，甲方因乙方不执行裁决向本国法院提出申请，要求法院强制执行，乙方不服。请问：乙方可否向本国法院提出上诉？为什么？

第 9 章
国际贸易术语

【学习目标】

通过本章的学习，能够了解贸易术语的概念、产生及发展和国际贸易惯例；熟悉和掌握《2010 通则》中 11 个贸易术语的含义、特点、风险、费用和责任的划分以及适用的运输方式；掌握商品价格构成与换算及成本核算；掌握并熟悉佣金和折扣的含义与应用。

【重点与难点】

贸易术语；《2010 通则》中 11 个贸易术语的含义以及在实践中的应用；进出口商品成本核算以及进出口商品的作价方法；佣金和折扣的含义与使用。

【导入案例】

我国某公司从美国一公司进口特制钢材 100 公吨，价格条件为 FOB Vessel San Francisco。每公吨 860 美元，采用信用证方式支付。按照规定，我方通过国内某银行开立了金额为 10 万美元的不可撤销即期信用证。然而，对方收到信用证后回电称，"贵方信用证金额不足以保证合同的履行，还应增加 1 万美元以办理出口相关手续及费用"。我方感到十分不解，认为该术语下出口手续及费用按照《2000 通则》应由卖方（美方）办理。对此，美方回复称，按其习惯做法及《1941 年美国对外贸易定义修订本》有关规定，该术语下卖方无义务办理出口清关及费用支付等，并且成交时合同并未注明受《2000 通则》约束。而此时由于我方急需该批货物，最终只好通过银行将信用证金额增至 11 万美元。试问：本案例中，美方的要求是否合理？我方应从中吸取什么教训？

（资料来源：冷柏军：《国际贸易实务》，对外经济贸易大学出版社，2005）

解读：案例涉及相关国际贸易惯例问题，我方正是因为没有充分认识不同国家适用不同惯例这一点而遭受了损失。

除此之外，使用 FOB 术语，卖方还必须注意有关提单出具的问题。在《2000 通则》中，托运人可以是交付运输的人，也可以是订立运输合同的人。FOB 条件下，由于是买方派船接货，若提单上托运人是买方，则很有可能出现买方和承运人串通的欺诈行为，比如买方中途转货，即出现"无单放货"，这样，由于卖方不是托运人，从而其无权起诉承运人，也就可能遭受到巨大损失。

在国际贸易中，交易双方通过磋商，订立合同来确立各自承担的义务。在合同中要明确交货地点以及货物交接过程中有关风险、责任和费用的划分。因此，通常将在合同中予以明确的条件称为交货条件。交易双方在谈判和签约时往往通过使用贸易术语来确定成交条件，以避免因责任不清导致出现纠纷。可见学习和掌握国际贸易中的各种贸易术语及有关的国际惯例，具有十分重要的意义。

9.1　贸易术语概述

9.1.1　贸易术语的概念

贸易术语，是在长期的国际贸易实践中出现并逐步发展起来的，由三个英文字母缩写组成的用以表明进出口商品的价格构成和买卖双方各自应承担的责任、费用与风险划分的专门用语。每种贸易术语有着各自特定的含义，它不仅表明了价格的组成，同时还规定了买卖双方的权利和义务。例如，在 CIF 术语下，卖方价格包括成本、保险费和运费，卖方要负责租船订舱、支付货物运至目的港的运费，同时还要负责办理海上运输保险等；而在 FOB 术语下，卖方要在双方约定的装运港将货物装到买方指定的船上，并负责办理出口通关手续，买方则需要租船订舱，自己办理海上货运保险，并支付保险费；因此，熟悉并掌握每一个术语的具体含义对买卖双方有着非常重要的意义。

贸易术语以简略的文字说明了商品的价格构成和交货条件，同时以其特有的风险、责任、费用划分极大地便利了交易活动，既简化交货手续，又节省了交易时间和费用，继而大大提高了经济效益，对国际贸易的迅速发展起到了重要促进作用。

9.1.2　贸易术语的产生及发展

国际贸易起源于奴隶制社会，它是随着商品交换跨越国界而产生的，而贸易术语在国际贸易中的应用可以追溯到二百多年前。据有关资料记载，早在 19 世纪初，就出现了贸易术语的雏形，但在国际贸易活动中，由于双方当事人往往处于不同的国家和地区，而各个国家之间的贸易习惯又有所不同，这就容易引发误解、争议和诉讼，从而导致时间和金钱的大量浪费。为解决这些问题，便于商人们交易，就需要编订一个统一的贸易术语解释出版物。有鉴于此，国际商会于 1921 年在伦敦举行的一次会议上授权贸易术语委员会收集各国所理解的贸易术语的摘要，广泛征求出口商、进口商、代理人、船东、保险公司和银行等各方面的意见，来寻求一个各方均适用的术语解释。1923 年摘要的第一版面世，内容涉及 FOB、FAS、FOT 或 FOR、Free Delivered 、CIF 以及 C&F 六种贸易术语；摘要的第二版于 1929 年出版，其摘录并整理了 35 个国家对上述六种术语的解释，内容经整理得到进一步完善；随后又经过几年的磋商和研讨，1936 年 6 月国际商会最终在理事会会议上通过了具有历史性意义的《国际贸易术语解释通则》，即 "INCOTERMS"（1936）（简称《1936 通则》），为国际贸易的发展作出了里程碑式的贡献。此后，国际商会又分别于 1953 年、1967 年、1976 年和 1980 年对《1936 通则》进行了修订和完善，当《1980 通则》生效时，贸易术语已经增加至 14 种；而后随着科技的进步和交通运输、通信业的发展，到 1990 年推出《1990 通则》时，原有的贸易术语中删除了 FOR/FOT

（铁路交货/火车上交货）和 FOA（启运地机场交货），增加了 DDU（未完税交货），贸易术语的数量改为了 13 种。

贸易术语在长期的贸易实践中，无论在数量、名称及其内在含义方面，都经历了很大变化。随着贸易发展的需要，新的贸易术语应运而生，过时的术语则逐渐被淘汰。尤其是近年来，鉴于无关税区的广泛发展和电子信息的日益频繁运用，在《1990 通则》的基础上，国际商会又公布了《2000 通则》，新版通则保持原有贸易术语的数量不变，只是更改了部分术语的当事人义务，并对一些词语的含义进行了适当的变更，以便其更加适应贸易实践的发展。可见贸易术语的出现促进了国际贸易的发展。

全球化经济赋予商业以空前宽广的途径通过世界各地市场。货物得以在更多的国家、大量且种类愈繁地销售。然而随着全球贸易数额的增加与贸易复杂性的提升，因销售合同不恰当起草引致误解与高代价争端可能性也提高了。为了解决这一问题和促进国际贸易的发展，国际商会（ICC）重新编写了《2010 年国际贸易术语解释通则》（INCOTERMS 2010），该通则是国际商会根据国际货物贸易的发展，对《2000 通则》的修订，2010 年 9 月 27 日公布，于 2011 年 1 月 1 日开始全球实施，《2010 通则》较《2000 通则》更准确标明各方承担货物运输风险和费用的责任条款，令船舶管理公司更易理解货物买卖双方支付各种收费时的角色，有助于避免现时经常出现的码头处理费（THC）纠纷。此外，新通则亦增加大量指导性贸易解释和图示，以及电子交易程序的适用方式。

9.2　贸易术语的国际惯例

贸易术语是在国际贸易实践中逐渐形成的，在很长一段时间内，在国际上没有形成对贸易术语的统一解释。不同国家对贸易术语有不同的解释和做法，这就会产生国际贸易中的矛盾和纠纷，影响了国际贸易的发展。为解决这些矛盾、促进国际贸易的发展，国际商会、国际法协会等国际组织以及美国一些著名商业团体经过长期的努力分别制定了解释国际贸易术语的规则，这些规则在国际上得到了广泛的应用，并成为国际贸易惯例。

国际贸易惯例是指在贸易中经反复实践形成的，并经国际组织加以编撰和解释的习惯做法。国际贸易惯例本身不是法律，对交易双方不具有强制约束力，因而，买卖双方有权在合同中作出与某项惯例不符的规定。只要合同有效成立，双方均要遵照合同的规定履行。

目前有关贸易术语的国际贸易惯例主要有三个：《1932 年华沙—牛津规则》（*Warsaw – Oxford Rules* 1932）；《1941 年美国对外贸易定义修订本》（*Revised American Foreign Trade Definitions* 1941）；《2000 年国际贸易术语解释通则》（*International Rules for the Interpretation of Trade Terms*，INCOTERMS 2000）；《2010 年国际贸易术语解释通则》。

9.2.1　《1932 年华沙—牛津规则》

《1932 年华沙—牛津规则》是国际法协会专门为解释 CIF 合同而制定的。

19 世纪末 20 世纪初，CIF 贸易术语开始在国际贸易中得到广泛运用，但是对使用这一术语时买卖双方需要承担的具体义务，却没有统一的规定。对此，1928 年国际法协会在波兰华沙开会，讨论并制定了有关 CIF 合同规则的《1928 年华沙规则》，共包括 22 条。其后，它又在 1932 年牛津会议上对华沙规则进行了修正，同时将规则定名为《1932 年华沙—牛津规则》，沿用至今。该规则全文共 21 条，主要阐述了 CIF 合同下，买卖双方当事人的风险、费用和责任的划分以及货物所有权转移的方式等，其主要内容如下：

1. 卖方必须备妥合同规定的货物，在规定的时间、按港口习惯方式将货物装到该港口的船上。

2. 根据货物的性质、预定航线或特定行业的特点，卖方必须自费订妥运输合同，除规则特别规定外，上述运输合同必须用"已装船"提单作为证明；在货物已装船或交承运人保管时，卖方须充分通知买方，并详细说明船名、唛头和其他细节，通知的费用由买方负担。

3. 卖方有责任自担费用向信誉良好的保险商或保险公司投保，取得海运保险单，以作为有效和确实存在的保险合同的证明。

4. 卖方应竭尽全力发送各种单据，并有责任尽速提交给买方。除买卖合同有规定外，单据不用航空寄递。这里的"单据"是指提单、发票、保险单或依照本规则用以代替这些单据的其他单据等。

5. 当正当的单据被提供时，买方有责任接受此种单据，并按买卖合同条款支付货款；买方有权要求检查单据的合理机会和进行检查的合理时间。

6. 风险自卖方将货物装到船上或交给承运人时转移给买方。

9.2.2　《1941 年美国对外贸易定义修订本》

1. 《1941 年美国对外贸易定义修订本》的制定与修改

1919 年，美国的九个大商业团体在纽约制定了《美国出口报价及其缩写条例》（*The U. S. Export Quotations and Abbreviations*）；而后，又在 1941 年的美国第 27 届全国对外贸易会议上对其进行了修订，并更名为《1941 年美国对外贸易定义修订本》。这一修订本由美国商会、美国进口商协会和全国对外贸易协会所组成的联合委员会于 1941 年 7 月 30 日通过并即日生效。该修订本主要为美国、加拿大以及其他一些美洲国家所采用，它解释了 Ex（Point of Origin）——产地交货、FOB（Free on Board）——在运输工具上交货、FAS（Free Alongside Ship）——船边交货、C&F（Cost and Freight）——成本加运费、CIF（Cost, Insurance and Freight）——成本加保险费、运费和 Ex Dock（Named Port of Importation）——目的港码头交货这六种贸易术语的含义。在这六种贸易术语中，除个别术语外，绝大多数与《2000 通则》中的解释有很大出入。所以，在同美洲国家进行交易时应加以注意。

2. 《1941 年美国对外贸易定义修订本》的内容简介

（1）Ex（Point of Origin）——产地交货

"Ex" 在贸易术语中的英文含义是 "Deliver at"，即在某地交货，交货的地点紧跟术语之后，如 Ex Factory，就是工厂交货。在该术语下，所报价格仅适用于原产地交货，卖方必须在规定的时间内、于双方约定的地点，将符合合同规定的货物置于买方控制之下，并承担在此之前的一切风险和费用；买方则需在规定日期或期限内受领货物，并承担受领货物之后的一切费用和风险。这与《2000 通则》的 Ex Works（工厂交货）相类似。

（2）FOB（Free on Board）——在运输工具上交货

根据交货地点、费用和风险的不同《1941 年美国对外贸易定义修订本》将 FOB 分为六种：

①在内陆指定发货地点的指定内陆运输工具上交货（FOB Named Inland Carrier at Named Inland Point of Departure）。按此术语，卖方所报价格仅适用于在内陆装运地点，由卖方安排并将货物装于火车、卡车、驳船、拖船、飞机或其他供运输用的载运工具之上。

②在内陆指定发货地点的指定内陆运输工具上交货，运费预付到指定的出口地点（FOB Named Inland Carrier at Named Inland Point of Departure, Freight Prepaid to Named Point of Exportation）。按此术语，卖方所报价格包括把货物运至指定出口地点的运输费用，并预付至出口地点的运费。卖方在内陆指定起运地点取得清洁提单或其他运输收据后，对货物不再承担责任。

③在内陆指定发货地点的指定内陆运输工具上交货，减除至指定出口地点的运费（FOB Named Inland Carrier at Named Inland Point of Departure, Freight Allowed to Named Point of Exportation）。按此术语，卖方所报价格，包括货物至指定地点的运输费用，但注明运费到付，并将由卖方在价金内减除。卖方在内陆指定起运地点取得清洁提单或其他运输收据后，对货物不再承担责任。

④在指定出口地点的指定内陆运输工具上交货（FOB Named Inland Carrier at Named Inland Point of Exportation）。按此术语，卖方所报价格，包括将货物运至指定出口地点的运输费用，并承担直至上述地点的任何灭失及/或损坏的责任。

⑤指定装运港船上交货（FOB Vessel Named Point of Shipment）。按此术语，卖方所报价格包括在指定装运港将货物交到由买方提供或为买方提供的海洋轮船上的全部费用。

⑥进口国指定内陆地点交货（FOB Named Inland Point in Country of Importation）。按此术语，卖方所报价格包括货价及运至进口国指定内陆地点的全部运输费用。

从以上可以清楚看到，除了第（5）种术语，其他种类 FOB 术语与《2000 通则》中的 FOB 解释相差甚远。然而需要注意的是，其中第（5）种 FOB 术语与《2000 通则》中的 FOB 条件也有所差别：根据《1941 年美国对外贸易定义修订本》的解释，要表示将货物装到船上，必须在 FOB 后面加注 "Vessel" 字样，如 "FOB Vessel New York"；如果不加 "Vessel"，则意味着卖方可以把货物放在纽约城的任何一个地方。关于这一点，我们在同美国、加拿大等美洲国家的交易中要尤其注意，以免发生不必要的争议和损失。

（3）FAS（Free Alongside Ship）——船边交货

FAS Vessel（Named Port of Shipment），即船边交货（指定装运港）。在该术语下，卖方的主要义务是：在规定日期或期限之内，将货物交至船边或交至由买方或为买方指定或提供的码头，并支付为搬运重件至上述船边或码头而引起的任何费用；提供清洁码头收据或轮船收据；承担货物的一切灭失及/或损坏责任，直至将货物交到船边或码头为止等。买方的主要义务则是：将船名、开航日期、装船泊位及交货时间明确地通知卖方，并办理从货物到达船边以后的一切运转事宜；承担货物交至船边或码头以后所发生的任何灭失及/或损坏的风险；支付因领取由原产地及/或装运地国家签发的、为货物出口或在目的地进口所需的各种证件（清洁码头收据或轮船收据除外）而发生的一切费用。

（4）C&F（Cost and Freight）——成本加运费

C&F（Named Port of Destination），即成本加运费（指定目的地）。在该术语下，卖方必须办理将货物运至指定目的地的运输事宜，并支付相关运费；取得运往指定目的地的清洁提单，并迅速送交买方或其代理；在买方请求并由其负担费用的情况下，提供产地证明书、领事发票或由原产国及/或装运国所签发的、为买方在目的地国家进口此项货物及必要时经由第三国过境运输所需要的各项证件；支付出口税或因出口而征收的其他税捐费用，并承担货物已装到船上为止的风险。买方则需要在船到达时受领货物并办理货物的随后运转；办理保险并支付保险费；支付产地证明书、领事发票或其他由原产地及/或装运地国家签发的、为货物在目的地国家进口及必要时经由第三国过境运输所需的任何其他证件的费用并承担货物装船后的风险。

（5）CIF（Cost，Insurance and Freight）——成本加保险费、运费

CIF（Named Point of Destination），即成本加保险费、运费（指定目的地）。在该术语下，卖方除承担上述 C&F 术语所规定的义务外，还必须办理保险，支付保险费；而买方在 C&F 中的保险义务也就被相应地免除。

（6）Ex Dock（Named Port Importation）——目的港码头交货

在该术语下，卖方必须负责安排货物至指定目的港的运输并支付其费用；办理海洋运输保险并支付保险费；承担指定目的港码头允许货物停留期限届满之前的货物灭失及/或损坏责任；支付一切起岸费用和在进口国的一切报关费用；除非另有约定，卖方还要支付进口国的关税和一切适用于进口的税捐等。买方的义务则是在码头规定的期限内，从指定目的港码头受领货物。这里需要指出的是，在《2000 通则》中的 DEQ（目的港码头交货）术语下，进口报关是由买方负责，这一点与"Ex Dock"有所不同。

总而言之，《1941 年美国对外贸易定义修订本》在澄清与简化对外贸易实务方面起过非常重要的作用，也得到了世界各国买卖双方的广泛认可。但由于其使用范围和术语的有限，目前渐渐出现了为《2000 通则》所取代的趋势。尽管如此，鉴于北美国家长期以来的习惯做法，从事国际贸易的相关人员在与其进行交易时仍需注意和区别有关贸易术语。

9.2.3 《2000 通则》

《2000 通则》是国际商会在最初的《1936 年国际贸易术语解释通则》的基础上经过多次的修正和完善而制定出来的，它于 1999 年 7 月公布，2000 年 1 月 1 日正式生效。

《2000 通则》基本沿用了《1990 通则》的内容，《2000 通则》的公布和实施，使《国际贸易术语解释通则》更适应当代国际贸易的实践，这不仅有利于国际贸易的发展和国际贸易法律的完善，而且起到了承上启下的作用，标志着国际贸易惯例的最新发展。《2000 通则》的引言中指出，其宗旨是为国际贸易中最普遍使用的贸易术语提供一套解释的国际规则，以避免因各国不同解释而出现的不确定性，或至少在相当程度上减少这种不确定性。如今，作为一种重要的国际贸易惯例，它已成为国际贸易双方当事人签约、履行及解决业务纠纷的主要依据。

然而需要注意的是，《2000 通则》只限于销售合同当事人的权利义务中与已售货物（指"有形的"货物，不包括"无形的"货物，如电脑软件）交货有关的事项，如卖方交货、货物的进出口清关、货物的包装、买方受领货物的义务以及提供履行各项义务的凭证等。它并不涉及货物所有权和其他产权的转移、违约、违约行为的后果以及某些情况的免责，对于有关违约的后果或免责事项，可通过买卖合同中其他条款和适用的法律来解决。此外，由于该通则版本较多，并且还存在着前述的其他国际贸易惯例，所以倘若合同当事人愿意受该通则约束，则最好在买卖合同中予以明确表示，同时注明所采用的版本，以避免可能产生的争议，如注明"本合同受《2000 年国际贸易术语解释通则》管辖"（ This contract is governed by INCO-TERMS 2000）。

与《1990 通则》相比，《2000 通则》的变化不大，这也进而表明了《国际贸易术语解释通则》正日趋稳定化。立基于 1990 版本，2000 版本主要在以下两个方面发生了实质性改变：一是有关 FAS 和 DEO 术语下办理清关手续和交纳关税的义务；二是在 FCA 术语下装货和卸货的义务。有关改变的具体内容，将在下面章节阐述具体术语时加以说明。此外，《2000 通则》还在形式上做了一些改变，即将 1990 版本中买卖双方同一条义务的横向排列对比改为纵向排列对比，并且在买方义务的第三条的标题上加了保险合同一项，而买卖双方各十项的义务则保持不变。具体情况如表 9 - 1。

表 9 - 1　　　　　　　　　　《2000 通则》买卖双方应承担的义务

A1. 提供符合合同规定的货物	B1. 支付货款
A2. 许可证、批准文件及海关手续	B2. 许可证、批准文件及海关手续
A3. 运输合同与保险合同	B3. 运输合同与保险合同
A4. 交货	B4. 受领货物
A5. 风险转移	B5. 风险转移
A6. 费用划分	B6. 费用划分
A7. 通知买方	B7. 通知卖方

A8. 交货凭证、运输单证或具有同等作用的电子信息	B8. 交货凭证、运输单证或具有同等作用的电子信息
A9. 核查、包装及标记	B9. 货物检验
A10. 其他义务	B10. 其他义务

　　注：A 代表卖方义务；B 代表买方义务。

　　在贸易术语的数量和结构上，《2000 通则》也没有发生变化，共包括 13 种贸易术语，并按其特性仍分为"E、F、C、D"四个组。第一组为 E 组，仅包括 EXW 一种贸易术语，指卖方在产地交货的贸易术语；第二组 F 组，包括 FCA、FAS 和 FOB 三种贸易术语，指卖方需将货物交至买方指定的承运人，从交货地到目的地的运费由买方负担；第三组 C 组，包括 CFR、CIF、CPT 和 CIP 四种贸易术语，指卖方必须自费订立自装运地至目的地的货物运输合同，但不承担货物越过船舷或交付承运人后所可能遭受的一切灭失或损坏的风险以及额外费用；第四组 D 组，包括 DAF、DES、DEQ、DDU 和 DDP 五种贸易术语，指卖方须承担把货物交至目的地国所需的全部费用和风险。具体分类详见表 9 - 2。

表 9 - 2　　　　　　　　　　　《2000 通则》中的 13 种贸易术语分类

组别	术语缩写	术语英文名称	术语中文名称
E 组（起运）	EXW	Ex Works	工厂交货 （……指定地点）
F 组 （主要运费未付）	FCA	Free Carrier	货交承运人 （……指定地点）
	FAS	Free Alongside Ship	船边交货 （……指定地点）
	FOB	Free on Board	船上交货 （……指定地点）
C 组 （主要运费已付）	CFR	Cost and Freight	成本加运费 （……指定地点）
	CIF	Cost, Insurance and Freight	成本加保险费、运费 （……指定地点）
	CPT	Carriage Paid to	运费付至 （……指定地点）
	CIP	Carriage and Insurance Paid to	运费、保险费付至 （……指定地点）

组别	术语缩写	术语英文名称	术语中文名称
D 组 （到达）	DAF	Delivered at Frontier	边境交货 （……指定地点）
	DES	Delivered Ex Ship	船上交货 （……指定地点）
	DEQ	Delivered Ex Quay	码头交货 （……指定地点）
	DDU	Delivered Duty Unpaid	未完税交货 （……指定地点）
	DDP	Delivered Duty Paid	完税后交货 （……指定地点）

综上所述，国际贸易惯例在国际经济活动中发挥了极其重要的作用，它为交易双方明确各自的权利提供了依据。在我国的对外贸易实践中，我们应该多了解和掌握一些国际贸易惯例，在平等互利的基础上，积极采用有利的贸易惯例，以推动外贸业务的开展。同时，当发生争议时也应当尽力援引适当的惯例据理力争，提出合理的论据，争取有利的裁决。

9.2.4 《2010 通则》

国际贸易术语解释通则这一用于国内与国际贸易事项的国际商会规则使得全球贸易行为更便捷。在销售合同中参引国际贸易术语解释通则 2010 可清晰界定各方义务并降低法律纠纷的风险。

《2010 通则》考虑到了全球范围内免税区的扩展，商业交往中电子通信运用的增多，货物运输中安保问题关注度的提高以及运输实践中的许多变化。《2010 通则》更新并加强了"交货规则"——规则的总数从 13 降到 11，并为每一规则提供了更为简洁和清晰的解释。《2010 通则》同时也是第一部使得所有解释对买方与卖方呈现中立的贸易解释版本。

1. 《2010 通则》的主要变化

（1）两个新的贸易术语—— DAT 与 DAP，取代了 2000 年国际贸易术语解释通则中的 DAF、DES、DEQ 和 DDU 规则

国际贸易术语的数量从 13 个减至 11 个，这是因为 DAT（运输终点交货）和 DAP（目的地交货）这两个新规则取代了《2000 通则》中的 DAF、DES、DEQ 和 DDU 规则。但这并不影响约定的运输方式的适用。

在这两个新规则下，交货在指定目的地进行：在 DAT 术语下，买方处置运达并卸载的货物所在地（这与以前的 DEQ 规定的相同）；在 DAP 术语下，同样是指买方处置，但需做好卸货的准备（这与以前的 DAF、DES 和 DDU 规定的相同）。

新的规则使《2000 通则》中的 DES 和 DEQ 变得多余。DAT 术语下的指定目的地可以是指港口，并且 DAT 可完全适用于《2000 通则》中 DEQ 所适用的情形。同

样地，DAP 术语下的到达的"运输工具"可以是指船舶，指定目的地可以是指港口，因此，DAP 可完全适用于《2000 通则》中 DES 所适用的情形。与其前任规则相同，新规则也是"到货交付式"的由买方承担所有费用，即买方承担全部费用（除了与进口清算有关的费用）以及货物运至指定目的地前所包含的全部风险。

（2）《2010 通则》的 11 个术语的分类

《2010 通则》的 11 个术语分为显然不同的两类：

1）适用于任一或多种运输方式的规则

EWX 工厂交货

FCA 货交承运人

CPT 运费付至

CIP 运费及保险费付至

DAT 目的地交货

DAP 所在地交货

DDP 完税后交货

2）只适用于海运及内河运输的规则

FAS 船边交货

FOB 船上交货

CFR 成本加运费

CIF 成本、保险费加运费

第一类所包含的七个《2010 通则》术语——EWX、FCA、CPT、CIP、DAT、DAP 和 DDP，可以适用于特定的运输方式，亦可适用于一种或同时适用于多种运输方式，甚至可适用于非海事运输的情形。但是需要注意，以上这些规则仅适用于存在船舶作为运输工具之一的情形。

在第二类术语中，交货点和把货物送达买方的地点都是港口，所以只适用于"海上或内陆水上运输"。

FAS、FOB、CFR 和 CIF 都属于这一类。最后的三个术语，删除了以越过船舷为交货标准而代之以将货物装运上船。这更贴切地反映了现代商业实际且避免了风险在臆想垂线上来回摇摆这一颇为陈旧的观念。

（3）国内贸易与国际贸易的规定

国际贸易术语解释通则在传统意义被用于存在跨境运输的国际销售合同中，此种交易需要将货物进行跨越国境的运输。然而，在世界许多地区，如欧盟这样的商贸集团已经使得不同国家间的过关手续变得不那么重要。因此，《2010 通则》通过这一副标题正式认可该通则既可以适用于国内的也可以适用于国际的销售合同。所以，《2010 通则》在一些地方明确规定，只有在适当的情形，才存在遵守进/出口手续义务。

两项发展使得国际商会相信在这个方向的改革是适时的。首先，商人们普遍在纯国内销售合同中使用国际贸易术解释通则。其次，比起之前的统一商法典中关于装运和交付的条款，美国人在国内贸易中使用国际贸易术语解释通则意愿增强了。

（4）引言

在《2010 通则》的每条规则前面，都有一条引言。引言解释每条规前面，都有一条引言。引言解释每条规则的基本内容，比如说该规则何时被用到，风险何时发生转移，还有费用如何在卖方和卖方之间分担等等。引言并不是实际的《2010 通则》的规则的组成，但是它们能帮助使用者更准确、更有效地针对特定的贸易运用合适的国际贸易术语解释通则的规则。

（5）电子通信

之前版本的国际贸易术语解释通则已经说明了可以被电子数据交换信息替代的文件。然而，《2010 通则》的 A1/B1 条赋予电子方式的通信和纸质通信相同的效力，只要缔约双方同意或存在交易惯例。这一规定使《2010 通则》使用期内新的电子程序的发展更顺畅。

（6）保险范围

《2010 通则》是协会货物条款修订以来的第一版世界贸易术语解释通则，并对那些条款的变更做了考虑。

《2010 通则》把有关保险的信息义务规定在 A3/B3 条，这些条款涉及运输和保险合同。这些条款已经从《2010 通则》的 A10/B10 条中的更一般的条款中被删除了。为了明确缔约方在该事项上义务，关于保险的 A3/B3 条的行文也作了变化。

（7）安全清关和这些许可所需要的信息

现如今，货物运送过程中的安全问题得到了高度的重视，要求确认货物除了本身固有性质原因外对人身和财产不造成威胁。因而，在买方和卖方间已经分配了相应的责任，以在取得安全清关中获得或者提供帮助，如在多样国际贸易术语 2010 中的 A2/B2 和 A10/B10 条款中连锁保管的信息。

（8）终点站处理费用

在 CPT、CIP、CFR、CIF、DAT、DAP 和 DDP 等国际贸易术语规则中，卖家必须为货物到商定好目的地的运输作出安排。虽然运费是由卖家支付的，但因为运费一般被卖方纳入总体销售价格中，所以实际上运费是由买方支付的。

运费有时候会包含港口或集装箱终端设施内处理与移动货物的费用并且承运人和终点站运营方也可能向收到货物的买方收取这些费用。

在这些情况下，买家会希望避免为同一服务缴费两次，一次付给卖家作为销售价格中一部分与一次单独地付给承运人或者终点站运营方。

《2010 通则》在文件 A6/B6 的相关规则中明确分配这类费用，以求避免类似情形的发生。

（9）连环销售

在农矿产品销售中，相对于工业品的销售，货物经常在链条运转中被频繁销售多次。这种情况发生时，在链条中间环节的卖方并不"船运"这些货物，因为这些货物已经由最开始的卖方船运了。连环运转中间环节的卖方因而履行其对买方的义务，并不是通过船运货物，而是通过"取得"已经被船运的货物。

为明确起见，《2010 通则》包含了"取得已船运的货物"的义务，以将此作为通则的相关规则中船运货物义务的替代义务。

国际贸易术语的变体

有时各方想要改动一项国际术语规则。国际贸易术语规则 2010 不禁止此类改动，但是这样做会有危险。为了避免任何不欲之意外，各方在他们的合同中将需要使得该改动所需效果极其清晰。因此，比如说，如果国际贸易术语规则 2010 中的费用分配量在合同中被改变，各方亦需要很清楚地表明他们是否意图改变风险从卖方转至买方的临界点。

2.《2010 通则》中术语的使用解释

正如在《2010 通则》中，买方与卖方的义务以镜像方式呈现：A 条款下反映卖方义务；B 条款下反映买方义务。这些义务可以由卖方或买方以个人名义履行，有时抑或受制于合同或者适用法律中的个别条款的规定，由诸如承运人、转运代理人等中介组织，或者其他由卖方或者买方基于特定目的而委托的人来履行。

《2010 通则》语义应是不言而喻了。然而，为了帮助使用者理解，下文将对在文件中通篇被运用的特定规则展开正确、理性的说明。

承运人：就《2010 通则》而言，承运人是指与托运人签署运输合同的一方。

报关单：这些是指为了遵守任何可适用的海关规定而需要满足的一些要求，可能包括单据、安全、信息或实物之义务。

交货：这个概念在贸易法和实务中有着多重含义，但在《2010 通则》中，它被用于表明货物遗失损害风险何时由卖方转移到买方。

交货凭证：这个表述现在被用做 A8 条款的标题。它意指用于证明已完成交货的凭证。对众多的《2010 通则》条款，交货凭证是指运输凭证或相应的电子记录。然而，在工厂交货（EXW）、货交承运人（FCA）、装运港船边交货（FAS）、装运港船上交货（FOB）的情况下，交货凭证可能只是一个简单的收据。交货凭证也可能有其他功能，比如作为支付机制的组成等等。

电子记录或程序：由一种或更多的电子信息组成的一系列信息，适用情况下，其在效力上与相应的纸质文件等同。

"包装"这个词被用于不同的原因：
（1）遵照销售合同中任何要求的货物包装。
（2）使货物适合运输的包装。
（3）集装箱或其他运输工具中已包装货物的配载。

在《2010 通则》中，包装的含义包括上述第一种和第二种。然而，《2010 通则》并未涉及货物在货柜中的装载义务由谁承担，因而，在相关情形，各方应当在销售合同中作出规定。

9.3　《2010 通则》中的主要贸易术语

不同的贸易术语代表着不同的价格组成和不同的权利义务划分，了解和掌握各种术语的含义，尤其是国际贸易活动中最常用的贸易术语的含义，有着至关重要的意义，只有深入了解和掌握这些术语，才能在交易中占据主动，才能推动交易的顺利完成。《2010 通则》中共包括 11 种贸易术语，根据其使用的频率，可分为 6 种主要的贸易术语（FOB、CFR、CIF、FCA、CPT 和 CIP）和其他 5 种贸易术语。

9.3.1 六种主要的贸易术语

9.3.1.1 FOB 术语

案例 9 –1

买卖双方签订 FOB 合同，卖方向买方出口一级玉米 300 公吨。装船时货物经公证人检验，符合合同规定的品质条件，卖方在装船后及时发出装船通知。货物运输途中由于海上风浪过大，玉米被海水浸泡，品质受到影响。当货物到达目的港后，只能按三级玉米的价格出售，因而买方要求卖方赔偿市面差价损失。问题：（1）FOB 术语下买卖双方各承担什么样的责任和义务？（2）买卖双方对货物所承担的风险界线是什么？

FOB，全文 Free on Board（... named port of shipment），即船上交货（……指定装运港），"船上交货"是指卖方在指定的装运港，将已办理出口清关手续的货物交至买方指定的船只上，或者指（中间销售商）设法获取这样交付的货物。一旦装船，买方将承担货物灭失或损坏造成的所有风险。卖方被要求将货物交至船只上或者获得已经这样交付装运的货物。这里所谓的"获得"迎合了连环销售，在商品贸易中十分普遍。FOB 不适用于货物在装船前移交给承运人的情形。比如，货物通过集装箱运输，并通常在目的地交付。在这些情形下，适用 FCA 的规则。在适用 FOB 时，销售商负责办理货物出口清关手续。但销售商无义务办理货物进口清关手续、缴纳进口关税或是办理任何进口报关手续。FOB 术语仅适用于海运或内河运输，因此，其后只能加上出口国的港口，如 FOB Tianjin 等。

1. FOB 术语下买卖双方的义务

（1）卖方义务

A1 卖方的一般义务

卖方必须提供符合销售合同规定的货物和商业发票，以及合同可能要求的、证明货物符合合同规定的其他任何凭证。

根据双方合意或交易习惯任何 A1 至 A10 提及的单据都可以作为同等效力的电子凭证或手续。

A2 许可证、批准、安全通关及其他手续

在条约适用的情况下，卖方必须自担风险和费用，取得任何出口许可证或其他官方许可，并办理货物出口所需的一切海关手续。

A3 运输合同与保险合同

a）运输合同

卖方没有义务为买方订立运输合同。但如果是根据买方要求或交易习惯且买方没有及时提出相反要求，由买方承担风险和费用的情况下，卖方可以按一般条款为买方订立运输合同。在上述任一种情况下，卖方有权拒绝为买方订立运输合同，如果卖方订立运输合同，应及时通知买方。

b）保险合同

卖方没有义务向买方提供保险合同。但是当买方要求的时候，卖方必须向买方提供买方获得保险时所需要的信息，此时一切风险和费用（如果有的话）由买方承担。（《2010 通则》只说卖方无义务，《2010 通则》附加了卖方在无义务的情况下必须向买方提供一些信息的说明）

A4 交货

卖方必须将货物运到买方所指定的船只上，若有的话，就送到买方的指定装运港或由中间商获取这样的货物。在这两种情况下，卖方必须按约定的日期或期限内按照该港习惯方式运输到港口。如果买方没有明确装运地，卖方可以在指定的装运港中选择最合目的的装运点。

A5 风险转移

卖方要承担货物灭失或者损坏的全部风险，直至已经按照 A4 中的规定交付货物为止；但 B5 中规定的货物灭失或者损坏的情况除外。

A6 费用划分

卖方必须支付：

a）除由 B6 规定的理应由买方支付的以外，卖方必须支付货物有关的一切费用，直到已经按照 A4 规定交货为止；

b）需要办理海关手续时，货物出口需要办理的海关手续费用及出口时应交纳的一切关税、税款和其他费用。

A7 通知买方

在由买方承担风险和费用，卖方必须给予买方说明货物已按照 A4 规定交货或者船只未能在约定的时间内接收上述货物的充分通知。

A8 交货凭证

卖方必须自付费用向买方提供证明货物已按照 A4 规定交货的通常单据。除非前项所述单据是运输单据，否则应买方要求并由其承担风险和费用，卖方必须给予买方协助，以取得运输单据。

A9 检查、包装、标志

卖方必须支付为按照 A4 规定交货所需进行的查对费用（如核对货物品质、丈量、过磅、点数的费用），以及出口国有关当局强制进行的装运前检验的费用。卖方必须自付费用，包装货物，除非按照相关行业惯例，运输的货物无须包装销售。卖方必须以适合运输的形式包装货物，除非买方在订立销售合同前已经告知卖方特定的包装要求。包装应作适当标记。

卖方必须自费包装货物，除非所运送的货物按照交易习惯属于无须包装的种类。卖方可以以适合运输该货物的方式包装它们，除非在销售合同签订之前买方通知了卖方的具体包装要求。包装必须做上适当的标记。

A10 信息帮助和相关费用

在适用的情况下，应买方要求并由其承当风险和费用，卖方必须及时地给予买方一切协助，以帮助其取得他们所需要的货物进口和/或运送到最终目的地的一切单据及信息。（包含与安全因素相关的信息）

卖方必须向买方支付所有买方因提供或帮助卖方得到 B10 中规定的单据或信息而产生的费用。

国际贸易

（2）买方义务

B1 买方的一般义务

买方必须按照销售合同规定支付价款。根据双方合意或交易习惯任何 B1 至 B10 提及的单据都可以作为同等效力的电子凭证或手续。

B2 许可证、批准、安全通关及其他手续

如果适用，买方在自担风险和费用的情况下，自行决定是否取得任何进口许可证或其他官方许可，或办理货物进口和在必要时从他国过境时所需的一切海关手续。

B3 运输合同和保险合同

a）运输合同

买方自己付费，必须签订从指定装运港运输货物的合同，除非卖方已经按照 A3 a）的规定制定了运输合同。

b）保险合同

买方没有义务向卖方提供保险合同。

B4 受领货物（接收货物）

买方必须在卖方 A4 中规定交货时受领货物。

B5 风险转移

自货物按照 A4 规定交付之时起，买方要承担货物灭失或损失的全部风险。

若：a）买方没有按照 B7 规定通知船只的指定；或，b）买方指定的船只没有按期到达，以致卖方无法履行 A4 规定；或（指定船只）没有接管货物；或者（指定船只）较按照 B7 通知的时间提早停止装货。那么，自以下所述之日起买方承担货物灭失或损失的全部风险：

自协议规定的日期起，若没有协议约定的日期，则自卖方按照 A7 规定的协议期限内的通知之日起；或者，若没有约定通知日期时，则自任一约定的交付期限届满之日起，但前提是，该货物已经被准确无疑地确定是合同规定之货物。

B6 费用划分

买方必须支付：

a）自按照 A4 规定交货之时起与货物有关的一切费用，除了需要办理海关手续时，货物出口需要办理的海关手续费用及出口时应交纳的一切关税、税款和在 A6 b）中提到的其他费用；

b）以下两种情形之一将导致额外费用：

（ⅰ）由于买方未能按照 B7 规定给予卖方相应的通知，

（ⅱ）买方指定的船只未按时到达，或未接收上述货物，或较按照 B7 通知的时间提早停止装货，或买方未能按照 B7 规定给予卖方相应的通知而发生一切额外费用，但以该项货物已正式划归合同项下，即清楚地划出或以其他方式确定为合同项下之货物为限；及需要办理海关手续时，货物进口应交纳的一切关税、税款和其他费用，及货物进口时办理海关手续的费用，以及货物从他国过境的费用。

B7 通知卖方

买方必须给予卖方有关船名、装船点以及需要时在约定期限内所选择的交货时间的充分通知。

B8 提货证据

买方必须接受按照 A8 规定提供的交货凭证。

B9 货物检验

买方必须支付任何装运前检验的费用，但出口国有关当局强制进行的检验除外。

B10 信息帮助和相关费用

买方必须及时告诉卖方其对任何与安全有关的信息的要求，以使卖方可以遵循 A10。买方必须支付全部费用以及在 A10 中规定的卖方提供和给予协助使买方获取单据和信息所发生的一切费用。

在适用的情况下，应卖方要求并由其承当风险和费用，买方必须及时地提供或给予买方一切协助，以帮助其取得他们所需要的货物的运送和出口以及过境运输的一切单据及信息（包含与安全因素相关的信息）。

2. 使用 FOB 术语应该注意的问题

FOB 合同中，由于是买方负责办理租船订舱，卖方负责在约定日期将货物装到买方指定的船上，这样就存在着一个船货衔接的问题，如果处理不当，就很可能出现"船等货"或"货等船"的情况。按照一般惯例，如果卖方因货物尚未备妥而未能及时装运，则由卖方承担由此导致的空舱费（Dead Freight）或滞期费（Demurrage）；如果买方未能按时派船（包括提前派船或延迟派船）而导致卖方无法按时交货，则由买方承担由此导致的空舱费、滞期费以及买方增加的仓储费等。无论是哪一种情况发生，都会阻碍交易的顺利进行。可见，买方及时、准确地将船名、装船地点和要求交货时间等信息通知给卖方和卖方及时备货待运，都是极其重要的。另外，在有些交易中，买方也可要求卖方代为租船订舱，但有关费用和风险仍由买方承担，卖方也可以拒绝，但要及时地通知买方。

上述案例 9 - 1 系属风险承担问题。显然，卖方在交付货物时，经公证人检验货物品质是符合规定的，而货物最终抵达目的港时的品质降级，是由于运输途中的海浪过大造成的。根据《2010 通则》，FOB 术语下，风险以货物装船为转移，因此卖方并不需要承担该项损失，而应由买方来承担。

案例 9 - 2

2010 年，中国 A 出口公司与日本 B 公司签订一份大豆的购销合同。合同具体规定了水分、杂质等条件，以中国出入境检验检疫局的证明为最终依据；大豆单价为每吨××美元 FOB 大连港，麻袋装，每袋净重××公斤，买方须于 2010 年 8 月派船到港接运货物。后由于各种原因，B 公司一直延误了数月后才派船来华接货。大豆装船交货，运抵目的地后，B 公司发现大豆生虫，于是委托当地检验机构进行检验，并签发了虫害证明以便向 A 公司索赔。A 公司接到对方索赔请求后，一方面拒绝赔偿，另一方面要求对方支付延误期间 A 公司所支付的仓储保管费以及其他费用。另外，保存在中国商品检验检疫局的检验货样，至争议发生后仍然完好，未发生虫害。试问：（1）A 公司要求 B 公司支付延误期间大豆的仓储保管费以及其他费用能否成立，为什么？（2）B 公司的索赔请求能否成立，为什么？

案例 9 - 2 涉及风险及费用的承担问题。在该案例中，一方面，由于买方 B 没有按期到港接货，按照惯例，由此产生的一切额外费用由买方负责；另一方面，按条件，买方承担货物自装运港装船以后的一切风险，卖方只能保证大豆在交货时的品质规格，对运输途中所引起的大豆品质变化不承担责任，并且合同中有规定，以中国商品检验检疫局的检验证明为最终依据，而保存在中国商检局的货样至争议发生后仍然完好，未发生虫害，因此可以肯定卖方交货时的品质是完好的。由此可见，该案中 B 公司赔赔要求不能成立。

3. 常见 FOB 术语的变形主要有以下几种

按 FOB 条件成交时，《2010 通则》中只笼统规定了卖方要支付货物装上船前的一切费用，但对于具体的理舱费等由谁来承担则没有明确的规定。鉴于此，交易双方当事人往往采用 FOB 术语后加列附加条件，即通过使用 FOB 的变形来明晰费用的分担。常见的 FOB 变形及装船费用分担如下：

（1）FOB 班轮条件（FOB Liner Terms）。该条件下，装船费用按班轮条件办理，即由买方承担，卖方则不负担相关费用。

（2）FOB 吊钩下交货（FOB Under Tackle）。这是指卖方将货物交到买方指定船只的吊钩所及之处即可，由买方负担货物起吊开始的装船费用；如果使用驳船，则驳船费应由卖方负担。

（3）FOB 包括理舱费（FOB Stowed）。理舱是指将舱内的货物进行安置和整理。该变形要求卖方负责将货物装入船舱，并承担包括理舱费在内的装船费用。

（4）FOB 包括平舱费（FOB Trimmed）。平舱是指对装入船舱的散装货物进行平整，该变形要求卖方负责将货物装入船舱，并承担平舱费在内的装船费用。

（5）FOB 包括理舱、平舱费（FOB Stowed and Trimmed，FOBST）。该条件下，卖方需要负责包括理舱、平仓费在内的装船费用。

以上是国际贸易实务中通常运用的 FOB 术语变形。然而需要指出的是，FOB 术语的变形，仅仅涉及买卖双方关于装船费用的承担，它并不改变风险的划分、交货地点及时间等。而且，国际商会也未对各变形作出硬性规定，各当事人可根据实际情况在合同中予以注明。

4. 关于 FOB 术语的不同解释

在《1941 年美国对外贸易定义修订本》（下面简称《定义》）中已经谈到，其规定的 FOB 第五种解释 FOB Vessel 与《2010 通则》中的 FOB 基本相近，但其必须在 FOB 后面加上"Vessel"字样，才能表示装运港船上交货。此外，在风险的划分和出口清关手续的承担方面，《定义》则与《2010 通则》大有不同：根据《定义》，风险划分的界限是船上而非船舷，卖方也无义务办理出口清关，而是"在买方请求并由其负担费用的情况下，协助买方取得由原产地及/或装运地国家签发的、为货物出口或在目的地进口所需的各种证件"，并由买方支付出口税及因出口而征收的其他税捐费用。对于这些差异，我们在具体的业务中都必须多加注意。

9.3.1.2　CFR 术语

CFR，全文 Cost and Freight（... named port of destination），即成本加运费（……指定目的港）。

"成本加运费"是指卖方交付货物于船舶之上或采购已如此交付的货物，而货物损毁或灭失之风险从货物转移至船舶之上起转移，卖方应当承担并支付必要的成本加运费以使货物运送至目的港。

当使用 CPT、CIP、CFR 或 CIF 术语时，卖方在将货物交至已选定运输方式的运送者时，其义务即已履行，而非货物抵达目的地时方才履行。

本规则有两个关键点，因为风险转移地和运输成本的转移地是不同的。尽管合同中通常会确认一个目的港，而不一定确认却未必指定装运港，即风险转移给买方的地方。如果买方对装运港关乎买方的特殊利益（特别感兴趣），建议双方就此在合同中尽可能精确的加以确认。

建议双方对于目的港的问题尽可能准确确认，因为以此产生的成本加运费由卖方承担。订立与此项选择（目的港选择）精确相符的运输合同。如果因买方原因致使运输合同与卸货点基于目的港发生关系，那么除非双方达成一致，否则卖方无权从买方处收回这些费用。

成本加运费对于货物在装到船舶之上前即已交给（原为交付）承运人的情形可能不适用，例如通常在终点站（抵达港、卸货点，区别于 port of destination）交付的集装箱货物。在这种情况下，宜使用 CPT 规则（如当事各方无意越过船舷交货）。

成本加运费原则要求卖方办理出口清关手续，若合适的话。但是，卖方无义务为货物办理进口清关、支付进口关税或者完成任何进口地海关的报关手续。

CFR 术语亦仅适用于海运或内河运输。例如 CFR London 表示目的港为伦敦，出口方需要支付从装运港到伦敦的运费。

1. CFR 术语下关于买卖双方的义务

该术语下，买卖双方各自承担的基本义务概括如下：

（1）卖方义务

A1 卖方的一般义务

卖方应当提供符合销售合同规定的货物和商业发票，以及其他任何合同可能要求的证明货物符合合同要求的凭证。如果买卖双方达成一致或者依照惯例，任何 A1 至 A10 中所要求的单据都可以具有同等作用的电子讯息（记录或手续）出现。

A2 许可证、批准、安全通关及其他手续

若可能的话，卖方应当自担风险和费用，取得任何出口许可证或者其他官方授权，并办妥一切货物出口所必需的海关手续。

A3 运输合同与保险合同

a）运输合同

卖方应当在运输合同中约定一个协商一致的交付地点，若有的话如在目的地的指定港口，或者经双方同意在港口的任意地点。卖方应当自付费用，按照通常条件订立运输合同，经由惯常航线，将货物用通常用于供运输这类货物的船舶加以运输。

b）保险合同

卖方并无义务为买受人订立一份保险合同。但是，卖方应当按照买方的要求，在买方承担风险和费用（如果有的话）的前提下为其提供投保所需的信息。

A4 交货

卖方应当通过将货物装至船舶之上或促使货物以此种方式交付进行交付。在任何一种情形下，卖方应当在约定的日期或期间内依惯例（新增部分）交付。

A5 风险转移

除 B5 中描述的毁损灭失的情形之外，在货物按照 A4 的规定交付之前，卖方承担一切货物毁损灭失的风险。

A6 费用划分

卖方必须支付以下费用：

a）所有在货物按照 A4 交付完成之前所产生的与之相关的费用，B6 中规定应由买方承担的可支付的部分除外。

b）货物运输费用及由 A3 a）之规定（运输合同）而产生的一切其他费用，包括装载货物的费用，以及按照运输合同约定由卖方支付的在约定卸货港口卸货产生的费用。

c）在适当的情况下，因海关手续产生的一切费用，以及出口货物所需缴纳的一切关税，税负（注意两者之间区别）及其他应缴纳之费用（英美法特色，极尽罗列之能），以及根据运输合同应由卖方承担的因穿过任何国家所产生的过境费用。

A7 通知买方

卖方应当给予买方所有/任何（后者更恰切，与 2000 年形成对比）其需要的通知，以便买方能够采取通常必要的提货措施。

A8 交货凭证

卖方应当自负费用的情况下，毫不迟疑（延误）地向买方提供表明载往约定目的港的通常运输单据。

这一运输单据须载明（包含）合同货物，其日期应在约定的装运期内，使买方得以在目的港向承运人提取货物（主张权利），并且除非另有约定，应使买方得以通过转让单据（提单）或通过通知承运人，向其后手买方（下家）出售在途货物。如此运输单据为可以流通、可以议付形式（银行根据信用证付钱）或有数个正本，则应向买方提供全套正本。

A9 检查、包装、标志

卖方应当支付为遵循 A4 中运输货物所需的进行核对的费用（比如核对货物质量、尺寸、重量、点数），同时还需支付国家出口机关规定的进行装船检查的费用。

卖方必须自付费用提供货物的包装，除非在此行业中这种货物无包装发运、销售是普遍的现象。卖方应当用适于运输的方式包装货物，除非买方在交易合同生效前对卖方提出了特殊的包装要求。包装应当适当（恰当更合适）标记（直译容易出现歧义——适当标记也可以理解为可标可不标）。

A10 信息帮助和相关费用

卖方必须在可能的情况下及时应买方的要求，在卖方承担风险与费用的前提下，向买方提供帮助，以使买方能够获得任何单据与信息，包括买方进口货物或者为保证货物到达目的地所需的安全信息。

卖方应当偿付所有买方基于 B10 的义务提供单据或信息的帮助所产生的一切费用（买方与卖方互相为对方为自己的帮助买单）。

（2）买方义务

B1 买方的一般义务

买方应当依销售合同支付商品价款。如果买卖双方达成一致或者依照惯例，任何 B1 至 B10 中所要求的单据都可以具有同等作用的电子讯息（记录或手续）出现。

B2 许可证、批准、安全通关及其他手续

若可能的话，买方有义务在自担风险与费用的情况下获得任何进口许可或其他的官方授权并为货物进口以及其在国内的运输办妥一切海关报关手续。

B3 运输合同和保险合同

a）运输合同：买方无义务为卖方订立运输合同。

b）保险合同：买方无义务为卖方订立保险合同。但是根据卖方请求，买方须提供投保所需要的必要信息（双方均无义务为对方订立保险合同，但若对方要求，则均有义务提供必要信息）。

B4 受领货物（接收货物）

买方必须在卖方按照 A4 规定交货时受领货物，并在指定目的港从承运人处收受货物。

B5 风险转移

买方必须承担货物按照 A4 规定交付后毁损灭失的一切风险。如果买方未按照 B7 规定给予卖方通知，买方必须从约定的装运日期或装运期限届满之日起，承担货物灭失或损坏的一切风险，假如货物已被清楚地确定为合同中的货物（特定物）。

B6 费用划分

除 A3a）的规定费用之外，买方必须支付：

a）从货物以在 A4 中规定的方式交付起与之有关的一切费用，除了出口所必要的清关费用，以及在 A6c）中所涉及的所需的一切关税、赋税及其他各项应付出口费用。

b）货物在运输途中直至到达目的港为止的一切费用，除非这些费用根据运输合同应由卖方支付。

c）卸货费用，包括驳船费和码头费，除非该成本和费用在运输合同是由卖方支付的。

d）任何额外的费用，如果（进一步规定）没有在既定日期或运送货物的既定期间的到期日前按照 B7 中的规定发出通知，但是（假如、倘若）货物已被清楚地确定为合同中的货物（特定物，这里和 B5 是类似的）。

e）在需要办理海关手续时，货物进口应交纳的一切关税、税款和其他费用，及办理海关手续的费用，以及需要时从他国过境的费用，除非这些费用已包括在运输合同中。

B7 通知卖方

每当能够在指定的目的港之内确定装运货物的时间或者接收货物的具体地点时，买方必须充分给予卖方通知。

B8 提货证据

买方必须接受按照 A8 规定提供的运输单据，如果该单据符合合同规定的话。

B9 货物检验

买方必须支付任何装运前检验的费用，但出口国有关当局强制进行的检验除外。

B10 信息帮助和相关费用

买方必须在合适的时候告知卖方任何安全保障要求，以便卖方做到与 A10 条款规定相符。买方必须支付给卖方所有由卖方为获得与 A10 条款相符的相关单据和信息所产生的费用和花费。

买方必须在合适的时候告知卖方任何安全保障要求，以便卖方做到与 A10 条款规定相符。

买方必须支付给卖方所有由卖方为获得与 A10 条款相符的相关单据和信息所产生的费用和花费。

买方必须在合适的情况下，及时地给卖方提供帮助，以便根据卖方的要求，由卖方承担风险、费用条件下，获得任何单据和信息，包括与安全有关的信息，卖方运输和出口货物以及通过任何国境的信息。

2. 使用 CFR 贸易术语应注意的问题

（1）装船通知的重要作用

虽然各术语下卖方在交货后都应及时通知买方，但装船通知在 CFR 条件下尤为重要。这是因为，CFR 术语下，卖方只负责租船订舱，货物运输保险则由买方办理。因此，卖方及时通知买方具体的装船时间对于买方及时办理保险有着非常重要的意义。根据其他有关法律和惯例，因卖方未及时通知而导致的买方漏保，由此产生的风险由卖方承担。

（2）卖方的装运义务

CFR 贸易术语下，卖方负责租船订舱。"卖方必须自付费用，按照通常条件订立运输合同，经由惯常航线，将货物用通常可供运输合同所指货物类型的海轮（或依情况适合内河运输的船只）运输至指定的目的港"。因此，卖方只需按通常条件及惯常航线，用通常适用于合同货物的海轮运输即可。若买方提出其他要求，卖方可以酌情考虑，如不同意，则应及时通知买方。

（3）CFR 贸易术语的变形

外贸业务中常见的 CFR 术语的变形有以下几种：

①CFR 班轮条件（CFR Liner Terms）。该条件下，卸货费用按班轮条件办理，即由卖方承担，实际上，在装运港的装船费用同样也有卖方承担。

②CFR 卸到岸上（CFR Landed）。这是指卖方负责把货物卸到岸上，并承担包括驳船费和码头费在内的全部卸货费用。

③CFR 吊货交货（CFR Ex Tackle）。采用该变形，卖方需要承担将货物从船舱吊起至卸离吊钩的全部费用；如果船舶不能靠岸，卖方则负责将货物卸到驳船上，驳船费由卖方负责。

④CFR 舱底交货（CFR Ex Ship's Hold）。该变形下，由买方承担货物自舱底起吊至卸到码头的相关费用。

同样，使用 CFR 术语的变形，也只是为了明确卸货费用的划分，它并不改变风险的划分和交货地点。

9.3.1.3　CIF 术语

CIF，全文 Cost，Insurance and Freight（... named port of destination），即成本加保险费、运费（……指定目的港），指卖方将货物装上船或指（中间销售商）设法获取这样交付的商品。货物灭失或损坏的风险在货物于装运港装船时转移向买方。卖方须自行订立运输合同，支付将货物装运至指定目的港所需的运费和费用。

卖方须订立货物在运输途中由买方承担的货物灭失或损坏风险的保险合同。买方须知晓在 CIF 规则下卖方有义务投保的险别仅是最低保险险别。如买方希望得到更为充分的保险保障，则需与卖方明确地达成协议或者自行作出额外的保险安排。

当 CPT、CIP、CFR 或者 CIF 术语被适用时，卖方须在向承运方移交货物之时而非在货物抵达目的地时，履行已选择的术语相应规范的运输义务。

此规则因风险和费用分别于不同地点转移而具有以下两个关键点。合同惯常会指定相应的目的港，但可能不会进一步详细指明装运港，即风险向买方转移的地点。如买方对装运港尤为关注，那么合同双方最好在合同中尽可能精确地确定装运港。

当事人最好尽可能确定在约定的目的港内的交货地点，卖方承担至交货地点的费用。当事人应当在约定的目的地港口尽可能精准地检验，而由卖方承担检验费用。卖方应当签订确切适合的运输合同。如果卖方发生了运输合同之下的于指定目的港卸货费用，则卖方无须为买方支付该费用，除非当事人之间约定。

卖方必须将货物送至船上或者（由中间销售商）承接已经交付的货物并运送到目的地。除此之外，卖方必须签订一个运输合同或者提供这类的协议。这里的"提供"是为一系列的多项贸易过程（"连锁贸易"）服务，尤其在商品贸易中很普遍。

CIF 术语并不适用于货物在装上船以前就转交给承运人的情况，例如通常运到终点站交货的集装箱货物。在这样的情况下，应当适用 CIP 术语。

"成本、保险费加运费"术语要求卖方在适用的情况下办理货物出口清关手续。然而，卖方没有义务办理货物进口清关手续，缴纳任何进口关税或办理进口海关手续。

CIF 术语仅适用于海运和内河运输。

1. CIF 贸易术语下关于买卖双方的义务

该术语下，买卖双方各自承担的基本义务概括如下：

（1）卖方义务

A1 卖方的一般义务

卖方必须提供符合销售合同的货物和商业发票，以及买卖合同可能要求的、证明货物符合合同规定的其他任何凭证。在 A1 至 A10 中的任何单据都可能是在双方合意或习惯性用法中的同等作用的电子记录或程序。

A2 许可证、批准、安全通关及其他手续

一些重要货物或国家间的运输办理海关手续。在适用的时候，卖方须自负风险和费用，取得一切出口许可和其他官方许可，并办理货物出口所需的一切海关手续。

A3 运输合同与保险合同

a）运输合同

卖家必须自行订立或者参照格式条款订立一个关于运输的合同，将货物从约定交付地（如果有）运输到目的地的指定港口（如果有约定）。运输合同需按照通常条件订立，由卖方支付费用，并规定货物由通常可供运输合同所指货物类型的船只、经由惯常航线运输。

b）保险合同

卖家须自付费用，按照至少符合《协会货物保险条款》（LMA/IUA）C 款或其他类似条款中规定的最低保险险别投保。这个保险应与信誉良好的保险人或保险公司订立，并保证买方或其他对货物具有保险利益的人有权直接向保险人索赔。

A4 交货

卖方必须将货物装船运送或者（由承运人）获取已经运送的货物，在上述任一情况下，卖方必须在合意日期或者在达成合意的期限内依港口的习惯进行交付。

A5 风险转移

卖方直到货物以 A4 规定的方式送达之前都要承担货物灭失或者损坏的风险，除非货物是在 B5 描述的情况下灭失或者损坏。

A6 费用划分

卖方必须支付：

a）除在 B6 中规定的应由买方支付的费用外的与货物有关的一切费用，直至按 A4 规定交货为止；

b）运费和按照 A3 a）规定的所有其他费用，包括在港口装载货物的费用以及根据运输合同由卖方支付的在约定卸货港的卸货费；

c）A3 b）规定所发生的保险费用；

d）要办理海关手续时，货物出口需要办理的海关手续费以及出口应缴纳的一切关税、税款和其他费用，以及根据运输合同规定的由卖方支付的货物从他国过境的费用。

A7 通知买方

卖方必须给予买方一切必要的通知，以便买方采取必要的措施来确保领受货物。

A8 交货凭证

卖方必须自付费用，毫不迟延地向买方提供表明载往约定目的港的通常运输单据。此单据必须载明合同货物，其日期应在约定的装运期内，使买方得以在目的港向承运人提取货物，并且，除非另有约定，应使买方得以通过转让单据或通过通知承运人，向其后手买方出售在途货物。

如此运输单据有不同形式且有数份正本，则应向买方提供全套正本。

A9 检查、包装、标志

卖方必须支付为了使运输货物符合 A4 的要求而产生的所有核对费用（例如核对货物品质、丈量、过磅、点数），以及出口国当局强制要求的运前检验。

卖方必须自负费用，包装货物，但所运输货物通常无须包装即可销售的除外。卖方应当采用使货物适宜运输的包装方式，除非买方在买卖合同签订前告知卖方以特定方式包装。包装应当适当标记。

A10 信息帮助和相关费用

当适用的时候，应买方要求，并由其承担风险和费用，卖方必须及时地提供或给予协助以帮助买方取得他们货物进口和/或运输至最终目的地所需要的，包括安全相关信息在内的一切单据和讯息。

对于买方由于的提供或是协助卖方获取 B10 所规定的所有相关单据和讯息而支出的所有的费用，卖方必须予以偿付。

（2）买方义务

B1 买方的一般义务

买方必须按照买卖合同规定支付价款。在 B1 至 B10 中任何有关的文件都可能是在各部分或习惯性用法中使用的同等的电子记录或程序。

B2 许可证、批准、安全通关及其他手续

在适当的时候，买方需要在自负风险和费用的前提下获得出口执照或其他政府许可并且办理所有出口货物的海关手续。

B3 运输合同和保险合同

a）运输合同

买方无订立运输合同的义务。

b）保险合同

买方无订立保险合同的义务。但是，如果买方想附加同 A3 b）中所描述的保险，就须根据卖方要求，提供给卖方任何附加该保险所需的信息。应买方要求，并由买方负担费用且提供一切卖方需要的信息，则卖方应提供额外的保险，如果能投保的话，例如《协会货物保险条款》（LMA/IUA）中的条款（A）或条款（B）或任何类似的条款中提供的保险和（或）与《协会战争险条款》和（或）《协会罢工险条款》（LMA/IUA）或其他类似条款符合的保险。最低保险金额应当包括合同中所规定的价款另加百分之十（110%），并应用合同货币。保险应当承保从规定于 A4 和 A5 条款中的发货点发出至少到指定的目的港的货物。卖方必须提供给买方保险单或其他保险承保的证据。

此外，应买方的要求，并由买方自负风险及费用（如有）的情况下，卖方必须提供买方所需要的任何获取额外保险的信息。

B4 受领货物（接收货物）

买方在货物已经以 A4 规定的方式送达时受领货物，并必须在指定的目的港受领货物。

B5 风险转移

买方自货物按 A4 规定的方式送达后承担所有货物灭失或者损坏的风险。

如果买方未按照 B7 规定给予卖方通知，那买方就要从递送的合意日期或者递送合意期限届满之日起承担货物灭失或者损坏的风险，前提是货物必须被清楚地标明在合同项下货物。

B6 费用划分

除 A3 a）规定外，买方必须支付：a）照 A4 规定交货之时起与货物有关的一切费用，但不包括 A6 d）中规定的在需要办理海关手续时，货物出口需要办理的海关手续费以及出口应缴纳的一切关税、税款和其他费用。b）运输至到达目的地港口过程中与货物有关的一切费用，运输合同中规定由卖方承担的除外。c）运费和码头搬运费在内的卸货费用，运输合同中规定由卖方承担的除外。d）照 B7 规定在约定日期或运送的协议期限到期时给予卖方相应通知而发生的任何额外费用，但以该项货物已正式划归合同项下为限。e）要办理海关手续时，货物进口应交纳的一切关税、税款和其他费用，货物进口需要办理的海关手续费，以及从他国过境的费用，已包含在运输合同所规定的费用中的除外。及 f）根据 A3 b）和 B3 b），任何因买方要求而产生的附加保险费用也属于货物进口时应缴纳的费用。

B7 通知卖方

当买方有权决定装运货物的时间和/或在目的港内接受货物的地点，买方必须给予卖方充分的通知。

B8 提货证据

买方必须接受按照 A8 规定提供的运输单据，如果该单据符合合同规定的话。

B9 货物检验

买方必须支付所有强制性运前检验的费用，但出口国当局强制要求的检验除外。

B10 信息帮助和相关费用

买方必须及时地告知卖方获取相关安全讯息的要求，以便卖方能够遵守 A10 中的规定。卖方由于履行 A10 所述的规定，提供和协助买方获得相关讯息所支出的费用，买方必须予以偿付。

应卖方要求，并由其承担风险和费用，买方必须及时地提供或给予协助以使卖方获取其运输和货物出口通过任何国家所需要的，包括安全相关信息在内的一切单据和讯息。

2. 使用 CIF 贸易术语应注意的问题

CIF 术语是当今国际贸易中运用最广泛的术语之一，在使用该术语时，除了注意上述 CFR 术语中有关租船订舱的事宜，还应当注意以下几点：

（1）关于象征性交货

CIF 是一种典型的象征性交货的方式，或说是一种单据买卖。所谓象征性交货（Symbolic Delivery），就是指卖方只要在约定日期和地点完成装运，并向买方提交包括物权凭证在内的有关单证，就算完成了交货，而无须保证到货。这与实际到货（Physical Delivery）相对应，后者必须将货物实际交给买方或其指定人。在 CIF 这种方式下，卖方只要将符合合同规定的全部合格单据交给买方，买方就必须履行付款义务，而不管货物是否在途中损失或灭失；同样，卖方如果不能提供符合合同规定的全部合格单据，即使货物完好无损地运至目的地，买方也有权拒付货款。因此，准备好全套符合合同规定的单据对卖方至关重要。然而，如果卖方提供的货物不符合合同的规定，即使买方已付款，其仍保有索赔的权利。实际上，CIF 是"装运合同"，卖方只要将货物交付装运后，便不再承担货物的有关风险。

（2）关于 CIF 合同中的保险险别

CIF 术语下，保险由卖方办理。通常来讲，卖方只需投保最低险别，最低保险金额一般为合同规定价款的 110%，并且使用合同货币；如果买方需要，并在其承担费用的前提下，卖方可加保战争、罢工和民变险等。

案例 9 - 3

法国某公司以 CIF 东京出口食品 2 000 箱，即期信用证付款，货物装运后，卖方凭已装船清洁提单和已投保一切险及战争险的保险单，向银行收妥货款。后来，货到目的港后经进口人复验发现存在以下问题：（1）该批货物共有 12 个批号，抽查 20 箱后，发现其中 2 个批号含沙门氏细菌，超过进口国的标准；（2）收货人共收 1 996 箱，短少 4 箱；（3）有 40 箱货物外表情况良好，但箱内货物共短少 120 公斤。试问：上述情况下，进口方应分别向谁索赔？为什么？

案例 9 - 3 中，如果合同中已明确注明货物必须符合进口国的衡量标准，则货物由于不符合规定而导致的损失应由出口方赔偿，反之则应由进口方自行承担；对于收货时出现的数量短少问题，鉴于该案例中船公司签发的是已装船清洁提单，因此短少的数量应由船公司负责，但如果已经投保了一般附加险，则可以以"偷窃提货不着险"向保险公司索赔；至于箱内货物的短少，由于船公司只负责审查货物外表情况是否良好，货物件数是否符合合同规定，其没有义务核实货物实质情况，所以货物内在瑕疵问题所导致的损失应向出口方索赔。

（3）关于 CIF 贸易术语的变形及卸货费用的承担

同 CFR 的变形相类似，CIF 常见的变形也有四种，具体如下：

①CIF 班轮条件（CIF Liner Terms）。该条件下，卸货费用按班轮条件办理，即由支付运费的卖方承担。

②CIF 卸到岸上（CIF Landed）。采用该变形，卖方负责把货物卸到岸上，并承担包括驳船费和码头费在内的全部卸货费用。

③CIF 吊钩交货（CIF Ex Tackle）。该变形条件下，卖方需要承担将货物从船舱吊起至卸离吊钩的全部费用；如果船舶不能靠岸，卖方则负责将货物卸到驳船上，驳船费由买方负责。

④CIF 舱底交货（CIF Ex Ship's Hold）。采用该变形，是由买方承担货物自舱底起吊至卸到码头的费用。

同 FOB、CFR 术语一样，CIF 术语的变形也只是为了明确有关费用的划分，并不改变风险的划分和交货地点。

（4）装运港和目的港的法律地位问题

我们知道，当合同的要件被违背时，就相当于实质性违约。在有关 CIF 的合同中，装运港和目的港均有涉及，但由于 CIF 条款后接目的港，因而只有目的港是要件，装运港不是要件。然而需要注意的是，尽管装运港不是要件，但若改变装运港，就改变了航线，继而又改变了风险，而风险是由买方承担的，所以卖方未经买方同意而擅自改变装运港，同样属于实质性违约，买方有权拒收货物并要求相应的损失赔偿。卖方在贸易实践中要尤其注意这一点。

9.3.1.4　FCA 术语

FCA，全文 Free Carrier（… named place），即货交承运人（……指定地点），是指卖方于其所在地或其他指定地点将货物交付给承运人或买方指定人，即完成交货；若买方指定承运人以外的人领取货物，则当卖方将货物交给此人时，即视为已履行了交货义务。建议当事人最好尽可能清楚地明确说明指定交货的具体地点，风险将在此点转移至买方。

若当事人意图在卖方所在地交付货物，则应当确定该所在地的地址，即指定交货地点。另一方面，若当事人意图在其他地点交付货物，则应当确定一个不同的具体交货地点。FCA 要求卖方在需要时办理出口清关手续。但是，卖方没有办理进口清关手续的义务，也无须缴纳任何进口关税或者办理其他进口海关手续。

在需要办理海关手续时（在必要时/适当时），DAP 规则要求应有卖方办理货物的出口清关手续，但卖方没有义务办理货物的进口清关手续，支付任何进口税或者办理任何进口海关手续，如果当事人希望卖方办理货物的进口清关手续，支付任何进口税和办理任何进口海关手续，则应适用 DDP 规则。

"承运人"指任何人在运输合同中，承诺通过铁路、公路、空运、海运、内河运输或上述运输的联合方式履行运输或由他人履行运输。

FCA 术语适用于各种运输方式，包括多式联运，特别是内陆城市采用集装箱运输更适合采用该术语。

1. FCA 术语下关于买卖双方的义务

该术语下，买卖双方各自承担的基本义务概括如下：

（1）卖方义务

A1 卖方的一般义务

卖方应当提供符合销售合同规定的货物和商业发票以及合同可能要求的、证明货物符合合同规定的其他任何凭证。A1 至 A10 所提到的文件可以是由当事人约定的或已成为惯例的，具有同等效力的电子档案或程序。

A2 许可证、批准、安全通关及其他手续

卖方应当自担风险和费用，并且在需要的时候取得任何出口许可证或其他官方许可，在办理海关手续时办理货物出口所需要的一切海关手续。

A3 运输合同与保险合同

a）运输

卖方没有为买方订立运输合同的义务。但是，若经买方要求，或者依循商业惯例且买方未适时给予卖方相反指示，则卖方可以按照通常条件订立由买方承担风险与费用的运输合同。在任何一种情况下，卖方都可以拒绝订立此合同；如果拒绝，则应立即通知买方。

b）保险

卖方没有义务为买方订立保险合同。但是，卖方应当按照买方的要求，向买方提供其所需的有关购买保险的信息，由此产生的任何风险、费用由买方承担。

A4 交货

若有约定具体的交货点，卖方应按照约定，在指定的地点于约定的日期或者期限内，将货物交付给承运人或者买方指定的其他人。

交货在以下情况完成：a）若指定的地点是卖方所在地，则当货物已装载于买方所提供的运输工具时；b）当装载于卖方的运输工具上的货物已达到卸货条件，且处于承运人或买方指定的其他人的处置之下时的任何其他情况。

若买方未按照 B7 d）之规定，将在指定的地区内的具体交货地点通知卖方，且有几个具体交货点可供选择时，卖方可以在指定地点中选择最符合其目的的交货地点。

除非买方另有通知，否则，卖方可以根据货物的数量和/或性质的要求，将货物以适宜的方式交付运输。

A5 风险转移

卖方承担货物灭失或损害的一切风险，直至卖方已按照 A4 的规定交付货物，在 B5 描述的情况下产生的灭失或损害除外。

A6 费用划分

卖方应当支付：a）与货物有关的一切费用，直至已按照 A4 规定交货为止。除 B6 中规定的由买方支付的费用外；b）在适用情况下，货物出口应办理的海关手续费用及出口应交纳的一切关税、税款和其他费用。

A7 通知买方

在买方自担风险和费用的情况下，卖方应当将货物已经按照 A4 的规定交付，或承运人或买方指定的其他人未能在约定的时间内提取货物的信息充分告知买方。

A8 交货凭证

卖方应当自担费用地向买方提供证明按照 A4 规定已完成交货的通常凭证。卖方应当根据买方的要求，给予买方一切协助以取得运输单据，风险和费用由买方承担。

A9 检查、包装、标志

卖方应当支付那些对实现按照 A4 的标准运输货物的目标必不可少的检查措施（比如说质量检查、测量、称重、计数）所产生的费用，以及任何为出口国当局规定的装运前检验的费用。

卖方应当由自己负担成本来包装货物，除非对该特定种类的交易来说，将这种被销售货物不加包装地运输是相关行业惯例。卖方可以将货物以适宜其运输的方式加以包装，除非买方在销售合同签订前向卖方通知了明确的包装要求。包装应当适当地标记。

A10 信息帮助和相关费用

应买方的要求并由其承担风险和费用，卖方应当在需要时及时向买方提供或给予协助，以帮助买方取得为买方进口货物可能要求的和/或在运往目的地的过程中可能需要的包括与安全清关有关的信息在内的任何单据或信息。

卖方应当补偿买方因提供 B10 中协助其取得单据和信息的行为时的费用和要价。

（2）买方义务

B1 买方的一般义务

买方应当支付销售合同中规定的货物价款。B1 至 B10 所提到的文件可以是由当事人约定的或已成为惯例的，具有同等效力的电子档案或程序。

B2 许可证、批准、安全通关及其他手续

在需要的时候，买方可以获取一切进口许可证或其他官方许可，以及办理货物进口的海关手续和从他国过境的一切相关手续，并自担风险和费用。

B3 运输合同和保险合同

a）运输合同。买方应当自付费用订立从指定的交货地点运输货物的合同，卖方按照 A3 a）规定订立合同的除外。

b）保险合同。买方没有义务为卖方订立保险合同。

B4 受领货物（接收货物）

买方应当在卖方按照 A4 规定交货时，收取货物。

B5 风险转移

买方自卖方按照 A4 规定交货之时起，承担货物灭失或损坏的一切风险。若 a）买方没有按照 B7 规定将依 A4 规定对承运人或其他人的指定告知卖方或提醒其注意；或 b）其按 A4 规定指定的承运人或其他人未接管货物，则买方按照下述规定承担货物灭失或损坏的一切风险：ⅰ）自约定日期时起。若没有约定日期，ⅱ）自卖方在约定的时期内依 A7 规定告知买方的日期起。若没有告知日期，ⅲ）自任何约定的交货期限届满之日起，但以该货物已被清楚地确定为合同项下货物为限。

B6 费用划分

买方应当支付：a）自按照 A4 规定的交货之时起与货物有关的一切费用，除了 A6 b）中规定的货物出口办理海关手续的费用及其他货物出口应缴纳的关税、税款和其他费用。b）因发生下述任一情况产生的任何额外费用：（ⅰ）由于买方未能按照 A4 规定指定承运人或其他人；（ⅱ）或由于承运人或买方指定的人未能接管货物；（ⅲ）或由于买方未能按照 B7 规定给予卖方相应通知，但以该货物已被清楚地确定为合同项下货物为限。c）在有必要时，货物进口应交纳的一切关税、税款和其他费用以及办理海关手续的费用及从他国过境的费用。

B7 通知卖方

买方应当：a）及时告知卖方其依 A4 规定指定的承运人或者其他人的名称，使卖方能够按照 A4 的规定发送货物；b）在必要时，告知卖方被指定的承运人或其他人在约定的期限内收取货物的具体时间；c）告知卖方由买方指定人采取的运输方式；以及 d）在约定地点内的具体取货位置。

B8 提货证据

买方应当接受卖方依 A8 规定提供的交货凭证。

B9 货物检验

买方应当支付任何装运之前强制检验的费用，但出口国强制进行的检验除外。

B10 信息帮助和相关费用

买方应当及时告知卖方其关于安全清关信息方面的请求，使卖方能够履行 A10 中规定的义务。买方应当对卖方因依 A10 规定所提供或给予的关于取得单据和信息的协助而产生的费用和要价进行补偿。

应卖方的要求并由其承担风险和费用，买方应当在需要时及时向卖方提供或给予协助，以帮助卖方取得为运输和出口货物和/或从他国过境时需要的包括与安全清关有关的信息在内的任何单据或信息。

2. 使用 FCA 术语应注意的事项

（1）关于交货地点

FCA 术语下，交货的完成是指：①若指定的地点是卖方所在地，则当货物被装上买方指定的承运人或代表买方的其他人提供的运输工具时，交货完成。②若指定的地点是其他任何地点，则当货物在卖方的运输工具上，尚未卸货而交给买方指定的承运人或其他人时，交货即告完成。③若在指定地点没有决定具体的交货点，且有几个具体交货点可供选择时，卖方可以在指定地点选择最适合其目的的交货点。可见，FCA 条件下，交货地点的选择直接关系到装卸货物的责任划分。

（2）关于运输及相关费用

FCA 术语适用于包括多式联运在内的多种运输方式，它是由买方指定承运人并订立货物运至指定目的地的运输合同；类似于 FOB，卖方负责交货之前发生的一切费用。然而这里需要强调的是，采用 FCA 术语成交时，多数情况下货物都作了集成化的处理，即装入集装箱或托盘，因此，卖方在报价时应注意将此价格计算在内。

（3）关于风险转移

在 FCA 条件下，风险以货交承运人为转移，当采用多式联运方式时，风险在货交第一承运人处置时即转移给买方。由于买方的责任（未及时指定承运人，或其指定的承运人或其他人未在约定时间接管货物，或买方未及时给予卖方相应通知）而使卖方未能及时交付货物，则自约定的交货日期或交货期限届满之日起，由买方承担风险，前提是该项货物已正式划归合同项下。由此可见，风险转移的时间需针对具体情况加以确定。

9.3.1.5　CPT 术语

CPT，全文 Carriage Paid to（... named place of destination），即运费付至（……指定目的港），是指卖方按约定向指定承运人交货，支付将货物运至指定目的地的运费，买方承担货交承运人之后的一切风险和费用。如果存在多个承运人，则风险自货物交付第一承运人处置时转移。CPT 术语适用于各种运输方式，包括多式联运。例如 CPT Detroit 表示目的地为底特律，同时出口方需要支付从装运港到底特律的运费。

在 CPT、CIP、CFR、CIF 适用的情形下，卖方的交货义务在将货物交付承运人，而非货物到达指定目的地时，即告完全履行。

1. CPT 贸易术语下买卖双方的义务

该术语下，买卖双方各自承担的基本义务概括如下：

（1）卖方义务

A1 卖方的一般义务

卖方必须提供与销售合同规定一致的货物和商业发票，以及合同可能要求的证明货物符合合同规定的凭证。按照双方约定或惯例，A1 至 A10 中提及的单据可以是具有同等效力的电子记录或者程序。

A2 许可证、批准、安全通关及其他手续

在该港所在地需办理这些手续的情况下，卖方必须自担风险和费用，取得任何出口许可证或其他官方核准文件，并办理货物出口以及货物在送达前从他国过境运输所需的一切海关手续。

A3 运输合同与保险合同

a）运输合同。卖方必须订立运输合同，若约定了交付地点的，将货物从交付地的约定地点运至指定目的地，如果约定了目的地的具体交付货物地点的，也可运至目的地的约定地点。卖方必须自付费用，按照通常条件订立运输合同，依通常路线及习惯方式，将货物运至指定的目的地的约定点。如未约定目的地的具体交付货物地点或未能依交易习惯予以确定该地点，则卖方可在指定的目的地选择最适合其目的的交货点。

b）保险合同。卖方没有向买方制定保险合同的义务。应买方的请求，并由买方承担风险和可能存在的费用时，卖方必须向买方提供其需要的用于获得保险的相关信息。

A4 交货

卖方必须在约定的日期或期限内依照 A3 的规定向订立合同的承运人交货。

A5 风险转移

除 B5 所描述情形下的灭失或损坏外，卖方承担货物灭失或损坏的一切风险，直至已按照 A4 规定交货为止。

A6 费用划分

卖方必须支付：a）除 B6 规定者外，卖方必须支付按照 A4 规定交货之前与货物有关的一切费用；b）按照 A3 a）规定所发生的运费和一切其他费用，包括根据运输合同规定应由卖方支付的装货费和在目的地的卸货费；以及 c）货物出口需要办理的海关手续费用及出口时应缴纳的一切关税、税款和其他费用，以及根据运输合同规定，由卖方支付的货物从他国过境的费用，如果这些地方需要办理这些海关手续。

A7 通知买方

卖方必须通知买方按照 A4 规定交货。卖方必须给予买方任何必要的通知，以便买方能够为领取货物采取通常必要的措施。

A8 交货凭证

如果依照惯例或者依照买方的要求，卖方必须向买方提供依据 A3 所订立的运输合同所签发的通常运输单据，且费用由卖方承担。运输单据必须包括约定货物，其注明日期必须在约定的装运时间内。（如果）按照约定或/和依照惯例，该单据必须同时能够赋予买方在约定地点向承运人受领货物的权利以及通过向下一个买方转移单据或向承运人告知的方式在运输中卖出货物的权利。当这样的运输单据是以转让的方式签发的，并且具有多份正本时，一个完整全套的正本必须向买方提供。

A9 检查、包装、标志

卖方必须支付按照 A4 规定为交货所必需的核查（如核查品质、丈量、过磅、计数）费用，同时包括出口国当局强制的装运前的检验费用。卖方必须自行承担费用为货物提供包装（除非在特定贸易中运输此种货物通常无须包装）。卖方应该提供适合运输的包装，除非买方在缔结买卖合同之前已经告知卖方特定的包装要求。包装上应适当地予以标记。

A10 信息帮助和相关费用

在该港所在地需办理这些手续的情况下，应买受人的需求并由其承担风险和费用，出卖人应及时地提供或者实施帮助以使买受人获得其在进口货物和/或者运输货物到最终目的地所需要的任何单据和信息，包括涉及安全的信息。出卖人必须偿付买受人在出卖人在提供或给予帮助获取单据和信息的过程中所遭受的损失和费用，与 B10 相对应。

（2）买方义务

B1 买方的一般义务

买方必须按照销售合同规定支付货物价款。按照双方约定或惯例，B1 至 B10 中提及的单据可以是具有同等效力的电子记录或者程序。

B2 许可证、批准、安全通关及其他手续

如果这些地方需要办理这些海关手续，买方在自行承担风险和费用的情况下，可以自由决定是否取得许可证或其他官方核准文件，并办理货物进口和经由他国过境运输的一切海关手续。

B3 运输合同和保险合同

a）运输合同。买方没有向卖方制定运输合同的义务。

b）保险合同。买方没有向卖方制定保险合同的义务，但是当卖方要求时，买方须向卖方提供获得保险的必要信息。

B4 受领货物

买方必须在货物已经按照 A4 的规定交货时受领货物，并在指定的目的地从承运人处受领货物。

B5 风险转移

买方承担按照 A4 规定交货时起货物灭失或损坏的一切风险。

在货物已被清楚确定为合同项下之物的条件下，如买方未能按照 B7 规定向卖方发出通知，则买方必须从约定的交货日期或交货期限届满之日起，承担货物灭失或损坏的一切风险。

B6 费用划分

除 A3 a）规定外，买方必须支付：a）自按照 A4 规定交货时起的一切与货物有关的费用，除了在 A6 中提到的在这些地方需要办理海关手续的情况下货物出口需要办理的海关手续费用及出口时应缴纳的一切关税、税款和其他费用；b）货物在运输途中直至到达目的地为止的一切费用，除非这些费用根据运输合同应由卖方支付；c）卸货费，除非根据运输合同应由卖方支付；d）如买方未按照 B7 规定给予卖方通知，则自约定的装运日期或装运期限届满之日起，货物所发生的一切额外费用，但以该项货物已正式划归合同项下，即清楚地划出或以其他方式确定为合同项下之货物为限；e）在需要办理海关手续时货物进口应交纳的一切关税、税款和其他费用，及办理海关手续的费用，以及从他国过境的费用，除非这些费用已包括在运输合同中。

B7 通知卖方

一旦买方有权决定发送货物的时间和/或者指定的目的地或者指定接收货物的地点，买方必须就此给予卖方充分通知。

B8 提货证据

如果符合合同规定，买方必须接受按照 A8 规定提供的运输单据。

B9 货物检验

买受人必须支付强制性的装运前的检验费用，但出口国当局强制进行检验的除外。提供的运输单据，如果该单据符合合同规定的话。

B10 信息帮助和相关费用

就任何有关安全信息的要求，买受人必须及时通知出卖人，以使其能履行 A10 规定的义务。买受人必须偿付出卖人为提供或协助买受人获得 A10 所述单据和信息而产生的一切费用。

在该港所在地需办理这些手续的情况下，在出卖人提出要求、承担风险并给付费用的情况下，买受人必须及时向出卖人提供或协助出卖人获得出卖人在出口货物和经由他国过境运输所需要的任何单据和信息，包括与安全有关的信息。

2. 使用 CPT 术语时应注意的事项

此规则有两个关键点，因为风险和成本在不同的地方发生转移。买卖双方当事人应在买卖合同中尽可能准确地确定以下两个点：发生转移至买方的交货地点，在其须订立的运输合同中载明的指定目的地。如果使用多个承运人将货物运至指定目的地，且买卖双方并未对具体交货地点有所约定，则合同默认风险自货物由买方交给第一承运人时转移，卖方对这一交货地点的选取具有排除买方控制的绝对选择权。如果当事方希望风险转移推迟至稍后的地点发生（例如：某海港或机场），那么他们需要在买卖合同中明确约定这一点。

由于将货物运至指定目的地的费用由卖方承担，因而当事人应尽可能准确地确定目的地中的具体地点。且卖方须在运输合同中载明这一具体的交货地点。卖方基于其运输合同中在指定目的地卸货时，如果产生了相关费用，卖方无权向买方索要，除非双方有其他约定。

CPT 贸易术语要求卖方，在需要办理这些手续时，办理货物出口清关手续。但是，卖方没有义务办理货物进口清关手续、支付进口关税以及办理任何进口所需的任何海关手续。

9.3.1.6 CIP 术语

CIP，全文 Carriage and Insurance Paid to （… named place of destination），即运费、保险费付至（……指定目的地），是指卖方按约定向指定承运人交货，同时支付将货物运至指定目的地的运费，交货后的一切风险和费用则由买方承担。同样，如果存在多个承运人，则风险自货物交给第一承运人处置时转移。另外，在 CIP 术语下，卖方还必须负责订立货运保险合同，并支付保险费。例如 CIP Moscow 表示目的地为莫斯科，出口方需要支付从装运地到莫斯科的运费和保险费。CIP 术语适用于各种运输方式，包括多式联运。

CIP 术语要求卖方在必要时办理货物出口清关手续。但是，卖方不承担办理货物进口清关手续，支付任何进口关税，或者履行任何进口报关手续的义务。

1. CIP 术语下买卖双方的义务

该术语下，买卖双方各自承担的基本义务概括如下：

（1）卖方义务

A1 卖方的一般义务

卖方必须提供符合销售合同规定的货物和商业发票，以及合同可能要求的其他任何凭证。

如经双方当事人约定或者存在惯例，那么 A1 至 A10 中提及的任何文件都可以是一个等价的电子版的记录或程序。

A2 许可证、批准、安全通关及其他手续

如有需要，卖方必须自担风险和费用，取得任何出口许可证或其他官方授权，并办理货物出口及交货前货物从他国国境所需的一切海关手续。

A3 运输合同与保险合同

a）运输合同。卖方必须订立一个货物运输合同，以将货物从交付地区的约定的任何的交付点，运送至指定的目的地，或者也可以运至指定地区约定的具体地点。卖方必须自行承担费用，并按照通常条件订立运输合同，同时合同须依照通常路线及习惯方式来提供货物。若未约定或按照惯例也不能确定具体的地点，则卖方可选择最符合其目的的交货点，以及在指定目的地的最适合其目的的交货点

b）保险合同。卖方必须自付费用取得货物保险，该货物保险至少应按照《协会货物保险条款》（劳埃德市场协会/国际保险人协会）的条款或其他类似条款中的最低保险险别投保。保险合同应与信誉良好的保险人或保险公司订立，并赋予买方或任何其他对货物具有保险利益的人直接向保险人索赔的权利。

当买方提出要求时，卖方应要求并且根据买方所提供的必要信息，在可行的情况下，由买方付费给予买方加投额外的保险，比如给予《协会货物保险条款》（劳埃德市场协会/国际保险人协会）中的条款（A）或者（B）的险级保障或类似条款的险级保障，和/或给予《协会战争条款》和/或《协会罢工条款》或者其他类似条款的险级保障。保险金额最低限度应包括合同规定价款的另加 10%（110%），并应采用合同中约定的货币。保险应当包括，从 A4 和 A5 中规定的发货起点起，至少到达指定目的地的货物。卖方应向买方提供保险单或者其他保险范围的证据。

此外，卖方必须根据买方的要求、风险和费用（如果有的话），向买方提供买方需要投资额外保险的信息。

A4 交货

卖方必须按照约定日期或期限，向按照 A3 规定订立合同的承运人交货。

A5 风险转移

卖方在按照 A4 的规定交付商品之前，承担所有的货物毁损或灭失责任，但货物的毁损或灭失是由于 B5 所述的情况的除外。

A6 费用划分

卖方必须支付：a）直至按照 A4 的规定交货为止前与货物有关的一切费用，除 B6 中规定的买家所需支付的费用；b）按照 A3 a）规定所发生的运费和其他一切费用，包括装船费和根据运输合同应由卖方支付的在目的地的卸货费；c）按照 A3 b）规定所发生的保险费用；及 d）在需要办理海关手续时，货物出口需要办理的海关手续费用，以及货物出口时应交纳的一切关税、税款和其他费用，以及根据运输合同由卖方支付的货物从他国过境的费用。

A7 通知买方

卖方必须通知买方货物已按照 A4 规定交货。买方必须给予买方任何有必要的通知，以便买方能够为接收货物而采取通常必要的措施。

A8 交货凭证

如果依习惯或按照买方要求，卖方必须自付费用向买方提供按照 A3 订立的运输合同所涉及的通常运输单据。

这份运输单据必须包括合同货物并且要在约定的运输期间内签署。如果依照约定或习惯，这份单据也必须要让买方能在确定的地点向运输方领取货物，并且还要让买方能通过转让单据给下一个买家或告知运输方的方式卖出货物。

当这样一份单据以协商的形式订立并且有若干原件的时候，必须向买方提供所有原件。

A9 检查、包装、标志

卖方必须支付为按照 A4 规定交货所需进行的查对费用（如核对货物品质、丈量、过磅、点数的费用）以及出口国有关机关的装运前的强制检验费用。

卖方必须自付费用，包装货物，除非按照相关行业惯例此类买卖货物无须包装发运。卖方可以以适合运输的方式包装货物，除非买方在销售合同签订前通知卖方具体的包装要求。包装应作适当标记。

A10 信息帮助和相关费用

如有需要，应买方的要求并由其负担风险与费用，卖方必须以适时的方法，提供或协助买方取得任何单据或信息，包括与货物出口安全或/和货物运送至最终目的地所需有关的信息。

卖方必须补偿买方依 B10 的情况因提供或给予协助取得所需之单据或信息的所有费用。

（2）买方义务

B1 买方的一般义务

买方必须按照销售合同规定支付货物价款。

经买卖双方同意或依据惯例，B1 至 B10 中所述之单据可以是同等作用的电子备案手续。

B2 许可证、批准、安全通关及其他手续

需要取得进口许可证、办理海关手续时，买方应当自担风险与费用，取得任何进口许可以及其他官方授权，并办理货物进口以及从他国过境的一切海关手续。

B3 运输合同和保险合同

a）运输合同。买方对卖方没有义务制定运输合同。

b）保险合同。买方对卖方没有义务制定保险合同。但是，应卖方要求，买方必须按照 A3 b）的规定向卖方提供必要的信息，以便卖方应买方之要求购买任何额外的保险。

B4 受领货物（接收货物）

买方必须在卖方按照 A4 规定交货时受领货物，并在指定的目的地从承运人处收受货物。

B5 风险转移

买方承担按照 A4 规定交货后货物灭失或损坏的一切风险。

买方如未按照 B7 规定通知卖方，则必须从约定的交货日期或交货期限届满之日起，承担货物灭失或损坏的一切风险，但以该项货物明确的规定为合同项下之货物为限。

B6 费用划分

根据 A3 a）的规定，买方应当支付：a）根据 A4 规定的从交货时起与货物有关的一切费用，除了在可适用情况下，货物出口所需的海关手续费用，以及关税、税额和 A6 中规定的出口所应支付的其他费用应由卖方支付；b）及货物在运输途中直至到达约定目的地为止的一切费用，除非这些费用根据运输合同约定应由卖方支付；c）及卸载费，除非这些费用根据运输合同约定应由卖方支付；d）如买方未按照 B7 规定给予卖方通知，则自约定的装运日期或装运期限届满之日起，货物所发生的任何额外费用，但以该项货物已经清楚地确定为合同项下的货物为限；e）在需要办理海关手续时，货物进口应交纳的一切关税、税款和其他费用，及办理海关手续的费用，以及从他国过境的费用，除非这些费用已包括在运输合同中；f）在 A3 和 B3 之下，应买方要求购买任何额外保险的费用。

B7 通知卖方

一旦买方有权决定发运货物的时间和/或指定的目的地/或接收货物目的地的具体地点，买方必须就此给予卖方充分通知。

B8 提货证据

买方必须接受按照 A8 规定提供的运输单据，如果该单据符合合同规定的话。

B9 货物检验

买方必须支付任何强制性装运前检验费用，但出口国有关当局强制进行的检验除外。

B10 信息帮助和相关费用

买方必须及时通知卖方任何安全信息要求，以使卖方遵守 A10 的规定。买方必须偿付卖方因给予协助和获取 A10 所述单据和信息所发生的一切费用。当需要时，应卖方要求并由其承担风险和费用，买方必须及时向卖方提供或协助卖方获得任何单据和信息，包括卖方为了货物的运输和出口和从他国过境所需要的与安全相关的信息。

2. 使用 CIP 术语时应注意的事项

（1）准确理解风险和保险问题

由于风险和费用因地点之不同而转移，本规则有两个关键点。买卖双方最好在合同中尽可能精确地确认交货地点，风险转移至买方地，以及卖方必须订立运输合同所到达的指定目的地。若将货物运输至约定目的地用到若干承运人而买卖双方未就具体交货点达成一致，则默认为风险自货物于某一交货点被交付至第一承运人时转移，该交货点完全由卖方选择而买方无权控制。如果买卖双方希望风险在之后的某一阶段转移（例如在一个海港或一个机场），则他们需要在其买卖合同中明确之。

将货物运输至具体交货地点的费用由卖方承担，因此双方最好尽可能明确在约定的目的地的具体交货地点。卖方最好制定与此次交易精确匹配的运输合同。如果卖方按照运输合同在指定的目的地卸货而支付费用，除非双方另有约定，卖方无权向买方追讨费用。

以 CIP 和 CIF 方式达成的交易，投保是卖方的合同义务，卖方拥有货物所有权，自然具有可保利益。卖方向保险公司投保后，保险合同在货物起运地起运后即生效。按照惯例，卖方要按双方确定的险别投保，而如果双方未在合同中规定应投保的险别，则卖方按惯例只需投保最低险别，最低保险金额一般为合同规定价款的 110%，并且使用合同货币；如果买方需要，且在其承担费用的前提下，卖方可加保战争、罢工和民变险等。

（2）合理确定价格

在使用 CIP 术语时，虽然其价格构成同 CIF 术语一样，也是成本加保险费、运费，但是实际上价格却可能大有差别。比如多式联运下，采用 CIP 术语，卖方要支付的保险费不仅仅是水上保险，还可能包括陆运险等多种险别。因此，在具体核算时，卖方应充分考虑运输方式、保险险别和各类保险的收费情况，并预计有关价格的变动趋势，从而制定出合理的 CIP 价格，尽量避免由于自身的疏忽而导致收益的减少。

总之，随着集装箱和多式联运等运输方式的快速发展，上述 FCA、CPT 和 CIP 三种术语由于其更广的适用范围而逐渐成为贸易领域新的发展趋势。

以上介绍了当前国际贸易活动中最为常见的六种贸易术语及其在应用中需要注意些一些问题，下面就简单介绍一下《2010 通则》中的其他五种贸易术语。

9.3.2　其他五种贸易术语

9.3.2.1　EXW 术语

本条规则与（当事人）所选择的运输模式无关，即便（当事人）选择多种运输模式，亦可适用该规则。本规则较适用于国内交易，对于国际交易，则应选 FCA "货交承运人（……指定地点）" 规则为佳。

1. EXW 术语定义

EXW，全文 Ex Works（... named place），即工厂交货（……指定地点），是指卖方按照合同规定的日期或期限，在其所在地或其他指定地点（如工场、工厂或仓库）将货物交由买方处置时，即完成交货。卖方承担交货之前的一切风险和费用，其并不负责将货物装到任何运输工具上，也不负责办理出口清关手续，但要提供商业发票或有同等作用的电子讯息，以及合同可能要求的、证明货物符合合同规定的其他任何凭证；而买方则需要承担受领货物之后的一切风险和费用，并支付价款。例如 EXW Factory Shanghai，表示在上海卖方的某工厂交货。EXW 术语适用于各种运输方式。

EXW 术语是卖方承担责任最小、同时也是买方承担责任最大的贸易术语。由于其价格低廉，许多进口商仍愿意承担较大的风险而采用这一方式。此外，若双方希望在起运时由卖方负责装载货物并承担装载货物的费用和风险，则须在销售合同中予以明确。

2. 使用 EXW 术语时应注意的事项

（1）出口清关手续的办理。EXW 术语要求买方自行办理出口清关手续，因此在确定采用这一术语时，买方必须有把握能直接或间接地办理出口清关，否则就应该考虑使用 FCA 术语。

（2）货物交接问题。视合同具体规定，卖方必须及时将货物交接的时间、地点通知给买方，或是买方必须及时将受领货物的时间、地点通知给卖方，简言之，即安排好货物的交接工作。

（3）有关费用问题。由于该术语下卖方不负责将货物装上运输工具，因此有关货物的包装费用应事先在合同中加以明确，以免事后引起争议。

9.3.2.2　FAS 术语

FAS，全文 Free Alongside Ship（... named port of shipment），即船边交货（……指定装运港），习惯上称为装运港船边交货，是指卖方必须在约定的时间内、在指定的装运港将已办理出口清关手续的货物交至买方指定的船边，在船边完成交货义务，并于交货后充分通知买方；买方则必须承担自那时起货物灭失或损坏的一切风险，也就是说，风险以船边为转移。如买方所派船只无法靠岸，卖方需要租用驳船将货物运至船边，仍在船边完成交货义务，装船的责任和费用均由买方承担。

FAS 术语仅适用于海运或内河运输。因此，其后只能跟出口国的港口，如 FAS Qingdao 等，而不能跟内陆城市，以免引起争议。

1. FAS 贸易术语下关于买卖双方的义务

卖方的义务还包括提交商业发票及合同可能要求的、证明货物符合合同规定的其他任何凭证，自担费用向买方提供证明货物已交付的通常单据，或具有同等作用的电子讯息；自担风险和费用，取得出口许可证或其他官方许可，及负责办理货物出口清关手续及支付关税、税款和其他费用。

买方则要按照销售合同的规定接受单据、受领货物并支付货款；自费订立自指定装运港运输货物的合同，并充分通知卖方有关船名、装船点和要求交货时间等信息；自担风险和费用，取得进口许可证或其他官方许可，负责办理货物进口清关手续并支付关税、税款和其他费用。

2. 使用 FAS 贸易术语时应注意的事项

在《2010 通则》中，FAS 条件下，船边交货规则要求卖方在需要时办理货物出口清关手续。但是，卖方没有任何义务办理货物进口清关、支付任何进口税或者办理任何进口海关手续。这同《1990 通则》中所规定的买方办理出口清关手续恰好相反。此外，与 FOB 术语相似，FAS 术语下的船货衔接问题也非常重要；而《1941年美国对外贸易定义修订本》要求必须在 FAS 后面加 "Vessel" 字样，才表示 "船边交货"，这就需要我们在同美国、加拿大等国家进行业务往来时多加注意。

9.3.2.3　DAT 术语

DAT 是指终点站交货（……指定目的港或目的地）。此规则可用于选择的各种运输方式，也适用于选择的一个以上的运输方式。"终点站交货" 是指卖方在指定的目的港或目的地的指定的终点站卸货后将货物交给买方处置即完成交货。"终点站" 包括任何地方，无论约定或者不约定，包括码头、仓库、集装箱堆场或公路、铁路或空运货站。卖方应承担将货物运至指定的目的地和卸货所产生的一切风险和费用。

当事人尽量明确地指定终点站，如果可能，（指定）在约定的目的港或目的地的终点站内的一个特定地点，因为（货物）到达这一地点的风险是由卖方承担建议卖方签订一份与这样一种选择准确契合的运输合同。

此外，若当事人希望卖方承担从终点站到另一地点的运输及管理货物所产生的风险和费用，那么此时 DAP（目的地交货）或 DDP（完税后交货）规则应该被适用。

在必要的情况下，DAT 规则要求卖方办理货物出口清关手续。但是，卖方没有义务办理货物进口清关手续并支付任何进口税或办理任何进口报关手续。

DAT 贸易术语下关于买卖双方的义务：

1. 卖方义务

A1 卖方的一般义务

卖方必须提供符合销售合同规定的货物和商业发票以及合同可能要求的、证明货物符合合同规定的其他凭证。如果在当事人约定或者依据商业惯例的情况下，A1 至 A10 中提及的任何单据都可以是具有同等效力的电子记录或者手续。

A2 许可证、批准、安全通关及其他手续

在必要的情况下，卖方必须自担风险和费用，在交货前取得任何出口许可证或其他官方许可，并且在需要办理海关手续时办理货物出口和从他国过境所需的一切海关手续。

A3 运输合同与保险合同

a）运输合同。卖方必须自付费用订立运输合同，将货物运至指定目的港或目的地的指定终点站。如未约定或按照交易习惯也无法确定具体交货点，卖方可在目的港或目的地选择最符合其交易目的的终点站（交货）。

b）保险合同。卖方没有为买方签订保险合同的义务。但是，卖方在买方的要求下，必须向买方提供买方借以获得保险服务的信息，其中如果存在风险和费用，一概由买方承担。

A4 交货

卖方必须在约定的日期或期限内，在目的港或目的地中按 A3 a）所指定的终点站，将货物从交货的运输工具上卸下，并交给买方处置完成交货。

A5 风险转移

除了 B5 所描述的（货物）灭失或损坏的情形外，卖方必须承担货物灭失或损坏的一切风险，直至货物已经按照 A4 的规定交付为止。

A6 费用划分

卖方必须支付：a）除了按 B6 规定的由买方支付的费用外，包括因 A3 a）产生的费用，以及直至货物已按 A4 的规定交付为止而产生的一切与货物有关的费用；以及 b）在必要的情况下，在按照 A4 规定的交货之前，货物出口需要办理的海关手续费用及货物出口时应交纳的一切关税、税款和其他费用，以及货物经由他国过境运输的费用。

A7 通知买方

卖方必须提供买方需要的任何通知，以便买方能够为受领货物而采取通常必要的措施。

A8 交货凭证

卖方必须自付费用向买方提供提货单据，使买方能够如同 A4 或 B4 的规定提取货物。

A9 检查、包装、标志

买方必须支付按 A4 条规定为交付货物目的所需的检查（如质检、度量、称重、计数）费用。同时，卖方也必须支付出口国当局强制进行的任何装船前检查所产生的费用。

卖方必须支出费用以包装货物，除非在特定贸易中所售货物通常以不包装的形式运输。卖方应该以适合运输的方式包装货物，除非买方在买卖合同成立之前指定了具体的包装要求。包装应该被合理地标记。

A10 信息帮助和相关费用

卖方必须在必要的情况下，根据买方的要求，及时向买方提供或者协助买方获得其所需的进口货物和/或将货物运输至目的地的任何单据和信息，包括与安全相关的信息，其中如果存在风险和费用，一概由买方承担。卖方必须偿还按照 B10 规定的买方因（向卖方）提供或协助（卖方）获得文件和信息所花费的一切费用。

2. 买方义务

B1 买方的一般义务

买方必须根据买卖合同中规定的货物价格履行交付义务。如果买卖双方有约定或者有商业惯例的情况下，B1 至 B10 中提到的任何单据都可以是具有同等效力的电子记录或者手续。

B2 许可证、批准、安全通关及其他手续

在必要的情况下，买方必须自担风险和费用，取得所需的进口许可证或其他官方许可证，并办理货物进口所需的一切海关手续。

B3 运输合同和保险合同

a）运输合同。买方没有为卖方签订运输合同的义务。

b）保险合同。买方没有为卖方签订保险合同的义务。但是如果卖方要求，买方则必须向卖方提供必要的关于获得保险的必要信息。

B4 受领货物（接收货物）

货物已按 A4 的规定交付时，买受人必须受领货物。

B5 风险转移

自货物已按 A4 的规定交付时起，买方必须承担货物灭失或损坏的一切风险。如果买方未按 B2 的规定履行义务，买方承担由此产生的货物灭失或损坏的一切风险。

如果买方未按 B7 的规定给予通知，自约定的交付货物的日期或期间届满之日起，买方承担货物灭失或损坏的一切风险，但以该项货物已经被清楚地确定为合同货物为限。

B6 费用划分

买方必须支付：a）自货物已按 A4 的规定交付时起，与货物有关的一切费用；b）任何因买方未按 B2 规定履行义务或未按 B7 给予通知而使卖方额外支付的费用，但以该项货物已经被清楚地确定为合同货物为限；以及 c）在必要的情况下，货物进口需要办理的海关手续费用及货物进口时应交纳的一切关税、税款和其他费用。

B7 通知卖方

一旦买方有权决定于约定期限内受领货物的时间点和/或于指定的目的地受领货物的具体位置，买方必须就此给予卖方充分通知。

B8 提货证据

买方必须接受卖方提供的符合 A8 规定的交货单据。

B9 货物检验

买受人必须支付装船前强制检验的费用，但出口国当局强制装船前检验的除外。

B10 信息帮助和相关费用

买方必须及时地告知卖方任何与货物安全信息要求相关的建议，以便于卖方可以遵守 A10 条款的相关规定。买方必须偿还卖方依照 A10 规定（向买方）提供或协助（买方）获得单据和信息的过程中所花费的一切成本和费用。

买方必须在必要的情况下，依照卖方的要求，及时（向卖方）提供或者协助（卖方）获得其所需的运输和出口货物及经由他国过境运输的任何单据和信息，包括与安全相关的信息，其中如果存在风险和费用，一概由卖方承担。

9.3.2.4　DAP 术语

DAP 是指目的地交货（……指定目的地）。

DAP 是《2010 通则》新添加的术语，取代了的 DAF（边境交货）、DES（目的港船上交货）和 DDU（未完税交货）三个术语。该规则的适用不考虑所选用的运输方式的种类，同时在选用的运输方式不止一种的情形下也能适用。

目的地交货的意思是卖方在指定的交货地点，将仍处于交货的运输工具上尚未卸下的货物交给买方处置即完成交货。卖方须承担货物运至指定目的地的一切风险。

尽管卖方承担货物到达目的地前的风险，该规则仍建议双方将合意交货目的地指定尽量明确。建议卖方签订恰好匹配该种选择的运输合同。如果卖方按照运输合同承受了货物在目的地的卸货费用，那么除非双方达成一致，卖方无权向买方追讨该笔费用。

在需要办理海关手续时（在必要时/适当时），DAP 规则要求应有卖方办理货物的出口清关手续，但卖方没有义务办理货物的进口清关手续，支付任何进口税或者办理任何进口海关手续，如果当事人希望卖方办理货物的进口清关手续，支付任何进口税和办理任何进口海关手续，则应适用 DDP 规则。

DAP 贸易术语下关于买卖双方的义务：

1. 卖方义务

A1 卖方的一般义务

卖方必须提供符合销售合同规定的货物和商业发票以及该合同可能要求的其他凭证。如果依当事人的协议或按照惯例，在 A1 至 A10 中涉及的任何单据均可以是具有同等效力的电子记录或程序。

A2 许可证、批准、安全通关及其他手续

在需要办理海关手续时，卖方必须自担风险和费用取得任何出口许可证或其他官方许可，并且办理出口货物和交付前运输通过某国所必需的一切海关手续。

A3 运输合同与保险合同

a）运输合同。卖方必须自付费用订立运输合同，将货物运至指定的交货地点。如未约定或按照惯例也无法确定指定的交货地点，则卖方可在指定的交货地点选择最适合其目的的交货地点。

b）保险合同。卖方对买方没有义务订立保险合同。但是如果买方提出需要保险合同的要求，并且自己承担风险和费用，那么卖方应该提供订立保险合同需要的全部信息。

A4 交货

卖方必须在约定日期或期限内，在指定的交货地点，将仍处于约定地点的交货运输工具上尚未卸下的货物交给买方处置。

A5 风险转移

除 B5 规定者外，卖方必须承担货物灭失或损坏的一切风险，直至已经按照 A4 规定交货为止。

A6 费用划分

卖方必须支付：a）除依 B6 规定由买方支付费用以外的，按照 A3a）规定发生的费用及按照 A4 规定在目的地交货前与货物有关的一切费用；b）根据运输合同约定，在目的地发生应由卖方支付的任何卸货费用；及 c）在需要办理海关手续时，货物出口要办理的海关手续费用及货物出口时应交的一切关税、税款和其他费用，以及按照 A4 规定交货前从他国过境的费用。

A7 通知买方

卖方必须给予买方必要的通知，以便买方能够为受领货物而采取通常必要的措施。

A8 交货凭证

卖方必须自付费用，按照 A4/B4 的规定，向买方提供买方可以据以提取货物的凭证。

A9 检查、包装、标志

卖方必须支付为按照 A4 规定交货所需进行的查对费用（如核对货物品质、丈量、过磅、点数的费用）以及出口国有关当局强制进行的检验的费用。卖方必须自己负担货物包装费用，除非是在特定交易中通常无须包装货物的情况。卖方需要以适合于运输的方式包装货物，除非买方在买卖合同缔结之前告知卖方具体的包装方式。包装应作适当标记。

A10 信息帮助和相关费用

在需要办理海关手续时，应买方要求并由其承担风险和费用，卖方必须及时为买方提供其在货物进口或货物运输过程中所需的各类文本及信息协助，包括相关安全信息。在获取单据或信息时，卖方必须偿付买方按照 B10 规定提供或给予协助的所有费用。

2. 买方义务

B1 买方的一般义务

买方必须按照销售合同支付货物的价款。如果依当事人的协议或按照惯例，在

B1 至 B10 条款中涉及的任何单据均可以是具有同等效力的电子记录和程序。

B2 许可证、批准、安全通关及其他手续

在需要办理海关手续时,买方必须自担风险和费用,取得任何进口许可证或其他官方许可,并且办理货物进口的一切海关手续。

B3 运输合同和保险合同

a) 运输合同。买方对卖方没有义务订立运输合同。

b) 保险合同。买方对卖方没有义务订立保险合同。但是如果买方想获得保险,就必须向卖方提出自己需要保险的要求,并且向卖方提供必要的信息。

B4 受领货物(接收货物)。买方必须在卖方按照 A4 规定交货时受领货物。

B5 风险转移

买方必须承担按照 A4 规定交货之时起货物灭失或损坏的一切风险。如果

a) 买方没有履行 B2 中规定的义务,则买方承担所有货物灭失或者毁损的风险。或者 b) 买方没有按照 B7 中的规定履行其告知义务,则必须从约定的交货日期或交货期限届满之日起,承担货物灭失或损坏的一切风险。但是必须确认上面所讲的货物是合同中所指的货物。

B6 费用划分

买方必须支付:a) 自按照 A4 的规定交货时起与货物有关的一切费用;b) 在指定目的地将货物从交货运输工具上卸下以受领货物的一切卸货费,除非这些费用按照运输合同是由卖方承担;c) 在这项货物已清楚地确定为合同项下货物的条件下,若买方未能按照 B2 规定履行义务或未按照 B7 规定给予卖方通知,卖方因此而产生的一切费用;及 d) 在需要办理海关手续时,办理海关手续的费用及货物进口时应交纳的一切关税、税款和其他费用。

B7 通知卖方

一旦买方有权决定在约定期限内的时间和/或在指定的受领货物的地点,买方必须就此给予卖方充分通知。

B8 提货证据

买方必须接受卖方按照 A8 规定提供交货单据。

B9 货物检验

买方必须支付任何强制的装船前检验的费用,但出口国有关当局强制进行的检验除外。

B10 信息帮助和相关费用

买方必须及时告知卖方所有的安全信息需求以便卖方能够遵守 A10 的规定。在获取单据或信息时,买方必须偿付卖方按照 A10 规定提供或给予协助的所有费用。应卖方要求并由其承担风险和费用,买方必须及时为卖方提供其在货物进口或货物运输过程中所需的各类单据及信息协助,包括相关安全信息。

9.3.2.5 DDP 术语

这条规则可以适用于任何一种运输方式,也可以适用于同时采用多种运输方式的情况。

DDP,全文 Delivered Duty Paid (... named place of destination),即完税后交货

（……指定目的地），是指卖方在约定的时间内，在指定的进口国目的地，办理完进口清关手续并交纳进口税费，将在交货运输工具上尚未卸下的货物交给买方，即完成交货。

采用 DDP 术语，卖方必须承担将货物运至指定目的地的一切风险和费用，并且要承担风险和费用，取得进口和出口许可证或其他官方许可，负责办理货物进口和出口清关手续并支付关税、税款和其他费用，并向买方提交商业发票及合同可能要求的、证明货物符合合同规定的其他任何凭证，及自费向买方提供提货单或通常的运输单据，或具有同等作用的电子讯息，以便买方提取货物。

DDP 术语是卖方承担责任最大的术语，也即买方承担责任最小的术语，同样也可以推出，DDP 条件下成交的价格也理应是最高的。对于买方而言，DDP 相当于国内贸易。如果买方希望卖方承担卸货或其他责任和费用，则应该在销售合同中订明。

在使用 DDP 术语时，应注意到，若卖方不能直接或间接地取得进口许可证，不建议当事人使用 DDP 术语，而应考虑由买方负责承担进口事宜，如果当事方希望买方承担进口的所有风险和费用，应使用 DAP 术语。另外，若双方当事人同意排除卖方在办理进口时应承担的某些费用，如增值税，则应在术语后注明，如"完税后交货，增值税未付（……指定目的地）"。

9.4　商品价格

9.4.1　确定商品价格应该注意的问题

价格条款与其他交易条件关系密切，确定进出口商品的成交价格是一项非常复杂而又十分重要的工作，为了做好此项工作，外贸业务人员必须提高自身业务素质，同时贯彻我国进出口商品的作价原则，根据国际市场价格变动趋势，充分考虑影响价格的各种因素，在核算成本和"货比三家"的基础上，切实了解价格构成因素和灵活掌握价格换算方法，根据自身经营意图，确定适当的价格。

9.4.1.1　正确贯彻我国进出口商品作价原则

在确定进出口商品成交价格时，需要注意贯彻下列三项原则：

1. 参考国际市场价格水平作价

国际市场价格是以商品的国际价值为基础并在国际市场竞争中形成的，它是交易双方都能接受的价格，是我们确定进出口商品价格的客观依据。因此，我国对外成交的价格，一般都参照国际市场价格水平来确定。

2. 要结合国别、地区政策作价

为了使外贸配合外交，在参照国际市场价格水平的同时，也可适当考虑国别、地区政策，即在平等互利的基础上，双方约定按比较优惠的价格成交。

3. 根据企业的购销意图灵活作价

进出口商品价格在国际市场价格水平的基础上，可根据购销意图来确定，即可略高或略低于国际市场价格。

9.4.1.2　密切注意国际市场价格走势和供求变化

国际市场价格因受供求关系的影响而上下波动。国际市场供不应求，国际市场价格就会呈上涨趋势；当市场供过于求，国际市场价格就会呈下跌趋势。可见，切实了解国际市场的供求状况，有利于对国际市场价格的走势作出正确判断，也有利于合理确定进出口商品的成交价格，该涨则涨，该降则降，避免价格掌握上的盲目性。总之，确定价格，应有客观依据，即要求从纵向和横向进行比较，不能凭主观愿望盲目定价，我们应将对外成交商品的历史价和现价进行比较，将对外成交商品在不同市场上的价格进行比较，将同一市场上不同客户的同类商品的价格进行比较，防止出现价格偏离国际市场的实际价格水平。

9.4.1.3　综合考虑影响价格的各种因素

1. 要考虑商品的质量和档次

在国际市场上，一般都贯彻按质论价的原则，即好货好价，次货次价。品质的优劣，档次的高低，包装装潢的好坏，式样的新旧，商标、品牌的知名度，都会影响商品的价格。

2. 要考虑运输成本

国际货物买卖，一般都要经过长途运输。运输距离的远近，影响运费和保险费的开支，从而影响商品的价格。因此，确定商品价格时，必须认真核算运输成本，做好比价工作，以体现地区差价。

3. 要考虑交货地点和交货条件

在国际贸易中，由于交货地点和交货条件不同，买卖双方承担的责任、费用和风险有别，在确定进出口商品价格时，必须考虑这些因素。例如，同一运输距离内成交的同一商品，按 CIF 条件成交同按 DES 条件成交，其价格应当不同。

4. 要考虑季节性需求的变化

在国际市场上，某些节令性商品，如赶在节令前到货，抢行应市，即能卖上好价；过了节令的商品，往往售价很低，甚至以低于成本的"跳楼价"出售。因此，我们应充分利用季节性需求的变化，切实掌握好季节性差价，争取按对我方有利的价格成交。

5. 要考虑成交数量

按国际贸易的习惯做法，成交量的大小影响价格，即成交量大时，在价格上应给予适当优惠，例如采用数量折扣的办法；反之，如成交量过少，甚至低于定量时，则可以适当提高售价。不论成交多少都是一个价格的做法是不当的，我们应当掌握好数量方面的差价。

6. 要考虑支付条件和汇率变动的风险

支付条件是否有利和汇率变动风险的大小，都影响商品的价格。例如，同一商品在其他交易条件相同的情况下，采取预付货款和凭信用证付款方式，其价格应当有所区别。同时，确定商品价格时，一般应争取采用对自身有利的货币成交，采用对自身不利的货币成交时，应当把汇率变动的风险考虑到货价中去，即适当提高出售价格或压低购买价格。

7. 要考虑其他因素

除上述各种因素外，交货期的长短、市场贸易习惯和消费者的爱好等因素，也对确定价格有一定程度的影响，因此，也应予以考虑。

总之，国际贸易从业人员必须在调查研究的基础上，切实注意上述影响进出口商品成交价格的各种因素，通盘考虑，权衡得失，然后确定适当的成交价格。

9.4.1.4 做好价格比较工作和加强成本核算

确定商品的成交价格应有客观依据，为了合理确定成交价格以提高经济效益，在价格掌握上，要防止不计成本、不管盈亏而单纯追求成交量的偏向，尤其在出口商品价格的掌握上，更要注意这方面的问题。过去，在出口业务中发生过盲目坚持高价或随意削价竞销的偏向，给我们带来了不应有的损失。出口商品定价太高，不仅会削弱我国出口的竞争能力，而且会刺激其他国家发展该项商品的生产或增加代用品来同我国产品竞销，从而导致对我方不利的被动局面。反之，不计成本在国内高价抢购，在国外削价竞销，盲目扩大出口，不仅会在外销价格方面造成混乱，导致"肥水流入外人田"，使国家和企业蒙受经济损失，而且会使一些国家借此对我国出口产品采取限制措施，并导致反倾销投诉案件增多。

现将涉及核算成本和盈亏的上述有关指标分别简介如下：

1. 出口总成本与出口成本价格

出口总成本是指外贸企业为出口商品支付的国内总成本，其中包括进货成本和国内费用。需缴纳出口税的商品，则出口总成本中还应包括出口税。

出口成本价格是外贸企业以出口总成本为基础计算出来的单位成本价格，并不涉及有关国外的任何费用；而出口成交价格则可能包括单位商品的国外费用，如国外运费、保险费与佣金等。

2. 出口外汇净收入与出口换汇成本

出口外汇净收入是指出口外汇总收入扣除劳务费用等非贸易外汇后的外汇收入。如按 FOB 价格成交，成交价格就是外汇净收入。如按 CIF 价格成交，则扣除国外运费和保险费等劳务费用支出后，即为外汇净收入。如按含佣价成交。则还要扣除佣金。

出口换汇成本指某商品出口净收入一个单位的外汇所需要的人民币成本。其计算公式为

$$出口换汇成本 = \frac{出口总成本（人民币）}{出口外汇净收入（外汇）}$$

可以看出，出口换汇成本与出口总成本成正比，与出口外汇净收入成反比。出口换汇成本是衡量企业出口交易盈亏的重要指标，它与外汇牌价进行比较能直接反映出商品出口是否盈利。例如，在一笔出口交易中，计算出的出口换汇成本为 5.38 元，如果当时外汇牌价为 1 美元折 6.38 元人民币，则出口 1 美元的该商品取得 1 元人民币的盈利。反之，如果计算出的出口换汇成本为 7.38 元，则出口 1 美元该商品就会出现 1 元人民币的亏损。

3. 出口盈亏额与盈亏率

出口盈亏额是指出口销售的人民币净收入与出口总成本的差额。如差额是正数，

为盈余额；如差额是负数，则为亏损额。

出口盈亏率是盈亏额与出口总成本的比例，用百分比表示。它是衡量出口盈亏程度的一项重要指标。其计算公式为

$$出口盈亏率 = \frac{出口销售人民币净收入 - 出口总成本}{出口总成本} \times 100\%$$

【例 9 - 1】　某商品出口总成本为 53 800 元人民币，出口后外汇净收入为 10 000 美元，如中国银行的外汇牌价为 100 美元折合人民币 638 元，则本笔交易的盈利情况是

盈利额：63 800 - 53 800 = 10 000（元）

$$出口盈利率：\frac{10\ 000}{63\ 800} \times 100\% = 15.67\%$$

4. 成品出口创汇率

成品出口创汇率是指加工后成品出口的外汇净收入与原料外汇成本的比率。如原料为国产品，其外汇成本可按原料的 FOB 出口价计算。如原料是进口的，则按原料的 CIF 价计算。通过出口的外汇净收入和原料外汇成本的对比，则可看出成品出口的创汇情况，从而确定出口成品是否有利。特别是在进料加工的情况下，核算成品出口创汇率这项指标更有必要。其计算公式为

$$成品出口创汇率 = \frac{成品出口外汇净收入 - 原料外汇成本}{原料外汇成本} \times 100\%$$

9.4.1.5　不同的贸易术语的价格构成和价格换算

在国际贸易中，贸易术语通常是进出口商品价格的组成部分，不同的贸易术语包括的成本和费用各不相同，因而价格也有较大差异。例如，FOB 术语中不包括从装运港至目的港的运费和保险费；CFR 术语中则包括从装运港至目的港的通常运费；CIF 术语中除包括从装运港至目的港的通常运费外，还包括保险费。在对外洽商交易过程中，有时一方按某种贸易术语报价，而另一方不同意报价中使用的贸易术语，希望对方改用其他贸易术语报价。因此，外贸从业人员不仅要了解主要贸易术语的价格构成还应了解主要贸易术语的价格换算方法，现分别简要说明如下：

1. 主要贸易术语的价格构成

（1）FOB、CFR 和 CIF 的价格构成

这三种常用的贸易术语的价格构成包括进货成本、各项费用开支和净利润三方面内容，其中费用开支包括国内费用开支和国外费用开支两部分。

国内费用项目较多，主要包括加工整理费、包装费、保险费、国内运费、装船费、检验费、公证费、产地证费、领事签证费、许可证费、报关单费、邮电费、贴现利息和手续费，以及预计损耗等。

国外费用主要包括从装运港至目的港的运输费用和海上货物运输保险费用，如有中间商，还应包括付给中间代理商的佣金。

这三种贸易术语的价格构成的计算公式为

FOB 价格 = 进货成本价 + 国内费用 + 净利润

CFR 价格 = 进货成本价 + 国内费用 + 国外运费 + 净利润

$$CIF 价格 = 进货成本价 + 国内费用 + 国外运费 + 国外保险费 + 净利润$$

（2）FCA、CPT 和 CIP 的价格构成

这三种贸易术语的价格构成与上述 FOB、CFR 和 CIF 三种贸易术语相类似，其价格构成也包括进货成本、各项费用开支和净利润三部分。由于这些贸易术语适用的运输方式不同，交货地点与交货方式也有别，故其发生的具体费用不尽相同。

国内费用通常包括加工整理费、包装费、保管费、国内运费（仓至码头、车站、机场、集装箱货运站或堆场）、拼箱费、商检费、公证费、领事签证费、许可证费、报关单费、邮电费、贴现利息和手续费以及预计损耗等。

国外费用主要包括自出口国内陆起运地至国外目的地的运输费用和国外保险费，在有中间商介入时，还应包括支付给中间商的佣金。因此，这三种贸易术语的价格构成的计算公式为

$$FCA 价格 = 进货成本价 + 国内费用 + 净利润$$
$$CPT 价格 = 进货成本价 + 国内费用 + 国外运费 + 净利润$$
$$CIP 价格 = 进货成本价 + 国内费用 + 国外运费 + 国外保险费 + 净利润$$

2. 主要贸易术语之间的价格换算

在磋商交易过程中，交易双方都希望选用于己有利的贸易术语，如一方对另一方提出的贸易术语不同意，而要求改用其他某种贸易术语时，则可采用下列价格换算方法：

（1）FOB、CFR 和 CIF 三种价格的换算

CIF 的价格构成为

$$CIF 价格 = FOB 价格 + 国外运费 + 国外保险费$$

这里要特别注意的是，国外保险费是以 CIF 价格为基础计算的。所以，如果写明保险费的计算办法，则应为

$$CIF 价格 = FOB 价格 + CIF 价格 \times 保险加成 \times 保险费率 + 国外运费$$

如已知 FOB 价格，现改报 CFR 价格或 CIF 价格，则 CFR 价格和 CIF 价格分别为

$$CFR 价格 = FOB 价格 + 国外运费$$
$$CIF 价格 = \frac{FOB 价格 + 国外运费}{1 - 保险加成 \times 保险费率}$$

如已知 CIF 价格，现改报 FOB 价格或 CFR 价格，则 FOB 价格和 CFR 价格分别为

$$FOB 价格 = CIF 价格 \times （1 - 保险加成 \times 保险费率） - 国外运费$$
$$CFR 价格 = CIF 价格 \times （1 - 保险加成 \times 保险费率）$$

如已知 CFR 价格，现改报 FOB 价格或 CIF 价格，则 FOB 价格和 CIF 价格分别为

$$FOB 价格 = CFR 价格 - 国外运费$$
$$CIF 价格 = \frac{CFR 价格}{1 - 保险加成 \times 保险费率}$$

（2）FCA、CPT 和 CIP 三种价格的换算

CIP 的价格构成应为

$$CIP \text{ 价格} = FCA \text{ 价格} + \text{国外运费} + \text{国外保险费}$$

要特别注意的是，保险费应以 CIP 价格为基础计算，所以，如果写明保险费的计算办法，则应为

$$CIP \text{ 价格} = FCA \text{ 价格} + CIP \text{ 价格} \times \text{保险加成} \times \text{保险费率} + \text{国外运费}$$

这样，如已知 FCA 价格，现改报 CPT 价格或 CIP 价格，则 CPT 和 CIP 价格分别为

$$CPT \text{ 价格} = FCA \text{ 价格} + \text{国外运费}$$

$$CIP \text{ 价格} = \frac{FCA \text{ 价格} + \text{国外运费}}{1 - \text{保险加成} \times \text{保险费率}}$$

如已知 CIP 价格，现改报 FCA 价格或 CIP 价格，则 FCA 价格和 CPT 价格分别为

$$FCA \text{ 价格} = CIP \text{ 价格} \times (1 - \text{保险加成} \times \text{保险费率}) - \text{国外运费}$$

$$CPT \text{ 价格} = CIP \text{ 价格} \times (1 - \text{保险加成} \times \text{保险费率})$$

如已知 CPT 价格，现改报 FCA 价格或 CPT 价格，则 FCA 价格和 CPT 价格分别为

$$FCA \text{ 价格} = CPT \text{ 价格} - \text{国外运费}$$

$$CIP \text{ 价格} = \frac{CPT \text{ 价格}}{1 - \text{保险加成} \times \text{保险费率}}$$

9.4.2 进出口商品的定价办法和计价货币的选择

一般而言，在国际货物贸易中，定价方法多种多样，交易双方当事人经磋商在合同中予以明确，将来买方以此作为付款依据。通常采用的定价办法有下列几种。

1. 固定价格

固定价格是指交易双方在协商一致的基础上，对合同价格予以明确、具体的规定。按照《联合国国际货物销售合同公约》的有关规定，合同中的价格可以由当事人用明示的方法规定，也可用默示的方法规定。只要当事人根据合同或事先约定，可以将价格明确、具体地确定下来，即可称为固定价格。合同价格一经确定，就必须严格执行，任何一方都不得擅自更改。

例如"每公吨 1 000 欧元，CIF 纽约"，如合同中无其他规定，则被认为是固定价格。

这种规定价格的办法，既明确、具体和肯定，也便于核算和执行，同时减少争议。在我国进出口业务中，一般多采用这种定价方法。采用固定价格，是国际市场上较常见的做法。

2. 非固定价格

在国际货物贸易中，为了减少价格变动的风险、促成交易和提高履约率，在合同的规定方面，往往采用一些灵活变通的做法，即按非固定价格成交，这类定价方法又可分为下述几种。

（1）待定价格

此种定价办法又可细分为下列两种具体做法。

①在价格条款中明确约定定价时间与定价方法

以海运进出口合同为例，如采用此种定价办法，可在价格条款中一并规定定价时间与定价方法。例如，"在装船月份前 30 天，参照当地及国际市场价格水平，协商议定正式价格"；或"按提单日期的国际市场价格计算"。

②只在合同中规定定价时间

在进出口合同价格条款中，只规定定价时间，例如"由双方在××年×月×日协商确定价格"。这种方式由于未就定价方式定出规定，容易给合同带来较大的不稳定性，双方可能因缺乏明确的定价标准而在商定价格时各执己见，相持不下，导致合同无法执行。因此，这种方式一般只适用于双方有长期交往并已形成比较固定的交易习惯的合同。

（2）暂定价格

为避免价格风险，双方可以在合同中先约定一个初步价格，作为开立信用证和初步付款的依据，待双方确定最后价格后，再进行最后清算，多退少补。例如，"单价暂定 CIF 伦敦，每公吨 5 000 英镑，定价方法：以××交易所 3 个月期货，按装船月份月平均价加 5 英镑计算。买方按本合同规定酌暂定价开立信用证。"

（3）部分固定价格，部分非固定价格

有时为了照顾双方的利益，解决双方在采用固定价格或非固定价格方面的分歧，也可采用部分固定价格、部分非固定价格的做法，或是分批定价的办法。交货期近的价格，在订约时固定下来，余者在交货前一定期限内定价。

非固定价格是一种变通做法，在行情变动剧烈或双方未能就全部货物的价格取得一致意见时，采用这种定价办法有下列好处：

①有助于暂时解决双方在价格方面的分歧，先就其他条款达成协议，早日签约。

②有助于解除客户对价格风险的顾虑，使之敢于签订交货期长的合同。数量、交货期的早日确定，不但有利于巩固和扩大出口市场，也有利于生产、收购和出口计划的安排。

③对交易双方，虽不能完全排除价格风险，但对卖方来说，可以不失时机地做成生意，对买方来说，可以保证一定的转售利润。

由于非固定价格的做法是先签约后定价，是在签约之后由双方按一定的方式来确定的，而合同的关键条款即价格条款，这就不可避免地给合同带来较大的不稳定性，存在着双方在定价时不能取得一致意见而使合同无法执行的可能，以及由于合同定价条款规定不当而使合同失去法律效力的危险。

3. 价格调整条款

在国际货物贸易中，有的合同除规定具体价格外，还规定有各种不同的价格调整条款，从而避免双方承担较大的风险，保证合同的顺利履行。例如，"如卖方对其他客户的成交价高于或低于合同价格 5%，对本合同未执行的数量，双方协商调整价格。"这种做法的目的是，把价格变动的风险限定在一定范围之内，以提高客户经营的信心。

值得注意的是，在国际上，随着某些国家通货膨胀的加剧，有些商品合同，特别是加工周期较长的机器设备合同，都普遍采用所谓"价格调整条款"［Price Adjustment（Revision）Clause］，要求在签约时只规定初步价格（Initial Price），同时规定，如原料价格、工资发生变化，卖方保留调整价格的权利。

在价格调整条款中，通常使用下列公式来调整价格：

$$P = P_0\left(A + B\frac{M}{M_0} + C\frac{W}{W_0}\right)$$

式中：

P 为商品交货时的最后价格；

P_0 为签合同时约定的初步价格；

M 为计算最后价格时引用的有关原料的平均价格或指数；

M_0 为签合同时引用的有关原料的价格或指数；

W 为计算最后价格时引用的有关工资的平均数或指数；

W_0 为签合同时引用的工资平均数或指数；

A 为经营管理费用和利润在价格中所占的比重；

B 为原料在价格中所占的比重；

C 为工资在价格中所占的比重。

A、B、C 所分别代表的比例，在签合同时确定后固定不变。

如买卖双方在合同中规定，按上述价格调整公式计算出来的最后价格与约定的初步价格相比，其差额不超过约定的范围（如百分之若干），则初步价格可不予调整，合同原定的价格对双方当事人仍有约束力，双方必须严格执行。

上述价格调整条款的基本内容，是按原料价格和工资的变动来计算合同的最后价格。在通货膨胀的情况下，它实质上是出口厂商转嫁国内通货膨胀、确保利润的一种手段。但值得注意的是，这种做法已被联合国欧洲经济委员会纳入它所制定的一些"标准合同"之中，而且其应用范围已从原来的机械设备交易扩展到一些初级产品交易，因而具有一定的普遍性。

由于这类条款是以工资和原料价格的变动作为调整价格的依据，因此，在使用这类条款时必须注意工资指数和原料价格指数的选择，并在合同价格条款中具体写明。此外，在国际货物贸易中，人们有时也应用物价指数作为调整价格的依据，如合同期间物价指数发生的变动超出一定的范围，价格即作相应调整。

4. 计价货币的选择

计价货币（Money of Account）是指买卖双方约定用来计算商品价格的货币。如合同中的价格是用一种双方当事人约定的货币（如美元）来表示的，且没有约定用其他货币支付，则合同中规定的货币（美元），既是计价货币，又是支付货币（Money of Payment）。如在计价货币之外，还规定了用其他货币（如欧元）支付，则这种指定的货币（欧元）就是支付货币。

（1）计价货币的选择原则

①应选择可自由兑换的货币

使用可自由兑换的货币，有利于货币的调拨和运用，也有助于在必要时转移汇率风险。目前，我国常用的计价货币或支付货币主要有美元（USD）、英镑（GBP）、欧元（EUR）、日元（JPY）和港元（HKD）等。2009 年，我国跨境贸易人民币结算试点工作开始展开，故而在一定范围内，人民币也可以作为计价或结算的货币。

②应考虑货币的稳定性

对于可自由兑换的货币，在出口业务中，应尽量选择从订立合同至收汇期间有上浮（升值）趋势的货币，即"硬币"（Hard Currency）；在进口业务中，应尽量选择从订立合同至收汇期间有下浮（贬值）趋势的货币，即"软币"（Soft Currency）。

当然，货币的"软"、"硬"都是相对的，在一个时期是"软币"，在另一个时期却可能是"硬币"；由于变动幅度不同，某一货币相对于甲种货币是"软币"，相对于乙种货币是"硬币"。

（2）货币风险的防范办法

签订合同的交易双方在选择计价货币时，卖方总是希望选择"硬币"，而买方则希望选择"软币"，以规避汇率波动的风险。如果买卖双方对某一货币的走势预期正好相反，则比较容易达成一致；但如果买卖双方对某一货币的走势预期正好相同，则在计价货币的选择上往往会产生争议。如果为了达成交易而不得不选择对我方不利的货币，则可采取下面的补救方法来防范货币风险。

①压低进口价格或提高出口价格

若进口必须采用"硬币"，则订约时应将该货币在我方付汇时可能下浮的幅度考虑进去，所以价格应上调。至于能否调整价格或调整的幅度有多大，则取决于买卖双方在谈判中的地位及实力。另外，鉴于汇率波动频繁，汇率波动的长期趋势特别是一年以后的汇率走势难以预测，所以，这一办法通常适用于成交后进口付汇或出口收汇间隔时间较短的交易。

②价格调整的方法

价格调整即在合同中规定根据使用的货币币值变动幅度来确定价格调整幅度。这种方法在一定程度上可以抵消货币币值变动的影响，但这种方法意味着合同的价格是可以变动的。

③"软币"、"硬币"结合使用

如果合同中支付的价款金额是确定不变的，则可将合同金额分成两部分，一部分价款采用某种货币支付；另一部分价款采用币值具有相反变动趋势的货币支付，即一部分价款采用"软币"支付；另一部分价款采用"硬币"支付，当然，也可多种"软"、"硬"币结合使用。

④在合同中订立外汇保值条款

在进出口合同中订立外汇保值条款（Proviso Clause/Exchange Clause），主要有以下两种方法。

a. 确定订约时计价货币与另一货币（其币值与计价货币具有相反的变动趋势）的汇率，将合同金额折算成另一货币，支付时按付款当日汇率把币值具有相反趋势变化的货币折算成原计价货币支付。因此，如果出口时计价货币为"软币"，则可以以"硬币"折算；如果进口时计价货币为"硬币"，则可以以"软币"进行折算。

b. 将商品单价或总金额按计价货币与支付货币当时的汇率，折合成另一种"硬币"，按另一种"硬币"支付。出口时以"软币"计价，但以"硬币"支付；进口时以"硬币"计价，但以"软币"支付。

⑤采用本币结算

在进出口业务中，如果用本币计价结算，进出口商不需要买卖外汇，也就不承担汇率变动的风险。因此，有条件的进出口企业在选择计价货币与支付货币时，可尽量选择人民币结算，以规避汇率波动的风险。

⑥采用外汇保值交易的做法

外汇保值交易是在进出口合同中按订约时的外汇汇率确定远期货款支付，订约后，为了防止远期支付时由于汇率变动而带来损失，交易当事人可在外汇市场上做一笔反向交易，即对出口可做一笔买进支付货币的交易，对进口可做一笔卖出支付货币的交易。这种为了消除货物买卖中支付货币的汇率变动风险，而在外汇市场上所做的反向外汇交易，称为外汇保值交易。外汇保值交易的方法比较多，如远期外汇保值、外汇期货、外汇期权保值等。

9.4.3 佣金与折扣的运用

在进出口合同的价格条款中，有时会涉及佣金与折扣。价格条款中所规定的价格，可分为包含有佣金或折扣的价格和不包含这类因素的净价（Net Price）。包括佣金的价格，在实际业务中，通常称为"含佣价"。

1. 佣金

（1）佣金的含义

在国际货物贸易中，有些交易是通过中间代理商进行的。中间代理商因介绍生意或代买代卖而需收取一定的酬金，此项酬金叫佣金（Commission），它具有劳务费的性质。佣金直接关系到商品的价格，货价中是否包括佣金和佣金比例的大小，都影响着商品的价格。显然，含佣价比净价要高。

佣金是市场经济发展的必然产物，随着国际货物贸易的日益发展，中间代理商的作用也更加明显。正确运用佣金制度，有利于调动中间代理商的积极性和扩大交易。

（2）佣金的种类

买卖双方在洽谈交易时，如果将佣金明确表示出来并写入价格条款中，称为"明佣"；如果交易双方对佣金虽然已经达成协议，但却约定不在合同中表示出来，约定的佣金由一方当事人按约定另行支付，则称为"暗佣"。国外中间商为了赚取"双头佣"（即中间商从买卖双方都获取佣金），或为了达到逃汇或逃税的目的等，往往要求采用"暗佣"的做法。

（3）佣金的规定方法

在价格条款中，对于佣金的规定，有下列几种方法：

①凡价格中包括佣金的，即为"含佣价"。例如，每公吨1 000美元，CIF伦敦，包括佣金3%。

②用英文字母"C"代表佣金，并注明佣金的百分比。例如，每公吨1 000美

元，CIFC3%，伦敦。

③佣金也可以用绝对数表示。例如，每公吨支付佣金 30 美元。

（4）佣金的计算方法

在国际贸易中，计算佣金有不同的方法，最常见的是以买卖双方的成交额或发票金额为基础计算佣金。

佣金的计算公式为

$$单位货物佣金额 = 含佣价 × 佣金率$$

净价的计算方法为

$$净价 = 含佣价 - 单位货物佣金额$$

【例 9 - 2】　已知我国某外贸公司出口商品对外报价为每公吨 1 500 美元，CIFC3%，则

$$每公吨货物应支付的佣金 = 1\ 500 × 3\% = 45（美元）$$

$$卖方每公吨实际收入 = 1\ 500 - 45 = 1455（美元）$$

如果已知净价，则含佣价的计算公式为

$$含佣价 = \frac{净价}{1 - 佣金率}$$

【例 9 - 3】　已知我国某外贸公司出口商品对外报价为不含佣金 CIF 价 1 500 美元，外商要求报 CIFC4%。若保持我方的净收入不变，则对外改报的含佣价应为

$$含佣价 = \frac{1\ 500}{1 - 4\%} = 1\ 562.5（美元）$$

2. 折扣

（1）折扣的含义及其性质与作用

折扣（Discount，Rebate，Allowance）是指卖方按原价给予买方一定百分比的减让，即在价格上给予适当的优惠。在我国对外贸易中，使用折扣主要是为了照顾老客户、确保销售渠道与扩大销售等。在实际业务中，应根据具体情况，针对不同客户，灵活运用各种折扣方法：为了扩大销售，使用数量折扣（Quantity Discount）；为发展同客户的关系或为实现某种特殊目的而给予特别折扣（Special Discount）以及年终回扣。在货价中是否包括折扣和折扣率的大小，都影响商品的价格。折扣率越高，则价格越低。折扣如同佣金一样，都是市场经济的必然产物，正确运用折扣，有利于调动采购商的积极性和扩大销路。在国际货物贸易中，它是出口厂商加强对外竞销的一种手段。在实际使用中应根据具体情况，针对不同客户，灵活运用各种折扣。

（2）折扣的规定办法

在国际货物贸易中，折扣通常在约定价格条款时用文字明确表示出来。折扣有"明扣"和"暗扣"之分。凡在价格条款中明确规定折扣率的，称为"明扣"；凡交易双方就折扣问题已达成协议，而在价格条款中却不明示折扣率的，称为"暗扣"。

关于明示的折扣，可酌情采取适当的规定办法。例如，"CIF 纽约每公吨 200 美元，折扣 3%"（USD 200 per metric ton CIF New York including 3% discount）。本例

还可这样表示："CIF 纽约每公吨 200 美元，减 3% 折扣"（USD 200 per metric ton CIF New York less 3% discount）。此外，折扣也可以用绝对数来表示，例如，"每公吨折扣 5 美元。"

（3）折扣的计算与支付方法

折扣通常是以成交额或发票金额为基础计算出来的。其计算方法为

$$单位货物折扣额 = 原价（或含折扣价）× 折扣率$$
$$卖方实际净收入 = 原价 - 单位货物折扣额$$

折扣一般是在买方支付货款时预先予以扣除。也有的折扣金额不直接从货价中扣除，而按双方当事人暗中达成的协议，由卖方以给"暗扣"或"回扣"的方式另行支付给买方。这种做法在实际业务中也常被采用。

9.4.4　合同中的价格条款

1. 价格条款的基本内容

在国际货物买卖中，商品价格的表述与国内贸易不同。合同中的价格条款，一般包括商品的单价和总值两项基本内容。进出口商品的单价，通常包括下列四个组成部分：一是计量单位，如每公吨或每件等；二是单位价格金额，如 100 或 1 000 等；三是计价货币名称，如美元或欧元等；四是贸易术语，如 FOB 上海或 CIF 伦敦等。现将这四部分内容组成的商品单价举例表述如下：

例如，每公吨 1 500 美元 FOB 上海（LSD 1500 per metric ton FOB Shanghai）

又如，每件 500 英镑 CIF 伦敦（£ 500 per piece CIF London）

上述单价一经买卖双方约定，履约时，则按此价格结算货款，即使订约后价格发生变动，任何一方都不得要求变更原定的价格。由于各种因素的影响，有些商品的价格容易发生波动，为确保合同的顺利履行，有时买卖双方订约时即在合同中明确规定；"合同成立后，不得提高价格或调整价格。"

商品单价与成交商品数量的乘积，即为商品的总值，它是指一笔交易的货款总金额。进出口合同价格条款中的总值与单价所使用的货币应当是一致的。

2. 规定价格条款的注意事项

为了约定好合同中的价格条款，外贸从业人员对外洽商价格和约定价格条款时，必须注意下列事项：

第一，应在充分调查研究的基础上，根据国际市场供求状况和价格走势，并遵循我国进出口商品定价原则和每笔交易的经营意图，合理约定适当的成交价格，防止盲目定价而导致成交价格偏离国际市场价格的情况出现。

第二，鉴于贸易术语是商品单价中的组成部分，且同交易双方有直接利害关系，因此，应根据运输市场情况、运价水平，并结合自身条件和经营意图，酌情选择于己有利的贸易术语。多年来，我国各外贸公司习惯于使用 FOB、CFR 和 CIF 三种常用的贸易术语，但随着集装箱运输的发展，出现了一些新的贸易术语，故在选用贸易术语时，我们也应随机应变而采取较为灵活的做法。例如，按装运港交货条件成交，在采用滚装、滚卸或集装箱运输，或者要求卖方在船舶到港前即将货物交到港口货站时，由于货物风险和费用以船舷为界来划分已失去实际意义，故在此情况下，

就不宜继续沿用 FOB、CFR 或 CIF 三种贸易术语。就卖方而言，明智的做法应当是，按《2010 通则》规定，分别选用 FCA、CPT 或 CIP 贸易术语更为适宜。这是因为，在按 FCA、CPT 或 CIP 贸易术语成交时，只要卖方将其出售的货物交给承运人处置，风险即随之转移。如仍沿用 FOB、CFR 或 CIF 贸易术语，实际上，卖方多承担将货物交给承运人处置时起至货物越过船舷为止这段时间与空间的费用与风险。若单价相同，显然这对卖方是不利的。

第三，争取选择于己有利的计价货币，以免遭受币值变动带来的风险与损失。如根据当时市场情况和自身的经营意图，不得已而被迫采用不利的计价货币成交时，应当加订保值条款，以利维护自身的经济利益，或者把币值可能变动的风险考虑到价格中去。

第四，根据成交商品的品种、数量、交货期限和市场行情变化等因素，灵活运用各种不同的定价办法，力争择优选用，以免承担价格变动的风险。

第五，参照国际贸易的习惯做法，注意佣金与折扣的合理运用，以便有效地利用中间代理商的购销渠道和扩大交易。

第六，若在买卖合同中，对交货品质、数量规定了机动幅度，即约定了品质增减价条款、数量增减条款（或称溢短装条款），则应一并表明其机动部分的定价，以利履行合同。

第七，若交易双方商定商品的包装材料和包装费另行计价，则其计价办法也应一并在买卖合同中具体订明，以便依约行事。

第八，单价中涉及的计量单位、计价货币、装卸地名称，必须正确、清楚，以利于合同的履行。

第九，鉴于合同中的价格条款是一项核心条款，它与其他相关条款有着内在联系，故价格条款的内容与其他相关条款的规定应当彼此衔接，不能互相矛盾，以利合同的履行。

【小结】

贸易术语，是在长期的国际贸易实践中出现并逐步发展起来的，它是由三个英文字母缩写组成的、用以表明进出口商品的价格构成和买卖双方各自应承担的责任、费用与风险划分的专门用语。每种贸易术语有着各自特定的含义，它不仅表明了价格的组成，同时还规定了买卖双方的权利和义务。因此，熟悉并掌握每一个术语的具体含义对买卖双方有着非常重要的意义。

贸易术语来源于国际贸易惯例，它是在长期贸易实践的基础上发展起来的。目前国际上较有权威性的惯例主要有《1932 年华沙—牛津规则》、《1941 年美国对外贸易定义修订本》及《2000 年国际贸易术语解释通则》。其中，《2010 通则》在当今国际上的影响最为深远。

《2010 通则》阐释了一系列在货物销售商业（商事）合同实践中使用的三字母系列贸易术语。主要描述货物从卖方到买方运输过程中涉及的义务、费用和风险的分配。国际贸易术语的数量从 13 个减至 11 个，其中两个新的贸易术语——DAT（运输终点交货）与 DAP（目的地交货），取代了《2000 通则》的 DAF、DES、

DEQ 和 DDU 规则，但这并不影响约定的运输方式的适用。

CIF 术语是当今国际贸易中运用最广泛的术语之一，在使用该术语时，尤其应注意象征性交货。所谓象征性交货就是指卖方只要在约定日期和地点将货物装上运输工具或承运人后，并向买方提交包括物权凭证在内的有关单证，就算完成了交货，而无须保证到货。它与实际到货相对应。CIF 就是一种典型的象征性交货，即是一种单据买卖。因此，在国际贸易中，不宜将 CIF 称为"到岸价"。

根据《2010 通则》，CIP 术语要求卖方负责订立将货物运至指定目的地约定地点的运输合同，同时负责办理货运保险，并支付保险费，但货物自交货地点运往目的地的运输途中的风险则由买方承担。以 CIP 方式达成的交易，投保是卖方的合同义务。按照惯例，卖方只需投保最低险别，最低保险金额一般为合同规定价款的110%，并且使用合同货币；但如果买方需要，且在其承担费用的前提下，卖方可加保战争、罢工和民变险等。

价格条款是涉及买卖双方利害关系的一项核心条款，它与合同中的其他相关条款有着密切的联系，其涵盖的内容很广泛，它包括定价原则的贯彻，成交价格与定价办法的确定，贸易术语的使用，计价货币的选择，以及佣金与折扣的合理运用等多方面内容。特别是在价格掌握问题上，更需要权衡利弊，通盘考虑。具体地说，要求根据市场供求状况与价格变动趋势，自身经营意图，成交商品质量的优劣与数量的多少，交货时间与地点的不同，并结合其他各有关交易条件的具体规定，相应确定适当的价格，以体现品质差价、数量差价、季节性差价、地区差价和公平合理的原则。

【思考题】

1. 什么是贸易术语？有关贸易术语的国际贸易惯例有哪些？

2. 以 FOB 术语成交，都需要注意哪些问题？为什么说 CFR 术语下卖方的装船通知尤为重要？

3. 试比较 FOB、CFR 和 CIF 三种术语有何异同？

4. 什么是象征性交货？其主要特征是什么？

5. 试比较 FOB、CFR、CIF 三种传统贸易术语与 FCA、CPT、CIP 贸易术语。

6. 我国进出口商品的定价原则是什么？在确定进出口商品价格时应考虑哪些因素？

7. 在国际货物买卖中，有哪些定价办法？在选用这些定价办法时应注意哪些事项？

8. 在国际货物贸易中如何正确运用佣金与折扣？

9. 若我国某出口公司出口商品原报价 CFR 单价 200 美元，现外商要求改报 CIF 价，在不影响我国出口外汇净收入的前提下，我方应该报价多少？（按发票金额110% 投保一切险和战争险，保险费二者合计 1%）

【技能实训】

1. 美国某出口商同时与一新加坡进口商和一马来西亚进口商分别签订了 5 000

公吨和 4 000 公吨的大米出口合同，合同中皆规定采用 CPT 条件。由于两份合同交货时间相近，且又在同一地点分别交付指定的承运人，因而，按照约定的时间，卖方将 9 000 公吨大米使用同一运输工具一同运往指定地点，并打算货到后再进行分拨。然而，由于运到指定地点时天色已晚，来不及划分货物，而卖方又有急事需要连夜返回，在这种情况下，卖方遂将全部货物交付给两承运人，请他们第二天自行划分。没想到当天晚上突降暴雨，由于存放大米的仓库进水，大米损失了 4 500 吨。对此，两进口商均以货物未特定化为由要求卖方赔偿，而卖方则认为已将货物交付承运人处置，风险已转移，其不应承担损失责任。试问：（1）CPT 术语下，买卖双方的责任和义务如何划分？（2）本案例中，卖方是否完成了交货义务？风险是否已转移给买方？

2. 我国某外贸公司按 CIF New York 向美国某进口商出售一批农产品，由于该商品季节性较强，价格弹性较大，因此，双方在所签订的合同中规定："买方须于 8 月底前将信用证开到，卖方保证运货船只不得迟于 9 月 10 日驶抵目的港。如运货船只晚于 9 月 10 日抵达目的港，买方有权取消合同。如此时货款已收付，卖方须将全部货款退还买方。"试问：（1）这一合同的性质是否属于 CIF 合同？（2）若美方一定要我方保证到货时间，则应如何选用贸易术语？

第10章

国际贸易结算

【学习目标】

通过本章的学习，了解国际贸易结算中广泛使用的支付工具、国际商会《跟单信用证统一惯例》对信用证的有关规定；掌握信用证支付方式的基本概念、基本流程、支付特点、信用证的法律特点、种类及不同结算方式的结合使用。

【重点与难点】

国际结算的概念；国际结算的特点；国际结算工具；国际结算方式中的信用证方式。

【导入案例】   一批出口欧洲高档瓷器的货款结算问题

我国某外贸公司向德国商人出口一批高档瓷器。通过谈判达成的交易条件规定：凭样品买卖，每一件高档瓷器装一箱，共100件100箱。价格为每件2万美元CIF汉堡，合同总值为200万美元，以信用证方式结算货款。装货前由出口商初检，复验期限为货到后20天。当时由于交货时间较紧，在与样品相符的货物不足100件的情况下交了4件与样品不符的同类产品，并且按照合同的规定向指定的保险公司投保了一切险。我国外贸公司的所有单据与信用证在表面上是完全相符的。

德国商人收货后发现了两种情况：一是货物中有4箱货物同样品不相符；二是货物在运输途中有6箱货物已碰损破碎。面对上述情况，德国商人在结算货款时应如何面对？

国际贸易结算是国际贸易中最重要的环节，只有选择正确的贸易结算方式才能使买卖双方在交易中做到双赢。两个不同国家的当事人，不论是个人间的、单位间的、企业间的或政府间的，因为商品买卖、服务供应、资金调拨、国际借贷而需要通过银行办理的两国间外汇收付业务，叫做国际结算。国际贸易结算是以物品交易、货钱两清为基础的有形贸易结算。

国际贸易结算中使用的票据包括汇票、本票、支票，其中以使用汇票为主。汇付、托收和信用证是目前国际贸易结算的三种基本形式。国际贸易的结算，主要涉及支付工具、付款时间、地点及支付方式等问题，因此，进出口双方在洽商交易时，必须对此取得一致的意见，在合同中加以明确，并力争使用对己方有利的支付条款。

10.1　票据

国际贸易货款的收付，以现金结算的较少，大多数情况下使用非现金结算，即使用信用工具来进行国际间的债权债务的清算。票据是国际通行的结算和信用工具，是可以流通转让的债权凭证。在国际贸易中，货款的支付结算工具以票据为主。票据包括汇票、本票、支票，其中以使用汇票为最普遍。

10.1.1　汇票

1. 汇票的概念

英国《1882 年票据法》对于汇票作出如下定义："汇票是一人向另一人签发的，要求即期或定期或在将来可以确定的时间，对某人或其指定来人或持票来人支付一定金额的无条件的书面支付命令。"

《日内瓦统一法》规定汇票需包含"汇票"字样、无条件支付一定金额的命令、付款人、付款期限、付款地点、收款人、出票日期和地点、出票人签字八项内容才构成有效汇票。

我国《票据法》规定：汇票是出票人签发的，委托付款人在见票时或者在指定日期无条件支付确定金额给收款人或者持票人的票据。

根据这一定义，汇票具有以下法律特征：

（1）汇票是票据（支票）的一种，因此汇票具有票据（支票）的法律特征，主要是：

①汇票必须符合法定要式。签发汇票必须符合法定的形式要求，要有完整的必要记载事项，其中票面金额、出票人、付款人、收款人、出票日期等绝对应记载事项缺一不可，如果缺少绝对应记载事项，则会导致票据（支票）无效。

②汇票是债权凭证，汇票权利必须凭票行使。一般情况下，谁持有汇票，谁就取得了该汇票的一切权利，汇票权利的范围要受汇票的票载内容的限制，汇票的票载金额及内容表明了债权人与各债务人之间的债权债务关系。

③汇票是流通证券。汇票在到期前可以流通转让，其次数不受限制。但在流通转让过程中，除不记名汇票外，其余汇票在转让时必须经过背书和交付。汇票在流通中，有时还要受票载内容的限制。例如，出票人在汇票上记载"不得转让"字样的，汇票不得转让。

④汇票是无条件支付命令。汇票经过依法完成出票行为后，汇票的承兑人或付款人在汇票到期时，必须无条件履行付款义务。持票人有权命令汇票的债务人履行义务。汇票的各债务人在背书转让过程中或在付款时，不得提出任何附加条件。如果汇票的债务人在票据（支票）转让过程中或在付款时，记载了担保付款的前提条件或者付款的前提条件，其条件视为没有记载。

（2）汇票是出票人委托付款人支付的票据（支票）。汇票是委托支付证券，这种委托付款关系与支票有共同之处，而与本票不同。本票是自付证券。

（3）汇票上须有一定的到期日，但不必须是见票即付。汇票出票人对到期日有足够的自由决定权，可以是见票即付，也可以是定日付款，或者出票后定期付款、见票后定期付款。因此，汇票可以供远期付款，具有信用证券的性质。

2. 汇票的当事人

（1）汇票的基本当事人

根据汇票定义，汇票的当事人一般有三个：出票人、受票人和受款人。

出票人（Drawer）即签发汇票的人。在进出口业务中，通常是出口商。

受票人（Drawee）即汇票的付款人。在进出口业务中，通常是进口商或其指定的银行。在信用证结算方式下，若信用证没有指定付款人，根据 UCP600 规定，开证行即是付款人。

受款人（Payee）即汇票规定的可受领金额的人。在进出口业务中，若信用证没有特别指定，受款人通常是出口商本人或其指定银行。

在信用证项下的国际贸易结算业务中，即期付款有时不一定需要汇票，可以发票代替。而对于远期付款，汇票一般都是必要的，因付款人须凭汇票承兑，并承担到期付款的责任，而持票人必要时可凭承兑的汇票贴现或经背书转让。

（2）汇票的其他当事人

除上述基本当事人之外，汇票在使用中还可能出现其他当事人，如背书人、承兑人、持票人、参加承兑人、保证人等。如此众多的当事人在汇票的流通中形成了错综复杂的各种法律关系。

①背书人。背书人是没有背书前的收款人，通过背书方式转让汇票的收款权，背书的目的是要在转让人和受让人之间建立起权利义务关系。作为转让人的背书人一旦在汇票上签名，他就要承担以下两项业务：第一，须对包括被背书人在内的所有后来取得该汇票的人保证该汇票必将得到承兑或付款。第二，须保证在他以前曾在该汇票上签名的一切前手的签字的真实性和背书的连续性。背书连续，是指在票据转让中，转让汇票的背书人与受让汇票的被背书人在汇票上的签章依次前后衔接。

②承兑人。在汇票未经承兑时，付款人不是汇票上的义务人，没有责任对票据进行付款。这时，他不会因为拒绝付款而承担票据法上的任何责任，即汇票的付款人是汇票上的关系人，而不是债务人，不承担票据法上的义务。然而，汇票一经承兑，付款人便上升为汇票承兑人，成为票据债务人，开始承担票据义务。票据义务分为第一义务和第二义务。所谓第一义务，又称主义务或付款义务，是指票据第一义务人向持票人支付票据金额的义务。承兑人作为汇票债务人承担到期付款的责任就是履行他的票据第一义务，即付款义务。

我国《票据法》第四十四条规定："付款人承兑汇票后，应当承担到期付款的责任。"承兑人的付款责任有两层含义：第一，承兑人的付款责任相对于其他票据债务人的付款责任而言是第一位的，即汇票的持票人在到期日首先应向承兑人请求付款，只有当向其请求付款未获成功时，才可以以此为理由转向其前手追索，而不能在到期日不向承兑人请求付款而直接向其前手请求付款。第二，承兑人的付款责任是绝对的付款责任，即便承兑人与出票人之间并不存在事实上的资金关系，承兑人也不能以此为抗辩理由来对抗持票人。这意味着承兑人即使未从出票人处获得任何利益，也必须应权利人的付款请求给付汇票金额。

③持票人。持票人是指持有汇票的当事人，持票人为汇票的债权人。票据为完全有价证券，持有票据是享有和行使票据权利的重要条件，只有合法持票人才有资格论及票据权利。狭义上的合法持票人主要是指通过合法的票据行为占有票据之人，是票据上的持票人。广义上的合法持票人，是指通过合法的票据行为、普通民事行为取得并持有票据之人，如通过发行、善意取得、赠与、继承、公司分立合并等方式取得票据的持有人。

英美票据法对持票人均有专门规定。《英国票据法》第 2 条规定，持票人是指占有汇票或本票之受款人或被背书人或来人，而合法持票人是指取得票据的票面是完整合格的持票人。我国《票据法》明确使用了"持票人"的概念，但实际蕴含了不同类型的持票人，可见我国《票据法》上的持票人概念为一般意义上的持票人，即票据发行流通之后，现实地持有票据的人。学理上讲，持票人通常是指依背书转让而从票据上所载收款人受让票据的人。

④保证人。保证人是指与债权人约定，为主合同债务提供担保，当债务人不能履行债务时，由其按照约定履行债务或者承担责任的一方当事人。保证合同是主债务合同的从合同，是由债权人和保证人来订立的，而不是债务人和保证人，因为保证人的保证义务对象是债权人，设定保证的目的是为了防止债务人不履行债务造成债权人的损失无可救济，从而使债权人的权利得到更为充分的保障。保证是一种人的担保，它以人的信誉和财产来提供担保，相对来说，保证这种担保方式的风险就比较大。

3. 汇票的必要项目

（1）票据的名称

汇票必须表明"汇票"字样，汇票上注明"汇票"字样的目的在于与其他票据，如本票、支票加以区别，以免混淆。如："Exchange for GBP1250. 00"或"Draft for USD18320. 00"。虽然英国《票据法》认为可以不写票据名称，但从实际业务而言，写汇票名称可以给有关当事人不少方便。

（2）无条件的支付命令

汇票中必须要有无条件支付委托的文句，不能将其他行为的履行或事件的发生作为其先决条件。如果汇票上规定有如"如果某公司交付的货物符合合同规定，即支付其金额 10 000 美元"、"于货物抵达目的地后付款"等附加条件或限制，则该汇票无效。

但是，汇票加注出票条款是用以表明汇票的原始交易，例如"按某号信用证开立"、"按某合同装运货物"等，并不构成支付的附加或限制条件。如：Drawn under Shipment of 330 Cartons Cotton Teatowels as per S/C NO. ST303（托收项下的汇票）；Drawn under National Paris Bank L/C NO. TH2003 Dated Aug. 25，2010（信用证项下汇票）。

（3）确定金额

汇票金额要用文字大写（Amount in Words）和数字小写（Amount in Figures）分别表明，汇票的大写金额和小写金额要完全一致。如果文字和数字不符，按照《英国票据法》、《日内瓦统一法》的规定，在大、小写金额不一致的情况下，以文字为准，即以大写为准。但这种说法只是依据票据法和一般国际习惯，而在出口贸易以信用证方式结算使用的汇票中，如果发生大、小写金额不一致，开证行或开证申请人都有权提出拒付全部货款，或要求更换正确的汇票才能付款。所以，作为出口结算制单的要求，大、小写金额必须完全一致。

我国《票据法》规定：票据金额以中文大写和数字同时记载的，两者必须一致，两者不一致的，票据无效。

（4）付款人（Drawee）

付款人就是受票人，在汇票上是以"To..."开头的文句。汇票是出票人指令付款人按期按固定金额支付款项的一种票据，如果没有付款人，汇票的意义也不存在。信用证项下汇票的付款人一般都是信用证的开证行。如信用证规定："开立你方的即期汇票，以我行为付款人。"（... available by your draft at sight drawn on us）按此条款缮制汇票时，汇票付款人栏中填开证行名称。如果信用证没有明确规定，也以开证行为付款人。

（5）受款人（Payee）

受款人又称收款人，收款人一般是汇票的抬头人，是出票人指定的接受票款的当事人。有的是以出口商或其所指定的第三者为受款人。在国际票据市场上，汇票的抬头人通常有三种写法：

①记名式抬头，即在受款人栏目中填写"付给×××的指定人"（Pay to the Order of ×××）。这种类型的抬头是最普遍使用的一种。

②限制性抬头，即在受款人栏目中填写"仅付给×××"（Pay to ××× Only）或"限付给×××，不许转让"（Pay to ××× Only, Not Transferable）。

③持票人抬头，即在受款人栏目中填写"付给持票人"（Pay to Beater）。

（6）汇票出票地点及日期

汇票的出票地点是汇票内容中的主要项目之一。它的位置一般在右上方和出票日期连在一起。为什么出票地点是汇票的必要项目之一？目前国际上票据法还不统一，各国各地区根据本身的利益有它自己的票据立法，甚至各法系互相矛盾，如发生争执，一般以出票当地法为准，所以出票地点在这种情况下就变成汇票主要项目之一。

（7）付款期限

付款期限在各国票据法中都被认为是票据的重要项目。法国、德国、意大利、荷兰等国在票据法中都规定汇票未列明到期的期限视为无效。一般付款期限分为两种：即期汇票与远期汇票。

即期汇票（Sight Draft）即在汇票的出票人按要求向付款人提交单据和汇票时，付款人应立即付款。

远期汇票（Time Draft）表示在将来的某个时间付款。远期付款到期日一般有四种表示方法

①见票后××天付款（at ×× Days after Sight），即以付款人见票承兑日起算，××天后为到期付款日。

②出票后××天付款（at ×× Days after Date），即以汇票出票日为起算日，×

×天后到期付款。

③提单出单日后××天付款（at ×× Days after B/L），即付款人以提单签发日为起算日，××天后到期付款。

④定日付款。指定某年某月某日为付款日，例如"on 25th Feb. 2008"。

（8）出票人

出票人（Drawer）是开立票据并将其交付给他人的法人、其他组织或者个人。出票人对收款人及正当持票人承担票据在提示付款或承兑时必须付款或者承兑的保证责任。就一般汇票而言，出票人一般不直接承担付款，而是委托他人付款。因而，汇票的出票人在完成出票后，未产生自己的直接付款义务，只承担担保义务。

汇票的一般形式如下：

BILL OF EXCHANGE

Invoice No：

Date：

Exchange for ＿＿＿＿＿＿＿＿＿

At ＿＿＿＿＿＿ Sight of This First of Exchange (Second of the Same Tenor and Date Unpaid)

Pay to ＿＿＿＿＿＿＿＿ the Order of ＿＿＿＿＿＿＿＿

The Sum of ＿＿＿＿＿＿＿＿

Drawn under ＿＿＿＿＿ L/C No. ＿＿＿＿＿ Dated ＿＿＿＿＿

To ＿＿＿＿＿＿＿＿ For ＿＿＿＿＿＿＿＿

4. 汇票的种类

（1）按照出票人身份的不同，汇票分为银行汇票和商业汇票

银行汇票（Bankers Draft）的出票人和付款人都是银行。银行汇票由银行签发后，交汇款人，由汇款人寄交国外收款人向付款行取款。银行汇票通常用于票汇业务中，票汇又称顺汇或汇付。出票银行在汇票签发后，必须将付款通知书（Advice of Drawing）寄给国外付款行，以便付款行在收款人持汇票取款时核对，核对无误后付款。银行汇票多为光票，不附单据。

商业汇票（Trade Bill）的出票人是商号或个人，付款人可以是商号、个人，也可以是银行。在国际贸易结算中，出口商用逆汇法，或称出票法，向国外进口商收取货款时签发的汇票，即属商业汇票。商业汇票的出票人不必对付款人发送付款通知书，一般多为附有货运单据的汇票。

（2）按照付款期限的不同，汇票分为即期汇票和远期汇票

即期汇票（Sight Bill or Demand Draft）即见票即付的汇票，规定付款人见票后立即付款。即期汇票一般以提示日为到期日，持票人持票到银行或其他委托付款人处，后者见票必须付款。这种汇票的持票人可以随时行使自己的票据权利，在此之前无须提前通知付款人准备履行义务。

远期汇票（Time Bill or Usance Bill）是指在一定期限或特定日期付款的汇票，可分为定期付款、出票日后定期付款、见票后定期付款等三种。在上述三种表示远期汇票付款日期的方式中，通常使用的是第一种和第三种。在实际业务中，具体使

用什么方法计算付款日期，需由双方洽商决定，并在合同和汇票中加以明确规定。

见票/出票日/单据日以后若干天付款的到期日计算采用"算尾不算头，若干天的最后一天是到期日，如遇假日顺延"的原则，即不包括所述日期，按所述日期之次日作为起算日。

（3）按照有无附属单据，分为光票和跟单汇票

光票（Clean Bill）是不附带货运单据的汇票。光票的流通完全依靠当事人的信用，即完全看出票人、付款人或背书人的资信。商业光票一般仅用于收付运费、保险费、利息等小额款项，但银行汇票都是光票。

跟单汇票（Documentary Bill）是出票时附有代表货物所有权的货运单据的汇票。使用跟单汇票表示出票人不仅要提供汇票，而且要提供有关规定单据才能取得货款，而受票人只有付清或保证付清汇票规定的金额才能取得单据以提取货物。这里，单据实际上成了卖方（出票人）收汇、买方（付款人）得货的一项保证。因此，国际贸易中商业跟单汇票最为普遍。

（4）按照承兑人身份不同，汇票分为银行承兑汇票和商业承兑汇票

银行承兑汇票（Banker's Acceptance Bill）是由银行担任承兑人的一种可流通票据。付款人在汇票上注明承兑字样并签字后，就确认了对汇票的付款责任，并成为承兑人。银行承兑汇票是银行信用，一般由银行签发并承兑。

商业承兑汇票（Trade Acceptance Bill）是由商号或个人承兑的远期汇票。银行承兑汇票是建立在银行信用基础上的，商业承兑汇票是建立在商业信用基础上的，因此，银行承兑汇票信用程度高于商业承兑汇票。

5. 汇票的票据行为

（1）出票（Issue）

出票人开立汇票并交付汇票后，出票行为即已完成。由于出票行为，出票人对受款人或持票人担保，汇票将依汇票文义被付款人承兑和付款。如果付款人拒绝承兑或付款，执票人有权向出票人追索，请求出票人偿付票款。出票人为了免除对持票人应负的被追索的责任，可在出票时注明免除担保承兑的责任。

（2）提示（Presentation）

提示是持票人将汇票提交付款人要求承兑或付款的行为，是持票人要求取得票据权利的必要程序。提示又分付款提示和承兑提示。

（3）背书（Endorsement）

背书是票据转让的两种基本方式之一（另一种是单纯交付）。凡指示性抬头的汇票，都必须经由背书的方式转让。背书行为包括背书与交付两方面，故又称背书交付。背书交付是指由持票人在汇票背面签上自己的名字，并将汇票交付给受让人的行为。前者称为背书人，后者称为被背书人。

背书的作用在于转让票据权利。汇票一经背书，票据权利即由背书人转移至被背书人，被背书人成为汇票的正当持票人。但是汇票经背书转让后，并不完全了结背书人与汇票的关系。由于背书行为，背书人即由汇票的债权人变成汇票的债务人。背书人对汇票的责任与出票人相同，即必须对其后手有担保该汇票被付款人承兑及付款的责任。如果付款人对汇票拒绝承兑或付款，被背书人有权向背书人进行追索。

但是，背书人对汇票付款承担的是担保责任。

被背书人成为汇票的正当持票人后可以行使以下权利：首先，他可以以背书人连续背书作为他取得正当票据权利的证明。其次，他有权以自己的名义在汇票有效期内要求付款人承兑或付款。遭到付款人的拒绝，他可以向其直接背书人以及曾在汇票上签名的一切前手行使追索权。最后，除背书人加以限制的以外，被背书人可以再度经背书将汇票转让给别人。

（4）付款（Payment）

付款人是汇票的债务人之一，但在汇票承兑前和承兑后的法律地位有所区别。在汇票承兑之前，付款人不是汇票的主债务人，出票人是主债务人。只有在汇票承兑后，付款人才成为汇票的主债务人，出票人退居次债务人的地位。付款人对受款人或持票人的主要义务是对汇票承担付款责任。由于汇票有即期汇票和远期汇票之分，所以付款人的付款义务也包括承兑和付款两个方面。

付款人对即期汇票和未被付款人承兑的远期汇票的付款义务不具有强制性。也就是说，受款人或持票人不能强迫付款人付款或承担到期付款的责任。如果付款人拒绝付款，受款人或持票人也不能向付款人起诉。这是因为汇票上的付款人是出票人单方面指定的，为了防止出票人无故向付款人滥发汇票，各国票据法都规定，在汇票承兑之前，出票人是主债务人，而付款人只是从债务人。

（5）承兑（Acceptance）

承兑是远期汇票的付款人表示承担汇票到期时的付款责任的行为。承兑的方式通常是付款人在汇票上写明"承兑"字样，并经付款人签字。付款人对汇票表示承兑后，也就成为承兑人，承兑实际上是付款人确认对汇票的付款责任的行为。承兑人是汇票的主债务人，对受款人或持票人承担支付票面金额的义务。因此，在汇票承兑之前，付款人是否愿意承担付款义务还是未知数。但是，汇票一经承兑，即表明付款人同意接受出票人的支付命令，承担到期付款的义务。这时，付款人即成为汇票的主债务人，而出票人退居从债务人的地位。这样，付款人对汇票的付款义务就成为强制性的了。如果付款人这时拒绝付款，受款人或持票人就可以直接对付款人起诉，要求其承担付款义务。付款人经承兑成为汇票的主债务人后，其他债务人如出票人和背书人等的义务并没有解除。这些债务人对汇票的付款负有担保作用。在付款人拒付的情况下，持票人对他们仍可以行使追索权。

（6）拒付（Dishonor）和追索（Recourse）

汇票的持票人向付款人提示时，可能遭到拒绝付款（Dishonor by Non‑payment）或拒绝承兑（Dishonor by Non‑acceptance）两种情形。汇票的拒付行为不局限于付款人正式表示不付款或不承兑，在付款人或承兑人拒不见票、死亡、宣告破产或因违法被责令停止业务活动等情况下，付款在事实上已不可能，也构成拒付。当付款人拒付时，出票人应根据原契约与之进行交涉。

出现拒付，持票人有追索权，即有权向其前手（背书人、出票人）要求偿付汇票金额、利息和其他费用的权利。持票人在追索前必须按规定作成拒绝证书和发出拒付通知。拒绝证书，用以证明持票人已进行提示而未获结果，由付款地公证机构出具，也可由付款人自行出具退票理由书，或有关的司法文书。拒付通知，用以通知前手关于拒付的事实，使其准备偿付并进行再追索。

10.1.2　本票

1. 本票的概念

本票（Promissory Note）是一个人向另一个人签发的，保证于见票时或定期或在可以确定的将来的时间，对某人或其指定人或持票人支付一定金额的无条件的书面承诺。本票是由出票人约定自己付款的一种自付证券，其基本当事人有两个，即出票人和收款人，在出票人之外不存在独立的付款人。

2. 本票的种类

依照不同的标准，本票可以分为记名式本票、指定式本票和不记名本票，远期本票和即期本票，银行本票和商业本票等。在进出口结算中使用的本票，大都是银行本票。

3. 本票的使用

（1）出票

本票的出票行为是以自己负担支付本票金额的债务为目的的票据行为。本票出票人出票，必须按一定的格式记载相关内容，包括绝对要项和非要项。

本票的要项包括表明"本票"字样、无条件支付的承诺、确定的金额、收款人名称、出票日期、出票人签章。

本票的非要项包括付款地、出票地等。

（2）见票付款

银行本票是见票付款的票据，收款人或持票人在取得银行本票后，随时可以向出票人请求付款。本票的出票人是票据上的主债务人，负有向持票人绝对付款的责任。除票据时效届满而使票据权利消灭或者要式欠缺而使票据无效外，并不因持票人未在规定期限内向其行使付款请求权而使其责任得以解除。因此，持票人对出票人享有付款请求权和追索权，只是丧失对背书人及其保证人的追索权。

10.1.3　支票

1. 支票的概念

支票（Cheque 或 Check），是银行为付款人的即期汇票。具体来说，支票是银行存款户对银行签发的授权银行对某人或其指定人或执票来人即期支付一定金额的无条件书面支付命令。出票人签发支票时，应在付款行存有不低于票面金额的存款。如存款不足，持票人会遭拒付，这种支票称为空头支票。开出空头支票的出票人要负法律责任。

2. 支票的必要项目

（1）写明"支票"字样；

（2）无条件支付命令；

（3）一定金额；

（4）出票人签字；

（5）出票日期和地点。

　　3. 支票的种类

　　（1）记名支票（Check Payable to Order），是在支票的收款人一项写明收款人名称，如"限付"（Pay × × Only）或"指定人"（Pay Order），取款时须由收款人签章，方可支取。

　　（2）不记名支票（Check Payable to Bearer），又称空白支票，支票上不记载收款人名称，只写"付款人"（Pay Bearer），取款时持票人无须在支票背后签章，即可支取。

　　（3）划线支票（Crossed Check），是在支票正面划两道平行线的支票。划线支票只能委托银行代收票款入账。使用划线支票的目的是为了在支票遗失或被人冒领时，还有可能通过银行代收的线索追回票款。

　　（4）银行支票（Bank Check），是由银行签发，并由银行付款的支票，也是银行即期汇票。银行代顾客办理票汇汇款时，可以开立银行支票。

　　（5）旅行支票（Traveler Check），是银行或旅行社为旅游者发行的一种固定金额的支付工具，是旅游者从出票机构用现金购买的一种支付手段。

10.2　汇付、托收

10.2.1　汇付

　　1. 汇付的概念

　　汇付（Remittance）是由国际货物买卖合同的买方委托银行主动将货款支付给卖方的结算方式。在此种支付方式下，信用工具的传递与资金的转移方向是相同的，因此也称为顺汇法。汇付业务通常是由买方主动按合同规定的条件和时间（如预付货款或货到付款或凭单付款）通过银行将货款汇交卖方。汇付结算方式在使用上有局限性，主要用于定金、支付货款尾数、支付从属费、佣金退赔等款项。

　　2. 汇付业务的当事人

　　（1）汇款人（Remitter），即付款人，在国际贸易结算中通常是进口商、买卖合同的买方或其他经贸往来中的债务人。他们通过银行将货款汇交给卖方。

　　（2）收款人（Payee），通常是出口商、买卖合同中的卖方或其他经贸往来中的债权人。他们将货物发给买方，随后将有关货运单据自行寄送买方。

　　（3）汇出行（Remitting Bank），是接受汇款人的委托或申请，汇出款项的银行，通常是进口商所在地的银行。银行根据汇款申请书汇出款项。

　　（4）汇入行（Receiving Bank），又称解付行（Paying Bank），是接受汇出行的委托解付款项的银行，汇入行通常是汇出行在收款人所在地的代理行。

　　3. 汇付业务的种类

　　汇付根据汇出行向汇入行发出汇款委托的方式分为三种形式：

　　（1）电汇（Telegraphic Transfer，T/T）

　　汇出行接受汇款人委托后，以电传方式将付款委托通知收款人当地的汇入行，委托它将一定金额的款项解付给指定的收款人。电汇因其交款迅速，在三种汇付方式中使用最广。但因银行利用在途资金的时间短，所以电汇的费用比下述信汇的费用高。

（2）信汇（Mail Transfer，M/T）

信汇和电汇的区别，在于汇出行向汇入行航寄付款委托，所以汇款速度比电汇慢。因信汇方式人工手续较多，目前欧洲银行已不再办理信汇业务。

（3）票汇（Demand Draft，D/D）

票汇是以银行即期汇票为支付工具的一种汇付方式。由汇出行应汇款人的申请，开立以其代理行或账户行为付款人，列明汇款人所指定的收款人名称的银行即期汇票，交由汇款人自行寄给收款人，由收款人凭票向汇票上的付款人（银行）取款。

汇付的具体业务流程如图 10 - 1 所示。

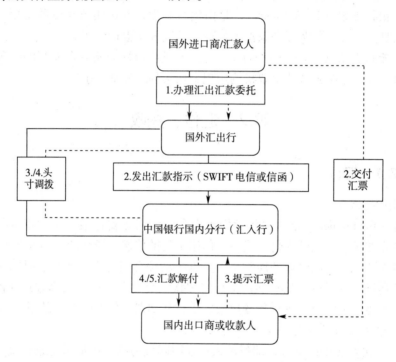

图 10 - 1　汇付业务流程图（实线为电汇和信汇业务，虚线为票汇业务）

办理汇付业务应注意的事项：

作为境内收款人如果想顺利收妥款项，则应提示境外汇款人按下列要求填写汇款申请书：

①正确填列收款人全称、账号（必须注明收款人开户银行的交换行号）及开户银行英文名全称。

②如企业在境外账户行办理汇款，则应该在汇款申请书中的收款人银行的代理行（INTERMEDIARY INST）一栏填写开户银行的相对应境外账户行名称。开户银行账户行资料可向开户银行查询。

③收款人银行名称要准确，最好要有银行 SWIFT 号码。

④收款人名称为开户银行名称。

⑤收款人账号（A/C No：×××）填写开户银行在境外账户行的相对币种的有

关账号。

⑥备注或附言中应注明实际的收款单位名称和账号，收款人单位账号必须是行号 + 收款人账号（A/C No：×××——×××××××）。

4. 汇付业务的贸易应用

（1）预付货款（Payment in Advance）

预付货款是指买方在订货时汇付或在卖方交货前汇付货款的办法。预付货款意味着进口方预先履行付款义务，但货物的所有权并没有在付款时转移，因而对进口方不利。预付货款一般有以下两种规定方法：一是随订单付现（Cash with Order）。合同一经签订，买方就把货款预付给卖方。二是装运前付款（Payment before Shipment）。买方在卖方装运货物前的一定时间内将货款支付给卖方。

（2）货到付款（Payment after Arrival of the Goods）

货到付款是指卖方装运货物后买方才主动汇付货款的方式。在实际操作中，买方往往要等货到目的港（地）时才付款，所以又可称为"到付"（货到付款）。按照买方提取货物时间的先后，可以分为买方提货前付款和买方提货后付款。

提货前付款是指卖方在装运货物后，将装运通知中运输单据传真给买方以证明自己履行了交货义务，买方在提取货物前自动付款给卖方。

买方提货后付款可分为赊销（Open Account Transaction，O/A）和寄售（Consignment）。赊销是指按照合同约定的付款时间，不管买方是否已经实际销售了货物，买方都必须将货款汇付给卖方；寄售是指买方在货物实际销售完毕后再将货款支付给卖方。因此，买主提货后付款实际是卖方给予买方资金融通，卖方资金负担过重。

5. 汇付业务评价

（1）风险大

汇付结算方式完全是建立在商业信用基础上的结算方式。交易双方根据合同或经济事项预付货款或货到付款，预付货款进口商有收不到商品的风险，而货到付款则有出口商收不到货款的风险。

（2）资金负担不平衡

对于货到付款的卖方或预付货款的买方来说，资金负担较重，整个交易过程中需要的资金，几乎全部由他们来提供。

（3）手续简便，费用少

汇付的手续比较简单，银行的手续费用也较少，所以在国际贸易的预付货款及货款尾款结清上使用较多。

10.2.2 托收

1. 托收的概念

托收（Collection）是债权人（出口方）委托银行向债务人（进口方）收取货款的一种结算方式。使用托收方式结算货款，是由出口方先行发货，然后收妥包括运输单据（通常是海运提单）在内的货运单据并开出汇票，把全套单据交出口地银行（托收行），委托其通过进口地的银行或代理行（代收行）向进口方收取货款。

2. 托收业务的当事人

托收涉及的基本当事人有 4 个，即委托人、托收行、代收行和付款人。此外，还有其他的关系人。

（1）委托人（Principal）

委托人是开出汇票委托银行办理托收的出口商。主要负有两方面的责任：一方面是履行与进口商签订的贸易合同的责任，另一方面是履行与托收行签订的委托代理合同的责任。

①贸易合同项下的责任：按时按质按量交付货物，这是出口商最基本的合同义务；提供符合合同要求的单据。单据的种类和内容要满足合同的要求，应能证明出口商已履行了合同。

②委托代理合同的责任：出口商在委托银行办理手续时填写的托收申请书是委托人与托收行之间的委托代理合同。根据合同，委托人承担如下责任与义务：明确指示、及时指示、负担费用。

（2）托收行（Remitting Bank）

托收行又称委托行或寄单行，是接受委托人的委托，转托国外银行代为收款的出口方银行。在跟单托收业务中，托收行应承担如下主要责任和义务：

①执行委托人的指示；

②对单据进行处理；

③按惯例处理业务；

④承担过失责任。

（3）代收行（Collecting Bank）

代收行是接受托收行的委托代为向付款人收款的银行，一般为进口方银行。在跟单托收业务中，代收行应承担如下主要责任和义务：

①执行托收行的托收指示；

②对单据进行处理；

③对货物进行处理；

④通知代收情况。

（4）付款人（Drawee）

付款人是根据托收委托书指示单据而向代收行付款的进口商。

付款人的基本责任就是付款。托收委托书应注明付款人采取行动的确切期限，付款人必须在规定的期限内采取行动。

除以上几个基本当事人外，有时还会出现"提示行"和"需要时代理"两个当事人。当代收行与付款人不在一地或代收行不是付款人的开户行时，代收行要委托另一家银行提示汇票和单据代收货款，受委托银行称为提示行（Presenting Bank）。需要时代理（in Case of Need）是在发生拒付时，委托人指定的在付款地代为照料货物存仓、转售、运回等事宜的代理人。

3. 托收业务流程

①进出口双方签订货物买卖合同。

②出口人发货、备单，并将合同中规定的单据送交托收行。

③托收行审查托收申请书及所附单据并将单据寄交代收行。

④代收行办理委托代收手续并将单据交进口人。

⑤进口人验单、付款或承兑并领取单据。

⑥代收行通知托收行有关客户的付款或承兑信息。

⑦托收行将进口人的有关款项或付款信息交出口人。

托收业务流程如图 10 - 2 所示。

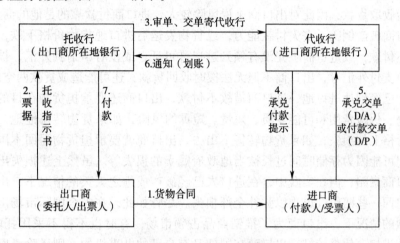

图 10 - 2　托收业务流程图

4. 托收业务种类

（1）按照是否附有商业单据（发票、运输单据等）来划分，托收方式分为两类，即光票托收和跟单托收

①光票托收（Clean Collection）。光票托收是指仅凭金融单据（汇票、本票、支票等类似功能的票据）向付款人提示付款，而不附带任何商业单据的一种托收方式。

光票托收一般适用于货款的尾款、样品费、进口赔款等金额较小的费用的结算，且汇票的付款期限通常为即期。

②跟单托收（Documentary Collection）。跟单托收是指金融单据附带商业单据或为节省印花税而仅凭商业单据提示承兑及/或付款的托收方式。

（2）根据交单条件的不同，跟单托收方式可分为凭承兑交单与凭付款交单

①凭承兑交单（Documents against Acceptance，D/A）。凭承兑交单是指代收行或提示行（如果有）仅凭付款人在远期汇票上"履行承兑"为唯一的交单条件，至此，作为代收行或提示行已履行了托收指示中其应尽的责任。

②凭付款交单（Documents against Payment，D/P）。凭付款交单是指代收行或提示行（如果有），须凭付款人的实质性付款为同意放单的唯一条件。按支付时间的不同，付款交单又可分为即期付款交单（Documents against Payment at Sight，D/P at Sight）和远期付款交单（Documents against Payment after sight，D/P after Sight）。

5. 托收业务评价

托收属于商业信用，银行办理托收业务时，即没有检查货运单据正确与否或是

否完整的义务，也没有承担付款人必须付款的责任。托收虽然是通过银行办理，但银行只是作为出口商的受托人行事，并没有承担付款的责任，进口商不付款与银行无关。出口商向进口商收取货款靠的仍是进口商的商业信用。

如果遭到进口商拒绝付款，除非另外有规定，银行没有代管货物的义务，出口商仍然应该关心货物的安全，直到对方付清货款为止。

托收对出口商的风险较大，D/A 比 D/P 的风险更大。跟单托收方式是出口商先发货，后收取货款，因此对出口商来说风险较大。进口商付款靠的是他的商业信誉，如果进口商破产倒闭，丧失付款能力，或货物发运后进口地货物价格下跌，进口商借故拒不付款，或进口商事先没有领到进口许可证，或没有申请到外汇，被禁止进口或无力支付外汇等，出口商不但无法按时收回货款，还可能造成货款两空的损失。如果货物已经到达进口地，进口商借故不付款，出口商还要承担货物在目的地的提货、存仓、保险费用和可能变质、短量、短重的风险，如果货物转售他地，会产生数量与价格上的损失，如果货物转售不出去，出口商就要承担货物运回本国的费用以及承担可能因为存储时间过长被当地政府贱卖的损失等。虽然上述损失出口商有权向进口商索赔，但在实践中，在进口人已经破产或逃之夭夭的情况下，出口人即使可以追回一些赔偿，也难以弥补全部损失。尽管如此，在当今国际市场出口日益竞争激烈的情况下，出口商为了推销商品占领市场，有时也不得不采用托收方式。如果对方进口商信誉较好，出口商在国外又有自己的办事机构，则风险可以相对小一些。

托收对进口商较有利，可以免去开证的手续以及预付押金，还有可以预借货物的便利。当然，托收对进口商也不是没有一点风险。如进口付商款后才取得货运单据领取货物，如果发现货物与合同规定不符，或者根本就是假的，也会因此而蒙受损失。但总的来说，托收对进口商比较有利。

6. 托收业务的国际惯例

国际商会（ICC）为给办理托收业务的银行与委托人提供可遵循的共同规则，以利于商业和金融业的发展，于1958年草拟了《商业单据托收统一规则》（*Uniform Rules for Collection of Commercial Paper*）（国际商会第192号出版物）。之后，国际商会又于1967年修订和公布该规则，称为国际商会第254号出版物，从而在银行办理托收业务有了统一术语、定义、程序和原则。为适应国际贸易发展的需要，特别是考虑到实际业务中不仅有跟单托收，也有光票托收，国际商会于1978年对规则进行第二次修订，并定名为《托收统一规则》（*Uniform Rules for Collection*）（国际商会第322号出版物），该规则于1979年1月1日生效。随着国际贸易不断发展，银行和委托人普遍认为现存的规则已不能适应实际业务的需要，纷纷提出很多意见和建议。于是国际商会银行委员会从1993年着手对第322号出版物进行修订，最后于1995年5月由国际商会银行委员会一致通过，并定名为国际商会第522号出版物，简称URC522，于1996年1月1日实行。

URC522包括7部分：A. 总则及定义；B. 托收的方式及结构；C. 提示方式；D. 义务与责任；E. 付款；F. 利息、手续费及费用；G. 其他规定。共26条。

URC522还对托收的提示方式、付款、承兑的程序、利息、托收手续费和费用的负担、托收被拒付后作成拒绝证书等事宜作了具体规定。

《托收统一规则》公布实施后，已成为对托收业务具有一定影响的国际惯例，并已被各国银行采纳和使用。但应指出，有关当事人只有在事先约定的条件下，才受该惯例的约束。我国银行在办理国际贸易结算、使用托收方式时，也参照该规则的解释办理。

10.3　信用证

信用证（Letter of Credit，L/C）作为国际贸易的一种重要的支付方式，对国际贸易的发展起到了非常重要的作用。

信用证方式，是银行信用介入国际货物买卖价款结算的产物。它的出现不仅在一定程度上解决了买卖双方之间互不信任的矛盾，而且还能使双方在使用信用证结算货款的过程中获得银行资金融通的便利，从而促进了国际贸易的发展。

1. 信用证的概念

根据国际商会《跟单信用证统一惯例》（UCP）的解释，信用证是指由银行（开证行）依照客户（申请人）的要求和指示或自己主动，在符合信用证条款的条件下，凭规定单据向第三者（受益人）或其指定方进行付款，或承兑和（或）支付受益人开立的汇票；或授权另一银行进行该项付款，或承兑和支付汇票；或授权另一银行议付。简而言之，信用证是一种银行开立的有条件的承诺付款的书面文件。

2. 信用证的特点

（1）信用证是一种银行信用

信用证支付方式是一种银行信用，由开证行以自己的信用作出付款的保证。在信用证付款的条件下，银行处于第一付款人的地位。《跟单信用证统一惯例》规定，信用证是一项约定，按此约定，根据规定的单据在符合信用证条件的情况下，开证银行向受益人或其指定人进行付款、承兑或议付。信用证是开证行的付款承诺。因此，开证银行是第一付款人。在信用证业务中，开证银行对受益人的责任是一种独立的责任。

（2）信用证是一种自足文件

信用证的开立是以买卖合同作为依据，但信用证一经开出，就成为独立于买卖合同以外的另一种契约，不受买卖合同的约束。《跟单信用证统一惯例》规定，信用证与其可能依据的买卖合同或其他合同，是相互独立的交易。即使信用证中提及该合同，银行也与该合同无关，且不受其约束。所以，信用证是独立于有关合同以外的契约，开证银行和参加信用证业务的其他银行只按信用证的规定办事。

（3）信用证是纯单据业务

在信用证方式之下，实行的是凭单付款的原则。各有关方面处理的是单据，而不是与单据有关的货物、服务或其他行为。所以，信用证业务是一种纯粹的单据业务。银行虽有义务合理小心地审核一切单据，但这种审核，只是用以确定单据表面上是否符合信用证条款为原则，开证银行只根据表面上符合信用证条款的单据付款。所以在信用证条件下，实行所谓"严格符合的原则"。"严格符合的原则"不仅要做到"单、证一致"，即受益人提交的单据在表面上与信用证规定的条款一致，还要做到"单、单一致"，即受益人提交的各种单据之间表面上一致。

3. 信用证当事人

信用证的当事人通常包括：

（1）开证申请人

开证申请人（Applicant，Opener，Accountee）是指向银行申请开立信用证的人，即国际贸易中的进口商或实际买方，在信用证中又称开证人（Opener）。如由银行自己主动开立信用证，则此种信用证所涉及的当事人没有开证申请人。

（2）开证银行

开证银行（Opening Bank，Issuing Bank），是接受开证申请人（买方）的请求而开出信用证的银行，是信用证的基本当事人之一。

一般而言，国际贸易中的开证银行通常是进口方银行。在为进口商开立信用证时，进口商需递交开证申请书，并交付保证金及费用，根据开证申请书条款，正确、及时地开出信用证。

（3）通知银行

通知银行（Advising Bank，Notifying Bank）指受开证行的委托，将信用证转交出口商的银行。通知银行一般是出口商所在地银行。它只证明信用证的表面真实性，并不承担其他义务。

（4）受益人

受益人（Beneficiary）指信用证抬头所指定有权使用该信用证的人，即买卖合同中的出口商，是国际支付关系中的债权人。

（5）议付银行

议付银行（Negotiating Bank）是信用证的当事人之一，指由被授权议付的银行。议付是指对汇票或单据付出对价。如果只审查单据而不支付对价并不构成议付。议付行是准备向受益人购买信用证下单据的银行，议付行可以是通知行或其他被指定的愿意议付该信用证的银行，一般是出口商所在地银行。议付银行可以是指定的银行，也可以是非指定的银行，由信用证的条款来规定。

（6）付款银行

付款银行（Paying Bank，Drawee Bank）指信用证条款中指定的付款银行。它一般是开证行，也可以是指定的另一家银行。

（7）偿付银行

偿付银行（Reimbursing Bank）又称信用证清算银行（Clearing Bank），是指接受开证银行在信用证中委托代开证银行偿还垫款的第三国银行，指被指示及/或被授权按照开证行发出的偿付授权书提供偿付的银行。偿付行产生的原因是：进出口商在信用证中规定的支付货币，既不是进口国的货币，也不是出口国的货币，而是第三国的货币，而开证行拥有的第三国货币资金调度或集中在第三国银行，要求该银行代为偿付信用证规定的款项。偿付银行通常是开证银行的存款银行或约定的垫款银行。

4. 信用证的流程

跟单信用证操作的流程简述如下：

（1）买卖双方经过磋商，约定以信用证方式进行结算。

（2）进口方向开证行递交开证申请书，约定信用证内容，并支付押金或提供保证人。

（3）开证行接受开证申请书后，根据申请开立信用证，正本寄给通知行，指示其转递或通知出口方。

（4）由通知行转递信用证或通知出口方信用证已到。通知行在开证行要求或授权下对信用证加以保兑。

（5）出口方认真核对信用证是否与合同相符，如果不符，可要求进口商通过开证行进行修改；待信用证无误后，出口商根据信用证备货、装运、开立汇票并缮制各类单据，船运公司将装船的提单交予出口商。

（6）出口商将单据和信用证在信用证有效期内交予通知行。

（7）通知行审查单据符合信用证条款后接受单据并付款，若单证不付，可以拒付。

（8）通知行将单据寄送开证行，向其索偿。

（9）开证行收到单据后，应核对单据是否符合信用证，如正确无误，即应偿付通知行代垫款项，同时通知开证申请人备款赎单。

（10）进口方付款赎单，如发现不符，可拒付款项并退单。进口人发现单证不符，也可拒绝赎单。

（11）开证行将单据交予进口商。

（12）进口商凭单据提货。

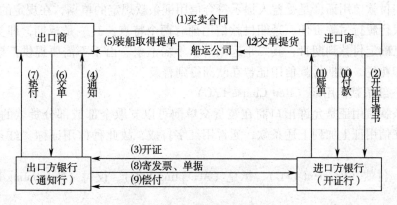

图 10 - 3　跟单信用证操作流程

5. 信用证的种类

（1）**跟单信用证**（Documentary Credit）

跟单信用证是指凭跟单汇票或仅凭商业单据付款的信用证。国际贸易结算中所使用的信用证绝大部分是跟单信用证。

（2）**光票信用证**（Clean Credit）

光票信用证又称无跟单信用证，是指开证银行仅凭受益人开具的汇票或简单收据而无须附带货运单据付款的信用证。

光票信用证在贸易货款的结算上使用不广，它主要被用于贸易总公司与各地分公司间的货款清偿及贸易从属费用和非贸易结算方面。某些光票信用证在要求汇票之外，还要求附交一些非货运性单据，如发票等。

（3）不可撤销信用证（Irrevocable L/C）

不可撤销信用证指信用证一经开出，在有效期内，非经信用证各有关当事人的同意，开证行不能擅自修改或撤销的信用证。此种信用证在国际贸易中使用最多。

（4）保兑信用证（Confirmed Credit）

保兑信用证指经开证行以外的另一家银行加具保兑的信用证。保兑信用证主要是受益人（出口商）对开证银行的资信不了解，对开证银行的国家政局、外汇管制较担心，怕收不回货款而要求加具保兑的要求，从而使货款的回收得到双重保障。

（5）即期信用证（Sight Letter of Credit）

即期信用证指受益人按即期信用证规定的条款签发即期汇票（Sight Draft），称见票即付信用证，亦称即期汇票付信用证。

有些国家采用即期信用证，在其条款中明确规定须提交即期汇票，有些国家不要求提交汇票，认为提交即期汇票手续繁杂，而且增加费用（如印花税），只需提交单据或收据，并遵照信用证所列条款，即可付款。

采用即期信用证，不论汇票的付款人是开证银行还是开证申请人，或是其他的付款银行，只要是所开出的汇票（或只提供单据）符合信用证所列条款，一经提示，开证银行或付款银行即须立刻付款，开证申请人也须立即向开证银行或付款银行偿还款项。

（6）延期信用证

延期付款信用证，是受益人提示符合信用证条款规定的单据，在规定的期限内，被指定银行履行付款责任。延期付款信用证有两个特点：其一是板期，即受益人交单时即已确定付款到期日；其二是远期付款不需汇票。由于不需要提供汇票而有效规避了印花税，延期付款信用证曾在欧洲得到普及。

（7）红条款信用证（Red Clause L/C）

红条款信用证是允许出口商在装货交单前可以支取全部或部分货款的信用证。开证行在信用证上加列上述条款，通常用红字打成，故此种信用证称"红条款信用证"。

（8）付款（Payment L/C）、承兑（Accepting L/C）、议付（Negotiating L/C）信用证

①付款信用证。付款信用证是指在符合信用证条款的条件下，开证行自己或授权其他银行凭规定的单据向受益人或其指定人进行付款的信用证。付款信用证是限制性信用证，明确规定由哪一家银行付款，付款行通常是开证行自己，或是它指定的银行（通常是它的海外分行或代理银行）。

付款信用证的开证行承诺的是"终局"付款行为，除非受益人与银行另有协议，付款行向受益人支付票款后没有追索权。付款信用证通常不需要受益人出具汇票。

②承兑信用证。承兑信用证是指在符合信用证条款的条件下，开证行自己或其授权其他银行承兑并支付受益人开立的汇票的信用证。

③议付信用证。议付信用证是指在符合信用证条款的条件下，开证行授权其他银行议付信用证项下款项的信用证。一般情况下，议付信用证是非限制性信用证，不指定具体由哪一家银行议付，受益人当地的任何银行都可以办理议付。议付行与开证行不是同一银行。

议付是议付行对受益人的单据办理融资，而融资款即由开证行根据其在信用证中的承诺偿付。除非受益人与议付银行另有协议，议付信用证项下，议付行向受益人支付票款之后仍有追索权。

（9）可转让信用证（Transferable L/C）

可转让信用证是指开证行授权通知行在受益人的要求下，可将信用证的全部或一部分转让给第三者，即第二受益人的信用证。可转让信用证只能转让一次，信用证转让后，即由第二受益人办理交货，但原证的受益人，即第一受益人，仍须负责买卖合同上卖方的责任。如果信用证上允许分装，信用证可分别转让给几个第二受益人，这种转让可看成一次转让。不可转让信用证是指受益人不能将信用证的权利转让给他人的信用证。

（10）背对背（Back–to–back）信用证

背对背信用证是指一个信用证的受益人以这个信用证为保证要求一家银行开立以该银行为开证行，以这个受益人为申请人的一份新的信用证，也称转开信用证。其中的原始信用证又称为主要信用证，而背对背信用证是第二信用证。

一个中间商向国外进口商销售某种商品，请该进口商开立以他为受益人的第一信用证，然后向当地或第三国的实际供货人购进同样商品，并以国外进口商开来的第一信用证作为保证，请求通知行或其他银行对当地或第三国实际供货人另开第二信用证，以卖方（中间商）作为第二信用证的申请人。不管他根据第一信用证能否获得付款，都要负责偿还银行根据第二信用证支付的款项。

（11）对开信用证（Reciprocal Credit）

对开信用证，是指两张信用证的开证申请人互以对方为受益人而开立的信用证。对开信用证的特点是第一张信用证的受益人（出口商）和开证申请人（进口商）就是第二张信用证的开证申请人和受益人，第一张信用证的通知行通常就是第二张信用证的开证行。两张信用证的金额相等或大体相等，两证可同时互开，也可先后开立。对开信用证多用于易货交易或来料加工和补偿贸易业务等。

（12）循环（Revolving）信用证

循环信用证被全部或部分使用后，其金额又恢复到原金额，可再次使用，直至达到规定的次数或规定的总金额为止。它通常在分批均匀交货情况下使用。在按金额循环的信用证条件下，恢复到原金额的具体做法有：

①自动式循环。每期用完一定金额，不需等待开证行的通知，即可自动恢复到原金额。

②非自动循环。每期用完一定金额后，必须等待开证行通知到达，信用证才能恢复到原金额使用。

③半自动循环。每次用完一定金额后若干天内，开证行未提出停止循环使用的通知，自第×天起即可自动恢复至原金额。

6. 信用证的主要内容

国际上各银行的信用证没有固定、统一的格式，但其内容基本相同。主要包括以下几项：

（1）对信用证本身的说明。如信用证的编号、种类、金额、开证日期、有效日期、交单日期和到期地点等。

（2）信用证的当事人。如开证申请人、受益人、开证行及其指定的通知行、议付行、付款行、偿付行、保兑行等的名称、地址。

（3）有关货物的描述。如商品的名称、规格、数量、包装、单价、总值等。

（4）对运输的要求。如运输方式、装运期限、起运地、目的地、可否分批和中途转运等。

（5）对单据的要求。对单据的要求包括：①对汇票的要求。信用证上如规定出口商提交汇票，则应列明汇票的必要项目，如出票人、受票人、期限、主要条款等；②对货运单据的要求，主要是商业发票、海关发票、提单或运输单据、保险单证及其他单据。

（6）特别条款。主要是根据进口国的政治、经济、贸易情况的变化或进口商根据业务需要规定的一些条款，如要求加具保兑、限制议付、限装某船或不许装某船、限制港口和航线等。

（7）开证行对受益人及汇票持有人保证付款的责任文句以及适用的国际惯例。如"该证受国际商会《跟单信用证统一惯例》第 600 号出版物的约束"字样。

SWIFT 信用证样本

Issue of a Documentary Credit：BKCHCNBJA08E

        BANK OF CHINA LIAONING NO. 5，ZHONGSHAN SQUARE

        ZHONGSHA，DISTRICT DALIAN CHINA

Destination Bank：KOEXKRSEXXX

        KOREA EXCHANGE BANK SEOUL 178. 2 KA，ULCHI RO，CHUNG – KO

MESSAGE TYPE：700

27：Sequence of Total：1/1（表示电文页次）

40A：Type of Documentary Credit IRREVOCABLE（跟单信用证类型）

20：Letter of Credit Number LC84E0081/99 （信用证号码）

31C：Date of Issue 990916（开证日期）

31D：Date and Place of Expiry 991015KOREA

51D：Applicant Bank BANK OF CHINA LIAONING BRANCH（开证行）

50：Applicant DALIAN WEIDA TRADING CO.，LTD（开证申请人）

59：Beneficiary SANGYONG CORPORATION CPO BOX 110 SEOUL KOREA（受益人）

32B：Currency Code，Amount USD 1，146，725.04（信用证结算货币和金额）

41D：Available with...by... ANY BANK BY NEGOTIATION（指定的有关银行议付）

42C：Drafts at 45 DAYS AFTER SIGHT（汇票付款期限）

42D：Drawee BANK OF CHINA LIAONING BRANCH（汇票付款人受票人）

43P：Partial Shipments NOT ALLOWED（分装条款）

43T：Transhipment NOT ALLOWED（转运条款）

44A：Shipping on Board/Dispatch/Packing in Charge at/ from RUSSIAN SEA PORT（起运港）

44B：Transportation to DALIAN PORT, P. R. CHINA（货物发送的最终地）

44C：Latest Date of Shipment 990913（最迟装运期）

45A：Description of Goods or Services（货物描述）

FROZEN YELLOWFIN SOLE WHOLE ROUND（WITH WHITE BELLY）USD770/ MT CFR DALIAN QUANTITY：200MT ALASKA PLAICE（WITH YELLOW BELLY）USD600/MT CFR DALIAN QUANTITY：300MT

46A：Documents Required：（单据要求）

1. SIGNED COMMERCIAL INVOICE IN 5 COPIES.（签字的商业发票五份）

2. FULL SET OF CLEAN ON BOARD OCEAN BILLS OF LADING MADE OUT TO ORDER AND BLANK ENDORSED, MARKED "FREIGHT PREPAID" NOTIFYING LIA-ONING OCEAN FISHING CO. , LTD. TEL 86）411 – 3680288

3. PACKING LIST/WEIGHT MEMO IN 4 COPIES INDICATING QUANTITY/GROSS AND NET WEIGHTS OF EACH PACKAGE AND PACKING CONDITIONS AS CALLED FOR BY THE L/C.（装箱单/重量单四份，显示每个包装产品的数量/毛净重和信用证要求的包装情况）

4. CERTIFICATE OF QUALITY IN 3 COPIES ISSUED BY PUBLIC RECOGNIZED SURVEYOR.（质量证明三份）

47A ：Additional Instructions（附加指示）

1. CHARTER PARTY B/L AND THIRD PARTY DOCUMENTS ARE ACCEPTA-BLE.（租船提单和第三方单据可以接受）

2. SHIPMENT PRIOR TO L/C ISSUING DATE IS ACCEPTABLE.（信用证开证日期之前装运是可接受的）

3. BOTH QUANTITY AND AMOUNT 10 PERCENT MORE OR LESS ARE AL-LOWED.（允许数量和金额公差在10% 左右）

71B：Charges　（费用）

ALL BANKING CHARGES OUTSIDE THE OPENNING BANK ARE FOR BENEFICIARY'S ACCOUNT.

48：Period for Presentation（单据提示日期）

DOCUMENTS MUST BE PRESENTED WITHIN 15 DAYS AFTER THE DATE OF IS-SUANCE OF THE TRANSPORT DOCUMENTS BUT WITHIN THE VALIDITY OF THE CREDIT.

49：Confirmation Instructions WITHOUT（保兑指示）

78：Instructions to the Paying/Accepting/Negotiating Bank：

57A："Advising Through" Bank（通知行）

7. 与信用证有关的国际惯例

《跟单信用证统一惯例》是国际商会于 1930 年拟订的，并于 1933 年正式公布。1951 年、1962 年、1974 年、1978 年、1983 年、1993 年进行了多次修订，被各国银行和贸易界所广泛采用，成为信用证业务的国际惯例。2006 年 10 月 25 日，国际商会又对 1993 年 UCP500 进行了修订，称为 2007 年版本 UCP600。

UCP 是国际银行界、律师界、学术界自觉遵守的"法律"，是全世界公认的、到目前为止最为成功的一套非官方规定。70 多年来，160 多个国家和地区的 ICC 和不断扩充的 ICC 委员会持续为 UCP 的完善而努力工作着。由于 UCP 的重要和核心地位，它的修订还带动了 eUCP、ISBP、SWIFT 等的相应修订和升级。

UCP600 共有 39 个条款，比 UCP500 减少 10 条，但却比 UCP 500 更准确、清晰，更易读、易掌握、易操作。它将一个环节涉及的问题归集在一个条款中；将 L/C 业务涉及的关系方及其重要行为进行了重新定义，如第二条的 14 个定义和第三条对具体行为的解释。

UCP600 纠正了 UCP500 造成的许多误解：第一，把 UCP500 难懂的词语改变为简洁明了的语言，取消了易造成误解的条款，如"合理关注"、"合理时间"及"在其表面"等短语。第二，UCP600 取消了无实际意义的许多条款，如"可撤信用证"、"风帆动力批注"、"货运代理提单"及 UCP500 第 5 条"信用证完整明确要求"及第 12 条有关"不完整不清楚指示"的内容。第三，UCP600 的新概念描述极其清楚准确。第四，更换了一些定义，如对审单作出单证是否相符决定的天数，由"合理时间"变为"最多为收单翌日起第 5 个工作日"等。第五，方便贸易和操作，UCP600 有些特别重要的改动，如拒付后的单据处理，增加了"拒付后，如果开证行收到申请人放弃不符点的通知，则可以释放单据"等。

10.4 银行保函、国际保理与出口信用保险

10.4.1 银行保函

1. 银行保函的定义

银行保函（Banker's Letter of Guarantee，L/G）是银行应委托人的请求，向受益人开立的一种书面担保凭证。银行作为担保人，对委托人的债务或义务，承担赔偿责任。委托人和受益人的权利和义务，由双方订立的合同规定，当委托人未能履行其合同义务时，受益人可按银行保函的规定向保证人索偿。

国际商会于 1992 年出版了《见索即付保函统一规则》，其中规定："索偿时，受益人只需提示书面请求和保函中所规定的单据，担保人付款的唯一依据是单据，而不能是某一事实。担保人与保函所可能依据的合约无关，也不受其约束。"以上规定表明，担保人所承担的责任是第一性的、直接的付款责任。

2. 银行保函与跟单信用证的区别

银行保函与跟单信用证相比，当事人的权利和义务基本相同，所不同的是跟单信用证要求受益人提交的单据是包括运输单据在内的所有商业单据，而银行保函要求的单据实际上是受益人出具的关于委托人违约的声明或证明。这一区别，使两者适用范围有了很大的不同，银行保函可适用于各种经济交易，为合同的一方向另一方提供担保。另外，如果委托人没有违约，保函的担保人就不必为承担赔偿责任而付款。而信用证的开证行则必须先行付款。

3. 银行保函的种类

根据银行保函在合同中所起的不同作用和担保人承担的不同的担保职责，保函可以具体分为以下几种：

（1）投标保函

投标保函指银行应投标人申请向招标人作出的保证承诺，保证在投标人报价的有效期内投标人将遵守其诺言，不撤标、不改标，不更改原报价条件，并且在其一旦中标后，将按照招标文件的规定在一定时间内与招标人签订合同。

（2）履约保函

保证人承诺，如果担保申请人（承包人）不履行他与受益人（业主）之间订立的合同时，应由保证人在约定的金额限度内向受益人付款。此保证书除应用于国际工程承包业务外，同样适用于货物的进出口交易。

（3）预付款保函

预付款保函又称还款保函或定金保函。银行应供货方或劳务承包方申请向买方或业主方保证，如申请人未能履约或未能全部按合同规定使用预付款，则银行负责返还保函规定金额的预付款。

（4）补偿贸易保函

补偿贸易保函指在补偿贸易合同项下，银行应设备或技术的引进方申请，向设备或技术的提供方所作出的一种旨在保证引进方在引进后的一定时期内，以其所生产的产成品或以产成品外销所得款项，来抵偿所引进之设备和技术的价款及利息的保证承诺。

10.4.2　国际保理

目前，国际上为企业所惯用的信用证付款方式正逐渐被赊账贸易所代替，应运而生的银行保理业务能够为企业提供新融资方式。而这一业务作为银行中间业务的重要部分，其潜力使其正在成为下一个银行之间争夺的据点。在上海，已有汇丰银行、渣打银行、民生银行、光大银行开始深度细化中小企业保理业务。

1. 国际保理的概念

保理业务是指销售商将其现在或将来的基于其与购货商（债务人）订立的货物销售与服务合同或因其他原因所产生的应收账款转让给银行，从而获得银行为其提供的商业资信调查、贸易融资、应收账款管理及信用风险担保等方面的综合性金融服务。

国际保理业务（International Factoring），全称国际保付代理业务，是在国际贸易赊销和承兑交单贸易结算方式下，保理商向出口商提供的一项包括出口贸易融资、进口商资信调查及评估、销售账务处理、应收账款管理及追收和买方信用担保等内容的综合性金融服务。具体做法是：出口人事先与保理商签订保理协议，根据协议，出口人按买卖合同规定发货后，有关运输单据径直寄交进口人，而将应收账款的单据卖给保理商，由保理商通过其在进口地的代理人负责向进口人收款，保理商收到货款后，扣除一定的手续费，将货款交给出口人。

2. 国际保理业务的特点

（1）国际保理业务的核心是提供付款担保，出口商在确定销售合同和保理协议并发货后，应将账款卖断给保理公司，由保理公司承担风险。

（2）国际保理业务是一种具备多种功能的国际结算方式，可以同时为进出口双方提供融资、承担风险服务，将是今后进出口贸易普遍使用的结算方式。

（3）减少了托收方式潜在的风险。由于保理商事先已对进口商进行了资信调查，减少了出口商发货的盲目性。

（4）可以减少国际结算手续，无须像信用证结算那样将相符单据交银行，只需向保理商提供一份发票副本即可。

3. 国际保理的应用优势

国际保理业务有别于汇款、托收和信用证三大传统国际结算手段，其无论对出口商还是进口商都具有独特的应用优势。对出口商而言，保理商可以代替出口商对进口商资信状况进行调查与监督，克服信息障碍，从而为出口商的销售政策提供准确的依据和信息。出口商在货物装运完毕并向保理商转让发票等单据后，即可获得80%以上的融资，提高收汇速度，加快资金融通。只要出口商的交货条件符合合同规定，出口商即可将进口商破产或拒付等经营风险、信用风险完全转移给保理商，相比 L/C 付款方式，能更大程度地保护出口商的利益。保理业务由于建立在赊销交易基础上，其实际相当于为买方提供了信用放款，从而也起到鼓励买方进口和建立长期合作的作用。对进口商而言，由于保理业务通过保理组织进行结算，可以省去买方高昂的开证费用及押金等支出，降低了买方的交易成本。保理结算的延期付款，也相当于为买方提供了信用放款，从而提高了其资金利用率。

从目前全球国际贸易发展的趋势来看，传统的信用证结算方式要求出口企业做到单证一致、单单一致，由于手续烦琐、费用较高等弊端，其在国际贸易结算方式中的"盟主"地位正受到挑战，结算方式非信用证化已成为新的发展趋势。而国际保理业务并不完全需要单证一致，但是要求其购买的应收账款必须没有任何贸易纠纷，银行将利用自己的应收账款管理系统来管理和托收应收账款，通过其合作伙伴（进口保理商），对货物、买家的信用记录以及双方合同的履行进行调查，由于迎合了赊销、承兑交单托收等贸易方式发展的需要，因此越来越受到各方面的重视，并得到广泛运用。

4. 保理商在国际保理业务中的风险

国际保理业务主要涉及出口商、进口商和保理商三方当事人，因为进口商完全是凭着自身的信用表现来获得保理商对其债务的担保，所以风险集中在保理商和出口商身上。

对保理商而言，国际保理业务主要面临两方面的风险：进口商信用风险和出口商信用风险。保理商买断出口商应收账款，便成为货款债权人，同时也承担了原先由出口商承担的应收账款难以收回的风险。如果保理商从融资一开始对进口商的审查就缺乏客观性和全面性，高估了进口商的资信程度，对进口商履约情况作出错误判断；或者进口商提供了虚假的财务信息，伪造反映其还款能力的真实数据；或者保理商的事中监督不够得力，进口商的资信水平原来不错，但在履约过程中，由于进口的商品不适销对路、进口国的政治经济状况发生突然变化等客观原因使得资信水平下降，无法继续履约等等，上述种种因素都可能导致保理商遭受巨额损失且难以得到补偿。同样的情况会出现在出口商一方。在保理商为出口商提供了融资服务的情况下，如果出现货物质量与合同不符，进口商拒付货款的问题，保理商同样可能会因为出口商破产而导致融资款的无法追偿。

出口商则主要承担货物的质量风险。保理业务不同于信用证以单证相符为付款依据，而是在商品和合同相符的前提下保理商才承担付款责任。如果由于货物品质、数量、交货期等方面的纠纷而导致进口商不付款，保理商不承担付款的风险，故出口商应严格遵守合同。另外，进口商可能会联合保理商对出口商进行欺诈。尽管保理商对其授信额度要付 100% 的责任，但一旦进口商和保理商勾结，特别是出口商对刚接触的客户了解甚少时，如果保理商夸大进口商的信用度，又在没有融资的条件下，出口商容易造成财货两空的局面。当然，对我国来说，目前开展保理业务的多是一些金融机构，其营业场所和不动产是固定的，参与欺诈后难以逃脱，这种风险也就相对较少。

10.4.3　出口信用保险

1. 出口信用保险的定义

出口信用保险是指信用保险机构对企业投保的出口货物、服务、技术和资本的出口应收账款提供安全保障机制。它以出口贸易中投保人的债权为保险标的，保险人承保国内出口商在经营出口业务过程中，因进口商方面的商业风险或进口国（或地区）方面的政治风险而遭受的债权损失。出口信用保险已经成为进出口贸易中的一个重要工具，是贸易中各国争夺出口市场尖锐化的产物，是各国政府为推动本国出口贸易发展的一项经济保障措施。

2. 出口信用保险的种类

出口信用保险按信用期限长短，大致可分为短期出口信用保险、中长期出口信用保险、履约保证保险。

（1）短期出口信用保险（简称短期险），是指承保信用期限在 1 年以内的业务，主要用于以款交单（D/P）、承兑交单（D/A）、赊账（O/A）等以商业信用为付款条件的出口，以及银行开具的信用证项下的出口。

（2）中长期出口信用保险（简称中长期险），可分为买方信贷保险、卖方信用保险和海外投资保险三大类。中长期险承保信用期限在一年以上、一般不超过 10 年的收汇风险，主要用于大型机电产品和成套设备的出口，以及海外投资，如以 BOT、BOO 或合资等形式在境外兴办企业等。

（3）履约保证保险（简称保证保险），分为直接保证保险和间接保证保险。直接保证保险包括开立预付款保函、出具履约保证保险等；间接保证保险包括承保进口方不合理没收出口方银行保函。

【小结】

国际结算是指两个不同国家的当事人，不论是个人间的、单位间的、企业间的或政府间的，因为商品买卖、服务供应、资金调拨、国际借贷而需要通过银行办理的两国间外汇收付业务。国际贸易结算中使用的票据包括汇票、本票、支票，其中以使用汇票为主。目前国际贸易结算的三种基本形式包括汇付、托收和信用证。国际贸易结算的其他方式包括银行保函、国际保理和出口信用保险。

【思考题】

1. 汇票、本票和支票三者之间的主要区别有哪些？

2. 信用证付款方式涉及的当事人有哪些？各当事人之间的相互关系怎样？

3. 在一笔大宗出口交易中，对托收与信用证两种付款方式如何结合使用，才有利于安全收汇？

4. 银行保函的种类有哪些？

【技能实训】

1. 根据汇票回答问题。

Bill of Exchange

No. SHE02/01056   Date JUN.06, 2001 SHANGHAI

Exchange for USD100,000.00

D/P At ☀☀☀ days after sight of this **FIRST** of Exchange (Second of exchange being unpaid) pay to the Order of BANK OF COMMUNICATIONS, SHANGHAI (HEAD OFFICE)

the sum of U.S.DOLLARS ONE HUNDRED THOUSAND ONLY

Drawn under L/C No. _____ Dated _____

Issued by

To CITI CORP., N.A.

NEW YORK   SHANGHAI FOREIGN TRADE CORP.

U.S.A.   吴迪

AUTHORIZED SIGNATURE

项目、问题 类型	托收项下汇票
（1）汇票出票人	
（2）汇票付款人	
（3）汇票的收款人	
（4）付款时间	

续表

类型 项目、问题	托收项下汇票
(5) 付款金额	
(6) 出口商	
(7) 进口商	
(8) 托收行	
(9) 本托收业务交单条件	

2. 某信用证有关内容如下：

ISSUING BANK：BANK OF EUROPE，LONDON

APPLICANT：INTERNATIONAL IMP&EXP CO.，LTD. LONDON

BENEFICARY：BEIJING LIGHT INDUSTRIAL PRODUCTS IMP&EXP CO.，BEI-JING

NEGOTIATINGBANK：BANK OF CHINA，BEIJING

CREDIT NO. HLC967825T DATE：23 JUNE 2009

信用证中对汇票的要求为：

DRAFT AT 30 DAYS AFTER SIGHT FOR 100 PERCENT OF INVOICE VALUE DRAWN ON US

发票金额为 7 000.00 美元。

试按上述条件开出信用证项下汇票一张，汇票的编号为 10001，议付行为汇票的收款人，出票日期和地点为 30 JUNE 2009，BEIJING。

BILL OF EXCHANGE

DRAWN UNDER L/C NO. _____   ISSUED BY _____

DATED _____   NO. _____

EXCHANGE FOR _____

_____ AT _____ SIGHT OF THIS FIRST OF EXCHANGE (SECOND OF THE SAME TENOR AND DATE UNPAID)

PAY TO THE ORDER OF _____

THE SUM OF _____

TO: _____   FOR：_____

SIGNATURE _____

第 11 章
国际货物运输

【学习目标】

通过本章的学习，了解国际货物运输的各种基本形式，熟悉海洋运输、铁路运输、航空运输的相关知识，掌握合同装运条款的内容及主要运输单据的含义和作用，并学会签订国际货物运输条款。

【重点与难点】

班轮运费计算的标准；装运条款，特别是分批装运和转运条款；海运提单的种类及作用。

【导入案例】

我国 A 外贸公司与欧洲 B 公司订立供应某商品 500 公吨的出口合同，规定 1 月至 4 月由中国港口装上海轮运往欧洲某港，允许卖方交货数量可增减 5%。B 公司按时开来信用证的装运条款为 1 月 100 公吨、2 月 150 公吨、3 月 150 公吨、4 月 100 公吨，每月内不得分批。A 公司审查信用证后认为可以接受，遂于 1 月、2 月分别按信用证规定如期如数将货物装船并顺利收到货款。后由于货源不足，经协商得船公司同意，于 3 月 10 日先在青岛将货 70 公吨装上 C 轮，俟该轮续航烟台时，于 3 月 18 日在烟台再装上 75 公吨。A 公司向议付银行办理议付时，提交了分别于青岛和烟台装运的共计 145 公吨的两套提单。当议付行将单据寄到开证行索偿时，遭到开证行的拒付。理由是：信用证规定 3 月应装 150 公吨，不准分批，而现在仅装了 145 公吨，而且是分别在青岛与烟台两地装运的，与信用证规定不符。试分析开证行拒付的理由是否于法有据？

（资料来源：吴百福：《进出口贸易实务教程》，上海人民出版社，2007）

本案主要涉及对分批装运条款的理解。根据《跟单信用证统一惯例》（UCP600），对于同一船只、同一航次中多次装运货物，即使提单表示不同的装船日期及（或）不同装货港口，也不作为分批装运论处。由此可以发现，案中 A 公司于 3 月份在青岛和烟台两个港口分两次将货物装上同一航次的同一船只，虽然提单表示不同的装船日期和不同的装货港口，也应视为 3 月份一个批次的运输，不能看做分批装运。另外，根据买卖合同的 5% 溢短装条款，3 月份实际装货 145 公吨，符合溢短装条款规定的增减幅度。由此可见，开证行拒付的理由不成立。

11.1　海洋运输

国际货物运输是一门比较复杂的学科。它具有面广、线长、中间环节多、空间距离大、涉及部门多、情况复杂等特点。作为国际贸易的从业人员，只有掌握国际货物运输的基本知识，才能在交易磋商及签订合同时充分考虑有关情况，使合同的运输条款的订立更加明确、具体、合理，为合同的顺利履行奠定基础。

国际货物运输方式包括海洋运输、铁路运输、航空运输、公路运输、邮包运输、管道运输、大陆桥运输以及由各种运输方式组合而成的国际多式联运等。

11.1.1 海洋运输方式

1. 海洋运输概述

海洋运输是利用海轮在国内外港口之间，通过一定的航区和航线进行货物运输的一种方式。目前，它是国际货物运输中最主要的运输方式。海洋运输之所以被广泛采用，是因为它与其他国际货物运输方式相比，具有以下明显的优点：

（1）运载量大。目前远洋运输多为万吨级巨轮，其运载能力远远大于铁路运输和公路运输。

（2）通过能力强。海上运输利用四通八达的天然航道，不受道路限制。

（3）运费低。相对于陆、空运输来说，海洋运输费用较低，因此可降低商品成本。

海洋运输虽然具有许多优点，但也存在不足之处，例如速度慢，风险大，易受自然条件影响，航期不易掌握。

根据海洋运输船舶的经营方式不同，海洋运输可分为班轮运输（Liner Transport）和租船运输（Shipping By Chartering）。

2. 班轮运输

（1）班轮运输的含义和特点。班轮运输，又称"定期船运输"（Regular Shipping Liner），是指船舶按照固定的港口、航线和事先公布的船期表从事运输业务，并按固定的费率收取运费。班轮运输主要具有以下几个特点：

①具有"固定"的特点，即固定船期、固定航线、固定停靠港口和相对固定的运费费率。

②班轮运费包括装卸费，货物由承运人装卸配载。

③船、货双方的权利、义务与责任豁免，以船方签发的提单条款为依据。

④班轮承运货物比较灵活，不论数量多少，只要有舱位都可接受装运。

（2）班轮运费的计算标准。班轮运费包括基本运费和附加费两部分，基本运费的计算标准通常按不同商品分为以下几种：

①按货物的毛重计收，在运价表内用"W"表示。

②按货物的体积（或尺码吨）计收，在运价表内用"M"表示。

③按货物的价格计收，即从价收取，在运价表内用"A. V."表示。

④按货物的毛重或体积计收，由船公司选择其中收费较高的一种计收运费，在

运价表中用"W/M"表示。

⑤按货物的重量、体积或价值三者中较高的一种计收运费，在运价表中用"W/M or A. V."表示。

⑥按货物的重量、体积中较高者再加上价值的一种计收运费，在运价表中用"W/M plus A. V."表示。

⑦按货物的件数计收，如件、头、捆等。

⑧对大宗低值货物，采用船、货双方临时议定运价的办法。

班轮运费中的附加费名目繁多，其中包括超长、超重附加费，选择卸货港附加费，变更卸货港附加费，燃油附加费，港口拥挤附加费，绕航附加费，转船附加费和直航附加费，等等。上述基本运费和各种附加费，均按班轮运价计算。

班轮运费的计算，可遵循下列程序和步骤：

第一，先根据货物的英文名称从货物分级表中查出有关货物的计费等级及其计算标准。

第二，从航线费率表中查出有关货物的基本费率以及各项须支付的附加费率。

第三，该货物的基本费率和附加费率之和即为每一运费吨的单位运价。

第四，用该货物的计费重量吨或尺码吨乘以单位运价即得出总运费额。

例如，某公司出口货物一批共 200 箱，总毛重为 16.2 公吨，总体积为 23.316 立方米，由大连到欧洲某港口。该公司应付船公司运费多少？

首先按货物英文名称从货物分级表中查出该货属于 10 级货，计费标准是"M"，然后再按航线查出 10 级货每运费吨基本运费为 US $ 40，另加燃油附加费 10%，该批货物的运费为

每立方米的单位运价 40 + 40 × 10% = 44 美元

该货物总的运费 23.316 × 44 = 1 025.904 美元

3. 租船运输

（1）租船运输的方式与特点。租船运输是指租船人在租船市场上通过洽租、签约，向船东或二船东包租整船装运货物。租船方式主要包括定程租船（Voyage Charter）和定期租船（Time Charter）两种。一般在低价货、成交量大、交货期集中的情况下，采用租船方式进行运输。

（2）定程租船。按航程租赁船舶，其特点如下：

①在定程租船方式下，船方必须按租船合同规定的航程完成货物运输任务，并负责船舶的经营管理及其在航行中的各项费用开支。

②租船人应支付双方约定的运费。

③货物在港口的装卸费用，应在租船合同中明确规定由船方或租方负担。

（3）定期租船。按期限租赁船舶，其特点如下：

①船货双方的权利与义务在期租船合同中订明；

②船方提供适航的船舶，船员薪金、伙食等费用以及保持船舶具有适航价值而产生的有关费用，均由船方负担；

③船舶经营过程中产生的燃料费、港口费、装卸费和垫舱物料费等项开支，均应由租船人负担；

④一定期租船的租金，一般是按租期每月每一夏季载重吨若干金额计算。

4. 光船运输

光船租船是船东将空船租给承租人使用一段时间的租船方式，承租人自己配备船长、船员，这实质上属于一种财产租赁。

5. 租船运输合同及其主要内容

租船合同（Charter Party）是指租船人按一定的条件向船东租用船舶或船舶的部分舱位，双方就相互间的权利和义务达成的合同。

租船合同的主要条款是：船租双方当事人的名称、货物的名称、货量、装卸港口、船舶的受载日和解约日、船名、船籍、运费和装卸费用、装卸期限、滞期费和速遣费等。

此外，租船合同还有一些专门性条款，如租船人责任终止条款、船东责任条款、共同海损清算条款等。

11.1.2　海运提单

1. 海运提单的性质和作用

海运提单（Bill of Lading，B/L）是承运人或其代理人在收到承运货物时签发给托运人的一种单据，它体现了托运人和承运人的关系。提单的主要性质和作用为：

（1）货物收据。提单是承运人或其代理人签发给托运人的表明已收讫货物的收据。

（2）物权凭证。提单代表货物的所有权，谁拥有提单，谁就拥有物权。正本提单是卖方凭以议付，买方凭以提货，承运人凭以交货的依据。提单可用来抵押或转让。

（3）运输契约的证明。提单是装货后签发的，其有关条款明确规定了承运人和托运人双方的权利和义务，而运输契约是在装货前商订的，所以提单本身不是运输契约，而是运输契约的证明。

2. 海运提单的种类

海运提单可以从不同角度加以分类，主要分为以下几种：

（1）根据提单格式和内容繁简，可以分为简式提单和全式提单

①简式提单（Short Form B/L），又称略式提单，只有正面记载事项，而背面无提单条款。这种提单一般都加注："各项条款及例外条款均以本公司正规的全式提单内所印的条款为准"的字样，否则，银行一般不予接受。

②全式提单（Long Form B/L），有正面记载事项，背面列有规定承运人、托运人之间权利与义务的提单条款。此种提单在贸易实务中应用广泛。

（2）根据运输方式不同，可分为直达提单、转船提单、联运提单、多式联运提单

①直达提单（Direct B/L），表明货物自装运港直接运到目的港。

②转船提单（Transhipment B/L），表明货物在装运港装船，不直接运到目的港，而需中途转船再驶往目的港。这种提单一般加注"在××港转船"的字样。

③联运提单（Through B/L），是指在海运和其他运输方式所组成的联合运输方

式下，由承运人或其代理人在货物的起运地签发运往货物最终目的地的提单，其主要特点有：由第一程承运人作为总承运人，签发包括全程运输的提单；运输风险采用分段责任，即各段承运人只负责其所承运区段的运输风险；在海/海运输方式下，联运提单和转船提单的性质相同。

④多式联运提单（Combined Through B/L），适用于集装箱的多式联运方式，其主要特点是由对全程负总责任的承运人签发；第一程运不一定是海运，所以提单上不一定要注明第一程船的船名和装船日期。

（3）根据货物是否装船，可分为已装船提单和备用提单

①已装船提单（On Board B/L），又称为"装运提单"，货物已经装上指定的船舶后所签发的提单。这种提单可以凭提单上印就的"货物已装上具名船只"的字样，表示货物已装上某船，也可由承运人在提单上批注"装船日期"表示货物已装船。

②备运提单（Received for Shipment B/L），又称收妥待运提单或收讫待运提单，是承运人收到货物后在等待装船期间签发的。银行一般不接受此种提单。待货物装上船后，在这种提单上加注"ON BOARD ON DATE"字样并签字盖章，备运提单即变为已装船提单。

（4）根据提单是否有不良批注，可分为清洁提单和不清洁提单

①清洁提单（Clean B/L），是指货物装船时"表面状况良好"，未加有关货损或包装不良之类批语的提单。银行一般要求卖方押汇时提交清洁提单。

②不清洁提单（Unclean B/L），是指承运人加注了托运货物外表状况不良或存在缺陷等批语的提单。在实际业务中，买方不接受不清洁提单。

（5）根据提单的抬头不同，可分为记名提单、不记名提单和提示提单

①记名提单（Straight B/L），又称直交提单，即明确指明收货人，例如"Pay to ××only"。这种提单只能由特定收货人提货，不能背书转让，国际贸易中很少使用。

②不记名提单（Blank B/L），不具体规定收货人，收货人栏留空或填"来人"（Bearer）的提单。该种提单不需背书即可流通转让，并且凭单交货，风险大，国际贸易中很少使用。

③指示提单（Order B/L），是指在提单的收货人栏内填写"凭指示"（To Order）或"凭××指示"（To the Order of）的字样的提单。这种提单可以通过背书转让给第三者，故又称为"可转让提单"，在国际贸易中应用得非常广泛。

背书有两种方法：一是由背书人在提单背面签名盖章的，称做空白背书（Blank Endorsed）；二是由背书人签字盖章外，还列明被背书人名称的，称为记名背书（Endorsed in Favor of）。目前，我国习惯采用"空白抬头，空白背书"（to Order and Blank Endorsed）的方式。

（6）按船舶营运方式不同，可分为班轮提单、租船合约提单

①班轮提单（Liner B/L），是指货物采用班轮运输，由班轮公司所签发的提单。

②租船合约提单（Charter Party B/L），是船方根据租船合约签发的提单，通常只在其上列明货名、数量、船名、装运港、目的港等必要项目，无背面提单条款。

（7）其他提单

①预借提单（Advanced B/L）。在货物装船前被托运人"借走"的提单，称为

"预借提单"。这是因为信用证最迟装运期已届临，但这时货尚未装船，托运人为了取得与信用证相符的提单，要求承运人先行签发已装船提单，以便如期办理结汇。预借提单是一种违法提单，尽管托运人要求预签提单必须出具保函，但由于该保函法律地位极其脆弱，承运人仍需承担一定风险。

②倒签提单（Ante – dated B/L）。货物实际装船的日期晚于信用证上规定的装运日期，托运人为了使提单日期与信用证规定的装运日期相符，要求承运人按信用证规定的装运日期签署提单，这种提单叫做"倒签提单"。倒签提单是一种违法行为，收货人可以"伪造提单"为由，拒绝提货并向法院起诉，因此，这种提单对承运人来说有较大风险。

③过期提单（Stale B/L）。过期提单是指晚于信用证规定的期限递交的提单，也称迟期提单。UCP600 规定，银行拒绝接受晚于信用证规定的交单付款、承兑或议付的特定期限的提单；如信用证无特定的交单期限，银行拒绝接受提单日后21 天提交的单据；晚于货物到达目的港的提单，银行亦认为是过期提单而拒绝接受。

11.2　铁路运输

铁路运输是仅次于海运的一种运输方式，其特点有：运行速度较快，载运量大，风险较小，一般不受气候条件影响，可终年正常运行，具有高度的连续性。

我国对外贸易铁路运输包括国内铁路运输和国际铁路联运两种方式。

11.2.1　国内铁路运输

我国进口货物由港口经铁路转运到各地，出口货物由产地经铁路集中到港口装船，以及各省、市、自治区之间产品的流通，均属于国内铁路运输的范畴。供应港澳地区的货物由产地经铁路运往深圳北站或广东南站，也属于国内铁路运输，但又与一般的国内运输不一样。

1. 内地对香港铁路运输

它由大陆段和港九段两部分铁路运输组成，是"两票运输，租车过轨"。即出口单位将货物运到深圳北站，收货人是深圳外贸运输机构，由该收货人作为各地出口公司的代理向铁路部门租车过轨，交付租车费，并办理出口报关等手续，由香港中国旅行社收货后转交给香港或九龙的实际收货人。

2. 内地对澳门铁路货运的情况

从内地运往澳门的货物只能在广州中转。内地出口单位将货物发送到广州南站，收货人是广东省外运公司，再由广东省外运公司办理水运中转至澳门。货到澳门由南光集团运输部接货并交付实际收货人。

11.2.2　国际铁路联运与铁路运输票据

1. 国际铁路联运

它是指在两个或两个以上国家之间进行的铁路货物运输，只需在始发站办妥托运手续，使用一份运送单据，由一国铁路向另一国移交货物时，无须发货、收货人参加，铁路当局对全程运输负连带责任的运输方式。

国际联运是铁路运输的重要方式，许多国家非常重视并参加了协约组织，订立了各种协定。参加国际联运的国家主要分两个集团：一个是以英、法、德为首的32个国家并签订有《国际铁路货物运送公约》的"货约"集团。另一个是以前苏联为首的12个国家并签订的《国际铁路联运协定》的"货协"集团。

尽管"货协"中的苏联、东欧各国政体在20世纪80年代末90年代初解体了，但铁路联运业务并未终止，原"货协"的运作制度仍被沿用。

国际铁路联运的范围：（1）适用于国际货协国家之间的货物运送，发货人只需在发货站办理铁路托运，使用一张运单，即可办理货物的全程运输；（2）适用于未参加国际货协铁路间的顺向或反向货物运输，在转换的最后一个或第一个参加国的国境站改换适当的联运票据。

2. 铁路运输票据

对外贸易铁路运输分国内铁路运输和国际铁路联运，其使用的单据分别为"承运货物收据"（Cargo Receipt）和"铁路运单"（Railway Bill）。

承运货物收据，是铁路部门承运货物的收据，亦构成收货人或外运公司与铁路部门的运输契约，是发货人办理对外结汇的凭证。

铁路运单正本和副本是国际铁路联运的主要运输单据。铁路运单共有一式五联，第一联为"正本运单"，它随货至目的地；第二联为"运行报单"，亦随货走，由铁路部门留存；第三联为"运单副本"，在始发站盖章后交发货人办理对外结汇，也可凭此联办理索赔；第四联为"货物交付单"，随货走，由终点站铁路部门留存；第五联为"到达通知单"，在终点站交收货人。

11.3　航空运输

航空运输（Air Transport）是一种现代化的运输方式，它主要的特点是运输速度快，交货迅速，包装简便，风险小，节省储存费用等，适用于易腐、鲜活及季节性商品的运输。

11.3.1　航空运输的方式

1. 班机运输

班机（Scheduled Airline）是指在固定的航线上定期航行的航班，具有固定始发站、途经站、目的站的特点。班机由于其所具有的特点，可以使收（发）货人准确地把货物安全运达世界各地、及时投入市场，所以一直被贸易界所乐意接受，尤其在运送国际市场急需应市商品、鲜活贵重货物中，更显其利。但大多班机客货两用，以客为先，舱位有限，加之旅游旺季、出货旺季时，难以适应市场需求，往往造成大量货物分批分期出运，甚至滞留机场；同时班机运输较包机或部分包机的运输方式而言，运价相对昂贵，这是其不足之处。

2. 包机运输

包机运输（Chartered Carrier）可分为整架和部分包机两种。

（1）整架包机。整架包机又称整包机，是指航空公司或包机代理公司按与租机人事先约定的条件和费率，将整架飞机租给租机人，从一个或几个航空站装运货物至指定目的地的运输方式。它适合运输大批量货物，运费随国际航空运输市场供需情况而变化，而空放则按运价的一定百分比收取空放费。因此，用包机大多来回程都有货载，运费较低，如只使用单程载货费用就比较高。整架包机要在货物装运前一个月与航空公司洽妥，以便航空公司安排飞机运载和向起降机场及有关政府部门申请入境及办理有关手续。

中国民航的包机运费以飞行每公里固定费率核收，对空放则按运价的 70% 收取空放费。

（2）部分包机。部分包机指多家空运代理公司（或发货人）联合包租一架飞机，或是由包机公司将一架飞机的舱位分别卖给多家空运代理公司。这种包机方式适用一吨以上但又不足整机的货物。较班机而言，运费低但运送时间长。

包机方式的活动范围比较狭窄，主要是因为各国政府为维护本国航空公司利益而对别国航空公司的业务实行限制。如在申请入境、通过领空及降落地点上，均必须得到相关国家政府批准同意。

3. 集中托运方式

集中托运方式（Consolidation）是指空运代理公司把若干批单独发运的货物组成一整批，用一份总运单集中发运到同一到站，或运到某一预定的到站，由航空货运代理公司在目的地代理收货、报关、分拨后交实际收货人的运输方式。

航空公司按不同重量批准公布的多种运费，并采用"递远递减"原则以及运费的最低限额等，使航空货运代理公司可以把从不同发货人处收集的小件货物集中起来后出运，享受汇总后重量的运价，从而赚取运价的差额。航空货运代理将这部分差额，一部分让利给发货人，一部分作为自己的收益。这种集中托运业务在国际航空运输业中较为普遍，也是航空货运代理的主要任务之一。

4. 航空速递

航空速递（Air Courier）是指具有独立法人资格的企业将进出境货物或物品从发件人所在地，通过自身或代理的网络运达收件人的一种快递运输方式。

5. 送交业务

在国际贸易往来中，出口商为了推销产品，扩大贸易，往往向推销对象赠送样品、目录、宣传资料、刊物、印刷品等。这些物品空运至到达国后，委托当地的航空货运代理办理报关、提取、转运等工作，最后送交给收件人。在到达时所发生的报关手续费、税金、运费、劳务费等一切费用，均由航空货运代理先行垫付后向委托人收取。由于其十分方便，许多私人物品运送也采用这一方式。

6. 货到付款

货到付款（Cash on Delivery）这一方式是由发货人或其代理与承运人之间达成协议，由承运人在货物到达后交于收货人的同时，代收航空运单上所记载的货款，然后寄给发货人或代理人。承运人在办理一批货到付款的货物时，按货到付款总额的一定百分比计收劳务费。货到付款的劳务费、航空运费、声明价值费等可由发货人预付，也可由收货人到付。

11.3.2 航空运单

航空运单（Air Waybill）是发货人与承运人之间的运输合同，是货物收据，可凭以办理议付结汇，但它不是物权凭证，不能凭以提货，不能背书转让。收货人只能凭"收货通知"办理提货手续。航空运单正本三份，第一份注有"Original for the shipper"字样，交发货人；第二份注有"Original for the issuing carrier"字样，交承运人留作记账；第三份注有"Original for the consignee"字样，随货走，作为收货人核收货物依据。

11.4 公路、内河、邮包和管道运输

11.4.1 公路运输

公路运输（Highway Transportation）是在公路上运送旅客和货物的运输方式，是交通运输系统的组成部分之一，主要承担短途客货运输。现代所用运输工具主要是汽车，因此公路运输一般即指汽车运输。在地势崎岖、人烟稀少、铁路和水运不发达的边远和经济落后地区，公路为主要运输方式，起着运输干线作用。

公路运输是以汽车为运输工具，机动灵活，使用方便，能深入到厂矿、铁路车站、码头、农村、山区等各点，加之公路网纵横交错、布局稠密，因而公路运输既是联系点与点之间的主要运输方式，也是面上的运输方式；公路运输事业投资较少，回收快，设备容易更新；一般公路的技术要求较低，受到破坏后较易恢复。因此，公路运输对国民经济和社会发展，以及战时的军事运输，都起着重要的作用。但公路运输也有其局限性，主要是所用汽车与铁路车辆、船舶等相比，装载量小，单位运输量的能源消耗大，运输成本高，容易发生交通事故，排放污染物和产生噪声污染等，造成汽车公害。这些都有赖于科学技术的进步和组织管理工作的改善而不断予以解决。

11.4.2 内河运输

内河运输（Inland Water Transportation）是水上运输的一个组成部分。它是内陆腹地和沿海地区的纽带，也是边疆地区与邻国边境河流的连接线，在现代化的运输中起着重要的辅助作用，是使用船舶通过国内江湖河川等天然或人工水道，运送货物和旅客的一种运输方式。

内河运输早期在我国南方就存在，主要用于盐、茶叶、丝绸的运输。

11.4.3 邮包运输

邮包运输（Pared Post Transport）也称邮政运输，是通过邮局寄发进出口货物的一种运输方式。其特点是手续简便、费用低、具有国际性和"门对门"运输的性

质。国际邮政运输分为普通邮包和航空邮包两种。对邮包的重量和体积均有限制，每件邮包不得超过 20 公斤，长度不得超过 150 厘米。按照国际惯例，卖方将邮包交给邮局取得邮包收据后即算完成交货义务。

11.4.4　管道运输

管道运输（Pipeline Transport）是用管道作为运输工具的一种长距离输送液体和气体物资的运输方式，是一种专门由生产地向市场输送石油、煤和化学产品的运输方式，是统一运输网中干线运输的特殊组成部分。有时候，气动管（Pneumatic Tube）也可以做到类似工作，以压缩气体输送固体舱，舱内里装着货物。管道运输石油产品比水运费用高，但仍然比铁路运输便宜。大部分管道都是被其所有者用来运输自有产品。

优点：（1）运量大；（2）占地少；（3）建设周期短、费用低；（4）安全可靠、连续性强；（5）耗能少、成本低、效益好。

缺点：灵活性差。管道运输不如其他运输方式（如汽车运输）灵活，除承运的货物比较单一外，管线也不容随便扩展。难以实现"门到门"的运输服务，对一般用户来说，管道运输常常要与铁路运输或汽车运输、水路运输配合才能完成全程输送。此外运量明显不足时，运输成本会显著地增大。

11.5　集装箱、国际多式联运、大陆桥运输

11.5.1　集装箱运输

集装箱（Container）是用钢、铝、胶合板、玻璃钢或这些材料混合制成的容器，是货物运输的一种辅助设备，又称为"货柜"或"货箱"。集装箱运输是指将一定数量的单件货物装入集装箱内，作为一个运送单位所进行的运输。

集装箱运输具有许多优点，如可露天存放，节省仓库，节省商品的包装费用，减少货损货差，提高装卸效率，缩短运输时间，节约运费，降低成本等。它是一种现代化的先进的运输方式，适用于海洋运输、铁路运输，更适用于国际多式联运。集装箱运输已成为国际货物运输中占主导地位的运输方式，海上集装箱运输已成为我国普遍采用的一种重要的运输方式。

国际标准化组织为了统一集装箱规格，推荐了 13 种规格的集装箱，其中 20 英尺和 40 英尺集装箱使用最普遍。集装箱运输有整箱货（Full Container Load，FCL）和拼箱货（Less than Container Load，LCL）两种，集装箱运输的主要单据有装箱单、场站收据（Dock Receipt，D/R）和集装箱联运提单（Combined Transport B/L，CT B/L）。

集装箱运输货物的交接方式主要有 4 种：整箱交/整箱收（FCL/FCL）；拼箱交/拆箱收（LCL/LCL）；整箱交/拆箱收（FCL/LCL）；拼箱交/整箱收（LCL/FCL）。

11.5.2　国际多式联运

国际多式联运（International Multimodal Transport）是在集装箱运输的基础上产生和发展起来的，也就是说，它是以集装箱为媒介，把海、陆、空等各种单一的运输方式有机地结合起来，组成一种国际间的货物运输。

根据《联合国国际货物多式联运公约》，进行国际多式联运必须具备以下条件：

1. 多式联运经营人和托运人之间须订立一份多式联运合同，明确双方的权利、义务、责任和豁免。

2. 必须是两种或两种以上不同运输方式的连贯运输。

3. 必须使用全程多式联运单据，并由多式联运经营人负总责任。该单据是物权凭证，我国使用的是（CT B/L）。

4. 必须是全程单一的运费费率。

5. 必须是国际间的货物运输。

国际多式联运具有显著的优越性：手续简便，减少中间环节，责任统一，缩短运输时间，提高货运质量，降低运输成本，加速货运周转。开展国际多式联运是实现"门到门"运输的有效途径。

11.5.3　大陆桥运输

大陆桥运输（Land Bridge Transport）是指利用铁路、公路为中间桥梁把大陆两端的海洋运输连接起来，组成海——陆——海的连贯运输。这种运输方式合理地利用海陆运输条件，能缩短营运时间，降低营运成本。

当今世界上有四条大陆桥运输线：

1. 美国大陆桥运输线。即利用美国贯穿东西的三条铁路干线（西雅图——芝加哥——波士顿、旧金山——芝加哥——纽约、洛杉矶——堪萨斯城——巴尔的摩）将远东地区的货物运往欧洲。

2. 加拿大大陆桥运输。即利用两条铁路干线（温哥华——温尼伯——哈利法克斯、鲁珀特港——温尼伯——魁北克）将远东地区的货物运入欧洲。

3. 前苏联西伯利亚大陆桥运输。该铁路东起纳霍德卡和东方港，西至莫斯科。东端可与平壤、北京、乌兰巴托相连接，西端可与赫尔辛基、斯德哥尔摩、奥斯陆、华沙、柏林、科隆、布鲁塞尔、巴黎、德黑兰相连接。通过该铁路可将远东地区的货物运往北欧、西欧、中欧、南欧及西亚各国。

4. 中荷大陆桥。东起我国连云港，西至荷兰鹿特丹，全长 10 800 公里，沿途经莫斯科、华沙、柏林等地，也称欧亚大陆桥或新亚欧大陆桥。

11.6　运输条款

运输条款是买卖合同中的主要条款，它包括装运时间、装货港、目的港分批装运和转船等条款。明确、合理地规定装运条款，是保证进出口合同履行的重要条件。

装运条款的订立与合同的性质和运输方式有着密切关系，我国进出口货物大部分是通过海洋运输，所以进出口合同大部分是 FOB、CIF 和 CFR 合同。下面主要介绍以上述三种贸易术语成交，采用海洋运输方式的进出口贸易合同的装运条款。

11.6.1　装运时间条款

装运时间，又称装运期，是指卖方按买卖合同规定将货物交付给买方或承运人的期限。这是合同的主要条款，如卖方违反这一条件，买方有权撤销合同，并要求卖方赔偿损失。履行 FOB、CIF、CFR 合同时，卖方只需在装运港将货物装上船，取得代表货物所有权的单据，就完成交货任务。因此，装运时间（Time of Shipment）和交货时间（Time of Delivery）是同一概念，在采用其他价格术语成交时，"装运"与"交货"是两个完全不同的概念。

1. 装运时间的规定方法

进出口合同中规定装运时间通常有以下几种方法：

（1）明确规定具体的装运时间。

①订明某年某月装运，如 Shipment during Jan. 。

②跨月装运，如 Shipment during Jan. /Feb. 。

③规定某月某日前装运或某月底前装运，如 Shipment on or before Jan. 15th; Shipment at or before the end of Jan. 。

该方法的特点是：期限具体，含义明确，双方不易发生纠纷，在实际业务中采用比较普遍。

（2）规定收到信用证后若干天装运。采用这种方法，应在合同中规定买方开立信用证的时间，否则，卖方可能会因买方拖延开证或拒绝开证而被动。如 Shipment within 30 days after receipt of L/C. 。

（3）收到电汇后若干天装运。采用汇付方式收款时可使用这种方法。

（4）笼统规定近期装运。这种方法不规定具体期限，如"立即装运"（Immediate Shipment）、"尽快装运"（Shipment as Soon as Possible）、即刻装运（Prompt Shipment）等。对于这些用语，各国解释不一致，容易引起纠纷，因此，采用此方法应慎重。

2. 规定装运时间应注意的问题

（1）应考虑货源和船源的实际情况。卖方签合同时，要了解货源、船源情况，避免船、货脱节。

（2）明确规定装运期，少用或不用笼统规定装运期的方法。

（3）考虑装运港或目的港的特殊季节因素。例如，对某些国家或地区，应尽量避免装运期在冰冻期或雨季。

（4）要考虑运输情况。对有直达船和航次较多的港口，装运期可短一些，对无直达船或偏僻的港口，装运期要长一些。

11.6.2　装运港、目的港

1. 装运港、目的港的规定方法

（1）装运港和目的港通常分别各规定一个。如，装运港——大连；目的港——

纽约。

（2）按实际业务需要，也可分别规定两个或两个以上的港口。

（3）签约时如果无法确定装运港或目的港，可采用选择港的方法。选择港有两种方法：一种是在两个或两个以上的港口中选择一个，如"CFR 伦敦/汉堡/鹿特丹"，这种方法主要由买方选择某一港口卸货。另一种是笼统规定某一区域为装运港或目的港。

2. 确定装运港和目的港应注意的问题

买卖双方确定装运港或目的港时，要结合产销和运输等多种因素考虑，尤其是确定国外港口时，情况复杂，应多注意以下问题：

（1）明确规定国外装运港或目的港，避免采用例如"欧洲主要港口"等笼统规定。

（2）不接受内陆城市为装运港或目的港的条件，否则我方要承担从港口到内陆城市的运费和风险。

（3）考虑装卸港口特殊具体的条件。例如，有无直达班轮航线，有无冰封期，对船舶国籍有无限制等因素。

（4）应注意国外港口有无重名，如有重名，应在合同中明确注明港口所在国家或地区的名称。

11.6.3　分批装运和转运

分批装（Partial Shipment）是指将同一合同项下的货物分若干批次装运。但对同一船只、同一航次的多次装运，只要运输单据注明的目的地相同，即使提单上有不同的装运期或装运港口，也不视为分批装运。转运（Tran Shipment）是指货物在装运港装船后，在中途将货物卸下装上其他的运输工具，以完成运输任务。

UCP600 规定：除非信用证有相反规定，可准许分批和转运；如合同未明确是否允许分批、转船，应视为允许。但为了避免争议，一般应在合同中明确规定是否允许分批或转运。例如，允许分批装运和转运（Partial shipment and transhipment to be allowed）。

对于分批装运条款，有些合同只简单规定"允许分批装运"，而不加其他限制，即只要卖方交货的总量与合同规定相符，交货的批次及每批装量可以不受限制；有些对批量、分批时间、分批次数都明确规定，则卖方应严格按合同规定定批、定量、定期分运；另外，在信用证规定的时间内分批装运，只要其中一批未按规定装运，则该批及以后各批均告失效。

11.6.4　其他条款

在国际货物买卖合同中，除了规定上述装运条款外，还规定装船通知条款、滞期速遣费条款，对美国贸易时还规定 OCP 条款等。现分别介绍如下：

1. 装船通知

装船通知（Advice of Shipment）是装运条款中不可缺少的一项重要内容。规定装运通知，可以明确买卖双方的责任，共同做好车、船、货的衔接，并按时办理货运保险。尤其是按 CFR 条件成交时，装运通知具有特殊意义。总之，规定好装运通知，有利于合同的履行。

2. 滞期、速遣费条款

在定程租船的大宗商品买卖合同中，常常规定滞期和速遣费条款，这是一种奖罚条款。所谓滞期费，就是负责装卸货物的一方，未能按合同约定的装卸期限完成货物的装卸，则需向船方交纳延误船期的罚款。所谓速遣费，就是指负责装卸货物的一方在合同约定的装卸期限内提前完成货物装卸作业，可以从船方取得奖金。按惯例，速遣费通常是滞期费的一半。

计算滞期、速遣费与装卸时间的长短关系密切，因此，在合同中必须合理地规定计算装卸时间的方法。合同中规定装卸时间的主要方法是以日为单位计算。例如，按连续日计算、按晴天工作日计算、按 24 小时晴工作日计算（Weather Working Days of 24 Consecutive Hours）等。装卸的起算时间一般以船长向租船人或代理递交"装卸准备就绪通知书"后的一定时间起算，例如，上午递交，下午开始起算装卸时间，装卸的终止时间以装完或卸完的时间为准。

3. OCP 条款

同美国进行贸易时，为了取得运费的优惠，可采用 OCP 条款。OCP 是 Overland Common Points 的缩写，意为"内陆公共点"。美国把北起北达科他州、南至新墨西哥州直到东部沿海规定为 OCP 地区，按 OCP 运输条款达成交易，既可享受美国内陆运输的优惠费率，又可享受 OCP 海运的优惠费率，因此，对美贸易，采用 OCP 运输条款，对进出口双方均有利。采用 OCP 条款时，应注意下列问题：

（1）货物最终目的地在 OCP 范围内。

（2）必须经美国西海岸港口中转，所以，签订 CFR/CIF 合同时，目的港应注明美国西海岸港口。

（3）海运提单上须注明 OCP 字样。

【小结】

在本章中最重要的是国际海洋运输中的班轮运输的"四固定"特点和班轮运费的计算；合同中装运条款的内容和订立；海运提单的性质和作用，即货物收据、物权凭证和运输契约证明，以及海运提单的种类，其中对记名提单、不记名提单和指示提单的认识和缮制是最需要掌握的。其次需要熟悉铁路运输方式及其单据，航空运输方式及其单据，同时还要了解集装箱运输和国际多式联运，大陆桥运输及其他运输方式。

【思考题】

1. 国际货物运输的方式有哪几种？在实际业务中，应当如何选择使用？

2. 何谓班轮运输和租船运输？它们的主要区别在哪里？

3. 班轮运费的计算标准有哪几种？分别说明其含义。

4. 提单的性质和作用表现在哪些方面？主要有哪些种类？

5. 海运提单与海运单的区别有哪些?

6. 什么是"空白抬头、空白背书"的提单?

7. 国际多式联运的含义和条件是什么?

8. 简述香港特别行政区铁路货物运输的基本做法。

9. 在国际贸易中,航空运输特别适合于哪些货物的运输?

10. 铁路运单、航空运单、邮包收据与海运提单有哪些异同?

【技能实训】

根据所给提单回答问题。

Shipper SHANGHAI KNITWEAR IMPORT & EXPORT CORPORATION		中 国 对 外 贸 易 运 输 总 公 司 上海 SHANGHAI 联 运 提 单 COMBINED TRANSPORT BILL OF LADING
Consignee or order TO ORDER		RECEIVER the foods in apparent good order and condition as specified below unless otherwise stated herein. THE Carrier, in accordance with the provisions contained in this document, 1) undertakes to perform or to procure the performance of the entire transport form the place at which the goods are taken in charge to the place designated for delivery in this document, and 2) assumes liability as prescribed in this document for such transport One of the bills of Lading must be surrendered duty indorsed in exchange for the goods or delivery order···
Notify address XYZ CO. LTD. , TEL NO: 81 – 525 – 73256 FAX: 81 – 525 – 73286		
Pre – carriage by	Place of Receipt	
Ocean Vessel M. V. Gloria	Port of Loading SHANGHAI	
Port of Discharge YOKOHAMA	Place of Delivery	Freight payable at SHANGHAI	Number of original Bs/L THREE (3)

Marks and Nos.　Number and kind of packages Description of goods　Gross weight (kgs.)　　Measurement (m³)
XYZ CO. LTD. ,　　　　ALL COTTON CUSHIONS
YOKOHAMA　　　　IN CARTON　　　　　　1200. 58KGS　　　　8. 98M³
CARTON/NO. 1 – 80　　2 ×20'　CY—CY
MADE IN CHINA　　　SHIPPER' S LOAD COUNT AND SEAL
　　　　　　　　　　SAY TO CONTAIN
　　　　　　　　　　FREIGHT PREPAID

　　　　　　ABOVE PARTICULARS FURNISHED BY SHIPPER

Freight and charges	IN WITNESS whereof the number of original bills of Lading stated above have been signed, one of which being accomplished, the other (s) to be void.	
	Place and date of issue SHANGHAI Nov. 20th, 2003	
	Signed for or on behalf of the carrier	
	FAN CHENG INTERNATIONAL TRANS PORTAION SEAVICE AS AGENT FOR THE CARRIER NAMED ABOVE	

（1）该提单应由谁首先背书？

（2）作为收货人的代理人，你如何知道找谁提货？

（3）收货人提货时应交出几份提单？

（4）收货人提货时是否应交出海运单？

（5）卸货港是哪里？

（6）谁是承运人？

（7）该提单下有几个集装箱？

（8）XYZCo. Ltd. 是否一定是收货人？

（9）提单是否一定要经过 XYZ Co. Ltd. 背书？

（10）该提单由谁签署？

第 12 章
国际货物运输保险

【学习目标】

通过本章的学习，了解保险基本原则，理解国际货物运输所面临的各种风险、损失以及掌握中国人民保险公司和英国伦敦保险协会保险条款的内容，并学会如何办理保险业务。

【重点与难点】

保险基本原则；共同海损与单独海损；中国人民保险公司保险条款；保险业务办理程序。

【导入案例】

我国 A 公司向美国 B 公司出口一批货物，交易条件为 CIF 纽约，总价为 200 万元人民币，我国 A 公司按照合同的约定向中国人民保险公司投保了一切险，并交纳了保险费，载货船舶行驶途中遭到暴风雨的袭击，使一部分货物坠入海中受到了损失，事后保险公司按照规定赔偿了 100 万元人民币。请问：

1. 国际运输货物为什么要进行保险？

2. A、B 公司谁有权向保险公司提出索赔？为什么？

3. 投保人、被保险人和保险人各是谁？

4. 该案例体现了保险的哪些基本原则？

案例分析：

1. 货物在运输途中可能会遇到各种风险，从而使货物损坏或支付额外的费用，为了能够得到经济补偿，所以要进行货物运输保险。

2. B 公司有权向保险公司提出索赔。虽然 CIF 的保险是由 A 公司办理，但是实际上是为买方 B 公司所办理的保险，货物在装运完毕后，卖方 A 公司要转移保险单给买方 B 公司，所以买方有权提出索赔。买方索赔时卖方应当尽协助义务。

3. 投保人是 A 公司，被保险人是 B 公司，保险人是中国人民保险公司。

4. 体现了保险利益原则、最大诚信原则、补偿原则和近因原则。

国际贸易货物在运输途中可能会遭遇各种风险，使货物损坏或支付额外的费用，为了使货物在发生损失后能够得到经济补偿，一般都要进行货物运输保险。本章将详细介绍保险的基本原则、中国人民保险公司和英国伦敦保险协会保险条款的内容以及保险业务程序等方面的内容。

12.1　保险基本原则

保险按照保险标的的不同，可以分为财产保险和人身保险两大类。财产保险是指以财产及其相关利益为保险标的的保险，包括财产损失保险、责任保险、信用保险、保证保险、农业保险等，它是以有形或无形财产及其相关利益为保险标的的一类补偿性保险。人身保险是以人的寿命和身体为保险标的的保险。当人们遭受不幸事故或因疾病、年老以致丧失工作能力、伤残、死亡或年老退休时，根据保险合同的约定，保险人对被保险人或受益人给付保险金或年金，以解决其因病、残、老、死所造成的经济困难。国际货物运输保险是财产保险的一种。无论哪一类保险，投保人和保险人都必须订立保险合同并遵守下述基本原则。

12.1.1　保险利益原则

保险标的是保险所要保障的对象，它可以是任何财产及其有关利益或人的寿命和身体。保险利益是指投保人或被保险人对保险标的所具有的法律上承认的利益。投保人对保险标的应当具有保险利益。对国际货物运输而言，反映在运输货物上的利益，主要是货物本身的价值，但也包括相关的费用，如运费、保险费、关税和预期利润。

投保人或被保险人保险利益的存在是保险合同生效的前提条件，只有投保人或被保险人对保险标的具有保险利益，才能进行投保。判断投保人或被保险人是否对保险标的具有保险利益的标准是保险标的的存在状态与他们是否具有利害关系，如果保险标的发生损失能够引起投保人或被保险人的利益损失，一般可以认为投保人或被保险人对标的具有保险利益，反之，则不具有保险利益。

保险利益的构成条件：

1. 保险利益必须是合法的利益

受到法律保护的利益才能构成保险利益，合法利益体现在投保人对保险标的的所有或合法占有，采取非法手段占有或获得的以及不合法的保险标的不能成为保险利益。例如，盗窃、抢劫的物品，武器和违禁品等均没有保险利益，不能进行投保。

2. 保险利益是客观存在的、确定的利益

主观想象和无法确定的利益不能成为保险利益。例如，各种荣誉证书、奖励证书等精神荣誉无法确定其价值，不能进行投保。确定的利益包括现有利益和预期利益，现有利益是指投保时已经存在的利益，一般比较容易确定；预期利益是指投保时尚未存在，但根据法律或合同可以在保险期限内实现的利益，如预期利润、运费、租金等。预期利益随着社会的发展也能够准确计算出来，例如目前各国在对国际货物运输保险的保险金额确定上，普遍是在 CIF 的基础上增加 10% 左右作为预期利润进行保险。

3. 保险利益必须是经济利益

投保人或被保险人对保险标的的利益，必须是可以通过货币计量的，如果保险利益不能用货币计量，保险的承保和补偿就难以进行。例如，政治利益的损失、行政处分和刑事处罚等无法用货币进行衡量，所以保险人都不予承保。

在财产保险中，一般从保险合同订立到保险合同终止，始终要求存在保险利益。但在国际海洋货物运输保险中，保险利益在适用时限上具有一定的灵活性，它规定在投保时可以不具有保险利益，但在索赔时要求被保险人对保险标的必须具有保险利益。

12.1.2　最大诚信原则

保险合同是以最大诚信为基础的，因此，如果一方当事人不遵守最大诚信原则，另一方可声明保险合同无效。我国法律规定，保险活动当事人行使权利义务时应遵循诚实信用原则。最大诚信原则是保险合同当事人订立保险合同以及在合同的有效期内应依法向对方提供全部实质性重要事实，信守订立合同的约定和承诺。

最大诚信原则的基本内容：

1. 告知是最大诚信原则最主要的内容，告知是保险当事人有关的义务，告知包括投保人告知和保险人告知。

投保人告知包括以下几个方面内容：订立保险合同时，对有关保险人关于保险标的的询问及其保险标的的危险事实进行如实回答；保险合同有效期限内，当保险标的危险程度增加时应当及时告知保险人；保险合同有效期限内，保险标的发生所有权变动时应当及时通知保险人；保险事故发生后应当及时通知保险人；如果有重复保险的情况应通知保险人。

保险人的告知包括以下几个方面内容：保险合同一般是由保险人单方制定的，保险人订立保险合同时应当说明保险合同条款的内容；保险事故发生后，保险人应当按照约定履行赔偿义务，如拒付，应发出拒付通知书。

2. 保证是最大诚信原则的又一重要内容，保证是投保人或被保险人在保险合同中约定投保人担保对某一事项作为或不作为，或担保某一事项的真实性。例如，某公司对其仓库中的货物进行保险，该公司承诺派专人对仓库进行看管，并以此作为保险合同内容的一部分，这一承诺就构成了保证。

保证有明示保证和默示保证。明示保证是以保险条款的形式在保险合同中载明的保证。由于保险合同是保险人单方制定，一般保险人都会制定相应的保证条款，被保险人必须遵守。默示保证是在保险单上没有文字明确列出，但在习惯上已被社会公认为是被保险人应当遵守的事项。如在海上保险合同中船舶的适航保证、不改变航道的保证和航行合法保证都属于默示保证。

12.1.3　补偿原则

补偿原则又称损害赔偿原则，是指当保险标的发生损失时，被保险人有权按照约定获得保险赔偿，用于弥补保险事故所造成的损失。

1. 补偿原则的赔偿限制

（1）补偿一般以实际损失为限。补偿以保险标的发生损失为前提，无损失无补偿。实际损失包括直接损失和为防止或减少保险标的的损失而支出必要合理的施救费用和诉讼费用等费用。

（2）补偿一般以保险金额为限。保险金额是保险人承担赔偿责任的最高限额，保险人赔偿的数额只能等于或低于保险金额。

（3）补偿以保险利益为限。保险人对被保险人的赔偿是以被保险人所具有的保险利益为前提条件和最高赔偿限额。

补偿原则的宗旨是为了防止被保险人因保险标的发生损失而获取额外利益。

2. 补偿原则的派生原则

（1）保险代位原则。保险代位原则是保险人根据法律或保险合同的约定，对被保险人所遭受的损失进行赔偿后，依法取得向对财产负有损失责任的第三者进行追偿的权利或取得对保险标的的所有权。

保险代位原则包括代位求偿权和物上代位权。

①代位求偿权。代位求偿权是指当保险标的由于第三者的原因造成损失时，保险人在依法承担赔偿责任后，就取得以自己的名义向第三者请求赔偿的权利。代位原则在实际应用中一般不适用于人身保险，主要适用于财产保险。

保险人在行使代位求偿权时，代位追偿的金额如果超过赔偿金额，其超过的部分应当归被保险人所有；如果被保险人在保险人赔付前已从第三者获得赔款，保险人可以不予赔偿，或可以从保险赔款中扣减被保险人从第三者已索赔部分；如果被保险人免除第三者责任或放弃向第三者的追偿权，保险人则不承担赔偿责任。

②物上代位权。物上代位权是指保险标的发生推定全损时，保险人在全额支付保险金之后，依法拥有对该保险标的的物的所有权。物上代位权的取得一般是通过委付实现的，委付是指保险标的发生推定全损时，被保险人将保险标的的一切权利和义务转给保险人，要求全额赔偿的行为。被保险人向保险人提出委付时必须具备以下几个条件：第一，必须是保险标的发生推定全损（推定全损的内容参见本章第二节海上损失部分）。第二，委付不得附加其他条件。第三，委付的对象是全部的标的，即将保险标的的全部权利和义务转给保险人。

（2）损失分摊原则。损失分摊原则是指在投保人对同一保险标的、同一保险利益、同一保险事故分别与两个以上的保险人订立保险合同的情况下，被保险人所能得到的赔偿金由各保险人采用适当的方法进行分摊。

分摊原则仅适用于重复保险。在重复保险的情况下，对于损失如何进行分摊，目前的多数的做法是被保险人必须向所有的与之签订合同的保险人索赔，保险人按照承保的比例分担责任。

12.1.4　近因原则

近因是指引起保险标的发生损失直接的、最有效、起决定性作用的原因。近因也是在保险事故发生中起主导作用或起支配作用的原因。近因原则是保险理赔工作中必须遵循的一项基本原则，也是在保险标的发生损失时，用来确定保险标的所受损失是否能获得保险赔偿的一项重要依据。

保险事故的发生时，近因属于保险责任，则保险人承担赔偿责任；若近因属于除外责任，则保险人不承担赔偿责任。在多个原因导致保险标的损失的情况下，只有导致保险标的损失的近因在保险责任范围之内，保险人才对保险标的负赔偿责任。

认定近因原则的关键是确定风险与损害结果之间的关系。例如，一艘航行中的船舶突然遭受雷电的袭击，致使船舶的电线短路，引起火花，火花引燃了货物，导致货物损失。在此次事故中，我们会发现雷电、电线短路、火花、起火之间具有必然的因果关系，因而可以确定货物遭受损失的近因为雷电。

1. 单一原因情况下的近因认定

如果导致损失的原因只有一个，则该原因就是近因。若该近因在保险责任范围内，保险人承担赔偿责任；若不在保险责任范围之内，保险人不承担赔偿责任。例如，某公司对仓库中的货物向保险人投保了火灾险，在保险期限内货物不慎被全部盗走，由于导致货物损失的原因是盗窃并不是火灾，不在保险的责任范围之内，所以保险人不予赔偿。反之，如果货物的损失是因为大火导致的，则保险人应当承担赔偿责任。

2. 多种原因存在时的近因认定

如果导致损失的原因有多个，要区别不同的情况，确定保险责任。如果多种原因都在保险责任范围内，保险人应承担赔偿责任。反之，多种原因均属于除外责任，则保险人不负责赔偿。如果多种原因有些属于保险责任，有些属于除外责任，则对于属于保险责任范围内的给予赔偿，属于除外责任的，不予赔偿。

坚持近因原则的目的在于分清有关各方的责任，明确保险人承保危险与保险标的损失之间的因果关系。

12.2　我国海运货物保险

在国际贸易中，货物由卖方交付到买方手中，一般都要经过长途运输，货物在运输途中可能会遇到各种风险，从而使货物遭受损失，国际货物运输保险就是为了使这些损失在发生后能够得到补偿。首先介绍我国海上货物运输保险。

12.2.1　海上货物运输风险

国际保险业把海上货物运输风险分成海上风险和外来风险（见表 12 - 1）。

表 12 - 1　　　　　　　　　　　海上货物运输风险

风险	海上风险	自然灾害
		意外事故
	外来风险	一般外来风险
		特殊外来风险

1. 海上风险（Perils of Sea）

海上风险也称海难，一般是指船舶或货物在航行中伴随海上运输所发生的风险。海上风险包括自然灾害和意外事故。

（1）自然灾害（Natural Calamities）是指不以人的意志为转移的自然界的力量所引起的灾害。但是在海洋运输中，自然灾害并不是指由于自然界力量所引起的一切灾害，而是仅指恶劣气候、海啸、地震、洪水、暴风雨、雷电、火山爆发等自然界力量所引起的灾害。

（2）意外事故（Accidents）是指偶然的属于非意料的原因而造成的事故。在海上货物运输保险中，意外事故也并不是指海上所有的意外事故，而是仅指运输工具在运输途中遭受搁浅、触礁、沉没、互撞、失踪、失火、爆炸等意外事故。

2. 外来风险（Extraneous Risks）

外来风险是指海上风险以外的其他原因所造成的风险，包括一般外来风险和特殊外来风险。

（1）一般外来风险。它是指被保险货物在运输途中由于偷窃、雨淋、短量、沾污、渗漏、破碎、串味、受潮、发霉、生锈、钩损、锈损等原因而造成的风险。

（2）特殊外来风险。特殊外来风险是指由于政治、军事、国家法律政策和行政措施等外来原因造成的风险，一般包括战争、罢工、武装冲突、交货不到、拒收等原因而造成的风险。

12.2.2　保险人承保的损失

海损是指海运保险货物由于海上风险所造成的各种损失。海损按照损失的程度可分为全部损失和部分损失（见表 12 – 2）。

表 12 – 2　　　　　　　　　　　　　海损的种类

海损	全部损失	实际全损
		推定全损
	部分损失	共同海损
		单独海损

1. 全部损失（Total Loss）

全部损失简称全损，是指运输途中整批货物的全部灭失。全损可分为实际全损和推定全损。

（1）实际全损（Actual Total Loss）。实际全损是指被保险货物已经完全损失或灭失。实际全损主要有以下几种情况：

①保险标的物全部灭失，如船与货同沉。

②保险标的物全部灭失，无法复得，如货物被海盗劫走，最终无法追回。

③保险标的物变质丧失商业价值或原有用途，如茶叶遭水浸泡。

④船舶失踪到达一定期限。各国对失踪期限的规定不一致，我国规定为两个月。

（2）推定全损（Constructive Total Loss）。推定全损是指保险事故发生后，被保险货物遭受损失虽未达到完全灭失的状态，但对受损的货物为避免实际全损而进行整理、施救等所花费的费用超过获救后被保险货物的价值。推定全损主要包括以下几种情况：

①货物受损后，修复费用超过货物修复后的价值。

②货物受损后，整理和续运的费用超过货物的价值。

③被保险人为收回丧失的标的物所需的费用超过收回标的物的价值。

④为避免全部损失所需的施救费用超过获救后标的物的价值。

2. 部分损失（Partial Loss）

部分损失是指被保险货物的损失没有达到全部损失的程度。部分损失可分为共同海损和单独海损。

（1）共同海损（General Loss）。共同海损是指载货的船舶在海上遇到了危险，为了维护船货的共同安全，由船方有意采取合理的施救措施所造成的特殊牺牲和支出的额外费用。共同海损的构成条件为：

①危险必须是真实存在的、紧迫的和不可避免的。

②船方行为必须是为了船和货共同安全而有意识采取的紧急、合理的施救措施。

③施救行为所作出的特殊牺牲及支付额外费用是合理的。

④共同海损行为必须是最终是有效的，即最终避免了船和货的全损，共同海损才能成立。

共同海损发生后，所作出的牺牲和支付的额外费用应当由船方、货方、运输方三方按照获救的价值比例分摊。

（2）单独海损（Particular Average）。单独海损是指在载货船舶行驶途中遭遇海上风险直接造成船方或货方的损失；它是由非人为因素造成的，属于特定利益方的损失。这种损失只涉及船方或货方单方面的利益，损失由受损者单独负责。如果受损货物投保了相应的保险，则由保险人按保险条款的规定予以赔偿。构成单独海损应具备以下两个条件：一是单独海损必须是意外的、偶然的海上风险事故直接导致的船舶或货物的损失；二是单独海损由受损的货主或船方自行承担。

总之，共同海损和单独海损是有明显区别的，主要表现如下：

第一，造成海损的原因不同。单独海损是海上风险直接造成的货物损失，没有人为因素在内；共同海损是为了解除或减轻共同危险而人为地采取措施导致的损失。

第二，承担损失的责任不同。单独海损的损失由受损方自行承担；共同海损的损失则由受益的各方按照受益大小比例共同分担。若被保险人已经投保海运保险，则由保险人按合同规定承担对被保险人分摊金额的赔偿责任。

12.2.3 海洋货物运输保险条款

现行的中国人民保险公司的《中国保险条款》（*China Insurance Clause*，CIC）是1981年1月1日的修订本。中国人民保险公司根据不同的运输方式制定了不同的保险条款。首先介绍《海洋货物运输保险条款》的内容。

1. 保险人承保的责任范围

保险人承保的责任范围的大小主要取决于不同的险别（见表12-3）。

表12-3　　　　　　　　　　　海洋运输险别

险别	基本险	平安险
		水渍险
		一切险
	附加险	一般附加险
		特殊附加险

（1）基本险。基本险也叫主险，分为平安险、水渍险、一切险。

①平安险（Free from Particular Average，FPA）。平安险承保的责任范围主要包括下列内容：

被保险货物在运输途中由于自然灾害所造成的全部损失或推定全损；

由于运输工具遭受意外事故所造成货物的全部或部分损失；

在运输工具已经发生意外事故前后又发生自然灾害所造成货物的部分损失；

在装卸或转运时由于一件或数件货物整件落海造成的全部或部分损失；

被保险人对遭受承保责任内危险的货物采取抢救、防止或减少货损的措施而支付的合理费用，但以不超过该批被救货物的保险金额为限；

运输工具遭遇海难后，在避难港由于卸货所引起的损失以及在中途港、避难港由于卸货、存仓以及运送货物所产生的特别费用；

共同海损的牺牲、分摊和救助费用；

运输契约订有"船舶互撞责任"条款，根据该条款规定应由货方偿还船方的损失。

②水渍险（With Particular Average，WPA 或 WA）。水渍险承保的责任范围除平安险责任外，还负责被保险货物在运输途中由于自然灾害造成的部分损失。

③一切险（All Risks，AR）。一切险责任范围除包括水渍险的各项责任外，还负责被保险货物在运输途中由于一般外来原因所造成的全部损失或部分损失。

一切险并不承保一切风险造成被保险货物的一切损失。如战争、罢工等特殊附加险，则不在承保范围之内。

三种基本险的责任中，一切险责任范围最大，水渍险次之，平安险最小。由于基本险均可独立投保，投保人在办理保险可选择其一进行投保。

（2）附加险。中国人民保险公司除了制定上述基本险外，还制定了附加险。附加险包括一般附加险和特殊附加险。

①一般附加险，是针对一般外来原因引起风险而造成损失的险别。目前一般附加险共有以下 11 种：

偷窃、提货不着险（Theft Pilferage and Non – delivery，T. P. N. D.），承保货物被偷窃或货物在目的地整件提不着货的损失。

淡水雨淋险（Fresh Water &/or Rain Damage，F. W. R. D），承保货物在运输途中由于直接遭受雨淋或淡水所造成的损失。

短量险（Risk of Shortage），承保货物在运输途中因外包装破裂或散装货物发生的数量短缺或重量短少的损失。

混杂、沾污险（Risk of Intermixture and Contamination），承保货物在运输途中因混进杂质或被污染所致的损失。

渗漏险（Risk of Leakage），承保流质、半流质、油类等货物因容器损坏而引起的渗漏损失，或用液体储藏的货物因液体渗漏而使货物变质、腐烂而受到的损失。

碰损、破碎险（Risk of Clash and Breakage），承保货物在运输途中因震动、碰撞、受压而引起破碎和碰撞所致的损失。

串味险（Risk of Odour），承保货物在运输途中因受其他带异味货物的影响而引起的串味损失。

钩损险（Hook Damage），承保货物在装卸过程中因遭受钩损而引起的损失。

受潮、受热险（Damage Caused by Sweating and Heating），承保货物在运输途中，由于恶劣气候突然变化或船上通风设备失灵致使船舱内水汽凝结、发潮或发热而造成的损失。

包装破裂险（Breakage of Packing），承保货物在运输途中因包装破裂所造成的损失，以及为续运到岸需要对包装进行修补或调换所支付的费用。

锈损险（Risk of Rust），承保货物在运输途中因生锈造成的损失。

上述 11 种附加险不能独立投保，只能在投保基本险基础上才能加保。投保人可以选择一种或几种进行加保。如果投保了一切险则不用再投保一般附加险，因为一切险的责任范围包括 11 种附加险。

②特殊附加险，是由于特殊外来原因引起风险而造成损失的险别。目前特殊附加险共包括以下 8 种：

战争险（War Risk），承保战争或类似战争行为等引起的被保险货物的直接损失，包括战争、类似战争行为和敌对行为、武装冲突或海盗行为以及由此而引起的捕获、拘留、禁制、扣押所造成的损失，或者由于各种常规武器所造成的损失，以及由于上述原因所引起的共同海损的牺牲、分摊和救助费用。但对于原子弹、氢弹等核武器造成的损失，保险公司不予负责。

罢工险（Strikes Risk），承保因罢工、被迫停工工人参加工潮、暴动和民众斗争的人员行动所造成的被保险货物的直接损失。对于任何人的恶意行为造成的损失保险公司也负责赔偿。但对在罢工期间由于劳动力短缺或不能使用劳动力所造成的被保险货物的损失或费用，保险公司不负责赔偿。

舱面险（On Deck Risk），承保存放在舱面的货物按保险单所载条款负责损失外，还负责被抛弃或被风浪冲击落水的损失。

进口关税险（Import Duty Risk），当被保险货物遭受保险责任内的损失，而被保险人仍需按完好的货物价值完税时，保险人对于对受损部分货物的进口关税的损失负责赔偿。

拒收险（Rejection Risk），承保被保险货物在目的港被进口国的政府或有关当局拒绝进口或没收所造成的货物的损失。

黄曲霉素险（Aflatoxin Risk）。承保被保险货物所含黄曲霉素超过进口国的限制标准被拒绝进口、没收或强制改变用途所造成的损失。

交货不到险（Failure to Deliver Risk）。承保被保险货物无论何种原因从装上船舶开始，不能在预定抵达目的地的日期起算六个月内交货所造成的损失。

货物出口到香港（包括九龙）或澳门存仓火险责任扩展条款（Fire Risk Extension Clause for Storage of Cargo at Destination HongKong, Including Kowloon, or Macao），承保被保险货物在到达目的地卸离运输工具后，如直接存放在保险单所载明的过户银行所指定的仓库所造成的存仓火险损失，保险期限的起算是从货物运入过户银行指定的仓库时开始，直至银行收回押款解除货物的权益为止或运输责任终止时期满 30 天为止。

特殊附加险与一般附加险一样，也不能单独投保，只有在投保基本险基础上，才能加保一种或几种。

2. 保险责任起讫

（1）基本险的起讫。中国人民保险公司对平安险、水渍险、一切险三种基本险别的责任起讫均采用国际保险业惯用的"仓至仓"条款（Warehouse to Warehouse，W/W）。

"仓至仓"责任是从被保险货物运离保险单所载明的发货人仓库（存储场所）开始，直到该货物运至保险单所载明目的地或收货人的最后仓库（储存场所）时为止。如果未运抵收货人仓库（储存场所），则以货物在最后目的港全部卸离海轮后60 天为止。如果在上述 60 天内被保险货物转运到其他地点，则该项货物从开始转运时保险责任即告终止。在实际运用中"仓至仓"的责任根据不同的贸易术语有所不同。

如果一批货物按 CIF 成交，则保险责任期间为仓至仓。如图 12 - 1 所示。

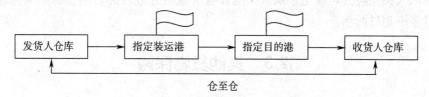

图 12 - 1　按 CIF 成交的责任期间

如果一批货物按 CFR 或 FOB 成交，则保险责任期间为装运港至仓。如图 12 - 2 所示。

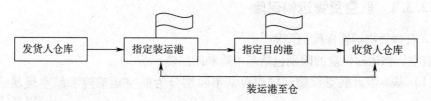

图 12 - 2　按 CFR 或 FOB 成交的责任期间

（2）战争险的责任起讫。战争险的责任起讫不采用"仓至仓"条款，而是采用"港至港"条款，即从被保险货物从装上海轮开始到卸离海轮时终止。如果被保险货物不卸离海轮，保险责任最长期限以海轮到达目的港当日午夜起算满 15 天为止。如果在中途港转船则以海轮抵达该港当日午夜起满 15 天为止，在 15 天内，如果货物再装上续运海轮，则保险责任仍延长到目的港卸离海轮时为止。战争险的责任期间如图 12 - 3 所示。

3. 除外责任

除外责任是指保险公司不予赔偿的各种情形，海运货物运输保险的除外责任如下：

（1）被保险人故意或过失所造成的损失。

（2）属于发货人责任所引起的损失。

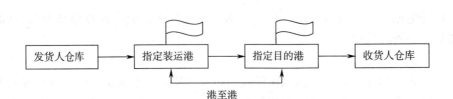

图 12 – 3 战争险的责任期间

（3）在保险责任开始前，被保险货物存在品质不良或数量短少所引起的损失。

（4）被保险货物自然损耗、本质特性、市场价格涨落、运输迟延所引起的损失和费用。

4. 索赔时限

索赔时限也称索赔时效，是指被保险货物发生损失时，被保险人向保险人要求索赔的有效期限，超过此期限，被保险人将丧失索赔权。关于我国海运保险索赔时限，中国人民保险公司规定，从被保险货物所载明的最后卸货港全部卸离海轮后起算，最多不超过两年。

12.3 其他货物保险

其他货物运输保险是在海洋运输保险基础上发展起来的，中国人民保险公司除了海洋运输保险条款外，还制定了航空货物运输保险条款、陆上货物运输保险条款和邮政货物运输保险条款。

12. 3. 1 航空货物运输保险

1. 航空货物运输保险的险别

航空货物运输保险的险别包括基本险和附加险。

（1）基本险。航空货物运输保险基本险别分为航空运输险和航空运输一切险两种。

①航空运输险（Air Transportation Risks）。航空运输险承保责任范围是被保险货物在运输途中遭受雷电、火灾、爆炸或由于飞机遭受其他危难事故被抛弃或由于飞机遭受自然灾害或意外事故所造成的全部或部分损失。本险别的承保责任范围与海运保险中的水渍险大致相同。

②航空运输一切险（Air Transportation All Risks）。航空运输一切险承保责任范围除包括上述航空运输险的全部责任外，还包括被保险货物在运输途中由于偷窃、短少等一般外来原因所造成的全部或部分损失。本险别的承保责任范围与海运保险中的一切险大致相同。

（2）附加险。附加险是指航空货物运输战争险，承保责任范围是负责赔偿由于战争和类似战争行为、敌对行为或武装冲突以及各种常规武器和炸弹所造成的货物损失。投保人在投保航空运输险或航空运输一切险后才可以投保战争险，此外投保人还可以投保罢工险，如果投保战争险再加保罢工险，则不需额外交纳保险费。

2. 航空货物运输保险的除外责任

航空运输险和航空运输一切险的除外责任与海洋运输保险的基本险的除外责任范围相同。

航空货物运输战争险除外责任不包括原子弹或热核武器所导致的损失。

3. 航空运输保险的责任起讫

（1）航空货物保险基本险的责任起讫。航空运输险、航空运输一切险的保险责任也采用"仓至仓"条款，但与海运险条款中的"仓至仓"条款有所不同。航空运输货物保险的责任，是从被保险货物运离保险单所载明的起运地仓库或储存处所开始生效，在正常运输过程中继续有效，直到该项货物运抵保险单所载明的目的地交到收货人仓库或储存处所为止；如果被保险货物未运抵保险单所载明的收货人仓库或储存处所，则以被保险货物在最后卸货地卸离飞机后满 30 天为止；如果在上述 30 天内货物转运到目的地外的其他地点，则以该项货物开始转运时终止。

（2）航空货物运输保险战争险的责任起讫。航空货物运输保险战争险的责任起讫是从被保险货物在起运地装上飞机时开始直到到达目的地卸离飞机时为止。如果货物不卸离飞机，则以飞机抵达目的地当日午夜起算满 15 天为止。

12.3.2　陆上货物运输保险

1. 陆上货物运输保险的险别

陆上货物运输保险的险别包括基本险和附加险。

（1）基本险。陆上货物运输基本险包括三种。

①陆运险（Overland Transportation Risks）。陆运险承保的责任范围与海洋运输保险的水渍险大致相似，承保货物由于自然灾害或由于运输工具在运输途中遭受意外事故所造成的全部损失或部分损失。

②陆运一切险（Overland Transportation All Risks）。陆运一切险的责任范围与海洋运输保险的一切险大致相似，除包括上述陆运险的责任外，还承保货物由于偷窃、短少等一般外来原因所造成的全部损失或部分损失。

陆运险和陆运一切险责任范围仅限于火车及汽车运输。

③陆上运输冷藏货物险（Overland Transportation Insurance for Frozen Products）

陆上运输冷藏货物险是陆上运输货物保险中的专门保险，具有基本险的性质，其保险责任除陆运险的范围之外，还负责赔偿由于冷藏机器或隔温设备在运输途中损坏所造成的被保险货物解冻而腐坏的损失。

（2）附加险。附加险是指陆上运输货物战争险，该险承保范围是火车运输途中因战争、类似战争行为和敌对行为、武装冲突所致的损失，以及各种常规武器所致的货物损失。投保人只有在投保上述基本险基础上才可以投保战争险。此外投保人还可以投保罢工险，如果投保战争险再加保罢工险，则不需额外交纳保险费。

2. 陆上货物运输保险的除外责任

陆运险和陆运一切险的除外责任与海洋货物运输保险的除外责任相同。

陆上运输冷藏货物险的除外责任是对于战争、工人罢工或运输迟延而造成的被保险货物的腐败或损失，以及被保险货物在保险责任开始时未能保持良好状况，整理包扎不妥或冷冻不合规定所造成的损失不予负责。

陆上货物运输战争险的除外责任是对由于敌对行为和使用原子弹或热核武器，以及货物被有关当局或组织扣押所造成的损失不负责赔偿。

3. 陆上货物运输保险的责任起讫

陆运险和陆运一切险的责任起讫，采用国际保险业惯用的"仓至仓"条款，是从被保险货物运离保险单所载明的起运地发货人仓库或储存处所开始时生效，包括正常陆运和有关水上驳运在内，直至该项货物送交保险单所载明的目的地收货人仓库或储存处所为止；如未运抵上述仓库或储存处所，则以被保险货物到达最后卸载的车站后 60 天为限。

陆上运输冷藏货物险的责任起讫是自被保险货物运离保险单所载明的起运地点的冷藏仓库装入运输工具开始时生效，包括正常的陆运和有关的水上驳运在内，直至货物到达目的地收货人仓库为止，但最长不超过货物到达目的地车站后 10 天。

战争险的责任起讫是以货物置于运输工具时为限，即从被保险货物装上保险单所载明的起运地的火车时开始到保险单所载明目的地卸离火车时为止；如果被保险货物不卸离火车，则以火车到达目的地的当日午夜起满 48 小时为止，如在中途转车，则以火车到达中途站的当日午夜起满 10 天为止，在 10 天内货物装上续运火车，则保险责任继续有效。

12.3.3　邮政运输货物保险

1. 邮政运输货物保险的险别

邮政运输货物保险的险别包括基本险和附加险。

（1）基本险。邮政运输货物保险基本险包括邮包险和邮包一切险。

①邮包险（Parcel Post Risks）。邮包险承保责任范围包括被保险货物在运输途中遭受自然灾害或运输工具遭受意外事故所造成的全部损失或部分损失。该险别的责任范围与海运保险中水渍险大致相同，此外还负责被保险人合理的施救费用和共同海损的牺牲、分摊。

②邮包一切险（Parcel Post All Risks）。邮包一切险承保责任范围除包括上述邮包险的全部责任外，还负责赔偿被保险邮包在运输途中由于一般外来原因所造成的全部或部分损失。

（2）附加险。附加险是指邮包战争险。战争险由于属于邮政运输保险的附加险，不能单独投保，投保人只有在投保邮包险或邮包一切险的基础上才可以加保。此外投保人还可以投保罢工险，如果投保战争险再加保罢工险，则不需额外交纳保险费。

2. 邮政运输保险的除外责任

邮包险和邮包一切险的除外责任与海洋运输货物保险的除外责任相同。

邮包战争险的除外责任不包括原子弹或热核武器所导致的损失。

3. 邮政运输险的责任起讫

邮包险和邮包一切险的责任起讫是被保险邮包离开保险单所载起运地点寄件人的处所运往邮局时开始生效，直至该项邮包运达保险单所载明的目的地邮局，自邮局发出到货通知书给收件人的当日午夜起算，满 15 天为止。在此期限内，邮包一经递交至收件人处所，保险责任即告终止。

邮包战争险的保险责任起讫是自被保险邮包经过邮局收讫后自储存处所开始运送时生效，直至该项邮包运到保险单所载明的目的地的邮局送交收件人为止。

12.4　伦敦保险协会海运货物保险条款

伦敦保险协会制定的《协会货物条款》（*Institute Cargo Clauses*，ICC）在国际保险市场上影响最为显著。目前世界上大多数国家在国际海洋运输保险业务当中直接采用《协会货物条款》。《协会货物条款》最早制定于 1912 年，后来进行了修改，目前使用的是 1992 年新修订的保险条款。

伦敦保险协会条款共有 6 种，分别是协会货物条款（A）[Institute Cargo Clauses (A)]、协会货物条款（B）[Institute Cargo Clauses (B)]、协会货物条款（C）[Institute Cargo Clauses (C)]、协会战争险条款（货物）（Institute War Clauses Cargo）、协会罢工险条款（货物）（Institute Strikes Clauses Cargo）和恶意损害险条款（Malicious Damage Clauses）。

上述 6 种保险条款中，ICC（A）、ICC（B）、ICC（C）属于主险，可以独立投保。协会战争险和罢工险属于附加险，在投保人需要时也可征得保险公司同意进行独立投保。恶意损害险属于附加险，不能独立投保。

12.4.1　ICC（A）

1. ICC（A）承保责任范围

ICC（A）承保责任范围较广，采用"一切风险减除外责任"方式予以明确，即除了除外责任的风险不予负责外，其他风险均予负责。

2. ICC（A）除外责任

（1）一般除外责任。一般除外责任包括：被保险人故意的不法行为造成的损失或费用；自然渗漏、自然损失、损耗、自然磨损；包装或准备不足或不当所造成的损失或费用；被保险货物的内在缺陷或特性所造成的损失或费用；直接由于延迟所引起的损失或费用；由于船舶所有人、租船人经营破产或不履行债务所造成的损失或费用；由于使用任何原子或核武器所造成的损失或费用。

（2）不适航、不适货除外责任。所谓不适航、不适货除外，是指载货船舶、运输工具、集装箱不适宜安全运载而引起被保险货物的损失，并且这种情况已被保险人或其他受雇人知悉。

（3）战争除外责任。如由于战争、内战、敌对行为等造成的损失或费用，由于捕获、拘留、扣留（海盗除外）等所造成的损失或费用，由于漂流水雷、鱼雷、炸弹等造成的损失或费用。

（4）罢工除外责任。罢工者、被迫停工工人造成的损失或费用以及由于罢工、被迫停工所造成的损失或费用等。

12.4.2 ICC (B)

1. ICC (B) 承保责任范围

ICC (B) 承保风险采用"列明风险"的方式把保险人承保的风险一一列出，共计 10 项，包括：火灾、爆炸；船舶或驳船触礁、搁浅、沉没或倾覆；陆上运输工具倾覆或出轨；船舶、驳船或运输工具同水以外的外界物体碰撞；在避难港卸货；地震、火山爆发、雷电；共同海损牺牲；抛货或浪击落海；海水、湖水或河水进入船舶、驳船、运输工具集装箱、大型海运箱或贮存处所；货物在装卸时落海或摔落造成整体的全损。

2. ICC (B) 除外责任

ICC (B) 的除外责任除了包括 ICC (A) 的除外责任外，保险人还对以下两种情况不负责赔偿：

(1) 对于被保险人以外的第三人故意损害所造成的损失。

(2) 对海盗行为所造成的损失。

12.4.3 ICC (C)

1. ICC (C) 承保责任范围

ICC (C) 也采用"列明风险"的方式，但其承保的风险比较少，它只承保重大意外事故所造成的损失，其承保风险的共计 6 项：火灾、爆炸；船舶或驳船触礁、搁浅、沉没或倾覆；陆上运输工具倾覆或出轨；在避难港卸货；共同海损牺牲；抛货。

2. ICC (C) 除外责任

ICC (C) 的除外责任与 ICC (B) 的除外责任完全相同。

综上所述，ICC (A) 的承保风险类似我国海运保险的一切险，ICC (B) 类似水渍险，ICC (C) 险类似平安险，但比平安险的责任要小一些。

需要说明的是，英国伦敦保险协会海运货物运输保险条款保险期限的规定同我国海运货物保险期限大致相同，也是"仓至仓"。

12.5 货物运输保险实务

12.5.1 办理投保手续

在国际贸易中，保险由何方投保，主要取决于买卖双方所选择的贸易术语。按照《2000 通则》，卖方办理保险的贸易术语有 CIF、CIP 以及 D 组术语，买方办理保险的贸易术语有 EXW、F 组术语以及 CFR、CPT。投保人办理投保手续主要包括以下内容。

1. 保险金额的确定

保险金额也称投保金额，是指投保人向保险公司投保的金额，也是保险公司承担赔偿的最高限额，另外也是计算保险费的基础。保险金额一般由买卖双方协商确定。如果双方未约定，按照国际惯例，保险金额通常按照 CIF 或者 CIP 总值加成 10% 计算。加成 10% 是作为买方经营管理费用和预期利润。保险金额计算公式如下：

$$保险金额 = CIF（CIP）总值 \times 110\%$$

$$CIF = \frac{CFR}{1 - 保险费率 \times 投保加成}$$

2. 保险险别的选择

在国际货物运输保险业务中，投保的险别如果选择不当，就会造成货物在受损时得不到赔偿，或者投保了不必要的险别而多支出保险费用的情况。所以，买卖双方可根据货物本身的特点和运输途中风险的情况对保险险别加以选择。投保的险别可以是基本险的一种，也可以在此基础上加保一种或多种附加险。

3. 投保单的填写

确定保险金额和投保险别后，就可向保险公司索取并填写投保单。投保单是保险公司印制的一种办理投保手续的业务单据，投保人在填写完毕后，应当随信用证、提单、商业发票等单证提交保险公司。

12.5.2　交纳保险费

投保人向保险公司支付保险费是保险合同的生效条件，保险费是在保险金额的基础上按照一定的保险费率计算出来的，是保险公司经营业务的收入，也是用做保险赔偿的主要资金来源。其计算公式如下：

保险费 = 保险金额 × 保险费率

【例 12 - 1】　　上海某公司出口一批货物，每吨 989 元人民币 CFR 伦敦，共计 10 吨，保险费率为 1%，投保加成为 110%，计算该批货物的保险费。

$$CIF = \frac{989}{1 - 1\% \times 110\%} = 1\,000（元）$$

保险金额 = CIF 总值 × 110% = 1 000 × 10 × 110% = 11 000（元）

保险费 = 11 000 元 × 1% = 110（元）

该批货物的保险费为 110 元。

12.5.3　领取保险单

保险单是保险人的承保证明，也是规定保险当事人各自权利和义务的协议。在进出口贸易实践中，保险单主要有以下几种。

1. 保险单（Insurance Policy）

保险单又称"大保单"，是投保人与保险公司之间订立的正式的保险合同。保险单内容完整，它除了在正面载明证明双方当事人建立保险关系的文字、被保险货物的基本情况和承保险别、理赔地点以及保险公司声明所保货物如遇危险凭保险单以及有关证件给付赔款等内容外，在背面还对保险人和被保险人的权利和义务作了十分具体的规定。保险单目前在国际贸易中使用最为广泛。

2. 保险凭证（Insurance Certificate）

保险凭证俗称"小保单"，是一种简化了的保险合同。保险凭证只有正面内容，仅载明被保险人的名称，被保险货物的名称、数量、标记，运输工具种类和名称，保险险别、起讫地点和保险金额等，背面无条款，对保险人和被保险人的权利和义务不予载明。保险凭证由于内容简化，当发生纠纷时，责任很难确定，因此，在国际贸易中已逐渐被取消。

3. 联合凭证（Combined Certificate）

联合凭证也称"联合发票"，是一种将发票和保险单相结合的保险单证。它是将保险公司所承保的险别、保险金额和保险编号等保险的相关内容加列在外贸公司开具的出口商业发票上，作为已承保的证据。这种单证只在我国采用，并且使用范围也有限，仅适用于我国对港、澳地区及新加坡、马来西亚的少数出口业务。

4. 预约保险单（Open Policy）

预约保险单也又称为"开口保险单"，是保险人对被保险人将要装运的属于约定范围内的一切货物进行承保的保险单据。这种保险单载明预约保险货物的范围、险别、保险费率以及每批保险货物的保险金额和保险费的结算办法等。预约保险的货物一经起运，则保险公司自动负承保责任。预约保险单没有总保险金额的限制，在我国，预约保险单常用于我国企业采用 FOB、CFR 进口时使用。

5. 投保单（Application for Insurance）

投保单也称"要保单"，是保险公司事先印制的一种供投保人办理投保手续的业务单据。当投保人要办理保险时，要向保险公司索取和填制投保单，并随商业发票、提单、信用证等单证一同交给保险公司，保险公司审核无误后签发保险单据。投保单并不是正式的保险合同，如果投保单与保险单内容不一致，应当以保险单上的内容为准。

6. 批单（Endorsement）

批单是在保险单出具后，因为保险内容有所变更，保险公司应被保险人的要求而签发的批改保险单内容的凭证，它具有补充变更原保险单内容的作用。保险单一经批改，保险公司应当按照批改后的内容承担责任。批单一般粘贴在保险单上，并加盖骑缝章，作为保险单不可分割的一部分。

12.5.4 保险索赔

如果被保险的货物在保险责任有效期内发生属于保险责任范围内的损失，被保险人可向保险公司提出索赔。被保险人在索赔时应注意以下几点。

1. 及时通知保险公司

当被保险人获悉被保险货物发生损失时，应立即通知保险公司，以便保险公司在接到损失通知后采取相应的措施。

2. 采取合理的施救措施

被保险货物受损后，被保险人应当采取相应的施救措施，以防止损失进一步扩大。由此产生的合理的施救费用由保险公司负责赔偿，但以不超过该批被救货物的保险金额为限。对于货物遭受损失的，应尽可能保留现场，以便保险公司和有关各方进行检验确定责任。

3. 准备好索赔的单证

索赔单证包括：保险单据正本；运输单据；商业发票；装箱单、重量单；检验报告；海事报告摘录；货损、货差证明；索赔清单；其他单证。

4. 注意索赔时效

一旦货物发生了保险责任范围内的损失，被保险人必须在规定的索赔期限内向保险人索赔，超过这一期限，保险人可以拒赔。中国人民保险公司规定的索赔时效为被保险货物在到达目的港全部卸离海轮后，最长不超过两年，超过上述期限，被保险人一般不能得到赔偿。

【小结】

本章是国际货物运输保险的相关内容。本章首先介绍了保险基本原则，其次介绍了海上保险的风险、损失，以及中国人民保险公司保险条款和英国伦敦保险协会货物保险条款的内容，最后介绍了国际货物运输中保险业务的办理程序。

【思考题】

1. 保险的基本原则有哪些？
2. 共同海损的构成条件有哪些？
3. 列举中国人民保险公司海洋运输保险的险别。
4. 列举保险单据的形式。

【案例分析】

1. 某货轮从天津新港驶往新加坡，在航行中航船货物起火，大火蔓延到机舱，船长为了船货的安全决定采取紧急措施，往舱中灌水灭火，火被扑灭，但由于主机受损，无法继续航行，于是船长决定雇用拖轮，将货船拖回新港修理，检修后，重新驶往新加坡。事后调查，这次事件造成的损失有：（1）1 000 箱货物被烧毁；（2）600 箱货由于灌水灭火受到损失；（3）主机和部分甲板被烧坏；（4）拖船费用；（5）额外增加的燃料和船长、船员的工资。从上述情况和各项损失的性质来看，哪些属单独海损，哪些属共同海损，为什么？

2. 某外贸公司按 CIF 术语出口一批货物，装运前已向保险公司按发票总额的110% 投保平安险，6 月初货物装妥顺利开航。载货船舶于 6 月 13 日在海上遭遇暴雨，致使一部分货物受到水渍，损失价值 2 100 美元。数日后，该轮又突然触礁，致使该批货物又遭到部分损失，价值达 8 000 美元，试问：保险公司对该批货物的损失是否赔偿，为什么？

3. 我国某外贸公司与荷兰进口商签订一份皮手套合同，价格条件为 CIF 鹿特丹，向中国人民保险公司投保了一切险，生产厂家在生产的最后一道工序将清晰度降到了最低程度，然后用牛皮纸包好装入双层瓦楞纸箱，再装入 20 英尺的集装箱，货物到达鹿特丹后检验结果表明，全部货物湿、霉、变色、沾污，损失价值达

80 000美元。据分析，该批货物的出口地不异常热，进口地鹿特丹不异常冷，运输途中无异常，完全属于正常运输。试问：

（1）保险公司对该项损失是否赔偿，为什么？（2）进口商对受损货物是否支付货款，为什么？（3）你认为出口商应如何处理此事？

4. 我某公司以 CIF 出口一批化肥，装运前按合同规定已向保险公司投保水渍险，货物装妥后顺利开航。载货船舶起航后不久在海上遭遇暴风雨，海水涌入舱内，致使部分化肥遭到水渍，损失价值达 1 000 美元。数日后，又发现部分化肥包装袋破裂，估计损失达 1 500 美元。问：该损失应由谁承担？为什么？

【技能实训】

以下是一份中国人民保险公司的保险单，把其中画线的英文部分翻译成中文。

中国人民保险公司
The People's Insurance Company of China
总公司设于北京，一九四九年创立
HEAD OFFICE：BEIJING ESTABLISHED IN 1949
海洋货物运输保险单
MARINE CARGO TRANSPORTATION INSURANCE POLICY

（1） INVOICE NO   （2） CONTRACT NO

（3） L/C NO   （4） POLICY NO

被保险人：（5） TIANJIN ABC TEXTILES IMPORT & EXPORT CORP

中国人民保险公司（以下简称本公司）根据××××（以下简称为被保险人）的要求，由被保险人向本公司缴付约定的保险费，按照本保险单承保险别和背后所载条款与下列特款承保下述货物运输保险，特立本保险单。

THIS POLICY OF INSURANCE WITNESSES THAT THE PEOPLE'S INSURANCE COMPANY OF CHINA (HEREINAFTER CALLED "THE COMPANY"), AT THE REQUEST OF TIANJIN ABC TEXTILES DSTRICT IMPORT & EXPORT CORP. (HEREINAFTER CALLED "INSURED") AND IN CONSIDERATION OF THE AGREED PREMIUM BEING PAID TO THE COMPANY BY THE INSURED, UNDERTAKES TO INSURE THE UNDER MENTIONED GOODS IN TRANSPORTATION SUBJECT TO THE CONDITIONS OF THIS POLICY AS PER THE CLAUSES PRINTED OVERLEAF AND OTHER SPECIAL CLAUSES ATTACHED HEREON.

标记 MARKS & NOS	包装及数量 QUANTITY	保险货物项目 DESCRIPTION OF GOODS	保险金额 AMOUNT INSURED
A. B. C. YOKOHAMA NO. 1—50	（6） 50 CARTONS	（7） WET BULE UNSPLITTED	USD16 500. 00

总保险金额

TOTAL AMOUNT INSURER（8）US DOLLARS SIXTEEN THOUSAND FIVE HUN-DRED ONLY

保费　　　　　　　费率　　　　　　　装载运输工具
PREMIUM AS ARRANGED RATE AS ARRANGED PER CONVEYANCE S.S：（9）VICTORY

开航日期　　　　　　　　　自　　　　　　至
SLG. ON OR ABOUT（10）MARCH 31 2006　　FROM（11）TIANJIN TO YOKO-HAMA

险别：
CONDITION：（12）ALL RISKS AND WAR RISK AS PER CIC1/1/1981

所保货物，如遇出险，本公司凭本保险单及其他有关证件给付赔款。
CLAIMS IF ANY PAYABLE ON SURRENDER OF THIS POLICY TOGETHER WITH OTHER RELEVANT DOCUMENTS.

所保货物，如发生本保险单项下可能引起的损失或事故
IN THE EVENT OF ACCIDENT WHEREBY LOSS OR DAMAGE MAY RESULT IN A CLAIM UNDER THIS POLICY IMMEDIATE NOTICE

成立即通知本公司下述代理人查勘。
APPLYING FOR SURVEY MUST BE GIVEN TO THE COMPANY'S AGENT AS MENTIONED HEREUNDER

中国人民保险公司
THE PEOPLE'S INSURANCE CO. OF CHINA

赔款赔付地点
CLAIM PAYABLE AT　YOKOHAMA，JAPAN
日期
DATE　MARCH 30，2012
出单公司地址
ADRESS OF ISSUING OFFICE

第13章
国际贸易方式

【学习目标】

通过本章的学习，了解国际贸易各种方式的特点、应用和区别，以及适用的范围；国际贸易相关合同文本的主要条款以及在实际操作中需要注意的问题。

【重点与难点】

经销协议和销售代理协议的区别；招、投标中应注意的事项和具体操作；寄售方式和拍卖方式应注意的事项；补偿贸易、加工贸易、对等贸易的区别和具体应用；套期保值的意义和具体操作。

【导入案例】

美国干酪产量是世界上最高的，然而出口很少。由于澳大利亚和新西兰的生产成本比美国低很多，两国在世界干酪市场上占据了支配地位。但是，美国一家叫做伊诺的食品公司竟成功地打进了欧洲市场，成为向欧洲出口干酪的第一家美国公司。

伊诺食品公司于1973年成立，其产品是一种半软的加香料特制干酪（干酪是一种奶油制成的西餐食品）。到1980年，该公司已经取得美国特制干酪市场60%的占有率，销售总额为1 200万美元。伊诺食品公司也向澳大利亚、加拿大和日本出口少量产品。然而据调查，欧洲特制干酪市场销售额高达2亿美元，相当于美国特制干酪市场的10倍，如此之大的市场确实很有吸引力。

1980年11月，在法国巴黎一次重要的国际食品博览会上，伊诺公司"朗得干"干酪被引入市场，并且获得了交易会的好评。后来该公司在瑞典进行了试销，在10个月内夺取了瑞典特制干酪市场20%的份额，业绩辉煌。这大大鼓舞了伊诺公司，他们决定真正打入欧洲市场。为此，公司决定对出口欧洲的干酪提供价格补贴。由于公司总部距离欧洲太远，伊诺公司决定在巴黎设立一个市场经营子公司。子公司的责任是保证维持零售的库存，控制欧洲的销售渠道。同时，公司还指定一家法国公司担任代理经销商，调整从美国装运来的货，向欧洲200多家超级市场和大的零售商店发售产品。伊诺公司通过这些渠道成功地进入了欧洲市场。

从本案例来看，伊诺公司由于距离欧洲太远，必须在欧洲设立负责管理欧洲销售业务的经营公司。另外，伊诺公司是在一个新的环境里销售产品，对当地情况不熟悉，需要寻求当地代理商的帮助。代理经销商不仅了解行情，而且还有自己的经销机构、专用运输工具和老客户。由于代理经销商有很多商品，容易取得规模效益，从而可以降低销售成本。

13.1　经销与代理

13.1.1　经销

1. 经销的概念及特征

经销（Distributorship）是指出口企业（供货商）与国外进口商（经销商）达成书面协议，规定进口商在特定地区和一定期限内，利用国外经销商就地销售出口企业某些商品的贸易方式。通过合作，双方可以更好地销售和扩大市场份额，因而经销成为较为普遍的贸易方式。

按经销商权限的不同，经销方式可以分为两种：一种是独家经销（Sole Distribution），亦称包销（Exclusive Sales），是指经销商在规定的期限和地域内，对指定的商品享有独家专营权。另一种是一般经销，亦称定销。在这种方式下，经销商不享独家专营权，供货商可在同一时间，同一地点内委派几家企业共同来经营同类商品。这种经销商与国外供货商之间的关系同一般进口商与出口商之间的关系并没有本质的区别，所不同的只是确立了相对长期与稳定的购销关系。

经销也是售定，供货人和经销人之间是一种买卖关系，但又与通常的单边逐笔售定不同，当事人双方除签订有买卖合同外，通常还需事先签有经销协议，确定对等的权利与义务。在经销商和出口企业之间有货物所有权的转移。经销商要垫付资金向出口商购进货物，自行销售，购进价和销售价之间的差额是经销商的利润，因此经销商应该自负盈亏，自担风险。

经销方式的作用在于克服了逐笔的售定的不足之处。通过协议，双方确定了在一定期限内的稳定关系。这种关系既是相互协作的，又是相互制约的。在规定的期限和地区内，双方随市场的开发有着共同的目标和一致的利益，从而能在平等互利的基础上同舟共济。

2. 经销协议

经销协议是确定出口企业和国外经销商之间权利和义务关系的契约，其主要内容主要有以下几个方面：

（1）经销协议的名称，双方当事人的名称，签约日期和地点。

（2）是否有独家经销权。在经销协议中，应该规定授予的是独家经销权还是非独家经销权，以避免日后为经销权性质而产生争议。对独家经销权的规定要包括专卖权和专买权两个方面。前者是指出口企业必须将指定商品在规定的期限和地区内给予独家经销商销售；后者是指规定独家经销商只能购买该出口企业的商品，不得购买其他企业出口的同类产品。应注意的是，规定独家经销可能会触犯某些国家有关禁止独占的法律。因此，在签订独家经销协议前，应做调查了解。

（3）经销商品的种类。为了避免经销商品过程中发生争议，双方最好在协议中对经销商品在停止生产或有新品种产生时对协议是否适用予以明确。

（4）经销地区。经销地区是指经销的地理范围。在独家经销中，一旦确定经销的地区，出口企业就负有不向该经销地区内的其他商人直接售货的义务，而独家经

国际贸易

销商也不得在该地区经营其他出口企业的产品。

（5）经销期限。一般规定为1年，在协议里也可以规定期满后续约或是终止的办法。

（6）经销的数量和金额。此项数量或金额既是买方应该承购的数量或金额，也是卖方应该供应的数量或金额，对双方都有同等的约束力。协议中一般还规定超额承购奖励条款和不能履约的罚金条款。

（7）定价方法。经销商可以一次定价，也可以分批定价。如何定价，应根据商品的特点和市场情况而定。

（8）广告宣传、市场情况报道和商标保护。虽然出口企业不涉及经销地区的销售业务，但它仍十分关心经销地区的市场开拓和发展。因此，出口企业经常要求经销商负责宣传推广出口企业的商品，报告经销地区的市场动态。

3. 采用经销方式要注意的问题

经销方式作为出口业务中常见的方式之一，如果运用得当，对于出口商拓展国外市场、扩大出口销售会产生良好的推动作用。然而，如果运用得不当，也会带来相反的后果。许多经验说明，采用经销方式出口时应注意以下问题：

（1）经销方式的选用。与一般经销相比，独家经销更能调动经销商的积极性，能促使经销商专心销售约定的商品，并向用户提供必需的售后服务。这对出口企业来说，也有利于其对市场销售做全面和系统的长期规划和安排，采取近期和远期的推销措施。但是，采用独家经销对出口企业来说也存在着风险。例如，独家经销商有时还经销其他种类的商品，这样，他就不能专心经营约定商品；如果独家经销商的经营能力较差，则虽然努力，仍不能完成协议规定的最低限额；倘若独家经销商居心不正，凭借专营权压低价格或包而不销，就会使出口企业蒙受损失。

（2）对经销商的选用。要注意考察经销商的资信情况、经营能力以及在经销地区的商业地位。一般来说，可以从往来的客户中挑选对象，经过适当的考察和评价，再签订正式协议。然后，不仅要逐笔检查交易的执行情况，还要定期检查协议的报告情况，以便根据不同的情况采取必要的和适当的措施。

（3）订好经销协议。经销协议是在经销的方式下，确定供货人和经销人之间的权利与义务的法律文件，对双方均有约束力，协议规定得好坏关系到该项业务的成败，因此一定要认真对待。比如，在独家经销方式下，要慎重选择包销的商品种类，合理确定包销的地理范围，适当规定包销商在一定期限内的承购数额以及完不成承购额可采取的措施或超额完成的结果等等，这些都是至关重要的内容。当事人对于条款的文案必须认真推敲，正确理解其含义，并对将来市场情况一旦发生变化可能带来的后果有较充分的估计。如果双方决定，经销商还应承担诸如广告促销、市场调研以及其他义务，在协议中应以尽可能明确的文字加以规定。另外，协议中应合理规定商品检验条款、不可抗力条款、仲裁条款和协议期限以及终止条款，这对于约束当事人认真履约，以及在发生问题时妥善解决纠纷，维护当事人的合法权益都具有重要的意义。

（4）注意当地的法律规定。独家经销方式下，协议中有关专营权的规定有时会构成"限制性商业惯例"。对于"限制性商业惯例"的一般解释是，企业通过滥用

358

市场力量的支配地位，限制其他企业进入市场，或以其他不正当的方式限制竞争，从而对贸易或商业的发展造成不利的影响。其核心问题是限制竞争，操纵市场，这在许多国家的立法中属于管制之列。在有些包销协议中，规定包销商品的种类及经营区域时，有时作出下列限制性规定："包销商不得经营其他厂商的同类商品"，"禁止将包销的商品销往区域以外的地区"等等。这类规定就有可能违反有些国家管制或限制性商业管理条例和法令，如反托拉斯法（Antitrust Law）。因此，在签订独家经销协议时，应当了解当地的有关法律法规，并注意使用的文句，尽可能避免与当地的法律相抵触。

13.1.2　代理

1. 代理的含义

代理是指代理人根据委托人的授权，代表委托人同第三人订立合同或办理其他事务的法律行为，由此产生的权利和义务直接对委托人发生效力。这里的代理人是指接受委托人的委托而行事的人，故又称为受托人；委托人是授权者，在代理关系中处于被代理的地位，故又称为本人；第三人是相对于代理关系而言的，即除代理人和委托人之外的第三人，故也称为相对人。

代理在国际贸易中的应用非常广泛，如银行代理、运输代理、保险代理、贸易代理等。国际贸易代理通常是指出口企业给予国外的中间商在指定地区和一定期限内享有代销指定商品的权利，被授权代理的中间商代表出口企业向第三人招揽生意，办理与交易有关的一些事宜，由此而产生的权利和义务则直接对出口企业发生效力的贸易方式。代理方式对于出口企业来说，可以利用代理商的销售渠道，扩大市场；代理方式对中间商来说，具有经营出口企业产品的吸引力。

委托人和代理人之间存在着契约关系，但是，这种契约关系不是买卖关系，而是委托代理关系。委托人和代理人通过代理协议确定他们之间的权利和义务、代理人的权限范围和报酬。由于代理不是买卖关系，在代理商和委托人之间没有货物所有权的转移，因此，代理商不垫付资金，不承担经营风险，也不负责盈亏。代理商的收益是根据成交的代理金额按照代理当事人之间商定的佣金率计算的佣金。

2. 代理的种类

（1）按代理权产生的原因，可分为意定代理（Voluntary Agency）和法定代理（Statutory Agency）

意定代理是根据委托人的意思表示产生代理权的代理。这种意思可以采用口头方式来表示，也可以采用书面方式来表示；可以向代理人表示，也可以向同代理人打交道的第三人表示。国际贸易代理一般是这种意定代理。

法定代理是指各种不是根据委托人的意思表示而产生代理权的代理，例如法院指定清算人的代理权、父母对未成年子女享有的代理权、亲属具有监护和遗产管理的代理权等。

（2）按代理权的授权方式，可分为明示指定代理（Agency by Expressed Authority）和默示指定代理（Agency by Implied Authority）

明示指定代理是指以明示的方式指定某人为他的代理人。明示的方式可以是口头的，也可以是书面的。即使代理人需要以书面的方式与第三人订立合同，委托人仍可以采用口头方式授予代理权。

默示指定代理是指委托人不是以口头或书面方式宣布授予代理人代理权，而是以他的言行使代理人获得代理权，甚至使代理人能够以委托人的名义签订买卖合同。例如，某甲让某乙替他向某丙订购货物，并如数向丙支付货款。在这种情况下，乙便认为有默示的代理权。在英美法中，这被称为"不容否认的代理"（Agency by Estoppel）。它的意思是甲既然以他的行动表示乙具有代理权，而丙基于这种情况信赖乙有代理权并与之订立了合同，则甲就不能予以否认。

（3）按代理人是否披露委托人的姓名和身份，可分为显名代理（Agency for a Named Principal）、隐名代理（Agency for a Unnamed Principal）和不公开委托人身份的代理（Agency of Undisclosed Principal）

显名代理是指代理人在交易中既公开代理关系的存在，也公开委托人的姓名。

隐名代理是指公开代理关系的存在，但不公开委托人的姓名。

不公开委托人身份的代理是指代理人在交易中不公开委托人的存在，以自己的名义签订买卖合同。

这种分类常见于英美法。对于前两种方式，代理人在交易中都表明了代理关系的存在，应由委托人直接承担代理活动产生的法律后果。对于第三种情况，第三人在发现了未公开身份的委托后，即可以要求委托人对合同负责，也可以要求代理人承担合同责任，第三人必须在代理人与被发现人之间作出明确的选择。

（4）按代理的法律后果，可分为直接代理和间接代理

直接代理是指代理人以委托人的名义同第三人签订合同，由委托人承担法律后果的代理。在这种代理关系中，代理人代表委托人与第三人订立合同后，合同的权利与义务直接属于委托人。

间接代理是指代理人以自己的名义，为委托人的利益与第三人订立合同，但由代理人承担法律后果的代理。在该代理关系中，合同被认为是代理人与第三人之间的合同，代理人必须对第三人承担责任，委托人与第三人之间不直接产生法律关系。只有当代理人把它从合同中取得的权利和承担的义务转让给委托人之后，委托人才对第三人主张权利和承担义务。

这种分类见于大陆法。大陆法对代理的分类与英美法不同，但从内容上看，也可以发现一些种类的对应性。在直接代理中，代理人是以委托人的名义与第三人签订合同的，第三人知道委托人的姓名和身份，因此，直接代理相当于英美法中的显名代理。间接代理时代理人以自己的名义与第三人签订合同的，第三人不知道委托人的姓名和身份，因此，间接代理相当于英美法中的不公开委托人身份的代理。但是，间接代理与不公开委托人身份的代理之间从法律后果上看是有所不同的：在间接代理中，第三人不能要求委托人对买卖合同负责；在不公开委托人身份的代理中，第三人在获知委托人存在的情况下，可以在代理人和委托人之间选择其中一人对合同负责。

（5）按代理的授权范围，可分为独家代理（Exclusive Agency），一般代理（Agency）和总代理（General Agency）

　　独家代理是指委托人给予代理商在特定地区和一定期限内享有代销特定商品的专营权；只要在指定地区和期限内做指定商品的生意，无论是由代理商做成的，或是由委托人自己与其他商人做成的，代理商都享有佣金的权利；根据协议的规定，代理商可以在适当的时候以委托人的名义代签销售合同。

　　一般代理是不享有专营权的，而且委托人自己与代理地区内其他商人做成的生意，无须支付给代理商佣金，代理商也无权以委托人的名义代签销售合同。一般代理也被称为佣金代理。

　　总代理是委托人在指定地区内的全权代表。总代理有两种含义：一种含义是指代理商在指定地区和期限内，不仅享有独家代销指定商品的权利，还有代表委托人从事商务活动和处理其他事务的权利；另一种含义是指具有数个分代理的总代理。

　　3. 代理的性质与特点

　　代理人在代理业务中，只是代表委托人行为，代理人与委托人通过代理协议建立的这种契约关系属于委托代理关系，而不同于经销中的买卖关系。

　　在出口业务中，销售代理与经销有相似之处，但从当事人之间的关系来看，两者却有着根本的区别。在经销方式中，经销商与供货人之间是买卖关系，经销商完全是为了自己的利益购进货物后转售，自筹资金，自负盈亏，自担风险。而在代理方式下，代理人作为委托人的代表，其行为不能超过授权范围。代理人一般不以自己的名义与第三者订立合同，只居间介绍，收取佣金，并不承担履行合同的责任，履行合同义务的双方是委托人和当地客户。

　　4. 销售代理协议

　　代理协议是明确委托人和代理人之间的权利与义务的法律文件。协议内容由双方当事人按照双方自愿的原则，根据双方的意志加以规定。销售代理协议一般应包括以下内容：

　　（1）代理商品和地区。协议要明确规定代理商品的品名、规格以及代理权行使的地理范围。在独家代理的情况下，其规定方法与包销协议大体相同。

　　（2）代理人的权利与义务。这是代理协议的核心部分，一般包括下述内容：

　　明确代理人的权利范围，是否有权代表委托人订立合同，或从事其他事务。另外，还应规定代理人有无专营权。规定代理人在一定时期内应推销商品的最低销售额，并说明是按 FOB 价还是 CIF 价计算。

　　代理人应在代理权行使的范围内，保护委托人的合法权益。代理人在协议有效期内无权代理与委托人商品相竞争的商品，也无权代理协议地区内的其他相竞争的公司。对于在代理区域内发生的侵犯委托人的工业产权等不法行为，代理人有义务通知委托人，以便采取必要措施。

　　代理人应承担市场调研和广告宣传的义务。代理人应定期或不定期地向委托人汇报有关代销商品的市场情况，组织广告宣传工作，并与委托人磋商广告内容及广告形式。

　　（3）委托人的权利与义务。委托人的权利体现在对客户的订单有权接受，也有权拒绝，对于拒绝订单的理由，可以不作解释，代理人也不能要求佣金。但对于代理人在授权范围按委托人规定的条件与客户订立的合同，委托人应保证执行。

委托人有义务维护代理人的合法权益,保证按协议规定的条件向代理人支付佣金。在独家代理的情况下,委托人要尽力维护代理人的专营权。由于委托人的责任给代理人造成损失的,委托人应予以补偿。

许多代理协议还规定委托人有义务向代理人提供推销产品所需要的材料。另外,代理人代表委托人对当地的客户进行行政诉讼所支付的费用,委托人应予以补偿。

(4)佣金的支付。佣金是代理人为委托人提供服务所获得的报酬。代理协议应规定在什么情况下代理人可以获得佣金,有的协议规定,对直接由代理人在规定区域内获得的订单而达成的交易,代理人有权得到佣金。在独家代理的协议中,常常规定如委托人直接与代理区域的客户签订买卖合同,代理人仍可获取佣金。协议中还要规定佣金率,佣金的计算基础,佣金的支付时间和方法。佣金率的高低,一般视商品特点、市场情况、成交金额及竞争等因素而定。佣金的计算基础有不同的规定方法,通常以发票净售价为基础,对发票净售价的构成或贸易术语也应予以明确。佣金的支付可在交易达成后逐笔结算支付,也可以定期结算累计支付。

除了上述基本内容外,关于不可抗力和仲裁等条款的规定,与经销协议和买卖合同的做法大致相同。

5. 采用代理方式应注意的问题

(1)对代理方式的选用。与一般代理相比,独家代理更能调动代理商的积极性,促使代理商专心代销约定的商品。同时需注意代理商的资信情况,经营能力及其在代理地区的商业地位。

(2)对代理商品的种类,代理地区和代理数量或金额的确定。商品种类的多少,地区的大小,要同客户的资信能力和自己的经营意图相适应。在一般情况下,独家代理的商品种类不宜过多,地区大小要看代理商的活动范围及其经营能力,代理数量或金额的大小则要参照自得货源和市场的容量的关系以及自己的经营意图。

(3)对中止或索赔条款的规定。为了防止出现独家代理商垄断市场或经营不力等现象,最好在协议中有中止或索赔条款的规定。

6. 销售代理与经销的区别

在出口业务中,销售代理与经销有相似之处,但从当事人之间的关系来看,二者却有根本的区别。在经销方式下,经销商与出口商之间是买卖关系,经销商完全是为了自己的利益购进货物然后转售,自筹资金,自负盈亏,自担风险。而在销售代理方式下,代理商只是代表委托人从事有关行为,二者建立的契约关系是属于委托代理关系。代理商一般不以自己的名义与第三者订立合同,只居间介绍,收取佣金,并不承担履行合同的责任,履行合同义务的双方是委托人和当地客户。

13.2 招标与投标

招标与投标经常用在国家政府机构、国有企业或公用事业单位采购物资、器材或设备的交易中,并更多地用于国际承包工程中。近年来,不少发展中国家为了发展自己的民族经济,日益广泛地采用招标方式来发包工程项目。甚至有些国家通过法律规定,凡属于主要商品进口或对外发包的工程,必须采用国际招标的方式。目前，国际间政府贷款项目和国际金融机构贷款项目往往在贷款协议中规定，接受贷款方必须采用国际竞争性招标方式采购项目物资或发包工程。

13.2.1　招标与投标的含义和特征

国际招标（Invitation to Tender or Call for Tender ）和投标（Tender or Submission of Tender ）是一种贸易方式的两个方面，在我国进出口业务中，常概括为招标方式。这种贸易是指先由招标人（购货人）以公告的或寄发招标书的方式邀请投标人（供货人或工程承包人）在指定的期限内递出报价；投标人需在规定的期限内填制投标单，通过代理人进行投标；最后由招标人在所有投标人中选择其中最有利者成交。

国际间的投标不同于一般的贸易方式，投标是按招标人在招标书或公告中提出采购条件，由投标人一次递价成交，投标人一般递价是最低的递价，争取中标。双方没有交易洽商和讨价还价的过程。由于招标是由招标人向多家投标人发出邀请投标，所以投标人之间的幕后竞争十分激烈，而招标人常常处于主动地位。另外，由于投标成交金额较大，招标人都规定有保留押金，待采购货物到达经检验合格后，再全额付款。

招标和投标与其他贸易方式相比较，具有以下四个特征：

（1）招标的组织性。即有固定的招标组织机构，有固定的招标场所，有固定的招标时间，有固定的招标规则和条件。

（2）招投标的公开性。招标机构要通过招标机构广泛通告有兴趣、有能力投标的供货商或承包商。另外，招标机构还要向投标人说明交易规则和条件以及招标的最后结果。

（3）投标的一次性。在传统的贸易方式中，任何一方都可以提出自己的交易条件，讨价还价；而在招投标中，投标人只能应邀做一次性投标，没有讨价还价的权利。标书在投递之后，一般不得撤回或修改。贸易的主动权掌握在招标方手里。招标机构对最后卖主是通过各报价的筛选结果决定的。所以，投标人能否取得交易，完全取决于投标的质量。

（4）招投标的公平性。招投标是本着公平竞争的原则进行的。在招标公告发出后，任何有能力履行合同的卖主都可以参加投标。招标机构在最后取舍投标人时，要完全按照预定的招标规则进行。招标所具有的组织性和公开性也是招投标公平和合理的有效保证。

13.2.2　招标的种类

招标在具体运用过程中，经过变通，产生了几种不同的表现形式：

从招标引起投标的竞争程度来看，有以下两种：

（1）公开招标。这种招标又称为竞争性招标，它是指招标时必须发出公开招标通知，不限制招标人的数量，招标以公开的形式进行，中标结果予以公告的招标形式。

（2）选择性招标。这种招标又称为有限竞争性招标，它是指招标在有限的范围进行，招标人选择一定数量的投标人，邀请其投标。招标通知不采用公开的公告形式。

从招标授予合同的条件来看，有以下三种：

（1）自动条件招标。其招标项目的合同以最低报价为先决条件自动地授予某个投标人。具体的做法是：选择公开或有限的招标及招标机构，待所有的投标报价集中后，以其中报价最低的为中标者授予合同。

自动条件招标的前提条件是：招标商品规模统一、质量一致，其他一切交易均由招标人统一规定，只有价格是不确定的。哪个投标人报价最低，哪个投标人就自然取得该项合同。

（2）随意条件招标。其招标的合同授予条件可以灵活变动。招标人可以将价格作为评价投标人的主要条件，也可有其他条件作为主要依据。招标人并不预先给予确定，而是根据具体情况，确定中标人。例如，某种新型产品的采购在招标机构被认为交货期较为重要，交货期合适的投标就有可能中标。比较复杂的、大型的建筑工程或项目经常采用这种随意条件招标。

（3）谈判招标。即招标人在开标后，可以自由地与任何一个投标人对合同条件进行商洽，然后确定中标人。谈判招标的最大特点是，它给予投标人多次机会。在其他各种招标方式中，投标人之间的竞争实际上是一次性的，投标报价送出之后，竞争一般就结束了，投标人没有对报价和主要交易条件进行变动、修改的权利。而在谈判招标中，投标人除了发出投标外，还可以在得知所有投标人的报价结果之后，再度通过谈判修改投标，与其他投标人进行竞争。招标人也可以利用谈判之机，慎重考虑、审查各项招标条件，使之于己更加有利。谈判招标经常用于金额大、投标人实力相当的采购项目。

13.2.3 招标、投标的程序

世界各国进行招标、投标的程序和条件基本相同，但是，由于各国有关招标、投标的法律或传统习惯不同，因此，招标、投标也有些差异。招标、投标通常要经历以下几个环节：

1. 招标

（1）招标前的准备。招标前要做好以下两项基础工作：

第一，确定招标机构。组织一次招标、投标，需要有一个专门的招标机构，对招标的全过程进行全权管理。招标可以委托一个专业招标机构代办，也可以自行抽调一些人员，组织一个固定的或临时的机构，专职处理招标事务。

第二，制定招标规则和招标条件。招标规则是招标机构工作的指导方针，是招标机构工作人员的行为规范，也是招标运行程序的规定。说明招标的种类，并对每一步骤的名称和方法加以说明。招标条件既是招标人的采购标准，也是对投标人的要求，并且还是招标机构的评标依据。

（2）发布招标公告。招标机构做好招标的各项准备工作之后，应着手拟订发出招标公告。招标公告是招标机构向所有潜在的供货商或承包商发出的一种广泛的通告，是对投标的邀请。招标公告的主要内容有：招标项目名称和项目情况介绍，招标开始时间和投标截止时间，招标方式，标书发售办法，招标机构或联系机构的名称、地址等。

如果招标是国际竞争性招标，则招标公告以完全公开化的形式，通过大众化的传播媒介发出，如主要报刊、广播等。如果招标是有限竞争性招标，则招标机构不对外公开发出招标公告，而是直接向个别供货人或工程承包商发出表示邀请。

（3）对投标人进行资格预审。资格预审是指招标机构对申请参加投标的企业进行基本概况、信誉情况、技术水平、财务状况、经营能力等多方面的审查了解，以确定其中是否有企业有资格参加投标。资格预审是招标项目保证质量的必要手段。

资格预审的程序是：

第一，招标机构发出资格预审通告。通告的发出可以通过主要的报刊，也可以通过个别通知的方式。资格预审通告的内容有：招标机构的名称，采购物资的数量或举办工程项目的规模，交货期或交工期，发售资格预审文件的日期、地点以及发放的办法或出售的价格，接受资格预审申请的截止日期，资格预审文件的送交地点，送交的份数以及使用的文字等。

第二，发放或出售资格预审文件。资格预审文件包括预审说明和资格预审表格两个部分。资格预审说明主要说明招标项目的情况、资格预审对象的范围，以及填写、提交资格预审表格的注意事项。资格预审表格的格式、份数因招标项目的不同而不同，一般来说，物资采购招标中的资格预审表格简单，而工程项目招标的资格预审表格较为复杂。

第三，对投标申请人的资格审查。作为资格预审部门，在审查潜在供货商或承包商的能力时，必须事先制订指标。例如，规定合格的投标人应拥有的资金数量、流动资产数额、债务总额等各种能够表明投标人资产状况良好的指标，达不到指标的申请人，则予以剔除。

第四，确定合格投标人名单。

（4）发售招标文件。招标文件的作用在于：

第一，招标文件是招标人和投标人双方的行动准则和指南。招标文件中规定了完整的招标程序，说明招标机构将按照文件指定的时间、地点和程序完成招标的全过程。招标人和投标人在整个招标与投标过程中，每一步都要按照文件办理，受招标文件的约束。

第二，招标文件是投标人编制投标的依据。招标文件中规定了投标条件和注意事项，以及投标文件填写的格式，投标人若不按照要求办理，投标书必然会遭到招标机构的拒绝。虽然投标人在填写标书时，对某些条件可以提出修改、补充，但仅限于一定范围内，而且由招标机构决定是否接受。

第三，招标文件是合同的基础。招标文件中要说明未来合同的主要内容、合同的种类和规格，这是投标人了解招标的最后步骤——合同的签订条款的主要渠道。由于整个招标文件内容周全，当招标机构发出后，投标人完全同意，它就可以被看成交易中的"接受"，是买卖双方达成的交易条件。所以，在很多情况下，招标文件差不多就是合同，只不过需要有买主和中标人最后履行一下签约手续而已。

招标文件由三类内容组成：第一类，对投标人的要求。其中，有招标通告、投标人须知、货物标准规格和工程技术规范、合同条件等。第二类，投标文件格式的要求。其中规定了投标人应该规定填写的报价单、投标书、授权书和投标押金等格式。第三类，对中标人的要求。规定投标人中标后应完成的文件格式，包括履约担保、合同或协议等。

简短的招标文件可以免费发放，内容较多的招标文件则要有偿出售。招标文件的价格一般等于编制、印刷的成本。投标人应负担投标的所有费用，购买招标文件及其相关文件的费用不予退还。

2. 投标

（1）投标前的准备。投标前的准备工作十分重要，它直接影响到投标的中标概率。在投标前，应当做好以下四方面的准备工作：

第一，收集信息和资料。其中包括：投标项目的资料，如招标机构所处的政治、经济和自然的环境情况，招标机构对招标项目的要求，材料和设备的供应情况等；投标企业内部资料，如企业人员、设备机械清单，企业过去的履约情况，资产和负债及企业财务状况，企业的各项证明文件等，这类资料主要用于招标机构要求的资格审查；竞争对手资料，如竞争对手的数目、名称，竞争对手的经营情况、生产能力、技术水平、知名度等。

第二，研究招标所涉及的国内外法律。可能涉及的法律有采购法、合同法、公司法、税法、劳动法、外汇管制法、保险法、海关法、代理法等。

第三，核算成本，确定报价。核算成本包括直接成本和间接成本，还要把不可预见的成本也考虑进去，如价格上涨费用、货币贬值等。因此，在确定价格时，要考虑到竞争因素。

第四，编制和投送投标资格审查表。

（2）投标书的制作与投送。投标书是投标人正式参加投标竞争的证明，是投标人向招标人的发盘。投标人应当尽全力编制好投标书。投标书按编制的方法可以划分为以下四类：

第一，投标证明文件。包括营业证书、投标人的企业章程和企业简介、管理人员名单、资产负债表、银行资信证明、当地代表委托书、纳税证明等。

第二，需要填制的投标文件。即招标机构已经将投标条件编制在表格上，要求投标人填写的文件。投标文件主要包括投标书、报价单、供货单、投标保函或投标保证金、履约担保五项。

第三，需原样交回的文件。这类文件是对招标项目和合同内容的说明以及对投标人的要求，投标人用后仍作为投标文件原封不动地交回，如投标须知、合同格式、质量技术规范和技术说明书、图纸等。

第四，编制的投标文件。在建设工程招标中，招标机构要求投标人特别对施工与技术等问题进行详细说明，由于有关说明难以用表格形式来表达，因此，投标人要在投标时附上一部分编制的文件，如施工计划、有关工程机械和设备的清单、技术说明书等。

全部投标文件编好后，经校核并签署，投标人将文件按招标须知的规定，用牛皮纸或塑料袋分装、密封，并按要求写明招标单位，在投标截止日期之前送到或寄到招标机构指定地点，并取得收据。使用邮寄时，应考虑邮件在途时间，使之在截止时间之前到达。

（3）竞标。从招标的原则看，投标人在投标书的有效期内，是不能修改其交易条件的。但有一个例外的机会可以被投标人所利用，即澄清会。澄清会是一般过程中的必要程序，被列在评标工作大纲中。对于招标人来说，澄清会是深入了解投标书内容的办法；但对投标人来说，它却是与招标人商讨交易条件、更改标书的有利机会，很多投标人就是通过澄清会施展竞标手段的。

3. 开标与评标

（1）开标。投标截止时间到后，将所有投标人的文件袋启封揭晓，即为开标。开标由投标机构或招标人委托的咨询机构主持。开标按其仪式可分为两种：一是公开开标，即通知所有投标人自愿参加的开标仪式。二是秘密开标，即不通知投标人参加的开标仪式。开标仪式的组织者应该包括负责招标的两名以上主管人员、招标人代表、招标机构及咨询机构代表、公证机构代表等。在开标会议上，应当众拆阅各投标人递交的投标保证书，当众检查保证书的金额及开出保证书的银行是否符合招标的规定。

（2）评标。开标后，招标有关部门对投标书的交易条件、技术条件及法律条件等进行评审、比较选出最佳投标人。评标是一项重要而又复杂的综合性工作，关系到整个招标是否体现公平竞争的原则，招标结果是否能使招标人得到最大的效益。因此，在评标过程中，不但要预先认真做好准备工作，还要有细致科学的评标原则。评标的方法有积分表法、投票表决法和集体评议法。在评标中，对投标书中不清楚的地方，可以对投标人做进一步询问，其方式有口头询问（开澄清会）和书面询问两种。

（3）通知中标。经过评标，确定中标人后，招标机构应立即以电话、电报或传真等快捷的方式在投标有效期到期之前通知中标人，并要求中标人在规定的时间到招标人所在地与招标人签订合同。中标通知是招标文件的一部分，具有法律效力。

4. 签订合同

签订合同是一项招标、投标活动的最后阶段，一般要经过履约担保的审查、合同条款的谈判和签订条款三项程序。然而有不少招标并不需要第二步骤，即谈判。

（1）审查履约担保。招标一般都规定，中标人要提交履约担保，以确保合同的执行。担保金为合同金额的 5%～25% 不等。在大型项目采购招标中，履约担保十分重要。如果中标人不能交出履约担保，则按弃权处理，招标人有权没收其投标保证金，并给予其他制裁和处罚。

（2）合同条款的谈判。在招标过程中，招标人和投标人对合同条款都已明确，没有必要逐条谈判，主要是对在招标文件中未阐明的某些合同条款做进一步谈判，如违约责任的承担、罚款的金额和方法。

（3）合同的签订。合同签订方是中标人和招标人。双方签字后，合同即正式生效。

13.2.4　使用投标方式应注意的问题

（1）认真审阅招标文件，避免遗漏。按照国际投标的一般做法，投标文件是中标后签订合同内容的一部分。对招标单的内容不完全清楚会很难中标，即使中标也会给未来履约带来麻烦或可能造成经济损失。

（2）在招标通告中规定须通过代理人进行投标时，必须事先在招标人所在国家选定代理人，并与其签订代理协议，说明我方投标的具体条件、代理报酬和不中标时应支付的手续费。

（3）投标前，要了解招标国家对招标的规定和习惯做法，同时，还要落实货源。通过投标方式成交的货物，往往数目比较大，交货时间比较集中，如不能按时履约，将会造成不良影响，并须承担招标人因此而造成的经济损失。

13.3　寄售与拍卖

13.3.1　寄售

1. 寄售业务的含义和特征

寄售（Consignment）是指委托人（寄售人）先将货物运至受托人（代销）的所在地，由代销人按协议规定，参照当地市场价格代为销售货物。一旦货物出售后，货款按双方订立协议的规定交付给寄售人。因此，寄售属于委托代销性质。

寄售的特点是先凭协议出运货物，后成交售出。寄售人与代销人之间不是买卖关系，而是委托代销关系。寄售人在货物出售前，对货物具有所有权。按照一般情况代销人对货物的风险和可能产生的费用、风险由代销人承担，由代销人对货物安全负责，并办理保险和支付费用，在此情况下，付给代销人的报酬就要相应提高。寄售人付给代销人的报酬采用佣金方式。寄售的货物的作价办法可由双方商定，或采用规定最低限价的方法，或用随行就市由代销人掌握的方法，或双方规定结算价格。代销人有权决定销售方法，也可采用由寄售人逐笔确认的方法等。究竟采用哪一种方法，应视货物特点和市场情况而定。有时为了保证安全收汇，寄售人将货物发给资信好的银行，由银行掌管，付款提货；也有的寄售人要求代销人提供银行出具的担保代销人支付货款的银行保函。

采用寄售方式，可以掌握销售时机，随行就市出售现货，卖个好价，尤其对需要看货成交的土特产品、日用轻工业品或工艺品等的开辟市场、扩大销售更有利。但寄售方式对于寄售人来说风险和费用较大，货款收回较晚。所以，采用寄售方式应对市场、货物、代销人进行周密考虑，不能贸然决定。

2. 寄售协议的主要内容

寄售协议是寄售人和代销人之间就双方的权利义务及寄售业务中的有关问题签订的法律文件。寄售协议中一般应包括下列内容：协议性质、寄售地区、寄售商品名称、规格、数量、作价法、佣金的支付、货款的收付等，以及保险的责任、费用的负担，及代销人的其他义务等。为了订好寄售协议，必须妥善处理下述三方面的问题。

（1）寄售商品的作价方法。寄售商品的作价方法，大致有四种：

①规定最低限价。代销人在不低于最低限价的前提下，可以任意出售货物，否则，必须事先征得寄售人同意。协议中还明确该最低限价是含佣金价还是净价。

②随行就市。代销人可以任意出售货物，寄售人不作限价。这种做法，代销人有较大的自主权。

③销售前征得寄售人同意。代销人在得到买主的递价后，立即征求寄售人意见，确认同意后，才能出售货物。也有的是寄售人根据代销人提供的行情报告，规定一定时期的销售价格，由代销人据以对外成交。

④规定结算价格。货物售出后，双方根据协议中规定的价格进行结算。代销人实际出售货物的价格，寄售人不予干涉，其差额作为代销人的收入。这种做法，代销人须承担一定的风险。

（2）佣金的问题。除了采用结算价格方式以外，寄售人都应支付代销商一定数量的佣金，作为其提供服务的报酬。佣金结算的基础一般是发票净售价，通常解释为用毛售价减有关费用（已包括在售价之内），如销售税、货物税、增值税、关税、保险费、仓储费、商业和数量折扣、退货的货款和延期付款的利息等。

关于佣金的支付时间和方法，做法各异。代销人可在货物售出后从所得货款中直接扣除代垫费用和应得佣金，再将余款汇给寄售人，也可先由寄售人收取全部货款，再按协议规定计算出佣金汇给代销人。佣金多以汇付方式支付，也有的采用托收方式。

（3）货款的收付。寄售方式下，货款一般是在货物售出后收回。寄售人和代销人之间通常采用记账的方法，定期或不定期地结算，有代销人将货款汇给寄售人，或者由寄售人用托收方式向代销人收款。为保证收汇安全，有的在协议中加订"保证收取货款条款"，或在协议之外另订"保证收取货款协议"，由代销人提供一定的担保。

3. 寄售方式的利弊

（1）寄售的优点

①对寄售人来说，寄售有利于开拓市场和扩大销路。通过寄售可以与实际用户建立关系，扩大贸易渠道，便于了解和顺应当地市场的需求，不断改进品质和包装。另外，寄售人还可根据市场的供需情况，掌握有利的推销时机，随行就市，卖上好价。

②代销人在寄售方式中不需垫付资金，也不承担风险，因此，寄售方式有利于调动那些有推销能力、经营作风好但资金不足的客户的积极性。

③寄售是凭实物进行的现货交易，买主看货成交，付款后即可提货，大大节省了交易时间，减少风险和费用，为买主提供了便利。

（2）寄售的缺点。采用寄售的方式出口，对寄售人来讲也有以下缺点：

①承担的贸易风险大。寄售人要承担货物售出前的一切风险，包括运输途中和到达目的地后的货物损失和灭失的风险、货物价格下跌和不能售出的风险，以及因代销人选择不当或资信不佳而导致的损失。

②资金周转时间长，收汇不够安全。寄售方式下，货物售出前的一切费用开支均由寄售人负担，而货款要等货物售出后才能收回，不利于其资金的周转。此外，一旦代销人违反协议，也会给寄售人带来意想不到的损失。

4. 采用寄售方式应注意的问题

为了扩大出口，把生意做活，调动国外商人的积极性，我们在出口业务中可以采用寄售方式。进口业务中，某些国外商人将他们的货物委托我国商业部门寄售，如香烟、酒类和饮料等，也起到利用外资和调剂市场的作用。由于寄售方式有其缺点，因此在采用这种方式时应注意以下几个方面的问题：

（1）选好寄售地和代销人。在寄售前必须对寄售地的市场情况、当地政府的有关对外政策、法令、运输仓储条件以及拟委托的代销人的资信情况、经营风险等做好调查研究。

（2）对寄售货物的存放地点做好安排。一般有这样几种办法：一是直接运交代销人存栈出售；二是先存入关栈，随用随取；三是将货物运进自由港或自由贸易区存放，确定买方后再行运出；四是直接将货物发往国外资信好的银行，由银行负责收货付款。

（3）寄售货物存放海关仓库时，要注意存放期限。一般海关仓库的存放期限比较短，逾期有被拍卖的危险。

（4）签好寄售协议，保证货、款安全。在协议中对货物所有权、代销人的责任和义务、决定售价的办法、货款的结算、各项费用的负担、佣金的支付等都应作出明确的规定。

13.3.2 拍卖

1. 拍卖的含义与分类

拍卖（Auction）是国际贸易中的一种较为古老的货物买卖方式。它是指拍卖人在规定的时间和地点，通过公开竞价的方式销售约定货物。国际拍卖按其叫价顺序不同，一般分为三种：第一种是减价拍卖方法，即拍卖人由高价向低价叫价拍卖，也称荷兰式拍卖，如国际鲜花的拍卖就是采用这种方式。第二种是加价拍卖方法，即由低价向高的叫价拍卖，它是国际拍卖中普遍使用的方式，我国举办的中国裘皮拍卖就是采用这种方式。第三种是密封递价方法，即先由拍卖人公布每批货物的详细情况和拍卖条件等，然后由竞拍人在规定的时间和地点将自己的递价以密封信的形式交给拍卖人，拍卖人将货物售给递价最高者。

拍卖是为适应特殊性质的货物而采取的一种特殊交易方式，目前国际上采用拍卖方式买卖的货物类型主要有三种：

（1）非高度标准化的货物，或难以用科学方法对其品质进行精确检验，以及难以用文字或语言对有关质量及规格进行准确描述的货物，例如毛皮、烟叶、咖啡等。

（2）价格昂贵，并且价格变化较大或难以准确估价的货物，如名人字画、古玩、金银首饰等。

（3）倒闭工厂企业的机械设备和资产。这类货物一般称为二手货，通常采用现场看货售定的交易条件，这种条件的特点是卖方不承担货物内在瑕疵和缺陷。

　　拍卖尽管是传统而古老的贸易方式，但在当今的国际贸易领域中又有新的发展，它已经成为国际贸易中不可忽视的交易方式。我们应该利用这种贸易方式，为加速我国对外贸易发展和扩大出口服务。

　　2. 拍卖具有以下几个特征

　　(1) 拍卖是在一定的机构内有组织地进行的。拍卖机构可以是由公司或行业协会组成的专业拍卖行，也可以是货主临时组织的拍卖会。

　　(2) 拍卖具有自己独特的法律和规章。许多国家对拍卖业务有专门的规定，各个拍卖机构也订立了自己的章程和规则，供拍卖时采用。这些都使拍卖方式形成了自己的特点。

　　(3) 拍卖是一种公开竞卖的现货交易。拍卖采用事先看货、当场叫价、落槌成交的做法。成交后，买主即可付款提货。

　　(4) 参与拍卖的买主，通常需向拍卖机构交存一定数额履约保证金。买主在叫价中若落槌成交，就必须付款提货；不付款提货，则拍卖机构没收保证金。

　　(5) 拍卖机构为交易的达成提供服务，要收取一定的报酬，通常称为佣金或经纪费。佣金的多少没有统一的规定，要根据当地的习惯，或者按着行业的规章加以规定。

　　3. 拍卖的程序

　　(1) 货主委托。货主委托拍卖机构拍卖，与拍卖机构签订拍卖合同。拍卖合同规定了货主和拍卖机构各自在每一环节的责任和义务。

　　(2) 拍卖准备。参加拍卖的货主把货物运到拍卖机构指定的仓库，由拍卖机构进行挑选、分类、分级、分批。拍卖机构还要负责编印拍卖商品目录，并把拍卖目录提供给打算参加拍卖会的买主作为指南。同时，拍卖机构把拍卖的有关情况在报纸、刊物上登载，以招揽潜在的买主。

　　(3) 买主看货。准备拍卖的商品都放在专门的仓库里，在规定的时间内，允许拍卖的买主到仓库察看货物，有些还可抽取样品。查看货物的目的是为了使买主进一步了解货物的品质状况，以便按质论价。

　　(4) 正式拍卖。正式拍卖是在规定的时间和地点，按照一定的拍卖规则和章程，逐批叫价成交。当拍卖人认为无人再出高价时，就以击槌来表示接受买主的叫价。拍卖人击槌后，就表示竞买停止，交易达成，买主就要在标准合同上签字。

　　(5) 付款提货。拍卖商品的货物通常都以现汇支付，在成交后，买主按规定支付货款。货款付清后，货物的所有权随之转移，买主凭拍卖行开出的提货单到指定的仓库提货。提货必须在规定的期限内进行。

　　拍卖会结束后，由拍卖行公布拍卖单，其内容有售出商品的简要说明、成交价、拍卖前公布的基价与成交价的比较等。拍卖结果在报刊上公布，这些材料反映了拍卖商品的市场情况及市场价格等重要参考资料。

　　4. 采用拍卖方式应注意的问题

　　拍卖方式最早在古希腊时代开始，已有数百年的历史，至今仍然使用，经久不衰。其原因是这种方式可以解决其他贸易方式所不及的问题。如现场看货能解决买主对品质规格不标准化的货物质量的顾虑，这是函电成交所无法解决的问题。我国毛皮、裘皮衣服出口一直采用函电成交，近年来开始参加国际拍卖市场，如圣彼得堡裘皮拍卖中心、伦敦裘皮拍卖中心等，扩大了销售渠道，并为国家创造外汇收入。但是，我国企业使用这种贸易方式刚刚开始，尚缺乏经验。因此在实际业务中应注意以下几个问题：

（1）调查研究，确定适当的拍卖基价。拍卖方式易受买主压价，对卖方不利。面对这些特点，我们确定的拍卖基价应比函电成交价高一些，考虑压价系数。但是又不能定价太高，基价定价太高了，买主不叫价，根本不能成交，既赔了运费和仓租，又要向拍卖人支付佣金和其他费用。所以，在确定基价之前要进行调查研究，把影响价格的各种因素予以分析和估计，确定一个合适的基本幅度。

（2）选择适合拍卖的货物。在传统的拍卖货物中，找出与其他贸易方式成交相比的利弊，选择采用拍卖方式成交效益大的货物参加拍卖。

（3）要了解各个拍卖中心的习惯做法和规章制度。世界有几十个不同货物的拍卖场所，每个拍卖中心都有自己的习惯做法和规章制度。例如，支付货币的确定，不同的拍卖机构规定是不一样的：美国和英国的拍卖公司采用本国货币计价和付款；圣彼得堡拍卖公司规定使用美元；丹麦拍卖公司规定以本国货币计价，允许自由货币付款；我国裘皮拍卖会规定以港元计价，以美元付款。关于货物风险转移问题，每个拍卖公司也有不同解释：英国拍卖行规定"货物风险在货物成交时转移至买方"；芬兰皮毛拍卖公司规定"货物风险在拍卖官击槌时转移给买方"等。

（4）采用拍卖方式销售货物应注意对我国不利的因素。如货主不能完全自由地按自己意志进行交易，要受拍卖人的制约；拍卖费用较高；买主容易压价等等。我们应针对上述问题采取相应的补救措施，避免处于被动局面。

13.4　补偿贸易、加工贸易和对等贸易

13.4.1　补偿贸易

1. 补偿贸易的含义

补偿贸易（Compensation Trade）是指在信贷的基础上，从国外企业购进机器、设备、技术和各种服务等，约定在一定期限内，待项目投产后，以该项目生产的产品或其他货物或劳务或双方约定的其他办法偿还贷款。由于进口机器设备的企业偿还贷款本息是采用补偿办法，故称为补偿贸易。

补偿贸易是 20 世纪 60 年代末和 70 年代初逐渐发展起来的一种贸易方式。目前，它已在发展中国家、东欧各国家与发达国家之间的贸易中使用，已具有一定发展规模。

补偿贸易的主要特点是：

（1）贸易与信贷相结合。购进机器设备的一方是在对方提供信贷的基础上购进所需要的货物，与易货贸易是不同的。

（2）贸易与生产相联系。补偿贸易双方是互相关心相互联系的，出口方往往关心工程项目进展和产品生产情况，进口方也关心产品在出口国家和其他市场的销售

情况。

（3）设备进口与产品出口相联系。补偿贸易多数情况是利用其设备制造出来的产品进行补偿，一般不动用现汇。

（4）补偿贸易双方是买卖关系。设备进口方不仅承担支付货款的义务，而且要承担付息的责任，对机器设备或其他原材料具有所有权和使用权。

2. 补偿贸易的种类

补偿贸易的形式和种类甚多，但主要有以下几种：

（1）直接产品偿付。这种方式或称为产品返销，是指出口机械设备的一方在签订出口合同时，必须承担按期购买一定数量的由其提供机械设备生产出来的产品，即购买直接产品的义务，进口的一方用直接产品分期偿还合同价款。这种补偿贸易的形式一般使用于购买机器设备和技术贸易。

（2）间接产品偿付。如果进口机器设备或技术制造的产品并非对方需要的或进口方国内有较大需要的，或进口的机器设备不是生产有形产品等，双方约定，可以由进口方承诺分期供应一种或几种其他非直接产品进行偿付。

（3）部分产品和部分现汇偿付。进口机器设备或技术的一方可以用直接或间接产品偿还进口机器设备的部分价款，其余用现汇来偿付，也可以利用贷款偿付。

（4）通过第三国偿还。有时进口设备的一方可提供的产品在出口机器设备一方的国内没有竞争能力，或者该国对这些产品的进口实行限制，在这种情况下，返销产品可以在第三国市场销售或由第三国购买转销其他市场。这种方式负责产品返销的商人往往不是提供机器设备或技术的一方，而是第三者，所以也称"三角补偿贸易"。

3. 补偿贸易经济效益的可行性研究

补偿贸易是一项较复杂的贸易方式，它涉及贸易、生产和信贷等方面问题，同时需要考虑经济效益问题。对采用补偿贸易的工厂来说，要求通过这种贸易方式，带来比较理想的经济效益，因此在决定投资以前，必须进行可行性研究，进行具体的经济效益核算。

经济效益的可行性研究，应计算以下几个指标：

（1）补偿贸易偿还能力。所谓偿还能力是指采用补偿贸易的工厂企业每年能够收入多少外币，扣除生产成本及其他费用以后，偿还贷款需要多长时间，即偿还期限。其计算公式为

$$偿还能力 = \frac{外汇总成本}{年外汇收入 - 年生产成本及费用}$$

外汇总成本包括进口机械设备的贷款、贷款利息和其他费用。由于外汇还本付息的方式不同，计算本息的方法也不同。一般国际市场均按照复利计算。

年外汇收入决定于出口产品的价格和数量。出口产品的价格是随国际市场供求关系的变化而经常变化的；出口产品的数量一般是市场供求关系和返销数量两个方面决定的。企业在计算外汇收入时应根据市场价格变化的规律及影响价格变化的因素，推算出一个平均价格，再根据每年的出口数量和平均价格，即可求出每年外汇收入额。

年生产成本及费用包括固定资产折旧、原材料、动力、水费、劳动工资及税金等。将上述金额按外汇价折成外汇，才能进行核算。

此外，还可用计算补偿贸易的偿还率的方法，分析比较各项补偿贸易的经济效益。所谓偿还率是指工厂企业偿还外资本息占使用外汇创造外汇净收入的百分比。计算公式为

$$偿还率 = \frac{外汇总成本}{使用外汇所得外汇净收入} \times 100\%$$

（2）补偿贸易换汇率。所谓补偿贸易换汇率是指使用1元人民币的国内资金所获得外汇数量。其计算公式为

$$补偿贸易换汇率 = \frac{外汇总收入}{国内人民币总收入（元）} \times 100\%$$

在计算补偿贸易换汇率时，如果超过全国出口商品平均换汇率，那么这项补偿贸易是不可行的。

（3）补偿贸易利润率。所谓补偿贸易利润率是指采用补偿贸易方式所获得利润的数量占总投资的百分比。其计算公式为

$$补偿贸易利润率 = \frac{总收入 - 总成本}{总成本} \times 100\%$$

在计算补偿贸易利润率时，须将外汇总收入和其他外汇支出按外汇牌价折成人民币，以人民币统一计算利润率。

补偿贸易是比较复杂的贸易方式，在进行经济效益的可行性研究时，可根据采用这项贸易方式的具体情况再选择一些能反映经济效益的其他指标予以核算，一定要在保证获得理想经济效益的基础上再对外洽商谈判和签约。

4. 采取补偿贸易方式时应注意的问题

（1）要注意把购买机器设备同返销产品密切结合起来，做到购买或引进合理、可行，补偿有利，经济效益好，偿还期限短。返销的产品的规格、标准、数量及价格都应在合同中予以明确规定。

（2）要注意在购买机器设备的同时，引进专利或专有技术，提高我国科学技术水平。有的采用补偿贸易方式的工厂企业只考虑买机器设备，忽视引进软件技术这一重要内容。但外商一般不愿意转让其先进技术，我们可以购买机器设备为前提，在谈判时争取获得一定先进技术。

（3）要注意使用对双方都有利的支付方式。补偿贸易的显著特点是要利用外资，必须先使用外国的机器设备后付本息，如果规定使用的支付方式违背了这个原则，就脱离了补偿贸易的概念。要避免外商先使用我们的外汇资金的现象出现。同时，还要保证收汇及时、安全，避免外汇风险。

（4）选择的补偿贸易项目要切实可行，注意经济效益。要选择生产型的项目，保证返销数量，企业自身要达到外汇平衡。决定采用补偿贸易前一定要做好各项准备工作，对每个经济效益指标都要进行论证和估计。

（5）在补偿贸易合同中要明确双方的权利、义务和责任。在合同中除一般规定双方的权利与义务外，还要约束对方按时履约发货和购买返销产品，并对其不履约

应有一定的补偿约束措施，防止对方不履约和不按时履约给我们造成损失。

（6）选择资信好的外商作为合作对象。补偿贸易的合作对象资信如何是十分重要的，除要求有一定的资金和信誉外，还应有一定的融通能力，因为提供机器设备金额较大，需要自身贷款，如果融通渠道狭窄和能力较差，双方合作的前途是不会好的。在谈判之前，我们应该通过中国银行或咨询公司对其资信进行调查研究，防止因盲目而造成被动。

（7）在签订补偿贸易合同时，要注意合同的合法性。合同各项条款不得与我国现行法律和规定相违背，不能与对方国家政策相抵触。

（8）补偿贸易的返销产品不能影响我国正常向返销国出口，也不能顶替向这些国家出口的配额。

13.4.2　加工贸易

1. 加工贸易的含义

加工贸易是指从国外获得原料或零部件，在国内加工或装配成制成品后再出口到国外去的经营活动。

加工贸易是与一般贸易相对应的一个概念。加工贸易与一般贸易的区别在于：

（1）从产品的要素资源来看，一般贸易货物的要素资源主要来自出口国，出口国利用这些要素资源生产的产品符合出口国的原产地规则；而加工贸易货物的要素资源主要来自国外，出口国利用这些要素资源生产的产品不符合出口国的原产地规则。

（2）从企业的收益来看，从事一般贸易的企业获得收益主要来自生产成本或收购成本与国际市场价格之间的差价；而从事加工贸易的企业收取的是加工费。

（3）从进出口来看，一般贸易下的进口货物一般在国内消费，进口和出口没有密切的联系；而加工贸易下的进口货物不在国内消费，而是在国内加工成制成品后再出口，进口和出口有密切的联系。

（4）从税收的角度来看，一般贸易下的进口货物要交纳进口环节税，如果再出口，则在出口后退还部分税收。加工贸易下的进口货物可以不征收进口环节税，由海关实行保税监管。

2. 加工贸易的具体方式

（1）加工装配。加工装配包括来料加工和来件装配两种业务。来料加工是指委托方（外商）提供原材料、辅料和包装物料等，由国内的承接方按标准收取加工费（也称工缴费）的一种贸易方式。如果国外委托方提供零部件、包装物料等，由国内的承接方按国外委托方的要求装配为成品提交给对方，并按双方约定的标准收取加工费，则被称为来件装配。我国把来料加工和来件装配统称为加工装配业务。

加工装配是一种委托加工的方式。国外委托方将原材料、零部件等运交国内承接方，并未发生所有权的转移，承接方只是作为受托人，按照国外委托方的要求，将原材料或零部件加工为成品。在加工过程中，承接方付出了劳动，获得的加工费是劳动的报酬。因此，可以说加工装配属于劳务贸易的一种形式，它是以商品为载体的劳务出口。

加工装配对于承接方和委托方（外商）来说，都具有积极意义。对承接方的积极意义在于：可以挖掘承接方的生产潜力，补充国内原料的不足；引进国外的先进技术和管理经验，有利于提高承接方的生产技术和管理水平；有利于发挥承接方所在国劳动力众多的优势，增加该国的就业机会和外汇收入。加工装配对委托方的积极意义在于：可以降低其产品成本，增强竞争力；有利于委托方所在国的产业结构调整。

（2）进料加工。进料加工是指外贸企业自行进口原料、零部件，根据国际市场的需求或自己的销售意图，加工成制成品销往国外市场，赚取销售成品与进口原料、零部件之间差价的一种贸易方式。

进料加工的意义在于：有利于解决国内原料紧缺的困难；可以更好地根据国际市场的需要和客户的要求组织原料进口和加工生产，做到以销定产；可以把进口与出口结合起来，实施"以进养出"的扩大出口战略；可以将国外的资源、市场与国内生产能力相结合，充分发挥本国的生产优势。

进料加工与加工装配有相似之处，因为它们都是利用国内的劳动力和技术设备，都属于"两头在外"的加工贸易方式。但是，进料加工与加工装备又有明显的不同之处，主要表现在以下两个方面：

①在进料加工中，原材料进口和成品出口是两笔不同的交易，均发生了所有权的转移，而且原材料供应者和成品购买者之间没有必然的联系。在加工装配中，原料或零部件运进和成品运出均未发生所有权的转移，它们均属于一笔交易，有关事项在同一合同中加以规定。由于加工装配属于委托加工，因此，原料或零部件供应者又是成品接受者。

②在进料加工中，国内承接方从国外购进原材料，由国内工厂加工成成品，使价值增值，再销往国外市场，赚取由原材料到成品的附加价值，但国内承接方要承担在国际市场上销售的风险。在加工装配中，成品交给国外委托方自己销售，国内承接方无须承担风险，但是，所能得到的也仅是一部分劳动力的报酬。因此，加工装配的创汇一般低于进料加工的创汇。

（3）境外加工。境外加工是指一国企业以现有设备、技术在国外进行直接投资，利用当地的劳动力开展加工业务，以带动和扩大国内设备、技术、原料和零部件出口的一种跨国经营方式。

境外加工的目的通常是通过对外投资带动对外贸易。我国开展的境外加工主要关注对外投资的出口创汇效应，即由对外投资带动后续不断的资本、原材料的出口。但是，境外加工这种对外直接投资形式也可能产生出口替代的效应。对外直接投资所导致的出口创汇和出口替代的净效应最终将决定是增加还是减少整个国家的出口贸易。

3. 加工贸易缴费标准的确定

加工贸易无论来料定价与否都涉及工缴费问题。加工装配方收取工缴费是加工贸易的一个显著特点。如何确定工缴费标准是一个非常重要的问题。

制定合理的工缴费标准不能以国内加工水平来确定，而应以国际上同行业或相似行业的加工产品来确定。例如，对港澳地区开展加工装配业务时，工缴费的标准原则上应略低于港澳地区的工缴费水平，使外商有利可图，我们也不吃亏。

从事加工贸易业务的生产企业，还应按照国内加工水平核算加工产品的成本，并与工缴费相比较，以确定项目的可行性。加工生产企业，不仅要考虑外汇收入，还要注意成本核算，计算是否亏损。

在有外商全部提供原材料和零部件的情况下，计算工缴费时，要包括工人和管理人员的工资、生产费用、折旧费、管理费、手续费、税金；如果使用我方商标，还要包括商标费；如果为加工业务成立新企业，还包括企业注册登记费。如果外商提供的是部分原料和零部件，我方补充原材料或零部件时，我方补充的原材料或零部件的费用应包括在工缴费之内。

4. 采用加工贸易方式时应注意的问题

（1）在加工装配贸易中，国外厂商往往提供商标，要注意商标的合法性。为了避免因第三者控告侵权造成被动，可以在加工装配协议中规定："乙方（委托方）提供的商标保证具有合法性，如果有第三者控告加工装配产品的商标侵权，概由乙方与第三者交涉，与甲方（我方）无关，同时应承担由此给甲方造成的损失。"

（2）加工装配业务法律性较强，有关来料来件一定要按我国政策规定办理，并按有关法律办事。

（3）防止国外厂商只来料、来件，不购买成品或借故产品质量不合格等拒绝返销现象出现，可以采取由国外厂商出具银行保函或者采取"先收后付"的方法。

（4）加工装配收入，要在银行单独开立账户，单独结汇，以利于考核企业经营活动成果。有关开立账户、支付方式、结汇办法和信贷管理等方面问题，应按国家有关规定办理。

（5）加工装配的成品一定要保证全部返销国外，除国家政策允许，否则不能在国内销售。

（6）选择加工装配项目要适当，不能与我国正常向返销国家出口货物品种相冲突，更不能以加工装配的产品顶替正常销售的配额。

13.4.3　对等贸易

1. 对等贸易的含义

对等贸易，也称为抵偿贸易、对销贸易或反向贸易等。它是指交易双方互为进口人或出口人，把进口与出口有机结合起来，双方都以自己的出口来全部抵偿或部分补偿从对方的进口。这种贸易方式起源于 20 世纪 60 年代与 70 年代初，是苏联、东欧等经互会国家同西方发达国家之间进行贸易的一种做法。这种以进带出的做法是用来弥补贸易逆差和克服外汇不足困难的一种贸易方式。使用这种方式，对西方发达国家出口企业来说，要出售产品就必须承担购买对方产品的义务；从东欧各国来说，利用进口人的优势条件，促进西方发达国家企业接受它们的出口产品，将单进单出的贸易业务变成双方互来互往的双轨交易，但双方的交易不一定完全等量或等值。

这种贸易方式，对交易双方都有好处，因此，它在双方的贸易当中起到了一定的推动作用，具体表现是：

第一，它使一些国家可以在不动用外汇或少动用外汇的条件下，进口它们发展国民经济所需要的各种货物和技术，而且在某种情况下，还可以贸易的方式取得国外的信贷。

第二，通过这种贸易，以进带出，利用国外的销售渠道，使一些本来不易出口的商品进入世界市场，收到扩大出口之效。

第三，在某种情况下，通过双方长期互购产品，来取得比较稳定的外汇收入。

第四，技术和先进设备的进口和投产，还有助于改造本国生产企业，提高技术水平，增强产品的适销能力和市场竞争能力。

第五，对西方发达国家来说，它们可以解决一些进口国家支付能力的困难，从而使它们的技术和过剩的机器设备或产品找到销路，开辟比较稳定的原材料供应来源以及获得转售返销产品的商业利润。同时，通过产品回购它们还可以把国内生产能力转移到劳动力和原料比较低廉的国家，从而可能降低生产成本和提高产品在国际市场的竞争能力。

2. 对等贸易的种类及做法

对等贸易方式包括的内容很多，主要有易货贸易、回购贸易、互购贸易与转手贸易等。

（1）易货贸易（Barter）。易货贸易是一种古老的贸易方式。它是指单纯的货物交换，不使用货币支付，也不涉及第三者。其基本做法是双方签订易货合同，规定双方交换的货物和时间。每一方既是自己出口货物的出口人，又是对方出口货物的进口人。双方交换的货物，可以是单项货物的交换，也可以是多种货物的综合易货或所谓一揽子易货，基本原则是双方交换的货物必须是等值的。

易货贸易的特点：它是一次性的交易行为，只有进口人与出口人两个当事人，不涉及其他的第三者；双方只签订一个进出口合同，双方交换的货物均须明确地载明在合同上。

易货贸易的做法是双方签订一个各自所需交换货物的合同，按照合同规定将货物交付给对方。各自交付货物的时间可以是同时，也可以分别交付。上述做法是古老的贸易方法。现在易货贸易已改为通过货款支付清算方式，达到货物交换的目的。在货物支付结算上，即可笔笔平衡，也可定期结算，综合平衡；既可以付现，也可以记账；在时间上，既可进出口同时进行，也可以有先有后。总之，易货贸易的做法逐渐灵活多样。

笔笔支付平衡是指双方采取对开信用证的方式，所开立的信用证都以对方为受益人，信用证的金额相等或大体相等。由于分别结算，开证时间有先有后，但为了保证双方履行购买义务，约束对方，在第一张信用证上规定以收到对方开立金额相同的信用证为生效条件。

记账平衡是指双方在承担按合同规定购买对方等值货物的义务前提下，由双方银行互设账户记账，货物出口后由银行记账，互相冲账抵消，如有余额或逆差，则仍以货物冲抵或支付现汇。

但是，易货贸易做起来并不方便，有一定的局限性。例如，西方资本主义国家产品出口的企业大多是私营的，它们专业化程度较高，我们提供的货物不一定是它们对口经营的货物，达成交易很难。

（2）回购贸易（Products Buy – back Trade）。回购贸易是指出口一方同意从进口一方买回其提供的机器设备所制造的产品。它与补偿贸易有很多相同之处，但二者的区别主要是出口方回购的产品仅限于由出口机器设备所产生的产品。其回购产品价值可能是出口机器设备的全部价值，也可能是部分价值，甚至可能超过其出口设备的全部价值。

回购贸易最早是产生在能源与原材料部门的生产技术、设备的交易。东欧各国家从西方资本主义国家进口生产技术、设备等，先不支付现汇，而用这些生产技术、设备生产出来的产品回销抵偿对方的价款，分期偿还。之后，随着这种贸易形式不断扩大，一些机器制造业和其他行业也采用了这种方式，但是逐渐改变了原来回购贸易的概念，特别是在回购产品方面，发生了很大变化，由原来的直接产品偿付，发展到以其他产品（间接产品）或部分直接产品和部分间接产品结合偿还。由于回购贸易做法的变化，在实际业务中，它与补偿贸易就没有区别了。有人认为它是补偿贸易的一种形式。

（3）互购贸易（Counter Purchase）。互购贸易，由称回惠贸易（Reciprocal Trade）和平行贸易（Parallel Trade），是指出口的一方向进口一方承担购买相当于他出口货值一定比例的产品，即双方签订两份既独立又有联系的合同：一份是约定先由进口的一方用现汇购买对方的货物；另一份则由先出口的一方承诺在一定期限内购买对方的货物。

互购贸易的做法与补偿贸易的差别是两笔交易都用现汇，一般是通过即期信用证或即期付款交单，有时也可采用远期信用证付款。因此，先出口的一方除非是接受远期信用证，否则不会出现垫付资金的问题，相反还可以在收到出口货物到支付回头货款这段时间内，利用对方资金。这种方式，一般由发达国家提供设备，这对进口国家来说，不但得不到资金方面的好处，还要先付一笔资金，这样必定要承担一定汇率变动的风险，唯一可取得地方是可以带动本国货物的出口。

（4）转手贸易（Switch Transaction）。转手贸易是指西方发达国家企业向东欧各国家出口机器设备，利用专门从事转手贸易中间商和发展中国家与东欧各国家之间美元清算账户进行外汇转手，使西方出口企业与东欧各国家贸易达到平衡的贸易做法。

转手贸易是一种涉及面比较广的贸易方式。具体做法是西方企业先向东欧某一国家出口机器设备或其他货物，西方出口企业取得清偿账户的权益，然后将这种权益转给专门从事转手贸易的中间商，中间商再从发展中国家购买货物，而不支付外汇，由东欧某一国家与发展中国家按双边清算协定结算，中间商将出口货物销售给其他买主，取得现汇，将现汇扣掉佣金后支付给西方进口企业，完成这笔转手贸易业务。

从转手贸易的做法可以看出，发展中国家在转手贸易中只能根据与东欧某一国家的双边贸易账户而出口，发展中国家出口的货物由中间商销售到其他市场取得现汇，发展中国家非但拿不到丝毫的硬货币，还可能因为对方的低价转售而影响它对其他市场的正常出口和国际市场价格。因此，许多发展中国家对于这种转手贸易并不感兴趣，这也是近几年来转手贸易明显减少的主要原因。

13.5　商品期货贸易

13.5.1　套期保值

1. 套期保值的含义

套期保值又称为海琴（Hedging），是期货市场交易者将期货交易与现货交易结合起来进行的一种市场行为。其定义可概括为交易者在运用期货交易临时替代正常商业活动中，转移一定数量商品所有权的现货交易的做法。其目的就是要通过期货交易转移现货交易的价格风险，并获得这两种交易相配合的最大利润。

套期保值之所以能起到转移现货价格波动风险的作用，是因为同一种商品的实际货物市场价格和期货市场价格的变化趋势基本上是一致的，涨时俱涨，跌时俱跌。因此，套期保值者经常在购入现货的同时在期货市场上出售期货，或在出售现货的同时买入期货。这样，由于在期货市场和现货市场出现相反的交易，所以通常会出现一亏一盈的情况。套期保值者就是希望以期货市场的盈利来弥补实际货物交易中可能遭到的损失。

2. 套期保值的做法

套期保值者在期货市场上的做法有两种：卖期保值和买期保值。

（1）卖期保值（Selling Hedge）。卖期保值是指套期保值者根据现货交易情况，先在期货市场上卖出期货的合同（或称建立空头交易部位），然后再以多头进行平仓的做法。通常生产商在预售商品时，或加工商在采购原料时，为了避免价值波动的风险，经常采取卖期保值的做法。

例如，某谷物公司在9月上旬以每蒲式耳3.65美元的价格收购一批小麦，共10万蒲式耳，并已存入仓库待售。该公司估计一时找不到买主，为了防止在货物待售期间小麦价格下跌而蒙受损失，遂在芝加哥商品交易所出售20份合同的小麦期货，价格为每蒲式耳3.70美元，交割月份为12月。其后，小麦价格果然下降。在10月份，它终于将10万蒲式耳的小麦出售，价格为3.55美元/蒲式耳。每蒲式耳损失0.10美元。但与此同时，芝加哥商品交易所的小麦价格也下降了，该谷物公司又购进20份12月份的小麦期货合同，对空头交易部位进行平仓，价格降为3.60美元/蒲式耳，每蒲式耳盈利0.10美元。如表13-1所示。

表13-1　　　　　　　　　　　　　　卖期保值示例

日期	现货市场	期货市场
9月15日	买入现货小麦存仓 价格为3.65美元/蒲式耳	出售12月份小麦期货 价格为3.70美元/蒲式耳
10月15日	售出小麦 价格为3.55美元/蒲式耳	购入12月份小麦期货 价格为3.60美元/蒲式耳
结果	每蒲式耳亏损0.10美元	每蒲式耳盈利0.10美元

从上例可以看出，由于该公司及时做了卖期保值，期货市场的盈利恰好弥补了现货市场由于价格变动所带来的损失，套期保值起到了转移风险的作用。

（2）买期保值（Buying Hedge）。与卖期保值恰好相反，买期保值是指套期保值者根据现货交易情况，先在期货市场上买入期货合同，然后再以卖出期货合同进行平仓的做法。通常中间商在采购货源时，为了避免价格波动，固定价格成本，经常采取买期保值的做法。

例如，某粮食公司与玉米加工商签订了一份销售合同，出售 5 万蒲式耳的玉米，12 月份交货，价格为 2.45 美元/蒲式耳。该公司在合同签订时，手头并无现货。为了履行合同，该公司必须在 12 月份交货前购入玉米现货，但又担心在临近交货期购入玉米的价格上涨，于是就选在期货市场上购入玉米期货合同，价格为 2.40 美元/蒲式耳。到 11 月底，该公司收购玉米现货的价格已经涨到了 2.58 美元/蒲式耳。与此同时，期货价格也上涨至 2.53 美元/蒲式耳，于是它就出售玉米期货在期货市场上平仓。其结果如表 13-2 所示。

表 13-2　　　　　　　　　　　　买期保值示例

日期	现货市场	期货市场
9 月 2 日	出售 12 月份交货的玉米 价格为 2.45 美元/蒲式耳	买入 12 月份玉米期货 价格为 2.40 美元/蒲式耳
11 月 25 日	购入 12 月份交货的玉米 价格为 2.58 美元/蒲式耳	卖出 12 月份玉米期货 价格为 2.53 美元/蒲式耳
结果	每蒲式耳亏损 0.13 美元	每蒲式耳盈利 0.13 美元

上述交易情况表明，由于玉米价格上涨使粮食公司在现货交易中蒙受 0.13 美元/蒲式耳的损失，但由于适时地做了买期保值，期货市场上盈利 0.13 美元/蒲式耳，期货市场的盈利弥补了现货市场价格所带来的损失。

3. 套期保值应注意的问题

前面我们介绍了套期保值的一般做法和原理，然而我们所举的例子却是理想化的套期保值。在实践中，影响现货市场和期货市场的因素较多，而且情况复杂，两个市场不可能达到百分之百的衔接，套期保值多数都不会达到上述理想化的结果。现根据实践结果，我们将套期保值应注意的问题介绍如下：

（1）套期保值虽然可以转移现货价格发生不利变动时的风险，但也排除了交易者从现货价格有利变化中取得额外盈利的机会。

从套期保值的做法中得知，卖期保值是为了防止现货价格下跌，买期保值是为了防止现货价格上升。但是如果在卖期保值后，价格非但没有下跌，反而上涨；买期保值后，价格没有上升反而下跌，那么套期保值的结果就会事与愿违。现举例说明（见表 13-3、表 13-4）。

表 13－3   卖期保值后价格上涨

日期	现货市场	期货市场
3 月 15 日	购入小麦 价格为 2. 80 美元/蒲式耳	出售 7 月份小麦期货 价格为 2. 68 美元/蒲式耳
4 月 15 日	售出小麦 价格为 2. 90 美元/蒲式耳	买入 7 月份小麦期货 价格为 2. 78 美元/蒲式耳
结果	每蒲式耳盈利 0. 10 美元	每蒲式耳亏损 0. 10 美元

表 13－3 说明，卖期保值后，价格反而上升，其结果是现货交易盈利 0. 10 美元，而期货市场亏损 0. 10 美元。这样，如果不做套期保值，交易者还可以取得现货交易的额外盈利 0. 10 美元/蒲式耳。

表 13－4   买期保值后价格下跌

日期	现货市场	期货市场
8 月 1 日	售出小麦 价格为 3. 85 美元/蒲式耳	买入 12 月份小麦期货 价格为 2. 80 美元/蒲式耳
10 月 23 日	购入小麦 价格为 3. 70 美元/蒲式耳	售出 12 月份小麦期货 价格为 2. 65 美元/蒲式耳
结果	每蒲式耳盈利 0. 15 美元	每蒲式耳亏损 0. 15 美元

表 13－4 说明，由于价格下跌，该商人在现货交易中每蒲式耳本可以额外盈利 0. 15 美元，但因为害怕价格上涨，事先做了买期保值，造成了期货交易损失每蒲式耳 0. 15 美元。

由此我们可以看出，在套期保值后，如果价格发生对实物交易者有利的变化，交易者就不能再从实物交易中取得额外的盈利。因此，套期保值对实物交易者而言，是排除了对现货市场价格变动风险进行投机，目的是为了保障实物交易中的合理利润免遭损失，而丧失了不做套期保值可以取得更多现货盈利的机会。

正因为如此，从利润最大化的原则出发，现在有些人认为，对套期保值，应该有选择地进行，只有在预计实物市场价格发生不利变化时，才进行期货市场做套期保值。这种观点尽管有其合理的成分，但是必须建立在对今后一段时间内的价格走势作出正确判断的基础上，否则就要冒更大的风险。但是，由于商品市场价格变幻莫测，要对其走势作出正确的判断并非易事，所以，这种观点目前仍不能被普遍接受。一般商人仍习惯于在每笔交易之后即做一笔套期保值的传统做法，以策安全。

（2）套期保值的效果，往往取决于套期保值时和取消套期保值时实际货物和期货之间差价的变化，即基差的变化。

基差（Basis）指的是在确定的时间内，某一具体的现货市场价格与期货交易所期货价格之间的差额。用公式来表示如下：

基差＝现货市场价格－期货市场价格

在现货市场的实物交易中，商人之间经常用基差来表示现货交易价格，特别是在签订非固定价格合同时，用基差来表示实际现货价格与交易所期货价格的关系。

如 "2 cents under Dec" 表示现货价格比期货价格低 2 美分，如果 12 月份的期货价格是每蒲式耳 3.69 美元，那么实际货物价格是每蒲式耳 3.67 美元。如果现货价格比期货价格高 2 美分，则以 +2 美分 Dec（或 2 cents over Dec）来表示。

基差的变化对套期保值的效果有着非常重要的影响，现举例说明（见表 13 - 5、表 13 - 6 和表 13 - 7）。

表 13 - 5　　　　　　　　　　现货买入基差等于现货卖出基差

日期	现货市场	期货市场	基差
3 月 8 日	售出玉米 价格为 2.76 美元/蒲式耳	买入 5 月份玉米期货 价格为 2.71 美元/蒲式耳	+5 美分
4 月 5 日	购入玉米 价格为 2.81 美元/蒲式耳	售出 5 月份玉米期货 价格为 2.76 美元/蒲式耳	+5 美分
结果	每蒲式耳亏损 0.05 美元	每蒲式耳盈利 0.05 美元	

表 13 - 5 中。由于现货买入的基差（+5）等于现货卖出的基差（+5），基差没有变化，因此，套期保值的结果是盈亏相抵，达到了理想的套期保值效果。但在实际业务中，基差并不是固定不变的，是时刻随两个市场的不同情况而发生变化，于是套期保值的效果也就有所不同。

表 13 - 6　　　　　　　　　　现货买入基差大于现货卖出基差

日期	现货市场	期货市场	基差
9 月 13 日	售出玉米 价格为 2.86 美元/蒲式耳	购入 12 月份玉米期货 价格为 2.82 美元/蒲式耳	+4 美分
10 月 28 日	购入玉米 价格为 2.98 美元/蒲式耳	售出 12 月份玉米期货 价格为 2.92 美元/蒲式耳	+6 美分
结果	每蒲式耳亏损 0.12 美元	每蒲式耳盈利 0.10 美元	-2 美分

表 13 - 6 所以发生每蒲式耳 0.02 美元的损失，是因为现货买入的基差（+6）大于现货卖出的基差（+4），所以结果是亏损的，没有达到理想的套期保值效果。

表 13 - 7　　　　　　　　　　现货买入基差小于现货卖出基差

日期	现货市场	期货市场	基差
10 月 5 日	购入玉米 价格为 2.50 美元/蒲式耳	售出 12 月玉米期货 价格 2.55 美元/蒲式耳	-5 美分
10 月 28 日	售出玉米 价格为 2.45 美元/蒲式耳	买入 12 月玉米期货 价格为 2.48 美元/蒲式耳	-3 美分
结果	每蒲式耳亏损 0.05 美元	每蒲式耳盈利 0.07 美元	2 美分

表 13 - 7，由于现货卖出的基差（-3 美分）大于现货买入的基差（-5 美分），所以套期保值不但达到了预想的效果，而且在基差的变化中取得额外的盈利。

由此可以看出，套期保值的效果取决于基差的变化。从另一角度讲，套期保值能够转移现货价格波动的风险，但最终无法转移基差变动的风险。然而，在实践中，基差变化的幅度要远远小于现货价格变化的幅度。交易者对基差的变化是可以预测的，而且也易于掌握。

（3）期货合同都规定了固定的数量，每份合同代表一定量的期货商品，如芝加哥商品交易所的小麦期货合同代表 5 000 蒲式耳的小麦，伦敦金属交易所的铜期货合同一张是 25 公吨的铜。但是，在实物交易中，数量是根据买卖双方的意愿达成的，不可能与期货合同的要求完全一致。这就使得在套期保值时，实物交易数量与套期保值的数量不一致，从而会影响套期保值的效果。

13.5.2 现货交易与期货交易

1. 含义

在进出口业务中，无论是即期交货还是远期交货，买卖双方达成交易均属现货交易，又称实物交易。期货交易脱胎于现货交易，但为了满足交易者转嫁风险或投机牟利的需要，期货早已形成了独具特色的交易方式。

期货交易（Future Trading）是指在商品交易所内按照一定的规则，用喊叫并借助手势进行交易的一种传统交易方式。

目前期货交易发展很快，已经遍及世界各地，特别是美国、日本、英国、新加坡和中国香港等国家和地区。有些城市已成为期货交易中心，如纽约、芝加哥、伦敦、利物浦、汉堡、鹿特丹、巴黎、米兰、神户等。随着我国改革开放政策不断深入，期货交易业务也在一些大城市开展，使对外贸易方更加多样化。

2. 期货交易与现货交易的区别

现货交易分为即期交易与远期交易，买卖双方可以按任何方式，在任何地点和时间进行实物交割，卖方必须交付实物货物，买方必须接受实物货物，支付货款。期货交易是在现货交易的基础上发展起来的。在期货交易中，期货合同所代表的商品多是农副产品、金属等初级产品。期货交易与现货交易主要区别是：

（1）现货交易买卖标的物是实际货物；而期货交易买卖标的物是商品交易所制定的标准期货合同。

（2）现货交易成交的时间和地点由买卖双方自行确定达成交易；期货交易只能在商品交易所内，按交易所的规则和开市时间进行交易。

（3）现货交易的双方在政策和法律允许范围内，按"契约自由"原则签订买卖合同，合同条款是双方订立的，其内容局外人是不清楚的；期货交易是在公开、多边的交易所内，通过喊价或竞争的方式达成的，其合同条款是标准化的、公开的。

（4）现货交易的卖方应按合同交付实际货物，买方按合同规定接受货物，支付货款；期货交易的双方不一定交割实际货物，而是支付或取得签订合同之日与合同履行交割之日的价格变化的差额。

（5）在现货交易中，买卖双方达成交易构成直接见面的货物买卖的法律关系，而期货交易的双方并不相互见面；合同履行也不需要双方接触，由清算所替代通过有交易所会员资格的期货佣金商负责买卖和履行合同。

（6）现货交易通过实物交割转移货物所有权，参加期货交易的人可以是任何企业或个人，参加期货贸易的目的不同，有的为了进行套期保值，有的为了在期货市场上套取利润，有的专门从事买空卖空的投机生意。

3. 期货贸易的种类

期货交易根据参加交易者的目的的不同，可以分为两种：一种是利用商品交易所的标准期货合同卖出或买进，从价格变化的差价中追求利润，做买空卖空的投机生意；另一种是远期交割现货交易的交易者为了转移价格涨落的风险而进行套期保值业务。

4. 利用期货交易的做法

我国很多出口货物都是国际上商品交易所的交易品种，可以利用期货交易这种方式，为我国进出口贸易服务，可以从出口和进口两方面来考虑。

（1）出口的做法。我国出口的大宗货物最好避免集中在广交会成交，如果国际市场行情对我有利，可以出售一些；如果在广交会期间价格对我不利，可以展示但不卖，待价格回升后再出售；或者在广交会前，价格合适可以抛售期货，不至于因交易会期间受到压价而减少外汇收入。

（2）进口的做法。我国每年都进口一定数量的大宗货物，往往因为价格上涨而遭受一定的经济损失。为了避免进口价格波动带来的损失，在不泄露采购数量的条件下，可以采取先买期货合同，然后再以期货合同交换买方的实物；或者采取先买"多头"（期货），再谈进口合同的方式；或先抛"空头"，待市场价格跌落后，再购买实物。

13.5.3　期货市场

期货市场（Futures Market）是指按一定的规章制度买卖期货合同的有组织的市场。期货交易就是在期货市场上进行交易的。

1. 期货市场的构成

期货市场由期货交易所、经纪商、清算所、交易者构成。

（1）期货交易所。期货交易所是由生产、经营或代理买卖同类或几类商品的企业和个人为进行期货贸易而设立的经济组织，一般采用会员制的形式。期货交易所本身不参加交易，也不拥有任何商品，它只是为期货交易者提供场地、设备等各种方便，并制定、颁布和实施交易的条例、规则，以保证公开和公平的竞争市场持续存在，使期货市场价格不受操纵，保证参加市场交易者均可获得公正的待遇。

（2）经纪商。经纪商是一种专门代理客户在期货市场上进行买卖交易，并提供各种服务，承担一定责任的个人或是公司。经纪商是期货交易所的会员，可以进入场内进行交易。非会员的企业或个人不能直接进入场内进行交易，只能委托经纪商进行期货买卖；交易达成，向经纪商支付一定的佣金。

（3）清算所。清算所是负责对期货交易所内进行的期货合同进行交割、对冲和结算的机构。一旦期货交易达成，交易双方即分别与清算所发生关系，通过清算所完成期货合同的转让、结算。这就是清算所特殊的"取代功能"。清算所这一功能得以实现的基础是"保证金制度"，即交易所的每一个会员必须在清算所开立一个保证金账户，缴纳一定的保证金，以此保证交易顺利地进行，杜绝可能出现的违约现象；当会员净交易部位发生亏损时，清算所就向会员发出追加保证金的通知。

（4）交易者。凡是通过经纪商并按照交易各方一致同意的交易规则和惯例在期货交易所进行商品期货买卖活动的个人或是企业，都是商品期货交易者。

2. 期货市场的功能和作用

期货交易是在集中、公开、公平的前提下对标准合同进行的竞争性买卖，它的独特贸易方式使其具有两种基本功能：一是价格的发现功能。由于集中交易，故它可反映各种供求的结果。各种影响供求关系的因素被人们发现，并且通过期货价格的升降反映出这些因素作用的大小和强弱。与现货市场相比，期货价格预先给出了今后时期交易商品的价格信号，有利于商人利用期货交易所形成的价格信息去制定各自的决策。二是风险的转移功能。价格波动给经营者带来了风险。在期货交易中，可以采用套期保值的做法，最大程度地减少这些因价格波动所带来的风险，保证企业的正常经营活动顺利开展。期货市场的这两个基本功能，对整个社会和经济产生了以下作用：

（1）有利于市场体系进一步完善。完善的市场体系使市场机制作用发挥得更为合理，从而促进商品经济的进一步顺利发展。商品经济是动态发展的经济，对未来市场商品供求关系的预测和把握是促使商品经济动态、有序发展的重要的一环。这在市场需求多变、生产力发达、大规模进行商品生产的现代化社会经济中更是如此。现代商品经济的实践表明，缺乏期货市场，就使得市场体系在空间结构上出现断层；缺乏反映未来供求关系变化的期货价格，必然有碍市场经济中内在联系和市场信息立体反馈线路的形成，阻碍市场体制的正常发挥。因此，在现代商品经济社会中，缺乏期货市场的市场体系，是不完整的、残缺的市场体系。为了完善市场体系，健全市场机制，就必须建立期货市场。

（2）有利于控制市场价格过度波动，防止社会资源的浪费。期货市场上的价格是由供需双方根据各自对将来某一时点市场供求状况的预测，经过互相报价、竞争后确定的。因此，期货市场价格既能预先反映未来市场的供求情况，也能对未来各个时期的潜在供求进行超前性调节。某种原材料的期货市场价格上升，对买家就有警告作用，也意味着生产者可能增加产量。但是，随着潜在供应量的增加，期货市场的供求关系逐渐缓和，期货市场价格也逐渐下跌，此时，对生产者又是一个明确的警告——不能再继续增加产量，否则，市场商品会逆转成供过于求，生产者将会遭受损失。因此，期货交易有助于防止市场价格波动，防止盲目生产，从而防止社会资源的浪费。

（3）有利于提高生产管理水平。期货交易的公开性和期货价格的预期性，为生产经营者提供了可靠的决策依据。企业可以利用期货市场的信号，合理安排生产经营活动，做到按需生产。通过期货市场的交易，生产企业所需要的原材料能够方便地、快速地以竞争性的价格在期货市场上获得，从而避免为防止停工待料而增加库存、积压资金的情况出现。企业在期货市场的指导下，可以提高生产经营管理水平。

【小结】

国际贸易中涉及的商品交易的方式种类繁多，除了通常中的逐笔售定的单边方式外，还有经销、寄售、拍卖、招标投标、期货交易、对销贸易、加工贸易等等，本章介绍了国际贸易中比较常见的这些贸易方式，从理论上分析了它们的性质，当事人之间的法律关系，并且对每一种进行了详细的阐述与说明，其中包括基本概念、主要特点、主要措施、相关的法规和惯例，以及典型的案例，并对相类似的贸易方式进行了比较，进而帮助理解和加深。

【思考题】

1. 什么是贸易代理业务？贸易代理分几种？它们之间有何不同？
2. 什么是寄售业务？有何利弊？
3. 加工贸易的含义及特点是什么？有何种类？
4. 简述对等贸易的含义及种类。
5. 简述国际货物拍卖组织的形式。
6. 招标与投标业务应注意哪些问题？
7. 简述对销贸易的含义及其在国际贸易中的作用。
8. 简述补偿贸易使用的局限性及应注意的问题。
9. 现货交易与期货交易有何区别？
10. 期货市场是由哪些方面组成的？
11. 简述使用寄售方式时应注意的问题。
12. 简述拍卖方式的特点及出价方式。

【案例分析】

1. 美国某贸易商在 7 月间与国内一农场主订立 900 吨豆油购货合同，合同规定农场主在 10 月份向贸易商交货，价格为每磅 18 美分，贸易商打算 11 月份出口给国外的某客户。该贸易商担心 11 月份国际市场价格下跌，遂在期货交易所以每磅 18.5 美分买入 11 月份的豆油期货合同 30 份。11 月中，该贸易商把豆油出口给国外的客户，由于市场价格下跌，只售得每磅 17.8 美分，亏损 3 600 美元。而此时，期货市场的价格也趋于疲软，由于交割期到，无奈将原先购进的 30 份期货合同抛出对冲，价格为每磅 18.2 美分，连期货交易所收取的佣金 100 美元，该贸易商在期货交易中共亏损 5 500 美元。该贸易商全部亏损为 9 100 美元。请分析该贸易商在以上的经营活动中应该吸取的教训。

2. 我国某出口商采用寄售方式向某国装运出口一批在仓库积压已久的商品，货到目的地后，虽经代销商努力推销，仍然无法售出，最终只能装运回国，我国出口商损失惨重。试分析此举有何不妥？

【技能实训】

选择

1. 委托人与代理人的关系，在代理协议中体现为（　　）。

A. 买卖关系　　B. 委托代理关系　　C. 委托代售关系　　D. 委托代购关系

2. 按照委托人授权的大小，国际货物买卖中的代理可分为（　　）。

A. 销售代理　　　B. 购货代理　　　　C. 总代理

D. 独家代理　　　E. 一般代理

3. 寄售人与代销人关系是（　　　）。

A. 雇用关系　　　B. 承包关系　　　C. 委托关系　　　D. 买卖关系

4. 拍卖人击槌属于（　　　）。

A. 询盘　　　　　B. 发盘　　　　　C. 还盘　　　　　D. 接受

5. 拍卖的叫价方法有（　　　）。

A. 增价　　　　　B. 减价　　　　　C. 密封递价　　　D. 差别价格

6. 招标投标方式是（　　　）。

A. 竞买方式

B. 竞卖方式

C. 招标是竞卖方式，投标是竞买方式

D. 招标是竞买方式，投标是竞卖方式

7. 投标书是一项（　　　）。

A. 询盘　　　　　B. 发盘　　　　　C. 还盘　　　　　D. 接受

8. 商品采购中的招标投标业务，基本程序包括（　　　）。

A. 询盘　　　　　B. 招标　　　　　C. 投标

D. 开标和评标　　E. 签订合约

9. 一方进口国外的设备或技术后，用这些设备和技术生产出来的产品分期偿还设备款的做法是（　　　）。

A. 直接产品补偿　B. 间接产品补偿　C. 货币补偿　　　D. 综合补偿

10. 国际对销贸易的基本形式有（　　　）。

A. 易货贸易　　　B. 回购贸易　　　C. 互购贸易

D. 补偿贸易　　　E. 独家经营

判断

1. 在补偿贸易总收益核算中，应该注意的是货币计量单位的统一。　　　（　　）

2. 招标和投标是一种交易方式的两个方面。　　　　　　　　　　　　（　　）

3. 投标者在投标截止期之前，不可以修改投标内容。　　　　　　　　（　　）

4. 委托人与代理人间的关系是买卖关系，因此代理人要负交易风险。　（　　）

5. 拍卖是一种竞买方式。　　　　　　　　　　　　　　　　　　　　（　　）

6. 寄售、代销人对货物能否出售不负法律责任。　　　　　　　　　　（　　）

参 考 文 献

1. 冷柏军．国际贸易实务［M］．北京：对外经济贸易大学出版社，2010.

2. 黎孝先．国际贸易实务（第四版）［M］．北京；对外经济贸易大学出版社，2010.

3. 徐金丽．进出口贸易实务［M］．北京：清华大学出版社，2010.

4. 周学明．国际贸易实务［M］．北京：清华大学出版社，2009.

5. 吴百福．进出口贸易实务教程［M］．上海：上海人民出版社，2010.

6. 严国辉．国际贸易理论与实务［M］．北京：对外经济贸易大学出版社，2005.

7. 徐盛华．新编国际贸易学［M］．北京：清华大学出版社，2006.

8. 康灿华．国际贸易［M］．武汉：武汉理工大学出版社，2005.

9. 李柏洲．国际贸易理论与实务［M］．武汉：华中师范大学出版社，2007.

10. 汪尧田，褚健中．国际贸易［M］．上海：上海社会科学院出版社，1989.

11. 马淑琴．国际贸易理论［M］．杭州：浙江大学出版社，2007.

12. 杨云母，王云凤．国际贸易教程［M］．北京：经济科学出版社，2007.

13. 喻志军，聂力君．国际贸易［M］．北京：中国金融出版社，2006.

14. 薛荣久．国际贸易［M］．北京：对外经济贸易大学出版社，2006.

15. 尹忠明．国际贸易学［M］．成都：西南财经大学出版社，2006.

16. 董瑾．国际贸易学［M］．北京：机械工业出版社，2006.

17. 薛岱，任丽萍．国际贸易［M］．北京：北京大学出版社，2006.

18. 赵伟．国际贸易理论政策与现实问题［M］．大连：东北财经大学出版社，2007.

19. 报关员资格全国统一考试教材［M］．北京：中国海关出版社，2005.

20. 张卿．国际贸易实务［M］．北京：对外经济贸易大学出版社，2006.

21. 全国国际商务单证专业培训考试办公室．国际商务单证理论与实务［M］．北京：中国商务出版社，2008.

22. 毕甫清．国际贸易实务与案例［M］．北京：清华大学出版社，2006.

23. 张鸿，文娟．国际贸易：原理 制度 案例［M］．上海：上海交通大学出版社，2006.

24. 张锡瑕．国际贸易（第三版）［M］．北京：对外经济贸易大学出版社，2006.

25. 张炳达．国际贸易实务［M］．上海：立信会计出版社，2005.

26. 卜伟，刘似臣．国际贸易［M］．北京：清华大学出版社，北京交通大学出版社，2008.

27. 董瑾. 国际贸易理论与实务（第三版）［M］. 北京：北京理工大学出版社，2007.

28. 解俊贤，张瑛. 世界贸易组织概论［M］. 北京：中国经济出版社，2006.

29. 刘军，李自杰. 世界贸易组织概论［M］. 北京：首都经济贸易大学出版社，2006.

30. 盛洪昌. 国际贸易［M］. 北京：中国人民大学出版社，2008.

31. 吕天军，王烟军. 国际贸易理论与实务［M］. 北京：对外经济贸易大学出版社，2010.

32. 傅龙海. 国际贸易理论与实务（第 2 版）［M］. 北京：对外经济贸易大学出版社，2011.

33. 赵忠秀. 国际贸易理论与政策［M］. 北京：北京大学出版社，2009.

34. 庞红. 国际贸易结算（第二版）［M］. 北京：中国人民大学出版社，2011.

35. 李军. 国际贸易概论［M］. 北京：北京理工大学出版社，2010.

36. 李艳燕. 国际贸易概论［M］. 成都：西南财经大学出版社，2010.

37. 国际商会. ICC 跟单信用证统一惯例（UCP600）［M］. 北京：中国民主法制出版社，2007.

38. 福州大学国际贸易省级精品课程组. 国际贸易案例（高等院校经济管理教材）［M］. 福州：福建人民出版社，2011.